자동차의
역사

KB079616

이 저서는 2018년 대한민국 교육부와 한국연구재단의 지원을 받아 수행된 연구임 (NRF-2018S1A6A3A03043497)

Geschichte des Autos

자동차의 역사

쿠르트 뫼저 지음 김태희 · 추금환 옮김

앨피

모빌리티인문학 Mobility Humanities

모빌리티인문학은 기차, 자동차, 비행기, 인터넷, 모바일 기기 등 모빌리티 테크놀로지의 발전에 따른 인간, 사물, 관계의 실재적·가상적 이동을 인간과 테크놀로지의 공-진화co-evolution라는 관점에서 사유하고, 모빌리티가 고도화됨에 따라 발생하는 현재와 미래의 문제들에 대한 해법을 인문학적 관점에서 제안함으로써 생명, 사유, 문화가 생동하는 인문-모빌리티 사회 형성에 기여하는 학문이다.

모빌리티는 기차, 자동차, 비행기, 인터넷, 모바일 기기 같은 모빌리티 테크놀로지에 기초한 사람, 사물, 정보의 이동과 이를 가능하게 하는 테크놀로지를 의미한다. 그리고 이에 수반하는 것으로서 공간(도시) 구성과 인구 배치의 변화, 노동과 자본의 변형, 권력 또는 통치성의 변용 등을 통칭하는 사회적 관계의 이동까지도 포함한다.

오늘날 모빌리티 테크놀로지는 인간, 사물, 관계의 이동에 시간적·공간적 제약을 거의 남겨두지 않을 정도로 발전해 왔다. 개별 국가와 지역을 연결하는 항공로와 무선통신망의 구축은 사람, 물류, 데이터의 무제약적 이동 가능성을 증명하는 물질적 지표들이다. 특히 전 세계에 무료 인터넷을 보급하겠다는 구글Google의 프로젝트 룬Project Loon이 현실화되고 우주 유영과 화성 식민지 건설이 본격화될 경우 모빌리티는 지구라는 행성의 경계까지도 초월하게 될 것이다. 이 점에서 오늘날은 모빌리티 테크놀로지가 인간의 삶을 위한 단순한 조건이나 수단이 아닌 인간의 또 다른 본성이 된 시대, 즉 고-모빌리티high-mobilities 시대라고 말할 수 있다. 말하자면, 인간과 테크놀로지의 상호보완적·상호구성적 공-진화가 고도화된 시대인 것이다.

고-모빌리티 시대를 사유하기 위해서는 우선 과거 '영토'와 '정주' 중심 사유의 극복이 필요하다. 지난 시기 글로컬화, 탈중심화, 혼종화, 탈영토화, 액체화에 대한 주장은 글로벌과 로컬, 중심과 주변, 동질성과 이질성, 질서와 혼돈 같은 이분법에 기초한 영토주의 또는 정주주의 패러다임을 극복하려는 중요한 시도였다. 하지만 그 역시 모빌리티 테크놀로지의 의의를 적극적으로 사유하지 못했다는 점에서, 그와 동시에 모빌리티 테크놀로지를 단순한 수단으로 간주했다는 점에서 고-모빌리티 시대를 사유하는 데 한계를 지니고 있었다. 말하자면, 글로컬화, 탈중심화, 혼종화, 탈영토화, 액체화를 추동하는 실재적·물질적 행위자agency로서의 모빌리티 테크놀로지를 인문학적 사유의 대상으로서 충분히 고려하지 못했던 것이다. 게다가 첨단 웨어러블 기기에 의한 인간의 능력 향상과 인간과 기계의 경계 소멸을 추구하는 포스트-휴먼 프로젝트, 또한 사물인터넷과 사이버 물리 시스템 같은 첨단 모빌리티 테크놀로지에 기초한 스마트시티 건설은 오늘날 모빌리티 테크놀로지를 인간과 사회, 심지어는 자연의 본질적 요소로 만들고 있다. 이를 사유하기 위해서는 인문학 패러다임의 근본적 전환이 필요하다.

이에 건국대학교 모빌리티인문학 연구원은 '모빌리티' 개념으로 '영토'와 '정주'를 대체하는 동시에, 인간과 모빌리티 테크놀로지의 공-진화라는 관점에서 미래 세계를 설계할 사유 패러다임을 정립하려고 한다.

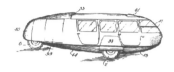

서장

또 하나의 '빅뱅'

21세기로 들어선 지금, 지구상에는 약 6억 대의 자동차가 굴러다니고 있다. 매년 약 6천만 대의 자동차가 생산된다. 새로운 모델을 개발하는 데는 약 16억 유로[한화로 2조 2천억 원]의 비용이 든다. 이는 연간 매출액이 작은 나라의 국민총생산보다 높은 다국적기업만이 감당할 수 있는 액수이다. 자동차는 대량생산 공산품 중에서도 가장 복잡한 제품으로, 산업사회의 중심적 경제 부문이자 대부분의 가계경제에서 주택 다음으로 비싼 구매품이다. 그리고 자동차 교통은 대규모 기술 시스템 중 가장 많은 문제를 안고 있다. 전체 화석 에너지 자원의 5분의 1을 소비하며 환경에 큰 영향을 미칠 뿐만 아니라, 매년 수만 명의 사람들이 교통사고로 목숨을 잃고 있다. 20세기 들어 약 250만 명이 자동차 때문에 사망한 것으로 추정된다.

　　이런 전 지구적 상황에서 시선을 돌려 자동차 하나하나를 바라보면, 그토록 확연해 보이던 대상이 눈앞에서 흐릿해지는 느낌을 피할 수 없을 것이다. 디자이너나 마케팅 전문가, 테스트 전문가들의 노동시간을 제외하더라도, 자동차는 엔지니어들의 노동시간이 가장 많이 투여된 기술적 가공물일 것이다. 그리고 무수한 사람들이 운전에 투여하는 그 시간들, 즐거운 운전이든 짜증 나는 교통체증이든, 구매를 계획하거나 차를 정비하는 시간 등등 인간이 특정 산업 생산물에 이처럼 많은 시간을 들이는 경우도 없을 것이다. 심지어 자동차는 우리의 태도와 꿈에 영향을 미치며, 개인의 삶뿐만 아니라 사회의 집단적 심리도 변화시킨다. 자동차는 남자들에게는 두 번째로 중요한 대화 소재이다. 자동차는 일개 운송 수단이 아니며, 운송이 자동차의 가장 중요한 측면도 아니다. 자동차는 욕망의 기계이자 매혹 그 자체이며, 소유와 과시의 대상, 라이프스타일의 상징, 개성의 과시 소재, 굴러다니는 사적 공간, 나아가 일종의 거실이자 음악 감상실이다. 자동차는 드라이브를 위한, 이른바 '자동차 방랑'을 위한, 속도의 자극을 만들어 내는 도구이다. 그뿐 아니라 움직이는 조각품이자 디자인 작품으로 미학적 경탄의 대상이며, 자유의 상징이자 자유를 실현하는 현실적 수단이 된다.

이 모든 사실을 진지하게 받아들인다면, 우리는 다음과 같은 질문을 던질 수 있다. 자동차의 역사는 무엇을 대상으로 삼아야 하는가? 무엇에 대해 이야기해야 하는가? 우리가 다루는 것은 복잡한 시스템인 동시에 개인적인 기계이다. 자동차 브랜드의 역사만 다룬다면, 엔지니어의 구미에 맞춰 자동차 기술사만 서술하거나 교통의 역사라는 관점에서만 자동차를 다룬다면, 자동차가 갖는 다양한 면면들을 놓치게 될 것이다. 우리가 자동차와 맺는 관계에서 운송 수단이라는 실용적인 면과 정서적이고 극히 다층적인 면을 함께 이해하려면, 가능한 한 다양한 관점을 끌어들여야 한다. 그래서 이 책은 자동차의 매혹과 같이 합리성과는 다소 무관한 요소들에 대해서도 많이 서술한다. 바로 이런 요소들이 자동차가 성공을 거두고 세계적으로 널리 퍼져 나간 주된 요인이기 때문에 이를 무시해서는 안 된다. 자동차 역사를 기술하는 사람이 학술적으로 진지하게 분석해야 하는 대상은 자동차의 생산과 구조만이 아니다. 거기에는 자동차 이용자, 소유자, 동승자, 자동차잡지 독자, 꿈의 자동차를 소망하는 사람 등등이 자동차와 맺는 관계, 자동차에 바치는 감정, 운전과 이동 중에 자동차라는 사적 공간에서 보내는 시간과 생활 같은 자동차와 자동차 이용자의 직접적인 교류나 자동차가 주는 즐거움 등도 포함되어야 한다.

자동차라는 감각적 대상은 거대한 시스템의 한복판에 자리잡고 있으며, 그 다양한 개별 역사들은 한눈에 파악하기 어려울 만큼 풍부하다. 주유소, 동승자, 자동차 엠블럼, 제동 기술, 교통 교육, 자동차보험, 테일핀, 협력 업체, 카레이싱, 자동차 세금, 차고, 자동차 도서 및 영화, 자동차 캠핑, 내부 디자인, 교통정책, 자동차 리스 등등. 교통의 거대한 발전 과정을 살펴보려면 이 모든 것을 고려해야 한다. 그뿐 아니다. 사적인 승용차의 범위를 벗어나면 자동차의 역사는 더욱 광범위해지고 복잡해진다. 넓은 의미의 자동차는 동력으로 움직이는 모든 도로교통수단이므로 오토바이, 상용차, 군용차, 심지어 농업용 경운기까지 포함한다. 이 책에서 이러한 교통수단까지 다루는 이유는 경운기와 전차, 화물차와 승용차, 군용차량과 민간 차량 간에 기술적이고 문화적인 교류가 끊임없이 이어져 왔기 때문이다. 이런 면을 건너뛰면 자동차 발전의 중대한 동인들을 놓치는 셈이 된다.

그래서 자동차사회의 전체 역사, 더 나아가 그 역사의 창작품과 주제들까지 모두 다루어야 맞지만, 그건 현실적으로 불가능하다. 이러한 주제는 그것을 다루는 사람이 스스로 제한하지 않으면 끝마칠 수 없다. 나는 자동차 차체나 그 기술에 대한 서술과 함께, 자동차사회 전체와 그 크고 작은 시스템에 대한 고찰 사이에서 균형을 유지하려 했다. 내가 선보이는 자동차의 역사는 지나치게 생략되거나 전체성만을 추구하는 서술 그 중간 어디쯤이 될 것이다.

출발점부터 절충주의적임을 고백해야겠다. 그들이 어떤 주제를 추구하고 어떤 입장을 취했는지와 상관없이, 나는 동료들의 다양한 생각과 연구 결과에서 많은 도움을 받았다. 그 연구 결과와 생각들을 자의적이 되지 않도록 나의 관심사 안으로 끌어들이고, 그러면서도 불필요한 내용이나 원리를 둘러싼 논쟁에 말려들지 않도록 유의했다.

이 책의 구성은 연대기적이고 동시에 계통적이다. 제1차 세계대전 이후 독일 자동차 역사의 주요 국면들을 19개 장에 걸쳐 다룬다. 120년 자동차 역사를 주제에 따라 공시적으로 다루는 장들도 덧붙인다. 여기에는 비행飛行과 자동차 간의 관계, 운전이라는 행위, 자동차의 매력, 자동차 도로의 발전, 안전 및 환경문제 등이 포함된다. 자동차 역사 전반에 걸친 맥락을 잃지 않으려고 노력했지만, 각 장은 독립적이라서 따로 읽을 수도 있다. 다만, 전체 장들을 모두 읽고 나서야 마지막에 나오는 자동차의 미래에 대한 명제가 이해될 것이다.

나는 자동차를 한낱 운송 수단으로 여기지 않는다. 자동차의 지속적이고 강한 매력은 자동차를 운송이라는 작은 범주 안에 가두려는 '재합리화 시도'를 회의적으로 만든다. 자동차를 비판하거나 옹호하는 쪽 모두 자동차가 원래는 합리적인 것으로 고안되었으나 비합리적인 것으로 전락했다고 말한다. 현재 활발하게 논의되는 무수한 '지속 가능한 이동성' 아이디어들은 대개 이런 오해에 기반을 두고 있다.

그래서 개괄적으로라도 그러한 생각들에 맞서지 않을 수 없다. 그런 아이디어를 제시하는 사람들은 목적의식적으로 자동차에 미래를 열어 갈 능력을 부여하거나 승용차를 대체할 대안적 이동 수단을 설파하지만, 나는 그런 생각과 전망도 대체로 회의적으로 본다. 이 책에서 재구성한 자동차의 역사가 앞으로도 계속되리라는 것이 나의 결론이다. 무엇보다도 사고방식의 변화는 수백 년에 걸쳐 발전해 온 이동성에 대한 갈구와 매혹을 거스를 때에만 이루어질 것이기 때문이다. 자동차는 18세기 후반 이래로 추구된 자유와 개성, 삶의 독자적인 구성, 더 나아가 사적인 영역 등의 욕망을 충족시키는 기계였다. 이런 집단적인 꿈과 흐름이 오랫동안 작동해 왔다. 그런데 그 필요성이 오히려 더 커진 이동성의 시대, 사회적 역동성의 시대, 시민적 자신감의 시대에 자동차가 다른 교통수단으로 대체된다니. 물론 자동차는 다른 발전 저해 요소와 자원 낭비, 환경문제 등의 문제를 안고 있고, 이를 피해 갈 대안 프로그램들도 등장하고 있다. 그러나 아직까지 자동차의 성장 곡선이 둔해질 기미는 보이지 않는다.

자동차 역사의 서술에 관하여

일상생활과 경제활동, 심지어 삶 자체에서 자동차가 갖는 의미를 생각하면, 역사가들이 이에 대해 오래도록 주의를 기울이지 않았다는 사실이 놀라울 뿐이다. "자동차, 도로교통 시스템, 자동차사회는 기술사, 경제사, 사회사에서 아직도 서자 취급을 받고 있다."

독일에서도 자동차에 대한 인문학적 접근은 오랫동안 전무하다시피 했다. 1970년대까지만 해도 연구의 주안점은 자동차 발명사나 기술사로 한정되었다. 자동차 개발을 둘러싼 '위대한 인물들'과 기술적 발전이 중심을 이루었다. 물론 당시에도 자동차문화가 관심을 끌기는 했지만, 어디까지나 신문 문예란에서 다루는 방식에 가까웠다. 자동차와 연관된 경제기적이 일어나면서 여러 논문과 책들이 '자동차의 유년기'를 다루거나 '선조들은 어떤 차를 탔는가: 내 자동차에 보내는 연서戀書' 등을 이야기하기 시작했다. '1905년의 자동차 여행' 같은 보고문이나 '자동차와 친해지기' 같은 실용서들이 유행하기도 했다. 그 후로 자동차에 관한 책들이 끊임없이 나왔다. 자동차 테스트나 교통정책 논문, 다양한 조언 및 생산과정 소개 등이 자동차 전문잡지와 일반 매체를 가득 채웠다. 청소년을 위한 자동차 서적이나 특정 브랜드의 팬을 위한 책들, 멋진 자동차 사진이 실려 있는 책, 자동차 관련 대중적인 기술 서적, 위대한 엔지니어와 발명가들의 영웅적 전기들이 붐을 이루었다. 독일 자동차 운전자 클럽ADAC: Allgemeine Deutsche Automobil-Club의 잡지는 유럽 최대 부수를 자랑하는 정기간행물로 부상했다.

　그렇지만 '정통' 역사학자들 눈에 자동차는 별개의 역사로 다루기에는 격이 떨어지는 주제였다. 이는 철도 건설 연구와는 다른 현상이다. 그럼에도 불구하고 자동차 역사 서술에서 '본격적 역사 이전' 단계, 대체로 기술적 측면에 치중하는 단계에서도 탁월한 개관과 풍부한 정보를 담고 있는 기업사, 자동차 기술사 등 주요 연구들이 등장했다.[2] 과거에는 선박이나 열차에만 관심을 기울이던 교통 이론가들도 도로교통의 역사를 연구하기 시작했다. 물론 전체적으로 보면, 자동차가 국민들의 의식에서 큰 자리를 차지하고 있던 독일이라는 나라에서 이에 대한 학술적 연구는 오랫동안 빈곤하기 짝이 없었다. 자동차 브랜드나 모델에 대한 책, 자동차 기업들의 연혁, 자동차 사진집 등이 한동안 자동차 관련 출판계를 풍미했다.

1970년대 들어서야 자동차 역사를 사회 전체 역사의 일부로 바라보는 새로운 세대의 자동차 역사가들이 등장했다. 초기에 사회비판적 관점을 견지했던 그들은 자동차에 대해서도 비판적인 경우가 많았다.[3] 그들은 처음으로 자동차 교통이 끼치는 사회적·정치적 영향에 대해 묻기 시작했다. 자동차에 대한 이런 사회과학적 연구도 문제는 있다. 또 다른 극단에 빠져들어 자동차 기술이라는 면을 전적으로 무시하기 때문이다. 사회적 환경과 조건, 자동차가 사회에 미치는 영향 등에 대한 고찰은 필요하며 올바른 것이지만, 이러한 연구에서는 자동차의 산업적·기술적 측면이 종종 간과되기 때문이다. 이런 사회사적 연구 흐름 속에서 '매혹의 역사'에 대한 중요한 작업도 나타났다. 바로 볼프강 작스Wolfgang Sachs의 저서 《자동차에 바치는 사랑Die Liebe zum Automobil》이다.

자동차 역사와 관련한 서술은 1980년대에 다시 한 번 변화했다. 이른바 자동차 탄생 100주년(1886년 다임러와 벤츠가 가솔린 자동차를 공식 선보인 시점 기준)에 즈음하여 벌어진 축제나 기념 출판과 함께, 자동차에 대한 학자들의 관심도 늘어났다. 이 기념일을 맞아 '자동차 역사에 관한 슈투트가르트 학술회의'가 정기적으로 열리기 시작했는데, 이 행사에서 발표된 주제는 대체로 광범위한 문제들이다. 몇 가

지만 들어 보면, 자동차 광고, 상용차, 자동차 교통안전, 도로 건설 등
이다. 산업 생산물로서의 자동차도 높은 관심을 끌었는데, 특히 자
동차 생산에서 일어난 포드혁명[4]과 도요타 혁명[5]의 역사 등이 그러했
다. 독일에서는 자동차산업이 무엇보다도 '노동의 미래'와 '노동 세계
의 인간화'라는 관점에서 주목을 끌었다. 그 후로 자동차사회의 다양
한 세부 부문, 즉 자동차 운전 심리학,[6] 오토바이 운전 생리학,[7] 주유
소,[8] 자동차 라디오,[9] 교통표지,[10] 운전 교습[11] 등이 연구되었다. 초기
의 자동차문화는 이제 기술적 문제라는 관점에서만 연구된 것이 아
니라, 산업과 경제사적[12]·법률적[13]·조직사적[14] 관점에서도 고찰되
기 시작했다. 그 이정표라 된 것이 네덜란드의 몸G. P. A. Mom이 진행한
기술 선택과 전기자동차 연구이다.[15]

물론 이런 연구를 독일이 다 주도한 것은 아니다. 제1차 세계대전
종전 이후 미국의 자동차산업이 전 세계의 자동차화를 선도하면서
미국의 자동차 역사 연구도 그만큼 중요해졌다. 포괄적인 학술적 기
준을 충족시키는 자동차 역사 연구 대부분은 오늘날 자동차문화의
모국이라 할 미국에 초점을 맞추고 있다. 미국 연구자들은 연구 방향
을 설정하고 문제 영역을 발견해 냈다. 교통체증, 환경오염, 교통사
고 등 자동차 대중화가 가져온 부정적 결과들은 대체로 미국에서 먼
저 나타났기 때문에 그에 관해 광범위하게 토론되고 연구된 곳도 미
국이다. 그리고 그 선두 연구자들은 기술자나 역사가가 아니라 자동
차에 비판적인 신좌파 계열 학자들이었다. 그 과정에서 변호사 랠프
네이더Ralph Nader가 제기한 자동차 안전을 둘러싼 논쟁이 공론화되었
다. 역사가들은 저널리즘에서 활발한 논의가 벌어진 다음에야 이 주

제를 다루기 시작했다. 그중에서 역사가 제임스 J. 플링크James J. Flink
의 연구는 가장 포괄적이었다. 그의 첫 번째 저작《미국, 자동차를 입
양하다America Adopts The Automobile》(1970)는 여전히 자동차 비판적 측면
을 띠고 있으나, 그 다음 저작인《자동차문화The Car Culture》(1975)에 이
르러서는 이미 미국의 자동차문화에 대한 중립적인 시각을 보여 준
다. 동시에 미국의 자동차 생산 역사에 대해서는 비판적인 시각을 드
러낸다.[16] 이때부터는 미국의 자동차 역사에 관한 거의 모든 측면에
대한 논리적이고 대중적인 학술 연구가 진행되었다. 맥셰인C. McShane
은 자동차와 도시를,[17] 데틀바흐Dettelbach는 대중문화 속의 자동차를
주제로 하는 고전적인 저술을 발표했다.[18] 레이J. B. Rae는 미국 자동차
교통의 역사 전반에 대한 2종의 책을 발표하여 미국의 일상에서 자동
차가 차지하는 중요성을 드러냈다.[19]

　반면에 독일의 역사가들은 이런 광범위한 역사서들 앞에서 위축
되는 모습을 보였다. 물론 독일어로 저술하는 몇몇 탁월한 역사가들,
가령 보르샤이트Borscheid, 키르히베르크Kirchberg, 메르키Merki, 에커만
Eckermann, 몸Mom 등이 자동차 역사 분야를 풍부하게 다루면서 새로운
관점을 도입하기도 했다. 그러나 독일의 상황을 서술할 때에도 영어
권 역사가들을 인용해야 할 만큼 영어권 학자들의 연구에는 미치지
못했다. 물론 거기에도 여전히 많은 공백이 존재한다. 대체로 자동
차 역사 구성에서 빼놓을 수 없는 부문별 역사들이다. 예를 들어, 지
난 100년간 운전자와 공권력 간의 관계를 중점적으로 다룬 연구는 없
다. 자동차 교통 초기에 대해서는 비교적 연구가 잘 되어 있지만, 자
동차가 붐을 이룬 1960년대에 대해서는 세계적인 조감도만 그려져

있을 뿐이다.

이제 세상에 선보이는 본 책《자동차의 역사》는 지금까지 제기된 통상적 관점들보다 더 광범위한 관점을, 특히 독일의 역사를 중심으로 제시할 것이다. 여기에는 허다한 어려움이 예상된다. 자동차와 도로교통의 역사는 학제 간 공동 연구가 필수적인데, 자동차 브랜드들의 역사, 기술혁신 과정, 발명가들의 전기傳記 등은 그 연구 대상에 들기 어렵다.

엔지니어의 관점에서 쓰인 과거의 자동차 역사는 그래도 손쉬운 면이 있었다. 그들에게 자동차는 기술일 뿐이고, 좀 더 확대한다고 해도 디자인 정도이다. 그러나 자동차는 세 가지 부분으로 이루어져 있다. 첫째 기술적 구성 요소, 둘째 철판이나 플라스틱이나 합판으로 만든 외부, 셋째로 내부 공간이다. 예컨대 안락함과 좌석, 자세, 운전자와 차량 간 공조라는 내부 공간의 역사는 이제까지 거의 다루어지지 않았다. 더 나아가 자동차는 외부와 내부와 기술이 결합된 소규모 시스템에 머무는 것이 아니라, 그 자체가 도로교통이라는 대규모 시스템의 한 부분이기도 하다. 이제까지의 자동차 역사 연구 대부분은 이 대규모 시스템이라는 측면을 경시해 왔다. 하지만 최근 등장한 사회과학적 혹은 교통정책적 연구들은 바로 이러한 측면을 중시한다. 우리는 제2차 세계대전 종전 이후 독일의 교통정책에 대해,[20] 경제기적에서 자동차가 맡았던 역할에 대해,[21] 그리고 자동차와 사회의 여러 측면들에 대해 상당히 잘 알고 있다. '위로부터의' 교통정책에 대한 연구는 '아래로부터의' 자동차 이용의 역사로 보완될 수 있다.[22] 이러한 자동차 이용의 역사는 자동차 이용자들뿐 아니라 자동차를 이용하거나 소유하지 않은 교통 참여자들의 욕망이나 기대 또는 반응을 중시한다. 소비의 역사도 자동차를 판매 또는 구매되는 비용이 드는 생산품이자 상품으로서 다시 발견하고 있다. 이런 연구들이 자동차문화에 대한 이해를 도운 것은 사실이지만, 몇몇 시도는 그 이해의 핵심이라 할 자동차 자체를 간과했다. 다양한 시스템이 얽혀 있다고 해도 중요한 것은 자동차 자체이다. 그렇다고 자동차 기술을 설명하는 쪽으로 후퇴하자고 주장하는 것은 아니다. 자동차와 자동차 이용자라는 소재는 매력적인 연구 주제가 풍부하다. 예를 들어 기술적 산물과의 감각적 교류, 인체공학적 발전, 자동차에서 내다보는 시선, '사용자 인터페이스'인 콕피트cockpit〔운전석〕 등등. 운전자나 소유자가 자기 차와 맺는 유별난 사적 관계는 자동차를 다른 기술적 산물들과 구별시킨다.

이 때문에 자동차 기술을 연구하는 역사가들은 다른 자동차 연구자들이 기술적 이해가 부족하다고 비판한다. 그러나 내가 보기엔 자동차 기술의 역사 연구자들도 대개 한 가지 측면을 놓친다. 자동차에 대한 이론적 접근만으로는 충분하지 않다. 역사적으로 등장했던 자동차들을 살피며 그 기술만을 서술한다면 오류를 피할 수 없다. 오류는 실험 정신과 호기심으로 대상을 다룰 때 극복되는데, 자동차 기술에 대한 이론적 지식이 자동차에 대한 직접적 관찰과 실험을 대체할 수는 없다. 1910년 승용차, 사이드카, 1943년 무한궤도차, '재건 트럭'〔제2차 세계대전 패전 이후 독일의 국토 재건에 쓰인 대표적인 트럭〕 등을 타 보는 경험 자체가 새로운 깨달음을 줄 수 있다. 박물관에 전시된 운행 가능한 올드타이머Old Timer〔클래식카〕 수집품들을 연구하면서, 나는 운 좋게 이 차들을 직접 관찰하고 운전해 볼 수 있었다.

자동차 역사 연구의 또 다른 문제점은, 자동차 교통의 많은 측면들이 지나치게 정치화되어 있다는 것이다. 1970년대 석유파동 이후로, 미국에서는 이보다 이른 1960년대 환경 논쟁 이후로 자동차는 격렬한 사회적 논쟁의 한복판에 서 있다. 그렇기 때문에 자동차에 대한 어떠한 담론도 정치적 성격을 띠게 된다. 이 사안에 대해 발언하는 사람은 그 즉시 어느 한쪽을 편들고 있다는, 즉 자동차를 옹호하거나 반대하기 위해 나섰다는 의혹을 받게 된다. 과거 자동차 비판에 대한 비판을 어느 일간지에 투고했을 때, 나에게도 "무비판적으로 친자동차적"이라는 비난이 쏟아졌다. 자동차 교통의 기본 문제들을 학문적으로 다루는 경우에도 자동차를 악마시하는 것 아니냐는 의혹을 받는다. 그리고 이러한 지적은 대개 자동차가 경제에 중요하다는 뻔한 지적과 결합된다. 수많은 정치적 갈등과 가치 평가를 둘러싼 투쟁들이 자동차 역사의 근본적인 물음을 휘감고 있다. 그것은 개인들의 동력화가 거둔 엄청난 성공이 어디에서 기인하는가 하는 것이다. 자동차의 승리에 대해서는 두 가지 대중적 신화 혹은 단순화된 설명이 있다. 본래부터 우월했기 때문에 쉽게 정착될 수 있었던 교통 시스템의 자연발생적 승리로 보는 쪽이 있고, 다른 쪽에서는 무지하거나 사악한 자동차 기업가, 석유 재벌, 부패한 정치가들이 시민의 근원적 이익과는 상반되게 이 승리를 관철시켰다고 본다. 최근 연구들은 이에 대해 훨씬 다각적인 분석을 내놓고 있다. 이에 대해서는 11장에서 상세히 다룰 것이다.

우선, 이 책에서 다룰 분야를 어떻게 불러야 할지조차 불분명하다. '교통의 역사'는 자동차 역사의 한 분야에 지나지 않기 때문에 이 둘은 전적으로 상응하지 않는다. 이는 '이동성의 역사'도 마찬가지다. 자동차는 이동성과는 무관한 매력도 가지고 있다. '자동차의 역사'라고 하면 도로 건설, 교통표지, 교통 통제 등 많은 요소들이 배제되기 때문에 개념상 전체 시스템으로 포괄되지 않는다. '자동차문화Automobilismus'는 모든 측면을 하나로 모아 주지만, 문화적 측면이 강조되는 한계가 있다. 이 개념으로는 도로 건설 같은 시스템의 '경성硬性' 요소들을 포함하기 어렵다.

가치 평가와 개념 규정을 둘러싼 이 모든 갈등에도 불구하고, 자동차의 역사와 현재, 확산, 매력과 문제점, 나아가 그것이 자원과 환경과 미래 산업사회 전반에 미칠 엄청난 영향에 대한 냉정하고도 면밀한 관찰이 필요하다. 사회적 공감을 일으키지 못하는 도덕적 엄숙주의나 자동차에 대한 맹목적 비난 모두 생산적인 자동차 이해에 도움이 되지 않는다. 우리는 자동차가 우리를 어떻게 "장악하는지를 파악해야" 한다. 실제로 자동차는 수많은 사람들을 사로잡고 있다. 그들은 차를 치장하고 개종하고 정비하고 사랑한다(19장 참조). 그런데도 일부 오만한 연구자들은 대중적인 자동차문화를 저급한 것으로 깎아내리기만 하고 이 문화를 제대로 들여다보려 하지 않는다. 왜냐하면 자동차가 본래 어떠한 것이며 어떠해야 하는가 하는 규정에는 계급적 성격이 내포되어 있기 때문이다. 학자들은 자동차 이용을 '합리적'이고 '본래적'이며 유일하게 적법한 방식이라고 고상하게 묘사할 뿐, 자동차와 자동차 이용자의 정서적 관계는 무시하고 돌아보지 않는다. 자동차가 자신에게도 운송 수단 이상의 것이라는 사실을 겨우 인정할 뿐이다. 마치 자신들은 자동차를 이성적으로만 활용하고 있는 것처럼. 그러나 그들 역시 자동차를 선택하고 운전할 때, 자동차문화의 어느 위치에 들어설지를 선택해야 할 때, 운전과 소유에 따르는 쾌락과 공격성, 과시욕을 은밀하게 추구한다.

역사가들이 흔히 접하는 텍스트들도 자동차 이용에 대해 상당히 비뚤어진 인상을 전달한다. 각종 회고록이나 동시대 논설들은 자동차를 순전히 경제적이고 계산적인 투자 대상으로서 합리적으로 묘사한다. 자동차의 구매, 소유, 운전에 따르는 쾌락이나 공격성, 매력, 자동차 사용을 둘러싼 어두운 동기들은 무시하거나 과소평가한다. 자동차가 그렇게 이성적으로 길들여지는 것인가.

이 책의 주안점

이 책은 독일에서 진행된 자동차 발전에 주안점을 두고 있다. 대중적인 자동차 역사서들은 하나같이 독일을 자동차 발명의 모국으로 서술한다. 그렇지만 좀 더 자세히 들여다보면 이는 일부분에 불과하다. 이 독일의 발명품이 확고한 기반을 얻게 된 곳은 프랑스였고, 대중적 상품으로 떠오른 계기는 미국의 포드혁명이었다. 전적으로 독일만의 자동차문화는 없다. 이러한 세계와의 관련성은 1914년 이전 성장기의 수출·특허·모방에서 시작되어 미국의 생산방식, 이후에는 일본의 생산방식을 배우는 과정을 거쳐, 경제기적 시절의 수출 드라이브에 이른다. 비록 이 책의 초점은 독일이지만, 국경 안에만 머물면 자동차를 제대로 이해할 수 없다.

이 책은 다른 자동차 서적들에 비해 자동차의 발명자나 설계자를 비롯한 위대한 기술자들을 많이 다루지 않는다. 그리고 기업이나 브랜드의 역사, 혁신적 설계나 매혹적인 모델 및 디자인 등에도 크게 가치를 부여하지 않는다. 그래서 보통 이러한 관점에서 자동차를 바라보도록 훈련된 전통적인 자동차 애호가들은 처음에는 실망할 수 있다. 그렇지만 자동차에 대한 다른 새로운 관점들을 따라가다 보면 자동차나 자동차사회, 도로교통 시스템을 '익명의 역사'의 일부로 온전히 이해하고, 자동차가 우리 삶의 양식에 미치는 영향을 제대로 파악하게 될 것이다.

나는 자동차와 도로교통의 발전이 몇몇 위대한 인물들 덕분이라고 쓰지 않는다. 그것은 "기술사회적인 나선형 운동"이며, 개발을 자극하고 규정하는 구매자들의 요구와 소비자를 공략하는 자동차 메이커들의 대응 간의 상호작용이다. 그 전형적인 실례가 폐쇄형 자동차인 세단의 발전이다. 세단의 발전에는 안락함과 날씨에 대한 고려, 차체 생산의 신기술 개발, 대량생산기술의 개선, 성별에 따른 요구('여성용 자동차') 등이 함께 작용했다. 자동차에서는 사회적 · 미적 · 정치적 · 기술적 시스템 등에 각각 참여하는 수많은 주체들의 공동 개발이 중요하다. 각 시스템은 자동차 운전자와 소유자들의 욕망과 능력으로 규정되기도 한다.

나는 자동차의 오랜 발전 방향 중 몇 가지를 명료하게 드러내고자 노력했다. 그리고 요아힘 라트카우Joachim Radkau가 불평하듯, "이제까지 그 어떤 역사적인 형태도 알아차리기 어려우며" "얼굴 없는 자연

현상처럼" 작용하면서 모든 것을 압도해 버린 "자동차의 홍수"로 20세기 자동차 역사를 바라보는 관점을 피하려 했다.[23] 나는 자동차의 역사에서 몇 가지 본질적인 흐름이 나타났다고 본다. 자동차의 역사는 형태가 없는 것이 아니며, 명료한 경계와 단절들을 보인다. 내가 드러내려고 하는 20세기 자동차 역사를 관통하는 이런 장기적 흐름들에는 특히 초기의 자동차문화에서 보이는 폭력성과 위험에 따르는 매혹, 자동차 운전자와 국가 혹은 자동차 운전자와 다른 도로 이용자들 사이에 형성되는 전선, 그리고 지속적인 군사적 관심과 자동차가 군대로부터 받은 다양한 자극 등이 포함된다. 기능성과 운송성에서 탈피한 자동차 사용, 제1차 세계대전 이후 미국 자동차문화의 지배적 역할이나 모범적 특성 등도 빠뜨릴 수 없다. 항공교통은 경쟁, 교류, 상호 자극을 가져온 특별한 분야였다. 자동차는 초기부터 미적 대상, 사람들의 주목을 끌고 매혹시키며 욕망을 불러일으키는 아름다운 대상으로 받아들여지고 팔려 나갔다는 사실도 눈길을 끈다. 자동차는 20세기 소비사회에 깊은 영향을 미치고 이를 형성해 간 전형적인 상품으로, 늘 사용자와의 특별한 관계 속에서 파악되었다. 그 과정에서 자동차는 사용자의 지위와 자의식을 상징하는 것이었다.

나는 사람들이 기계와 교류하는 장기적 흐름에도 흥미를 느낀다. 사용자가 자동차에 적응하고 자동차가 운전자의 욕망에 적응하는 현상은 18장에서 상세히 다룰 것이다. 마찬가지로 '기계에 대한 민감성'이 생겨나는 과정도 살펴볼 것이다. 왜냐하면 자동차와 운전자 간의 공동 발전이라는 현상이 실제로 일어났기 때문이다. 자동차 기술은 안락함, 성능, 미적 요구, 때로는 은밀하게 나타나는 사용자들의 욕망에 상응하여 발전해 왔다. 사용자들 역시 운전을 통해 영향을 받았다. 새로운 능력들이 탄생한 것이다. 주위를 둘러보는 능력이 집단적으로 발전했고, 인간의 보행속도보다 20배 이상 빠른 속도를 탁월하게 제어할 수 있게 되었다. 운전이 운전자에게 미친 이러한 영향은 때로는 매우 단순한 수준에서도 나타났다. 수동변속기 자동차를 운전할 때 클러치를 밟는 왼발이 가속페달을 밟는 오른발보다 더 강해졌다. 이 모든 것은 몇몇 사람에게만 해당되는 것이 아니라 대중적인 현상이 되었다. 일부 선진국 국민들은 운전과 교통 참여 능력이 향상되었는데, 이 능력이 직업에 필요한 능력보다 탁월하기도 하다.

이제 이야기를 본 궤도에 올려 보자. 첫 번째 장은 흔히 자동차의 '빅뱅'으로 여겨지는 때로 거슬러 간다. 카를 벤츠가 엔진 자동차 특허를 받고, 다임러와 마이바흐가 가솔린기관을 실은 마차로 실험을 하던 때이다. 1886년에 일어난 이 두 사건은 자동차의 발명으로 인정된다. 그래서 1986년에 자동차 탄생 100주년을 기념하는 행사가 성대하게 치러졌다. 그러나 이런 동력 마차나 동력 자전거가 아무런 기술적·문화적 전제 없이 탄생한 것은 아니다. 이것들은 19세기 후반의 기술 수준을 대거 활용했고, 다른 이동 수단, 특히 자전거에서 큰 도움을 받았다. 자동차는 사회적 인정을 받자마자 곧 갈등에 휩싸였다. 자동차는 독일에서 발명되었지만 프랑스에서 확고한 기반을 얻었다. 출세한 사람들이 타는 기계로 '우쭐거리는 차'라고 욕을 먹었지만, 귀족 및 상류층 부르주아의 후원과 군사적 측면의 지원을 받은 자동차는 다양한 방식으로 상징성을 띠게 되었다.

자동차는 계급투쟁과 무자비함, 독립성과 자유, 과시적인 소비, 공격성, 새로운 것과 기술에 대한 열광 등을 상징했다. 이러한 현상은 자동차가 기계이며, 자동차를 통해 기계가 여론의 조명을 받게 되었다는 사실에도 기인한다. 19세기에는 외부의 눈에 띄지 않던 기계들이 공장을 벗어나 거리로 쏟아져 나왔던 것이다. 그전까지만 해도 기술에 회의적이던 귀족이나 부르주아들이 차츰 기계 다루는 법을 익히게 되었다. 물론 처음에는 자동차 운전, 정비, 관리 등을 운전기사에게 맡겼으나, 점차 그 예민하기 짝이 없는 '가솔린 마차'의 까다롭고 고집 세고 변덕스러운 기술에 익숙해졌다. 자동차를 타면서 사람들은 기술이 지배하는 현대로의 진입을 집단적으로 연습했던 것이다. 그렇지만 자동차를 직접 타는 것뿐만 아니라 이를 지켜보는 것도 새로운 기술문화에 대한 뜨거운 반응을 불러일으켰다. 카퍼레이드나 자동차경주 등이 만들어 낸 군중의 열광은 이 모험의 기계를 둘러싸고 새롭게 나타나던 집단적 관심을 상징했다. 이는 20세기를 지나며 선진국 사회와 국민들을 지속적으로 변화시켰다. 그러나 자동차의 초기 역사는 그렇게 낙관적이지 않았다.

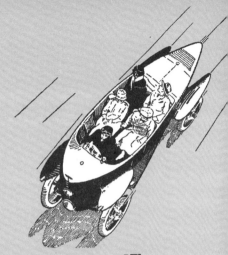

1장
자동차 전사前史와
초기 역사

1886년은 흔히 '자동차 빅뱅'의 해로 불린다. 사건의 여파가 워낙 크다 보니 마치 그해에 자동차 특허를 낸 카를 벤츠Carl Benz, 그리고 같은 시기에 가솔린을 동력으로 하는 마차 운행을 시도했던 고틀리프 다임러Gottlieb Daimler와 빌헬름 마이바흐Wilhelm Maybach가 별다른 도움 없이 전 세계인이 간절히 원하던 자동차를 발명한 듯한 인상을 준다.

이런 인상은 두 가지 관점에서 옳지 않다. 첫째로, '엔진 마차'와 '엔진 자동차'가 탄생하기까지는 기술적인 면뿐 아니라 문화적인 면에서도 전제가 되는 요소들이 많았다. 엔진이 달린 탈것들은 19세기 후반의 기술적 혁신을 바탕으로 탄생했으며, 다른 '이동용 기계', 특히 자전거의 덕을 많이 봤다. 따라서 가솔린엔진 차량도 앞선 연구나 본보기 없이, 산업기술적 전제 조건과 상관없이 탄생한 천재적인 작품이 아니다. 자동차는 기계화라는 '무명의 역사'의 산물이라고 할 수 있다. 물론 여러 기업사와 발명가 위인전에서는 이 사실을 건너뛰다시피 한다.

둘째로, 처음에는 가솔린 자동차의 미래가 그리 밝지 않았다. 가솔린을 동력원으로 하는 엔진이 증기나 전기 동력을 제칠 거라고 생각한 사람은 많지 않았다.

누가 1886년에 가솔린 자동차를 탄생시켰는가는[1] 더 이상 중요하지 않다. 중요한 것은 이 발명이 단순한 에피소드에 머물지 않고 점점 확산되어 결국에는 세계를 지배하게 됐으며, 차량이 지속적으로 개발되어 새로운 이동성의 기반을 이루었다는 점이다. 그리고 여기서 핵심적 역할을 한 이들이 독일의 선구자들이었다.

전통적으로 독일에서는 자동차가 엔진 동력 문제에 대한 하나의 해결책, 이른바 '최우선 근본 문제'에 대한 해결책으로서 탄생했다고 설명해 왔다. "오늘날의 자동차를 향한 결정적인 걸음을 내딛은 것은 … 고틀리프 다임러의 고속 내연기관이었다."[2] 나 역시 과거에는 이 견해에 동의하고 초기 자동차를 "바퀴 달린 내연기관"이라고 표현했다. 그러나 이미 1906년에 《마이어 백과사전Meyer's Encyclopedia》에는 다음과 같은 기록이 있다. "따라서 현대 자동차 제조에 쓰이는 '경형 폭발 엔진'의 의미를 과대평가해서는 안 된다. 자동차 또한 기술 발달의 전반에 걸친 유기적 공동 작업의 산물로 파악해야 한다." 특히 영국과 미국의 자동차 역사가들은 이 지적에 따라 바퀴와 차체의 발달에 더 큰 비중을 두는 자동차 역사를 기술했다. 실제로 초기의 자동차는 엔진의 이동화라기보다는 차체에 엔진이 탑재된 것으로 파악하는 쪽이 합당하다.

출발점: 자전거, 마차, 고정식 가스엔진

자전거는 1870년대부터 갖가지 면에서 가장 중요한 고도 기술의 하나로 발전했다. 가볍고 견고해야 했으며, 대량생산에 적합하게 설계되어야 했다. 이 때문에 다양한 기술적 해결책들이 제시되어 초기 자동차 제작에 중요한 역할을 했다. 납땜으로 연결할 수 있는 견고하면서도 얇고 가벼운 강관, 생산이 용이하고 가벼운 철판, 압력이 아니라 끌어당기는 힘으로 바퀴살이 움직이는 경량 바퀴, 마찰을 줄이고 수명을 연장하는 볼베어링, 니켈 도금으로 부식에 강한 표면, 동력을 전달하는 금속 체인 등이 이에 해당한다. 당시의 표준 서적이라 할 《철의 기술》[3]에서는 당연하게 초기의 자동차를 자전거와 동등하게 다루고 있다. 공통되는 부품이 매우 많았기 때문이다. 바퀴의 테와 바퀴살, 파이프 프레임, 체인 장치, 고무 타이어 또는 공기타이어 등이다. 초기의 자동차 제작자들이 이용한 차동差動 장치, 카르단 유니버셜 조인트, 볼베어링은 이미 오래전부터 자전거 제조 분야에서 널리 쓰이고 있었다. 초기의 항공기 제작자들도 자전거 기술의 도움을 받았다. 자전거 판매상이었기 때문에 당연히 자전거에서 많은 아이디어를 차용한 라이트 형제부터 루이 블레리오, 앤서니 포커, 알베르토 산토스뒤몽 같은 비행 선구자들에 이르기까지 모두 자전거 기술에 상당히 의존했다.

물론 자전거 기술이라고 해서 하늘에서 뚝 떨어진 것은 아니다. 자전거 이전에는 미국의 남북전쟁 기간에 대량생산된 권총 관련 기술, 그리고 약 10년 후에 개발된 재봉틀과 수확기 같은 농기계 제작 기술이 있었다. 자동차가 제작되기 10년 전부터 저렴하면서도 정밀하게 대중 소비재인 자전거를 대량생산해 온 이 새로운 경공업이 자동차 제작과 산업의 토대가 되었다.

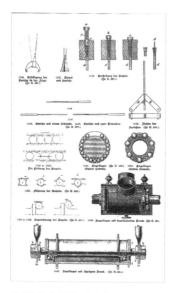

초기의 발명가들은 자전거 부품을 이용해
자동차 기술의 기초로 삼았다(1900).

초기 자동차가 자전거에 기반을 두고 탄생했다는 것은 당시에는 자명한 사실이었다. 그래서 앞서 언급한 표준 서적에 '근대의 자동차'는 "제작 면에서는 자전거에, 동력 면에서는 기차에"[4] 속한다고 기술되어 있다. 최초의 언론보도에서 벤츠의 자동차는 너무도 당연하게 자전거의 특수 형태로서 '삼륜 벨로시페드 자전거' 또는 '엔진 벨로시페드 자전거'라고 불렀다. "벨로시페드 자전거 애호가들이라면 이 분야에서 벤츠사의 발명으로 대단한 진보가 이루어졌다는 소식에 큰 흥미를 보일 것이다."[5] 자동차의 기초가 된 것은 당시 자전거의 표준형이었던 낮은 '안전' 자전거가 아니라 인기를 누린 삼륜 자전거였다. 이전 모델인 높은 자전거와 비슷하게 삼륜 자전거에는 대개 큰 바퀴 두 개와 방향을 조정하는 작은 앞바퀴가 달려 있었다. 삼륜 자전거는 '스포츠'형의 낮은 자전거보다 더 견고하고 무거웠으며, 여성들이 선호했고, 배달 및 우편물 운송 목적으로도 사용되었다. 바퀴가 양쪽에 달려 있기 때문에 엔진 장착에 적합하다고 여겨졌다. 에커만은 당시의 '삼륜 자전거Trike'가 벤츠의 '엔진 벨로시페드 자전거' 탄생에 가장 중요한 원동력이었을 것이라고 했다.[6] 타원형 용수철 위에 얹은 안장도 삼륜 자전거에서 가져온 것이다. 이 외에도 삼륜 자전거에서 자동차로 도입된 부품은 여러 가지다.

그러나 가솔린 자동차가 이 기초 기술을 이용한 최초의 차량은 아니었다. '발명의 해'인 1886년 이전에 프랑스에서 이미 시운전을 마친 도로용 증기 동력 차량이 그 최초의 차량이다. 이 "원천적 동력을 이용한 차량"은 기술적 기본 설비뿐만 아니라 기존의 자전거 기술을 이용했다는 점에서도 벤츠의 특허 자동차와 매우 유사했다. 드 디옹 부통De Dion & Bouton사가 1883년에 개발한 자전거 바퀴가 달린 경량 증기 차량이 한 예이다. 독일 언론과 대중잡지에 이 소식이 자주 실렸기 때문에 독일의 선구자들은 분명 이 내용을 알고 있었을 것이다. 하지만 그들이 이 새로운 기술을 얼마나 세세하게 알고 있었는지, 자전거 기술을 자동차에 최초로 접목한 "간편하고 단순한" 프랑스의 증기 벨로시페드 자전거에 대해 벤츠가 얼마나 알고 있었고 어떤 영감을 받았는지는 알 수 없다.

실제로 카를 벤츠는 자전거를 좋아했고 이를 숨기지 않고 드러냈다. 벤츠의 전기를 읽다 보면 그가 자전거 타기를 매우 즐겼다는 인상을 받게 되는데, 따라서 그가 만든 엔진 자동차가 자전거 부품을 사서 '조립'한 것이었다는 사실도 그리 놀랍

1898년경의 벤츠 자동차 카탈로그. 자전거 기술에 엔진이 추가되었다.

지 않다. 이미 언급했듯이 1886년에 벤츠가 만든 삼륜 자전거는 "독자적인 작품"[8]이 아니라 자전거 몸체의 모든 부속과 당시 '대량생산'되던 바퀴를 이용한 것이었다. 만하임 출신의 엔지니어였던 벤츠는 당시 최대 규모의 자전거 생산업체 중 하나였던 프랑크푸르트의 클라이어Kleyer사가 '아들러Adler'라는 상표로 생산하던 자전거를 구입했다.

　다임러와 마이바흐가 슈투트가르트의 바트 칸슈타트에서 실험한 것도 이륜 자전거였다. 물론 1885년 다임러의 작업실에서 만들어진 안장 달린 목재 차량인 '라이트바겐Reitwagen'은 당시 자전거 기술을 거의 사용하지 않았다. 그러나 이후 '철제 바퀴차' 또는 '사륜 자전거'를 제작할 때에는 상황이 달랐다. 이때 다임러는 네카스울름에 있는 자전거 생산업체인 NSU사에 엔진만 제공하고, 1889년 NSU사가 자전거 부품으로 새로운 차량을 제작했다. 이 차량은 자전거 기술과 "설계상의 공통점"[9]을 넘어서는 공통점이 있었다. '철제 바퀴차'는 자전거 틀을 이용한 가벼운 차체에 앞바퀴에 각기 연결된 두 축이 핸들 역할을 했다. 에커만식 조향操向장치가 바로 자전거에서 유래했다. 이는 초기의 자동차가 기술적으로 자전거의 도움을 얼마나 받았는지 보여 주는 또 다른 증거이다.

가솔린 자동차가 "탄생한 해"에 운행된 삼륜 자전거

　'자동차'가 도움을 받은 또

다른 고도 기술은 마차 제작 기술이었다. 자동차 발명가들이 처음에 하나의 기술을 적용하고 다음에 또 다른 기술을 적용했다가 두 가지 기술의 조화를 시도했다는 사실은 초기에 그들이 가졌던 불안감을 보여 준다. 카를 벤츠가 최초의 자동차 제작에서 '벨로시페드 자전거' 기술에 의지했다면, 다임러와 마이바흐는 1886년 사륜차 제작을 위해 가벼운 '아메리칸' 마차를 구입했다. 그러다가 제2세대 실험 차를 만들 때에는 선호하는 기술이 맞바뀌었다. 이제는 다임러가 자전거 기술로 '철제 바퀴차'를 만들고, 벤츠는 당시 마차 제작에 쓰이던 나무살 바퀴와 너도밤나무 목재 등의 재료를 가져다 썼다. 그리고 10년 후 영국의 자동차 선구자 제임스 나이트James Knight가 이 두 가지 기술을 혼용하기에 이르렀다. 1895년에 탄생한 나이트의 가솔린 자동차는 뒤에는 마차 축을, 앞에는 '벨로시페드 자전거'형 축을 장착했다.[10]

마차 제조 기술은 19세기 말에 이미 높은 수준에 도달해 있었다. 벤딩 기술과 접착 기술, 장력을 이용한 고정법이나 상자형 지지물을 이용하여 파이프 및 철판으로 만들어진 '자전거'처럼 견고하면서도 더 무겁지 않은 목재 마차가 제작되었다. 경량 마차는 정련된 철로 만든 용수철을 써서 승차감을 개선하는 식으로 자전거 제조술이 이룩한 성과를 가져다 썼다. 짐마차는 이미 대량생산이 되고 있었다. 목재로 만든 군용 '대

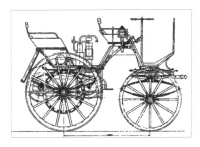

1885년 엔진을 장착한 다임러의 '아메리칸' 마차는 자동차의 기원이 되었다.

포용 바퀴'가 대량생산되고 있었고, 이는 곧 운송용 마차 제조사로 납품되었다. 오스트리아-헝가리의 로너Lohner 같은 마차 제조사들은 이 복잡한 제품을 대량생산하기 위해 현대적인 생산방식을 도입했다. 영국에서는 자동차가 등장하기 훨씬 전부터 경량 마차나 '핸섬 캡'〔마차택시〕이 런던의 택시로 대량생산되었다. 미국의 버기Buggy'〔핸섬 캡과 유사한 2인용 마차〕도 마차 제조에 중요한 모델이 되었다. 버기는 미국의 자동차에만 영향을 끼친 것이 아니다. 버기의 특징이라고 할 경량, 용이한 운전, 저렴한 가격, 비포장도로에 적합한 설계 등은 '미국파' 자동차의 주요 특징이 되었다. 버기는 엔진을 장착하기에 적당한 모델이었다. 미국에서 엔진 장착 차량을 생산한 곳이 버기 생산업체들이었다는 것은 놀라운 일이 아니다. 19세기 말에서 20세기 초에 세계 최대의 마차 제조사였던 (인디애나주 사우스벤드의) 스터드베이커Studebaker사는 1902년부터 전기자동차를, 2년 후에는 가솔린엔진을 장착한 버기를 생산했다.

그러나 1900년경까지 자동차 제작에 지배적으로 이용된 기술은 자전거 기술이었다. 최초의 대량생산 자동차인 벤츠 자동차의 이름이 '벤츠 벨로'였다는 사실이 이를 명백하게 말해 준다.

'엔진 벨로시페드 자전거'의 동력도 기존 기술을 이용한 것이었다. 이미 1876년부터 고정식 엔진으로 사용된 니콜라우스 오토Nikolaus Otto의 4행정 엔진four-stroke-cycle engine은 특허의 보호를 받고 있었지만, 자동차 선구자들은 비밀리에 이 기술을 이용했다. 다임러와 벤츠가 실험 차량을 1886년에 공개한 것은 바로 그해에 오토의 기반특허 532번을 취소시켰기 때문이다. 이 성공을 발판으로 이들은 비로소 "자동차 제작이라는 신세계에 진입"[11]할 수 있게 되었다. 도로용 내연기관이 합법이 된 것도 이때이다. 물론 고정식 가스엔진을 사용할 수 있게 되기까지는 넘어야 할 산이 많았다. 가장 큰 어려움은 액체연료 이용 문제였다. 벤츠는 당시 세척제나 얼룩제거제로 쓰이던 비등점이 낮은 석유 리그로인을 사용했다. 공기가 액체 표면을 스쳐 지나갈 때 점화되는 리그로인은 저온에서도 별 문제 없이 '기화'되었다. 엔진 성능을 높이려면 '기체'의 양도 많아져야 했기 때문에 부이 기화기buoy carburetor, 분사 기화기, 브러시 기화기가 발명되었다. "이동하는 가스 설비"보다 더 복잡한 문제는 점화였다. 벤츠가 목표로 한 엔진을 동력으로 하는 차량이건, 어디에나 설치 가능한 엔진이건 점화가 난제였다. 다임러의 가열점화법은 오토의 고정식 엔진에 쓰인 불꽃 점화를 기반으로 개발된 방법이었는데, 회전수가 높아지면 문제가 생겼다. 벤츠는 장 르누아르Jean Lenoir의 고압점화법에서 전기 부저점화법을 개발하여 회전수가 높아도 문제가 없었으나, 이 점화법은 더 복잡했고 고장이 잦았으며 배터리가 빨리 소모되었다.

가솔린 자동차의 '선조'들은 방울형 윤활장치, 벨트, 톱니바퀴나 베어링 같은 기존 부품들을 자동차에 도입했다. 엔진이 생산한 동력을 평벨트로 전달한 것도 이미 수십 년 전부터 기계 제작에 쓰이던 방법이었다. 그러나 기존 부품들을 '조합'한다고 해서 오류나 막다른 길이 방지되는 것은 아니다. 벤츠 특허 자동차에 생긴 플라이휠 설치 문제가 대표적이다. 벤츠는 세로로 된 플라이휠의 원운동이 차의 회전을 방해할 수 있다고 판단되자, 이를 즉석에서 가로로 설치했다.

초기의 연대: 자전거 이용자와 자동차 이용자

자전거는 기술적 모범 이상의 역할을 했다. 당시 유행하던 자전거는 자동차가 나오기 훨씬 전에 인간에게 주어진 속도의 가능성을 이미 대폭 확대시켰기 때문이다. 자전거의 이용과 확산은 초기 자동차의 확산 모델이 되었다. 자동차 역사가들이 초기 자동차 기술을 다룰 때 꼭 자전거를 언급해야 하는 이유이다. 자전거가 사람들에게 이동에 대한 소망을 품게 하고, 부분적으로 이 소망을 충족시킨 시점에 자동차가 시장에 출현했다. 자동차를 맨 처음 이용하고 구입한 사람들도 '자전거 이용자'들이었다. 벤츠의 발명을 보도한 신문 기사도 이들을 대상으로 한 것이었다.

자전거를 통해 도로를 여가 공간으로 파악하게 된 것은, 1800년경에 자연을 산책 공간으로 이용하게 된 것과는 차원이 다른 매우 새로운 경험이었다. 그러나 자전거는 여전히 산책이나 미적 향유의 수단이었다. 초기의 자동차도 자전거가 수행한 역할 중 여가나 자연 향유 도구로서의 역할이 중요했다. 자동차는 자전거와 마찬가지로 단순한 '기능적' 교통수단을 넘어 '현대적'이고 미적인 조건을 갖춘 이동용 기계이자 여가 및 스포츠용 차량이 되었다. 자동차도 자전거처럼 잡지를 통해 소개되고 경주와 퍼레이드 및 스포츠 드라이브가 장려되었으며, '아래로부터' 형성된 클럽 구성원들의 지지를 받았다. 둘 다 19세기 말 사람들이 지녔던 이동이나 가속에 대한 욕구에 부합하는 기계였다. 이 점에서 자전거와 자동차는 속도와 위험도 면에서 뒤지지 않았던 승마와 마차 이용보다는 더 현대적이었다. 사람들이 주말과 여가를 기계와 함께 보내는 시간이 늘어났다. 자동차, 모터보트, 요트, 노 젓는 보트는 자전거와 마찬가지로 20세기에 급속도로 확산된 기계를 이용한 레저에 쓰였다. 몸Mom은 자전거가 "기능적 모험"을 "친숙한 기술"[12]과 연결했고, 동시에 1900년경의 위생운동과 야외운동에 부합하는 선구자 역할을 했다고 서술했다.

초기의 자동차가 직면했던 갈등들은 이전에 자전거 문화에서도 나타난 것들이었다. 전에는 속도가 느린 동물과 사람들만이 이동했던 도로에 빠른 속도를 가져온 교통수단이 바로 자전거였기 때문이다. 처음에 다른 도로 이용자들과 관청의 눈에 교통 방해자로 비친 것은 자동차가 아니라 자전거였다. 노동자와 여성들도 자전거를 이용했기 때문에 권력자들은 이 교통수단을 '해방'기계라고 부르며 회의적인 눈으로 주시했다. 따라서 자전거 운행은 '통제'되어야 했고 허가를 받아야 했다. 신분 확인을 위해 관청에 등록하는 절차도 필요했다.

자동차가 등장했을 때에도 그 여파는 비슷했다. 자동차는 갑자기 나타났고 너무 빨리 달렸으며 보행자나 마차 이용자, 그리고 마차를 끄는 동물들에게 피해를 준다고 여겨졌다. 자전거와 자동차는 똑같은 공격을 받았지만 공격을 하기도 했다. 그래서 처음에 자전거와 자동차는 '사돈' 관계로 여겨졌으며 동맹자로서 등장했다. 즉, 전통적인 교통에 대적하는 연대를 이루었던 것이다. 이용자들은 공동으로 잡지를 발간하고 연맹을 결성했으며, 엄격한 교통법규에 맞서서 함께 싸웠고, 더 많은 자유를 인정 받고자 공동으로 '로비 활동'을 했다. '자전거 팬'들이 최초의 자동차 이용자들이었다. 자전거를 타던 청소년들이 성장하여 돈을 모으면 자동차로 바꾸는 경우가 많았다. "전에는 부

1920년경 공동 클럽의 간판. 자전거 이용자들과 자동차 이용자들은 같은 연맹 구성원으로서 단결했다.

유하고 스포츠를 즐기던 상류층의 사치품이었던 자전거가 이제 가격이 떨어지면서 중류층 외에 노동자들까지 이용하게 되었다. 그리고 그 자리를 자동차가 대체하고 있다."[13]

그러나 초기의 자동차와 자전거의 동맹관계는 양쪽의 이해가 맞을 때까지만 유지되었다. 자동차의 속도가 높아지자 이 관계에도 종지부가 찍혔다. 이제 자전거와 자동차 사이에 경계선이 그어지면서 새로운 적대 관계가 출현했다. 자전거 이용자들은 점차 '전통적' 교통수단 이용자의 역할을 맡게 되었고, 보행자나 마차 이용자들과 함께 자동차 운행자들의 폐해를 비난했다. 자동차의 등장으로 자전거는 한낱 '근육 차량'으로 등급이 떨어지는 수모를 당했다.

자전거만이 아니었다. 1900년 이전의 이동문화를 주도한 것에는 아이스스케이팅과 롤러스케이팅도 있었다. 빈이나 유럽의 다른 대도시에 아이스스케이팅과 롤러스케이팅을 위한 경기장, 이른바 '링크'가 건설되었다. 심지어 1877년 신문에는 "사람들이 가장 빠른 롤러스케이트를 타고 이동할 것이고, 그에 따라 거리에서 마차가 사라질"[14] 것이라는 전망까지 실렸다. 발명가들은 롤러스케이트에 엔진을 장착하여 '미니멀리즘'에 입각한 개인의 엔진화를 이루었다. 처음에는 증기 롤러스케이트라는 풍자적 구상으로 시작됐지만, 나중에는 기술적인 실현 방법을 찾을 것이라는 전망이 나오면서 이 아이디어는 사람들의 머릿속을 떠나지 않았다. 1910년경에 엔진을 장착한 롤러스케이트 특허가 나왔고, 1920년 이후에는 아세틸렌으로 움직이는 롤러스케이트가 특허 등록되었다.[15] 롤러스케이트는 경량 차체 제작 기술과 볼베어링 등 자전거 기술을 이용한 것이었다.

'이동문화'에서 아이스스케이팅도 빼놓을 수 없다. 18세기 말경에 이미 아이스스케이팅은 괴테에서 프리드리히 클롭슈토크에 이르는 '아방가르드' 작가와 지성인들을 열광시켰다. 클롭슈토크의 송시 〈아이스스케이팅〉은 속도에 대한 당시의 열광적 분위기를 노래한다.

왼쪽으로 돌아라, 나는
오른쪽으로 반원을 그리면서 돌리라.
내가 하는 것처럼 탄력을 이용하라.
그리하여 재빨리 내 옆을 지나쳐 가라!

그로부터 100년 후, 아이스스케이팅은 엘리트 이동 수단과는 거리가 먼 유행 스포츠로 바뀌었다. 아이스스케이팅과 롤러스케이팅이 자전거나 자동차와 근본적으로 다른 점은, 이 스포츠들은 따로 정해진 구역에서 해야 해서 일상적 도로교통이라는 '모험 공간'과는 별 상관이 없다는 것이었다.

실패 위기: 자동차에 대한 무관심

        가솔린 자동차가 도로교통에 도입되고 결국 이를 지배하게 된 것은 오늘날의 생각과 달리 그리 당연한 일이 아니었다. 전통적인 자동차 역사서들의 서술과 달리, 자동차의 성공은 "승승장구의 과정이 아니었으며 기술적 우월성 덕에 자동으로 진행된 과정도 아니었다."[16]

  독일에서 자동차는 하마터면 실패할 뻔했거나 몇 년이 지나서야 성공할 뻔했다. 왜냐하면 자동차는 여론의 관심도 끌지 못했고 구매자도 없었으며, 사실상의 탄생국인 독일에서 시장이 형성되지 못했기 때문이다. 베르타 벤츠Bertha Benz가 아들들과 함께 1888년 여름에 만하임에서 포르츠하임으로 떠난 최초의 '장거리 여행'은 여론에 어떠한 파급효과도 미치지 못했다. 그것은 벤츠 가족에게만 커다란 사건이었다. 게다가 최초의 고객이 정신장애인이어서 방금 판매한 차를 회수할 상황이 되자, 카를 벤츠는 큰 충격을 받았다. 자서전에서 벤츠는 독일에서 자동차가 성공을 거두지 못했던 당시를 회상하며, 오히려 프랑스에서 반응이 훨씬 더 좋았다고 놀라움을 표한다. 벤츠는 그 원인이 "뒤떨어진 독일인들이 예로부터 독일적이고 독일에서 생긴 모든 것을"[17] 무시하고 외부로부터 들어온 것, 특히 프랑스에서 들어온 것을 높이 평가하는 관습에 있다고 봤다.

  벤츠는 이런 민족주의적 논증을 펼침으로써 진정한 원인을 간파하지 못했다. 자동차는 독일에서보다 프랑스에서 훨씬 더 전문적으로 시장에 소개되었으며 선전되었다. 따라서 원인은 "독일 대자본의 주저"[18]에만 있었던 것이 아니라, 자전거의 모범을 따라 시장과 고객층을 적극적으로 개발하지 못한 데 있었다. 벤츠뿐 아니라 다임러도 처음에는 산업 전시회에서 엔지니어와 공업 전문 관객들에게만 자동차를 소개했다. 얼마쯤 시간이 지난 후에야 비로소 (예컨대 1889년의 만국박람회 같은 기회에) 대중에게 선을 보이게 되었다. 처음에 독일의 발명가들은 이용자나 시장을 중요하게 여기지 않았다. 그들은 가솔린 자동차를 단순한 공업용 제품, '이동용 기계'로만 이해하고 시장에 내놓았다. 즉, 자신들의 '이동용 기계'의 기술만 이해했을 뿐 그 시장 가능성은 몰랐던 것이다. 자동차를 기술 분야에서 이뤄 낸 신개발로만 이해했으니, 이를 당시 이동문화의 맥락 안에 잠재되어 있던 고객 욕구와 연결짓지 못한 것이 당연하다. 초기의 자동차는 새로운 기술 제품을 선보이면 그것이 '저절로' 수용될 것이라는 안이한 생각과, 그것이 비현실적인 기대임을 보여 주는 좋은 예이다. 벤츠는 사람들이 자신의 자동차를 불필요하거나 심지어 해가 되는 것으로 받아들이는 현실을 보고 놀라움을 금치 못했다. "독일의 전문가들조차 프랑스 전문가들과 달리 교통생활 및 경제생활에서 내 발명의 근본적인 중요성과 혁신성을 인식하지 못했다."[19]

자동차의 성공은 사회적 환경에 기인한 것이지, 생산기술과는 별 상관이 없었다. 그리고 말했다시피 이 성공은 프랑스에서 시작되었다. 프랑스 관계자들은 자동차가 사람들에게 저절로 수용되기를 기다리지 않고 적극적으로 홍보했다. 전문적인 마케팅 전략, 언론 및 문학을 통한 홍보, 대로에 위치한 우아한 쇼룸, 대중에게 효과적인 자동차 살롱, 자동차 퍼레이드, 여러 지점에서 중심 목표점을 향해 자동차

'빅토리아' 앞에 선 테오도어 리비히Theodor Liebieg와 카를 벤츠(1895). 리비히는 초기에 만하임을 방문한 방문자이다.

로 달리는 행사, 디자인 경쟁력, 무엇보다 자동차경주를 통한 대대적인 홍보가 이루어졌다. 드 디옹이나 다라크 같은 회사들은 자동차를 "라이프스타일의 상징", 부유층과 멋진 유행을 선도하는 사람들, 특히 여성의 상징이라고 광고했다. "미적 감각의 수도"인 파리 도심, 즉 프랑스 사교계 중심부에 자동차를 전시한 후 자동차야말로 현대 소비에 어울리는 전형적인 고급품, 대로를 적절하게 '거닐' 수 있게 할 뿐 아니라 자연을 새롭게 경험하고 놀라운 속도를 즐길 수 있게 하는 수단이라고 홍보했다.

'자동차 상품'을 미적인 면에서 강조함으로써 파리에서는 1895년경부터 본격적으로 사회적 움직임으로서의 '자동차주의'가 형성되었다. 자동차에 대한 관심을 불러일으켜 결국 문화적 담론까지 만들어 내는 데 성공한 것이다. 중요한 것은 "자동차를 '설명'하고 '습득'시키는 것이었다. 자동차를 담론화하고, 자동차에 대표성을 부여하며, 분명하게 규정하지 않은 채 (계속해서 변하는) 긍정적 이미지를 형성해야 했다. 사람들이 자동차를 보고 감탄할 수 있게 만들어야 했다."[20]

프랑스에서 받은 관심은 초기의 독일 자동차가 발전하는 데 크게 기여했다. 1887년 벤츠의 첫 정식 고객은 파리에 사는 에밀 로제Emile Roger였다. 다임러의 첫 고객이나 나중에 라이선스를 구입한 사람들도 프랑스인이었다. '자동차주의'가 형성되고 발전하면서 거쳤던 모든 단계와 모든 '최초'의 사건들이 프랑스에서 일어났다. 1896년 2월에 폴 메이랑Paul Meyran은 세계 최초의 자동차잡지인《프랑스 자동차 La France Automobile》을 발행했다. 잡지《레코L'Echo》는 1897년에 처음으로 '여성 운전자 챔피언십'을 개최했다. 그해에 이미 자동차부대가 군의 작전에 참여했다. 1년 후에 최초로 멋진 자동차 선발대회가 열렸고, 최초의 자동차 전시회도 같은 해에 파리의 튈르리 정원에서 열렸다. 이렇게 중요한 해였던 1898년에 역사상 최초로 국제 자동차경주대회가 진행되었고(파리~암스테르담), 최초의 자동차 관련 세제가 제정되었다. 1898년 7월 1일부터 모든 자동차는 등록하고 '컨트롤 표지판'을 부착해야 했다.

1897년 벤츠사의 노동자들과 벤츠 자동차

독일에서와 달리 프랑스에서는 다양한 분야의 상인과 기업가들이 자동차의 경제성과 수익성을 간파하고 서둘러 투자하기 시작했다. 새로운 창업자들이 아니라 경험 많고 명망 높은 고객지향적 대자본 기업들이 자동차를 생산하기 시작했다. 벤츠는 프랑스 자본가들과 제조사들의 모험정신을 부러워하며 다음과 같이 기록했다. "파리는 의류 패션과 같이 자동차산업과 자동차시장을 지배한 지 오래다. … 자동차의 고향이자 모국인 독일에 비해 프랑스가 이렇게도 빨리 우월한 지위를 차지하게 된 이유는 무엇일까? 그 이유는 단 한 가지, 프랑스에서는 새로운 아이디어가 근본적으로 다르게 수용되고 평가된다는 사실이다. 프랑스에서는 신중한 검토 끝에 나온 폄하도, 냉정한 거부도 없었다! 새로운 이상이 미래를 지배할 것이라는 생각에 사로잡힌 프랑스의 설계자나 기술자들은 프랑스적 열광을 뜨겁게 불태우며 독일 자동차를 수용했다. 여기에 지속적으로 불을 지펴 준 것은 머릿속에서의 열광뿐 아니라 강력하고 무조건적인 투자를 감행한 프랑스 대자본의 힘이었다. 그리고 이 대자본 덕분에 열광의 불꽃은 더 높고 먼 곳에까지 이르게 되었다."[21]

이런 투자 붐을 이끈 기업은 드 디옹De Dion, 파나르 르바소Panhard & Levassor, 푸조

1898년 무렵 드 디옹 부통 사의 '비자비' 자동차에 탄 프랑스 공업가 조르주 부통Georges Bouton. 여전히 운전자가 뒤에 앉는 형태이다.

Peugeot였다. 이 회사들은 경량 차량 제작 분야에서 이미 경험을 축적한 상태였다. 증기기관 제조사들은 새로운 동력 기술을 받아들여 폭을 넓혀 나갔으며, 자전거 회사들은 재빨리 자동차에 투자할 준비를 갖추고 자전거 제작에서 얻은 생산 노하우를 활용했다. 다라크Darracq와 클레망Clement사가 여기에 속했다. 자전거와 자동차는 시장과 고객층이 매우 유사하고 제작공정도 거의 바꿀 필요가 없다는 점이 이들에게 유리하게 작용했다. 모르Mors사는 세기말 당시 현대적인 분야의 하나였던 전자산업계 회사로, 원래 절연선 감기를 자동화한 기계를 생산했다. 프랑스 산업계는 대체로 전형적인 하나의 모델을 따랐다. 먼저 독일의 자동차를 판매했다가 라이선스로 직접 생산에 나섰고, 나중에 제품을 개선하여 결국 고객층에 맞는 자신들의 자동차 모델을 탄생시켰다. 이 새로운 모델이 출발지인 독일에서 라이선스로 생산되는 경우도 있었다.

문화적 수용에 따라 시장은 확대되었고, 생산량도 증가했다. 르노Renault는 이미 1907년경에 연간 2~3천 대의 택시를 생산했다. 같은 해에 드 디옹은 연간 약 2만 대의 엔진을 공급했다. 이 엔진들이 모두 자동차나 '경차'에만 이용된 것은 아니다. 다량의 엔진이 또 다른 혁신적 '스포츠 차량'에 장착되었다. 예를 들어 1897년에 브라질의 항공기 선구자인 알베르토 산토스뒤몽Alberto Santos-Dumont은 무게가 고작 30킬로그램에 3.5마력의 파워를 내는 공기냉각식 드 디옹 엔진이 달린 삼륜차를 구입했는데, 시속 30킬로미터까지 가속할 수 있었다. 산토스뒤몽은 이 엔진을 자신의 '항공기 1호'에 장착하는 데 성공했다. 드 디옹 부통의 '경차'는 자동차 역사 초기에 성공을 거둔 진정한 자동차 모델이었다. 이 모델은 1895년에서 1901년 사이에 1만 5천 대가 팔리는 성공을 거두었다.[22]

프랑스의 회사들은 세기말 직전에 문화뿐 아니라 기술 면에서도 자동차산업의 선두 자리를 넘겨받았다. 자동차 역사를 연 독일의 엔지니어들과 달리 프랑스인들은 자동차 제작과 개발의 기술적 해결책들을 목적이 아닌 수단으로 파악했으며, 바로 이 때문에 훨씬 더 능률적이고 완제품 지향적이었다. 프랑스에서는 곧 운전자 능력과 고객 요구에 더 큰 가치를 두는 '기술유형'이 자리를 잡았다. 따라서 자동차 제조의 초기는 세 단계로 나눌 수 있다. 독일이 제작을 주도한 제1기에 이어 이용지향적인 프랑스의 제2기를 거쳐, 제3기에는 미국이 생산을 주도하게 되었다.

1905년 이후 자동차의 '프랑스 시대'는 서서히 막을 내렸다. 다른 나라의 경쟁자들이 프랑스식 마케팅 모델을 모방했기 때문이다. 1904년에 이미 프랑스는 세계 최대의 자동차 생산국이라는 타이틀을 미국에 넘겨줘야 했다. 1907년 프랑스에 등록된 자동차가 4만 대이고 독일이 1만 6천 대가 조금 넘었던 반면, 미국은 14만 3천 대를 기록했다.[23] 자동차산업연맹의 추정에 따르면, 당시 독일에서 자동차로 '먹고사는' 인구는 약 10만 명이었다. 수출은 3천만 마르크를 기록했다. 하지만 프랑스는 약 2배인 5,700만 마르크의 수출을 기록했고, 자동차 생산량은 2만 2천 대로 1억 4,100만 마르크에 달했다.[24]

자동차 발명자들과 도로교통

　　마지막으로, 발명 당시에 독일의 가솔린 자동차 선구자들의 머릿속을 맴돌았던 생각들은 무엇이었는지, 어떤 야망으로 가득 차 있었는지, 결국 이동성 혁명을 이루게 될 것임을 짐작이라도 했는지 논의해 보자.

　다임러와 마이바흐는 새로운 유형의 차량을 염두에 두지 않았고, 천재적인 새로운 도로교통 수단을 발명하리라고는 꿈에도 생각하지 못했다. 그들은 원래 선박이나 소규모 기차, 이동식 증기기관, 동력차, 비행선, 전차 등에 쓰일 보편적이고 이동 가능한 동력원을 만들려고 했다. 당시에 존재하던 모든 차량에 보편적으로 장착될 수 있는 '근본적 동력원' 발명이 목표였다. 그래서 이미 존재하는 것에 '내연기관'을 장착할 생각이었다. 구체적으로는, 마차에 '조립용 엔진'을 장착하여 말 없이도 가는 마차를 만들 계획이었다. 이 슈투트가르트 출신 엔지니어들이 지녔던 유토피아는 동력의 효율성을 높이려는 것이었지 기존 교통 구조에 혁명을 일으키려는 것이 아니었다. 물론 벤츠의 시도는 한 걸음 더 나아간 것이긴 했다. 벤츠는 새로운 차량인 "말 없

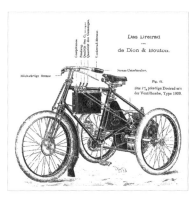

1900년 이전 드 디옹 부통의 가솔린엔진 삼륜차는 당시의 전형적인 경차였다.

는 마차"를 개발한 셈이었다. 그러나 벤츠도 이 새로운 차량이 대량 생산되면 교통 전반에 결정적인 신기원을 열리라고는 조금도 예상하지 못했다.

미국의 기술사가 토머스 P. 휴즈Thomas P. Hughes에 따르면, 발명은 근본적으로 두 종류가 있다고 한다. 급진적 발명과 보수적 발명이다. 급진적 발명은 새로운 시스템을 창조하지만, 보수적 발명은 기존 시스템을 개선할 뿐이다.[25]

이런 구분에 비추어 볼 때 독일의 선구자들은 보수적 발명을 했을 뿐이다. 기존 시스템에 맞게 차량을 변화시킨 것이다. 프랑스에서 이 차량을 개발하고 시장을 개척함으로써, 즉 자동차에 문화적인 '의미 부여'를 함으로써 비로소 특수한 급진적 발명이 이루어진 것이다.

따라서 가솔린 자동차의 도입은 새로운 기술 도입의 교훈적인 예라고 할 수 있다. 발명가들은 새로운 기술적 해결책을 찾아냈지만, 그것이 가져올 체계적 결과는 생각하지 못했다.

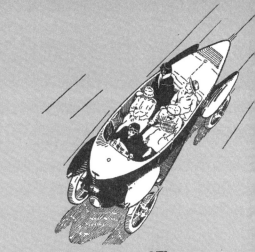

2장
초기의 자동차 제작

초기에 자동차를 이용한다는 것은 오늘날에는 분리해서 생각할 수 없는 두 가지 다른 작업의 수행을 의미했다. 한편으로는 이동 기계를 조작해야 했고, 다른 한편으로는 차량 자체를 운전할 줄 알아야 했다. 당시에 "자동차를 운전한다는 것과 기계를 조작하는 일은 근본적으로 상이한 개별 작업이었다."[1]

1905년경의 자동차는 '저절로' 작동하지 않았다. 대부분의 과정에 집중이 필요했으며, 운전하는 동안에 계속해서 여러 장치를 작동시켜야 했다. 윤활유 공급, 점화장치 조정, 가솔린 탱크의 압력뿐 아니라 엔진의 냉각도 계속 확인해야 했다. 초보자들은 "작동시켜야 할 윤활장치와 윤활유를 주입해야 하는 작은 구멍들, 그리고 여러 개의 조정 핀들"[2]을 보고 놀랐다. 초보 운전자들은 대개 제조회사로부터 입문 기술 교육을 받은 게 고작이었다. 운행 전에는 매번 광범위한 검사를 해야 했고, 수리해야 할 고장이 경미하면 그걸로도 만족이었다. 지속적으로 요구되는 정비를 게을리했다간 곧장 큰 고장과 수리하기 어려운 파손이 생겼다. 자동차 전문서적을 처음으로 집필한 사람 중 한 명인 루이 보드리 드 소니에Louis Baudry de Saunier는 다음과 같이 경고했다. "새로 구입한 자동차를 인수하면서 앞으로 좋은 날들을 함께 보낼 오랜 친구처럼 자동차를 대하는 것은 큰 잘못이다."³ 그러면서 우선 자동차를 전체적으로 분해해서 자동차에 대한 이해를 높이라고 권했다.

"지배적인 기계장치"를 조작하는 일에 비하면 운전하는 일 자체는 덜 중요하게 느껴졌다. 카를 벤츠조차 자신의 '엔진 벨로시페드 자전거'를 공식적인 자리에서 소개하면서 핸들 조정법을 잊어버려 공장 주변 벽에 부딪히는 사고를 냈다. 벤츠는 분명 기계조작에 몰두하는 바람에 핸들 돌리는 것을 잊어버렸을 것이다. 나중에 가서야 기계장치는 뒷전으로 물러나고 운전 자체가 어려운 일로 부각되었다. 따라서 초기의 가솔린 자동차는 (특히 장거리 여행이나 경주용일 경우) 2인용이었다. 보통은 차량 소유주와 기계공이 운전과 기계조작을 나누어 맡았다. 둘의 공동 작업은 매우 다양하게 나타났다. 자동차 이용자들 중에는 운전에 관심이 없어 정비와 수리를 포함하여 운전을 전적으로 운전사에게 맡기는 경우가 많았다. 1905년 이탈리아 여행에서 오토 J. 비어바움Otto J. Bierbaum은 운전사에게 운전을 전적으로 맡겨 놓고도 여행기에 운전사에 대해서는 거의 언급하지 않았다.⁴ 물론 직접 운전을 담당하고 운전사에게는 수리와 지저분한 정비 작업을 맡기는 '신사' 운전자들도 있었다.

통일된 유형의 탄생

자동차가 발명된 지 약 15년 후, 기술적 설계 면에 변화가 생겼다. 이제 자전거에 기초한 기본 설계가 밀려나게 되었다. 1900

년 이후에는 동력, 차체, 운전석 위치, 더 나아가 자동차의 전체 윤곽이 변했다. 최초의 특허 자동차 직후에 나온 후속 모델인 1893년의 벤츠 자동차는 전형적인 구형 모델이었다. 1.5~2.75마력 1기통 엔진이 눕혀진 채 장착된 이 모델은 최초로 1,200대나 대량생산되었다. 운전석은 뒷자리에 다른 좌석을 마주 보도록 설치되었다. 많은 회사들이 벤츠 자동차를 모방했는데, 오펠Opel도 그중 하나였다. 오펠사의 신모델 루츠만Lutzmann도 뒤쪽에 1기통 엔진이 눕혀진 채 장착되었다. '독일파' 자동차들은 1900년경부터 이미 시대에 뒤떨어지기 시작했다. 독일 차들은 외관상 "앞쪽이 잘려 나간 마차 같은 인상"[5]을 주었다.

루츠만에 대한 반응이 신통치 않자, 오펠은 1902년 프랑스 회사인 다라크의 라이선스를 구입했다. 오펠-다라크 자동차의 외관은 시대에 더 들어맞았다. 무엇보다 앞좌석과 뒷좌석이 같은 방향으로 자리 잡았고, 핸들이 비스듬하게 달리고 바퀴의 크기도 비슷했으며, 차체가 낮아졌고, 엔진은 앞쪽에 장착되었다. 이는 '프랑스파'의 전형적인 특징들이었다. 프랑스파는 유행을 주도한 제조사 파나르 르바소의 이름에 따서 '파나르 시스템'이라고도 불렸다.

처음부터 자동차로 고안되어 1899년에 출시된 최초의 파나르 르바소는 아예 마차 느낌을 없애고 자전거를 연상시키지도 않았다. 엔진이 앞쪽에 위치하여 공기를 접촉하면서 냉각도 원활해졌으며, 기어역시 앞쪽에 설치되어 차체 무게가 균등해져 도로 적응도도 개선되었다. 여기에 후륜구동 방식을 갖추고 바퀴 크기도 균일해져 운행이 수월해졌다. 비스듬한 막대에 붙은 핸들은 인체 구조에 맞아 운전이 더 편해졌다. '콜라주식 발명'에서 출발했던 모델이 이제 새로운 '통일된 유형'이 되었고, 나중에는 '표준형'이 되었다. "거의 모든 현대식 가솔린 자동차들이 이른바 타노Tonneau형으로, 앞쪽 덮개 안에 엔진이 장착되었다. 자동차는 앞바퀴가 움직이는 대로 방향이 조정되었고, 운전대는 비스듬하게 운전사 쪽으로 기운 막대 끝에 핸들이 달린 형태였다. 단 하나의 레버로 속도 조절이 가능했다."[6] 성능이 좋아지고 속도가 높아지면서 자동차 차체는 더 견고하고 무겁게 제작되었다. 자전거에서 가져온 원형 파이프가 사라지고 L자 또는 U자 모양의 지지대가 틀을 이루었다.

프랑스는 초기의 자동차문화에 결정적인 영향을 끼쳤을 뿐 아니라 '파나르 시스템'으로 자동차 기술에 큰 영향을 주었다. 독일 선구자들의 업적만 주목하면 이 사실을 간과하는 경우가 많다. 1901년에 "파나르는 대부분의 경쟁사들에게 본보기가 되었다"[7]는 기록이 있다. 독일의 많은 회사들은 프랑스 자동차를 모방하거나 부분적으로 변형시키고 조립했으며, 프랑스의 라이선스를 구입하기도 했다. 마이바흐의 미래형 4기통 엔진은 거꾸로 파나르 르바소 사의 납품용으로 제작되다가 마이바흐 자사 모델에 장착된 경우이다. 이렇게 독일 회사들도 프랑스 시장의 덕을 보았다. 이로써 자동차 기술이 점차 세계화되었다. 시장과 제품이 단일화되면서 자동차 유형은 나라별로 다르게 개발되었지만,

6마력, 배기량 1,500cc의 1899년형 파나르 르바소 자동차는 당시의 '표준형' 자동차였다.

기술 수준에서는 공동으로 발전했다.

프랑스의 모범을 따르면서 오늘날의 자동차 관련 서적에도 그 흔적이 보일 만큼 독일은 국가적 자존심에 상처를 입었다. 하지만 당시 프랑스풍 시민문화 분위기에서는 오히려 판매를 부추기는 역할을 했다. 더 중요한 것은 새로운 '표준형' 좌석 배치였다. 구형 모델에서는 좌석이 '마주 보게' 되어 있어 마차나 기차 객실에서처럼 서로 시선을 맞추며 대화하기에 좋았는데, 같은 방향으로 앉게 되면서 승객은 이제 운전자와 똑같이 앞을 바라보는 '동승인'이 되어 자동차 운전에 참여하게 되었다. 여행 그룹이었던 것이 "쌩쌩 소리를 내며" 같이 달리는 '속도공동체'로 변한 것이다. 특히 운전사는 이 그룹에서 벗어나 앞자리의 특별 좌석으로 이동함으로써 마침내 시계視界가 열렸다.

다른 부품들도 이런 경향을 따랐는데, 예컨대 발명 초기 '콜라주'의 산물이었던 평벨트도 사라졌다. 엔진 성능이 개선되면서 기존 변속장치의 한계가 드러났다. 벨트가 점점 늘어졌으며, 특히 비가 올 때면 미끄러져 빠지는 바람에 계속해서 다시 걸어 주어야 했다. 결국 날씨 변화에 상관없는 톱니바퀴 변속기가 이를 대신했다. 에밀 르바소는 1895년에 열린 파리~보르도 경주에서 처음으로 토비바퀴 변속기를 시도해 보고는 "거칠지만 정말 달리는 느낌이 난다"고 평했다. 그러나 톱니바퀴 변속기(기어)는 동력 벨트를 한쪽 풀리pulley(도르래식)에서 다른 쪽 풀리로 걸리도록 하는 단순한 변속용 포크보다 훨씬 조작이 어려웠다. 동력을 주는 톱니와 동력을 받는 톱니의 회전수가 비슷해야만 변속이 가능했다. 경험 많은 운전자만이 쿵하는 소리 없이 운전할 수 있었다. 운전자는 기어 조작 외에도 클러치를 연결하고 풀어 줄 때마다 시의적절하게 가스 페달을 밟을 줄 아는 감각이 있어야 했다. 이는 매우 어려운 일이었다. 당시 엔진은 매우 천천히 "가스를 받아들였기" 때문이다. 1906년 당시 사람들은 "톱니바퀴 작동이 자동차 운전에서 가장 불쾌한 조작 중 하나"[8]라고들 했다. 여기에는 경험과 능숙함 외에 기계에 대한 이해가 필요했다. 높은 성능과 원활한 기능, 정비 축소라는 목표를 위해 간편한 조작과 '이용자 편의'라는 측면이 다시 희생된 셈이다.

당시의 교본은 기어변속을 '자동적으로' 하라고 권고했다. 변속 동작은 운전자가 무의식중에 해야 하며, 의식은 오로지 운전 자체에만 집중해야 한다는 것이었다. 나중에 학술 용어로 '습관화'라고 명명된 것이 당시에 이미 운전 교습이 달성해야 할 목표였다. 다른 한편으로는 '거친' 변속기를 대체하려는 기술적 노력도 계속되었다. 움직이는 마찰바퀴를 이용하여 엔진 동력을 충격 없이 전달하는 마우러-우니온Maurer-Union이라는 시스템도 선보였다. 이는 간단하면서도 "어떤 속도에서도 동력을 전달"[9]할 수 있는 시스템이었다. 그러나 이 특허는 엔진 성능이 낮은 경우에만 의미가 있어, 차의 성능이 좋아지면서 관심에서 멀어졌다. 그러면서 동기 작용synchronized action이 없는 변속기들이 주를 이루었다.

운전자가 여러 가지를 '조작'해야 했던 구형에서 마침내 기계로 움직이는 자동차

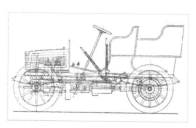

1904년 벤츠가 수용한 '파나르 시스템' 디자인의 '파르지팔'

가 탄생했다. 속도가 높아져도 문제가 없도록 설계가 변경되었다. 20세기 들어서면서 일어난 이런 변화는 자동차를 생산하는 모든 회사가 거쳐야 할 통과의례였다. 이를 무시하고 구형을 고집하며 빠른 '스포츠'형 자동차로 전환하지 않은 회사들은 위기에 빠졌다. 벤츠도 그중 하나였다. 1901~1902년에 벤츠사의 판매량은 급격히 감소했다. 회사 창립자인 카를 벤츠의 신념에 따라, 믿을 수 있고 견고하지만 비교적 '느린' 자동차를 고집했기 때문이다. 낮은 속도를 유지하면 기존 설계로 충분했다. 벤츠는 '파나르 시스템'이 경쟁자로 출현하자 구형 모델을 조금 개선하는 식으로 대처했다. 1901년 이상형 모델이 그 예이다. 이 자동차는 여전히 2기통 복서엔진〔엔진 실린더가 수평이어서 피스톤이 위아래가 아니라 좌우로 권투선수boxer처럼 움직인다고 하여〕을 달고 있었는데, 이 엔진을 벤츠는 '콘트라'라고 불렀다. 기통 두 개가 서로 마주 보고 설치되었기 때문이다. 형태는 그래도 동력에는 구요소와 신요소가 혼용되어 있었다. 여전히 구식 평벨트를 사용했지만, 변화하는 운전 환경에 맞춰 탄력성 없는 엔진을 3단으로 구성했다.

1902년의 벤츠 자동차는 프랑스 모델에 좀 더 근접한 형태를 취했다. 보닛 모양이 파나르와 같았고, 바퀴 크기도 동일했다. 하지만 4기통 엔진, 톱니바퀴 기어, 비스듬히 달린 핸들 같은 신형 부품은 없었다.

시장은 신형 모델을 요구하고 있었다. 그러나 벤츠사는 격렬한 내부 논쟁 끝에 창립자가 물러난 후에야 이 새로운 흐름을 수용했다. 클레망 바야르Clement-Bayard 사 제작팀을 이끌었던 마리우스 바르바루Marius Barbarou를 비롯하여 프랑스 엔지니어들로만 구성된 팀이 꾸려져 '스포츠'형 차량 제작이 시작되었다.

습관화되어야 하는 '예술'. 1920년경 자동차 교본에 소개된 변속 요령

1903년부터 생산된 벤츠사 모델들은 이에 대한 보상으로 매우 독일적인 '파르지팔'이란 모델명을 얻었다. 이 신형 모델에는 프랑스의 모범을 따라 평벨트 대신에 카르단식 벨트가 장착되었다. 새로운 4기통 엔진이 나왔고, 벤츠사도 경쟁사들처럼 경주에서 거둔 승리나 벤츠 자동차가 수립한 속도 신기록을 광고하기 시작했다. 1909년 벤츠 자동차는 시속 202.6킬로미터라는 기록을 세웠다. 배기량 2만 1,500cc의 이 자동차는 독일과 프랑스 엔지니어들의 합작품이었다.

일상적인 유용성: 모두를 위한 자동차

자동차가 움직이는 기계에서 기계를 장착한 차량으로 변신하게 된 가장 큰 원인은 속도에 대한 요구가 커졌기 때문이다. "모험을 즐기는" 고전적 고객층의 속도 증가 요구에 부응할 수 있는 차종은 무게중심이 낮게 제작된 기다란 자동차뿐이었다. 자동차에 관심을 갖는 사람들이 늘어나면서 새로운 요구들이 제기되었다. 자동차는 기차와 달리 도로를 달리는 교통수단이었다. 자동차 제조사들은 시장 확장을 위해 소비자들의 경험과 기대에 주목해야 했으며, 평범한 시민들은 기술적으로 경험이 없다는 점도 고려해야 했다. 이제 자동차는 전문가들만을 위한 차량이었던 과거에서 벗어나 기술 초보자들의 이동 수단으로 발전하기 시작했다. 이용자의 요구는 자동차 제작에 반영되었다. 1925년 기록에 따르면, 당시 엔지니어들은 "자동차를 이용하는 대중의 기술적 교육 수준을 고려해야"[10] 한다는 인식에 이르렀다. 이때부터 자동차는 결함이 줄어들고 더 안전해지고 이해하기도 쉬워졌으며, 기술적인 교육을 따로 받지 않은 운전자들도 운전할 수 있을 만큼 '비전문화'되었다.

'자동 시동기', 자동 윤활, 점화 조정, 간단해진 변속 등은 자동차 이용을 편리하게 해 주었지만, 이는 어쩔 수 없이 자동차의 기계장치를 복잡해지게 만들었다. 자동차가 '자동화'되려면 추가로 설치해야 할 장치들도 늘어나야 했기 때문이다. 경험에 의거한 지식, 조작술, 기술적 능력 등 과거 운전자에게 요구되던 기대는 점차 기계장치나 기술로 옮겨 갔다. 자동차에 대한 신뢰가 높아지면서 일상생활에서 자동차를 이용하려는 욕구도 높아졌다. 모험이 목적이 아닌 일반인들은 가능한 한 고장 없이 자동차로 여행지에 도착하고, 도착 시간을 어느 정도 예상할 수 있기를 원했다.

독일 기업의 고객지향성을 보여 주는 예로 '메르세데스Mercedes' 개발을 들 수 있다. 이 자동차는 특별한 취향의 스포츠맨이자 자동차경주 팬이었던 오스트리아 영사 에밀 옐리네크Emil Jellinek의 주문으로 탄생했다. 메르세데스는 그의 딸 이름이었다. 엘리네크는 대량주문을 약속하며 여러 조건을 내걸었다. 이렇게 그는 다임러사의 모델 개발과 기술 방향에 큰 영향을 미쳤다〔1926년 다임러와 벤츠의 합병으로 메르세데스-벤츠가 탄생〕. 엘리네크는 엔진 성능 향상을 요구했고, 그 "성능을 충분히 활용"하기 위해 자동차 섀시의 개선을 요구했다. 최초의 메르세데스 모델은 길이가 길어져 앞축과 뒤축의 간격이 넓어지고 무게중심이 낮아진 형태로, 1901년 니스에서 열린 자동차쇼에 소개되어 센세이션을 일으켰다.

　1900년 이후 미국에서 들어온 영향도 있었다. 처음에 이 영향은 부차적이었다. 미국에서 '버기'라는 독자적인 모델이 개발된 적이 있는데, 미국에서는 자동차경주나 스포츠보다는 자동차 본래의 이용가치가 중요했다. 세기말 미국에서 자동차 붐을 일으켰던 버기는 미국의 특수한 요구와 조건에 맞게 제작되었다. 농장주의 장거리 운행용 차량은 사정이 나쁜 도로에서도 버틸 수 있도록 단순하고 튼튼해야 했다. 버기의 차체는 높고 가벼웠으며, 높은 토크에 단순한 대용량 1기통 엔진을 장착하고 있어 실루엣은 마차와 유사했다. 버기의 전형적인 모델인 머레이Murray는 핸들 없이 간단히 운전할 수 있었고, 선박에 가로로 설치되던 일종의 조종 레버가 달려 있었다. 버기는 더 빠르고 길어진 4기통 엔진 자동차로 변모하던 유럽의 신경향과는 전혀 상관이 없었다. 유럽에서는 점점 더 좋아지는 도로 사정에 맞춰 자동차가 개발된 반면, 미국에서는 접근하기 힘든 내륙지방으로의 운행에도 지장이 없어야 한다는 점이 중요했다. 미국에서 제일 큰 성공을 거둔 자동차 모델은 올즈모빌 커브드 대시Oldsmobile Curved Dash였다.

이 모델을 유럽의 몇몇 제조사들이 라이선스로 생산했지만, 유럽에서는 별다른 성공을 거두지 못했다. 취리히의 엑스첼스와Exzelsoir사가 1904년 올즈모빌의 라이선스로 이 모델을 생산했지만 거의 반응을 얻지 못했으며, 독일의 올즈모빌인 폴리모빌Polymobile의 상황도 마찬가지였다. 이 올즈모빌에서 새로웠던 것은 운전사나 기계공 없이도 누구나 운전할 수 있다는 광고가 처음 시작되었다는 점이다. 편리한 조작은 당시에도 미국형 자동차의 특징이었다. 당시 유럽의 자동차에서는 여전히 수동으로 작동되던 몇 가지 기능들이 미국형 모델에서는 이미 자동화되었다. 폴리모빌에서는 원하는 속도를 지정할 수 있었고, 점화 시점을 바꿔 줌으로써 속도를 조절할 수도 있었다.

운전 행위

1900년 당시의 인간과 자동차는 현재와는 근본적으로 다르게 서로 협력해야 했다. 이는 당시 자동차 운전에 도전한 사람이면 누구나 깨닫는 사실이었다. 자동차 선구자들은 매우 복잡한 기계 장치를 조작할 수 있어야 했다. 여러 파라미터로 되어 있고 단계 없이 아날로그식으로 작동하는 장치를 조정하는 법을 배워야 했다. 이제는 대부분의 조정장치들이 완전히 사라졌다. 점화 시점 조절도 벌써 오래전에 자동화되었다. 여기서 또 기억해야 할 점은, 당시 선구자들은 오늘날에는 당연시되는 능력을 갖추지 못했다는 사실이다. 기계 장치에 대한 친숙도도 훨씬 낮았고, '기계에 대한 감각' 역시 몇 세대가 지난 후에야 널리 퍼졌기 때문에 당시로서는 부족한 능력이었다.

영국의 기술사가인 롤트L. T. Rolt는 제2차 세계대전 직후에 열린 런던~브라이든 자동차경주에 벤츠 벨로를 타고 참가했는데, 매우 어렵고 끔찍한 경험이었다고 기록했다. 그의 벤츠 자동차는 최신 기술을 추가하여 개조한 차량이 아니었다(지금은 그런 개조가 흔하지만). 그는 무엇보다 성능이 부족한 점, "전혀 파워가 없다"[1]는 점을 언급했다. 가속페달을 밟아 봐야 별 효과도 없고, 속도를 조절하려면 점화 시점을 변화시켜야 했다. 조작할 장치도 많았다. 엔진을 '회전'시키려면 공기 레버와 가솔린 레버로 기화시키고 점화를 조절해야 했다. 기계를 제대로 작동시킬 딱 맞는 회전속도를 찾아야 했기 때문이다.

파워, 숙련도, 위험. 1928년 교본에 서술된 엔진 시동 지침

당시의 항공기 엔진처럼 자동차 엔진도 지극히 '비탄력적'이었다. 정속 엔진에서는 '가속'이 불가능했고, 최적의 엔진 속도를 냈다가 '줄이는' 방법밖에 없었다. 이를 위해서는 머레이가 그랬듯 점화를 중지시키거나, 1903년식 드 디옹 부통처럼 페달로 주입구 밸브를 막아 '질식' 효과를 내야 했다. '트로틀링trottling'(질식시키기)이란 단어는 오늘날에도 이 작

업을 뜻하는 영어 개념이다. 1905년에도 엔지니어들은 증기기관에서처럼 엔진이 "빨리 돌아가는 것", 즉 엔진 속도가 너무 높아지는 것을 방지해야 한다고 생각했다. 그러다가 '가스 주입'으로 엔진을 작동시킬 수 있게 되면서 비로소 '엑셀러레이터', 즉 가속페달을 가속 목적으로 달게 되었다. 그전에는 엔진의 회전수를 바꿔서 차량 속도를 바꾸는 것이 거의 불가능했고, 그렇게 하려면 각 단계의 기어를 '작동'시켜야 했다. 기어가 3단이었던 1900년경의 가솔린 자동차는 실제로 세 가지 속도만 낼 수 있었다. 이는 당연히 운행 시에 커다란 제약이었다. 이 역사도 영어 개념에 고스란히 남아 있다. '기어의 단'을 영어로는 '스피드speed'라고 한다.

특히나 복잡했던 것은 출발 작업이었다. 자동차를 이용하려면 우선 차를 전체적으로 검사하고 나서 윤활유를 주입해야 했다. 그 다음에 단계적으로 다음 작업들을 해야 했다.

- 차체의 뒷부분 또는 엔진 후드 안에 있는 가솔린 주입구를 연다.
- 가솔린에 필요한 압력을 생성하기 위해 발치에 있는 펌프로 오랫동안 펌프질을 한다.
- 엔진 옆에 있는 기화기에 가솔린을 넘치도록 채우고 시동용 공기 밸브인 초크를 닫는다.
- 추운 날씨에는 각 실린더헤드에 있는 밸브로 약간 끓는 '시동용 가솔린'을 몇 방울 떨어뜨려 시동을 돕는다.
- 핸들에 있는 수동 가스 레버로 반가스를 주입한다.
- 점화는 '늦게'로, 공기 레버는 '시작' 위치로, 점화 스위치는 'on'으

로 돌린다.

- 수동식 손잡이로 엔진 시동을 건다. 이때 엄지를 다른 손가락들과 평행으로 놓고 위에서 아래로 던지듯 누른다. 이는 손잡이가 반대로 튕겨나올 경우 뼈가 부러지지 않도록 하는 방법이다.
- 시동이 걸리면 기화기의 공기 밸브를 열고 엔진 후드를 닫는다.
- 운전석에 앉아 수동 가스 레버, 공기 레버, 초기 점화를 이용하여 엔진이 최상으로 작동하도록 조정한다.

운전석에 앉아 시동키만 돌리면〔요즘엔 누르면〕 되는 오늘날의 시동 작업과 가장 다른 점은 작업의 다양성과 복합성이 아니었다. 근본적인 차이는 대부분의 작업을 운전석에 앉아서는 할 수 없었다는 것이다. 기계장치 바로 옆에서도 해야 할 작업이 있었기 때문에 운전자는 엔진, 탱크, 운전석과 앞쪽 손잡이 사이를 오가야 했다. 차에 올라타서 앉기 전에 차 주위를 몇 번이나 돌아야 했던 것이다. 대부분의 장치들은 차의 '기술적 핵심'이 보이도록 엔진 후드를 열어야만 조작할 수 있었으며, 그 다음에 위험한 시동 작업으로 이어졌다. 물론 이 작업이 항상 번거롭지만은 않았다. 예를 들어, 오이겐 디젤Eugen Diesel은 "시동을 거는 밀기 동작"[12]을 매우 즐겼다고 한다.

이동 중인 자동차를 조작

1920년까지도 주유를 하려면 엔진 후드를 열어 자동차 기술의 핵심을 노출시켜야 했다.

하는 것도 번거롭기는 매한가지였다. 간단하다고 여겨진 차량에서도 마찬가지였다. "1903년식 드 디옹의 운전석에 앉으면 옆에 레버가 있고 핸들 막대에 세 개의 레버, 두 개의 페달, 점화 스위치 하나, 15마일마다 사용해야 하는 윤활용 소형 수동 펌프가 있었다."[13] 비교적 진보형에 속하여 이전 모델보다는 훨씬 사용하기 편했던 드 디옹 모델에서도 기계장치를 수시로 조작해야 했다.

자동차를 이루는 세 가지 부분, 즉 외부·내부·기술부가 분리되고 나서야 비로소 모든 기계장치가 내부로 옮겨졌다. 초크는 계기판으로 들어와 기화기 옆에서 조작할 필요가 없어졌고, 지레 작동으로 동시에 많은 베어링에 기름을 넣어 주는 중앙 윤활장치도 운전석에 앉아서 조작할 수 있었다. 그래도 가솔린 용기('탱크' 개념은 아직 도입되지 않았다)를 채우려면 좌석을 들어내야 하는 경우가 많았으며, 깔때기로 연료를 넣어야 했다. 나중에 가솔린 용기는 엔진이 있는 공간으로 옮겨졌고, 제2차 세계대전 이후부터 주유를 위해 엔진 후드를 열 필요가 없어졌다. 운전석에 앉아서 '측정계'를 통해 엔진 상태를 확인하는 장치도 더디게나마 개발되었다.

냉각수 온도계는 냉각기 옆에 설치되어 있다가 계기판으로 옮겨 왔다. 그러나 인체공학적 기준은 여전히 고려되지 않았고, 내부 디자인에서도 '기술부'인 앞좌석과 "안락한 객실"인 뒷자석의

이용자들의 요구에 맞춰 품질을 개선하고자 운전석에서 1,000분의 1초 시계로 반응시간을 측정하는 모습

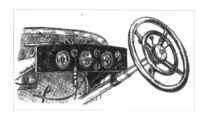

핸들에 점화장치가 달리고 중앙에 계기판이 있는
새로운 유형의 운전석(1928)

차이는 매우 컸다. 1930년대
에 들어서야 비로소 운전자
가 시동을 걸고 나서 운전석
을 떠나지 않고도 엔진 상태
나 가솔린 잔량을 확인할 수
있게 되었다. 1910년경의 자
동차가 'MS-DOS'라면, 이후
의 자동차는 이용자를 고려한 '윈도우 시스템'이라고 할 수 있다.

그래도 초기의 오토바이에 비하면 자동차는 나은 편이었다. 경험

세금용 마력과 제동 마력

1930년경까지 자동차의 유형은 두 가지 숫자로 분류되었다. 유명한 오펠사
의 '라웁프로슈Laubfrosch'는 '4/12마력'으로 불렸다. 첫 번째 숫자는 성능과
상관없는 순수한 배기량으로 '세금용 마력'이었다. 1 세금용 마력은 엔진 기
통 250cc를 뜻했다. 따라서 라웁프로슈 엔진은 배기량이 1리터이고 '실제'
제동 마력은 제동 시험에서 12마력으로 입증되었다. 세 번째 숫자가 추가된
경우도 있었는데, 이는 컴프레서의 단기적 성능을 표시하는 숫자였다. 따라
서 벤츠 6/25/40은 배기량 1,500cc로, 컴프레서가 없을 때는 25마력, 컴프
레서가 있을 때는 40마력의 성능을 낸다는 의미였다. 미국에서는 사치세를
규정하는 기준이 가격이었던 반면, 유럽에서는 배기량에 따라 세액을 정하
는 것이 보통이었다. 이는 배기량은 작지만 성능이 좋은 엔진을 개발하는
계기가 되었다.

많은 운전자가 '아날로그식' 레버로 점화하면서 공기를 조절하고 연료를 공급하는 한편으로, 시동이 걸린 후에는 엔진을 조절하고 최상의 회전수를 찾아내야 했던 것은 자동차와 유사하다. 낙하식 탱크로 연료가 공급되었기 때문에 연료 공급은 자동차보다 간단했지만 엔진과의 연결은 그만큼 더 어려웠다. '기어 물림용 레버'도 수동으로 작동해야 했으며, 엔진과 뒷바퀴를 연결하는 평벨트를 팽팽하게 당기는 작업도 수동이었다. 운전 말고도 손으로 여러 가지 조작을 해야 했던 것이다. 오늘날의 관점에서 보면 당시의 스프링 장치나 직진 및 회전 시의 운행 성능이 대단히 부실했기 때문에, 가뜩이나 사정이 나쁜 도로에서 주행하는 일은 거의 생명을 거는 일이었다. 엔진과 (동력이 전달되는) 바퀴 사이에 벨트가 팽팽하게 연결되면, 오토바이를 밀어서 시동을 건 후 재빨리 오토바이에 올라타야 했다. 위험한 동작이었지만, 자전거를 타 본 사람에게는 익숙한 동작이었다. 클러치가 없는 모델은 시내에서 정지할 때마다 엔진을 껐다가 다시 시동을 걸어야 했다. 그 결과, 대중적이었던 경량 오토바이뿐 아니라 "신사의 오토바이"로 불린 중량 오토바이도 1914년 전에는 스포츠용에 그쳤다.

타이어, 브레이크, 조명

그런데 시동을 걸고 차를 운행하는 일보다 더 큰 난관이 있었으니, 바로 제동이었다. 제동을 하면 그 즉시 '자동으로' 기어가 풀려 운전자의 정지 동작을 도와주는 자동차들이 있었지만, 완전히 멈추려면 시간이 걸렸다. 효과적인 브레이크 개발은 매우 더디게 진행되었다. 롤트는 다음과 같이 언급한 적이 있다. "당신의 운전 솜씨는 제동 솜씨보다 훨씬 낫군요."[14] 1920년대까지도 브레이크는 기어나 뒷바퀴에만 적용되었다. 당시 기술자들이 물리학 법칙을 몰랐다고 비판하는 경우가 있는데, 이는 단순히 무지의 소산만은 아니다. 제동 시 차의 무게중심이 앞으로 쏠리는 것은 당연하다. 그렇기 때문에 앞바퀴를 더 강하게 제동해야 한다. 하지만 당시에 이는 단순한 이론에 불과했다. 당시에는 제동에 끈을 사용하는 브레이크가 보통이었다. 끈 브레이크는 제동 상태가 균일하지 않고, 원하지 않을 때에도 제동되는 경우가 많았다. 특히 앞바퀴 제동 시 끈이 비스듬히 당겨져 고속으로 주행 중인 차가 엉뚱한 방향으로 미끄러지기도 했다. 이는 제동거리 연장보다 훨씬 더 심각한 결과를 가져왔다. 핸드브레이크 역할을 오랫동안 대신한 것은 펼쳐서 사용하는 '경사용 쐐기'였다.

또 다른 약점은 타이어였다. 처음에는 마차와 자전거처럼 순수 고무 타이어를 쓰다가 1895년부터 공기타이어로 바뀌었는데, 운행 중 일어나는 고장의 대부분이 타이어 문제였다. 당시의 타이어는 밝은 색에 홈이 없고 두께가 얇아서 수명이 매우 짧았다. 고무에 '카본블랙 carbon black'[배합제로 쓰이는 불완전연소 가루]이 섞이기 전이라 오존에 민감했고, 적외선에 반응하여 빨리 마모되었다. 당시에는 비상용 타이어가 일반화되지 않아서 고장이 나면 그 자리에서 타이어를 빼내어 수리해야 했다.

제1차 세계대전은 상황을 더 악화시켰다. 재생고무 타이어나 다른 대체 재료로 만들어진 타이어가 시장에 나왔기 때문이다. 이런 타이어는 더 약하고 탄력이 부족했다. 1920년대에 개선된 제품들이 개발되었다. 바퀴 중앙에 잠금장치가 있는 철사살 타이어는 교체하기가 편했고, '풍선' 타이어는 고장이 덜 났으며 처음으로 홈이 파여 있어 안전 운행에 도움이 되었다.

1910년경의 큰소리 경적 광고. 경보장치는 브레이크보다 더 중요했다.

1900년 이후로 고속주행을 돕는 시스템이 자동차에 더 많이 설치되었다. 그중 몇 가지는 자전거의 경우처럼 정부가 규정한 것이었다. 정부 역시 초기 자동차에 대해 여러 가지 요구 사항을 내걸었다. 경적과 배기장치 휘슬 같은 신호장치 외에 관청에서 특별히 관심을 보인 것은 조명이었다. 마차나 자전거 수준의 속도에서는 조명이 그저 이쪽을 보여 주는 수동적 수단이었지만, 속도가 높아지면서 앞을 비추는 전조등으로 바뀌었다. 따라서 전조등은 원추형 광선이 전방을 향하도록 설치되고 조도도 높아져야 했다. 당시에는 촛불 램프나 오일 램프, 석유 램프를 이용하여 자동차가 여기 있다는 사실만 알리는 수준이었다. 물론 반사장치를 이용해 더 밝게 할 수는 있었다.

그러다가 자전거가 쓰던 카바이드 램프를 받아들이면서 상황이 바뀌었다. 물방울이 떨어지면서 아세틸렌 발생기에서 가스가 생겨 호스를 통해 램프 점화구까지 연결되는 방식이었다. 대단히 복잡했지만 조도가 훌륭했던 이 방식으로 "빨리 달리는" 자동차 전방의 도로를 밝게 비출 수 있었다. 조도가 더 높은 전기 조명은 초기에 전구 코일이 진동에 약해서 문제를 일으켰다. 제1차 세계대전 이후에 비로소 도로 상황이 '전기 조명'에 적당하게 변했다. 그러나 앞쪽으로 밝은 빛을 내보내는 조명 때문에 맞은편 차량의 운전자들이 눈이 부시는 부작용이 있었다. 이 문제를 해결하기 위해 갖가지 렌즈를 개발하고 전조등 앞유리를 특수처리하는 등 여러 방법을 찾아봤지만 큰 도움이 되지 않았다. 결국 전조등을 하향 조정하기로 했다. 곧 번호판과 미등에 관한 법령도 제정되었지만, 전기로 작동하는 방향지시기와 방향지시등에 관한 법령은 양차 대전 사이에 교통량이 증가하면서 나중에 제정되었다. 1914년 이전에는 운전자들끼리 시선을 맞추고 수신호를 하면 충분했다.

자동차 제작의 전문화

'시스템 파나르'로 옮겨 감으로써 실험 단계는 끝이 났다. 이로써 자동차 제작이 대규모 산업으로 발전했다는 말은 아니다. 독일에서는 여전히 자동차가 소규모로 생산되고, 고객 요구에 '맞춤' 제작되었다. 유럽 전역에서 다양한 분야의 기업들이 자동차 제조업을 시작했다. 레옹 볼레Leon Bollee 같은 증기기관 전문 제조사, 자동차 제작의 선구자였던 두 독일 회사와 같은 고정식 엔진 제조사, 자동차 제조사(오펠), 무기 제조사(슈타이어Steyr), 네카스울름 편물기계 제조사NSU 같은 정밀기계 제조사 등이 자동차 제조업에 뛰어들었다. 부품 제조사(르노)나 발명가들도 창업을 했다.

처음에는 자동차 제작이 큰 이윤을 가져다주지 못했다. 그러나 장기적 관점을 가진 제조사들은 자동차가 특별한 상품이며 회사의 이미지를 높이는 광고효과가 있을 것이라는 점, 그리고 고급 여가문화 상품으로서 성장 가능성이 있는 제품이라는 것을 금세 알아챘다. 이미 1914년 전부터 자동차산업이 전자산업처럼 "전체 산업 발달의 중심"[15]을 이룰 것이라는 전망이 확산되었다. 그래서 '젊은' 전자산업계의 대기업들이 자동차 제작에 뛰어들었다. 1901년에는 AEG(NAG와 함께)가, 1908년에는 지멘스(프로토스Protos와 함께)가 자동차 생산에 참여했다. 아직은 경제 전체에서 차지하는 비중이 그리 높지 않았지만, 예상대로 수출이나 일자리, 기반 구조 확장에서 자동차산업의 비중이 높아졌다. 수출과 수입, 라이선스 생산을 통해 기술 교환이 이루어지면서 곧 자동차산업이 세계화되었다. 이는 제1차 세계대전 직전에 자동차문화가 민족주의적 성격을 띠게 된 것과는 모순되는 사실이었다.

탄생 20년이 지나면서 제조사들의 경쟁과 이용자들의 요구로 자동차 개발 압력이 심해지자, 학문적 연구와 생산이 동시에 발전했다. 자동차 제작이 학문화되는 경향은 1909년 베를린 공대에 최초의 자동차학 연구소가 설립되면서 더욱 두드러졌다. 그 뒤를 이어 드레스덴(1918), 아헨(1923), 칼스루에(1924), 하노버(1928), 슈투트가르트(1928)에 연구소가 생겼다. 마침내 실험 단계가 끝나고 자동차가 '공학적 완성품'으로 등극하게 된 것이다. 가장 중요한 것은 엔진과 섀시의 개발이었다. 특히 군대의 제청으로 관련 규정의 제정과 표준화도 진전되었다.

초기의 자동차 운행자들은 차량 내부에 앉아서 타고 갔다기보다는 차량 위에 앉아 있었다고 하는 편이 맞다. 지붕 덮인 차는 시내 주행용 '여성용' 전기자동차뿐이었다. 1910년경의 차체에는 뒤쪽에만 문이 있고 운전석과 조수석의 양옆은 트여 있었다. 왜냐하면 외부에 있는 기어 레버와 브레이크 레버를 작동해야 했기 때문이다. 따라서 궂은 날씨에는 탑승자 보호가 불가능했고, 차에 누가 타고 있는지를 다 알 수 있었다. 승객들은 내부에 몸을 숨길 수도 없이 운행 중에 불어오는 바람과 먼지나 추위를 견뎌야 했다. 말을 탈 때와 마찬가지였던 것이다.

당시 자동차 이용자였던 마르가레테 빈터Margarete Winter가 1905년에 표현한 대로,[1] 즈크 천으로 만든 "셀룰로이드 창문이 있는 집시 지붕"은 승객을 보호하는 장치가 아니었다. 차량이 주차되어 있는 동안 비를 막는 역할을 했을 뿐이다. 좌석에는 기름칠이 된 가죽 시트가 씌워져 있었다. 천 소재 시트는 자동차에 지붕이 설치된 후에 나왔다. 또한 마차처럼 흙받이를 설치하여 먼지와 물이 튀는 것을 막으려 했지만 별 효과가 없었다. 바람막이 앞유리도 제 역할을 하지 못했다. 먼지와 진흙 때문에 날씨가 좋을 때에도 앞유리가 쉽게 더러워져 시계를 방해해 위험해지기 일쑤였다. 앞유리를 떼어 내는 것이 해결책이었다. 앞유리 윗부분을 펼쳐서 열 수 있게 하면 운전자의 시계가 수평으로 열릴 수 있었지만 바람은 막을 수 없게 되었다. 하인리히 왕자가 특허를 낸 수동 와이퍼는 원칙적으로 이 문제를 해결했다. 많은 자동차 운행자들은 안전을 이유로 앞유리를 떼어 냈다. 만일 사고가 나면 깨져서 위험할 수 있었기 때문이다. 1930년대에야 비로소 바람을 승객 뒤편으로 보내는 장치가 개발되었다.

제1차 세계대전 이전에 지붕 없는 자동차를 타려면 나쁜 날씨에도 끄떡없는 복장이 필수였다. 기존의 승마용 또는 마차용 방수복을 개조한 복장을 해야 고속 운행 때에도 눈비를 막을 수 있었다. 예컨대 외투의 단추 부분을 겹단으로 하거나 고무 처리된 소재를 사용한 차림이었다. 오늘날까지도 유명한 아쿠아스큐텀이나 버버리는 자동차용 복장에서 일약 유행품으로 바뀐 것이다. 바람을 막는 모자가 신사들의 '점잖은' 모자를 대체했다. 초기에 특히 인기가 많았던 늑대털이나 여우털, 바다표범털 코트가 남성용으로도 나왔지만 곧 사라졌다. 왜냐하면 방수가 되지 않고 먼지가 끼었기 때문이다. 후에는 "자동차 애호가라면 누구나 머리부터 발끝까지 검은색 가죽 복장"[2]을 착용하게 되었다. 20세기에 들어 가죽 의류가 일상생활에까지 확산된 것은 결정적으로 자동차의 영향이었다. 특히 승객이 옷을 따뜻하게 입어야 했다. 운전자는 "긴장으로 혈액순환이 저절로 잘되어 열을 낼" 수 있었기 때문이다. 초

기의 자동차 이용자들에게 중요했던 것은 머리와 눈의 보호였다. 심각한 먼지 때문에 꼭 맞는 모자와, 고속에도 안전한 보호안경이나 마스크가 필요했다. 여성들은 보호안경 대신에 긴 스카프로 모자와 머리를 둘러싸는 방식을 선호했다. 1902년 한 영국 여성은 이렇게 말했다. "먼지야말로 자동차 여행의 유일한 단점인데 이 문제는 대단히 심각하다. 특히 여성에게 더 그렇다. 심한 먼지가 눈, 귀, 입, 목으로 들어오지만 그 무엇으로도 먼지를 막을 수 없을 것 같다. 그것을 제대로 막을 수 있는 유일한 방법은 외관상으로 좋지 않지만 보호안경을 쓰는 것이며, 가벼운 매킨토시 소재의 두건을 쓰는 것이다."[3] 날씨가 춥거나 비가 오면 자동차 운행자들은 누군지 알아볼 수 없을 정도로 온몸을 감쌌다. 마르가레테 빈터는 1905년 자신의 가죽옷을 다음과 같이 칭송했다. "내겐 친구나 다름없으며, 먼지나 비나 더러운 때를 다 막아 주는 복장이다."[4]

이렇게 온몸을 감싸고 다닌 탓에 자동차 운전자들은 신분이 불투명하고 가면을 썼다는 인상을 주었다. 이상한 복장에 얼굴 없는 사람들이 고속으로 지나쳐 가서 허깨비처럼 뭉개져 보이고 자동차와 한몸이 된 듯한 인상을 주었다. 오버올이나 모자, 장갑, 가죽 및 고무 외투 등 자동차용 특수 보호복

은 시민사회의 엄격한 복장 규범을 깨는 데 기여했다. '신사 승객'이 자신의 운전사와 똑같이 방수 작업복을 입고 노동자들의 모자를 쓰거나 여성 운전자들이 원래는 남성용인 실용복을 착용하는 바람에 "주인과 하인을 구분하기가 어려워졌다."[5] 전문 운전사와 자동차 소유주를 외모로 구별하기는 점점 더 어려워졌다. 자동차용 복장은 '노동자 작업복'의 요소를 받아들였다(에른스트 윙거Ernst Jünger). 각반, 덧옷, 입보호대 등이 그 예이다. 현대적 스포츠인 스키나 비행 복장과도 공통점이 많았다. 조종사 복장은 1918년 이후에 특히 오토바이 이용자들의 복장에 영향을 끼쳤다. 전쟁이 끝나고 남은 조종사복이 싼값에 팔렸기 때문이다. 1920년대의 자동차용 복장으로는 여성의 미니스커트와 바지, '스포티한' 모자, 변화된 기계공 작업복, 장화, 자동차경주용의 영향으로 몸에 꼭 맞는 방수 소재 복장이 특징적이었다.

자동차용 특수 복장이 불필요해진 것은 자동차에 지붕이 생기면서부터다. 장갑은 핸들을 잡을 때 미끄러지지 않게 하는 용도로 계속 이용되었다. 1950년대까지도 '스포티한' 복장이 권장됐는데, 꼭 끼는 복장보다는 움직이기에 편한 소재를 택하라는 의미였다. 예를 들어 남자들에게는 느슨한 니커바지Knickerbocker, 여성들에게는 바지가 권장되었다. 그러나 따뜻한 복장은 필수가 아니었다. 히터가 자동차에 표준으로 장착되었기 때문이다.

[1] Bernd Utermöhlen, "Margarete Winter-eine Automobilistin aus Buxtehude", 1999, p. 274에서 재인용.
[2] Filius, *Ohne Chauffeur. Ein Handbuch für Besitzer von Automobilen und Motorradfahrer*, 1924, p. 278.
[3] Andrew Lane, *Motoring Costume*, 1987, p. 18에서 재인용.
[4] Bernd Utermöhlen, "Margarete Winter-eine Automobilistin aus Buxtehude", 1999, p. 274에서 재인용.
[5] Filius, *Ohne Chauffeur. Ein Handbuch für Besitzer von Automobilen und Motorradfahrer*, 1924, p. 278 이하.

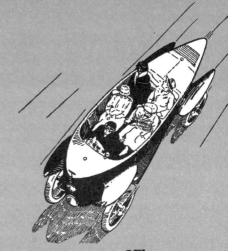

3장

증기, 가솔린, 전기
: 시스템 경쟁

가솔린 자동차가 개인용 차량 개발 경쟁에서 승리했다는 것은 현재의 시점에서 볼 때만 당연한 일이다. 1900년 무렵에는 경쟁이 한창 진행 중이었다. 당시 미국 자동차의 40퍼센트는 증기기관으로 운행되었으며, 38퍼센트가 전기, 22퍼센트가 가솔린을 이용했다. 1901년 뉴욕에서는 전기자동차가 50퍼센트, 증기기관 자동차가 30퍼센트였다. 나머지는 나프타유 자동차, 아세틸렌 자동차, 압축공기 자동차, 그리고 가솔린 자동차였다. 1912년은 미국 전기자동차의 절정기였다. 20개 제조사가 3만 3,482대를 생산해 공급했다.[1] 1905년 독일에서는 "증기기관과 전기 중 어느 쪽이 승리할지 아직 의문"[2]이라고 했다. 가솔린 자동차는 3위에 불과했다.

증기: 오래된 기술의 혁신

증기력은 19세기 말과 20세기 초에 완성 단계에 오른 믿을 만한 동력 기술이었다. 공장과 철도뿐 아니라 도로도 증기력이 정복할 가능성이 컸다. 1906년 유선형의 스탠리 스티머Stanley Steamer가 미국 플로리다에서 시속 205킬로미터라는 대단한 속도를 냈을 때

게임은 끝난 것 같았다. 1920년대에 들어서서까지 "증기기관 자동차는 미국의 환상을 사로잡았다."³ 1931년이 되어서야 마지막으로 남아 있던 도블 컴퍼니Doble Company가 증기기관 자동차 생산을 포기했다. '후기'의 증기기관 자동차들은 모두 가볍고 기술적으로 매우 정교했으며, 초기 증기기관의 단점을 극복한 모델이었다. 하지만 경쟁 관계에 있던 다른 동력 자동차사들은 증기기관 자동차야말로 다루기 어려운 기관차 또는 쟁기에 가깝다는 인상을 퍼뜨리려 했다.

가솔린 자동차가 나오기 전에는 2인용 소형 증기자동차가 유행했다. 이 유행의 선도자 중에 종을 주조했던 프랑스인 아멜데 볼레Amédée Bollée가 있었다. 그는 1875년에 먼저 증기기관 버스 로베상L'Obéissante을 제작했다가 곧 6인용 '증기 카브리오' 라 망셀La Mancelle 같은 승용차 제작을 시도했다. 이는 1878년 최초의 증기자동차가 되었다. 지속적인 개선을 통해 여전히 무거웠던 라 누벨La Nouvelle을 거쳐 1881년에 시속 53킬로미터의 라 라피드La Rapide가 탄생했다. 그의 아들들도 더 가벼운 증기자동차를 개발하려 했고, 알베르 드 디옹 백작도 기계 전문가 조르주 부통과 함께 1888년에 자전거 바퀴를 단 "간편하고 단순한"⁴ 증기자동차를 제작했다. 무게가 더 줄어든 차량으로 1888년에 바퀴가 셋 달린 1인용 증기자동차가 나왔다. 1868년에는 증기 오토바이 페로 미숄린Perreaux-Michauline까지 나왔다.

드 디옹의 자동차는 벤츠의 가솔린 삼륜 자동차와 형태가 비슷했는데, 1882년에 나온 윌리엄 E. 에어튼William E. Ayrton과 존 페리John Perry의 전기 삼륜차도 매우 유사했다. 경쟁 관계에 있던 세 가지 동력 자동차 모두 비슷한 설계로 만들어진 것이다. 커다란 자전거 바퀴

1883년 드 디옹의 차량. 자전거 기술에 기초한 경량 증기자동차였다.

에 생고무를 씌운 점, 가벼운 틀, 벨트를 이용한 동력 전달 등이 공통점이었다. 초기의 프랑스 증기자동차는 가솔린 자동차의 방향을 제시하는 역할을 했다. 카를 벤츠가 이 프랑스 증기자동차에 대해 알고 있었을 가능성이 크다. 다임러는 분명히 알고 있었을 것이다. 왜냐하면 1889년 만국박람회에서 다임러의 자동차가 6대의 '증기차'와 함께 소개되었기 때문이다.

물론 증기기관을 자동차에 적용하는 과정에는 여러 가지 제작상의 핸디캡이 있었다. "결정적인 단점은 증기보일러, 증기기관, 연료와 물의 무게였다."[5] 그 외에도 물의 소비량이 높다는 점, 특히 충분한 증기압이 형성되고 기계가 예열될 때까지 가열 시간이 길다는 점이 문제였다. 이 모든 문제를 해결하려 노력하는 와중에 프랑스가 소형 경량 증기자동차 제작에 성공한 것은 옛 기술을 바탕으로 일련의 혁신을 달성한 결과였다. 섀시 무게를 줄이기 위해 특히 자전거 제작 기술을 참조했다. 더 중요한 것은 동력 설비였다. 가볍고 회전수가 높고 고압에서도 작동하며 과열 문제가 없는 증기 엔진을 개발해서 효율성을 높였다. 이때 1차 생성된 증기가 한 번 더 불꽃을 통과하여 건조되고 과열되는 과정을 거치게 했는데, 이는 차가운 기계와 접촉했을 때 증기가 미리 액화되는 현상을 방지하기 위함이었다. 당시 몇 가지 기술 개발로 특히 증기보일러가 크게 향상되었다. 예를 들어 피아노 줄로 보일러를 묶으면서 무거운 철이 불필요해졌고, 연기관 보일러 대신에 수관 보일러가 사용되었다. 수관 보일러에서는 온천에서처럼 관에 들어찬 물이 연료가스로 확산 · 가열되어 증기가 더 빨리 형성되었다. 이런 형태의 보일러는 1828년 골즈워시 거니 Goldsworthy Gurney가 최초로 도입했는데, 기본 아이디어는 "물의 양을 줄이고 무게도 줄이는 대신 가열 면적을 넓히면 증기가 많아지고 동력 성능도 좋아진다!"[6]는 것이었다. 수관 보일러의 극단적 형태였던 플래시 보일러 Flash Boiler에서는 물이 버너 점화 후에 주입되기 때문에 더 빨리 증기로 변했고, 차의 시동이 빨라졌다. 엔지니어들은 물을 절약하고 증기자동차의 운행 거리를 늘리

"인간이 만들어 낸 것 중 살아 있는 유기체에 가장 가까운 것." 화이트의 증기자동차(1904), 프라하 기술박물관 소장

기 위해 노력했다. 이전의 비응축 증기기관은 사용한 증기를 곧바로 외부로 방출한 탓에 다시 물을 채우지 않으면 운행 거리가 30~50킬로미터로 제한되었다. 그러나 이제 대형 증기기관의 모범을 따라 사용한 증기를 응축시켜 기름을 제거한 후 다시 보일러에 주입하게 된 것이다.

이런 개선으로 장거리 운행이 가능해졌지만, 기계의 성능은 떨어졌다. 왜냐하면 이 기계들은 진공 상태에서만 작동했기 때문이다. 그래서 운전자들은 물을 사용하는 구형 증기기관을 선호했다. 수십 년이 지난 후에도 앤티크 자동차 전문가인 롤트는 증기 동력에 대해 다음과 같이 인상 깊게 표현하고 있다. 증기 동력의 "배기관 소리는 혈기 왕성한 개가 숨을 헐떡거리는 것처럼 들리는데, 이는 후배 격에 속하는 가솔린 자동차의 거친 소음 그리고 대단한 기계장치와 비교해 볼 때 '전형적인 신사의' 고상한 소리라고 하겠다. 1900년경의 증기기관 엔지니어들은 실린더 안에서 피스톤이 움직이도록 강력한 폭발을 유도해 내는 기술을 외설적이라고 느꼈는데, 이는 놀라운 사실이 아니다."[7] 이는 1905년 《발명 연감》에 실린 다음과 같은 의견과 매우 유사하다. "최근에 증기자동차 제작의 발전상이 두드러진다. 증기기관이 가스엔진보다 좋은 여러 가지 장점 때문이다. 힘을 임의로 증가시킬 수 있고, 모든 상황에 적응 가능하며, 속도 변화도 다른 시스템에서처럼 갑자기 일어나는 것이 아니라 조금도 알아채지 못할 만큼 부드럽다. 불쾌한 소음이나 냄새도 없으며, 위험한 순간에 기계 자체가 반대 증기를 이용함으로써 브레이크 역할을 한다."[8]

실제로 고도로 발달한 증기자동차를 직접 운전하면서 (경쟁 관계에 있던) 당시의 가솔린 자동차와 비교해 본 사람들은 증기자동차에서 동력이 쉽게 증가되는 것을 확인할 수 있었다. 영국의 작가 러디어드 키플링Rudyard Kipling은 증기자동차를 "인간이 만든 것 중 가장 다정다감한 물건"[9]이라고 평했다. 나중에 롤트도 같은 의견을 피력한다. "증기자동차에는 동물과 유사한 사랑스런 특성이 있어서, 가솔린 자동차가 아무리 특별한 성격이 있다 해도 따라갈 수가 없다."[10] 오이겐 디젤은 초기의 증기자동차를 두고 "조용하고 탄력적이고 믿을 수 있으며, 거의 모든 점에서 가솔린 자동차보다 우월하다"며, 가솔린엔진이 발명되지 않았다면 "자동으로 연소를 조정하는 미니 보일러가 장착된 완성형 증기자동차"가 나왔을 것이라고 진단했다.[11]

산업화의 기본이 되는 기계이자 기술을 통한 삶의 개선을 가장 잘 보여 주었던 증기기관 자동차는 실제로 시민들의 일상적 운행에 가장 적합했다. 1900년경 증기와 가솔린의 경쟁 관계는 조용한 우아함 대 시끄럽고 거친 파워라고 할 수 있었다. 탄력적인 증기기관 자동차를 운전하던 사람들은 거칠고 조화를 이루지 못하는 변속장치로 고생할 일이 없어서 특히 편하다고 느꼈다. 증기자동차에서는 전진과 후진을 구별하는 작은 레버만 작동하면 그만이었기 때문이다.

이런 장점에도 불구하고, 증기자동차는 과거의 기술이라는 이미지가 강했다. 석탄이 아닌 파라핀이나 등유를 연료로 사용했지만 베르너 좀바르트Werner Sombart가 표현했듯이 "그을음을 자아내는 지난 세기"의 산물로 여겨졌다.

전기: 미래의 희망

반대로 전기 엔진은 장래성이 가장 높은 미래 기술이라는 전기의 현대적 이미지 덕을 보았다. 20세기는 전기가 지배할 것이라는 기대 때문에 전기자동차는 대중의 기대 면에서 최우선 순위를 차지했다. 전력은 운행 시 증기 동력과 같은 특징을 보였다. 조용하고 우아하며 간편해 보였다. 깨끗하며 스위치만 작동하면 바로 사용할 수 있다는 장점 덕분에 그을음을 일으키는 증기자동차를 능가하게 되었다. 1899년《프로메테우스》지에는 다음과 같은 글이 실렸다. "가솔린 자동차보다 전기자동차를 타는 쪽이 쾌적하다는 것은 의심의 여지가 없다. 전기 엔진은 충격이 없어 조용하고, 가솔린 자동차처럼 악취를 풍기지도 않기 때문이다. … 오늘날 대도시에서는 전기 마차나 전기 버스, 나아가 온갖 종류의 전기자동차를 발견할 수 있다. 대중교통에서는 당연히 가솔린 자동차보다 전기자동차를 선호해야 한다. 미래는 분명 전기자동차에 있다."[12]

가솔린 자동차는 개선해야 할 점이 많았다. "가솔린 엔진 자동차가 미래의 전기자동차를 이기려면 앞으로

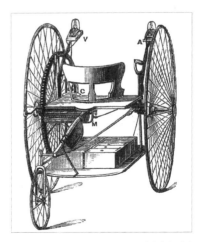

에어튼과 페리의 삼륜차(1882)는 전기장치가 달린 자전거였다.

기계장치의 제작 면에서 개선해야 할 점이 아주 많다."[13] 미래소설 작가인 한스 도미니크Hans Dominik도 1904년에 이와 비슷한 언급을 했다. "얼마 지나지 않아서 가솔린 자동차를 몰던 똑똑한 기술자가 사라지고 평범한 운전자들이 자동차 기계장치에 대한 걱정 없이 전기자동차를 몰게 될 것이다."[14] 전기자동차는 1912년 '콜럼버스 전기Columbus Electric'의 광고에서처럼 "자동차 세계의 귀족"으로 여겨졌고, 특히 미국에서 다양한 형태로 제작되었다. 1900년 이후 전지를 이용하는 전기자동차의 기술은 대단한 발전을 거두어 독일에서는 따로 교과서가 나올 정도였다.[15]

오늘날 전기자동차가 지닌 큰 장점으로 꼽히는 배기가스가 없다는 점은 1900년경에는 조금도 중요하지 않았다. 가솔린 기술이 환경을 해친다는 점 역시 주목 받지 않았다. 초기의 오토 엔진은 연료를 불

독일에서 세워진 신기록

연도	1898	1899	1902
속도	63.158km/h	105.882km/h	120.805km/h
신기록 보유자	가스통 드 샤슬루-로바 Gaston de Chasseloup-Laubat	아셰르Achères에서 카미유 제나치Camille Jenatzy	니스에서 레온 세르폴레Léon Serpollet
기술, 제작사	장토Jeantaud 전기자동차	전기자동차 '자메 콩탕트'	증기자동차 가드너 세르폴레Gardner Serpollet
비고	프랑스 자동차클럽이 최초로 승인한 세계기록. 당시의 기차: 155.84km/h 자전거: 64.28km/h	유선형 차체, 현재 콩피에 뉴Compiègne 자동차관광박물관에 소장	이 경주에서 오토 엔진을 장착한 자동차 중 가장 빨랐던 자동차: 윌리엄 K. 밴더빌트William K. Vanderbilt가 메르세데스 40으로 105.882km/h를 기록

완전 연소시킨 탓에 배기가스에 많은 양의 일산화탄소와 탄화수소가 들어 있었다. 그래도 당시 사람들은 배기가스의 악취만으로도 불쾌해했다. 당시에는 "그 냄새는 무해하며 빨리 날아간다"[16]고 설명되기도 했다. "대도시 교통에서 폭발연소 엔진이 쾌적한 전기자동차보다 유리한 입지를 차지하려면 배기가스 문제를 처리해야 할 것"[17]이라는 지적이 나오긴 했지만, 가솔린 자동차 이용자들은 이 단점을 체념하듯 받아들였다. "기계에서 나는 불쾌한 냄새나 배기가스 악취를 처리할 특별한 방법은 없는 듯하다. 왜냐하면 다른 최신 제품들도 똑같은 문제를 안고 있기 때문이다."[18]

1900년이 되기 전에 가솔린 자동차 이용자들은 많은 문제들과 싸워야 했다. 복잡하고 성공률이 낮았던 시동 작업, 어려운 조정 작업, 지속적인 기계장치 조작과 변속 등이 그것이다. 여기에 소음과 진동,

1902	1904	1906	1909
124.138km/h	160.634km/h	195.652km/h	202.648km/h
두르당Dourdan에서 M. 오지에르M. Augières	미시간주 레이크 세인트 클레어Lake St. Claier에서 헨리 포드 Henry Ford	데이토나 비치 Daytona Beach에서 프레드 매리어트Fred Marriott	브룩랜즈Brooklands 에서 빅토르 에메리 Victor Hémery
가솔린 자동차 모르스 'Z'	가솔린 자동차 'Ford Arrow'	증기자동차 Stanley Steamer 'Beetle'	가솔린 자동차 '벤츠 No.1', '번개 벤츠'
	기차 기록은 AEG 전기 기차가 세운 210km/h		

출처: 《자동차 100년사》(제5권 사치의 시기 1901-1913).
  페르디난트 C. 케스만, 《자동차 세계기록. 기술 연감 1894-1981》, 뮌헨, 1981.

배기가스가 추가되었다. 가솔린 자동차 이용자들 눈에는 다른 동력 자동차들의 장점만 보였을 것이다. 증기자동차뿐만 아니라 전기자동차에도 변속 문제는 없었으며, 특히 전기자동차는 정비 작업으로 몸을 더럽히지 않아도 되었다. 한스 도미니크는 전기자동차는 기계와는 거리가 멀다고 했는데, 이는 많은 자동차 이용자들의 의견을 대변한 것이었다.

이렇게 전기자동차의 미래는 탄탄대로처럼 보였다. 경제적·문화적 요소들이 미래를 보장하는 것 같았다. 우선, 이미 중요해진 전기 산업이 전기자동차에 매우 우호적이었고, 전기망을 확장함으로써 자동차 판매량 증가에 기여했다. 다음으로는 여론이 전기를 미래의 기술로 여기면서 전기자동차 편에 섰다. 따라서 증기자동차와의 대결은 늙어 가는 "지주인 증기"(테오도어 폰타네Theodor Fontane)와 "전기의 세기"[19]인 현대의 동력 싸움으로 인식되었다. 자동차 세계의 중요한 분야인 스포츠에서도 전기자동차는 대단한 성공을 거두었다. 이미 1895년에 5마일 경주에서 헨리 모리스Henry Morris와 페드로 살롬Pedro Salom의 전기자동차가 가솔린 자동차를 물리쳤다. 속도 기록을 내는 경주에서 초기의 가솔린 자동차는 훨씬 뒤처져 있었다. 시속 100킬로미터의 한계를 처음 넘은 차는 1899년 전기자동차 자메 콩탕트Jamais Contente였다. 벨기에의 엔지니어인 카미유 제나치Camille

1899년 신기록을 세운 전기자동차 '자메 콩탕트'

Jenatzy가 제작한 이 자동차는 50와트의 '풀멘' 직류전기 엔진 2대를 장착하고 있었다. 이 자동차는 동력의 성능 면에서 성공적이었을 뿐 아니라, 자전거나 마차의 외형을 따랐던 제작 전통을 깨뜨림으로써 근본적인 새로움을 보여 주었다. 어뢰와 같은 모양의 알루미늄 차체가 섀시 위에 올라앉은 형태였다. 게다가 미셸린Michelin의 타이어는 마찰을 줄이고 승차감을 향상시켰다. 그 후 벌어진 속도 경쟁에서 증기 자동차가 잠시 선두를 차지했으나, 1909년 결국 가솔린 자동차가 그 자리를 이어받았다.

문제점: 전지, 탱크, 버너

이런 속도 기록과 주요 산업의 지원, 그리고 문화적으로 유리했던 분위기에도 불구하고, 전기자동차는 극복 불가능한 난제를 만났다. 바로 축전蓄電 문제였다. 전기자동차는 단시간에 고속으로 달릴 수 있었지만 장거리 운행에는 적합하지 않았다. 1901년에 한 군사용 전기자동차가 300킬로미터를 운행한 것은 예외였다. 축전지가 지속적으로 개발되고, 엔지니어들이 전차 기술을 전기자동차에 적용해 보려고 했으나 장거리 운행 불가능이라는 문제는 해결되지 않았다. 자동차용 축전지는 에너지밀도가 낮고 무겁다는 특징 외에 충전에 따른 실수에 매우 민감하다는 단점이 있었다. 충전 시간과 충전전류를 정확히 지키지 않으면 그나마 짧은 축전지의 수명이 더 단축되었다. 오래 걸리는 충전 과정을 통제하는 일도 초보자들에게는 어려웠다. 그래서 초기의 전기자동차는 정비가 제대로 이루어지는 택시 회사 같은 곳에서 큰 성공을 거두었다. 충전에 걸리는 시간을 줄이고 운행 거리를 늘리려면 축전지를 교체해야 했기 때문에 축전지 2대가 필요했다. 이는 엄청난 무게를 의미했다. 용량이 높을수록 전지는 그만큼 무거워졌기 때문이다. 교체용 전지를 실을 공간도 필요하고 비용도 높아져서, 원래의 경제성 계산은 허사가 되었다. 추가 비용이 들고 예측이 어렵다는 면에서 전기자동차와 가솔린 자동차가 처한 상황은 같았다.

전기자동차는 주어진 기반시설에 의존할 수밖에 없었다. 전기자동차를 운행하려면 가까운 거리에 개인적으로 이용할 수 있는 전기 공급원이 있어야 했다. 그런데 1900년 무렵에는 전기가 널리 공급되지 않았고, 그나마 도시에만 국한되어 있었다. 이 때문에 전기자동차는 처음부터 대도시용 차량으로 규정되었다. 당시에 전기 공급 문제를 두고 격렬한 논쟁이 벌어졌는데, 전기자동차 추종자들은 길가에 송전 네트워크를 설치하여 개인용 자동차가 무궤도 전차처럼 동력을 충전할 수 있는 미래를 꿈꾸었다. 이처럼 공중에 설치될 전선을 '자동 선로'라고 불렀다.[20]

가솔린 자동차는 이와 달리 기반시설에 대한 의존도가 낮다는 점이 매력적이었다. 가솔린 자동차는 거의 자력으로 국도를 달릴 수 있었고, 장거리를 비교적 적은 양의 가솔린으로 운행할 수 있었다. 개선된 냉각설비 덕분에 장거리 운행에도 적은 양의 냉각수면 되었다. 전등용 연료는 어디서든 쉽게 구할 수 있었기 때문에 초기에는 전등용 연료를 태우며 달리던 자동차가 많았다. 얼룩제거제나 벤졸 형태

로 시중에 나돌던 경질 휘발
유는 어디서나 구할 수 있는
것은 아니었지만 수송하기
가 편리해서 통에 담아 미리
열차로 보내는 방법이 쓰였
다. 가솔린의 에너지밀도가
높다는 점은 시간이 지나면
서 탁월한 장점으로 드러났

최초의 '자동 선로'(1906). 공중의 전선을 이용한 개
인용 전기자동차였다.

다. 가솔린 수요가 늘면서 식당과 위생용품점에서도 판매되기 시작
했다. 가솔린만 파는 주유소의 수도 증가했다. '다폴린Dapolin'이라는
이름으로 연료를 판매하던 독-미 석유조합DAPG은 1910년 당시 독일
제국에 3,500개의 주유소를 보유하고 있었다. 연소 엔진은 장거리 운
행용 동력으로 발전하는 듯했지만, 속도 변화가 잦고 시동을 자주 걸
어야 하는 대도시 교통에서는 전기자동차에 뒤질 수밖에 없었다.

그러나 최신 증기자동차도 기반시설 의존도가 낮기는 마찬가지였
다. 이미 언급했듯이, 증기자동차는 석탄이 아니라 가솔린과 비슷한
양의 액체연료를 사용했다. 열효율이 좋은 파라핀유 기화 버너를 이
용한 가열 방법이 사용되었는데, 이는 오늘날의 페트로막스 램프나
옵티무스 버너의 효율과 유사했다. 단점이라면 탱크의 압력을 일정
하게 유지시켜야 한다는 것이었다. 이를 위해 증기자동차 운전자는
여러 가지 기계장치를 조작해야 했다. 하지만 가솔린 자동차 운전자
도 연료탱크의 압력에 신경 써야 한다는 점은 같았다.

이처럼 가솔린 자동차와 증기자동차는 외부 기반시설에 의지할 것

이 별로 없었지만, 대신에 기계장치가 복잡하다는 단점이 있었다. 증기자동차와 가솔린 자동차를 이동식 발전소나 이동식 에너지 변환기로 이해한다면 이 차들은 소형 기반시설을 싣고 운행했다고 볼 수 있다. 반면에 전기자동차는 대형 기반시설이 필요했기 때문에 에너지 원천에 의존적이었다고 해석할 수 있다. 내부 시스템의 조작은 증기자동차나 가솔린 자동차나 똑같이 복잡했다. 가솔린 자동차는 연료 공급과 점화 그리고 혼합 조절이 어렵고 여러 변수로 조절해야 했던 반면, 증기자동차는 증기 소모와 보일러 용수 공급 및 버너 성능 조절 사이에서 균형을 잡는 일이 매우 복잡했다.

증기자동차와 가솔린 자동차의 이 복잡함은 곧 보조기술로 자동화되었다. 그런데 그러면서 증기자동차의 물 사용량을 줄여 준 응축기가 진공 펌프와 오일 분리기 없이는 작동하지 않게 되었다. 보일러로 돌아온 물이 섞인 실린더 내부의 윤활유를 제거해야 했기 때문이다. 엔지니어들은 결점을 없애는 과정에서 새로운 문제를 만들어 냈고, 그러면서 차는 점점 더 복잡해졌다. 운전자가 할 일은 줄어들었지만, 대신에 기계장치가 더 많이 설치되었다. 그 결과, 증기자동차는 가솔린 자동차와의 경쟁에서 점점 뒤처졌다. 증기자동차의 가장 큰 장점이었던 견고성과 낮은 고장율은 매력을 잃었다.

시스템의 교체와 균등화

1900년경 경쟁 중이던 세 종류의 차량은 매우 유사했다. 설계나 크기와 외형, 심지어 속도와 운행 거리 및 운송의 규모 면에서 가솔린 자동차와 전기자동차와 증기자동차는 놀랍게 유사했다. 다른 점이라면 증기자동차가 조금 더 무거웠다는 점뿐이다. 외적으로는 세 가지 유형을 구분하기 어려웠고, 디자인도 서로 영향을 미쳤다. 1888년경 폴크Volk의 전기자동차는 이미 벤츠의 특허 자동차와 동일한 형태로 설계되었다. 다수의 증기자동차와 전기자동차는 '시스템 파나르'의 등장 이후 엔진 후드를 앞쪽에 달았다. 세 종류의 차량은 결점 면에서도 유사했다. 예를 들어, 승객이 먼지를 뒤집어쓰기 쉽고 타이어 고장이 잦다는 점이 비슷했다. 과거와 달라진 점이라면, 비교 테스트 자료가 많아서 차량 구매자들이 경쟁 차량들의 장단점 정보를 충분히 얻을 수 있었다는 것이다. 그러나 각 유형의 추종자들이 공식적으로 발표한 대로 값싸고 믿을 만한 차량은 1914년까지도 나오지 않았다.

초기 전기자동차가 실패한 이유를 네덜란드의 기술사가 몸G. P. A. Mom은 '플루토 효과'로 설명했다. 월트디즈니의 강아지 플루토가 묶여 있는 소시지를 향해 달리지만 먹지는 못하면서 수레를 끄는 것처럼, 열등한 기술은 우월한 기술의 뒤를 따를 뿐이라는 것이다. "위협 당하는 기술은 위협하는 기술로부터 일정한 특징을 받아들인다. 그 특징을 적절히 받아들여 경쟁자가 가진 장점의 폭을 줄임으로써 '더 나은' 신기술로의 이동을 덜 매력적으로 보이게 한다는 것이다."[21] 플루토 효과는 전기자동차가 가솔린 자동차의 이용 형태를 받아들이고 모방했다는 사실뿐 아니라, 왜 내연기관이 기술 면에서 전기 엔진의 이점을 이용했는지를 설명해 준다. 세기말의 자동차 세계에서는 개인용 자동차에 대한 요구가 뚜렷하게 형성되었는데, 이 요구는 세 종류의 자동차 모두에 해당되었다. 경쟁하는 세 기술은 동일하게 영향을 미쳤고, 서로 유사해지는 데 기여했다.

이때 중요한 역할을 한 것은, 가솔린 자동차의 자동 시동장치였다. 1907년의 상황은 매우 분명했다. "가솔린 자동차의 시동은 아직도 어려운 문제다. 증기자동차는 시동이 부드럽게 걸리고, 전기자동차만 만족스럽게 운행을 시작한다."[22] 가솔린 자동차의 시동을 걸려면 손잡이를 돌려야 했는데, 힘이 많이 들고 위험해서 남자들만 할 수 있었다. 이 문제는 1911년 찰스 F. 케터링Charles F. Kettering이 자동 시동 모터를 개발하면서 해결되었다. 편안한 운행을 돕는 보조기술 대부분이 미국에서 성공을 거둔 것처럼, 자동 시동 모터도 미국에서 가치를 인정받기 시작했다. 독일에서는 나중에야, 양차 대전 사이에야 이 장치가 표준이 되었다. 자동 시동장치 덕분에 가솔린 자동차는 일상생활용 차량으로 인정받게 되었으며, 여성도 운행할 수 있는 차가 되었다. 1913년 두 명의 여성 운전자가 자동

가솔린 자동차와 점차 유사해지는 증기자동차. 가드너 세르폴레 광고(1904)

시동장치 엘란Elan을 홍보하는 문구는 "이제 남자는 필요 없어요!"였다. 전기자동차의 장점이 가솔린 자동차에 도입된 것이다. 시동이 더디게 걸리는 증기자동차는 경쟁에서 뒤처질 수밖에 없었다. 그러다가 1918년 애브너 도블스Abner Dobles의 급시동 증기자동차가 등장하면서 이 문제가 어느 정도 해결되었다. 이 증기자동차는 4기통 증기엔진을 장착하고 있어 가솔린엔진과 매우 유사한 형태를 보였다.

물 사용량이 많다는 점은 처음에 증기자동차뿐 아니라 가솔린 자동차의 결점이기도 했다. 그래서 테오도어 폰 리비히Theodor von Liebieg는 라이헨베르크에서 만하임까지 자동차 여행을 하면서 시냇물이나 우물이 어디 있는지를 계속해서 살펴야 했다. 냉각수가 계속 증발해서 이를 채워야 했기 때문이다. 벤츠 자동차는 100킬로미터에 50

운전사가 타이어를 수리하는 모습을 지켜보는 승객들. 타이어 고장은 세 종류 차량 모두의 결점이었다.

리터 정도의 물이 필요해 가솔린보다 물 사용량이 많았다. 두 자동차 모두 냉각기나 응축기를 통한 냉각순환을 도입해 이 문제를 해결했다. 마이바흐가 특허를 낸 가솔린 자동차용 파이프 냉각기나 '벌집' 냉각기는 고성능 증기자동차의 증기응축기를 본떠서 제작한 것이었다. 증기응축기는 고속 증기 보트에도 장착되었다. 이렇게 물 사용량을 줄임으로써 기반시설에 대한 의존도는 다시 줄어들었다.

가솔린 자동차의 가장 큰 단점은 기어 장치였다. 한편으로는 폭발연소 엔진에 증기기관의 탄력성을 '부여하려는' 시도가 계속되었다. 마이바흐가 적용한 기술은 막다른 골목에 이르렀다. 1905년 마이바흐는 가솔린 자동차의 탄력성을 높이기 위해 압축공기를 이용하기로 했다. 이렇게 하면 기어, 차동장치, 클러치가 불필요했지만, 전이과정에서의 손실이 너무 커서 실현 불가능한 것으로 판명되었다. 가솔린엔진과 증기기관을 하나의 엔진으로 연결한다는 마이바흐의 아이디어는 1902년 특허를 받았지만 이 또한 비현실적인 것으로 드러났다. 엔진에 사용되는 4개의 실린더 중 2개는 연소 공간으로 사용되고, 다른 2개는 연소 열기로 생긴 증기가 주입되는 형태였다. 연소된 가스의 압력으로 피스톤이 위로 올라갔다가, 증기 압력으로 아래로 내려가는 아이디어를 개발한 엔지니어도 있었다. 모두 성능과 에너지 이용률 향상

라우흐-랑의 전기자동차에 설치된 엔진 후드. 전기자동차와 가솔린 자동차의 기술적·외형적 유사점을 볼 수 있다.

에 헌신한 것 같지만, 사실 기술자들을 움직인 동기는 증기자동차에 대한 경쟁심이었다.

복합 기술로 전기자동차의 근본 문제인 축전지 용량 문제를 해결하려는 시도도 이어졌다. 가솔린엔진으로 발전기를 작동시켜 차량이 자체적으로 전기를 생산하는 방식이 모색되었다. "가솔린 자동차의 장점과 전기자동차의 장점을 결합시키기 위해 여러 가지 차량에 이른바 혼합 시스템을 장착했다. 가솔린엔진과 축전지를 붙인 전기 엔진을 함께 장착하여 필요에 따라 전기 또는 가솔린으로 운행한 것이다. 가솔린엔진은 발전기 역할을 하여 충전 시 전기 엔진을 작동시키는 데 사용되었다."[23] 시내에서는 순전히 전기로만 운행하고, 장거리에는 가솔린 동력이나 두 동력을 결합하여 운행하는 방식이었다. 물론 1900년경에 이 하이브리드 또는 '복합' 기술이 등장한 배경은 배기가스 문제 때문이 아니다. 전기자동차 제작자들은 전기 엔진과 가솔린엔진을 결합시켜 운행 거리 연장을 약속했고, 가솔린 자동차 생산자들은 기어가 필요 없는 편리한 작동을 부각시켰다.

이에 따라 당시에는 가솔린과 전기를 이해하는 두 가지 복합 철학이 존재했다. 에토레 부가티Ettore Bugatti나 젊은 페르디난트 포르셰 Ferdinand Porsche 같은 전기자동차 제작자들은 가솔린엔진을 충전기로 이해했다. 포

미국 여배우 키티 고든과 그루넬 전기자동차(1910년경)

르셰는 1900년에 야콥 로너Jakob Lohner 사의 주문을 받아 하이브리드 자동차를 제작했는데, 여기에는 가솔린엔진으로 전지를 충전하는 바퀴통 엔진hug engine이 달려 있었다. 반대로 가솔린 자동차 엔지니어들은 복합 기술로 거친 변속 과정을 생략하고자 전기 엔진을 일종의 자동변속기처럼 사용했다. 축전지는 일종의 완충기로 쓰였다. 물론 복합 기술은 성공하지 못했다. 기술적으로 대단히 번거롭고 무겁고 가격도 높았기 때문인데, 순수한 가솔린 자동차가 점차 자리를 잡으며 기술 개발의 필요성도 사라졌다.

내연기관의 승리: 소비자들은 무엇을 원하는가?

세 종류 차량의 경쟁과 그 혼합 형태의 출현이라는 복잡한 상황을 뚫고 마침내 가솔린 자동차가 뚜렷한 승자로 올라섰다. 오늘날엔 당연해 보이지만, 당시에는 전혀 당연한 일이 아니었다. 가솔린 자동차에는 어떤 성공 비결과 수수께끼가 숨어 있었다. 이를 풀기 위해서는 당시 사람들이 자동차에 바란 것이 무엇이었는지를 알아내야 한다.

전기자동차는 운전이 간편하고 배기가스가 없고 조용하다는 점 때문에 기본적으로 시내용 자동차였다. 시내에서 운행하는 한, 기반시설에 대한 의존과 운행 거리의 제한이라는 단점은 문제가 되지 않았다. 전기자동차는 유럽의 도시에서 "당시에 지배적이던 자전거 그리고 가솔린 자동차의 스포츠문화와 구분되는 빅토리아적 하급문화"[24]

의 일부분으로 승격되었다. 미국에서는 특히 부유층이 가까운 교외에 위치한 빌라와 시내를 오가는 데 전기자동차를 이용했다. 광고에서는 여성 고객을 염두에 두고 전기자동차가 깨끗하고 이용하기 편하다는 점을 강조했다. 전기자동차에는 대부분 덮개가 붙어 있어 보호가 된다는 점도 중요했다. 그러나 성별과 기술이 어떤 상관관계였는지, 초기의 전기자동차를 여성용 자동차로 규정할 수 있는지는 여전히 논란거리다.

증기자동차 역시 조용하고 편안하며 진동이 없다는 점 덕분에 가솔린 자동차와 달리 일반 시민용으로 여겨졌다. 따라서 우아하고 고급스러운 가솔린 자동차는 바로 이런 시민적 특성을 갖추어야 했다. 그러나 우아함과 조용한 운행이라는 조건은 요구 사항의 일부에 지나지 않았다. 자동차의 진정한 매력은 다른 데 있었다. 1900년 이후에는 장거리 스포츠 운행이 점차 흥미를 끌었는데, 이는 증기자동차와 가솔린 자동차의 고유 영역이었다. 전기자동차가 주를 이루던 시내 운행에도 가솔린엔진이 점점 적합해졌는데, 이는 엔진의 탄력성이 높아지고 조정

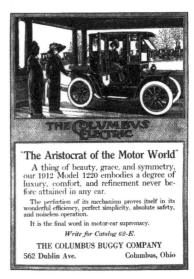

자동차 세계의 귀족. 콜럼버스 버기의 전기자동차 광고(1912)

장치가 개선되었기 때문이다. 1910년경부터 가솔린 자동차는 장거리 운행뿐 아니라 시내용으로도 사용되었다. 이제 저속 운행도 가능해졌다. 오늘날의 관점에서 보면 매우 놀라운 성공이라고 할 수 있다. 가솔린 자동차가 전기장치를 달고 중기자동차의 특징을 도입함으로써 포괄적인 자동차로 변신한 것이다. 장거리 운행 차량이 시내용으로도 적합해진 것이며, 반대로 시내용 차량은 장거리 운행용 차량으로 변신하지 못해 실패한 것이다.

그러나 가솔린 자동차의 장점은 운행 거리만이 아니었다. 자동차 스포츠문화가 대두되면서 전기자동차는 운전의 모험성과 고속의 매력 면에서 더 이상 가솔린 자동차를 상대하기가 어려웠다. 속도 자체뿐 아니라 속도감을 느끼는 것 또한 매우 중요했다. 폭발연소 엔진의 소음과 거칠게 돌진하는 느낌은 전기자동차의 얌전한 소리나 중기자동차의 신사 같은 소리보다 훨씬 더 강한 인상을 주었던 것이다. 가솔린 자동차는 그 거칠고 시끄럽고 공격적인 특성으로 오히려 인기가 더 높아졌다. 가솔린엔진의 잦은 고장도 단점이 아닌 모험적인 도전으로 여겨졌다. 조작하기 간편한 전기자동차를 선호한 것은 극히 일부였다. 고장이 적어서 신뢰할 수 있다는 점이 역설적으로 자동차 스포츠를 즐기는 이들에게는 매력 없는 특징으로 여겨졌다.

1907년 한 운전자는 기계장치를 다루는 것이 얼마나 좋은지를 다음과 같이 고백했다. "기계공의 본능을 가진 남자들"이 가솔린 자동차를 좋아하는 이유는 그 "불완전성과 특이함에 있다". 그러면서 가솔린 자동차는 "인간과 많은 점에서 공통된 영혼"[25]을 지니고 있다고 했다. 전기자동차는 기계적인 면이 덜했기 때문에 모험을 즐기는 운전자들은 전기자동차에 친화성을 느낄 수 없었다. 즉, 기술상의 문제가 가솔린엔진 기술을 제약하지 않고 오히려 촉진했던 것이다. 이렇게 하여 가솔린 자동차는 여러 면에서 우월했던 다른 기술들을 제치고 승리할 수 있었다. 이는 경제적 관점이나 기술적 관점에서는 설명하기 어렵다. 오히려 매력, 자극, 도전, 기술적 문제 해결 능력 등의 문화적 특성이 당시에 지녔던 사회적 위상으로만 설명 가능하다. 앨런 P. 뢰브Alan P. Loeb는 동력 기술 선택에서 나타난 '쾌락주의적'이며 개인적인 요인들을 강조한다.[26] 즉, 어떤 기술의 문제점을 언급하는 것만으로는 충분하지 않고, 각 이용자들이 그 문제를 어떻게 평가하는지, 나아가 그 문제를 용인하는지 여부까지 관찰해야 한다는 것이다.

하지만 이것은 쉽지 않은 일이다. 공식적 표명과 실제 선호도는 항상 서로 다르게 나타나기 때문이다. 특히 자동차 이용자들이 자동차 구입의 의미와 목적에 대해 공식적으로 발표한 내용과 실제로 자동차 구매를 결정하게 된 더 깊은 이유는 상이한 경우가 많다. 따라서 자동차 역사가들은 결정적이지만 숨겨져 있는 진정한 이유를 찾아야 한다. 증기자동차, 전기자동차와 가솔린 자동차 중 어느 것을 선택할 것인지의 문제에서도 합리적으로 말하는 '나'와 비합리적으로 구매하고 운전하는 '본능'은 다른 방향으로 움직였다. 따라서 이 경쟁에서는 저 아래로부터부터의 영향, 즉 모험지향성이 결정적이

충전소의 군용차량(1900년경). 전기 택시 부대

었다고 보는 것이 옳다.

그러나 위로부터의 영향도 무시되어서는 안 된다. 특히 독일에서는 정부의 방침이 증기자동차를 제한하는 데 큰 영향을 끼쳤다. 고압 보일러의 폭발 위험과 관련한 강력한 규정들이 제정되었던 것이다. 증기자동차는 의무적으로 증기기관 검사협회DUV의 검사를 받아야 했을 뿐 아니라, 주거지 증기시설 가동과 관련된 복잡한 관료주의적 규칙을 지켜야 했다. 증기기관 검사협회는 증기보일러의 감시와 보증을 위해 1866년에 창설되어 오늘날의 기술 정기검사협회TUV로 이어진다. 바로 이 때문에도 증기자동차는 독일에서 널리 보급되지 못했다. 가솔린 자동차의 승리에는 군사적 요인도 중요한 역할을 했다. 군의 '보조금 체제'에서 증기자동차와 전기자동차는 배제되었다. 독일군은 충전소와 길가의 송전 시설 설치를 허용하지 않았다. 이렇게 군 지도부는 자동차 기술 선택에 결정적인 영향을 끼쳤다. 자동차를 전쟁에 이용할 생각도 하지 않았고, 가솔린 자동차에 보조금을 지급하지도 않았다. 이를 당시 미참전국인 스위스나 네덜란드와 비교해 보면 매우 흥미로울 것이다.

"모험적인 가솔린 자동차에 의해 납과 구리로 '얼어붙은 자동차'라고 비판받았던"[27] 전기자동차는 이후에도 수십 년간 도시형 자동차로 명맥을 이어 갔다. 전기자동차는 전문가가 정비하는 택시로서는 성공적이었다. 빈과 파리의 소방서에서는 전기자동차를 이용했으며, 우편배달용 차나 구급차, 영구차에도 전기자동차가 이용되었다. 합리화 이론의 전문가들은 전반적인 자원 부족 상황에서 "전기자동차가 최선의 경제성을"[28] 보인다고 강조했다. 매일 25킬로미터를 운행할 경우에 말이 끄는 마차가 가장 경제적이며, 70킬로미터까지는 전기자동차가 경제적이고, 그 이상의 거리에서는 가솔린 자동차가 가장 경제적이었다.

하지만 줄곧 전기자동차의 확산이 예견되었음에도 불구하고, 전기자동차가 사적으로 이용되는 경우는 매우 드물어졌다. 그로부터 수십 년이 지난 후인 1971년 7월에 NASA의 특수차량이 최초로 달 표면 운행에 성공하면서 비로소 전기자동차는 긍정적인 이미지를 얻게 되었다. 물론 이로써 전기자동차가 확산된 것은 아니다. 1973년의 오일 쇼크 이후에 전기 엔진이 유행처럼 재등장하긴 했지만 전반적인 확산을 유발하지는 못했다.

영원한 미래 자동차인 전기자동차와 비교해 볼 때 증기자동차의 부흥은 더 약했다. 1916년 증기자동차 실험작은 오일로 점화되는 화물차였다. 오늘날의 연료들은 배기가스를 적게 배출하고, 보일러나 열교환기의 성능도 좋아졌기 때문에 증기자동차가 다시 흥미로운 대안으로 등장할 수도 있을 것이다.

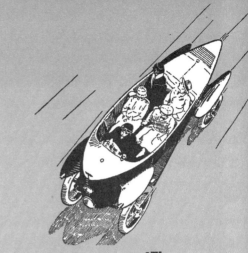

4장

초기의 자동차문화

가솔린 자동차는 장거리 여행에서 독특한 '모험'을 체험할 수 있는 새로운 가능성을 열어 주었다. 익숙한 도시를 뒤로하면 자동차 모험이라는 새로운 세계가 펼쳐졌다. 오이겐 디젤은 회고록에서 이 '고전시대'를 다음과 같이 표현했다. "지방도로에는 제약이 많았다. 산을 넘는 것이 문제였지만 기대와 즐거움과 호기심으로 극복하려 했다."[1]

자동차 운전교본에는 지방도로에서 부딪히는 위험과 어려움이 사례별로 분류되어 있는데, 핸들 조정과 제동 문제부터 기술적 고장, 연료 공급 문제, 어려운 도로 사정을 거쳐 도로를 이용하는 다른 운전자들의 위험한 행동에 이르기까지 다양했다. 자동차 이용자들을 곤경에 빠뜨린 것은 자동차를 피하지 않고 공격적으로 변하는 어린이들, 잠들어 버린 마부, 공격하는 개, 경쟁하는 다른 자동차 등 여러 가지였다. 이 밖에 악조건의 호텔이나 길을 잘못 든 경우, 악천후 등이 자동차 여행에서 흔히 만나는 어려움들이었다.

당시 인기를 얻은 한 안내서[2]에는 장애물 목록 전체가 실려 있다. 굽은 도로와 비탈길은 예측 불가능하고 울퉁불퉁했으며, 구멍과 위험한 틈새도 많았을 뿐 아니라 열차 선로를 건너는 것도 위험했다.

1910년경 고장난 자동차를 수리하는 광경

자전거도 예측 불가능한 장애물이었다. "갑자기 방향을 바꾸는 자전거들이 많아서, 이렇게 자살을 시도하는 자전거 이용자들을 확실한 죽음으로부터 구하기 위해서는 대단한 기술이 필요했다." 마차를 모는 마부들은 "대부분의 자동차 이용자들에게 골칫거리로 여겨졌다. … 마부들은 항상 취해 있고 잠들어 있다고 보는 것이 맞다." 보행자들은 경솔하고 악의적인 장애물로 분류되었고, 말은 참을성 없는 장애물로, 개들은 어리석고 자살을 시도하며 공격적인 장애물로 분류되었다.

실제로도 그랬다. 베르타 벤츠는 1888년 아들들과 함께 만하임에서 포르츠하임까지 자동차 여행을 하던 중 동력 벨트의 길이를 줄이고 제동장치를 수리했을 뿐 아니라 산길에서는 차를 밀어야 했다.

1894년 라이헨베르크에서 만하임까지 자동차 여행을 했던 테오도어 폰 리비히 남작이 겪은 "지방도로에서의 모험"에는 여러 차례에 걸친 수리, 나무에 부딪히고 열차 차단기 아래에 끼이고, 개 한 마리를 죽이고 자동차 적대자의 공격을 받는 등의 에피소드가 기다리고 있었다. 리비히 남작의 벤츠 자동차는 도로의 진흙탕이나 도랑에 빠지기 일쑤였다. 1903년 어느 '신사 운전자'는 다음과 같이 기록하고 있다. "점화장치 결함, 냉각이 자주 필요함, 닭 한 마리를 치었음. … 치욕의 도로. 앞축이 휘었다. 조절장치 탓에 굴욕의 운행이었다. … 엔스강 지나서 고장, 아스텐으로 견인되어 여관 앞에서 50명의 농부들이 지켜보는 가운데 (성신강림절) 엔진 해체, 점화장치 잘못 조정됨. 실린더 내에서 작은 부속을 치고 피스톤이 돌출됨. … 3단 톱니바퀴 수리를 맡김으로써 자동차 이용 불가능."[3]

문명의 손길이 닿지 않는 곳에서는 문제가 더욱 심각했다. 파울 그레츠Paul Grätz는 1905년 반년간 아프리카를 자동차로 횡단했는데, 잦은 파손 때문에 배와 짐꾼들 편으로 배달 받은 부품으로 차를 완전히 재조립해야 했다.[4] 초기에는 "'고장'이라는 못된 요정"[5] 같은 걸림돌과 연료, 윤활유, 물 공급이 가장 중요했다면, 1905년 이후에는 도로 사정이 문제였다. "순전히 기계적 작업인 핸들 조정, 변속, 클러치 및 가속페달 조작은 타고난 기계치가 아니라면 그리 큰 문제가 아니다. 그러나 도로는 위험한 장애물로 가득했으며, 특히 사람들이 제일 큰 문제였다. 그들의 무지와 악의로 인해 자동차 운전에는 위대한 기술이 필요할 때가 많았다."[6] 초기의 운전자들은 영웅처럼 온갖 위험과 어려움을 극복해야 했다. 그들은 자동차 기계장치를 '섭렵'해야 했고, 어려운 운행을 통제해야 했다. 도로의 위험을 이겨 내고 다른 교통 참여자들을 '훈련'시켜야 했고, 천천히 운행하는 다른 차량들을 '제압'해야 했다. 고장과 사고마저도 "낭만적인 장애물"로, 모험적인 운전체험의 일부로 여겨졌다.

그러나 이 모든 어려움은 그로 인한 진정 새로운 행복감 때문에 그리 심각하게 여겨지지 않았다. 믿을 수 있고 편안하며 빠른 열차를 등지게 된 것은 기존에 알지 못했던 자유의 느낌 때문이었다. "자동차 여행은 경이롭다. … 긴장 가득한 독립의식, 진정한 비행의 느낌 … 비밀 가득하고 오래된 낭만적인 지방도로로의 회귀, 계속해서 변하는 경치의 풍요로움, 이마와 뺨을 스쳐 지나가는 신선한 공기, 이 모든 것이 주는 느낌은 근사하다."[8] 이것이 자동차 이용자들의 참을성에 대한 보답이었다. "이제 자동차가 나왔다. 이로써 자연을 사랑하는 여행자들은 공간의 힘에서 벗어나 이동의 자유와 함께 열차의 속도와 객실의 편안함을 즐기고 있다."[9] 자동차는 한 마디로 "개인 객실"이었으며, 그 "강력한 힘"이 제공하는 속도는 애초에 자전거가 했던 약속을 지켰다. 1898년에 나온 벤츠 자동차에 대한 찬가는 이 열광적 분위기를 잘 표현하고 있다.

"광야를 날자,
망상과 편협함을 버리고
공간과 시간을 제압하자,
용기와 자부심은 우리의 일부분이다.
익숙해진 강제로부터의 자유!

선로에 제약되었던 과거에서 벗어나
폭풍 같은 속도로 스스로 움직이는
자동차, 네게 영광이 깃들지어다!"[10]

'자동차 얼굴', '도취', 신사 운전자들의 미덕

"모험 기기인 자전거와 자동차를 직접 경험하면서 느
끼는 흥분"[11]은 세기말의 혁신적이고 생명력으로 가득 찬 쾌락주의적
분위기에 영향을 받았다. 청소년운동과 대도시 비판의 이상들이 이
경험에 편입되었고, 당시에 유행한 위생운동의 동기도 여기로 흘러
들었다. 위생운동은 원래 기술에 적대적이었지만, 야외를 광적으로
칭송하는 흐름 때문에 '기계'에 대한 열광으로 바뀌었다.

1906년 《마이어백과사전》은 '위생' 항목에 자동차의 생리학적 효
과를 설명했다. "모든 유기체의 활발한 사용", "신선한 공기가 피부와
폐의 기능을 강화한다는 점", 그리고 "신경계에 매우 긍정적으로 작
용한다는 점"[12] 등이 나열되었다. 흔들림 없이 달리는 것뿐 아니라 진
동조차도 "자동차를 치유 수단"으로 만드는 요인이라고 1902년 《슈
바벤 여성신문》은 주장했다. "자동차의 지속적인 진동은 의사들이
말하는 수동적 운동의 이상적인 형태이다."[13] 미국의 의사들은 자동
차가 지난 천 년 동안 발명된 것들 중에서 가장 건강에 도움이 된다고
했다. 신선한 공기가 승객의 신체 안으로 "펌프질을 하듯이 들어간다
는" 이유에서다.[14]

1900년경의 신경학 논쟁에서 자동차가 신경과민을 유발하는 고속 기계로 표현되었을 것 같지만, 실제는 정반대였다. 자동차는 "모든 종류의 신경증과는 정반대"의 위치에 놓인 것으로 여겨져, 당시 유행 병이던 "신경쇠약 치료제"[15]로 인정되었다. 자동차 운행이 신체적 체험으로 칭송받은 것이다. 사람들은 "특별한 통제감과 운행 시의 진동 그리고 공기를 뚫고 재빨리 부드럽게 움직이는 감동적인 느낌"[16] 그리고 "고요한 수면 위에서 배를 타듯이 기분 좋게 부드럽고 가볍게 날아가는 느낌"[17]에 찬사를 쏟아 냈다. 진동, "공기와의 마찰", 가속의 힘, 지체시키는 힘, 바람의 힘, 심지어 "힘을 예견하는" 엔진 소음까지도 모든 감각을 즐겁게 해 주는 새로운 쾌락으로 승화되었다.

정말로 새로웠던 것은 속도를 '제압'하는 경험이었다. 처음에 고속 운행은 전혀 '편리'하지 않았다. 도로 사정도 좋지 않고 마을을 통과 해야 하는 경우도 많았기 때문에 평균속도는 기차와 경쟁할 수 없는 수준이었다. 편안하고 빠른 장거리 여행을 원할 때에는 기차를 택하는 것이 당연했다. 자동차는 기차 짐칸에 싣거나 운전사가 미리 타고 가는 경우가 많았다. 자동차의 속도는 여행을 빨리 진행시키지는 못했지만, 짧은 '스프린트'[전력 질주]로 자극과 쾌감을 높였다. 승객이 모두 앞을 보고 앉도록 좌석이 배치되면

초기 스냅사진에 보이는 속도에 매혹된 사람들(1901)

서 속도를 다 같이 체험할 수 있었다. 기차 여행에서 느끼는 수동적인 체험과는 완전히 다른 능동적인 체험이었다.

그러나 당시 사람들에게는 아직 정확한 속도감이 없었다. 초기에는 특수장치에 속했던 속도측정계가 없으면 자동차 운전자나 경찰도 속도를 어림잡아 짐작할 수밖에 없었다. 특히 장시간 운전 후에는 더 속도에 무감각해졌다. 자동차의 '속도감'은 속도계가 의무화되면서 비로소 생겨났다. 자동차의 속도를 다루는 데 필수적인 '예측', 즉 초점을 앞으로 지향하는 것, 그리고 도로 공간을 더 민감하게 인지하는 능력도 이에 따라 천천히 갖추어졌다. 이외에도 반응이 빨라져야 했으며, "핸들 주변의" 복잡한 조작을 섭렵해야 했다. 주변과 뒤를 보는 일은 필수가 아니었으며 심지어 위험한 행동으로 여겨졌다. "운전 중에 운전자는 아무리 능숙하더라도 절대로 뒤를 돌아봐서는 안 된다."[18] 왜냐하면 도랑에 빠질 테니까. 이런 능력을 모두 갖춘 사람들은, 특히 여성들은 많지 않았다. 속도 조절에 적합한 사람인지는 심리 테스트로 확인되었다.

속도에 대한 갈망은 세기말의 대단한 매력이었음이 분명하다. 그리고 이는 자동차에 국한되지 않았다. 이전에는 자전거가 이미 "쌩하고 달리는" 즐거움을 일깨웠으며, 나중에는 비행기로 증폭되었다. 감각적이고 육체적으로 자극을 주는 새로운 '가속기계'에는 고속 보트도 포함되었다. 게다가 운전자만 속도의 스릴을 즐겼던 것이 아니다. 대규모 관객들이 자동차경주나 모터보트 경주에 몰려들어 새로운 이동기계를 모는 영웅들에게 환호하는 것도 새로운 현상이었다. 그러나 속도에 대한 수동적 쾌감이 그런 욕구를 얼마나 충족시켰는

초기 사고 현장 스냅사진(1932)

지, "속도가 하나의 문화현상으로서"[19] 모든 시대에 걸쳐 존재했는지, 아니면 '속도문화'가 1900년경에 형성된 것인지는 좀처럼 확인하기가 어렵다.[20]

자동차 이용자들의 얼굴에 새로운 속도의 위험을 '통제'하려는 모습이 뚜렷이 나타나자, 당시의 관찰자들은 독특한 '자동차 얼굴'이 등장했다고 했다. 얼굴 표정에 "수천 번 겪은 위험, 사고를 가까스로 피한 경험의 흔적이 드러나 있다. … 운전 중에 지속되는 고도의 집중, 온갖 기계장치 조작, 차와 장애물 간의 재빠른 거리 측정, 이 모든 것이 점차 눈과 입과 귀 주위 근육에 긴장을 부여함으로써 자동차 얼굴을 만들어 낸다. 그러나 가장 많이 보이는 것은 죄 없이 끔찍한 사고를 유발할지도 모른다는 두려움의 표정이다." 사람들은 "자동차 운전자들의 얼굴이 승마나 펜싱을 하는 사람 또는 비행선을 타는 이들의 얼굴 표정이 그렇듯 시간이 지나면 단호하고 힘찬 표정으로 바뀔 것"[21]이라고 말한다. 특히 여성들은 이런 표정 변화가 겉으로 드러나는 것을 두려워했다. "고속 운행 시 얼굴이 붉은색이나 적갈색으로 변하고, 또 애를 쓰다가 표정이 남성화되는 것은 외모를 걱정하는 모든 우아한 여성들에게 끔찍한 일임이 틀림없다."[22]

당시에는 자동차 운전을 '도취'와 관련지어 표현하는 경우가 많았다. 고속은 합리적 통제를 몰아내고 중독과 자극제의 효과를 발휘한다고 설명한 것은 베를린의 의학담당관 나케Nacke만이 아니다. 1901년 자동차 이용자들은 "고속에 도취되고 말초신경에 지배당하지"[23] 말라는 경고를 받았다. 1900년경의 《그림Grimm 사전》에는 '질주'야말로 "이성을 잃고 엉터리로 말하거나 행동하는 분별없는 상태"를 의미한다고 되어 있다. 질주에 대한 자제가 필요했다. 자동차 이용자들은 "열광과 점점 강해지는 속도 욕망이 이성을 이기도록" 해서는 안 되며, 감정을 통제하여 새로운 행동 방식을 익히고 책임감 있게 자동차를 대해야 했다. 이 또한 자전거 이용자들에게 이미 요구된 사항들이었다.

이 밖에도 초기의 자동차 이용자들은 불쾌하고 고장이 잦은 기술로 '단련'되었다. "자동차는 많은 사람들에게 기계장치에 대한 지식을 가져다줌으로써 현대적인 생활 전체의 귀중한 지참금이 되었다. … 자동차 이용자들이 기계와 싸워야 하는 상황이 자주 일어나면 화가 나고 큰 골칫거리가 되지만, 이 골칫거리는 참을성, 숙련도, 창의력, 용기와 같은 귀중한 자질을 장려하는 이점이 있다. 그 결과, 자동차 이용자들은 거리의 모든 장애물을 겁내지 않고 웃으며 받아들일 것이다. 자동차는 의지력을 강화시키기 때문이다."[24] 고장이 잦고 손이 많이 간다는 점, 그리고 작동시키기 어렵다는 점이 자동차의 시장성을 떨어뜨렸을 것 같지만 현실은 정반대였다. 기술적 결함과 낮은 신뢰도로 자동차 소유주들은 중요한 지식과 특성을 알게 되었으며, 더욱 빨라진 생활에 신속히 '적응하는' 효과를 얻었다. 자동차의 기술적 결함이 사회적 미덕을 낳은 것이다. 즉, 자동차를 다룰 줄 아는 사람들은 세기말의 변화에 더 잘 적응할 수 있었다.

초기의 자동차경주: 위험에 대한 욕망과 신기록의 매력

자동차클럽들이 주최하던 자동차경주는 "교통수단인 자동차를 더욱 완벽하게 제작하는 데 필요한" 수단이라고 선전되었다. "자동차경주는 결함 있는 제품을 조속하고도 확실하게 구별시켜 주고, 더욱 완벽한 제품을 생산할 기술과 산업이 나아가야 할 방향을 제시해 준다."[1] 경주는 자동차가 더 안전하고 더 빠른 자동차로 개발되는 데 중요한 역할을 했다. 기술의 한계는 계속 드러났다. 제동장치의 문제나 잦은 파손 외에도 자동차가 균형을 잃고 미끄러지는 일이 잦았다. 문제 해결을 위해 엔지니어들은 실린더헤드에 밸브를 걸치는 아이디어나 개선된 제동장치 등 엔진과 차체에 새로운 장치를 추가했으며, 이는 일상용 자동차에 도입되었다. 그러나 대규모 경주와 속도 신기록이 기술 발전에 미친 영향은 선전된 것만큼 그렇게 대단하지는 않았다. 이런 "과도 발전형"을 보완한 것이 당시 인기를 누린 프린츠 하인리히 경주 같은 "신뢰도 테스트 경주"였다. 여기에는 장거리용 차량만이 참가할 수 있었다.

그래도 자동차경주는 자동차 생산업체에게는 제일 어려운 과제였다. 경주에서의 승리는 특권을 부여했으며 판매를 촉진했다. 이 잠재적 광고를 포기하려는 생산업체는 거의 없었다. 이 새로운 유형의 이벤트는 제임스 조이스의 《경주가 끝난 후After the Race》(1904)라는 소설로 표현되기도 했다. 이 작품은 1903년 아일랜드에서 열린 고든 베네트 경주를 배경으로 했다. "자동차들이 더블린으로 달려왔다. 그들은 마치 구슬처럼 내스 로드를 따라 달렸다. 인치코어의 언덕에는 무리를 지은 구경꾼들이 그 광경을 보려고 모여 있었다. 대륙의 부유함과 산업적 근면성이 가난과 무위의 무리들 사이로 지나쳐 갔다. 군중은 가끔씩 감사히 억압된 자들의 환호를 보냈다."

처음에는 심지어 자전거까지 자동차와 경쟁을 했다. 1891년 파리~브레스트 경주에서 푸조사의 가솔린 자동차가 자전거에 패한 것을 끝으로 경주에서 자전거는 사라졌다. 이제 자동차경주는 국가적 명망과 연결되었다. 자동차라는 기술적·경제적 발전이 민족주의적 감정과 합쳐졌다. 레이서들은 "자국의 기계를" 능숙하게 다루는 기술적 영웅이 되었고, 기계는 참가국 엔지니어들의 능력이 빚어낸 산물이었다. 대규모 경주는 "각 나라의 경쟁거리"가 되었으며, 그 결과는 '범국가적 축제'나 비탄의 시간을 초래했다. 1904년 독일제국은 하필이면 자국의 타우누스에서 열린 고든 베네트 경주에서 비참하게 패함으로써 모욕감을 맛봐야 했다. 기술투쟁의 영웅들은 장교인 경우가 많았다. 그들은 자국을 대표하여 승리나 개선, 아니면 패배나 사고사로 끝났다. 대중의 인기를 얻은 자동차경주를 둘러싸고 위험하고 폭력적인 국가 간 경쟁이 벌어졌다. "베를린으로!" 1870년 프랑스 나폴레옹 군대가 사용했던 이 슬로건을 프랑스 레이서들이 사용했다. 경주는 전쟁과 다름없었다. 자동차경주는 위험과 대규모 스펙터클을 즐기는 새로운 부류의 관객을 사로잡았다. 야외 도로에서 벌어진 경주와 신기록 수립 시도라는 복합적인 드라마에는 "운전석에 앉은 영웅"들뿐 아니라 무대 뒤에서 활약하는 자동차 제작자, 기업인, 언론, 클럽 임원들도 한몫을 했다. 위험한 구간, 잦은 사고, 부상과 사망이라는 드라마틱한 장면들은 자동차경주를 현대의 역동성, 고속, 위험의 상징처럼 만들었다. 당시 위험과 공격성에 대한 욕망은 사회적으로 높이 평가되며 긍정적으로 여겨졌으며, 이 욕망이 불타오르는 장이었던 자동차경주는 그 "속도와 위험의 독특한 혼합"(에른스트 융거)으로 인해 참가자와 관객에게 엔진과 기계를 사용하는 새로운 형식의 싸움을 맛보게 했다. 이는 얼마 후 유럽에서 벌어질 기계화된 전쟁을 준비하는 역할을 했다.

실제로 자동차 및 오토바이 경주는 위험했다. 부상과 사망 가능성이 상존하여, 경주에 참가하는 자동차 생산업체들은 수시로 직원과 운전사를 잃었

레이서들과 "감사히 억압된 자들"의 무리: 고든 베네트 경주, 아일랜드(1903)

다. 카를 벤츠도 '운전 마이스터'였던 툼Thum을 잃었다. 관객들도 위험한 광경을 바라보는 수동적인 관찰자에 그치지 않았다. 사고가 나면 관객도 부상을 입거나 사망했다. 그 끔찍한 절정은 1903년 5월에 열린 파리~마드리드 장거리 경주였다. 이 경주는 "속도에 대한 무의미한 광란의 축제로 탈바꿈했다. 심각한 사고와 가벼운 사고가 몇 시간 동안 계속되었다"고 1903년 《일반 자동차 신문》에 실려 있다. 이 '살인적인 경주'는 10명이 사망한 후에야 중단되었다. 그중에는 설계자 마르셀 르노Marcel Renault도 포함되었다. 곧 공공도로 경주는 위험하다고 판정되어 이를 관용하는 사람들도 줄어들었다. 사람들은 '난폭자들'과 '질주자들'을 유해한 존재라고 느꼈다. 카를 벤츠도 '해로운 경주'에 반대했다. "오로지 '최고속'만이 중요한 경주가 나의 이상은 아니었다. … 물론 속도경쟁은 광고를 좋아하는 프랑스인들에게는 엄청난 선전 효과가 있었다. 처음 10~15년 동안 경주는 대단한 진전을 보였다. … 그러나 속도가 점점 높아져 경주에서 승리를 좌우하는 것이 자동차가 아니라 목숨을 무릅쓰고 돌진하는 레이서가 되면서 '지방도로에서의 광적인 질주'는 국민들과 당국의 미움을 샀고, 산업계에서도 부정적인 평가를 받았다."[2] 자동차산업은 20세기 초부터 "경주 패러다임에서 멀어져야" 했다. 경주는 고유의 경기장이 건설되면서 하급문화로 발전했다. 게다가 '비행의 해'인 1909년 이후 '비행 모임'이 자동차경주를 따돌리고 관객의 열광을 차지했다. 그러나 속도에 대한 욕망과 경주 습관은 과거의 이동 형식인 여행과 산책에도 엔진을 도입하는 결과를 낳았다. "질주 대신 여행"을 주창한 인사들 중 가장 유

파리~마드리드 경주(1903) 당시 루이 르노가 형 마르셀의 사망 소식을 전해 듣는 장면

그러나 초기 자동차 이용자들의 판단과 타인들이 이들을 바라보는 시각은 현격히 달랐다. 자동차경주에 참가했던 많은 신사들은 자신들이 신사적 아마추어 레이서의 우상이며, 냉철함과 "용기와 자부

명한 사람은 오토 율리우스 비어바움Otto Julius Bierbaum이었다. 그는 속도지향적인 자동차 이용을 반대하면서 경치 감상과 평정 상태에서의 운행을 강조했다. 비어바움은 자동차 안에서 "괴테에 가까워지고자" 했으며, 낭만주의적인 "자유로운 배회"를 부활시키려 했다.[3] 그러나 자세히 살펴보면 '산책'과 '고속 질주' 사이의 경계가 뚜렷하지 않았다. 많은 자동차 여행자들에 따르면, 편안한 여행이 갑자기 속도에 대한 욕구를 낳거나 '점잖은' 여행이 모험으로 변하는 경우가 많았다. 처음에 자동차에 회의적이었던 루돌프 디젤Rudolf Diesel은 시계로 속도를 재면서 운전자로 하여금 가스 공급을 늘리고 일찍 점화하도록 하는 등 수단을 총동원하여 새로 출범한 자동차협회의 자동차에게 빨리 달리라고 채근했다. 같이 여행하던 아들들의 의견에 따라 처음에는 쾌적했던 여행이 곧잘 최고 속력을 향한 추격으로 돌변했다. 같은 해인 1905년 마르가레테 빈터Margarete Winter 또한 '여행'에서 '질주'로 변한 경험에 대해 이야기한다. 그녀의 아들은 이전에 경주에 참가하여 시속 135킬로미터를 낸 적이 있는 레이서로, 여행용 자동차가 "낼 수 있는 최고속도"로 달릴 작정이었다. 그는 충동적으로 "60마력의 동료"[4]와 경주를 하게 되었다. 편안한 여행으로 출발했다가도 도중에 속도감을 즐겨 보려는 시도가 나타나기 일쑤였다. 1905년 이후로 비어바움의 견해는 소수에 머물렀다.

1) *Meyer's Encyclopedia*, 제14권, 1906, p. 195.
2) 벤츠, 《한 독일 발명가의 자동차와 함께한 일생》, 1939, 118쪽 이하.
3) Otto Julius Bierbaum, *Automobilia. Reiseskizzen und Betrachtungen aus den Kindertagen des Automobils*, 1988, p. 279.
4) Bernd Utermöhlen, "Margarete Winter-eine Automobilistin aus Buxtehude", 1999, p. 274에서 인용.

심", 예의와 과묵함 같은 남성적 미덕을 갖추고 있다고 자부했다. 당시 기록에도 "자동차를 다루려면 건강하고 엄격하고 냉철하고 영리하며 추진력 있고 에너지가 넘치는 남자들이 필요하다"고 되어 있다.[25] 자동차 운전은 "의지를 연마하는 학교"였다. 그래서 프랑스의 운전시험에는 "성격적·정신적 만족도"를 테스트하는 항목이 포함되어 있었다. 냉철함과 반응 능력은 잠든 마부나 비틀거리는 자전거, 길가에서 노는 아이들과 같은 도로 이용자들에 대응하는 필수 덕목이었다. 따라서 초기의 자동차 이용자들은 다른 도로 이용자들의 무능력과 위험을 보완할 능력을 갖추고자 했다. 제1차 세계대전 이후에 자동차 운전자들의 이상은 공격적으로 변했고, 군대의 기준을 지향했다. 자동차 반대자들은 "전쟁 반대자 및 전쟁 무능력자"에 비유되었으며, "운전석에는 의지 강하고 힘이 넘치며 냉혹한, 즉 건강한 남자들만이 앉아 있다"[26]고 했다. 돌이켜 보면, 1914년 이전의 자동차 문화는 전쟁 준비기 같았다고 할 수 있다. 사람들은 "자동차 스포츠가 평시에는 신체를 단련하고 정신을 일깨우는 데 큰 도움"이 된다고 애써 강조했다. 자동차경주와 '집단 운행'은 "나중에 실행해야 할

위험과 긴장이 서린 앙리 푸르니에의 "자동차 얼굴 표정"(1902)

의무의 연습"[27]으로 여겨졌다. 그러나 과거의 기사, 군사적 미덕, 생활 혁신운동의 이상, 나아가 빅토리아적 스포츠맨과 젠틀맨을 지향했던 자동차 이용자들의 자화상은 외부에서 보는 시각과 크게 달랐다. 자동차를 이용하지 않는 '관객'들에게 운전자들은 '허풍선이'였으며, 배려할 줄 모르고 거만한 신종 인간들에 불과했다. 자동차 팬이었던 보

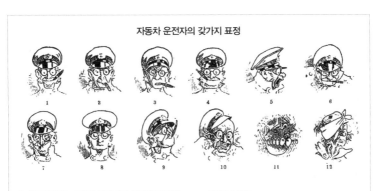

자동차 운전자의 갖가지 표정

① 시동이 걸리는 순간의 표정. 왼쪽 입가에 '멋지게' 시가를 문 채 모험을 기대하는 즐거운 모습이다.

② 출발! 대도시의 교통 흐름 속으로 들어간다. 집중력 고조, 시가는 아래를 향하고 있다.

③ 교통 흐름의 한가운데에 있다. 눈썹은 올라가고 상황이 그리 쾌적한 것 같지 않다. 이를 악물고 있어 시가가 왼쪽으로 뻗어 있다.

④ 통과 능숙한 운전 솜씨 덕분에 잘 빠져나왔다. 만족한 모습이다. 운전은 할 줄 아는 사람이 따로 있다구! 나 참 대단하지?!

⑤ 제기랄. … 보행자! 보행자만 없다면 얼마나 좋아! 어떤 표정이냐고? 우리 운전자는 놀랍게도 차에 치이기를 거부하는 보행자에게 그저 '말하고' 있을 뿐이다.

⑥ 전속력으로 직진! 머리를 낮추고 시가를 문 입은 꽉 다물고, 새로 용기를 내어 전진! 잘 안 될 거야!

하지만 나중에.

⑦ 닭 한 마리를 치었다! 운전자는 이 '살해'에 특별한 즐거움을 느낀 듯하다. 교활하고 만족스럽게 시선을 옆으로 돌린다.

⑧ 다른 모습이군. 경찰 옆을 지나가는 운전자는 품위 있는 얼굴을 하고 있다. 속도는 시속 2킬로미터. 느리게 달리기 세계 기록.

⑨ 고장 난 자동차를 추월. 난 스페인 사람들을 좋아해 운전자는 대리석 심장을 가진 듯하다. 그러나 그는 영국인이며 '스스로를 도우라'는 국가적 표어를 찬미한다. 운전자 동료여, 할 수 있다면 직접 자신을 돕기를!

⑩ 언덕, 벽돌, 충돌, 핸들이 빠졌고 도망이다. …

⑪ 자동차와 운전자가 공중회전을 하고 있다. …

⑫ "행복한 종말을 맞는 사람을 본 적이 없다." …

집중, 심술, 즐거움, 공포. 영국 잡지 《자동차》(1901)에 실린 캐리커처를 1년 후 독일 운전자들에게 설명하는 글. 운전의 시작부터 사고 시까지 운전자의 다양한 얼굴 표정을 그렸다.

드리 드 소니에까지도 운전자들을 "정신병자이자 무례한 놈들"이라고 불렀다. '점잖은' 자동차 운전자들이 아무리 자신은 "일부 거만한 자동차 속물과 달리 세련되고 고상하다"[28]고 주장해도, 1900년경 '자동차'란 단어는 일반인들에게 "오픈카, 백만장자, 털코트, 가면, 시속 80킬로미터, 짙은 먼지구름"[29] 등을 연상시켰다.

도로에서의 싸움

자동차는 강력한 적을 만들어 냈다. 심지어 카를 벤츠는 이 반대 입장을 이해한다고 했다. "초기 자동차 시대에는 전혀 익숙하지 않던 이 차량이 동물과 사람들에게 얼마나 낯설게 느껴졌을지를 생각해 보라. 새로운 경쟁자에게 애정과 이해심을 보이지 않았던 말들은 깜짝 놀라서 달려나갔다. 자동차가 마을을 지나가면 아이들이 집 안으로 뛰어 들어가면서 '마녀의 수레, 마녀의 수레!'라고 외쳤다."[30] 일반 국민들만 그런 것이 아니었다. 언론과 지방정부도 자동차에 비판적이었다. 그 이유는 뚜렷하지 않았지만 매우 다양했다. 질투심, 기술에 대한 근본적 적대감, 지성인들의 '섬세하고' 미학적인 비판, 경치와 '아름다운 자연'을 보호하려는 의도, 경제계 경쟁자들의 방어책 등. 실제로 사람들은 먼지와 소음, 위협적인 '질주' 때문에, 그리고 "지방도로의 폭군"인 자동차 이용자들의 무분별함에 시달렸으며, 사고에 대한 두려움이 널리 퍼졌다. 보행자들이 부유층의 자동차가 일으킨 "먼지를 뒤집어쓸" 때마다 자동차 관련 계급투쟁이 일어날 것 같은 증오와 질투가 유발되었다. "자동차만큼 사회주의적 감정을 고양시킨 것은 없다. 시골 사람들에게 자동차는 부유층의 거만함을 상징했다"[31]고 이후 미국 대통령 우드로 윌슨은 말했다.

이는 순수한 반감에 그치지 않았다. 한편으로는 피돌Pidoll 백작의 전단에 실려 있듯이 자동차에 대한 "저항과 외침" 또는 "민폐 자동차"[32]에 격렬히 대항하는 움직임이 일어났고, 다른 한편으로는 실생활에서 충돌이 일어났다. 말로만 자동차를 비판하는 학자나 귀족들과는 달리, 농부와 시골 주민들은 자신들의 생활공간을 침해하는 신종 스포츠에 직접 완력으로 대항했다. "자동차 이용자들과 다른 도로사용자들 간의 대결이 몇몇 지방에서는 매우 심각하다." 시골 주민들은 "우리가 마을을 통과하여 달릴 때마다 위협하듯 주먹을 들이댄다."[33] 이뿐이 아니었다. 시골 주민들은 "돌멩이를 던지면서 감정을 표시했다"고 카를 벤츠는 전한다. 자동차 교본에는 이런 일상적인 위협에 대처하는 방법이 나와 있다. "농가의 어린이들을 주의해서 관찰해야 한다. 한 명일 때는 괜찮지만 여러 명이서 손을 등 뒤에 대고 있다면 분명히 우리가 그 앞을 지나갈 때 돌멩이 세례를 가할 것이다."[34]

자동차 선구자 아우구스트 호르히August Horch는 방어책으로 다음과 같이 제안한다. "소리를 지르면서 자동차로 달려들거나 흙과 돌을 던지는 아이들을 막는 가장 좋은 방어책도 채찍이다."[35] 폭력적인 충돌은 너무도 자주 일어났기 때문에 여행기에 별로 언급되지도 않았다. 오이겐 디젤은 "오늘 오전, 운행에는 문제가 없었지만 때때로 돌 세례와 욕 세례를 받았다."[36] 오늘날의 관점에서 보면, 양측이 모두 무장을 했다는 사실이 놀랍다. 채찍은 통신판매상 슈투켄브로크Stukenbrock

의 카탈로그에서 주문할 수 있었고, 많은 운전자들이 무기를 휴대했다. 리비히 남작도 공격을 받은 후로는 항상 무장 상태로 운전했다. 1908년 공포를 쏘아 마부를 깨우고 했던 아이젠만Eisenmann 여사도 그랬다. 보행자나 말을 타고 다니던 사람들도 무장을 했다. 시골 사람들의 무기는 돌과 못, 막대기, 줄, 때로는 총과 산탄총 등이었다. 빌헬름 제국 당시의 독일에서 소구경 권총은 누구나 자유롭게 구입할 수 있었기에 "지방도로의 무정부상태"[37]가 야기되었다.

이런 "도로 위의 전쟁"을 헤르만 헤세는 문학적으로 형상화했다. 헤세의 소설《황야의 이리Der steppenwolf》중 '자동차 사냥'에서 자동차를 향한 발사와 보행자를 치는 행동은 "오래전부터 준비되고 우려되던 것이었으며, 마침내 시작된 인간과 기계 사이의 폭넓은 투쟁"의 일부분이다. 총을 쏜 사람은 자신의 폭력 행위가 반대편의 속도 때문이라고 했다. "어떤 속도로 달리든 자동차는 너무 빠르다. 우리는 이제 자동차를 모두 파괴하고 다른 기계들도 부술 것이다." 1914년 이전에는 자동차를 타는 정치가들과 군주들에 대한 불법 공격이 반복해서 일어났다. 자동차에 폭탄을 던지거나 총격을 가함으로써 왕과 지도자들을 살해했다. 1914년 7월에 그레프 & 슈티스트 자동차에 타고 있던 오스트리아의 황태자 부부가 사라예보에서 피습된 사건은 제1차 세계대전의 도화선이 되었다. 바이마르공화국에서 일어난 정치적 우익 테러 중 가장 심했던 것은 발터 라테나우Watler Rathenau 피살 사건으로, 그도 오픈카를 타고 가던 중에 변을 당했다.

폭력 정도는 덜했지만 자동차 이용자들에게 똑같은 '공격'으로 여겨졌던 것이 지방 경찰들의 "노상강도 행위"였다. 지방 경찰들은 매우 임의대로 각 지방의 법을 적용했다. 자동차 신문들은 이런 '자동차 함정'이 있는 마을들을 경고했다. 경찰들과 자동차 운전자들 사이에는 신체적 충돌이 생기는 경우가 잦았다. 이런 충돌이 고조되면 대개 사고로 이어졌다. 1904년 바하르히에서 한 숙박업소의 딸이 자동차에 치여 운전자가 뺑소니를 치려는 순간, 한 주민이 차

"우리가 지금 달리는 골짜기는 훌륭한 듯하다." 자동차에서 보이는 경치를 풍자한 바일룩Weiluc의 캐리커처(1902)

에 뛰어올랐지만 운전자의 이빨 몇 개만 부러지고 끝났다. 결국 수레가 길을 가로막는 바람에 자동차가 멈춰 섰고, 주민들은 사적인 재판으로 운전자를 린치했다. 의무보험 가입이 안 되어 있으면 운전자들은 대개 거액의 위자료가 두려워서 뺑소니치는 것이 보통이었다. 오늘날 남아시아에서처럼 당시 자동차를 소유한 부유층은 운전사를 고용하는 경우가 많았는데, 여기에는 사고 시 피해자들의 분노를 운전사에게 전가하려는 의도도 있었다.

당시 발생한 자동차에 대한 공격 중 가장 악명 높은 사건은 1913년 헨닝스도로프 근처에서 일어났다. 누군가 양쪽 가로수에 묶어 놓은 철사에 걸려 운전자와 부인의 목이 잘렸고, 뒷좌석에 앉아 있던 두 딸은 부상을 입었다. 범인이 잡히지 않은 이 사건 이후 많은 자동차

에 만일의 경우 철사가 탑승자의 머리 위로 올라가도록 만드는 '철사퇴치' 장치가 부착되었다. 이 장치는 곧 군사 분야에 도입되었다. 1년 후 진군에 나선 독일 장교들의 자동차에 이 장치가 설치되었다. 평화 시 도로 싸움 때문에 개발된 방어 무기가 전쟁에 도입된 것이다.

초기 자동차 이용자들의 동기

초기 자동차 이용자들의 사회적 위치와 자동차 구입 동기에 대해서는 알려진 바가 거의 없다. 그래도 그중 몇몇 그룹이 눈에 띈다. 우선 예술가이자 '자동차 신사'들을 꼽을 수 있는데, 그 예로 브라질의 비행 선구자인 알베르토 산토스뒤몽과 1905년 〈미래주의 선언Manifeste du futurisme〉을 작성한 토마소 마리네티Tommaso Marinetti를 들 수 있다. 또한 옥타브 미르보Octave Mirbeau와 같은 프랑스의 '스포츠 작가'들도 있다. 이들은 '근대성', 극단적 경험, 자극적 운행 체험을 강조하며 옛 문화에 대적했고 '시민들'을 선동했다. 이렇게 해서 자동차는 세기말 근대운동의 일부가 되었다.

젊은 장교들도 자동차를 도전적으로 이용했다. 이들에게 '질주'는 승마나 비행과 유사하게 자신들이 맡은 군

1895년 6월 파리~보르도 경주에 참가한 벤츠 로저 자동차

사적 임무를 단련할 수 있는 스포츠였다. 동시에 이들은 자동차 운행이나 이와 관련된 클럽 활동을 통해 신엘리트 계층인 기술지향적 신진 기업가나 산업에 종사하던 귀족 및 그 딸들과 접하게 되었다. '신사 운전자'이자 '스포츠맨'이었던 시민 부유층은 자신들의 진보성과 기술에 대한 개방성을 자랑함으로써 자동차에 사회적 의미를 부여했다. 메르세데스 자동차 이름의 주인공으로 유명해진 소녀의 아버지 옐리네크 영사가 그런 예이다. 이 계층의 시각에서 볼 때 자동차에 대한 적대감은 소시민적인 것으로, 이들은 자동차를 통해 젊음과 우월함을 과시했다. 자동차 선구자인 리비히는 스무 살에 부모 회사에 들어간 후 부모의 반대를 물리치고 벤츠사의 빅토리아를 구입했다. 스포츠형 자동차는 젊은 세대의 저항문화를 상징하는 소도구가 되었다.

초기의 자동차는 소유주에게 어떤 지위를 제공하긴 했으나 그 지위는 아직 좀 모호했다. 혁신적인 기술적 이동성과 사회적 무분별이 섞여서 나타났다. 모험 차량으로서의 자동차는 "존재를 위한 싸움"이 찬미 받던 세계대전 이전 시기에 부상하던 사회계층의 이미지와 잘 맞았다. 자동차 이용자들 간의 경쟁은 흔해서, 도로에서 갑자기 경주가 벌어지기도 했다. 특히 이 점에서 파리의 여성 운전자들이 두드러졌다. "여성들은 경쟁을 하기 위해서 태어났다. 모든 점에서 경쟁을 하는데 자동차라고 왜 피하겠는가? 여성 운전자가 옆을 지나치는 다른 여성 운전자를 바라보는 이글거리는 시선을 봤어야 한다. 물론 옆을 지나치려고 애쓴다는 표현이 맞을 것이다. 왜냐하면 다른 자동차가 앞서가도록 허락했다면 그건 이미 스캔들이 되었을 것이기 때문이다."[38]

공격성과 경쟁심은 자동차를 이용하던 신흥 부유층이 마차와 자전거를 모는 무분별함에서도 나타났다. 점잖은 시민이 핸들을 잡기만 하면 얼마나 무분별하고 거만하며 공격적으로 변하는지를 증언한 기록이 많이 발견된다. 자동차를 다루는 것은 많은 점에서 현대사회를 준비하는 과정이었다. 지방도로에서 이기는 법을 배운 사람들은 직업세계에서도 경쟁자들을 강하게 밀어붙였다. 자동차의 기계장치를 섭렵하면 사회적 메커니즘에서도 살아남을 수 있다고 생각했다. …카를 크라우스Karl Kraus〔오스트리아 태생의 작가〕는 1902년에 잡지《햇불》에서 "부유층 자제들"과 "고급 도둑"들만이 자동차에 매력을 느낀다고 평했다.

이런 부류의 자동차 이용자들 때문에 예의범절을 중시하던 점잖은 시민은 차를 소유할 마음을 먹기가 힘들었다. 루돌프 디젤조차 자동차 엔진 기술에 투자하고 나서도 한동안 자동차 구입을 망설였다. 엔지니어로서 사회적 입지를 다져 나가야 하는 상황에서, 자동차의 보헤미안적이고 모험적인 이미지는 그의 야망에 오히려 해가 될 수 있었기 때문이다. 아들 오이겐의 강력한 요구를 받고 나서야 디젤은 비로소 자동차 구입을 결정했다. 학자나 의사들은 이 점에서 좀 더 자유로웠다. 왕진을 자주 다녀야 했던 의사들에게는 특히 자동차가 도움이 되었다. 1906년《마이어 백과사전》에는 다음과 같이 적혀 있다. "신경계에 미치는 좋은 영향 때문에 정신노동자들 중에서 열렬한 자동차 팬을 많이 발견할 수 있다." 1910년이 되면 자동차는 "더 견고해진" 듯했다. 자동차가 사회 주도층이 가진 정체성의 일부가 되어 가면서 그동안 주저했던 보수적인 귀족들도 자동차를 구입하게 되었다. 그들은 스포츠형보다는 고급형을 선호했다.

여기서 중요한 역할을 한 사람이 황제 빌헬름 2세(1859~1941)였다. 황제는 전쟁이 시작되기 전에 대규모 자동차부대를 조직하고 직접 자동차를 탄 모습을 자주 보여 주었으며, 한 자동차클럽이 '황립'이라는 타이틀을 갖도록 허락했고, 특권이 많은 자동차부대를 장려함으로써 자동차 확산을 효과적으로 지원했다. 그러나 자동차에 대한 이 같은 황제의 호의는 나중에 생긴 것이었다. 처음에는 "따뜻한 말이 있는 한, 저렇게 냄새나는 차에 앉지 않겠다"고 했으며, 모든 운전자들의 엉덩이를 총으로 쏘라고 권한 적도 있다. 그는 1904년에야 비로소 마력 28/32의 메르세데스를 구입했다. 1909년 황제의 군대에는 승용차 15대가 있었고, 그중 메르세데스와 로이드-크리거의 전기자동차도 3대나 있었다. 황제는 고속에는 회의적이었으며, "자동차는 인간과 동물의 삶을 위협하기 때문에 운행 속력에 관한 엄한 규정을 제정해야"[39] 한다고 말했다. 이렇게 황제는 "질주 대신 여행"을 지향하는 품위 있는 자동차문화를 지지했다.

　자동차에 대한 빌헬름 2세의 생각을 바꾼 사람은 2명의 친척, 즉 황립 자동차클럽의 대표였던 라티보르Ratibor 공작과 자동차 팬이자 스포츠 지원자 겸 레이서였던 동생 하인리히Heinrich 왕자였다. 그러나 "최상층의 지원"에도 불구하고, 자동차는 보수 귀족

빌헬름 2세의 동생 하인리히 왕자가 자신의 벤츠 승용차에 앉아 있다(1904)

들의 신뢰를 얻지 못했다. 그들은 근대화를 주창하던 "왕좌의 야심가"를 이미 회의적인 시선으로 관찰하고 있었다. 그와 반대로 중산층은 자동차 타는 황제를 모범으로 받아들였다. 이로써 갖가지 경계심이나 주저함이 줄어들었다. 세기말 전에는 이동성이 소수 엘리트 집단의 특권이었다면, 이제 사람들은 새로운 이동성 기계를 소유함으로써 정치적·문화적 엘리트의 자기표현 방식을 모방할 수 있게 되었다.

자동차 이용자, 클럽, 국가

자동차가 필연적으로 세계를 정복할 것이라는 생각에 힘입어 자동차의 확산 속도는 빨라졌다. 자동차는 20세기 생활에 적합한 현대적 교통수단으로 여겨졌다. 세기말 직전이 되자, 팡파르를 동반한 외침이 도처에서 들렸다. "자동차는 모든 문명 세계 국가들에서 확산되고 있다. 따라서 온갖 편견이 사라지고 자동차가 절대적인 주권을 행사할 때가 그리 멀지 않았다."[40] 빈의 민속학자 미하엘 하버란트Michael Haberlandt는 말했다. 개인에게 부여된 속도와 "복잡한 대중교통으로부터의 해방, … 새로 주어진 이동의 자유는 … 굉장한 문화적 진보를 의미한다."[41]

이런 관점에서 보면, 자동차는 문화 발전의 새로운 단계를 상징하는 것이었다. 그러나 아직도 소수의 '무지한' 반대편이 존재했기 때문에 자동차의 당연하고 '자연스러운' 승리를 확신하더라도 '아래로부터' 적극적인 활동이 필요했다. "자동차에 걸맞은" 법 제정 싸움 외에도 자동차의 '문화적 의미'와 장점을 여론화시켜야 했다. 전문잡지 《자동차》는 1899년부터 "폭넓은 대중에게 자동차산업의 입장을 열심히 대변하고 장려"[42]할 목적으로 발간되었다. 《자동차》는 잘 조직된 '자동차 운동'의 메가폰 역할을 했다. 당시 자동차 관련 조직이나 클럽은 로비 단체이자 사회단체였으며, 경주와 전시회를 주최하고 정보를 전달하는 기관이었다. 이들은 자동차 소유자들을 선교사에 비견할 만한 열정으로 뭉치게 했을 뿐 아니라, 산업적 이익과 국가의 책무 그리고 고객의 요구 사이에서 중재자 역할을 했다.

이들은 조직적인 수단을 효율적으로 활용해 즉흥적으로 행동하는 개별 자동차 반대자에 대항했다. 이들은 스스로 다음과 같은 과제를 설정했다. "강연과 시상식과 전시회의 개최, 무분별한 고속 운행자들 제지, 전문잡지 배포, 지도와 전문서적 할인 판매 외에도 특히 자동차경주 행사를 통해 목적을 달성하려고 노력한다."[43] 또한 자동차 소유자들에게 저렴한 보험이나 기술적·법적 편의를 제공했다. 자동차 클럽은 이런 활동에서 자전거 로비를 모범으로 삼았다. 이와 반대로, 이미 기반이 확보된 스포츠클럽들의 임무는 요트 스포츠처럼 명성을 획득할 필요도 없어 그 범위가 훨씬 더 좁았다.

자동차클럽은 빌헬름 제국에서 계급에 따라 구분되어 있었다. 최고급 클럽은 1899년에 설립된 독일 자동차클럽으로 '최우선의 선호' 대상으로서 1905년 '황립 자동차클럽'으로 이름을 바꾸었다가, 1918년 '전全독일 자동차클럽'으로 탈바꿈했다. 유럽 상류층의 다른 자동차클럽과 마찬가지로 이 클럽은 희귀성을 강조했다. 회원이 '신사 운전자'가 되기 위해서는 "존경할 만한 자립적 지위"를 지녀야 했고, 안정된 수입이 있어야 했다. 이는 영국 스포츠문화의 영향을 뚜렷이 받은 아마추어의 이상이었다. '황립 클럽' 회원들은 지나친 상업화를 우려하며 자신들의 스포츠가 지닌 특별함을 유지하고자 했다. 반면에 회원이 훨씬 더 많았던 독일 자동차 운전자 클럽ADAC은 원래 오토바이 연합이었다가 중산층 자동차 이용자들의 조직으로 발전했다. 이 클럽은 회비도 적었고 사회적 개방 정책을 내세웠다. 고용된 운전사들도 가입할 수 있었다. 독일에서 제일 오래된 자동차클럽은 사회적이기보다 기술지향적이었던 중유럽 자동차 연합으로, 이들은 자동차문화의 중심이 된 자동차경주를 거부하여 곧 주변으로 밀려났다.

효율적으로 조직된 클럽들은 개별적으로 활동하던 자동차 반대자들보다는 정치적 결정을 하는 인물들, 특히 제국의회 의원들에게 접근하기가 더 쉬웠다. 당시 자동차에 대한 각 당의 입장은 뚜렷하지 않았다. 옛 귀족의 입장을 대변하던 보수당은 자동차에 반대했고, 사회민주당은 내부적으로 입장이 갈렸다. 부유층과 "계급투쟁 수단"인 자동차를 반대하는 쪽이 있었고, 다른 쪽에서는 자동차산업의 일자리 창출을 환영하며 근대적 이동성을 주창했다. 자동차 이용자들이 다수 지지한 자유당만이 뚜렷하게 자동차에 호의적이었다.

제국의회에서 새로운 도로 관련 법령을 제정하자는 투쟁이 시작되자, 자동차클럽들도 최대의 투쟁에 나서겠다고 선언했다. 자전거문화를 모범으로 삼은 그들은 '그들의' 자동차문화를 국가의 감시 없이 스스로 형성하려 했다. 자동차 이용자의 대표 기관으로서 회원들에게 독자적 책임을 강조했으며, "난폭한 운전자들"을 훈련시켜 이성적으로 만들고 가능한 한 관청의 개입 없이 갈등을 조정하고자 했다.

자동차 교통이 유발하는 문제가 커지자 클럽은 자체 조정을 주장했고, 계획되던 보상의무법에도 격렬히 반대하기 시작했다. 그러나 효과는 없었다. "자동차 이용자들이 규칙 없이 운행하던" 무법 선구자 시대는 끝났다. 1906~1910년 각종 법령과 규정이 만들어지며 독일의 자동차 교통은 규격화되었다.[44]

다수의 반대 시위와 청원에도 불구하고, 황제는 제국 전체에 단일하게 적용되는 최초의 〈자동차 교통법〉을 공포했다. 이 법은 교통 규칙, 보상 규정 및 처벌 규칙으로 되어 있었다. 이어서 독일 최초의 '자동차 등록 규정'과 '자동차 운전시험 관련 규정'도 효력을 발휘했다. 제국에 단일하게 적용되는 법령 제정은 법적 안정성을 가져왔다. 과

프랑스 스포츠카 운전자를 단속하는 '자전거를 탄' 경찰

거에 속도제한 및 운전 금지 권한을 행사했던 지방 관청의 "임의적 결정"과 "관청의 노상강도 행위"는 이렇게 해서 종결되었다. 자동차 법령은 모순되는 여러 가지 이해 사이에서 균형을 이루고자 했다. 한편으로 자동차 법령은 '대중'을 자동차의 위험으로부터 보호했고, 다른 한편으로는 "중요한 새 교통수단을 장려"[45]했다. 여기서 경제적으로 약자에 속하는 이들의 입장이 강화되었다. 자동차 법령은 부상당한 보행자 편을 들었으며, '신흥 부유층' 자동차 이용자들에게 대항할 강력한 법적 지원을 제공했다. 자동차 법령은 빌헬름 제국의 사회보장법과 같은 맥락에 위치했다. 이 법령들은 "지방도로의 폭군"에 맞서 "약자와 빈곤층"을 지원하는 사회를 반영했다.

그러나 자동차클럽의 로비 활동이 전혀 효과가 없었던 것은 아니다. 이들의 노력으로 자동차 법령은 여러 가지 수정되었고, 손해배상법은 예정되었던 것보다 덜 엄격하게 제정되었다. 이들의 가장 두드러진 승리라면, 국가가 자동차에 맞는 기반시설의 확장을 맡게 되었다는 것이다. 이전에는 클럽들이 경고판을 직접 설치하고 위험한 커브 길을 고치려고 했지만 곧 한계에 부딪히곤 했다. 규칙 제정을 두고 벌어진 권력투쟁에서 빌헬름 제국이 승리함에 따라 각 관청들은 그 대가를 치러야 했다. 새로운 법령들 때문에, 그리고 국가가 자동차에 적대적인 "미미한 사람들" 편을 든 탓에 초기의 자동차 이용자들은 제국과 권력자들에게 상반된 감정을 동시에 갖게 되었다. 황제에 대한 충성심을 강조하는 한편으로, '무자비한' 관청에 대항하면서 '하급 공무원'들의 '교활함'과 '명령조'[46]에 강력하게 저항했다. 권력자들에 대한 비판 분위기가 황제숭배와 국가에 대한 자부심과 묘하게 섞여 있었다. 자신감에 차 있던 자동차 이용 시민들에게는 권력자에게 의무적으로 보여야 하는 존경의 태도가 없었다. 이렇게 자동차 이용자들은 국가에 대한 태도에서 자신감과 저항심, 충성심 사이에서 분열되어 있었으며, 이 상황은 오래도록 지속되었다.

자동차로 인한 즐거움이 이성적으로 변하다

1910년경에는 자동차의 유용성이 입증된 것 같았다. 자동차는 사치품이나 스포츠용을 넘어 상용으로 이용되는 경우가 많았다. 사람들은 자동차가 곧 '정식' 교통수단이 되기를 기대했다. 1906년의《마이어 백과사전》에는 "여전히 자동차가 대부분 스포츠 목적으로 쓰이고 있지만, 시간이 지나면서 스포츠용에서 시민의 필수적인 교통수단으로 발전한 자전거와 같은 발전상을 보일 것"이라고 언급되어 있다. 특히 의사들은 환자 방문이라는 "직업적인 수단"으로 자동차를 이용했다. 자동차에는 1906년부터 사치세가 부과되었는데, "상용 차량의 선도자"인 '의료 차량'은 직업적 목적의 차량으로 분류되어 세제상 혜택을 받았다.

자동차 잡지들은 경제성을 계산하며 자동차와 마차의 유지비를 비교하는 기사를 계속해서 실었다. 물론 자동차가 "더 경제적"이라고 주장하기 위해서였다. 그런데 당시 자동차 유지비는 전혀 저렴하지 않았다. 1909년에 작은 '의료 차량'이 6/10마력으로 100킬로미터를 운행하려면 타이어용 고무 6마르크, 가솔린 3마르크, 윤활유 0.65마르크, 세제와 카바이드 0.35마르크 등 약 10마르크가 들었다. 운전사들은 연간 1,200~1,500마르크를 벌었다.[47]

그런데 역사적으로 이런 비용을 계산할 때에는 주의해야 한다. 비싼 수리비 등 현실적인 비용은 계산에 넣지 않기 때문이다. 근본적으로 너무 낙관적인 이런 계산법은 오늘날 자동차 소유자들이 자기 선택의 합리성을 주장하려고 언급하는 연비 계산과 유사하다. 1910년

운전사

이 시기에 자동차를 이용하기 위해서는 전문가들의 도움이 필수적이었다. 운전사 없이 자동차 소유주가 직접 운전하는 경우는 드물었다. 직접 핸들을 잡는 시도는 종종 위험한 상황으로 이어졌다. 루돌프 디젤은 '자가운전' 연습을 하다가 제동 페달을 찾지 못한 경험을 한 후부터 전문가를 고용해 핸들을 맡겼다. 운전사의 기술적 능력과 성격은 자동차 운행에서 큰 역할을 했다. 물론 비어바움은 "감상적 여행"을 서술하면서 운전사를 거의 언급하지 않았지만 말이다. 운전사들은 주인의 사생활을 거의 방해하지 않은 듯하다. 이 점에서 그들은 당시 요트 스포츠 전문 인력들과 유사했다. 그들의 주요 임무는 차와 관련된 모든 불편 사항을 없애는 것이었다. 그들은 고장을 수리했고, 차를 더러운 수렁에서 끌어냈으며, 사고가 나면 시골 주민들의 분노를 대신 뒤집어썼다.

하지만 좋은 운전사들은 그리 많지 않았다. 1908년에 이미 "완벽하게 교육받은 능력 있는 운전사"가 없다는 불평이 자자했다. 특히 자동차 손질을 게을리하고, 주인의 차를 몰래 데이트용으로 사용하고, 부품 구입 시 돈을 빼돌리는 것 등이 문젯거리였다. 운전사 일이 쉬워 보이고 고위층 가까이에서 일할 수 있다는 점 때문에 다수의 철공들과 마부들이 이 직업에 매력을 느꼈지만, 점점 성능이 좋아지는 자동차를 다루는 데 이들의 능력이 부족한

경 도처에서 자동차의 경제성을 매우 높게 계산하여 발표한 것은 자동차산업의 진흥을 꾀하기 위함이었다. 합리적이고 경제적으로 근거 있는 주장을 계속 발표하여 자동차 구매를 고민 중인 사람들을 구매로 이끌어야 했다. 의무지향적이고 실리주의적인 서유럽 사회에서 시민과 시민화된 귀족들로 하여금 자동차 구입을 결정하게 하려면 자동차 사용이 합리적인 선택임을 입증하고, 자동차가 고급품 또는

경우가 많았다.

따라서 초기에 자동차 공장이나 정비소에서 이루어졌던 운전사 교육도 개선이 필요했다. 자동차 공장에 속했던 최초의 운전학교는 1899년 베를린에 설립되었고, 독립적인 최초의 운전학교는 1904년 아샤펜부르크에 세워졌다. 운전 교습 이수가 의무화된 것은 1906년이며, 이때 자동차 운전 '자격증'도 도입되었다. 운전 교습 비용은 매우 높았으며, 자동차 운전 자체보다는 정비, 수리, 자동차 기계장치 조작을 중점적으로 다루었다. 도로교통에서 예측을 통해 위험을 줄이는 것은 중요시되지 않았다. 운전자들을 교육시키면서 도로 장애물 대처법을 가르친 프랑스와 정반대였다. 이렇게 해서 1910년 무렵에 새로운 직업이 탄생했다. 그러나 아직 전문성이 뚜렷하지 않아서 논란이 되곤 했다. 공공의 안전이 부분적으로 운전사들의 책임이 되었기 때문이다. 운전사들이 무능력하거나 교육을 제대로 받지 못했거나 '성격적으로' 운전에 적합하지 않은 경우에는 도로에서 부상자가 생기거나 사망자가 생길 위험이 그만큼 높았다. 독일에서는 1921년에야 '교습 규칙'이 제정되었다. 그 후 1930년대에 나치 정부는 운전 교습에 상반된 태도를 보였다. 한편으로는 운전 교습 의무를 없앰으로써 표준 규정을 약화시켰고, 다른 한편으로는 자동차부대가 군사적 관점에서 자동차 교육을 실시하도록 했다.

불필요한 소비임을 감추어야 했다. 모험 때문에 또는 쾌락주의적 관점에서 자동차를 좋아한다고 고백하는 것은 금기였다. 자동차 역사를 보면 감추어져 있고 표현되지 않은 동기가 따로 존재하는 와중에 겉으로는 진실을 위장한 근거들이 주로 나타난다.

그럼에도 이 시기에 자동차문화가 더욱 '성숙'해진 것은 사실이다. 이제 이용자의 욕구에 따라 자동차 유형이 구별되었다. 스포츠 지향 운전자들은 여전히 오토바이를 타고 고속 모험감을 즐겼다. 당연히 오토바이를 타면 속도가 더 확연하게 체험되고 운전자와 기계 간 접촉이나 운행 감각이 더욱 강하게 자극되었다. 그러나 자동차의 모험적 성격은 줄어들었다. 자동차는 더 믿을 만해졌고 편안해졌으며, 외부와 차단된 내부 공간이 생기면서 승객을 보호한다는 느낌이 더해졌다. 기반시설의 발전 역시 초기 자동차문화의 문제점을 해결하는 쪽으로 나아갔다. 초기에는 자동차를 거의 자력으로, 외부의 공급 없이 운행할 수 있을 것처럼 보였다. 그러나 이는 자동차 여행자들이 모든 것을 스스로 챙겨야 함을 의미했다. 연료는 미리 기차 편으로 실어 보내고, 갖가지 공구와 부품을 다 챙겨서 떠나야 했다. 그러다가 운행하는 자동차 수가 늘어나면서 이를 위한 시장이 생겨났다. 위생용품점에서 축전지용 전해액과 가솔린을 팔았고, 철공소에서 전문적인 수리가 이루어졌다. 숙박업소들은 마구간을 차고로 바꾸었다. 자동차가 아직 '기능적인' 운송수단 단계에 이른 것은 아니지만, "고독하고 자유로운" 자동차 선구자들의 시대는 막을 내린 것이다.

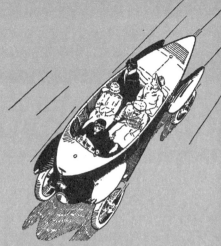

5장
도로의 변천

자동차 통행을 위해 도로포장이 이루어지기 전에는 시골길과 지방도로의 기능이 다양했다. 운송을 위한 도로라기보다는 야외 생활공간으로 이용되었다. 동네 길거리에서 아이들이 뛰어놀고 보행자들이 도로를 이용하는 것이 너무도 당연했다. 길거리에서 물건을 사고팔았으며, 산책하며 대화를 나누는 곳도 길거리였고, 동물들도 자유롭게 돌아다닐 수 있었다. 사람들과 동물들의 이동 속도는 더딘 편이라서 통행 규칙을 따로 정할 필요도 없었다. 보행자가 주를 이루던 당시의 교통 상황은 "위험하지 않은 무질서"로 표현되기도 했다.

　그러나 엔진이 달린 차량을 이용하는 사람들의 생각은 달랐다. 이들에게 중요한 것은 오로지 "앞으로 이동"하는 것이었기에 다른 목적의 도로 이용은 모두 방해가 된다고 여겼다. "소음과 먼지와 유해가스를 몰고 온 새로운 계층이 출현했다. 이들의 삶의 목적은 더 빠른 속도를 내는 것이며, 이들은 자기네가 가는 길에 방해가 되는 모든 것, 즉 보행자, 마차, 뛰어노는 아이들, 개와 닭 등에 대해 화를 냈다. 물론 그중에서 개와 닭을 보는 관점은 조금 달랐다. 왜냐하면 이 동물들은 그냥 치고 지나갈 수 있었기 때문이다."[2]

"교통 방해자로 등장한 세 사람"(1921)

초기의 자동차 이용자들은 "낭만적 방해물들"을 피하거나 치고 다니면서 도로를 기대치 않은 모험이 가득한 체험 공간으로 만들었지만, 사람들은 이들을 침입자로 여기게 되었다. 따라서 자동차 역사에 '영웅적인' 시기였다고 기록될 만한 이 시대, 즉 "지방도로의 재발견"이 이루어진 이 시대에 자동차와 인간이라는 두 입장이 대립하게 되었을 뿐 아니라, 도로 기능의 정의에도 대립되는 두 가지 의견이 형성되었다. 자동차 반대자와 자동차 추종자들의 대결은 결과적으로 도로를 어떻게 정의할 것인가를 두고 벌이는 싸움이었다. 도로를 거주자들이 공동으로 이용하는 공간으로 정의할지, 아니면 자동차가 다니는 교통 공간으로 정의할지가 문제였다. 초기의 자동차 추종자들은 도로이용권을 주장함으로써 기존 생활공간의 침입자, 귀찮고 달갑지 않은 존재로 등장했다.

1904년 한 제국의회 의원이 남긴 말은 인상적이다. "이제 공공도로는 자동차의 차지가 된 듯하다. 마치 자동차가 우리 도로에서 주인의 권리를 요구하는 것 같다."[3] 자동차는 출현한 지 20년이 채 되지 않았지만 도로 독점권을 요구함으로써 다시 제지당할 운명에 처했다. "자동차 길들이기"의 움직임은 하급 관청에서부터 시작되었다. 마을의 경찰이나 토지관리인들은 도로를 예전처럼 이용하지 못하게 되었음을 제일 처음으로 깨닫고 그 대책을 찾아나섰다. 처음에 이들이 생각해 낸 방법들은 각 지방별로 다르게 적용되고 별다른 계획 없이 실행되어서 자동차 이용자들이 보기에는 매우 임의적인 규칙이었다. 제2단계에 들어서

1894년 7월에 열린 파리~루엥 경주

야 통일된 법령을 제정할 계획을 세워 피해를 줄이고 균형 잡힌 질서를 수립하게 되었다. 속도제한, 말을 만났을 때의 규칙, 신호 규정, 의무적으로 들어야 하는 손해보험과 여러 관련 규칙으로 '방해꾼' 자동차를 길들여 기존 체제에 편입시키는 한편, 도로의 공동이용을 보장

"스포츠에 적대적인 신문이 표현한" 1903년의 자동차경주

하며 자동차가 주인 행세를 하지 못하도록 막을 계획이었다. 1899년 당시 만하임 공작령 규정은 이러했다.[4] "자동차의 허용 속도는 천천히 걷는 말의 속도와 동일하다."

그러나 시간이 지나면서 자동차의 승리가 뚜렷해졌다. 여러 규정에도 불구하고 자동차가 주도하는 도로가 등장함으로써 과거에 그 거리를 이용했던 다른 경쟁자들을 물리쳤다. 독일에서는 양차 세계대전 사이에 도로의 비중이 인간 중심에서 기계 중심으로 변했고, 자동차가 모든 사물의 척도가 되었다. 자동차 선구자에 속하는, 자동차를 타 본 경험이 있는 리비히는 1936년에 1893년 당시를 회상하며 다음과 같이 기록했다. "당시 기계는 도로의 침입자였다. 40년이 지난 오늘날 기계는 도로의 주인이 되었다."[5]

속도제한 시도의 실패

자동차를 둘러싸고 벌어진 여러 가지 갈등의 중심에는 속도 문제가 있었다. 사람들은 이미 1900년경에 "엔진으로 움직이는 차량이 선로가 없는 길에서 움직일 수 있는 최고속도"에 다다랐다고 여겼다. "속도 찬미가 속도 광분으로 변하려는 듯하다. 빠른 차량을 운전해 본 사람이라면 시속 80킬로미터라는 살인적 속도가 어떤 것인지 상상할 수 있을 것이다. 그건 차를 타는 것이 아니라 말 그대로 나는 것이나 다름없다."

'기계적' 속도는 아주 느리게 움직이는 '생물적' 교통을 근본적으로 뒤흔들었다.[6] 이 속도는 여전히 인간의 힘으로 움직이는 자전거의 속도를 훨씬 넘어서는 것이었다. 탄생 당시에는 자전거도 너무 빠르다고 해서 기존 영역의 침입자로 여겨졌다. 자동차의 속도가 높아지면 높아질수록 자전거 이용자와 자동차 운전자 간의 반목은 더욱 심해졌다. 초기의 단결은 사라지고 동맹관계는 적대 관계로 변했다.

방해 또는 위해 요인이 될 가능성이 있는 자동차를 제압하기 위해 통치자들은 '과속'을 제약하려 했지만, 애초부터 자동차 이용자들의 목적은 모든 속도제한에서 벗어나는 것이었다. 카를 벤츠가 익살스런 이야기를 들려준다. 벤츠는 만하임 사무실에서 시내 속도제한을 시속 6킬로미터로 규정한 바덴 주정부 대표들의 방문을 기다리고 있었다. "운전 마이스터인 툼에게 기차역에 가서 대표 분들을 '벤츠 자동차'로 모셔 오라고 하면서, '위험한' 양반들을 태우고 절대로 시속 6킬로미터 이상으로 달리면 안 된다고 엄중히 지시했다. 대표들은 차에 탔고, 처음에는 자동차가 천천히 편안하게 달리는 것을 매우 즐겼다. 그러나 시간이 좀 지나자 툼의 운행속도가 좀 지루하게 느껴졌던 모양이다. 끙끙거리는 나귀가 끄는 마차를 탄 우유배달부가 추월을 시도하자, 한 고위 관료가 툼에게 소리쳤다. "여보시오! 더 빨리 달릴 수 없소?" 툼이 대답하기를 "빨리 달릴 수야 있지요, 하지만 경찰에서 금지하고 있거든요." "무슨 소리요, 그냥 빨리 달려요! 아니면 우유배달 마차들이 우리를 추월하겠소." 이렇게 해서 속도제한의 끈이 풀렸다. 이때부터 자동차는 각 지역마다 다른 규칙에 얽매이지 않게 되었고, 마차시대의 편협한 속도제한 규정에서 자유로워졌다."[7]

이는 마치 학습 과정 같았다. 자동차가 기존 속도 규정을 따르게 강요하려던 관청 대표들이 직접 체험을 통해 자동차가 가진 능력에 억지로 브레이크를 걸 수 없음을 느낀 것이다. 말의 속도를 자동차에 적용하는 것은 불합리하다고 인식한 것이다. 이들의 항복 선언, 즉 규정을 어기고 속도를 '해방'시킨 것은 너무나도 합리적이며 필수적인 일이었다고 벤츠는 회상한다. 주정부 대표들은 어쩔 수 없이 새로운 차원의 속도를 허가했고, 이로써 "구식 마차 시대"가 종말을 맞았다.

하지만 자동차 선구자들조차 완전한 속도제한 폐지에는 반대했다. 벤츠와 다임러는 본인들의 발명품이 지닌 속도 능력에 항상 의구심을 품고 있었다. 그래서 처음에 다임러는 6마력 자동차 제작을 거부하면서 다음과 같이 말했다. "4마력만으로도 이렇게 빨리 달릴 수 있는데 왜 6마력이 필요하단 말입니까?"[8] 다임러는 "민심이 악화되는" 것을 우려했다. "사람들을 '시골길에서 소음을 내며 달리는 괴물'에 천천히 적응시킬"[9] 계획이었다. 벤츠도 '모험 차량'이 점점 더 높은 속도를 내는 것을 심상치 않게 관찰했다. 벤츠는 특히 "뼈를 부러뜨리는" 자동차경주처럼 위험한 행사를 거부했다. 앞선 일화에 등장했던 '운전 마이스터' 툼이 1904년 자동차경주에서 희생된 바 있다.

물론 자동차의 속도제한은 유지되었다. 그저 오늘날의 시점에서 볼 때 당시의 제한속도가 매우 낮게 여겨질 뿐이다. 1910년 독일의 시내 제한속도는 15킬로미터, 5.5톤 이상의 트럭은 12킬로미터, 시외에서는 45킬로미터였다.[10] 당시의 결정적인 변화라면 속도제한 규정이 더 이상 말과 연결되지 않게 되었으며, 보행자나 자전거 이용자와 같은 '인간적' 속도를 훨씬 넘어서게 되었다는 것이다. 자동차의 속도를 다른 운행수단 수준으로 제한하겠다는 목표는 이로써 포기되었다. 가장 오래 버틴 나라는 영국이었다. 영국에서는 달리는 자동차 앞에서 깃발을 든 사람이 속도를 규정했다. 1896년 이 '적기 조례'가 폐지됨으로써 영국에서도 속도의 '해방'이 이루어졌다. 적절하게도 '해방 경주'라는 이름으로 런던에서 브라이튼까지 달리는 행사가 이 해방을 상징적으로 기념했다. 유럽 도처에서 '길들이는' 경찰들은 방어적 입장을 취했다. 장기적으로는 인간이나 동물의 힘으로 움직이는 교통수단의 속도 규칙이 물러날 수밖에 없었다. 이제는 구체제의 침입자가 교통을 주도했고, 결국 자신의 속도를 표준으로 승격시켰다. 이는 도로교통 체제 변화의 전제가 되었다.

자동차에 적합하게 이루어진 도로 개조

1910년경까지도 도로 구획이나 지방도로의 표면은 자동차에 적합하지 않았다. 도로는 마을 구석구석을 다 지나가게 되어 있었고, 갑자기 좁아들거나 급커브도 많았으며, 구멍과 흠이 가득했고, 좋은 길이라고 해 봐야 자갈길이나 아스팔트가 엉성하게 깔린 도로들이었다. 대체로 여름에는 먼지가 휘날리고, 겨울에는 움푹 파인 웅덩이가 많은 질척질척한 눈길이 보통이었다. 이런 도로들은 마차가 다니기에는 별 문제가 없었지만, 속도가 빠르고 무게도 더 무거운 자동차에는 심각한 문제였다. 비가 오면 자동차 승객뿐 아니라 지나가는 보행자들까지도 동물 배설물과 온갖 쓰레기들이 섞인 진흙으로 뒤범벅되기 일쑤였다. 가장 큰 문제는 여름에 일어났다. 오늘날에는 상상하기 힘든 양의 먼지가 주범이었다. 높은 속도가 일종의 저기압을 형성함으로써 모래와 작은 돌들이 엄청나게 날렸다. 오이겐 디젤이 1905년 부모와 함께 이탈리아로 자동차 여행을 하는 동안에도 먼지가 끊이질 않았다. "길에 밀가루 같은 석회 먼지가 5센티미터 두께로 깔려 있다. 피아베 골짜기를 게오르크가 달리는데 우리 뒤에서 무시무시한 먼지뭉치가 만들어졌다. … 이 뿌연 먼지덩이가 위로 솟구쳐서는 끝없이 퍼져 나갔다. 피아베 골 전체가 짙은 안개에 휩싸인 듯했고, 산꼭대기까지 하얀 구름이 치솟아 골짜기 전체를 뒤덮었다. 우리 때문에 보행자들은 모래바람을 만난 듯 놀랐고, 물론 그들의 표정은 일그러졌다. 들과 나무가 메마른 분가루로 뒤덮여 세상은 모든 색을 잃어버리고 형체가 없어졌으며, 우리는 이 속에 갇힌 보행자들을 뒤로하고 계속 달렸다."[11]

1890년대의 모험에 집착하던 자동차문화는 이런 미비한 도로 상태를 여전히 즐기는 듯했지만 불만의 소리가 점차 커져 갔다. 1904년에는 도로먼지 억제를 위한 협회가 출범하여, 자동차 교통에 필수적인 단단하고 매끈한 도로포장을 요구했다. 하지만 1914년까지도 전체 도로의 88퍼센트가 자갈길이었다. 포장도로는 12퍼센트에 불과했고, 그중 0.1퍼센트만이 "자동차에 적합한" 도로였다.[12] 그래서 단기적 해결책으로 차량을 부분적으로 수리하여 도로의 단점을 보완하려는 시도가 일어났다. 더 훌륭한 섀시, 브레이크, 핸들의 개발에는 부적절한 도로 상황이 한몫했다. 엔지니어들은 "더욱 능동적인" 자동차를 만들어서 예상치 못한 도로 상황에 잘 대응할 수 있게끔 했다. 어디서나 늘 문제가 된 먼지 탓에 뒤에 끌리는 장치가 없는 유선형 자동차도 개발되었다. 그러나 시간이 지나면서 새로운 교통 기반시설 없이는 자동차가 특별한 능력을 발휘할 수 없다는 사실이 분명해졌다. 처음에 기존 도로에 가장 적합한 교통수단으로 등장했던 자동차의 역할은 '지방도로의 르네상스'를 유도하는 것이었다. 그런데 이제는 도로를 바꾸는 것이 근본적인 해결책이 되었다. 초기의 자동차는 기반시설에 요구하는 바가 거의 없어서 매력적이었는데, 이제는 자동차의 요구 사항이 대거 증가했다. 도로망을 자동차에 적합하게 바꿔야 한다는 요구에서 출발한 계획은 결국 자동차전용도로 신설로 이어졌다.

자동차에 우선권을 주는 교통 규칙이 계속 제정되면서 이 계획은 더 수월하게 실행되었다. 처음에는 빠른 속도로 움직이는 침입자를 인정할 것인지 여부를 두고 시작된 논쟁이 기존 도로 구조에서 경쟁

고든 베네트 자동차경주의 구간 건설(1904)

관계에 있는 여러 교통수단 사이에서 무엇이 우위를 차지할 것인가 하는 문제로 이어졌고, 이것이 해결되자 결국 자동차의 요구에 맞는 새로운 도로를 만드는 데에까지 이르게 된 것이다. 교통수단들 사이에서 새롭게 부각된 경쟁 상태가 법적으로 처음 표현된 것은 1909년 최초의 제국 단일 도로교통법이다. 여기에서 독일 정부는 당시의 새로운 상황에 따른 모든 책임을 스스로 지며 자동차를 동등한 도로 이용자로 정의한다. 그리고 30년이 채 지나지 않은 1935년 도로교통법은 결국 자동차의 우위를 규정하게 된다.

　보행자와 마차 등의 엔진 없이 움직이는 교통수단들은 점점 밀려났다. "자동차 운행자들의 도로 이용이 용인될 뿐이라는 인식은 사라지고, 도로란 곧 차량 교통을 위해 존재한다고 확신하게 되었다." 도로 및 교통 규칙이 점차 개정되면서 1914년 이전에 이미 자동차를 이용하지 않는 국민들의 생활에도 변화가 생겼다. "도로에서의 활발했던 생활은 차차 사라졌고, 철 덩어리에 자리를 내주었다."[13] 그러나 자동차를 운행하지 않는 도로 이용자들이 이 변화에 적응하기까지는 시간이 걸렸다. 1930년에는 다음과 같은 언급도 있었다. "이동 속도가 다른 보행자, 마부, 자전거 이용자들이 조화롭게 공동으로 길을 이용할 수 있는 방법을 찾고자 경험을 쌓는

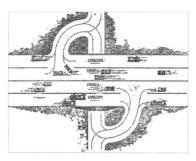

《일반자동차 신문》에 실린 자동차전용도로 구상
(1920)

중이지만, 그 속도로는 자동차의 증가 속도를 따라잡지 못한다."[14] 결국 정부는 보행자들에게도 도로교통법 준수를 요구하여 이들이 새로운 상황에 적응하게 만들었다.

고속도로 형태로 실현된 자동차전용도로의 유토피아가 그려지기 시작한 것은 19세기부터였다. 이런 꿈이 싹튼 것은 자동차 때문이 아니라 초기 자동차문화에서 큰 역할을 한 자전거 덕분이었다. 즉, 미국에서는 "좋은 도로"를 위한 움직임이 자전거 로비에서 시작되었고, 독일에서도 자전거의 요구 사항에 적합한 도로망 계획안이 도처에서 나타났다. 자전거 전용도로에 대한 한 가지 유토피아를 두고 1896년 잡지 《청소년기》는 보행자들이 벽을 몸에 바짝 붙이고 다녀야 하는 "심한 커브가 많은 자전거 경주도로"[15]라고 풍자했다.

그러나 1914년 출간된 웰스Herbert G. Wells의 미래소설 《해방된 세계 The World Set Free》에서는 이미 자동차로 그 비중이 옮겨 갔다. "주요 도로들은 점차 새로운 경향을 보인다. 20세기 후반에는 이 새로운 경향이 도로를 지배할 것이다. 비위생적인 말과 천박한 자전거는 도로에서 추방되었다. 도로는 매끈하고 반짝거리며 흠 없이 깨끗해졌다. 보행자들은 도로를 따라 가장자리에 난 보도를 이용하게 되었고, 살아남는 한 도로 횡단은 벌금으로 처벌되었다."[16] 제1차 세계대전이 끝나자 이 유토피아는 단순한 픽션이 아니라 구체적인 힘을 가지게 되었다. "4차선의 자동차전용도로가 생길 것이다. 각 방향마다 2차선이 건설되어 교통이 소통될 것이며, 고속 교통과 저속 교통이 분리될 것이다. 간단히 말해, 지금은 꿈에 그치는 자동차 시대가 본격적으로 열릴 것이다."[17]

1920년대에는 도로를 자동차 교통에 적응시키는 방법을 놓고 진지한 토론이 벌어졌다. 1928년에는 "도로 신설 아니면 도로 개조"[18]라는 두 가지 방법이 대두했다. 도로 개조를 주장하는 사람들은 견고한 도로포장과 도로 구획선 직선화를 강조했으며, 위험한 코스를 변경하라고 요구했다. 모두 강력한 요구들이었다. "자동차가 점점 더 최우선 순위의 교통수단이 되기 때문에 장기적으로 도로체계를 확장하여 자동차 교통 발전에 적절한 토대를 마련해야 한다."[19] 한편으로는 "자동차 이전에 생긴" 도로를 개조할 생각이 있었지만, 자동차전용도로라는 아이디어 앞에서는 주춤했다. 비경제적이고 나머지 도로 유지에 불리하게 작용한다는 이유에서다. "좋은 도로, 하지만 자동차전용도로는 안 된다"[20]고 1926년 한 공무원은 요구했다. 다른 이들은 이 계획이 도시와 아름다운 지역에 끼칠 부정적인 영향을 걱정했다. "국내외 자동차 운전자들은 멈춰서서 돈을 소비하지 않고 고속으로 지나쳐 가기만 할 것이다."[21]

교차로 없는 '자동차전용도로'를 주장한 도로 신설 주창자들은, 미국의 파크웨이 전통과 자동차경주도로를 예로 들어 의견을 관철시키려 했다. 파크웨이Parkway는 자동차가 출현하기 전부터 오늘날의 국도처럼 조성되었다. 진입로가 분리되어 접근이 제한되었고, 한 종류의 차량, 즉 마차만 통행할 수 있었으며 교차로가 없었다. 20세기 초에 자동차경주 전용도로가 건설된 것은 자동차가 많아지고 속도가 빨라지면서 공공도로에서의 경주가 위험해졌기 때문이다. 최초의 사설 경주도로는 1906년 뉴욕 근처에 건설된 롱아일랜드 파크웨이로, 중앙 녹지로 도로가 분리되었다. 이듬해에 건설된 런던 근처의 브룩

랜즈가 유럽 최초의 경주도로였다. 이를 모범으로 1921년 베를린에 AVUSAutomobil-Verkehrs-und Übungs-Straße("아부스"), 즉 자동차 교통 연습 도로가 개인 자본으로 건설되었다. 미국과 영국의 모범 외에 당시의 군사작전도 AVUS에 영향을 끼쳤다. 베르됭으로 향하는 공급로였던 '성스러운 길'은 양 차선이 분리되어 있어 제1차 세계대전에 참전한

흰색 사선: 자동차가 주도하는 도로 공간에서의 예외

횡단보도와 흰색 사선은 보행자들이 자동차전용도로를 건너기 위해서 잠시 머물 수 있는 공간이다. 이런 구간을 지키지 않으면 매우 위험하다. 교통안전 전문가 막스 단너Max Danner는 "도로를 횡단한다는 것은 보행자들이 자신의 '영역'을 떠나서 자동차 교통 영역에 들어서는 것이며, 따라서 그곳에 적용되는 규칙을 지켜야 한다는 점을 제대로 의식하지 못하는"[1] 실수를 범할 수 있다고 말한다.

독일에서 흰색 사선은 스위스와 영국의 모범을 따라 1952년 뮌헨에 처음 도입되었다. 초기에는 큰 논란을 일으켰다. 보행자들이 법적 우선순위를 차지하게 된 것은 1964년에 이르러서다. 처음에는 이런 특권이 거부되고, 많은 사고와 희생자를 낳았다. 자동차 운전자들은 "현실과 동떨어진" 이 법을 받아들이지 않고 보행자들의 권리를 무시했다. "매우 편안하게 횡단보도를 건너는" 노인들에게 불만을 늘어 놓았고, 보행자들이 '도로의 왕'이 되었다고 불평했다. 잡지 《취미》는 1964년에 "횡단보도에서의 내전?"[2]이라는 제목으로 저항을 주도했다.

---

1) Jürgen Lewandowski, *Autofahren heute und morgen. Benzinsparen, Verkehrssicherheit, Umweltschutz*, 1981, p. 168.
2) *Hobby*, 16-1964, pp. 40-47.

독일군 장교들에게 깊은 인상을 심어 주었다.

자동차에 적합한 도로 건설 문제로 가장 많은 논란이 일어난 곳은 이탈리아 고속도로였다. 이탈리아 최초의 자동차전용도로는 1925년 개통된 밀라노~바레제 구간이었다. 처음에 이 고속도로는 3차선에 중앙선이 없었다. 추월하려면 반대 방향에서 차가 오는지 주시해야 했다. 파시즘 정권의 이탈리아에서 고속도로는 무솔리니의 선전 프로그램이자, 일자리 창출과 상징적 근대화를 혼합시킨 특별 프로젝트였다. 독일의 고속도로도 이와 유사했다. 콘크리트 지지대, 다리, 공급시설 등에 담긴 이탈리아식 기념비적 미학은 독일 고속도로 구상에 영향을 미쳤다.

바이마르공화국에서 자동차전용도로를 계획하고 여러 가지 아이

휴게소에 정차한 '독일 고속도로 건설 준비협회' 시험 차량. 이탈리아의 고속도로는 독일 고속도로 건설의 모범이었다.

디어를 낸 곳은, 함부르크(또는 한자동맹 도시들)와 프랑크푸르트를 거쳐 바젤에 이르는 고속도로를 건설할 목적으로 기업계에서 조직한 컨소시엄 'HAFRABA'였다. 이 기구의 과제는 "순수한 자동차도로 건설을 기술적·경제적·교통정책적·재정적 관점에서" 검토하는 것으로, 1931/32년에 이미 만하임–하이델베르크 고속도로 설계도를 완성해 이를 몇 년 후 나치 정권이 사용하게 된다. 프로젝트 단계를 넘어 실제로 건설된 도로는 쾰른과 본을 잇는 13킬로미터 길이의 '자동차도로'였다. 이 도로는 당시 쾰른 시장이던 콘라트 아데나워Konrad Adenauer가 추진하여 1932년 8월에 개통되었다. 중앙선 없이 양방향 차선이 분리되어 있었고, 승용차와 화물차만 이용할 수 있었기 때문에 고속도로로 인정되었다.

전후 독일의 도로 건설

독일에서 '자동차전용도로' 건설이 재개된 시점은 1952년 5월이다. 프랑크푸르트 공항 진입로 건설 후 만하임과 피른하임을 잇는 고속도로가 건설되었는데, 여전히 전쟁 전의 콘크리트 포장술이 사용되었다. 1955년 독일 교통부는 고속도로 건설을 위한 교통자본법을 제정했고, 1년 후 350억 마르크 규모의 10개년 계획이 발표되었다. 세 차례의 4개년 계획 중 1959년 1차 계획이 착수하면서 독일에서 체계적인 도로 확장이 시작되었다. 1963년부터 1966년까지 추진된 2차 4개년 계획에서는 130억 마르크의 자본으로 1천 킬로미터

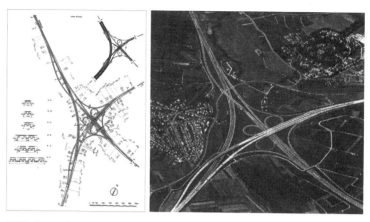

바인스베르크 고속도로 교차로 설계도와 항공사진(1979)

의 고속도로와 3,500킬로미터의 국도가 신설되었다. 1961년에는 쾰른과 레버쿠젠 구간 일부가 최초로 6차선으로 확장되었다. 그해 서독 정부는 도로 건설에 60억 달러를 지출해 미국에 이어 세계 2위를 기록했다. 그러나 대규모의 도약은 더 나중에 일어났다. 1970년에 이미 4,460킬로미터의 고속도로가 신설되어, 1978년 독일 전체의 고속도로 길이는 7,016킬로미터에 달했다. 1980년대 후반에 서독에만 41만 킬로미터의 지방도로와 22만 6천 킬로미터의 장거리 도로가 신설되었는데, 그중 1만 1천 킬로미터가 고속도로였다.

이때도 미국은 중요한 본보기였다. 미국의 하이웨이 체계는 교통시설 확장에만 신경 쓸 뿐, 독일과 이탈리아처럼 미적인 측면을 고려하지 않았다. 1960년대 독일의 도로 건설자들은 "역사상 최대의 건설 프로그램"이라고 경탄하며 다시 "미국을 배우자"고 외쳤다. "우리에게 닥칠 많은 교통 문제들이 미국에서는 이미 다 해결되었다"[22]는 기사가 1961년 잡지에 실려 있다. 도로 건설은 현대적 수송체계를 수립하는 '자연스러운' 과제로 여겨졌다. "도로는 생활수단으로서 일용할 양식과 같이 중요하다."[23]

"부富는 훌륭한 도로에서 나온다는 구호는 '독일도로리그'가 1957년 미국의 '좋은도로운동'의 반향으로 제창한 것이지만, 역시 전후 서독에서 가장 중요했던 개념인 '부'를 강조한 것이다. 도로 건설에만 집중하면 교통 문제가 해결될 수 있다는 주장에 당시 정치계는 의견이 일치했다. 모든 문제의 근본적 원인은 도로 미비에 있다고 여겨졌다. 오직 도로 확장과 개선만이 원활한 교통을 보장한다는 논리가 모든 논쟁에서 등장했다. 1956년 기록에 따르면 '그것은 자동차와 도로 건설 간의 경주였고 자동차가 훨씬 앞서 있었다.'"[24]

1970년 교통부 장관 게오르크 레버Georg Leber는 1985년까지 시민의 85퍼센트가 "가장 가까운 고속도로까지 최대 10킬로미터 이내에 살게 될"[25] 것이라고 전망했다. 1970년 이후 도로교통에 대한 근본적인 비판이 대두된 후에야 도로 신설이 교통량을 증가시키고 병목현상을 심화시킨다는 점이 비로소 인식되었다. 그 후 20년이 지나고 나서 '지능도로'를 계획하여 교통 '붕괴'를 막는 방법으로 교통 기반시설을 확장해야 한다는 새로운 주장이 제기되었다.

자동차를 위한 도로의 변천은 고속도로라는 새로운 도로 형태를 창조한 것에 그치지 않았다. 기존의 지방도로 역시 변화를 겪었다. 언덕길, S커브길, 합류 지점, 가로수 등은 알아보지 못할 정도로 변했고, 직선화되고 확장되었다. 전후 수십 년에 걸쳐 점차 도시와 마을을 통과하지도 않고 지나치지도 않는 교통망이 형성되었다. 이는 더 빠른 여행을 위해 중요한 요소였다. 옛 지방도로가 여러 마을의 중심을 최대한 직접 연결한 반면, 새로운 도로는 마을 주위를 돌아가게끔 건설되어 오로지 소수의 연결도로만이 마을을 통과하도록 건설되었다. 특히 국도는 시간이 지나면서 점점 고속도로와 비슷해졌다. 진입로와 진출로의 수는 줄어들었고, 양방향 차선 사이에 분리대가 생기고, 소음방지벽과 다리 모양의 표지판 설치대, 경사 진입로 등이 마련되어 자동차전용도로의 모습을 갖추었다.

농업용 차량을 위한 비포장도로도 자동차 물결의 흐름을 탔다. 트랙터가 다닐 수 있도록 타르나 보도블록으로 도로가 포장되고 직선화되었다. 지방에서는 경지정리나 녹지 계획 면에서도 도로 건설이 중요해졌다. 1950년대에 도시계획을 주도했던 한스 라이호프Hans Reichow의 "자동차에 적합한 도시" 구상에 격렬한 비판이 가해졌지만, 도시 내의 도로는 철저하게 기술친화적 공간으로 개조되었고 라이호프의 아이디어가 다수 실현되었다. 여기에는 교통 휴식 문제나 1950년대 초부터 제기된 '주차 공간 부족' 문제의 해결도 포함되었다. 주차 건물이나 주차탑 등 새로운 건물이 다수 건설되었다. 독일 최초의 주차 건물은 만하임과 칼스루에에 건설되었다.

자동차전용도로라는 기술친화적 공간

자동차전용도로의 확장은 우선 자동차 자체에 영향을

미쳤다. 커브길 등 도로가 개선되면서 지속적인 고속주행이 가능해졌다. 처음에는 대형 차량도 지속적인 고속주행으로 과열이 일어나 피스톤이 마모되는 등의 문제를 일으켰다. 그래서 고속 기어를 높은 곳에 설치하여 피스톤 행정行程을 단축시키고, 고급 소재의 엔진을 사용하고, 냉각장치를 개선하고 윤활을 도입하는 등 자동차를 "고속도로에 견딜 수 있도록" 개선했다. 그런 노력으로 이제는 단거리뿐 아니라 장거리도 고속주행이 가능해졌다. 자동차전용도로는 장시간 고속주행이 가능한 현대적 여행 리무진의 개발을 촉진했다.

자동차전용도로가 끼친 영향은 여기서 그치지 않았다. 자동차전용도로는 기술친화적 공간, 즉 속도가 주도하는 교통구역을 만들어 냈다. 기술 장비인 자동차 없이는 접근이 불가능하거나 접근하면 불법이 되는 공간이 탄생한 것이다. 이 점에서 수중 세계나 우주공간에 비견되는 이 특별구역은 도로교통법의 영역에 속하며, 이 구역에 있는 모든 사람은 이 법을 지켜야 한다. 이때 역설적인 상황이 생길 수 있다. 술 취한 자전거 이용자가 단속에 걸리면 자동차 운전면허를 상실할 수 있다. 보행자조차도 "차도에서 규칙을 어겼을 때", 또는 "보행자용 횡단보도를 이용하지 않았을 때"는 플렌스부르크의 중앙 기록부〔독일의 운전면허 관련 사무를 관장하는 중앙기관〕에 기록되었다. 양차 세계대전 사이에는 자동차도로가 인간친화적 공간 내에 존재하는 기능상의 예외공간이었다면, 지난 수십 년 동안에는 이 상황이 역전되었다고 할 수 있다.

자동차친화적인 공간에서 인간은 특별한 보호공간을 필요로 하게 되었다. 놀이터, 횡단보도, 자전거길 등이 그런 예이다. 사람들은 자동차가 주도하는 교통망 내에서 제한된 시간 동안만, 그리고 제한된 공간 내에만 머물 수 있다. 신호등이 허가하는 시간 내에서만, 횡단보도로 구획된 제한된 공간 내에서만 말이다. 이처럼 새로운 도로가 지닌 중요한 특징 중 하나는 기능의 분리다. 저속 교통수단과 고속 교통수단의 '교통상 분리'가 이루어짐으로써 보행자들은 차단시설과 금지 규정으로 도로로부터 멀어지게 되었다. 앞에서 언급한 건축가 라이호프는 인간과 자동차 교통의 극단적 분리를 주창하면서, "교통의 흐름, 도로 건설 계획, 교통법규, 교통교육, 인간 행동과 인간의 파악 능력 및 반응 능력에 따르는 교통 조절 등을 하나의 통일체로 보고 자동차에 적합한 교통체계를 개발하라"[26]고 요구했다.

이로써 오늘날에는 보행자전용도로부터 시내 고속도로에 이르는 교통 기반시설의 분리가 생겨나게 되었다. '보호구역'에서는 보행속도 주행이 규칙이며, 여기에는 사람과 차량에 동등한 권리를 부여한 놀이터도 속한다. 1935년에서 1970년에 걸쳐 '원래의' 도로망이 점점 자동차 전용으로 바뀐 반면, 산책로와 자전거도로망도 확장되었다. 도로가 자동차에 적합하게 바뀜으로써 "인간에 적합한" 길이 추가적으로 건설되어야 했던 것이다. 다만 개발도상국들의 상황은 과거의 유럽처럼 여전히 혼합 교통이 주를 이루고 있다. 보행자, 수레, 운반용 동물, 자전거, 이륜차, 삼륜차 및 자동차, 가벼운 오토바이에서 대형 화물차까지 모두 동일한 도로를 이용하고 있다.

풍경과 고속도로 미학

　　이동성의 변화가 만들어 내는 새로운 풍경은 수백 년
간 지속되는 전통이다. '산책 향유'로 인해 귀족사회에는 예술적으로
조성된 공원의 풍경이 생겨났고, '자유로운 방랑'의 낭만적 방랑자들
에게는 자연의 아름다움이 주어졌다. 산책에 자동차가 더해진 '자동
차 산책'은 자연 향유, 즉 자동차를 이용한 자연의 소유를 지향한다.
1936년 잡지《길》은 다음과 같이 언급한다. "자동차 산책은 자동차
운행과 문화의 연결, 자연과 기술의 연결이며 기술을 통한 자연 체험
이다. 이는 행복한 무시간성이며 경치, 태양, 자연에 이끌려 가는 듯
한 행복한 느낌이다."[27]

　자동차로 인해 자연 풍경에 대
한 새로운 시각이 생겨났다. 볼프
강 쉬펠 부슈Wolfgang Schivelbusch가
보여 준 것처럼 기차는 '파노라마
식'[28]으로 경치를 감상하게 만들었
다. 기차 창문을 통해 옆으로 스쳐
지나가는 풍경을 조용히 즐기면서
내다보는 방식 대신에, 자동차는
능동적이며 전방을 향하는 속도로
규정되는 관점을 만들어 냈다. 운
전자와 승객은 앞유리 뒤에 앉아
풍경 속으로 곧장 들어가는 양상

풍경의 미학을 선전하는 잡지 《길Die Strasse》
(1937)

이었다. 이렇게 자동차는 수동적인 경치 향유에서 능동적인 자연 정복으로의 변화를 촉진했다. 이것이 끝이 아니었다. 사람들은 풍경을 자동차 산책자의 미적 향유 욕구에 맞추기 시작했다.

다른 자동차문화 발전이 그랬듯이, 자동차에 적합한 풍경 '조성'도 미국에서 시작되었다. 길가에 파크웨이가 생겨 자동차를 타고 지나가면 자연공원이 펼쳐지도록 구성되었다. 국립공원의 확장 역시 자동차에 적합하게 계획되었다. 국립공원을 뚫고 지나가는 도로는 간선도로가 없는 단 하나의 통로였다. "자동차를 탄 유목민" 방문객들은 지정된 지점에만 정차하여 파노라마 풍경을 즐길 수 있었다. 자연보호를 위해 군중이 몰려드는 것을 막고, 대신에 주차된 차에서 풍경을 바라보도록 만든 것이다. 자동차 관광을 자동차 보호와 연결시킨 결과였다. 1930년대에는 유럽에서도 자동차를 타고 즐기는 자연 향유 여가시설이 들어서기 시작했다. 스위스의 산정 도로나 오스트리아 그로스글록크너봉의 알프스 정상 도로(1930~1935)는 운송용 도로라기보다는 알프스 관광을 위한 자동차 산책도로였다. 풍경으로 길들여진 자연이 자동차를 통해서 비로소 아름다워지는 듯했다.

이 같은 자동차 관광은 민족주의적 목적과 연결되었다. 프랑스의 작가 보드리 드 소니에는 1923년 애국심을 고취하고자 자동차 관광을 홍보했다. 자동차로 프랑스의 '역사적인 풍경'을 감상함으로써 하류층 국민들도 애국심을 가질 수 있다고[29] 했으며, 이는 '국민차'를 도입하는 구실이 되었다. 독일의 고속도로 건설자들도 이와 비슷한 생각을 했다. 대규모 '민중'이 자동차를 타고 '독일의 방방곡곡'을 즐겨야 한다는 것이었다. 자동차는 땅과의 일치감을 장려하는 수단이었다. 이를 위해 히틀러뿐 아니라 그의 도로 감정사 프리츠 토트Fritz Todt 역시 도로가 자연 및 풍경과 조화를 이루도록 건설되어야 한다고 요구했다. 나치 정권에서 고속도로를 구상했던 사람들은 두 진영을 상대해야 했다. 한편에는 자연 훼손에 반대한 자연보호론자들이 있었고, 다른 한편에는 물자를 아껴 직선으로 뻗은 덜 '아름다운' 도로 건설을 요구한 기술지향적 도로 건축가들과 군대가 있었다. 토트의 동료로 도로 조경을 담당했던 알빈 자이페르트Alwin Seifert 등이 주장했던 "크게 굽은 도로"[30]는 비상 활주로와 같은 군사적 이용에 적당치 않았고, 건설에 더 많은 물자가 들어갔다. 그러나 결국에는 '미학적' 입장이 승리해 "도로 건설과 자연보호가 연합하는"[31] 상황에 이르렀다. 자연과 기술의 화해를 위해 사람들은 직선 도로를 포기하고 "회색으로 바랜 도로"를 "부드럽게 구부러지도록" 함으로써 드라마틱한 전망을 확보했다.

빠른 속도로 파노라마를 즐기는 것이 자동차 운행의 즐거움이기는 했다. 그러나 곡선 도로가 피로를 덜 유발한다는 점은 부차적으로만 언급되었다. 1930년대의 고속도로는 오늘날에 보면 마치 아직 순결을 간직한 것 같은 모습이다. 분리대 없이 중앙의 녹지 구역으로 분리된 고속도로는 자연의 경치를 강조하는, 나아가 더 부각시키는 역할을 했다. 한 자연보호론자는 "도로 주변이 아름다운 지역으로 변했다"[32]고 기록했다. 고속도로는 "독일의 고귀한 풍경 중에서 가장 고귀한 장신구이며, 예술적으로 만들어진 반지의 보석처럼 빛나야 한다"[33]고 했다.

오늘날 고속도로의 모습과 미학적 기능은 나치 정부 당시와는 확

"자연과 인간이 만들어 낸 새로운 경치의 합
일"(1956)

연히 다르다. 넓게 트인 들판을 바라볼 수 있도록 "풍경에 맞게 설계된" 도로, 정치미학적 의미를 담은 "회색의 바랜 띠"와 같은 도로, 자동차들이 드문드문 독일의 방방곡곡을 편안하게 달리던 도로는 사라지고 점점 더 증가하는 교통 흐름에 맞춰 복잡하게 연결된 기능적 도로가 생겼으며, 이는 모든 도로 이용자에게 주변을 새롭게 인지하도록 요구했다. 즉, 교통 공간과 다른 운행자, 그리고 교통표지판이나 앞차의 미등과 뒤차의 엔진 후드를 주시하도록 강요한 셈이다. 이런 시각은 교통 흐름의 속도와 밀도가 증가하는 만큼 더 강화되어야 했다. 마찰 없는 흐름을 보장하기 위해서는 선택적인 인지가 불가피했는데, 이는 고속도로의 시각적 제한으로 용이해졌다. 즉, 고속도로의 가드레일은 액자와 같은 역할을 했고, 중앙선의 눈부심 방지용 레일이나 덤불 울타리는 시계를 제한했으며, 소음방지벽과 둘러싸듯이 설치된 교량 등은 시각을 집중시켰다. 고속도로 양쪽의 주변 풍경은 결국 바뀌게 되었고, 도로는 파이프 같은 모양을 형성했다. 고속도로는 교통표지판이 설치된 다리 모양의 설치대 아래로 지나가는 철도 같은 모습을 갖추었다. 1989년까지 옛 서독 주민들은 이런 광경을 볼 수 있었다. 이후 서베를린으로 연결되는 동독의 국도를 이용해 본 사람이라면 마치 고속도로 건설 초기로 돌아가는 시간여행을 하는 듯한 느낌을 받았다.

마침내 순수한 운송 공간으로 발전한 고속도로는 다른 미학, 즉 기능적인 시각적 미학을 보여 주게 되었다. 그리고 자동차 이용자들의 감정에도 호소하고자 다른 선물을 준비한다. 나치 정권 때 등장했던 향토적인 휴게소는 거의 없어졌지만, 지역적인 특성을 지닌 새로운 휴게소가 휴식을 원하는 사람들을 기다리고 있다. 독일 61번 고속도로에 있는 본네가우 휴게소가 대표적이다. 1988년부터는 관광 명소를 표시하는 갈색 표지판이 세워져 고속도로와 주변 풍경을 이어 주고 있다. 이제는 프랑스의 모범에 따라 역사적인 옛 시가지나 성터, 그 밖의 관광 명소나 언급된 표지판을 고속도로 노변에 세워 두어 지나가면서 잠시 볼 수 있도록 했다. 이 표지판은 "호프의 나라 할러타우"와 같이 동화 속에서 경치를 상상하게끔 만들어 자연의 '디즈니화'[34] 역할을 한다. 달리는 자동차에서 내다보는 세계는 밀폐되어 나타나기 때문에 이런 표지판을 세워 두면 세계가 하나의 놀이공원처럼 보이게 할 수 있다.

현대 고속도로 미학의 대부는 미국의 하이웨이 문화다. 넓이의 매력이나 장거리를 즐겁게 여행할 수 있게 한 점 등 미국의 영향은 고속도로 설계를 넘어선다. 유럽에도 이미 오래전부터 미국에서 영감을 받은 '로드노블'과 '로드무비'가 있다. 독일 밴드 '크라프트베르크Kraftwerk'의 히트송인 〈우리는 달린다, 달린다 고속도로를 달린다〉에도 자동차 여행의 매력이 반영되어 있다. 헤르만 킨더Hermann Kinder의 장편소설 《달리는 방향을 바꾸기만 하면 된다》는 장거리 고속도로 여행을 삶의 성찰, 더 나아가 '달리는' 중에 주변 경치를 바라보는 시선과 연결짓는다. 윌 셀프Will Self는 단편소설 〈터프한 소년들을 위한 터프한 장난감〉에서 고속도로를 달리며 바라본 풍경을 서술한다. 다른 작품인 《스케일》에서 셀프는 고속도로를 통해서 경치가 어떻게 구성되는지를 다음과 같이 표현하고 있다. "고속도로에서 운전자가 기호를 무의식적으로 인지하는 것은 원시문화의 시인들이 처음으로 경치에 생명과 현실을 부여하는 과정과 유사하다는 사실이 분명해졌다."[35]

그러나 고속도로에 대한 일상 체험은 모순적이었다. 고속도로는 정체 구간이고 일상이 되어 버린 운송 구간인 동시에 이동 체험 공간이기도 하며, 대중교통의 피곤함을 느끼는 곳인 동시에 거리와 속도를 느끼는 곳이기도 하다.

"지능도로의 약속"

"운전 과정을 자동화할 '양방향' 도로라는 유토피아는 이미 40년 전에 시작되었다. 도로교통의 초기 단계인 1960년경에 이미 텔레마틱Telematic 관련 프로젝트가 다수 가동되었다. 이렇게 해서 미국에서는 "운전자를 대신할 전자도로"[1)]에 대한 선전이 등장했다. 영국에서는 1962년에 자동으로 교통밀도를 측정하고 우회로를 제시하는 시스템을 계획한 바 있다. 1962년경 포드의 '시애틀라이트' 같은 미국의 '미래 자동차'들은 위치 지정이 가능하며 돌아가는 지도 같은 네비게이터를 이미 장착하고 있었다.

1990년대 이래로 도로교통의 포화 상태 문제를 해결하기 위해 다시 '인텔리전트' 교통 매니지먼트에 대한 선전이 시작되었다. 도로망 확장이 한계에 부딪혔으니 텔레마틱의 도움으로 전자시대로 과감히 도약해야 한다는 것이었다. 유럽의 연구 프로젝트 '프로메테우스'는 이 '지능'을 위한 수많은 기술적 해결 방법을 선보였다. 안개나 비, 결빙, 나아가 정체 또는 사고 시에 최고속도를 제한하거나 추월 금지를 표시하는 교체 신호체계는 이미 그전에 일반화된 상황이었다. 인공위성과 연결된 네비게이터 시스템은 운전자에게 목적지를 안내하고 정체 구간을 피할 수 있게 도와준다. 디지털 교통방송 시스템RDS: Radio Data System은 자동차 라디오가 현재의 운행 구간에 대한 주요 정보를 저절로 방송하게끔 한다. 독일 기상청은 고속도로 노변에 설치된 수백 개의 측정기로 도로 상황 정보 및 날씨 정보 시스템을 갖추었다. 운전자들은 이미 오래전부터 인공위성과 연결된 GPS 시스템 네비게이터의 도움을 받고 있다. GPS를 이용해서 화물차의 위치를 지정하고 일정을 조율하여 빈차 운행을 방지하고 있다.

교통계획 담당자들은 도로와 자동차 간에 점점 더 큰 폭으로 "대화가 가능"해지기를 기대한다. 즉, 도로 가장자리의 반사용 막대가 송수신기 역할을 하고 번호판 적외선 인식 장치를 이용하여 도로 범칙금을 자동으로 부과하는 기능을 예로 들 수 있다. 도로 통행료나 시내 이용 수수료도 교통이 균등하게 분배되는 효과를 낸다. 오늘날에는 일종의 전자식 선로인 자동 차선 유지가 가능할 뿐 아니라 고속도로에서 자동차를 편대로 묶을 수도 있다. 운전자가 시스템을 작동시키고 앉아 쉴 수 있게 된 것이다.

도로교통 시스템의 양적·질적 향상을 전형적으로 보여 준 것이 2000년 엑스포이다. "우리는 교통수단과 물류 시스템, 도시와 지방, 혁신과 아이디어, 새로운 가치와 사회적 발명을 현명하게 연결해야만 한다. 이렇게 해서 우리는 이동의 자유와 자유로운 이동성을 얻게 될 것이다."[2] 때로는 이동성을 보장하는 약속이 더 분명하게 표현된다. "이제는 교통정체란 없다 — 가능한 일이다! … 모든 정보 수단을 효율적으로 이용하면 된다."[3] 전자혁명의 모든 수단을 동원하여 우리가 지금까지 지녀 온 이동 습관을 유지하고, 시스템의 위기를 해결하려고 한다. 비판하는 이들에 따르면, 이런 시도에 내재된 또 하나의 목적은 유럽연합 가맹국 중 유일하게 독일이 반대하는 전반적 속도제한의 도입을 두고 벌어지는 격렬한 토론을 식히는 데 있다고 한다. 차량과 도로의 '현명한' 공동 작업에는 두 종류가 있다. 센서와 송신기가 도로에 설치되어 자동차에 신호를 보내는 방법이 있고, 자동차 자체가 "더 현명하게" 보고, 인식하고, 측정하고, 해석하고, '행동하는' 방법이 있다. 후자는 자동차의 기술장치 향상을 필요로 하며, 전자는 도로 기반시설의 확장을 요구한다. BMW와 같은 자동차 회사는 자동차의 센서 장치에 희망을 건다. 예를 들어, 차단된 도로나 갑자기 등장하는 보행자의 윤곽을 인식하여 자동으로 반응하게 하는 '현명한' 카메라가 있다. 확장되어야 할 것이 자동차인지 도로 기반시설인지를 결정하는 것에는 재정적 요소도 있다. 전자의 경우에는 자동차 구입자가, 후자의 경우에는 모두가 비용을 감당해야 한다. 프로메테우스 프로젝트에도 불구하고 이런 시스템 도입을 둘러싼 결정이 내려지기에는 아직 이르다. 특정한 체제를 선택하면 장기적으로 그 체제가 지속될 것이기 때문이다.

또 논란이 되고 있는 것은 이 '대화'가 어디까지 가능해져야 하는가다. 센서가 인식하고 경고하고 정보를 주는 데서 그칠 것인지, 아니면 반응 행동으로 이어져야 할지가 문제이다. 다임러 크라이슬러사의 '디스토닉'(1999년 5월에 등장)과 같은 자동 간격조정 장치는 이미 자동차에 설치되고 있다. 이 장치는 앞차와의 간격이 좁아지면 자동으로 제동장치를 작동시킨다. 사람들은 외부의 개입을 수용하기를 주저한다. 그것이 가능한데도 말이다. 네덜란드에서는 시속 30킬로미터 구간에서 자동차 속도를 자동으로 제한하는 장치가 시도되었다. 인공위성 네비게이터로 자동차의 위치를 확인하고 '텔레마틱'을 통해 자동차 운전자를 수동적인 존재로 만드는 체제는 벌써 새로운 차원에 도달했다. 비록 기계 작동 및 운전 자동화의 일환이기는 하지만, 텔레마틱은 자동차의 성공에 기여한 운전이라는 매력적인 기능을 '빼앗는' 결과를 낳았다. 이미 지난 2000년에 고급 자동차에 텔레마틱을 넘어서는 개입장치가 설치되어 많은 이들이 문제를 제기했다. 다임러 크라이슬러의 제동 지원 장치는 다음과 같이 작동한다. 제동하는 발의 속도에 의거하여 운전자가 '사실은' 전면 제동을 원하지만 브레이크페달을 약하게 밟았다는 점을 시스템이 인식하고 자동으로 전면 제동을 작동시킨다. "보드 컴퓨터는 우리와는 다르게 작동한다."[4]

장치에 의한 운전은 오히려 운전의 안전도를 떨어뜨릴 위험이 있다. 다른 기술적인 문제들이 해결된 후에 미래의 운전 세대들이 도로, 인간, 자동차 사이에서 벌어질 새로운 상호작용에 얼마나 잘 적응할 수 있는지도 문젯거리다. 또, 전자장치가 주도하는 상황이 개인적 운전과 원칙적으로 조화를 이룰 수 있는지의 문제도 남아 있다.

자동차 운행 자동화에 반대하는 또 다른 이유는 법적인 문제이다. 전자장치로 외부에서 조종되는 자동차 운전자는 과연 누구인가? 위험한 상황에서 과연 전자장치를 믿어도 될까? 개인정보 보호 차원에는 문제가 없을까? 교통 유도 기술을 전반적으로 도입하면 교통량이 증가할 가능성이 있다는 우려도 제기된다. 왜냐하면 사람들이 비현실적인 이동에 대한 희망을 가지고 차량을 구입하게 될 것이기 때문이다. 다른 한편으로는 교통이 고르게 분배되고 정체 지역의 교통량도 분산되는 효과를 거둘 수도 있다. 텔레마틱 트릭에는 단점도 있다. 자동차산업연합은 2010년까지 이 시장의 시장규모가 1조 유로를 웃돌 것이라고 추정한다. 현명한 교통 매니지먼트가 오히려 비용 상승을 초래하여 도로교통 문제를 심화시킬 수도 있다.

1) Klaus Kuhm, *Moderne und Asphalt. Die Automobilisierung als Prozeß technologischer Integration und sozialer Vernetzung*, 1997, p. 168.

2) 하이델베르크 물류 연구소의 옌스 보르켄, 《교통》 1/2000, 17쪽에서 인용.

3) M. 슈레겐베르거, 《빌트 암 존탁》(1999. 10. 10.), 30쪽.

4) 슈트라스만, 〈여기에서는 칩이 제동한다〉, 1999, 43쪽.

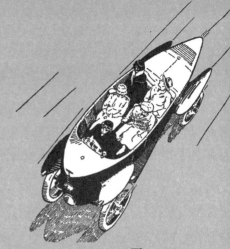

6장

화물차, 버스, 트랙터

: 상용차의 역사

다임러가 1894년에 '보편적' 가솔린엔진을 짐수레에 장착하여 최초의 가솔린 화물차를 탄생시키기 수십 년 전부터 엔진을 이용한 상용 차량은 존재했다. 영국에서는 노선버스로 증기버스가 이용되었고, 증기자동차의 원조국인 프랑스에서는 증기화물차가 운행되었다. 오네지포르 페퀴에Onésiphore Pecqueur(1828)가 개발한 화물차에는 개폐식 적재함이 있었고, 프론트 엔진에 후륜구동으로 대단히 미래지향적이었다. 그러나 1900년경의 화물수송에는 여전히 말이 끄는 수레가 주를 이루었다. 증기 및 가솔린 자동차는 철도와 말 수레 사이에서 극히 일부분을 차지했을 뿐이다. 게다가 "자동차와 유사한" 화물 차량은 속도지향적이고 여행을 주된 목적으로 했던 자동차문화의 덕을 그리 보지 못했다. 왜냐하면 고급 승용차와 달리 상용 차량은 고급 취향과 맞지 않았기 때문이다. 상용 차량은 간단히 말해서 경제적이어야 했다. 이 때문에 상용 차량을 시장에 도입하려는 많은 시도가 실패로 돌아갔다.

　기술적인 문제가 주된 실패 요인이었다. 다임러의 화물차는 1897년의 광고에 나온 것처럼 "훌륭한 동물"이었는지는 모르지만 말을 대신하기에는 모자랐으며, 거친 일상을 버텨 내지 못했고, 유지비가 많

4마력 엔진을 장착한 최초의 다임러 엔진 화물차

이 들었다. 말이 끄는 수레가 훨씬 더 비용이 많이 든다는 계산이 나왔음에도 불구하고 말이다. 가솔린엔진에 대한 신뢰가 낮았기 때문에, 다임러는 잠시 전기 엔진으로 옮겨 가 1906년 로너-포르셰Lohner-Porsche 시스템의 메르세데스 전기 화물차를 선보이기도 했다. 타이어 스프링 장치도 문제였다. 철 타이어나 고무 타이어로는 저속 운행만 가능했으며, 짐을 실은 상태에서의 운행 성능을 개선하려면 스프링이 강화되어야 했다. 하중이 실린 타이어는 도로에 큰 영향을 끼쳤기 때문에 도로 유지를 담당하는 관청에서는 화물차를 회의적으로 주시했다.

하지만 군에서 화물차의 중요성을 인식하면서 기존의 문제 많고 비경제적이던 기술의 발전에 결정적인 자극이 가해지면서 상황이 달라졌다. 보조금 제도가 그 방법이었다. 군이 시험했고 '보조금 화물차'로 인가된 특정한 유형의 화물차를 개인이 구입할 경우에는 특별 보조금이 주어졌다. 그 대신에 전쟁이 나면 차량을 군에 제공해야 했다. 독일에서는 이 1908년에 이 보조금 제도가 시작되었다. 각종 보조금 제도가 주먹구구 식으로 시행되고 난 후였다. 차량 구입 시 4천 마르크의 보조금이 나왔고, 유지비로 5년 동안 매년 1천 마르크가 정부 지원되었다. 시행 첫해에 이미 158대의 화물차가 개인 고객에게 팔렸고, 육군

체인 구동장치와 대포용 나무 바퀴가 달린 초기 다임러 화물차

에서는 8대를 구입하는 데 그쳤다.[1] 이 보조금 제도가 독일에서만 시행된 것은 아니다. 1914년 이전에 영국과 프랑스도 군용 화물 차량 보조금 제도를 시행했다. 군 당국의 화물차 구입 예산이 제한되어 있었다는 점을 고려할 때 놀라운 일이 아니다. 1914년 전쟁이 시작되자 군은 다수의 화물차를 이용할 수 있었다. 소유주와 생산업체들은 "국가에 대한 의무"를 지켜야 했다.

당연히 화물차의 기술이 군의 필요성에 맞게 개발되었다. 군은 우선 4기통 엔진의 가솔린 자동차를 관철시켰다. 그 외 다른 요구 사항들이 갖추어지자 화물차의 표준화가 이루어졌다. 예를 들어 독일에서는 엔진 성능이 최소한 30마력은 되어야 했고, 최소한 12.5퍼센트의 등판 능력을 갖추어야 했다. 따라서 매년 '보조금 화물차 운행'에서 이런 조건들이 지켜지는지 검사해야 했다. 이 검사는 경쟁사의 차량이 참가하는 비교 테스트였다. 이렇게 군의 압력으로 1910년경에 '일반' 화물차가 탄생했다. 이 화물차를 축이 2개인 트레일러와 연결하면 엔진 성능과 무게 및 규격이 정해진 '풀 트레일러 화물차'가 되

었다. 독일 모델은 폭이 2미터로 매우 좁았는데, 이는 장애물을 피하거나 행진하는 차량들을 추월하는 데 유리했다. 기어 위치와 같은 조작부도 군의 영향을 받았다. 화물차 제조사들에게는 이런 조작부를 군의 요구에 따라 변화시키는 것이 부속을 표준화하는 것보다 더 쉬웠다. 제조사들은 부품의 명칭과 기술을 통일하고자 '규격 위원회'를 만들었지만, 각 회사의 아이디어를 조화시키기는 어려웠다. 이 때문의 군의 압력에도 불구하고 전쟁 중에도 규격화를 성사시키지 못했다. 제조사들은 모두 자사의 방식으로 제작하기를 원했다.

1920년대의 화물 수송

1920년대에 들어서야 화물차의 수는 크게 증가했고, 화물차를 이용한 교통량도 많아졌다. 독일에서는 1914년 9,100대였던 등록 화물차 수가 1927년에는 10만 대²를 넘어섰다. 같은 시기에 승용차가 5만 5천 대에서 26만 8천 대로 증가하여 5배의 증가율을 보인 것과 비교하면 놀랄 만한 증가율이다. 물론 화물차의 60퍼센트가 적재 용량 2톤 이하의 경량 화물차였다는 점을 고려해야 한다. 게다가 이 시기에 화물 수송을 주도한 것은 화물자동차가 아니었다. 1925년 독일에는 여전히 390만 마리의 말이 있었고, 교통량 조사를

1920년대의 경량 화물차

보면 운송수단의 절반이 말이 끄는 마차였다.[3] 어쨌든 화물차는 증가 추세였다. 회사의 화물 수송(회사 소유의 화물차가 자사의 화물을 운송하는 경우)이나 운수회사(제3자의 화물을 수송하는 운수회사에 화물차가 속하는 경우)의 수송에 화물자동차가 점점 더 많이 쓰이게 되었다. 그러면서 점차 도시인들에게 공급할 우유나 채소 수송

역동성, 근대, 화물차: 1930년경 포마크Vomag사의 광고판

에 화물차가 동원되어, 짧은 운송 시간과 유동성을 요구하는 소비재 영역에서 그 사용 범위를 넓혀 가기 시작했다.

당시 화물차는 오늘날의 눈으로 보면 매우 느렸지만, 그래도 제1차 세계대전이 끝난 시점에 전형적으로 나타난 "속도에 대한 도취"의 일부분으로 여겨졌다. 1930년 화물 수송에서 "표어는 속도!"라고 했다. 2년 후, 화물차는 "발전한 기술, 자극을 필요로 했던 고객, 전문 상점과 백화점 사이의 극심한 경쟁이 낳은 산물"[4]로 여겨졌다. 전문 상점과 백화점들은 소매상의 구조 변화로 생존경쟁을 하게 되었고, 내부적으로도 새로운 자극적 수단을 동원해 승리하려는 시도가 계속되었다. 헨리 포드 역시 1928년에 다음과 같이 선전했다. "현대적인 상업과 생활은 느린 수송을 참아 주지 않는다!" 벤츠사는 "시간과 돈을 아껴라!"

라는 슬로건으로 1.5톤짜리 고속 화물차를 선전했다. 사회학자들은 "자본축적 수단으로서의 고속교통"을 논했다. 화물차 광고에는 속도를 표현하는 상징적 수단이 등장했다. 스피드 라인과 윤곽이 희미하게 지워진 형태는 이전에 고속 승용차 광고에만 쓰이던 것이었다.

그러나 수많은 문제점 탓에 화물차는 겉보기보다는 덜 효율적이고 덜 경제적이었다. 운영 면에서 화물차는 아직 이익을 내지 못했다. 전쟁 중인 독일에서는 화물차가 손익 계산 없이 이용될 수 있었지만, 평시로 돌아와 경제성을 계산하자 상황이 달라졌다. 기술혁명의 주창자들이 화물차를 미화시켜 선전했음에도 불구하고, 화물차의 실제 비용을 확인한 업체들은 놀라움을 금치 못했다. 특히 수리 비용이 연간 구입가의 15퍼센트에 달해, 냉정하게 계산하던 회사들은 마차가 경제적인 수단이라고 결론내렸다. 특히 소규모 업체들은 화물차 구입은 잘못된 투자였다고 불평했다. 화물차 구입 시의 경제성 계산에는 수리비를 포함시키지 않다가, 실제 운영을 할 때에는 이 비용이 결정적이었던 것이다. 독일 농업연합의 검사 보고서에는 다음과 같은 권고 사항이 적혀 있다. "가능한 한 화물차 두 대를 구입하여 한 대가 고장날 경우를 대비해야 한다. 가솔린엔진으로 움직이는 화물차는 특히 고장이 잦을 수

화물차의 예열 플러그 광고(1930년경)

있다."[6] 게다가 다양한 모델에 각각 필요한 부품을 지속적으로 공급받기도 어려웠다. 어떤 회사는 나무로 된 화물차 엔진 모형을 가지고 있어 부품을 신속히 만들 수 있었다. 속도, 시간 절약, 경제성의 승리라고 선전되던 화물차는 디젤엔진이 확산되기 전까지는 성공을 거두지 못했다. 화물 수송 현대화의 실제와 이상 사이에는 큰 격차가 존재했던 것이다.

1920년대에 화물차의 입지가 확고해진 것은 제1차 세계대전 중에 획득한 명성과 큰 관련이 있다. '고향의 전선'에서 효율적인 운송 임무를 수행한 '화물차 부대'는 모범적인 예로 여겨졌다. 또한 전쟁 중에 국가가 화물차 교통을 권위적으로 조직한 사실은 바이마르공화국에서 국가 감시의 한 모델이 되었다. 공화국 정부는 화물 교통이 점점 화물자동차 중심으로 이루어지는 과정을 감시할 수 있도록 법적 조치를 취했다. 이 조치가 경제공황기에 심화되어 '솅커Schenker 플랜'이 탄생하는 계기가 되었고, 이를 통해 운송업이 독점화되고 정부가 운송업을 조종하는 결과를 낳았다. 많은 논란 끝에 1931년 긴급명령으로 화물 수송 영업허가제가 도입되었다.[7]

이 같은 정부의 결정은 화물차 재고를 관리하는 한편, 군사적 이유에서나 경제성 면에서 철도에 특권을 주기 위함이었다. '제3제국'에서도 화물차는 선호되지 않았다. 승용차에 대한 지원이 다양하게 이루어진 것과는 다른 상황이었다. 수송의 현대화보다는 경제적 운영이 더 중요했던 것이다. 철도와의 요금경쟁에서 화물차는 더 경제적인 것으로 평가되었지만, 그래도 공정하지 못한 도전자였다. 당시 철도청도 생산원가 면에서 두 경쟁자가 동등하지 않은 상황에 있음을

하이델베르크 숲에서 작업 중인 3톤 화물차(1924). 군용차량이 민간용으로 이용되었다.

언급했다. 철도청은 철도 노선 유지 비용을 직접 지급해야 했기 때문이다. 철도청은 '화물차와의 경쟁'에서 불리한 점을 '보상' 받아야 한다고 요구하는 한편, 요금 인하와 운영 개선으로 경쟁에 대응했다. 가속 분위기에 영향을 받은 철도의 '고속 아이디어'는 더 빠르다고는 할 수 없지만 속도감과 더 긴밀하게 연결된 도로교통에 자극을 받았다.

디젤엔진의 성공

화물차의 낮은 경제성은 불완전한 기술 탓이었다. 연료가 많이 들고 부피가 큰 엔진과 철 타이어, 용수철 타이어 또는 고무 타이어를 붙인 화물차의 성능은 빈약했으며, 법적 조치까지 한몫했다. 5.5톤까지의 화물차는 시속 30킬로미터, 그 이상의 화물차는 시속 20킬로미터까지만 허용되었다. 트레일러 화물차는 주거지 내에서는 시속 16킬로미터 이상 달리지 못했다.

기술 개발 면에서도 진전이 없었다. 독일과 전승국들에서는 전쟁 후에도 오래도록 구형 화물차가 계속 생산되었다. 당시 독일 최대 규모의 상용차 제조사였던 오펠Opel은 1918년까지 약 4,500대의 군용 화물차를 공급했고, 인플레이션 시기가 지난 후에도 계속 같은 군용 화물차를 생산했다. 1923년이 지나서야 오펠은 새로운 모델을 선보였다. 그런데 그 모델도 여전히 보수적인 형태였고, 달라진 것이라고는 체인구동장치가 없어지고 카르단 축이 설치되었다는 점뿐이었다. 1920년대에는 기술혁신을 고무하는 자극이 거의 없었다. 비용을 절감하는 기술혁신만 환영 받았다. 승용차처럼 차의 크기를 줄임으로써 경비 절감을 유도하는 방법은 화물차에 적용하기 어려웠다. 화물차는 대형 화물을 수송할 수 있어야 했기 때문이다. 유일한 방법은 엔진을 개선해 연료 소모를 줄이는 것뿐이었다. 전쟁 중에는 연료비가 중요하지 않았지만, 이제 경쟁을 해야 하는 운송업체들에게 연료비는 매우 중요한 요소가 되었다.

이런 상황에서 연료 소모가 적은 디젤엔진이 등장했다. 전쟁이 끝나고 디젤엔진 기술은 큰 발전을 보였지만, 아직 도로교통에 적합하지는 않았다. 디젤은 전기 공급용 발전기 또는 잠수함 엔진에만 쓰였다. 도로를 운행하는 차량에 디젤엔진을 장착하기란 좀처럼 여의치 않았다. 당시의 분사 기술은 실린더가 작고 회전수가 높은 경우에는 만족스럽지 못했다. 디젤엔진은 연료와 공기 혼합물을 압축하지 않고 순수한 공기만을 압축하기 때문에 정확한 양의 연료가 정확한 시점에 실린더에 주입되어야 했다. 그리고 디젤 오일이 미세하게 분사되어 고온의 압축공기 내에서 균등하게 연소되어야 했다. 대형 엔진에서는 연료가 압축공기와 함께 '불어넣어져' 분사되는 방식도 있었다. 1923년 다임러 엔진협회가 제작한 최초의 디젤 화물차 엔진도 이런 방식으로 작동했다. 그러나 공기 주입으로 인한 높은 회전수를 더 이상 통제할 수가 없었다. 이를 해결하려면 펌프로 압력을 가해 연료를 실린더에 주입해야 했다.

가장 잘 알려진 방식은 1924년 벤츠사에서 펌프주입식 디젤 화물차를 개발했던 엔지니어 프로스퍼 로랑주Prosper L'Orange의 방식이었다. 분사 성능이 높아지도록 디젤 오일을 주 연소실로 직접 주입하지 않고 그 앞에 있는 프리체임버로 분사 노즐을 연결해 그곳에서 연료를 연소시킨 후 이를 주 실린더 내로 전파하는 방식이었다. 1920년대말에 이 방식이 표준형으로 승격되었다. 그러나 이 방식은 디젤을 조절하기가 더 어려웠고, 회전수가 낮았으며, 예열 후에야 시동을 걸 수있었다.

디젤엔진은 같은 성능의 오토 엔진보다 훨씬 더 무겁지만 더 견고했고, 고장이 적었다. 독일에서는 1930년대 중반에 이미 상용 화물차의 45퍼센트가 디젤엔진을 장착하고 있었다. 다른 나라에서도 이런 경향이 뚜렷했다. 영국에서는 여전히 무거운 중기 화물차를 선호했는데, 석탄 가격이 저렴하고 증기기관을 선호한 '기술 스타일' 때문이었다.

디젤 기술은 전반적으로 군의 지원을 받았다. 독일 해군은 이미 오래전에 잠수함 엔진으로 디젤엔진을 도입해 전면적으로 지원한 바 있다. 디젤연료는 세 가지 특징 때문에 군사적 목적에 유리했다. 첫째로 자국의 에너지 자원인 석탄과 평지씨 기름에서 오일을 확보할 수 있다는 장점, 둘째로 연료 소모가 적다는 점, 셋째로는 총격을 받았을 때 화재 위험이 적다는 점 등이었다. 그러나 놀랍게도 제2차 세계대전 당시 독일 탱크들은 여전히 오토 엔진을 장착하고 있었다.

1930년대에는 화물차의 기술이 발전하여 효율성도 높아졌다. 엔진 성능이 향상되고 공기타이어로 속도가 빨라졌으며, 제동이 개선되고 조작도 간단해져 운전하기가 쉬워졌다. 이로써 화물 수송의 속도가 빨라질 것이라는 과거의 약속이 지켜진 셈이다. 화물차에 트레일러를 연결하는 방식도 달라져 세미 트레일러가 등장했다. 세미 트레일러용 트랙터는 과거에 말이 끌던 트레일러도 끌 수 있었다. 두 방식 모두 동력 부분과 짐을 싣는 부분을 분리했다. 트레일러는 속도가 높지 않아도 될 때, 즉 농경 분야나 석탄 거래, 가구 운반 등에 사용되었다. 1935년 이 새로운 분야를 위해 특별 개발된 란츠 아일불독Lanz-Eilbulldog은 시속 25킬로미터의 성능을 보였다. 한편으로 화물차의 크기가 작아지면서 그만큼 빨라져, 화물차와 승용차 간의 격차가 줄어들었다. 1930년 오펠사의 블리츠Blitz가 이런 '고속 화물차' 중 하나였는데, 최고 속력이 시속 80킬로미터에 달했다.

1945년 이후의 상황은 1918년 이후와 유사했다. 화물차의 기술은 거의 발전하지 않았고, 생산량이 수요를 따라가지 못해 구형 모델이 계속 생산되었다. 1949년 처음으로 메르세데스 벤츠가 90마력 디젤을 장착한 신형 화물차를 선보였으며, 이는 그 후 오랫동안 독일 경제기적의 중추가 되었다. 1954년에는 배기가스 터보차저turbocharger가 달린 디젤이 개발되었다. 이로써 상용차에 미래형 기술이 도입된 셈인데, 이 기술은 나중에 승용차 양산 시스템에 적용되었다. 이전에는 상용차 제작이 승용차의 기술을 뒤따랐다면, 이제는 상용차가 엔진 및 브레이크의 기술혁신을 주도하게 되었다.

오늘날에는 터보차저와 인터쿨러 장치가 달린 직접분사식 디젤엔진이 표준형이다. 이는 구식 프리체임버 디젤에 비해 비용이 덜 들고 깨끗한 기술이다. 특히 분사 기술은 계속 발전했다. 기존 엔진에서는 분사 펌프에서 이어지는 연료관이 각 실린더에 따로 설치된 반면, 현대적 엔진에서는 하나의 펌프로부터 하나의 커먼 레일common rail을 통해 극히 높은 압력을 주입하는 방식이 사용된다. 전자장치로 조종되는 밸브가 각 실린더에 정확한 양의 디젤연료를 정확한 시간에 주입한다. 자동으로 작동되는 기어 장치가 최적의 상태로 조절되어 엔진을 가장 효율적으로 회전시킨다. 게다가 엔진의 성능도 높아졌고 정비도 편하게 개발되었다. 엔진 수명이 100만 킬로미터인 경우, 정비는 10만 킬로미터마다 하도록 개선되었다.

국가경제적으로 볼 때 화물차는 매우 중요한 요소였지만, 화물차의 증가는 또 다른 문제를 일으켰다. 독일 통일과 유럽 통합으로 화물차 교통이 증가했고, 이는 심각한 정체현상으로 이어졌다. 전체 화물의 약 절반 정도가 도로로 수송되고 있지만, 통일 전 서독에서 1958년부터 화물의 무게와 화물차 길이를 제한한 '제봄Seebohm 법령'처럼 국가가 법적으로 개입하는 전통은 사라지고 있다. 이로써 유럽의 도

로에서 화물차의 능률은 높아지겠지만, 그 증가율이 얼마나 될 것인
지가 관건이다.

화물차 운전사 문화와 상용 차량의 상징적 의미

상용차는 승용차와 달리 부차적 기능들이 중요하지 않
은 기능적 수송차량으로 여겨지는 경우가 많다. 그러나 화물차가 상
징적인 의미에서 '현대적인' 인상을 주어야 할 경우가 많다. 예를 들
면, 고객에 대한 광고 수단 역할을 할 때 그렇다. 따라서 경제성 외에
화물차를 구입하는 동기로 회사에 특별한 이미지를 줄 수 있다는 점
을 들 수 있겠다. 예컨대 맥주통을 나르던 마차 대신에 맥주 화물차
를 이용함으로써 양조사는 주목을 끌 수 있었다. 화물차라는 '신제품'
은 유럽 대도시의 도로에서 소비재의 현대적 마케팅에도 이용되었
다. 특히 인지도를 계속해서 높여 나가야 하는 유명 상품의 경우에는
화물차가 중요한 광고 수단이 되었다.

군 역시 화물이 아닌 사람을 수송한다는 이미지로 화물차를 이용
했다. 군인들이 가득 올라탄 3톤 화물차 사진은 전쟁을 특징짓는 모
습으로 전쟁 후에도 영향을 미쳤다. 화물차는 이런 이미지 언어로 양
차 세계대전 사이에 집단성 및 공격성과 연관된 이미지를 얻게 되었
다. 유니폼을 입고 화물차에 올라 깃발을 휘날리며 시가지를 오가던
선동부대의 선전 가치는 특히 좌익 및 우익 정치단체들에 의해 남용
되었다. "혁명 차량은 혁명적 노동계급을 위해 쓰여야 한다"[8]는 1930

1920년 3월 쿠데타 당시 화물차에 올라 깃발과 기관총으로 위세를 과시하는 부대. 보조금 화물차에 고무 없는 용수철 타이어가 달려 있다.

년 기록이 남아 있다. 좌익의 '혁명 차량'은 승용차가 아니라 상용차였다. 1919년 2월 스파르타쿠스 단원들이 군 화물차를 타고 브란덴부르크 문을 통과했을 때, 내전의 혼란뿐 아니라 선거운동 선동에서도 집단적이고 공격적인 화물차의 미학이 이용되었다. 화물차를 이용한 무명의 공격적 선동은 새로운 권위적 정치 양식의 상징이었다.

농업용 트랙터마저도 상징적으로 '현대적'인 인상을 주었다. 이전에는 뒤떨어지고 기술과 상관없던 농업에 엔진이 도입된 것은 그 자체로 새로운 일이었다. '전통적인' 들일은 엔진이나 현대와는 반대되는 분야이자 현대적 물결에서 벗어난 도피처로 여겨졌다. 따라서 농업의 엔진화는 현대화의 물결이 새롭게 도약하는 데 기여했다. 거대한 가솔린엔진 경운기와 줄지어 들을 달리는 트랙터나 타작기 사진은 철저히 기계화된 세계를 대표했으며, 군대 훈련의 미학을 상기시켰다. 특히 소비에트연방은 이런 영웅적인 상징을 이용해 농업의 후진성이 엔진의 도입 덕분에 성공적으로 극복되었음을 알리고자 했다. 수입된 포드슨Fordson 트랙터는 집단농장의 예식 및 축제 행사에서 항상 중심을 차지했다. 집단농장 선동가들 중에서 열렬한 당원들은 이 트랙터 명칭을 따라 아이들 이름을 짓기도 했다. 동독에서 트랙터는 소비에트의 모범을 따라 숭배되었다. 트랙터 운전자들은 엔진 도입이 가져다준 자부심의 대표자들이었다.

문화적으로 중요한 화물차의 또 다른 미학은, 화물차 운전사들의 문화와 낭만이었다. 이 문화는 미국에서 생긴 것이지만, 독일에서 생겨난 "지방도로의 캡틴" 숭배가 경제기적 시대에 확산되었다. 노래, 미술, 텔레비전방송에서 화물차 운전사라는 인기 직업이 새로운 영웅으로 우상화되었다. 1951년, 화물차 MAN F8는 한스 알베르스Hans Albers의 영화 〈도로의 밤〉에서 중요한 역할을 했다. 1970년대부터 이런 양식의 영화가 미국 트럭문화의 본보기를 따라 만들어졌다. 그 예로 샘 페킨파Sam Peckinpah의 영화 〈컨보이〉를 들 수 있다. 독일의 화물차 운전사들은 미국의 이미지와 예식, 그들의 음악을 받아들이고 변용시켰다. 음악에서는 '트럭 스탑Truck Stop'이라는 밴드의 화물차 컨트리송을 들 수 있다. 또 중요한 것은 화물차 장식이었다. 크롬을 많이 사용하고 배기관을 높이 달고 조명을 바꿔 달며, 번호판과 비슷하게 제작한 운전사의 명판을 거는 등의 장식은 미국에서와 마찬가지로 독일에서도 널리 유행했다.

버스: 화물차 계통에서 탄생하여 승용차의 경쟁자가 되기까지

1895년에 지거란트 지방에서 최초의 다임러 엔진 버스가 운행되었다. 이는 "네트펜Netphen 옴니버스 협회"의 노력으로 이루어진 성과였다. 경량 버스의 기초가 된 것은 운전사가 실외에 앉게 되어 있는 5마력 엔진의 대형 승용차 섀시였다. 이 최초의 버스가 겪은 운명은 여러 증기 버스의 운명과 유사했다. 기술적인 문제가 불거지고 수리하기 어려운 고장이 잦아지면서 버스 생산이 중단되었다. 승객의 집단 수송은 아주 천천히 개선되었다. 1903년부터 제국 우편부의 버스 노선이 개설되어 제1차 세계대전 때까지 널리 확산되며 운행되었다. 그럼에도 불구하고, 개인이 운영하는 여가용 버스가 일상생활의 공공 노선버스보다는 더 성공적이었다. 수영 버스 또는 스위스나 바이에른 지방의 휴양지를 운행하는 관광버스들이 훨씬 더 큰 이익을 남겼다. 무엇보다도 이런 관광용 버스의 요금이 높았다. '여름 노선' 버스는 모든 이들이 버스를 타고 경치를 감상할 수 있도록 해주었다. 그러다가 제1차 세계대전 후에야 버스는 공공 교통에 편입되기 시작했다. 바덴 지방에서 1919년에 최초의 '승객용 버스 노선'이 개설되었고, 10년이 지나자 이 노선에 3백 대의 '옴니버스'가 운행했다. 오덴발트와 슈바르츠발트 지방의 주민들은 매우 조밀한 버스 노선을 이용할 수 있게 되었다. 1914년 이전에도 흥미로운 아이디어가 나와 토론이 벌어지기도 했다. 화물차를 보유한 회사들이 화물차에 벤치를 설치해서 직원들의 출퇴근을 책임져야 한다는 것이었다.

처음엔 엔진을 장착한 버스는 불편했고 느렸다. 승객의 요구는 중요하지 않았다. 승객은 그저 싣고 나르는 화물처럼 여겨졌다. "집단으로, '모든 이를 위한 자동차'에 앉아 있는 이들은 밀가루 포대보다는 편안하게 운반할 수 있으며, 짐을 싣지 않아서 좋다."[9] 1920년대에 들어와서야 버스 제작자들은 화물차의 구조에서 벗어나기 시작했다. 가게나우에 위치한 벤츠 공장에서 최초의 "낮은 옴니버스", 즉 앞축과 뒤축 간 차체가 낮은 형태의 버스가 생산되었다. 이 간단한 변화가 편안함 면에서는 큰 발전을 가져왔다. 승객들이 더 쉽게 버스에 오를 수 있고, 무게중심이 낮아져 "흔들림 없이" 운행할 수 있었기 때문이다. 낮은 차체로 운행 역동성도 더 좋아졌다. 고속 운행에 필요한 전제 조건이 갖추어진 셈이다. 편안함과 운행 성능을 높이려는 움직임은 공기타이어의 도입과 스프링 장치의 개선으로 더 강화되었다. 섀시와 그 위에 얹어지는 객실 구조물을 더 가볍게 만드는 해결책도 도입되었다. 독일에서는 세트라/케스보러Setra/Kässbohrer가, 미국에서는 '가르' 우드Gar Wood가 가벼운 버스를 개발했다. 디젤엔진이 확산되어 시내버스에는 공간 절약을 위해 바닥 아래에 설치되었고, 관광버스에는 1960년까지 엔진 후드 안에 장착되었다. 처음에는 스파르타적이던 실내가 승용차의 영향을 받아 점차 좌석이 편안해졌고, 시각적 요소와 소음 문제가 개선되었다.

그러나 제2차 세계대전 이후 버스는 승용차에 비해 불리한 입장에 처했다. 엔진이 대중화되면서 버스는 더 이상 자동차를 구입하지 못한 이들의 전용 이동 수단이 아니었다. 이제 승용차와의 경쟁이 불가피했으나, 승용차의 매력인 사적 공간, 편안함, 속도 등을 버스가 따라잡을 수는 없었다. 오늘날에도 장거리 노선버스는 편안함과는 거리가 멀다. 개인이 운영하는 관광버스는 사정이 달랐다. 관광버스는 승용차를 모범으로 발전했을 뿐 아니라 철도와 항공교통을 본보기로 개발되었다. 관광버스에는 부엌과 화장실이 설치되었고, 조정 가능한 환기구로 실내 온도를 조절할 수 있었으며, 독서용 램프나 테이블로 '사적 공간'의 분위기가 연출되었다. 오늘날 공공 교통에 프라이버시를 요구하는 경향은 이미 오래전부터 나타났던 것이다. 공공 교통 수단은 요금이 저렴한 것을 넘어, 배차 간격이 촘촘하고 승용차의 안락함을 따라야 한다는 점이 초기부터 인식되었던 것이다.

'운전사'와 그 작업 환경

처음에 화물차는 직업적 '운전사'를 전제로 제작되었지만, 제작자들은 운전사들의 요구 사항 따위 중시하지 않았다. 과거 마부였던 운전사들의 사회적 지위가 낮았기 때문에 이들의 작업 공간을 신체 공학에 맞게 조정하고 바람과 악천후로부터 신체를 보호하는 일이 불필요하게 여겨졌다. 승용차를 운전하는 '신사 운전자'들의 편안함을 중시한 것과 정반대이다. 화물차의 불편함은 계속되었다.

1920년대 들어서도 화물차에서는 비효율적인 앞유리, 옆이 뚫린 지붕, 좁고 각진 좌석, 무거운 핸들과 기어가 달려 있었다. 당연히 히터도 없었다. 운전의 편안함 대신에 "바보 운전자를 위한 안전장치"가 더 중요했다. 즉, 조작상의 실수나 험한 조작에도 능히 버틸 수 있는 장치가 우선순위였다. 실제로 화물차 운전사들의 교육 수준은 '신사 운전자'들보다 낮았기 때문에 이런저런 문제점이 많았다. 화물차 운전사들의 전직은 "일용노동자, 조수, 하인, 전령"이었기에 '손재주'나 "조정에 대한 감"[10]이 없다는 불평이 1907년 자료에도 기록되어 있다. 농업 분야에서도 고장의 주요 원인은 트랙터 운전자에게 있었다. 교육을 제대로 받지 못했고 기술적인 지식이 없다는 점, 나아가 "농부의 잘못된 근검성"이 모든 문제의 원인으로 지목되었다. 그래서 그 해결책도 "믿을 수 있고 기술 이해가 빠른 남자", "기계의 움직임에 대해 더 확실한 느낌을" 가지고 있는 사람을 선택해야 하며, "단순한 노동자보다는 더 나은 보수를 주어야 한다"[11]고 되어 있다. 운전법도 처음에는 자동차가 등장하기 전의 조작법을 적용하려 했다. 그러나 오펠의 1914년 이전 생산 모델에 장착된 것 같은 '고삐' 방식은 곧 사라졌다.

상용차의 표준화가 시작되었다. 군의 압력으로 상용차의 부품이 규격화되면서 기어 같은 장치도 규격화되었다. 처음에는 마부들이 계속 달라지는 화물차 모델에 적응할 수 있도록 교육시킬 목적이었다. 오늘날까지 통용되는 발 페달 규정은 1908년 군이 표준형 화물차에 지정한 것이다. 그전에는 낯선 화물차를 운전하는 경우, 오른발 페달이 브레이크페달인지 가속페달인지를 미리 알 수 없었다. 오늘날의 화물차는 승용차에 뒤지지 않거나 오히려 더 나은 안락함과 편리함을 자랑한다. 신체 공학적으로 잘 디자인되고, 자동 핸들, 전자 변속 덕에 운전하기도 쉬워졌다. 온도조절장치, 소음방지장치, 무게에 따라 움직이는 스프링 장치 또는 에어쿠션 장치가 부착된 운전석은 1950년대만 해도 꿈 같은 작업환경이었다. 고성능 엔진과 거대한 화물차를 다룰 수 있다는 자부심이 화물차 운전사 문화의 본질이 되었다. 이 문화의 발전은 열악한 노동조건, 긴 운전시간, 점점 가혹해지는 기일 준수 압력, 복잡한 교통 상황에서의 지루한 운행이라는 단점을 보상하는 데 기여했다.

농업의 기계화

이미 1900년경에 가솔린엔진으로 운행되는 농기계가 시장에 처음 등장했다. 이 기계는 고가였으며, 고장도 잦았다. 1911년 선보인 길이 8미터짜리 오펠의 경운기는 60마력의 가솔린엔진과 함께 사람 키만 한 철바퀴가 달려 있었다. 이 기계의 근본적인 문제점은 경지정리에만 쓸 수 있고, 무게가 엄청나서 바닥을 누르는 힘이 지나치게 세다는 점이었다. 과거의 무거운 증기기관 경운기처럼 초기의 벤졸 경운기는 경지에서 운행할 수 없었다. 논둑에 자리를 잡고는 밧줄을 이용해 쟁기질을 해야 했다.

제1차 세계대전 중 엔진이 확산되면서 농업의 기계화가 이루어졌다. 1917년 겨울의 기근은 독일이 자급자족할 수 없다는 점을 뚜렷하게 보여 주었다. 에너지 컨버터 역할을 맡은 말에게는 먹이를 주어야 했고, 그 먹이를 재배할 땅이 있어야 했다. 같은 면적의 땅이면 사람 서너 명이 생계를 이어 갈 정도였다. "베르사유의 치욕"〔1919년 6월 패전국 독일에게 해외 식민지와 거액의 배상금을 앗아 간 강화조약〕에 복수할 다음 전쟁의 전제 조건은 자급자족률이 높아야 한다는 것이었다. 그러려면 식량 경쟁자인 말을 대체하고 농업 수확률을 높여야 했다. 기계화가 불가피했다. "움직이는 엔진", 농업에 쓰일 이동 가능한 보편적 기계가 필요했다. 말 대신에 경지정리를 하고 곡식을 수확하고, 그러면서도 가격이 저렴하고 간편하고 견고해야 했으며, 각 지방에서 구할 수 있는 연료로 작동시킬 수 있어야 했다. 이런 다양한 요구에 대한 답이 트랙터였다.

트랙터는 군사용 차량과 유사했다. '농업용 트랙터'는 제국 군대가 1925년부터 소비에트연방과 손잡고 불법으로 추진하던 탱크 개발을 은폐하고자 쓰인 개념이다. 탱크와 유사한 무한궤도caterpillar가 달린 트랙터로, 1920년대에 자주 사용되었다. 이 트랙터는 크기와 무게, 특히 기술 면에서 소형 탱크와 매우 유사했다. 외국에서는 1920년대 독일의 트랙터 생산을 불신의 눈으로 지켜보았다. 이 트랙터를 탱크로 바꾸기란 대단히 쉬운 일이었기 때문이다.

중량 트랙터로 명성을 누린 란츠Lanz는 1921년에 그 유명한 트랙터 불독Bulldog의 첫 모델을 선보였다. 불독은 정식 트랙터가 아니라 원유 엔진에 바퀴가 달린 기계로서, 여전히 소나 말이 끌어야 하는 '마차형 불독'이었다. 불독이라는 이름은 엔진과 기계가 달린 앞부분이 불독 견종의 얼굴과 유사하다고 해서 붙여진 것이다. 란츠는 1925년에 이 트랙터 광고에 불독이 등장하는 만화를 사용했다. 란츠사의 불독은 중간압력 엔진 또는 '세미디젤' 엔진을 장착하고 있었다. 이 엔진은 '정식' 디젤엔진과 달리 압축으로 공기를 가열하기는 해도 분사된 오일을 점화시키지는 못했다. 점화는 식지 않는 열구 부분hot bulb

에서 이루어졌다. 이 방식은 고틀리프 다임러가 1883년에 얻은 최초의 특허에서 출발한 것으로, 대량생산이 가능하도록 개발한 것은 1890년 영국인 찰스 애크로이드 스튜어트Charles Ackroyd Stuart였고, 란츠의 엔지니어 프리츠 후버Fritz Huber의 개선을 거쳐 시장에 나왔다. 이 엔진은 시동을 걸기 전 열구 부분을 납땜용 버너로 예열시켜야 했다. 후버의 원유 트랙터는 견고하고 "연료 종류에 상관없이" 작동했다. 즉, 에틸 알코올에서부터 석탄 타르오일에 이르기까지 독일에서 생산되는 모든 종류의 연료로 운행할 수 있었다.

결정적인 개발은 1925년산 란츠 HR2 대형 불독 모델이었다. 이 트랙터는 보편적으로 쓰일 수 있는 정식 트랙터로, 당시까지 요구 조건이 달라서 조화를 이루지 못했던 특수기계들을 대체하는 신제품이었

일하는 동물 같은 기계. 12리터 란츠의 광고 포스터(1921)

다. 이는 경작용이자 운송용 기계였으며 동력의 원천이기도 했다. 이 트랙터는 바닥을 누르는 압력이 비교적 적고 견인력이 개선되어 경지를 운행하는 데 문제가 없었다. '교통용 불독'으로서 도로에서 트레일러를 끌 수도 있었다. 또한, 고정된 동력의 원천으로서 다양한 작업 기기들을 작동시켰다.

이 모델의 엔진은 이전 모델의 엔진처럼 간단하게 제작되어 정비 및 수리가 간편했다. 설계 엔지니어였던 후버의 모토 덕분이었다. "농기계 엔진은 실린더 하나로 충분하다." 이 표어는 세미디젤엔진이 당시의 기술 발전상에 맞지 않게 단순했다는 점과 같은 맥락에서 이해할 수 있다. 당시 판매되던 엔진은 점점 복잡해졌고 회전수가 매우 높았다. 물론 이 불독 모델 세미디젤엔진은 공학적 지식에 입각하여 "완벽을 기해 제작된" 제품으로, 고급 재료로 구성되었고 연료 소모도 매우 적은 것으로 입증되었다. 이 엔진은 '대안적' 연료를 소모하면서도 매우 경제적이었고, 비교 테스트에서도 경쟁 제품인 미국 포드슨Fordson의 가솔린엔진보다 항상 우위를 차지했다. 란츠 HR2 모델은 1926년부터 유럽 최초의 트랙터로 '대량생산'되었다.

이 트랙터는 견고하고 정비와 수리가 간편한 대신에 조작하기가 불편했다. 배기량이 10.6리터인 란츠는 가속에 서서히 반응했고, 복잡한 더블 레버, 즉 손으로 작동하는 가속 레버와 기다란 기어가 달려 있었으며 후진기어도 없었다. 농부들은 능숙하게 그리고 "기계에 대한 감각"을 가지고 천천히 멎어 가는 엔진의 회전을 조절해야 했다. 초기의 농업용 기계는 단순한 외형과 달리 대단히 까다로운 조작을 요구했다.

1927년 만하임에서 란츠 트랙터 HR2의 생산공정

최초의 보편적 트랙터가 도로에서 운행할 수는 있어도 애초에 중량 기계에서 출발했다는 점은 감출 수 없었다. 트랙터를 타고 농지에서 도로로 올라서려면 농지에서 철 타이어의 견인력을 높이는 집게를 분리해야 했고, 심지어 철 타이어 대신에 고무 타이어를 갈아 끼워야 했다. 도로에 올라간 다음에는 너무 느린 속도 때문에 다른 교통을 방해할 수밖에 없었다. 농기계가 도로에서 "다른 차량들과 같이 운행"하려면 속도가 빨라져야 했고, 스프링도 개선되어야 했으며, 방향 조종이 쉬워져야 했고, 공기타이어로 바뀌어야 했다. 하지만 무거운 플라이휠이 달려 있어서 그렇게 하기가 어려웠다. 플라이휠은 제 성능을 내기까지 시간이 필요했기 때문이다. 그 대신에 트랙터 엔진은 순간적으로 큰 무게를 감당할 수 있었다. 같은 상황에서 승용차 엔진은 꺼져 버리는 것과 달랐다. 트랙터의 미래는 농기계의 기준과 다른 차량의 기준을 어떻게 연관지어 제작할 수 있는지에 달려 있었다. 전 세계적으로 최대 생산량을 자랑했던 포드슨 트랙터는 이미 이를 입증했다. 고속의 4기통 가솔린엔진과 경량 차체로 경지뿐 아니라 도로에서 견인차량으로도 쓸 수 있었다.

1930년에 발표된 메르세데스 OE는 1925년형 란츠 HR2에 비해 현격한 기술상의 발전을 보였다. 오늘날에는 평범한 H형 기어를 달고 있는 이 디젤 트랙터는 방향 조종과 조작 면에서 훨씬 '현대적'이었다. 그 후 몇 년 사이에 신세대 경량 트랙터가 탄생했다. 수압식 레버에 동력 인출구power takeoff가 달려 있었고, 차체 설계 방법도 새로웠다. 이제 농부들은 트랙터를 시장이나 식당 또는 교회에 가는 승용차로 이용했다.

나치 정권에서 농업의 기계화는 빨라졌다. 소규모 농장에서도 '농부 트랙터'로 현대 기계의 성능을 즐길 수 있어야 한다는 정책이 펼쳐졌다. 1937년 히틀러는 페르디난토 포르셰에게 국민차 폴크스바겐과 유사한 국민 트랙터 개발을 주문했다. 포르셰의 계획은 전쟁 준비 때문에 중단되었다가 1950년에 알가이어-포르셰Allgaier-Porsche 트랙터인 AP 17로 실현되었다. 이 모델은 공기냉각, 새로운 경차 제작 방법, 리프트 장치 및 유압식 기어 등의 신기술, 나아가 4,450마르크라는 저렴한 가격의 미래형 모델이었다. 트랙터 제작에서 동력 인출구는 전통적인 벨트 장치를 대체했으며, 퍼거슨Ferguson의 삼점지지 방식으로 트랙터의 힘을 더 효율적으로 사용했다. 점토질 토양에서 트랙터로 보통의 쟁기를 끌 때 생기는 문제 중 하나는, 쟁기가 바

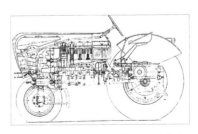

'국민 트랙터' 모델인 44마력의 1953년형 알가이어-포르셰

닥에 "강하게 박히면" 트랙터가 위로 떠서 견인력이 갑자기 떨어지는 것이었다. 이 문제를 해결하는 데 큰 도움이 되었던 것이 삼점지지 방식이었다. 트랙터가 위로 뜨지 않아 견인력을 유지할 수 있었다.

전후 독일에서는 가능한 한 간단한 트랙터를 원했다. 구매한 부품과 고정식 디젤엔진을 가지고 주로 작은 규모의 공장에서 트랙터가 제작되었다. 제초기에서 변형된 것이 많았던 경량 트랙터는 중량의 농기계를 보완했고, 특히 산지의 농부들과 와인 생산 농부들에게 유용했다. 아기라Agira나 홀더Holder 모델 같은 축이 하나인 트랙터가 확산되면서 소규모 농장 또는 원예업자들도 트랙터를 구입했다. 이 시기에 농부들에게 유용한 두 가지 기계가 탄생했다. 도로용 차량에서 기원하여 오늘날까지도 제작되고 있는 영국의 랜드로버와 독일의 '유니버설 엔진 기기'인 우니모크Unimog가 그것이다. 둘 다 1948년에 소개된 이 차들은 농지에 적합한 4륜구동식 소형 화물차로서 동력 인출구와 짐칸이 달려 있었다. 트랙터를 변형시켜 분리 가능한 짐칸이 엔진블록 앞에 달려 있는 차량도 나왔다.

그러나 1951년 란츠의 모델 알독Alldog은 실패했다. 12마력은 회사의 강력한 이미지에 맞지 않게 너무 약했다. 바이마르공화국에서 트랙터의 역사를 썼던 란츠사는 내리막길로 들어섰다. 1950년대에 란츠사의 1기통 기계는 점점 구식이 되었다. 옛 명성만 남아 있었다. 불독의 내리막길을 막고자 란츠사는 변형을 시도했다. 마치 폴크스바겐이 딱정벌레 모형을 변형한 것과 같았다. 이제 예열 없이 가솔린으로 시동을 걸 수 있었다. 그러나 소용없었다. 1960년 만하임의 란츠사는 미국의 마켓리더인 존 디어John Deere에게 인수되어, 이때부터 미국식 설계에 따라 생산을 시
작했다. 하지만 란츠-불독
은 여전히 기술의 신화로 남
아 있다. 납땜용 버너로 가
열했던 의식이나 가축과 유
사한 외형은 오늘날까지도
많은 애호가들을 사로잡고
있다. 당시 훌륭한 마을 축

유니버설 엔진 기기인 우니모크는 경작, 수송, 동
력의 원천이라는 세 가지 기능을 수행했다.

제에선 란츠-불독 트랙터의
엔진 소음이 들리지 않는 경우가 없었다.

1960년 이후 도로 차량과 마찬가지로 트랙터에도 기술 장치가 대
거 추가되었다. 부속 기기를 작동시키려면 동력이 점점 더 많이 필
요해졌고, 따라서 엔진 성능이 지속적으로 높아져야 했다. 수송 속도
역시 점점 빨라졌다. 4륜구동이 확산되었으며, 롤 바가 설치되어 안
전성을 높였고, 객실이 설치되어 악천후에도 안락함을 보장했다. 신
체 공학 면에서도 엄청난 발전을 보였다. 이 트랙터를 이용하면 넓은
면적을 소수의 인력으로 정리할 수 있었다. 그러나 증기기관 농기계
가 사라진 결정적 원인이 되었던 토양 압축이라는 오래된 문제가 다
시 불거졌다.

동물의 기계화는 내연기관의 등장으로 혁명을 겪었지만, 모든 혁
명에는 단점이 있기 마련이다. 기계화에 적합한 울타리 없는 경지는
아스팔트 길과 연결되고, 작물도 기계화에 맞는 종류가 재배되면서
농경지의 풍경이 근본적으로 변화했다. 낭만주의와 농업혁신 사이에

존재하는 여러 난점에도 불구하고, 엔진을 이용한 농기계는 농업에 필수적인 요소가 되어 전 세계적으로 계속 발전하고 있다. 특히 급증하는 인구를 먹여 살려야 하는 개발도상국에서는 농업 기계화가 필수이다.

7장

제1차 세계대전 당시의
이동식 내연기관

제1차 세계대전 직전의 유럽 문화에서 군대식 미덕은 위험 체험과 모험심만큼이나 인기를 누렸다. 자동차는 이 위험과 모험 전통에 잘 맞았다. 초기의 자동차 운전자들 중 다수가 장교였다는 점은 눈에 띄는 현상이다. 1914년 이전에 유럽의 모든 군대에서 장교들은 위험을 무릅쓰고 힘든 장거리 승마와 사고가 잦은 장애물 경마에 참가하라는 자극을 받았으며, 특히 '모험기계'를 시험해 보라는 권고를 받았다. 젊은 장교들은 특히 위험을 즐겼다. 집단적 폭력과 전쟁 판타지는 1914년 전쟁과 연결되었다. 영국의 군 역사가 존 키건 John Keegan이 표현했듯이,[1] '군인들의 유럽'에서 지휘자로서 '공격정신'을 실천했던 사람들은 자동차에 열정을 보인 인물들과 동일인이었다. 스포츠 지향적이며 모험적이었던 자동차문화와 군의 엔진화는 연결되어 있었다. 카레이서이자 '신사기계 전문가'였던 젠티Genty 대령은 프랑스 육군의 자동차부대를 이끌었고, 1908년 파나르 르바소의 자동차를 기관총 탑재 차량으로 개조했다. 북아프리카 반란군들을 제압한 이 차량은 전쟁에 사용된 최초의 자동차로 기록되었다.

군대에 자동차가 쓰이게 된 결정적인 자극은 하급 장교들에게서 나왔다. 이들은 모험적인 자동차를 다룬 경험이 있어 미래의 기계전

'1937년 2월 31일 페트롤레브나 전투, 제6 구식차 부대의 공격'(캐리커처)

에 가장 잘 적응할 사람들이었다. 고급 장교들은 주저하는 경향을 보였다. 근본적 회의감 때문이 아니라 비용이 높을까 봐 우려했기 때문이다. 화물차와 자동차는 이미 초기에 군 지휘부에서 심각하게 토론되고 시험된 바 있었다. 모든 군대의 지도부는 다른 나라의 군대가 자동차라는 주제를 어떻게 다루는지 주시했다. 독일에서는 보어인과의 전쟁에 영국 화물차를 투입할지 말지를 두고 토론이 벌어졌다.

새로운 운송수단의 군사적 조직

초기 자동차의 '군사화'에 중요했던 것은 황립 자동차 클럽이다. 1905년 하인리히 왕자의 권고에 따라 설립된 이 '신사 운전자' 부대는 마치 군대처럼 전쟁 발발 시 자신과 개인 소유 자동차 그리고 관련 기계공을 군대로 귀속시켜야 할 의무를 졌다. 특권을 누렸던 이 단체는 빌헬름 제국의 군대에 대한 열광과 오만한 신분의식, 자동차에 대한 매력 등을 한데 묶어 놓은 클럽으로서 지원자들이 끊이지 않았다. 회원이 되면 민간인 신분으로 예비역 장교라는 인기 있는 지위를 누릴 수 있었기 때문이다. 이 모범에 따라 나중에 군대에 자원하는 오토바이 운전자들 역시 전령병이 될 수 있었다. 기본 교육은 필요치 않은 듯했다. "평화 시의 자동차 스포츠가 신체 단련과 정신을 일깨우는 데 얼마나 유용한지"가 드러났기 때문이다. 전쟁 전의 자동차경주와 '장거리 경주'는 "이후에 완수해야 할 의무"[2]에 대한 예행연습이었다. 황립 자동차클럽과 "최고 군사령부 소속의 자원 자동차부대"는 전쟁에 대한 열광이 고조되던 1914년 8월 이전에도 황제에 대한 충성을 다짐하며 왕성하게 활동했다. 군 지휘부는 의무에 따라 제공된 자동차를 기꺼이 받았다. 전쟁 시작 시점까지도 군 소속 자동차가 없었기 때문이다. 그 결과, 신사 운전자들은 곧 특권을 잃고 권위에 대한 회의감을 포기하고 전쟁의 일부분이 되고 말았다. 군대와 유사한 클럽에서 자동차부대가 탄생한 것이다.

이와 반대로 화물차들은 전쟁이 시작되기 훨씬 전에 군사적으로 조직되었다. 1905년 이전에는 적이 도로 통행을 막을 것이므로 화물차 통행은 아예 불가능할 것이라고 판단되었다. 나중에야 자동차 덕분에 행진 속도가 빨라지는 장점을 높이 평가하게 되었다. 이미 1907년에 소규모 자동차 담당 부서가 군의 실험 부서에 설치되었다. 이 부서는 "평화 운전사들을 전쟁 운전사로 바꾸는"[3] 역할을 맡았다. 그러나 군 담당자들은 화물차를 대량으로 구입하는 것은 주저했다. 화물차가 곧 구식이 될지도 모른다는 정당한 우려도 작용했고, 무엇보다 예산이 없었다. 그래서 도입한 것이 보조금 제도이다. 화물차와 기차가 혼합된 형태라고 할 수 있는 보조금 화물차가 당시 도로를 지배했다.

그러나 고급 장교들이 체면을 유지하는 데에는 부족한 점이 없었다. 장교들에게는 자국의 고급 자동차들이 제공되었다. 힌덴부르크

오스트리아의 황태자 프란츠 페르디난트가 그레프 & 슈티프트 오픈카에서 피살당하는 장면(슈뵈름슈 테트F. Schwoermstdt 그림)

Hindenburg는 메르세데스를 몰았고, 영국의 지도자 존 프렌치John French 경은 롤스 로이스 리무진을 타고 다녔 다. 최초로 엔진이 도입된 전쟁인 제1차 세계대전의 서막을 장식한 것도 따지고 보면 '신분'의 상징인 자동 차였다. 오스트리아의 황태 자 프란츠 페르디난트가 사 라예보에서 그레프 & 슈티 프트의 오픈카에서 피살당 했던 것이다. 자동차는 명망이 가장 높던 전투기 조종사의 특권이 되 었다. 조종사들은 자동차를 타고 격추 장소를 관찰했다. 후방 도로는 사회계층의 분화를 뚜렷하게 보여 주었다. '보통' 군인들은 도보 행군 을 했고, 전방부대 장교들은 말을 타고 그 옆을 달렸으며, 고급 장교 와 지휘부는 운전병이 모는 자동차를 탔다. 세계대전 중에도 신분이 이동 수단을 결정했던 것이다.

전쟁 중 자동차의 공로

독일이 전쟁 초기에 특히 기차에 중점을 두었던 것과

달리, 연합국들은 대부분 화물차로 물자를 수송했다. 철도의 중심인 북프랑스를 이미 잃은 상태였기 때문이다. 화물차 수송은 '마르네 택시'에서 자극을 받았다. 수도 바로 앞에서 독일의 진격을 막고자 프랑스 육군 지휘부는 파리의 수많은 택시, 대부분 8마력이던 르노를 징발하거나 임대했다. 1914년 9월 6일 저녁, 군인들을 가득 태운 250대의 택시가 앵발리드 광장 앞을 출발하여 모Meaux 근처까지 이동했다. 다음 날까지 이런 방식으로 5개 보병 대대를 수송했다. 이들은 행군할 필요가 없었기 때문에 휴식을 하며 도착한 셈이었다. 그러나 독일군의 진격이 저지되어 이들은 전투에 투입되지 않았다.

1914년 9월, 독일군은 화물차 9,739대에 지휘부 자동차, 응급차와 오토바이를 합쳐 대략 4천 대가 더 있었다.[4] 이는 6천 대의 자동차를 보유했던 프랑스군[5]보다 훨씬 큰 규모였다. 그러나 충분하지는 않았다. 광대한 전역을 전략적으로 기동하려면 벨기에와 북프랑스 도로가 결정적으로 중요했기 때문이다. 그리고 이 도로들은 행군하는 부대와 보급 차량이 순조롭게 이동하기에는 대체로 좁았다. 당시에도 화물차를 이용하면 부대의 종심이 짧아지고 이동도 더 빨라질 수 있을 것이라는 판단이 지배적이었다. 따라서 전쟁이 끝난 후 독일군의 기동성 부족이 전쟁 계획의 실패 원인이자 수년간 계속된 진지전의 원인이라고 분석되었다. 전쟁이 진행되는 동안 모든 독일 부대에 화물차 부대가 배속되었는데, 나중에는 소규모 보병부대까지 화물차를 보유하게 되었다. 1920년 기록에 따르면 "화물차 부대는 끊임없이 증가했고, 모든 대규모 작전에 화물차가 주어졌다. 모든 작전과 대규모 공격 및 방어전에서 화물차는 대단한 공을 세웠다."[6] 전쟁이 끝났을 때 독일군은 2만 5천 대의 화물차와 1만 2천 대의 지휘부 자동차, 3,200대의 구급차와 5,400대의 전령 오토바이를 보유하고 있었다.[7]

특히 오토바이 전령병들은 "고독과 자유"를 느끼는 운행을 전쟁으로 이어 나간 듯하다. 어려운 운행 조건, 전투 중의 추락과 고장에 관한 이야기는 전쟁 전에 오토바이 운전자들이 들먹이던 '도로의 모험' 이야기와 유사하다. 다만 추가된 부분이 많았고, 적들의 '무기'라는 모험성이 가미되어 더욱 드라마틱해졌다. 1915년에 불린 〈화물차 송〉에 그런 초기의 즐거움이 잘 표현되어 있다.

"형제들이여! 이제 손잡이를 돌려
엔진 소리가 울려퍼지도록 하자.
산으로 언덕으로 올라가서
적들의 땅을 누비고 달리자.
이 새로운 무기를
옛 무기만큼 유명하게 만들자.
우리 운전자들이 지키는
모토는 바로 속도다."[8]

1915년부터 1917년까지 이어진 방어전에서 독일 총사령부는 필요에 따라 보병들을 화물차로 신속하게 수송했다. 기차는 예비 병력을 위험에 처한 지점까지 신속히 보내기에 너무 느렸다. 포격이 시작되는 순간과 적 보병의 공격 사이의 짧은 시간에 성공적으로 대응하려면 엔진이 필요했다. 특히 대포를 탑재한 화물차 포대가 효율적이었다. 1918년 서부의 '총공세' 준비에도 화물차가 중요한 역할을 했다. 육군 사령부는 화물차를 탄약 수송 수단으로 이용했고, 특히 공격 돌격대를 전선으로 수송하는 데 사용했다. 이 엘리트 부대는 수송 수단인 화물차와 동일시되었다. 이는 전후에도 전체주의적 상징으로 남용되었다. 이탈리아의 파시스트나 나치의 의용단 같은 단체는 화물차를 타고 달리는 돌격대의 모습을 모방했다. 자동차가 이제 기계화된 현대적 전쟁의 '총공세'를 지배하게 되었다. '물량전'은 화물차 없이는 애초에 불가능했다.

군사적 목적의 도로 이용의 본보기를 제시한 것은 베르됭 전투에서의 프랑스군이었다. 1916년 2월부터 화물차들이 밤낮으로 전선에 부대와 물자, 탄약을 수송했다. 109번 도로를 타고 바르뒤크에서부터 전선까지 운행한 이 화물차들은 부상병을 후방으로 싣고 돌아왔다. 이 "성스러운 길"은 프랑스 엔진화 역사의 신화가 되었을 뿐 아니라, 어려운 운송을 효율적으로 조직해 낸 대표적인 사례로 꼽힌다. 화물차의 유지, 수리 및 연료 공급 외에도 도로의 지속적인 보수와 교통 상황 조절도 중요했다. 전후에 독일 총사령부는 다음 전쟁에 대비하여 이 교통체계 조직을 연구했다.

구급차를 이용한 부상병 수송도 화물차의 주요 공로였다. 당시 '보통' 사람이 처음으로 자동차를 타게 되는 것은 대부분 부상당하여 실려 갈 때였다. 구급차는 부상병들을 후방의 병원열차가 있는 곳까지 수송하면, 열차가 나머지 수송을 맡는 것이 보통이었다. 좁은 들것위에서 스프링 장치가 좋지 않은 차를 타고 끔찍한 도로를 달려야 했던 부상자들은 비록 편안하지는 않았어도 비교적 높은 속도 덕을 보

프랑스군 지휘부 차량에 달린 자동차 공격용 철사 방어 장치(1914)

았다. 전쟁이 진행되면서 화물차는 점점 특화되었다. 교회 화물차, 우편 화물차, 치과 화물차, '군용 육류 수송' 화물차, 가스통 화물차 등 등이 생겼다. 상용차를 다양한 목적으로 사용한 체험은 전후에도 영향을 미쳤다. 군인들은 전쟁 중에 불편한 회색 철 타이어가 달린 자동차를 많이 접했다. 그런데 '고향'에서는 자동차 운행이 전면 금지되었다. 그래도 자동차는 계속해서 사적으로 사용되었다. 갖가지 제한과 연료 및 타이어의 제한적 배급에도 불구하고, 또 "자동차의 과잉 이용 금지"[9]가 공식 발표되었음에도 불구하고 말이다. 후방에서는 사치문화가 지속되었다. '암거래상'과 전쟁으로 이득을 본 사람들은 당당하게 자동차를 이용하여 질투심을 불러일으켰는데, 바로 이들이 1920년대 고급 자동차의 주요 고객이었다.

결핍경제

전쟁 직후에 자동차 전문가인 막스 슈바르테Max Schwarte
는 다음과 같은 결론을 내린다. "1915년에 시작된 연료 부족 사태, 화
물차의 고무 타이어가 철 타이어로 대체된 것, 차량 소재 안전성의 저
하, 자동차 제작의 단일화(규격화)가 도입되지 않아 부품 구입이 어려
웠던 점 등이 자동차의 발전을 가로막은 장애 요소였다."[10]

자동차 제작과 운행은 연합국의 봉쇄정책으로 독일이 공급난을 겪
던 천연자원인 비철금속, 고무, 석유제품 등에 특히 의존하는 산업이
었다. 전쟁물자 관리 당국이 운영하던 강철 기계들은 비행기 엔진 같
은 고급 장비에 쓰여야 했기 때문에 자동차 제작에는 사용될 수 없었
다. 특히 타이어와 연료가 부족했다. 따라서 대체문화가 생겨났다.
폐품을 녹여서 생산한 '재생품'과 합성 메틸 고무가 천연고무를 대체
했다. 나중에 대체품마저 부족해지자 '용수철 타이어'가 등장했는데,
나사 용수철이 바퀴테와 강철띠 타이어 사이에서 강한 충격을 흡수
하는 역할을 했다. 연료 부족은 연료에 물을 섞는 방식으로 해결했는
데, 그렇게 하면 오염물질이 많이 배출되었다. 그마저 부족해 벤졸과
알코올이 가솔린을 대체했다. 이로 인해 자동차는 더 빨리 마모되고
고장도 더 잦아졌다. 게다가 관련 기술까지 후퇴했다. 예민한 카르단
구동장치는 구형 체인구동장치로 대체되었다. 전쟁이 가져온 발전이
라고는 크루프-다임러 대포차량의 4륜 구동장치 등 극소수에 불과했
다. 생산의 합리화가 거의 이루어지지 않아 이런 저급 차량마저도 제
대로 양산하기 어려웠다. 1915년 다임러 대표 베르게Berge는 "전쟁은

만족을 모르는 유일한 거구이며, 제일 좋아하는 음식은 자동차"라고 말했다.[11]

철 타이어를 단 자동차가 많이 운행되면서 도로 사정은 악화되었다. 계속 보수공사를 해야 했고, 아예 도로를 새로 내야 하는 경우도 많았다. 자동차는 대체로 우선통행을 보장받았다. 군인들은 "오른쪽에 바짝 붙어 행진"이라는 구호를 외치며 이동했다.[12] '화물차 부대'가 보병부대의 질투를 받은 것은 이 때문만이 아니다. 식량 배급 사정도 화물차 부대가 더 나았다. 거기에는 다음과 같은 인식이 깔려 있었다. "끊임없는 정신적·육체적 작업은 고도의 육체적 노력을 요한다. 화물차 운전자들은 이미 고향에서 이를 경험한 바 있다."[13] 점점 더 많은 군인들이 운전사 교육을 받았고, 운전병은 지원자가 많은 인기 병과가 되었다. 운전 기술은 전쟁 후 안정된 직업을 보장받는 길이기도 했다. 전쟁 전에 이미 운전 경력이 있는 사람들은 곧장 징집되었다. 군이 점점 더 많은 운전사들을 원하자, 일부 회사들은 운전사 부족 사태를 막고자 여성들을 교육하기 시작했다. 그리하여 프리다 오베를레Frieda Oberle는 만하임 라인 고무제품 공장에 돼지 관리인으로 취직했다가, 1916년 12월 20일 바덴 지방에서 여성 최초로 화물차 면허증을 획득하고 전쟁 노획물인 프랑스 화물차를 운전했다.

그러나 전선에서나 후방에서나 운전은 대단히 힘

전쟁 중 물자 절약 차원에서 생산된 2인승 자동차

든 일이었다. 화물차 운전사였던 에르빈 블루멘펠트Erwin Blumenfeld는 1918년의 전투를 다음과 같이 회상한다. "눈이 녹으면서 체인이 철바퀴 주위에 용접되어 버렸고 우리는 마지막 봄공세를 위해 최악의 도로에서 탄약과 포탄을 실어날라야 했다. 우리는 극도로 지쳐 있었다. … 벤졸 대체연료의 품질이 너무 나빠서 이를 먼저 통조림 깡통에서 불로 가열한 뒤 점화플러그 옆 노즐 안으로 주입해야 시동이 걸렸다. 자동 점화장치는 아직 없었다. 세 명이서 엔진에 시동이 걸릴 때까지 냉각기 아래의 시동장치 레버를 수없이 돌렸고 시동이 걸렸다가도 곧 꺼질 때가 많았다. 그러면 몇 시간이고 처음부터 다시 반복해야 했다. 레버가 거꾸로 움직여 부딪히기라도 하면 뼈가 부러지기도 했다." 특히 한 작전은 문제가 많았다. "너무 힘들고 지쳐서 운전하다가 폭탄 폭발로 파인 구덩이를 피하지 못하고 40명의 병사들을 실은 채로 빠져 버렸다. 트랙터가 와서 빼내 줄 때까지 병사들은 선 채로 서로 기대어 잠을 잤다."[14]

화물차는 전쟁 전의 방법으로 제작되었지만, 전문 기술자가 참여하는 경우는 드물었다. 이제 여성과 부상자들이 기계를 만지게 되었다. 프랑스에서 진전된 단순화 및 대량생산은 독일에서는 그저 부분적으로만 수용되었다. 따라서 자동차 생산량은 저조했으며, '미국 프로그램'의 일환으로 생산 공장들이 군의 통제를 받게 된 다음에도 이는 마찬가지였다. 미국이 연합국에 가담하여 독일의 적으로 참전한다는 사실이 분명해지자 제3사령부, 즉 힌덴부르크Hindenburg와 루덴도르프Ludendorff는 미국이 우월한 생산력이 힘을 발휘하기 전에 총력을 다해 전쟁을 승리로 이끌려 했다. 1917년에는 '미국 프로그램'이

부대를 수송 중인 '보조금 화물차'(1915)

수립되어 기술 무기, 즉 기관총, 비행기, 화물차의 투입이 현격히 늘어났다. 그러나 화물차 제작은 외부에서 볼 때만 더 효율적일 뿐 '전체주의적'으로 느껴질 뿐이었다.

　프랑스는 화물차 생산의 효율성 증대 및 재구성을 훨씬 더 강력하고 광범위하게 추진했다. 독일의 점령으로 북프랑스 지역의 여러 철도망 노선과 전통적 산업지대 대부분을 빼앗긴 프랑스는 화물차 제작의 근거지를 남부로 옮겨 생산성을 급속도로 증가시켰다. 하청업체에 부품 생산을 맡기고, 부분조립에 컨베이어벨트를 이용한 대량생산시스템을 도입하여 다가올 기술 변화를 선취했다. 이렇게 해서 리옹에 위치한 화물차 제조사인 베를리에Berliet는 최고의 생산력을 갖춘 군수업체가 되었다. 1918년 말에는 한 달에 화물차 1천 대 생산이라는 목표를 달성했다. 이는 독일의 모든 제조업체의 총생산량보다도 훨씬 더 큰 규모였다.

탱크: 새로운 무기

　과거의 전쟁에서는 보병대와 기병대가 도로가 아닌 들판에서 활약했다면, 새로운 군사적 문제가 등장했다. 즉, 철도와 도로를 이용하는 차량들 때문에 부대들의 '횡단 능력' 일부분이 상실된 것이다. 그러나 군대에 중요한 것은 공간을 전체적으로 사용하여 전 지역을 전투장으로 만드는 것이었다. 따라서 장기적으로는 자동차가 그저 운송이나 보급, 지휘 역할에만 머물러선 안 되었다. 1914년 이전 이동성의 유토피아에서는 도로에 얽매이지 않고 "파괴되지 않는" 철갑 무기를 개발할 수 있다는 생각이 존재했다. 1906년 다울레s. Daule는 화재와 포탄에도 능히 버티며 아무런 제약 없이 어떤 지역에서도 기동할 수 있는 "미래형 전투차량"[15]을 요구했다. '평범한' 자동차에 철갑을 씌우고 무기를 장착한 차량은 이미 제1차 세계대전 이전에도 있었다. 에르하르트Erhardt의 장갑차, 파울 다임러Paul Daimler의 전륜 구동형 장갑차, 괴벨스Goebels의 횡단 탱크가 그것이다. 미래의 전쟁은 "인간보다는 기계에 치중한"[16] 전쟁이 될 것으로 전망되었다.

길이 없는 곳에서도 통행 가능한 전투차량에 대한 답은 기술 전수에 있었다. 곧 농업 경작용 차량에 쓰이던 무한궤도가 도입되었다. 영국과 독일의 제작자들은 미국의 홀트-캐터필러 트랙터와 킬렌-스트레이트Killen-Strait 경작기의 기술을 기초로 삼았다. 새로 제작하기에는 시간이 부족했다. 1914년 가을부터 계속된 서부전선의 유혈 교착 상태에서 벗어나려면 가능한 한 빨리 투입할 수 있는 차량이 필요했다. 야포와 가스 투입, 철조망과 기관총 때문에 보병의 공격은 대부분 최악으로 끝났다. 개발 목적은 기술을 통한 공격력의 획득이었다. 나중에 에른스트 윙거는 '왜 그전에는 이 기계를 투입할 생각을 하지 못했을까'라는 의문을 표시했다.

"오로지 화력 강화를 위해서만 이 거대한 기계를 사용했다는 점이 오늘날에는 이해하기 어려운 점이다. 전투에서 대체로 원초적 에너지인 인간과 말의 근육에 의존했는데 말이다. 인간의 두뇌에는 오래전부터 도로에 얽매이지 않는 이런 기계가 존재했다. 중요한 것은 이 기계에 전쟁에 맞는 특수 형태를 부여하는 것이었다. 따라서 엔진으로 작동하는 최초의 탱크들이 솜강 주변의 독일 전선에 등장한 것은 전쟁 역사상 매우 중요한 순간이다."[17]

탱크 개발은 1915년 영국에서 윈스턴 처칠이 촉발시켰다. "일련의 증기기관 트랙터에 방탄 철갑을 씌워 병력과 기관총을 수송하도록 준비할 것이다. 무한궤도를 이용하면 웅덩이가 많은 지역에서도 간단히 기동할 수 있으며, 이 기계의 무게로 철조망도 간단히 파괴될 것이다."[18] 1915년 견본이 된 '마더mother'는 일련의 '국왕의 랜드십His Majesty's Landships'으로 발전했다. '남성적인' 모델은 2문의 고속 대포를 장착했고, '여성적인' 모델에는 기관총 6정이 달려 있었다. 보안 상의 이유로 '탱크'라고 불린 이 차량의 설계와 제작은 스톤헨지 근처의 샐리스베리 플레인에 위치한 보빙턴 캠프에서 이루어졌다. 오늘날 이곳에는 영국군의 탱크 훈련장과 최대 규모의 탱크 박물관이 있다. 최초의 탱크는 강화된 보일러 판을 접착시켜 외장을 만들었다. 무게가 많이 나가지 않도록 철갑은 얇았고, 총탄만 막을 정도였다. 처음부터 사용된 (영국) 다임러의 자동차 엔진은 보행속도, 즉 시속 6킬로미터 정도의 성능을 보였다. 이후의 모델은 리카도Ricardo의 특수 탱크엔진을 장착하여 150마력에 전장에서의 짧은 수명에 맞춰 제작되었다. 연료 소모는 1마일당 2갤론,[19] 즉 100킬로미터당 약 560리터였다. 초기의 탱크는 특히 고장이 잦고 마모가 심했다. 체인도 20마일 정도밖에 견디지 못했기 때문에 탱크를 기차에 실어 전선 바로 뒤까지 수송해야 했다.

초기의 마크Mark I 탱크는 조작이 대단히 복잡했다. 탱크가 회전하거나 방향을 바꾸려면 정원 8명 중 4명이 필요했다. 초기의 자동차처럼 엔진의 회전수 조절이 어려워서 3개의 기어가 필요했던 것이다. 차동장치가 있는 2단의 주 기어와 2개의 부 기어가 설치되었다. 높은 곳에 앉아서 좁은 틈으로 밖을 내다보며 상황을 살피는 지휘관이 방향을 지정했다. 운전병 본인은 아무것도 보지 못했다. 운전병은 클러치, 주 기어, 발 브레이크를 조작했고, 손동작으로 2명의 기계병들과 의사소통을 했다. 소음이 너무 커서 말을 알아들을 수 없었기 때문이다. 기계병들은 부 기어를 조작하기 위해 뒤쪽 운전병 아래에 앉아 있었다. 회전 시 탱크는 일단 정지한 후 캐터필러 하나를 기어에서 풀어 제동시킨 다음, 다른 캐터필러를 2배의 힘으로 가동시켜 탱크를 다른 방향으로 움직였다. 그 사이에 탄약병은 탄약을 대포 쪽으로 끌고 가야 했다. 이후의 모델인 마크 V 탱크에 와서야 고가의 에피사이클로이드식 기어가 설치되어 조종사 1명으로도 탱크 운전이 가능해졌다. 이런 조건에서는 탱크를 전투에 투입하기가 쉽지 않았다.

처칠이 서술한 것과 같은 작전 상황은 영국의 탱크 박물관에 잘 표현되어 있다. 독일군의 기관총 진지를 깔아뭉개는 탱크 그림이 그려져 있다. 최초 투입은 1916년 9월 15일에 이루어졌다. 솜강전투의 막바지에 탱크가 투입되어 두려움과 놀라움을 유발하긴 했지만, 전투에 결정적인 영향을 미치지는 못했다. 작전이 성공하려면 대량 투입해야 했다. 플랑드르전투가 끝날 즈음인 1917년 가을, 캄브레와 플레

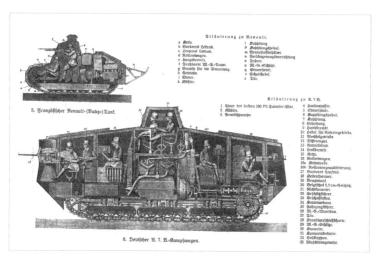

르노 FT 탱크와 독일 A7V 탱크 내부(1918)

스퀴에르 주변에서 최초로 대량생산된 모델인 마크 IV 탱크가 독일
참호선을 뚫었다. '캄브레의 탱크전'에서 탱크는 그 전투력을 입증했
다. 그러나 대개 독일의 반격으로 점령지를 다시 빼앗겼다. '참호의
일꾼'들이 기계보다 우월한 듯했다. 양측 지휘부는 탱크를 체험한 후
에도 결정을 내리지 못했다. '탱크전'의 결과, 독일군은 자신들의 방
어 작전이 옳았다고 느끼게 되었다. 영국군은 처음에는 탱크의 속도
가 낮아 보병대의 진격에 맞춰 기동하는 보조 무기로 사용했다. 엔진
을 탑재하고 철갑을 씌운 전투 수단의 가능성, 보병대와는 상관없이
독립적으로 기동하는 탱크의 가능성은 나중에야 제대로 인식되었다.
　그러한 인식의 변화는 전쟁이 끝날 무렵에야, 특히 프랑스군에서
시작되었다. 프랑스군의 탱크는 무겁고 측면 모양이 "마름모꼴인 영

국식과 반대되는 미래형 모델"이었다. 탱크의 두 번째 패러다임을 대표한 것은 르노의 FT 탱크로, 크기가 훨씬 작고 기동하기 편리한 2인승 탱크였다. 회전탑에는 기관총 1정이 장착되어 있었다. 이 탱크를 설계한 것은 장 에스티엔Jean Estienne과 함께한 자동차 엔지니어였기 때문에 크기와 엔진 면에서 중량급 승용차와 매우 유사했다. 39마력 엔진을 장착했던 이 탱크는 무게가 6톤이나 됐지만 영국 모델보다 속도가 빨랐다. 프랑스 모델은 "큰 탱크보다는 작은 탱크에 성공의 비결이 있다"[20]는 인식을 실천에 옮긴 예였다. 제작 면에서도 FT 탱크는 새로운 척도를 마련했다. 르노사에서 이미 진전된 합리화의 물결에 따라 제작에 자재와 시간이 덜 필요했다. 그 결과, FT 탱크는 대량 생산이 가능했다. 이는 실제 작전 투입 여부를 결정짓는 조건이었다. 왜냐하면 이 탱크는 보병부대와는 별도로 독일 전선을 향해 대규모 '포병부대'처럼 진격해야 했기 때문이다. 독일 육군의 "어두운 날"인 1918년 8월 8일, 아미엥 근처에서 르노 FT 탱크가 대규모로 투입되었다. 예상치 못한 일이었다. 미국 여론은 이 탱크의 제작 방법을 높이 평가하고, 미국이 참전한 1917년 포드사에 이를 대량으로 주문했다. 포드사는 2개의 포드 T 엔진을 장착하여 탱크를 제작했다. 그러나 전쟁에 투입되기에는 너무 늦은 시점이었다.

초기 탱크의 세 번째 모델은 독일의 A7V 돌격 탱크이다. 독일의 최고사령부는 도로가 없는 지역을 누비는 차량에 오래도록 무관심했다. "자동차는 도로에서만 다녀야 한다는 믿음이 독일군에 깊이 뿌리 박혀 있었다."[21] 더욱이 군은 순수한 '물체'보다는 독일군의 우월한 '도덕성'과 안정성을 더 중시했다. 그러다가 영국의 첫 탱크 공격에 큰

1918년 프랑스 전투에 투입된 독일의 A7V 돌격 탱크

인상을 받은 독일군은 특수 '돌파'용 탱크 무기 제작을 요구했다. 작전상의 이유로, 또는 전쟁 막바지의 물자 부족과 생산 차질로 탱크는 소량 생산에 만족해야 했다. 그러나 그동안 향상된 전투력이 이런 양적 부족을 보완했다. 전쟁부의 교통 담당 부서명 약자인 A7V 모델은 실제로 25대만 공급되었다. 다임러의 엔진, 아들러Adler의 기어, 크루프Krupp의 철갑, 부다페스트 캐터필러 지사의 캐터필러 등 기존 부품들을 조립한 여러 회사의 합작품이자 '산업 콜라주'라고 할 수 있었다. 만하임의 란츠사는 차체 조립을 맡았다. 기동이 어려운 이 괴물 같은 탱크는 18인승으로, 최상의 조건에서 시속 12킬로미터를 기록했으며 영국의 모델만큼이나 조작이 복잡했다. 결국 독일 육군은 자국산보다는 노획한 영국 탱크를 더 많이 투입했다.

각 나라의 군대는 도로가 없는 지대를 달릴 수 있는 탱크 외에 도로에서만 운행 가능한 탱크자동차도 전쟁에 투입했다. 독일 최고사령부는 도로용 탱크자동차 전담 부서를 설치했는데, 여기에 다임러, 뷔싱Büssing, 에르하르트의 자동차들이 준비되어 있었다. 탱크자동차는 서부전선의 참호전에서는 할 수 있는 것이 없었지만, 루마니아 진격 때 그리고 1917년 러시아 진격 때 투입되었다. 영국은 사막전에서 롤스로이스의 탱크 자동차를 이용했다. 그 지휘관 중에는 (아라비아의) 로렌스T. E. Lawrence도 있었다. 이 탱크자동차들은 딱딱하고 어느 정도 매끈한 지대에서만 기동할 수 있어서 투입 지역이 제한되었고, 대체로 직접적인 전투보다는 정찰 임무를 수행했다. 철갑으로 씌우더라도 너무 무겁지 않아야 한다는 조건이 어려운 점이다. 승용차 차체로 만들어진 이 탱크자동차는 강력한 저항에 부닥치면 신속하게 후퇴하며 고속으로 기동할 수 있어야 했기 때문이다. 이를 위해 개발된 기술적 해결책이 제2차 세계대전 이후까지 정찰 차량에 쓰였다. 전륜구동과 전륜조정, 그리고 전진 때와 같은 신속한 후진 능력이 그것이다. 따라서 이 탱크자동차에는 운전석이 앞뒤 양쪽에 설치되는 경우가 많았다.

기술병과 전투기계의 공포

대규모 탱크부대의 군사적 공격 효과는 굉장했다. 탱크는 일반인들의 기억 속에 패배를 모르는 비인간적인 살상 괴물로 각인되었다. 기계화된 전투의 상징이었고, 이동 가능한 기계가 아니라 위험한 원시시대의 동물처럼 여겨졌다. 에틀레프 쾨펜Edlef Köppen은 《육군 보고서》(1930)에서 독일 군인들이 탱크 앞에서 얼마나 무력했는지를 묘사하고 있다. "라이지거Reisiger의 1백 미터 전방에 탱크 한 대가 다가온다. 원시 세계에서 온 거인이다. 끔찍하고 시커멓고 벌거벗은 등이 2개인 무시무시한 지네발로 무겁게 움직이며 땅을 쓸면서 다가온다. 머리에 있는 2정의 총은 끊임없이 짖어 대며 누렇게 빛나는 불꽃을 계속 토해 낸다. 탱크다! 저쪽에 야수가 하나 더 있다. 세 대, 네 대. 짖어 대고 으르렁거리며 다가온다. 저기 볼품없는 나무가

한 그루 서 있다. 그러나 나무줄기는 여전히 하늘을 향해 있다. 잠깐! 탱크가 나무를 향해 간다. 나무줄기가 부러지고 뭉개진다."[22]

제1차 세계대전에 투입된 기술 관련 공식 문서에도 '탱크 쇼크'에 대한 부분이 있다. "당시에 알려지지 않은 '돌격차'가 짙은 안개를 뚫고 갑자기 아군 전선을 향해 다가왔을 때, 별다른 준비가 없던 우리는 큰 충격을 받았다. 이로써 적어도 그것은 도덕적인 성공을 거둔 셈이었다. 이 차량은 익숙하지 않은 외관과 패배를 모르는 듯한 인상 때문에 독일 진영에 공포와 두려움을 퍼뜨렸다."[23] 탱크는 "기계공들의 지속적인 노력이 필요한 복잡하고 믿을 수 없는 무기"[24]이긴 했지만, 인간이 파괴할 수 없는 전투기계라는 유토피아를 체현한 셈이었다. 전투기계의 외관이 공포를 자아낼수록 파괴된 탱크를 담은 사진의 의미는 더욱 커졌다. 이 선전용 사진들의 역할은 적의 비인간적인 기술에 대한 독일 진영의 승리를 과시하는 것이었다. 반대로 영국 쪽의 선전에서는 병력의 희생을 방지하는 기계이자 우월한 전쟁산업의 산물이었다.

탱크에 탑승한 군인들은 기술자와 군인을 섞어 놓은 형태였다. 아니, 새로운 엘리트가 기술지향적인 신규 '전투부대'를 형성한 것 같았다. 자동차와 비행이라는 기술낭만적 모험을 경험해 본 젊은 장교들은 기술력을 갖춘 군인이라는 이상형에 매력을 느꼈다. 그들은 물량전의 수동적 경험을 '공격적 기계'로 극복하고자 했다. 전쟁이 진행되면서 탱크와 화물차 기계병들로 이루어진 신군부 엘리트가 형성되었는데, 이들은 산업노동자 계층과 기술 교육을 받은 장인 출신들이었다. 탱크병들은 이전에 경주용 자동차 운전자들과 비행사들이 그랬듯이 새로운 기술적 아방가르드를 대표하는 영웅이 되었다. 이들은 외모 면에서도 비슷했다. 기름으로 더러워진 실용적 작업복, 군인 모자라기보다는 자동차경주 운전자들이 쓰던 헬멧과 비슷한 가죽 모자를 착용함으로써 군인들의 외모를 바꿔 놓았다.

프랑스에 투입된 영국산 마크 Ⅳ 탱크(1918)

탱크의 내부는 비좁고 덥고 위험했으며, 복장도 특별해야 했다. 이 특수 복장은 일반 보병의 복장과 달랐을 뿐 아니라 전쟁 전의 대표적 군복과는 거리가 더 멀었다. 무엇보다 번쩍이는 훈장이나 눈에 띄는 계급장이 없었다. 에른스트 융거는 "군복은 작업복의 특수한 형태보다 항상 더 두드러진다"[25]고 언급한 바 있다.

엔진이 달린 무기를 다루는 것은 극도로 힘든 일이었다. 철갑을 씌운 탱크는 여간해서는 패배를 모를 것처럼 보여도 내부의 상황은 그렇지 않았다. 컴컴한 실내조명, 끔찍한 더위, 진동, 그리고 스프링 장치가 없는 차체가 주는 충격 등은 운전을 방해했다. 충격을 받을 때는 철갑의 금속조각이 훼손되어 위험했다. "밖을 내다볼 수 있는 틈새는 매우 좁다. 군인들은 내부의 납조각과 철조각으로부터 몸을 보호하려고 철안경을 썼다."[26] 탱크병들은 비록 철갑 안에 있었지만 극도의 위험에 처해 있었다. 왜냐하면 전장에서는 적의 방어력 전체가 탱크를 목표로 삼았기 때문이다. 게다가 벤졸의 증기와 일산화탄소를 포함한 배기가스 때문에 모두 기절하는 사태도 일어났다.

비좁은 공간에서 외부와 아무런 접촉도 없이 엔진 소음에 시달리며 좁은 틈새로만 전장을 내다볼 수 있는 조건은 정신적으로 큰 부담을 주었다. 멈춘 엔진을 다시 가동시키는 것도 전 구성원이 거들어야 하는 어려운 일이었고, 작전 중에 수리를 해야 할 경우에는 그 어려움이 이루 말할 수가 없었다. 적의 공격을 받아 주저앉은 경우보다 고장으로 투입되지 못하는 경우가 더 잦았지만, 움직임이 둔한 탓에 탱크가 탑승자 전원의 관이 되는 경우도 많았다. 1917년 공격에서는 50대의 탱크 중 25대만 공격 개시 전 전선에 대기할 수 있었다. 이런 악조건에서 '전투팀'이 서로 붙어앉아 있으면 그나마 안심이 되었다. 르노 FT 17의 경우, 비행기나 초기의 2인승 경주용 자동차에서처럼 2명의 탱크병이 몸이 닿을 정도로 가까이 앞뒤로 앉아 있었다.

전쟁으로 인한 자동차의 확산과 자동차문화

전쟁이 끝나자 자동차 가격이 떨어졌다. 군의 재고가 "싸게 팔렸기" 때문이다. 1915년에 이미 펠다크Feldag사가 설립되어 신차 공급에 나섰으며, '승리의 평화' 이후에는 자동차와 화물차의 마케팅을 맡았다. 그러나 패전 이후 혼란스러운 상황에서 펠다크는 육군 화물차들을 서둘러 팔아 버렸고, 심지어 암거래상에도 다수 넘겼다. 불법적인 사유화도 흔했다. "2기통의 내 차는 얼어붙은 독일의 길을 힘들게 지나가다 벤졸이 다 소모되어 카셀 인근에서 한 농부에게 150마르크를 받고 팔아 버렸다."[27] 가격 하락으로 신차 판매는 당연히 타격을 받았다. 게다가 정부는 여전히 2천 대의 화물차 주둔부대를 보유하고 있었다. 이 부대는 한곳에 머물면서 그곳의 수송 업무를 맡아서 처리했다. 이 화물차들은 교통부에 소속되어 전쟁이 끝난 후에도 개인 운수회사의 경쟁자로 남았다.

내전과 유사한 전후 상황에서 각 정치 그룹의 투사들은 모두 자동차를 이용했다. 의용단뿐 아니라 혁명군도 거리에서 화물차로 세력을 과시했고, 화물차를 진지 삼아 전투 태세를 갖추었으며, 우익 쪽에서는 탱크를 동원하기도 했다. 전투용 자동차부대는 4대의 탱크를 동원하여 베를린의 의용단 투쟁에 가담했다. 국가를 통한 규제는 제1차 세계대전 중에 새로운 차원에 이르렀다. 이제 독일 정부는 교통 법규, 보험 규정, 면허증을 통한 단순한 교통 '조정' 이상의 역할을 했다. "국가에서 주도하는 사회주의"의 일환으로 도로에서 벌어지는 운송 전체를 기차와 똑같이 통제하려 했다. 해당 정부 부처가 설치되었고, 화물차 부대가 국가에 소속되어 개인 운송회사들과 경쟁하며 직접 수송 업무를 맡았다. 1918년이 지났는데도 자유화가 어느 정도 진전되기 전까지는 전반적인 상황이 전쟁 전과 유사했다. 결국 국가사회주의는 "철저하게 체제를 통제하는" 제1차 세계대전에서 그 본보기를 찾았던 것이다.

전쟁 직후 사적인 교통량은 현저히 감소했다. 미국 자동차잡지의 특파원이던 브래들리W. F. Bradley는 1920년에 다음과 같이 기록했다. "뮌헨이나 라이프치히와 같은 지방 대도시에서 사적으로 자동차를 이용하는 일은 거의 없다. … 초반에 드는 많은 비용, 판매 가격에 붙는 15퍼센트의 사치세, 각 주정부의 높은 세금, 가솔린 및 타이어의 부족 등으로 국가의 규제 없이도 자동차 교통은 제한되었다."[28] 그러

1919년 베를린 스파르타쿠스단 봉기에 투입된 의용단 탱크

나 이런 현상은 잠시뿐이었다. 곧, 전쟁 중의 자동차 대중화에서 싹튼 자동차문화가 확산되기 시작했다. 비록 탱크나 군용 화물차는 전쟁에 결정적인 역할을 미치진 못했지만, 다수의 국민들에게는 전쟁을 직접 연상시키는 기계들이었다. 후방에서 운송 업무를 맡았던 여성들을 포함한 많은 사람들이 운전을 통해 자동차와 친숙해졌고, 택시나 버스, 화물차, 구급차가 일상생활의 일부분이 되었다. "화물차 운전 및 수리를 익힌 많은 군인들이 화물차와 함께 민간 생활로 돌아왔고, 전후 사회에서 자동차의 대중화가 이루어지는 데 중요한 역할을 했다."[29]

맥스웰 레이Maxwell G. Lay가 미국 사회를 두고 표현한 이 말은 전쟁을 치른 모든 나라에 해당되었다. 전쟁 전에 별 신통치 않은 주장으로 자동차의 장점을 알리려던 자동차 팬들의 선전이 없었음에도, 이전에 널리 확산되어 있던 자동차에 대한 회의감이나 적대감도 점차 사라졌다. 물론 자동차는 여전히 스포츠용, 고급, 사치품, 여가용으로 여겨졌지만, 결국 그 실용성을 입증한 상태였다. 1920년대에 유럽 전역으로 확산된 자동차에 대한 열광, 자동차의 대중화라는 집단적 환상은 제1차 세계대전을 통한 현대화의 물결 없이는 생각할 수 없는 것이었다. 이 물결은 자동차를 일상적인 요소로 만들었고, 자동차는 결국 모든 이가 원하는 대상이 되었다.

8장

항공교통에서 배우다

: 더 가볍게, 더 멀리, 더 빠르게

19세기 말에 창공이 열렸다. 비행선이 비행을 시작하고 몇 년 지나지 않아서 엔진 비행기들이 날기 시작했다. 처음에는 수줍어하면서 조금씩 올라가다가 점점 더 높이, 점점 더 멀리 날았다. 비행선과 비행기의 원리는 전혀 달랐다. 비행선은 "공기보다 더 가볍게 나는 법"을, 비행기는 "공기보다 더 무겁게 나는 법"을 보여 주었다. 특히 1908년 여름 윌버 라이트Wilbur Wright의 시범비행과 1909년 루이 블레리오Loùis Blériot의 영국해협 횡단비행으로 비행기는 유럽의 새로운 스타로 떠올랐다.

비행기에 대한 전례 없는 문화적 열광이 생겨났다. 많은 사람들이 오래전부터 추구해 온 인류의 꿈이 마침내 실현되었음을 축하했다. 이제 사람들은 자동차에 더 이상 관심을 두지 않았다. "막 태어난 속도의 아이"[1]인 비행기가 자동차의 후계자가 되는 듯했다. 유럽에서 시작된 비행기에 대한 열광은 '항공의 해'라고 할 1909년이 되기 2년 전부터 이미 확인되었다. "모터보트와 비행기로 인해 스포츠 팬들의 관심은 자동차에서 떠나갔다. 이제 자동차 스포츠는 그 정점에 다다른 듯하다. … 비행이 자동차 스포츠의 인기를 빼앗을 만한 스포츠라는 것은 이제 확실하다."[2]

이런 진단에는 분명한 근거가 있었다. 자동차 스포츠에 몸담았던 사람들이 비행기를 새로운 개인용 차량으로 여기며 "세기 최고의 스포츠"³로 옮겨 가는 경우가 많았다. 부유한 스포츠 팬들에게는 1900년이 지나면서 선택의 폭이 넓어졌던 것이다. 예를 들어 뮌헨의 자동차 스포츠광이었던 오토 린트파인트너Otto Lindpaintner도 비행술을 배웠다. 린트파인트너는 1907년에 뮌헨 근처에서 벌어진 당시 독일 최고의 자동차경주에 속하는 헤르코머 자동차경주(제3회)에서 우승한 적이 있는 선수였다. 영국해협 횡단의 주인공인 루이 블레리오는 자동차 부품 제조업자로 열광적인 자동차 팬이었는데, 결국 비행으로 돌아섰다. 헨리 퍼맨Henri Farman은 여러 번 사고를 당했으며 1902년 파리~빈 경주에서는 2등을 차지한 자동차경주 선수였는데, 1907년에 비행으로 자리를 옮겨 그 선구자로서 결정적인 업적을 남겼다. 자동차광이었던 앤서니 포커 역시 "고장에도 문제없는" 타이어를 개발하고 자동차 기술자 교육을 받았지만, 결국 원래의 꿈인 비행기 제작을 하게 되었다. 나중에 전투기 조종사가 된 막스 임멜만Max Immelmann은 비행 수업을 받기 전에 온갖 종류의 자동차를 다 운전해 본 자동차광이었다.

거의 모든 비행기 조종사들이 전에는 자동차 팬이었거나 자동차경주 선수였다. 1912년, 네카스울름 편물기계 제조사의 고객용 잡지에는 이러한 사정이 언급되어 있다. "세계적으로 유명한 비행기 조종사들 중 다수가 오토바이 스포츠 분야 출신임을 알 수 있다. 오토바이 스포츠는 비행이라는 위험한 직업을 준비하는 최고의 학교"⁴로 여겨졌다. 기술에 특별한 관심을 가진 부유층이 가장 모험적인 기계인 비

항공의 해인 1909년에 열린 비행기 대 자동차 경주

행기로 옮겨 타기 시작했다. 다임러사의 메르세데스가 기술 면에서 새롭게 탄생하도록 구매자 및 팬으로서 기여한 에밀 옐리네크는 이전에는 열광적인 자전거 스포츠 팬이었다. 이런 주요 고객들이 자전거에서 자동차를 거쳐 비행기(또는 비행선)로 옮겨 갔다.

기술과 모험에 빠져 있던 부유한 귀족의 한 예가 브라질의 커피농장주인 알베르토 산토스뒤몽이다. 그는 젊은 시절에 파리로 와서 곧 '아름다운 시대bell époque'의 대표적인 신사로 떠올랐다. 자전거와 자동차 모험을 한껏 즐기고 자동차경주 선수로도 잠시 활약했던 그는 곧 비행기의 매력에 빠져들었다. 그는 조종이 가능한 기구를 발명하고 개발하고 개조했으며, 관객의 갈채를 받았다. 특히 1901년 기이하게 제작된 기구를 타고 최초로 에펠탑을 돌았을 때 쏟아진 갈채는 대단했다. 그의 비행선은 처음에는 크기가 작았고, 체중이 가벼운("장갑을 끼고 42킬로그램!") 조종사용으로 제작되었다. 산토스뒤몽은 여기에 자전거 기술을 적용했다. 가스 부분 아래쪽 지지대 안에 프로펠러 동력으로 드디옹 부통 삼륜차 엔진을 장착했다. 그리고 본인은 자전거 안장 위에 앉았다. 항공수송 프로젝트를 수행했던 체펠린Zeppelin 백작과는 반대로, 기술에 열광했던 이 보헤미안에게는 개인용 비행기를 타고 느끼는 모험이 더 중요했던 것이다.

문화적 방어 자세의 자동차

자동차는 더 이상 이동성 현대화의 아방가르드가 아니었고, 무엇이 최고의 기술적 스포츠 기계이며 가장 매력적이고 빠른 이동 수단인지를 가늠하는 경쟁에서 뒤졌음이 위와 같은 실험에서 드러났다. 1909년 프랑스의 고등학생을 대상으로 한 여론조사에서도 조종사가 희망 직종 1위를 차지했다. 시인 기욤 아폴리네르Guillaume Apollinaire가 1912년에 발표한 시의 한 구절은 다음과 같다. "여기서는 자동차마저도 구식으로 보이네."[5]

비행기는 여러 면에서 자동차를 능가했다. 최초로 제3차원이 열렸던 것이다. 비행기는 더 위험하고 더 주목받는 자유의 기계로서 평면과 공간이라는 인간의 두 차원을 뛰어넘었다. 그리고 전혀 다른 차원의 실험 환경을 제공했다. 즉, 창공의 비행기는 위험한 순간에도 자동차처럼 간단히 길가에 세울 수 없어 그 위험을 '견뎌 내야' 했던 것이다. 비행, 특히 사고를 불러일으킨 비행경주는 목숨이 걸린 극히 위험한 스포츠였다. 여기에 참가한 사람들은 대담함, 냉혹함, 그리고 어려운 상황에서도 숙련되고 정확한 행동을 과시했고, "승리를 향한 의지"를 자동차경주 선수들보다 훨씬 더 강하게 보여 주었다. 이런 성격들은 전쟁 전 힘이 중시되던 사회에서 높이 평가받았다. 이런 경쟁 상황이 상징적으로 잘 드러난 것이 자동차와 비행기 간의 경주였다. 자동차가 고속열차와의 경주에서 승리한 것이 바로 얼마 전이었는데, 이제 신종 이동 수단인 비행기가 이들을 앞질러 날게 되었다.

그러나 비행기의 승리는 자동차로부터 본 이득 덕분이었다. 속도에 대한 집단적 환상의 산물이자 투영 대상이었던 자동차가 그 환상을 충분히 자극한 상태에서 비행기가 등장한 것이다. 10년의 간격을 두고 비행기는 자동차가 성공적으로 사용한 방법을 똑같이 이용했다. 경주와 상금, 특히 프랑스에서 중요했던 클럽, 홍보를 통한 여론 조성, 대중의 감성에 호소하는 홍보 등을 그대로 활용했다. 인기를 얻고자 자동차가 자전거의 본보기를 따랐던 것처럼, 이제 자동차는 비행기의 본보기가 되었다.

다른 관점에서 보면 자동차가 비행기의 모델을 따른 부분도 있었다. 자동차는 비행기의 이미지와 특권을 일부라도 이용하려 했다. 비행기는 기술 및 디자인 면에서 완벽함의 상징이었던 만큼 문화적으로도 그 이미지는 유용했다. 자동차 운전자들의 복장이 점차 조종사 복장과 유사해진 현상을 그 예로 들 수 있다. 상업디자인과 광고 분야에서도 이런 경향이 나타났다. 열린 창공에서 뚜렷하게 드러나는 비행기의 기하학적 형태는 자동차와는 비교할 수 없을 만큼 강한 시각적 자극을 주었다. 전형적인 예로 자동차에 탄 채로 당시의 블레리오 단엽기를 바라보는 1913년 메르세데스의 광고를 들 수 있다. 제너럴모터스가 1920년대에 시도한 라살 모델 광고도 마찬가지다.[6] 제1

차 세계대전 중에는 비행으로 국민의 의무를 이행한다는 명분 아래 이 경향이 더 강화되었다. 1916년 벤츠 광고에서 장교들이 탄 지휘부 자동차가 군용 다엽기와 함께 등장한 것이 그 예이다.[7]

1918년 이후 비행기에 대한 열광은 베르사유조약이 규정한 생산 금지로 더욱더 자극되었다. 비행기와 자동차는 더 긴밀한 동맹을 맺게 되었다. 항공교통 광고는 자동차와 비행기를 함께 등장시키는 경우가 많았으며, 승객이 편안하게 자동차와 비행기를 갈아타는 그림이 많았다. 1925년에는 비행장과 만하임 시내를 잇는 구간이 '고성능 승용차'[8]로 연결되었다. 비용은 항공료에 포함되어 있었다.

비행기는 이제 자동차에 미적인 영향도 주었다. 초기의 비행기가 복잡하고 시각적으로 어색한 부분들이 끼워맞춰진 "날아다니는 상자"에 불과했다면, 1918년 이후에는 점점 더 근사한 외관을 선보였다. 팽팽한 철사 틀에 천으로 감싼 다엽기를 대체한 것은 자동차보다 훨씬 더 빠를 것처럼 보인 금속제 단엽기였다. 1913년 선보인 5인승 여객기 융커스Junkers F13는 그 전형적인 단엽기였다. 외부는 골함석으로 되어 있고 철사 고정장치 없이 전체가 금속으로 된 이 모델은 데사우에 위치한 융커스사의 명성을 높였다.

제너럴모터스의 1954년형 가스터빈 자동차 '파이어버드'

비행기가 유선형에 가까워질수록, 날개 지지대가 필

요 없어질수록, 반짝이는 금속이 더 많이 사용될수록, 미적인 면에서 비행기는 자동차를 앞섰다. 비행선 또한 이미지와 미적인 면에서 자동차를 이미 능가했다. 당시 최고가 고급차였던 마이바흐의 체펠린은 비행선에서 모델명을 따왔을 뿐 아니라 다른 면에서도 비행선 모델을 따랐다. 1930년대가 되어서야 자동차는 미적인 외관을 보완하여 비행기와 나란히 설 수 있었다. 비행기와 자동차는 비교되었고 공격적·군사적 경향을 띤 새로운 속도 미학에 함께 불려나왔다. 히틀러에게 자동차는 기차보다는 비행기에 가까웠다. 1938년 히틀러는 "고속도로에서 우리는 날고 있다!"[9]고 했다.

전쟁 후에도 이런 상황은 계속되었다. 새로운 제트기의 미학은 자동차 디자인에 큰 영향을 주었다. 은색의 금속 차체가 등장한 이후로, 공기통과구, 화살 모양의 날개 및 꼬리날개 장치를 갖춘 이후로, 비행기는 디자인의 본보기로서 점점 더 큰 매력을 발휘했다. 제너럴모터스의 수석디자이너였던 할리 얼Harley Earl은 고속의 더블바디형 비행기인 P-38 라이트닝을 높이 평가하며 그 형태를 자동차에 적용하려 했다. 1950년대에 미국에서 유행한 자동차 후미부의 테일 핀은 독일에서는 약화되어 나타났는데, 이는 비행기 디자인과 연결짓지 않고는 설명하기가 어렵다. 파노라마형 앞유리 역시 전투기 및 폭격기 조종석을 본보기로 삼은 것이었다. 또한 터빈 동력을 자동차에 이용할 수 있게 되자, 디자이너들은 강철 비행기의 형태를 모범으로 삼았다. 그 예로 제너럴모터스는 제트기의 형태와 제작 방법을 모델로 1954년 파이어버드Firebird를 설계했다. 반대로 새로 등장한 우주선은 하나의 본보기로서 단기간에 부차적인 역할만 했다.

크로스오버: 비행자동차와 도로용 비행기

산토스뒤몽이 1906년에 개발한 "창공을 달리는 오토바이"는 당시의 전형적인 혼합기기 중 하나였다. 모터보트 스포츠와 자동차, 비행기 사이에는 기술적 교류가 활발하게 이루어졌다. 기술적 개발은 기술 차원을 넘어 허버트 웰스Herbert G. Wells나 쥘 베른Jules Verne 같은 작가들의 상상력을 자극했고, 이 작가들의 기술적 유토피아는 실제 개발에 영향을 미쳤다. 이런 '크로스오버'의 예가 1909년경에 개발된 1.75프랑으로 1미터를 날 수 있었던 날개 달린 자전거다.[10]

이미 1881년에 귀스타브 트루브Gustave Trouvé는 같은 엔진을 육지와 수상 수송에 이용하려고 했다. 그는 보트와 삼륜차용 전기 동력의 특허를 신청했고, 코벤트리 로터리Coventry-Rotary 삼륜차에 보트에도 이

1913년 포커는 수송이 간단한 군용기와 자동차를 결합하여 도로 위의 비행기를 만들었다.

용 가능한 엔진을 장착해서 실험했다. 곧은 장거리 도로에서 더 빨리 달리기 위해 프로펠러 동력을 자동차에 장착하는 구상도 있었다. 빌헬름 마이바흐는 1891년에 프로펠러 4개가 달린 보트로 보덴제 호수에서 실험을 했다. 비행기도 승용차에 가까워졌다. 예를 들어 1910년 알프레트 폰 피쇼프Alfred von Pischof의 비행기는 차체가 도로 수송용으로 제작된 자동차였다. 여기에는 군사적 요구가 있었다. 1914년 이전에는 정찰기가 '기지'로부터 그렇게 멀리 떨어질 수 없었기 때문에 거리가 먼 경우에는 부분적으로 도로를 이용해서 움직여야 한다고 생각했다. 포커는 1913년 경량의 2톤짜리 다임러 자동차를 분해 가능한 비행기와 결합시켜 중요한 대회에서 우승했다. 전쟁 중에는 특수 차량이 필요 없는 간단한 방법이 관철되었다. 날개를 접은 비행기를 일반 승용차 뒤에 연결하는 방식이었다.

날아가는 자동차에 대한 꿈은 비행기만큼이나 오래된 유토피아로 계속 새롭게 등장했다. 벅민스터 풀러Buckminster Fuller의 다이맥시온 카 Dymaxion Car는 비록 이 유토피아를 실현하지 못했지만, 도로 위를 달리는 비행기 구상에 근접했다. 1927년에는 "전방향 수송"[11]을 위한 프로토타입이 계획되었다. 당시의 비행기처럼 동체가 있고 뒤에 작은 바퀴가 달려 있어 속도가 오르면 뜰 수 있도록 고안되었다. 부상 후에는 양옆에 설치된 노를 이용해 방향을 조정했다. 이 차량은 비행기 조종 훈련생들이 지상에서 연습

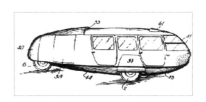

1933년 벅민스터 풀러의 삼륜차 다이맥시온 카

하는 날개 잘린 교육용 비행기와 유사했다. 허버트 웰스는 풀러의 다이맥시온 카를 시험비행한 후 대단히 깊은 인상을 받아, 자신의 미래소설인《미래의 모습》[12]에 이 차량에 대한 문학적 기념비를 세웠다.

수륙양용 탱크, 수상 자동차, 수상 화물차가 대량으로 생산되던 제2차 세계대전이 끝난 후 크로스오버 차량들은 전성기를 맞았다. 하늘과 물은 기술적으로 확장되던 개인용 차량의 새로운 영역이 되었다. 독일의 양용 자동차는 1950~60년대의 수상스포츠 붐과 잘 맞았다. 펠릭스 반켈Felix Wankel도 어떤 날씨에도 이용할 수 있는 고속의 "해상용 자동차 보트"를 계획했다. 이 보트로 승객뿐 아니라 자동차도 운송할 예정이었다. 브레멘의 보르크바르트Borgward는 비행기회사 포케 불프Focke-Wulf에 "도로교통량을 줄이고 자동차보다 빠른"[13] 3인승 헬리콥터에 자동차 엔진을 장착하도록 주문했다. 호버크라프트Hovercraft〔배 바닥에서 높은 압력의 압축공기를 수직 분사하여 물 위나 땅 위를 떠서 나아가는 수륙양용 배. 상표명〕역시 이와 유사한 역할을 하리라고 기대되었다. 영국의 발명가 크리스토퍼 코커렐Christopher Cockerell이 1960년경에 개발한 최초의 호버크라프트는 "에어쿠션 위에서 자동차와 유사한 차량이 바닥에 닿지 않고 달리는"[14] 것 같다고 묘사되었다. 이른바 지면효과 비행정이나 위그선WIG: Wing In Ground도 비행 가능한 수상 자동차가 될 것이라고 했다. 러시아의 기술자들은 1990년에 2개의 라다 자동차 엔진을 장착한, 승용차와 유사한 4인승 모델을 시장에 선보이고 독일 보트 전시회에 출품했다.

1960년대에는 수륙양용차나 세 가지 목적에 두루 이용되는 차량이 군에서 개발되어 주목을 끌었다. 잡지《취미Hobby》는 1965년에 "잠수하는 비행기인가, 날아다니는 잠수함인가?"라는 질문을 던졌다. 결국 이 구상들은 모두 너무 큰 에너지 소모와 조종 문제로 인해 실패로 돌아갔다. 나중에야 도로와 바퀴의 조합이 최상임이 입증되었다. '자동차 비행선'에 관심을 기울인 것은 자동차 제조사가 아니라 모형 자동차 제작자들이었다.

기술 교환: 엔진과 공기역학

처음에 항공업계는 이미 자동차산업에서 잘 개선된 엔진을 자주 이용했다. "공기보다 무거운 비행"이 최초로 시도되기 전에 다임러의 엔진이 라이프치히의 출판업자 헤르만 뵐페르트Hermann Wölpert의 (실험 단계를 넘지 못한) 비행선과 체펠린 비행선에 쓰였다. 자동차 엔진이 없었다면 초기의 비행기들은 성공을 거두지 못했을 것이다. 그 전형적인 예로 앤서니 포커가 1910년경에 개발한 최초의 비행기를 들 수 있다. 여기에는 공기냉각식 4기통 자동차 엔진이 개조되어 장착되었다. 제1차 세계대전 중에 자동차업계에서는 다수의 비행기 엔진 제조사들이 탄생했다. 총 4만 1,251대의 군용 비행기 엔진을 공급한 10개의 독일 회사 중 절반이 자동차 제조업에서 출발했다.[15] 그러나 곧 독자적으로 개발된 비행기용 엔진이 확산되어 자동차 제작에 쓰이기도 했다. 1914년 그랑프리에서 우승한 메르세데스 28/95 마력 자동차는 '황제컵' 비행 경주를 위해 제작된 비행기용 엔진을 장착했다.

패전 후 베르사유조약 때문에 비행기 제작이 금지되자, 직장을 잃은 많은 항공 엔지니어들이 자동차 쪽으로 관심을 돌렸다. 전쟁이 끝나고 시장을 잃어버린 군수업체들의 자구 노력이 큰 역할을 했다. 마우저Mauser, 크루프, 슈타이어Steyr 등은 다른 사업을 찾다가 결국 자동차 제조에 참여하게 되었다. 벤츠와 다임러도 1918년 이후 제작팀 일부가 고성능 자동차 엔진 제작에 종사했다. 민간 제조업으로의 전환에 회사의 존폐가 달려 있었다. 이는 특히 전쟁 중 군의 필요에 따라 설립된 회사들에게 절실했다. 췬다프Zündapp(뇌관 및 기술장비 생산업체)와 비행기 엔진 제조사였던 BMW가 여기에 속했다.

결국 두 회사 모두 오토바이 시장 진입에 성공했다. 이렇게 해서 1918년 고성능 비행 엔진 제작을 책임졌던 엔지니어 막스 프리츠Max Fritz가 4년 후 최초의 BMW 오토바이를 제작했다. 한스 구스타프 뢰르Hans Gustav Röhr 역시 제1차 세계대전 이전에는 비행기를 제작했고 그 자신이 전투기 조종사였지만, 고성능 비행 엔진에서 쌓은 경험을 자동차 제작에 활용했다. 전후에 뢰어가 일하던 쾰른의 프리아무스Priamus사는 1919년 비행기 생산에서 자동차 생산으로 전환했다. 뢰어는 "비행기 제작으로 다져진 기술 감각이 더 나은 길을 제시해 준 셈이었다."[16] 한스 그라데Hans Grade 또한 1915년 비행기 동체에 적용되던 표준 기술을 활용해 소형 자동차에 강철 파이프 지지대를 설치했다. 1921년 출시된 그라데의 자동차는 마찰 기어에 차제가 비행기 동체와 같은 접시형이었다.

고성능 비행기 엔진은 경주용 자동차에 많이 장착되었다. 독일에서는 베르사유조약에 따라 모든 비행기 엔진을 반납해야 했기 때문에 어려웠지만, 영국과 미국에서는 곧잘 그렇게 했다. 특히 대량생산됐으나 시점상 전쟁에 투입되지 못한 400마력 12기통 리버티 비행기 엔진이 1918년에 싼 가격으로 공급되었다. 웨일스 출신의 패리 토머스Parry

오픈카에서 생기는 소용돌이(1914년경)

Thomas는 이 엔진을 장착한 경주용차 밥스Babs를 타고 세계 신기록을 세웠다. 넘쳐나던 리버티 엔진은 경주용 보트에도 쓰였다. 1939년 나치 정부는 12기통 비행기 엔진을 장착한 세계 신기록 자동차 개발을 지원했다. 이 차는 배기량 44.5리터에 3,500마력으로 당시 비행기 세계 신기록인 시속 650킬로미터를 낼 수 있다고 했다. 그러나 이 다임러 벤츠의 T80 모델은 한 번도 자력으로 달리지 못했다. 전환의 제2차 물결은 예상대로 제2차 세계대전 이후에 일어났다. 비행기 제조사들은 다시 자동차 제조업으로 전환했다. 하인켈Heinkel이나 메서슈미트Messerschmitt의 캐빈카Cabin car는 전형적인 경비행기 모델을 따라 커다란 플렉시 유리와 덮개가 있었다. 그러나 독일에서 이는 에피소드에 그쳤다. 1945년 이후 독일의 자동차 생산은 비행기보다는 기술과 디자인 면에서 미국 제조사들을 더 주목했다.

비행기가 자동차산업에 남긴 영향 중 하나는 공기역학적으로 자동차를 개선한 것이다. 1914년 이전에 벌써 유선형 차체로 공기역학을 개선하려는 시도가 있었다. 마인츠의 한 자동차 소유주는 오펠 13/30

모델에 달걀형 차체를 도입시켰다. 전쟁 중에 점점 더 빨라진 전투기 형태였던 유선형은 과학적인 계산에 따라 측정되었고, 이 연구 결과는 1920년대 자동차 제작에 유용하게 쓰였다. 수많은 실험차량이 탄생했는데, 대개는 직업을 잃은 항공 엔지니어가 구상한 것이었다. 프란츠 크루켄베르크Franz Kruckenberg 역시 그런 부류로, 지금은 거의 잊힌 쉬테 란츠Schütte-Lanz사의 비행선을 공기역학적으로 훌륭하게 제작했다. 자동차의 '유선형'은 처음에는 비행기 형태를 본떠 구상되었다. 비행선을 제작하다가 나중에 타트라–리어 엔진 자동차 제작자로 유명해진 파울 야라이Paul Jaray나 에드문트 룸플러Edmund Rumpler는 굴대나 방울 모양의 비행기 같은 몸체에 끝이 뾰족한 자동차를 제작했다. 비행선 제작사 체펠린은 1920년에 프로토타입으로서 차체가 비행선과 유사한 "완전 유선형 고속자동차"를 생산했다.

펠릭스 반켈은 1926년에 자동차를 제작하면서 굴대 모양을 가지고 실험했다. 가장 유명한 것은 1924년 룸플러의 방울 모양 자동차였다. 이는 양차 세계대전 사이에 실제로 대량생산된 소수의 유선형 자동차 중 하나다. 이 자동차의 제작 목표는 속도 상승이 아니라 먼지를 줄이는 것이었다. 당시에는 자동차가 비포장도로에서 일

룸플러의 방울 모양 자동차 광고(1921)

으키는 먼지의 양을 줄이는 과제가 시급했다.

　그러나 비행기 동체와 유사한 방울 모양을 자동차에 응용하는 것은 실용적이지 않았다. 우선 이런 굴대 모양의 자동차는 공간 이용성이 좋지 않았고, 다음으로 자동차란 공기의 힘만으로 가는 것이 아니라 도로라는 지면과의 마찰을 고려해야 하기 때문이다. 수로 시험을 거친 후 나온 결론은, 방울 모양의 몸체를 수평으로 반을 자르면 더 좋은 결과가 나온다는 것이었다. 그리고 다음 단계에서는 뾰족하게 끝나는 차 뒷부분을 세로로 잘라도 공기저항이 나빠지지 않는다는 것을 인식하게 되었다. 거기서 생겨나는 소용돌이는 공기저항을 거의 높이지 않았던 것이다. 이렇게 예리한 모서리로 '절단된' 후부는 이를 발명한 부니발트 캄Wunibald Kamm의 이름을 따서 '캄 후부' 또는 'K' 후부라고 불렸다. 이로써 자동차 형태는 공기역학적으로 개선되며 극적으로 변했고, 이것이 오늘날까지 계속 이어지고 있다. 따라서 제2차 세계대전이 시작된 당시에는 두 가지 유선형 미학이 존재했다. 방울 모양과 절단된 모양이 그것이다.

　비행의 공기역학을 자동차에 옮기면서 어쩔 수 없이 나타난 변화가 있었다. 공기역학적으로 개선된 자동차의 문제점 중 하나는 부력이었다. 굴대 모양의 차체는 고속으로 달릴 때 가볍게 도로에서 떠올랐다. 이는 비행기에서는 중요한 전제 조건이지만 자동

'캄 후부' 형태의 승용차(1939)

차에서는 위험했다. 더욱이 앞축과 뒤축에서 부력이 다르게 나타나서 측면 바람까지 영향을 주었다. 그 결과, 운전이 불안해지고 회전도 어려워졌다. 절단된 모서리가 차체를 도로 바닥으로 누르는 역할을 해야 했다. 나중에는 스포일러도 이 기능을 했다. 캄과 라인하르트 폰 쾨니히 팍센펠트Reinhard von Konig-Fachsenfeld의 연구로 독일에서는 비행기의 성과를 단순히 받아들이는 차원을 넘어 자동차만의 특수한 공기역학을 발전시켰다. 동시에 실제로는 공기저항이 그다지 크게 감소하지 않았지만, 자동차를 더 현대적이고 빠르게 해 준다는 상징적인 유선형 미학도 탄생했다.

날아다니는 국민차

최초의 비행 시도는 "모든 이를 위한 비행기"라는 일상적인 유토피아의 산물이었고, 이는 "국민을 위한 자동차"라는 생각과 일치했다. '비행버스'뿐 아니라 자동차와 유사한 개인용 비행기도 창공을 이용할 수 있어야 한다는 것이다. 그러나 자동차가 전후에 보편적으로 발전한 반면, 비행기를 확산시키려는 모든 시도는 실패로 돌아갔다. 자동차의 역사를 재현하려는 시도에서 비행기는 좌절했다. 국민비행기는 국민차와 달리 매우 비현실적인 것으로 드러났고, 이런 상황이 변할 징조는 보이지 않았다.

기술에 대한 낙관적인 전망이 팽배했던 1950~60년대에 자동차와 유사한 헬리콥터, 간단하게 느껴지는 '비행 배낭' 또는 날개를 분해할 수 있는 비행기 제작 같은 프로젝트가 계속 이어졌다. 이런 프로젝트 는 개인 주택 옆에 개인용 비행기 격납고를 두고 자동차에서 경비행 기 교통으로 옮겨 갈 것이라는 전망에서 절정을 이루었다. 이 프로젝 트 중 가장 마지막에 나온 것이 8개의 반켈 엔진을 장착한 스카이카 Skycar M 400이다. 스카이카는 "날아다니는 양탄자"처럼 편안하게 시 속 560킬로미터에 이를 수 있으며,[17] 조이스틱을 사용할 줄 아는 사람 이면 누구나 조종할 수 있다고 했다. 그러나 이는 믿기 어려운 주장 이다. 지금도 비행기 조종은 자동차 운전을 훨씬 넘어서는 능력을 요 구한다. 2차원에서 움직이는 자동차 운전은 단순화나 비전문화가 가 능하지만, 3차원이라는 비행 공간은 실패를 용납하지 않기 때문이다. 그리고 정확히 자기 정원에 도착한다는 극도로 어려운 과제는 그만 두고라도, 파라솔 아래에서 쉬는 이웃들이 이를 반기지 않을 것이다.

결국 비행기 조종사들을 수십 년이 지나도록 대중과 동떨어진 영웅 이자 동경의 대상으로, 대중적 확산으로 초기의 영광을 잃은 자동차 운전자들보다 더 큰 매력을 남겼다. 죽음을 무릅쓰는 자동차경주 선 수들조차도 3차원으로 돌진하는 비행기 조종사들보다는 가깝게 느껴 졌다. 이런 상황은 조종사들이 직업적으로 여객기를 조종하게 되면서 조금씩 달라졌다. 이제 조종사들은 냉정함, 전문성, 협동심 같은 자질 로 무장해야 했다. 비행기가 오래도록 일상생활에서 어떠한 역할도 하지 못한 탓에 비행기 이용을 둘러싼 환상이 여전히 존재했다. 한편 으로 국민비행기라는 유토피아의 좌절은 자동차에 유리하게 작용했 다. 자동차는 다가오는 문화적 공격을 방어할 수 있었다. 자동차만이 현실적으로 구입 가능한 유일한 개인용 차량이었기 때문이다.

경차 제작, 합판, 컴프레서

제1차 세계대전 당시 비행기 대량생산에 쓰인 많은 부품들이 자동차와 오토바이 제작에 도입되었다. 앤서니 포커가 전투기 동체에 용접했던 가볍고 견고한 강철 파이프로 오토바이 차체는 더 견고해졌다. 이 파이프는 바우하우스의 흐름에서 나온, 등받이가 자유롭게 움직이는 의자에도 사용되었다. 견고성을 높이고자 비행기 제작에 쓰인 전형적인 방법, 즉 금속 접합법이나 홈을 파는 방법 등도 오토바이 제작에 도입되었다. 1927년부터 오펠이 생산한 노이만-네안더E. Neumann-Neander 모터클럽 오토바이에도 이 방법이 쓰였다. 특히 기술적·미학적으로 큰 영향을 끼친 것은 후고 융커스Hugo Junkers의 비행기였다. 이 비행기의 날개는 특허를 얻은 특수한 방법에 따라 골함석으로 만든 것이었다. 소재의 무게를 줄여서 이용하는 방법은 금속 차체 개발에도 기여했다. 융커스 교수가 바우하우스의 고향인 데사우에서 바우하우스 건축양식으로 꾸며진 사무실을 차리고 자기 회사의 로고에서부터 공장까지 신즉물주의 원칙에 따라 꾸몄다는 사실은 당연히 그의 제품이 가진 문화적 효과를 높였다. 게다가 융커스의 비행기는 새로운 알루미늄 합금인 듀랄류민으로 외장을 갖추었다. 비행선 틀에도 쓰인 이 항공기용 금속은 곧 가벼운 자동차 엔진블록을 만드는 데 사용되었다. 알루미늄판은 양차 세계대전 사이의 자동차 제작에서 무게를 줄여야 하는 소형차나 경주용 차에 쓰였다.

금속 비행기 제작만 자동차 제작에 영향을 끼친 것은 아니다. 새로운 목재 제작 기술도 자동차에 사용되었다. 프랑스의 드페르뒤생

Deperdussin, 독일의 알바트로스Albatros와 롤란트Roland, 영국의 헨들리페이지HandleyPage와 같은 비행기 제조사들은 비행기의 동체를 틀 없이, 얇은 나무판을 아교로 접합시켜 껍질 모양으로 제작했다. 이런 합판 동체는 융커스의 금속 동체와 마찬가지로 자체 지탱이 가능하여 내부에 보강재를 사용할 필요가 거의 없었다. 가벼운 DKW 자동차의 차체가 이런 목재 기술 덕을 보았다. 합판이 순수한 치장이었던 소형차 하노마크Hanomag 2/10의 경우와는 달랐다. 당시 하이테크 소재를 비행기에서 자동차 제작으로 옮겨 간 예로는, 전쟁이 끝난 후 만하임의 비행선 제작사였던 쉬테-란츠사가 비행선에 합판 뼈대를 사용하면서 쌓은 경험을 자동차 차체 제작에 도입한 일이 있다.

비행기 엔진 제작은 고도가 높을 때 연소에 필요한 산소가 감소하면서 엔진의 성능이 떨어지는 근본적인 문제에 대한 해결책도 모색했다. 지상으로 내려오면 엔진이 꺼지는 현상이 일어났지만, 특수한 고공 기화기를 이용하면 이를 해결할 수 있었다. 두 번째 해결 방법은 압축공기 공급이었는데, 이것이 자동차에 영향을 주었다. 높은 고도에서 컴프레서가 가동되면 연소 공기가 농축되어 산소량이 많아졌다. 컴프레서 엔진도 전쟁 후 자동차 제작에 도입되었다. 물론 고공에서 성능을 높이기 위해서가 아니라 일반적인 성능 개선 목적이었다. 필요에 따라 컴프레서를 순간적으로 작동시키면 엔진의 성능이 높아졌던 것이다. 그러나 압축공기 공급법은 장기적 사용에는 적합하지 않았다. 엔진에 무리가 가고 수명이 짧아졌다. 1924년 베를린의 자동차 전시회에서 다임러가 최초로 2대의 컴프레서 자동차를 선보였다. 15/70/100 모델과 2/100/140 모델이다. 전쟁 전에 이미 기술의 전위로 활약하던 페르디난토 포르셰는 당시에 다임러사의 수석 엔지니어였으며 이 새로운 엔진도 그의 작품이었다. 거의 동시에 만하임의 벤츠사도 컴프레서 자동차를 제작했는데, 용적은 1,500cc로 아주 작은 6/25/40 모델이었다. 당시에도 독일의 세제상 기통의 용적에 따라 세금이 정해졌기 때문에, 작은 엔진으로 높은 성능을 낼 수 있는 방법은 장점으로 여겨졌다.

다임러의 160마력과 260마력의 6기통 엔진 같은 제1차 세계대전 당시의 비행기 엔진은 가벼운 무게로 고성능을 내는 혁신적 해결책을 다수 보여 주었다. 고도의 압축, 가벼운 냉각수 용기, 알루미늄 피스톤, 주조된 금속판, 건조 윤활, 이중점화 등이 그것이다. 1918년에 이미 캠이 달린 회전축이 위쪽에 장착되었고, 걸 수 있는 밸브가 사용되어 가스 교환이 개선되고 회전수가 높아졌다. 마이바흐의 3백 마력 고공 엔진은 1916년에 이미 기통 하나당 2개의 주입 밸브와 배출 밸브가 달린 4밸브 기술을 자랑했다. 이런 장치들은 처음에는 스포츠형 엔진에만 쓰이다가 나중에 정규 자동차 엔진에 도입되었다. 제작이 매우 번거로웠기 때문이다. 1910년에서 1920년 사이에 개발된 다수 기술이 오늘날까지도 최신 유행 기술로 표현된다는 것은 특이하다. 엔진 조작이 더 간단해졌다는 점은 일상생활에서 더 중요해졌다. 전쟁 전에는 추진 장치가 유연하지 않아 속도가 일정할 때만 작동했기에 교통량이 많을 때는 운전하기가 매우 힘들었다. "가속페달을 밟는 동작"과 "가속페달에서 발을 떼는 동작"에 즉각적으로 반응하는 엔진이 등장하면서 운전자는 비로소 교통 흐름에 맞춰 자동차 속도를 조절할 수 있었고, 기어 변환 없이도 "물 흐르듯" 운전할 수가 있었다.

오늘날의 기술 이전

자동차 기술은 이미 오래전에 기술 분야의 선구자 역할을 상실했다. 1980년대에는 항공공학 기술이 자동차 기술을 장기적으로 규정할 것처럼 보였다. 이런 예견에 따라 몇몇 자동차 회사들은 미래에 중요해질 기술이전을 자사 내에서 해결하도록 항공회사에 투자하기 시작했다. 이 전략에 따라 메르세데스-벤츠의 전 회장인 에드차르트 로이터Edzard Reuter는 이 전통적인 회사를 항공 분야가 큰 비중을 차지하는 세계적인 기술기업으로 구조조정하려 했다. 이로써 자동차 기술 개발에 유용한 부수 효과를 기대했으며, 동시에 전반적으로 부정적인 자동차산업 전망에 대응하여 새로운 사업 영역을 확보하려 했다.

이는 1980년대에는 납득이 가는 전략처럼 보였으나, 그 후 자동차는 다시 '경제 활성 엔진'으로 강력한 힘을 발휘했다. 로이터의 기업 구조조정은 그 후계자인 위르겐 슈렘프에 의해 철회되었다. 포커의 파산과 다사Dasa의 매각 이후 다임러는 자동차로 돌아왔다. 항공에서의 기술이전을 중시하긴 했지만, 이제 비행기를 직접 생산하지 않고 이 효과를 얻으려 했다.

이런 기술이전은 앞으로 더욱 중요해질 것이다. 조종석의 기기가 자동차에도 쓰일 것이다. 그 예로 핸들 조종, 가속페달과 엔진 분사 사이에 존재하는 기계적 연결을 이용하지 않는 '플라이바이와이어fly-by-wire' 기술 같은 것이 있다. 항공 기술에 쓰이는 새로운 소재와 새로운 접합 기술도 중요해질 것이다. 접착, 플랜징flanging 부착, 새로운 용접술, 알루미늄과 플라스틱 합성 재료의 사용 등이 자동차 제작에 점점 더 많이 적용되고 있다. 어쩌면 이보다 더 중요한 것은 지금까지 지속된 것처럼 비행이 지닌 특별한 이미지를 이용하는 것일지도 모른다. 광고에서 비행기의 대단한 매력과 냉철한 미학을 이용하는 회사는 사브Saab와 같이 비행기를 생산하는 자동차 제조사만이 아니다. 비행기는 계속해서 '슈퍼 자동차'의 효과를 발휘할 것이다. 자동차는 앞으로도 비행기의 매력적인 이미지에 새롭게 편승하려 할 것이다.

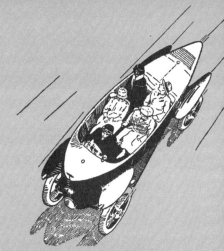

9장

미국에서 배우다

: '포드주의'와 '슬론주의'

영국 작가 올더스 헉슬리Aldous Huxley는 유명한 소설 《멋진 신세계》에서 '포드 이후'라는 새로운 연대 계산법을 도입했다. 실제로 연구자들은 포드의 '생산혁명'을 자동차의 '재발명'으로 여긴다.[1] 그것은 "레닌의 혁명보다 훨씬 더 중요한"[2] 혁명이다.

이러한 주목의 중심에는 단순한 운송 수단을 뛰어넘는 자동차의 혁신이 자리잡고 있다. "완전기계화의 상징은 컨베이어벨트assembly line인데, 이를 통해 하나의 공장 전체가 동시에 움직이는 유기체로 변했다."[3] 헨리 포드는 시카고의 도축장에서 동물 사체를 해체하여 기계적으로 이동시키는 과정을 보고 아이디어를 얻었다고 밝혔다. 또한 어느 정도는 프레데릭 윈슬로 테일러Frederick Winslow Taylor의 영향을 받은 것이기도 하다. 테일러는 종업원들의 움직임을 분석하여 생산공정을 합리화했다. 그의 '과

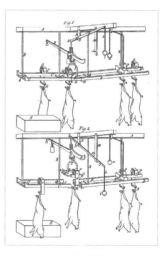

시카고 도축장의 돼지 해체 라인(1896년 특허장 설계도)

학적 매니지먼트' 시스템은 공학적으로 조직되었으나, 한편으로는 위계적이고 군사적인 원칙들을 따랐다. "공장장은 카드나 조립설명서에 적힌 지시 사항을 여러 관리인들을 거쳐 노동자들에게 전달하는데, 그 방식은 사단장의 명령이 하달되는 방식과 정확히 일치한다."[4]

노동력을 최대한 활용하려는 테일러의 목표를 포드가 따른 데에는 그가 지급하는 고임금을 고려할 때 노동자들의 적극적인 헌신이 있어야 한다는 확신도 있었다. 미국의 다른 자동차업체들도 테일러식으로 공장을 전환했으나 큰 성공을 거두지 못했다. 1900년 이후 그들의 생산성은 너무 낮아서, 자동차 한 대를 생산하려면 종업원 한 명이 대략 1년을 일해야 할 정도였다. 캐딜락의 4,525명 노동자들은 1913년의 테일러식 구조조정 이후로도 겨우 2,984대를 생산하는 데 그쳤다.[5]

포드시스템

혁명적인 생산성 증가는 포드시스템 이후에야 나타났다. 기존의 몇 가지 요소들을 결합한 이 시스템에서 그 유명한 컨베이어벨트는 가장 중요하거나 반드시 필요한 혁신 요소는 아니었다. 테일러 시스템도 마찬가지였다. 왜냐하면 테일러식으로 바뀐 자동차 공장에서도 노동 분업은 거의 이루어지지 않았기 때문이다. 숙련노동자들은 여전히 기능별 그룹에서 설치된 다용도 기계들을 가동하고 있었다. 예를 들어 천공 기계들은 모두 한데 설치되어 있었다. 그 때문에 각각의 도구들을 한 단계에서 다음 단계로 옮겨 가는 비효율성을 감수해야 했다. 포드의 공장들은 이 점을 근본적으로 변화시켰다. 1913년까지도 아직 수공업적 제조 방식이 지배적이었지만, 1년 후에 는 모든 기계가 작업공정에 따라 배치되었다. 모든 기계가 각각 한 가지 공정에만 사용되었다. 예컨대 실린더 블록 하나가 공장 안에서 오가는 거리를 4천 피트에서 344피트로, 즉 10분의 1 이하로 줄였다.[6] 최종 조립 단계에 드는 시간은 750분에서 93분으로 줄었다.[7] 컨베이 어벨트는 새롭게 배치된 구역 간 이동을 좀 더 용이하게 했다. 또한, 부품들의 이동이 서로 조율되어야 하기 때문에 노동 과정은 특정한 리듬으로 분해되었다. 이는 기술의 역사에서 나타난 오랜 흐름에 부 합하는 것이었다. 즉, 비연속적인 생산단계 대신에 연속적으로 흘러 가는 공정들을 도입한 것이다.

포드는 이런 조직상의 변화에 당시 이미 알려져 있던 호환 생산방 식을 결합시켰다. 당시에 자동차는 약 5천여 가지의 부품으로 이루 어지는 가장 복잡한 공산품 중 하나였다.[8] 이들 부품은 대부분 번잡 한 수공업적 과정을 거쳐 생산되었고, 특정한 자동차를 위해서 다시 정밀하게 마무리 작업을 해야 했다. 결국 부품들이 규격상 큰 차이를 보였다. 부품들을 일괄 조립하기 위해서는 동일한 규격이 필요했고, 손이나 기계로 추가적인 작 업을 하지 않고도 높은 정밀 도를 유지할 수 있어야 했 다. 미국의 재봉틀, 권총, 콤 바인 등의 생산업체들은 표 준 생산의 이점을 오래전부

1911년 미국 포드사의 컨베이어벨트 차체 조립

터 활용하고 있었으나, 자동차산업에서는 캐딜락이 1908년에야 이를 활용했다. 캐딜락은 이를 보여 주고자 3대의 자동차를 완전히 분해하여 부품을 뒤섞은 뒤에 이를 다시 조립했다. 그런 다음 자동차 경기장을 5백 마일이나 달렸다. 이는 대단한 광고효과가 있었지만 생산혁명은 아니었다. 캐딜락은 여전히 컨베이어벨트 라인을 활용하지 않고 있었기 때문이다. 그것은 포드의 몫이었다.

포드주의에는 더 가볍고 동질적인 부품을 만들 수 있는 바나듐 강철, 강도가 높아진 생산 공구들, 프레스 공정, 단일 목적의 규격과 모형틀 사용 등이 포함되었다. 또한 공장 내부에는 농부의 도구라고 불리던 수많은 한계 게이지들이 투입되었다. 가장 유명해진 것은 엔진 블록을 만드는 데 쓰이는 40개의 스핀이 달린 천공 기계였다. 더 나아가, 포드시스템은 세단형 자동차의 대량생산이라는 난제를 극복하게 한 유리창의 연속생산 같은 새로운 공정에 의존했다.

포드사는 1913년 전에 이미 비교적 높은 생산성을 보였다. 종업원 1명이 1년에 12대 혹은 그 이상의 자동차를 생산할 수 있었다. 종업원들은 외부에서 들여온 부품들을 조립했는데, 포드는 당시 심지어 섀시, 기어, 엔진까지 구입했다. 다른 자동차 회사들은 훨씬 더 많은 부품들을 자체 생산했기에 공정 단계의 수가 더 많았다. 포드가 수직적 통합 정책을 추

1923년 무렵 차체와 차대의 '결혼식'

진하기 위해 프레스 공장, 유리 생산업체, 강철 공장을 사들여 공장이 완전히 독자적으로 가동될 때까지 자체의 생산 라인들을 키워 간 것은 훗날의 일이다. 게다가 생산 속도도 대단히 빨라졌다. 월요일 아침에 원광原鑛이 항만에 도착하면 제련, 주조, 가공, 조립까지 3일이면 끝나서 수요일 오후에는 완제품 자동차가 출고될 수 있었다.[9]

미국식 자동차 생산시스템american system of manufacturing에 일어난 이런 포괄적인 변화에 대해 포드는 자서전(1926)에서 위에서 아래로의 변화, 어느 '시스템 건설자'의 구상이 일관성 있게 현실화되는 과정으로 묘사했다. 그러나 베스트셀러가 된 그의 책은 본인의 인기 상승에는 기여했지만, 포드시스템의 역사를 정확하게 기술한 것은 아니었다. 그의 자서전은 지극히 주관적이며 미화된 내용이었다. 사실은 많은 공학자와 직원들이 그 개발 과정에 공헌했다. 아이디어와 제안들은 오히려 '아래로부터' 왔다. 여기에는 업무에 대한 체계적 이해로 포드시스템에 기여한 독일 출신 공학자들도 있었다. 당시 직원들은 근무외 시간에 부품들을 땅바닥에 늘어놓고 조립 순서와 구역 간 거리를 정했다고 회고한다. 포드 방식은 점차 자기 장치나 기어 등의 부품에도 적용되었다. 각 부품들은 각 제조공정을 더 세밀한 하부 공정으로 분할하는 데 적합한 정도의 차이만 있었다. 생산혁명은 천재적인 마스터플랜이 만들어 냈다기보다는 오히려 많은 임기응변과 실험의 결과였다. 당시 포드의 생산 책임자였던 찰스 E. 소렌슨Charles E. Sorensen은 이렇게 말한다. "헨리 포드는 대량생산에 대해 아는 바가 전혀 없었다. 그는 단지 자동차를 많이 만들고 싶어 했을 뿐이다. 그는 이를 반드시 성취하겠다고 결심했지만, 당시의 모든 사람들처럼 이를 어떻게 성취할지는 알지 못했다."[10]

포드주의에서 중심적인 것은 당연히 그 대표 생산품인 '포드 T'였다. 대량판매를 기대할 수 있고 양산 체제에 기초하여 저렴한 비용으로 생산할 수 있는 자동차가 비로소 등장했기 때문이다. 대량생산과 고도의 합리화는 미국의 산업 전통과 잘 부합했으나, 생산품 자체는 미국의 트렌드에 어긋나는 것처럼 보였다. T모델은 뚜렷한 특성이 없는 획일적 생산품이었던 것이다. 다만 그전에는 값비싼 사치품이었던 자동차를 대중화하고자 자동차의 개성을 포기하고 그 대신에 가격을 꾸준히 낮춰 간다는 구상은 매우 타당한 것으로 판명되었다. "헨리 포드의 업적은 그때까지 사치품으로 여겨지던 자동차의 대중화 가능성을 어느 누구보다도 일찍 알아챘다는 데 있다. 자동차와 같은 복잡한 기계를 사치품에서 일상용품으로 전환하고 그 가격을 통상적인 구매력에 걸맞게 조정하려는 시도는 유럽에서는 상상도 할 수 없었을 것이다."[11]

이 생산품은 미국 소비자들에게 완벽하게 들어맞았다. 틴 리지Tin Lizzie〔포드 T형 자동차의 애칭〕는 생애 만년에야 자동차를 구입하게 된 초보 운전자들도 쉽게 운전할 수 있었다. 2단의 간단한 유성 기어변속 장치 덕분에 그저 페달을 밟는 것만으로도 자동차를 출발시킬 수 있었다. 페달을

1913~1927년에 1,500만 대가 생산된 포드 T모델

좀 더 깊이 밟으면 속도가 빨라졌다. 또 다른 페달은 자동차를 후진시켰다. 그 이전 모델인 버기와 마찬가지로 T모델은 최저 지상고[차체와 지면 간 간격]가 높았고, 도로 상태가 나쁜 시골에서도 잘 달릴 수 있을 만큼 튼튼했다. 1기통이던 버기와 달리, 포드 T에는 토크가 크고 유연성이 좋은 대용량 4기통 기관이 장착되었다. 포드는 1927년 이후로 6기통 기관의 장착을 꺼렸는데, 이는 활용가치 면에서 더 나은 점이 없으면서도 생산과정만 복잡하게 만들었기 때문이다. 포드는 자신이 농부 출신임을 과시하며 "엔진의 실린더가 암소 젖꼭지보다 더 많을 필요는 없다"[12]고 했다. 포드 T의 성공 비결과 관련하여 종종 도외시되는 사실은, 이 차가 무엇보다도 정비가 간편하다는 점이다. 포드의 주 고객인 농부들은 문답 형식의 사용설명서와 몇 가지 공구를 가지고, 필요하면 포드 공장에 순정품 부품을 소포로 주문하여 차를 스스로 수리하고 유지할 수 있었다.

그 결과, 포드 T는 1925년 전 세계 승용차의 절반을 차지하는 표준 자동차로 올라섰다. 1908년 전체 산업 분야 중 21위에 머물던 자동차 산업은 마침내 1위로 당당히 등극했다.[13] 그리고 1924년에 지금까지도 깨지지 않는 기록이 수립되었다. 단 1년 동안 한 모델의 생산이 2백만 대를 돌파한 것이다.[14] 아울러 이 자동차가 갖춘 장치들은 점점 좋아지는 대신, 가격은 원래 가격의 8분의 1까지 떨어졌다.[15]

이러한 낮은 제품 가격은 고임금과 결합하여 포드시스템의 특징적인 요인이 되었다. 많은 찬사를 받은 '하루 5달러'는 하루 8시간 노동과 함께 종업원들의 의욕을 북돋았을 뿐 아니라 그들의 구매력도 향상시켰다. 그러나 그 이면에는 종업원에 대한 배려보다는 철저한 계산이 숨어 있었다. 포드에게 종업원 개개인은 자동차 부품처럼 교환 가능한 존재였지만, 높은 종업원 이직률은 생산성에 타격을 주었다. 이직 희망자가 평균 이상으로 많았던 것은 극단적인 노동 분업의 어두운 측면을 보여 준다. 빠른 노동 속도, 거대한 기계인 컨베이어벨트에 '묶여 버린' 노동자들, 높은 노동강도와 노동의 단조로움 등이 이직률을 높인 것이다. 고임금은 그만 한 성과를 보이고 장기근속하는 경우에만 보장되었다. 다른 한편으로, 늘어난 소득으로 종업원들도 자가용을 가질 수 있게 되었는지 모른다. 포드의 구호는 "일당 1달러, 1년에 포드 1대"[16]였다.

구매력 확대와 대량소비는 추가적 생산성 향상의 기본 조건이고, 생산성 향상은 가격 인하의 전제였다. 포드시스템의 목표는 한 마디로 더 넓은 구매자층이 점점 더 많은 상품을 사도록 한다는 것으로 요약된다. 최근 연구에 따르면, 포드의 경우에 부의 확산은 어디까지나 부산물일 뿐 본래 의도는 아니다. 그렇지만 그의 모델은 매우 매력적으로 보였다. 새로 조직된 자동차산업은 노동계급을 소비 쪽으로 편입시키고, 이를 통해 '적색 사회주의'의 위협에 '백색 사회주의'로 맞서는 전략에서 중심적 역할을 맡게 되었다.

포드의 위기

포드는 산업 생산의 기본 모델을 발견했고, 결국 이 방법이 다른 부문으로 확산되는 것은 시간문제인 것처럼 보였다. 포드슨 트랙터의 생산으로 이런 추세는 더욱 힘을 얻었다. 그러나 1917년 해군의 소형 호위함을 생산하면서 컨베이어벨트에서 부품들을 조립하려던 시점에 그는 한계에 부딪혔다. 그것이 생산방식의 문제인지 (이 방식은 제2차 세계대전 당시 리버티 선박의 양산에 활용되면서 다시금 성공적으로 부각된 바 있다), 아니면 선박 설계상 실패인지는 중요치 않다. 여기서 중요한 것은 '미국의 포드화Fordization of America'[17]가 종말에 이르렀다는 것이다.

항공기 생산에서도 비슷한 결과가 나타났다. 포드의 금속제 트리모터 항공기는 뛰어난 교통수단이기는 했으나, 생산공정의 합리화가 다른 경쟁사들에 비해 뒤처졌다. 그리고 노후한 자동차를 해체하는 컨베이어벨트, 즉 디스어셈블리 라인disassembly line의 구상 역시 큰 성공을 거두지 못했다. 이 공정을 적용할 자동차 수가 너무 적었고, 폐차 과정 리듬도 충분히 계산하기 어려웠다. 녹이 슬어 엉겨붙은 나사들을 단번에 풀어내기가 어려웠기 때문이다.

1920년대 중반에는 포드식 자동차 생산에 위기가 닥쳤다. 생산성과 수익률 모두 크게 줄었다. 원인은 포드가 너무 오랫동안 시대에 뒤처진 제품을 고집한 데 있었다. T모델은 주로 비포장도로인 시골지역에서 초보 운전자들을 위한 자동차로 머물러 있었다. 개선 노력이 지속적으로 이어졌지만, 처음의 기술 설비는 그대로 유지되었다. 차의 스타일이나 승차감은 시간이 갈수록 고객의 기대에 부응하지 못했다. 그런데도 포드는 고집스럽게 그 모델을 고수했다. 그는 고객들이 반길 만한 자동차 유형이 어떤 것인지 나름의 분명한 생각이 있었다. 그러나 고객들은 점점 더 그 차를 사지 않고 좀 더 편리하고 다

채롭고 빠르고 기능이 뛰어난 차들을 선호했다. 무엇보다도 획일적인 자동차가 아니라, 다양한 변형 모델과 변형 가능성을 원하게 되었다. 비슷한 가격에 이러한 고객들의 욕구를 충족시킨 것은 포드의 경쟁사들, 특히 제너럴모터스였다. 포드는 변화된 시장 환경에 맞춰 고객들의 욕구에 부응하려 들기보다는 오히려 노동 방식을 좀 더 강화하는 식으로 대응했다. 그러나 노동자에 대한 추가적인 합리화 압력으로 얻어진 극적인 가격 인하에도 불구하고 상황은 호전되지 않았다. "같은 것을 많이 판다"는 포드의 전략은 위기에 빠졌다.

강철 차체와 그 결과들

미국 자동차시장이 슬론주의로 변해 가는 과정과 함께 승용차 생산에서 가장 중심적인 혁신 중 한 가지가 나타났다. 윌리엄 멀러William Muller와 조셉 레드윈카Joseph Ledwinka가 버드사를 위해 개발한 강철 차체가 그때까지 통상적이던 목재 프레임과 금속판 모델을 대신하게 되었다. 프레스 판금 부품들을 복잡하게 용접한 이 설계 덕에 별도의 프레임 자체가 불필요해졌다. 마치 통조림 깡통에서처럼 위가 둥글고 홈이 파인 양철로 차체를 만들어도 충분히 튼튼했기 때문이다. 이런 새로운 구조는 광범위한 결과를 가져왔다. 이는 한편으로 더 편리하고 날씨에 구애받지 않으며 외부로부터 내부가 격리된 자동차라는 당시 유행 흐름을 더욱 촉진했고, 이렇게 해서 고객들의 오랜 욕구에 부응하게 되었다. 차체가 충돌에 약하고 수리가 어려우며 초기 단계에서는 소음도 크다는 사실은 그리 중시되지 않았다. 다른 한편으로 생산공정은 노동력 절감 효과가 있었고, 그래서 생산비가 훨씬 적게 들었다. 생산업체는 값비싼 금속 프레스에 투자를 할 수밖에 없었지만, 이를 통해 종래의 목재 차체에는 적용할 수 없었던 대량생산의 모든 장점을 활용할 수 그는 하이랜드 파크 공장의 가동을 중단시키고 모든 설비를 루즈 강변의 새 공장으로 이전한 뒤 새로운 모델을 내놓았다. 기존 시스템의 경직성으로 인한 대가를 치른 것이다. 포드의 기존 작업장에는 기계들이 너무 다닥다닥 붙어 있어서 해체하기조차 힘들 지경이었다. 한 가지 용도에만 사용되던 공구 제작 기계들은 아직 쓸모가 있는데도 모두 폐기되었다. 1927년 5월부터 11월까지 공장은 가동이 중단되었다. 새로운 다용도 기계 공구 조달 비용과 반년간의 생산 중단에 따른 손실은 총 2억 5천만 달러에 이르렀다.[18] 포드사의 시장점유

있었다. 목재를 가공하려면 그만큼 번잡한 공정을 거쳐야 했기 때문이다. 심지어 마무리 공정의 나사 및 리벳 접합조차 완전 금속제 차체의 용접보다 비효율적이었다.

포드도 1925년까지 T모델에 쓸 목재 차체를 구입했고, 그 후에는 새로운 금속체 차체를 직접 생산했다. 물론 새로운 철제 상단 차체를 종래의 차대와 프레임 위에 덮어씌우는 식이었다. 이를 통해 포드는 시장의 요구에 맞게 저렴한 세단형 승용차를 출시하려 했지만, 구식 차 디자인에서 크게 바뀌지 않았기 때문에 오히려 산만하고 구식으로 보였다. 반면에 경쟁 회사들은 새로운 생산 가능성을 더 잘 활용했다. 금속판을 덧붙인 목재 차체는 값비싼 아교를 써야만 구부러진 모양을 만들 수 있었기 때문에 비교적 각이져 보였다. 이에 비해 윗부분이 둥근 금속판은 자유로운 스타일링 가능성을 열었다. 여기에 필요한 것은 오직 균질의 널찍한 압연 금속판을 강하게 눌러 형태를 만들어 내는 일뿐이었다.

금속제 차체는 자동차산업 전체에 영향을 미쳤다. 값비싼 프레스에 대한 투자는 대량생산을 해야만 이익을 남길 수 있어 양산 추세가 가속화되었다.

상대적으로 규모가 작은 기업들, 그중에서도 수많은 고급 자동차 생산업체들은 이를 견뎌 내기가 어려웠다. 증산하거나 파산하거나 둘 중 하나였다. 미국의 고급 자동차들도 이제는 수공업 방식의 소량 생산이 아닌 대량생산된 부품에 의존하게 되었다. 사치스러운 금속판 안에는 규격화된 기어와 차대가 숨어 있었다. 그 결과, 가격이 하락하고 자동차에서의 사치가 대중화되었다.

부차적으로 여겨지던 자동차 색상에도 변화가 나타났다. 포드의 말대로 T 모델은 "검은색 계열이기만 하면 어떤 색이든" 사용했는데, 이는 검은색이 건조 시간이 매우 짧다는 사실과 관련이 있다. 자동차의 유색 도료는 건조 시간이 길었고, 도장을 수작업으로 해야 했다. 이는 고급 자동차에나 가능한 일이었다. 그러다가 완전 철제 차체용 새로운 도장 방식을 두코사가 도입했다. 높은 온도에서 원하는 색상을 찍을 수 있었지만, 이는 목재 틀에 금속판을 대는 방식이 지배적이던 상황에서는 당연히 불가능한 일이었다. 불과 몇 분으로 크게 줄어든 건조 시간 덕분에 도장 작업은 전체 공정에서 짧은 리듬으로 통합될 수 있었다. 더구나 질화면窒化綿에 기반한 새로운 도료는 분무기로 빠르게 도장할 수 있었고, 이는 대량생산 작업을 더 쉽게 했다. 다양한 색상 중에서 마음에 드는 색상의 자동차를 손쉽게 고를 수 있게 된 고객들은 열광할 수밖에 없었다.

독일의 경우에 완전 철제 차체는 오펠과 같은 미국계 회사들에 의해 도입되었다. 버드 매뉴팩처링사는 1926년부터 베를린의 암비사와 협력하여 미국에서 수입한 프레스 기계로 독일 회사들이 주문한 철제 차체를 생산했다. 이렇게 해서 월등하게 뛰어난 미국의 차체 제작 기술을 직접 이전받을 수 있었다. 독일의 낙후성은 양철 압연 부분, 즉 세단 내부 천장에서 나타났다. 독일 차들은 전쟁 전에는 아직 직물을 댄 지붕 조각들을 사용했는데, 커다란 철제 지붕을 찍어 낼 수 있는 성능 좋은 프레스가 없었기 때문이다. 그래서 독일 공장들은 미국보다 훨씬 늦은 1950년대 초부터야 전면적인 철제 차체로 넘어갈 수 있었다.

율은 3분의 1로 급락했고, 파산이 눈앞에 다가왔다. 윌리엄 J. 애버내시William J. Abernathy가 언급한 바 있는, 자동차산업의 생산성 딜레마에 걸려든 것이다. "생산성 향상을 위해서는 기술혁신을 포기해야 한다. … 더 빠른 혁신적 변화를 위한 조건들은 생산의 고효율을 가져오는 조건들과는 완전히 다른 것이다."[19] 구체적으로 말하자면, 표준 생산품을 위한 고집스런 단일 용도 기계화와 고객이 원하는 모델로의 유연한 교체는 서로 모순된다. 포드는 A모델을 가지고 변화된 시장에 걸맞은 획일적인 자동차를 새로 선보이려 했다. 그러나 자동차시장은 '성숙'했고, 고객들은 현대화된 획일적인 자동차가 아니라 다양성을 원했다.

획일적인 자동차에서 소망하는 자동차로
: 슬론주의 혁명

　　　포드의 몰락과 함께 앨프리드 슬론Alfred p. Sloan 회장이 이끄는 제너럴모터스가 시장의 선두로 올라섰다. 이 성공은 획일화된 차에 반대되는 콘셉트에서 힘입은 바 컸다. 이때 새롭게 등장한 구호는 "모든 지갑과 모든 용도를 위한 자동차"였다.[20] 시장이 점점 포화 상태에 접어들고 소비자들의 요구도 다양해지는 상황에서, 제너럴모터스는 외형상 독립적인 브랜드이면서 색상, 성능, 장비 등에서 소비자의 욕구에 철저히 부응하는 자동차를 다양하게 선보이는 전략으로 대응했다. '슬론주의Sloanism'에는 해마다 모델을 개선하여 언제나 신형 자동차를 선보이고, 이미 판매된 차가 조기에 구식으로 여겨지도록 하는 것도 포함되었다. 슬론은 유행을 선도하는 파리 디자이너들의 방식을 자동차 생산에 적용한 것에 자부심을 드러냈다.[21] 소비자들이 저렴한 시보레에서 폰티악과 올즈모빌을 거쳐 값비싼 캐딜락까지 다양한 클래스를 따라 올라가면서 평생 GM 자동차에 만족할 수 있도록 한다는 것이었다. GM의 창업자인 윌리엄 듀런트는 여러 자동차 브랜드들을 무차별적으로 매입했다는 비판을 받았다. 그러나 이 전략은 하나의 성공 사례로 꼽혔다. 특히 모기업이 개별 브랜드를 하나로 통일하지 않고 브랜드마다 독립성을 유지시킨 덕분이었다. 브랜드들의 다양한 이미지 덕에 결국 모든 고객층에게 호소할 수 있었던 것이다.

제너럴모터스의 주도권 확보와 함께 미국 사회의 자동차화는 새로운 국면에 접어들었다. 포드 역시 이러한 시대 변화에 적응해야 했다. 포드의 A모델이 거둔 성과가 매우 미미했기 때문에 1933년 이후로 포드도 다양한 모델을 제시할 수밖에 없었다. 제너럴모터스의 전례에 따라, 포드도 새로 매입한 머큐리가 나름의 독특한 브랜드를 그대로 유지하도록 노력했다.

슬론주의가 포드주의를 대체하고 극복하려면 포드식 자동차 생산을 시대에 뒤처진 방식이라고 외면하는 것이 아니라 더욱 발전시켜야 했다. 고객들은 15년 이상에 걸쳐 틴 리지의 가격 인하를 경험한 상태였기 때문에, 아무리 위신을 세워 줄 만한 호화 자동차라도 그에 걸맞은 비싼 가격을 치를 준비가 되어 있지 않았다. 가격대에 따라 다르기는 하지만, 개성적인 '비포드적' 자동차에도 포드적 가격이 요구되었다. 모델의 다양성은 생산성 높은 양산 체제와 동시에 추구되어야 했다. 따라서 관건은 새로운 유연성 조건에서도 기존의 생산성을 그대로 유지하는 것이었다.

해결책은 모든 자동차를 다른 외관으로 제작하되, 자동차에 들어가는 부품은 동일하게 양산하는 것이었다. 동일한 기어와 섀시, 조향장치, 발전기, 엔진 등이 상이한 모델에 똑같이 장착되었다. 이런 저렴한 표준 부품은 높은 수익을 보장하는 값비싼 호화 자동차에도 숨어 있었다. 최종 조립 단계에 이르러서야 추가적인 수작업이 들어갔다. 이 단계에서 고객의 희망에 따라 에어컨이나 측면을 흰색으로 칠한 타이어 등 여러 옵션이 제공되었다. 그 결과, 차체 속은 비슷하지만 겉으로는 개성적으로 보이는 자동차들이 등장했다.

슬론은 경직된 단일 목적 기계화 방식을 일부 철회하고 다목적 기계들을 도입했다. 그래서 제너럴모터스에서는 숙련노동자 비율이 다시 증가했다. GM은 생산기술에서도 유연성을 더 강화했는데, 이는 모델 교체에서 포드보다 더 잘 대비하기 위함이었다. 그러나 슬론주의식 유연화가 거둔 진정한 성과가 자동차의 개성화에 있었는지, 아니면 해마다 이루어진 모델 교체에 있었는지는 지금까지도 학자들마다 견해가 갈린다. 자동차는 언제나 다르게 보였다. 매 시즌마다 그 스타일에 나름의 혁신이나 변형이 이루어졌다. 그러나 이 또한 대량생산 논리를 따랐기 때문에, 소비자들은 현재 모델이 새로울 뿐만 아니라 더 매력적인 것이라고 믿어야 했다. 그러면서 동시에 구식 기계 일체를 변화시켜야 했다. 모델의 전면 교체는 4년마다, 기존 금형을 교체하는 주기로 이루어졌다.

그러므로 미국에서 진행된 유연성 있는 대량생산에는 두 가지 요소가 있었다. 하나는 기계화된 일관작업과 가능한 한 장기적인 생산주기를 적용한 포드주의적 요소이다. 다른 하나는 추가적인 수작업과 매우 단기적인 생산주기를 적용한, 첫 번째 요소를 슬론주의적으로 보완한 요소이다. 첫 번째 요소의 전형적인 부문이 엔진 생산이었고, 두 번째 부문은 차체 생산이었다.

모델 다양화라는 슬론주의와 부품 표준화라는 포드주의 간의 조화, 즉 유연성과 생산성 간의 조화는 모델 클래스에 따라 위계적으로 형성된 20세기 자동차문화의 산업적 기반이 되었다. 고객이 차를 구입할 여유가 생기면, 자동차 회사는 고객이 원하는 차를 바로 제공할 수 있다는 것이다. 이는 고품질 상품의 '민주화'로, 이는 소비사회로 나아가는 중요한 발걸음이었다.

포드주의와 독일의 현대적 축제

바이마르공화국에서 포드주의는 일종의 우상 같았다. 발터 그로피우스Watler Gropius 같은 바우하우스 예술가들, 르 코르뷔지에Le Corbusier 같은 건축가들, 신즉물주의Neue Sachlichkeit〔1920년대 후반에 독일에서 일어난 반표현주의적 전위예술운동〕추종자들은 "제2의 아메리카 대륙 발견"이라는 식으로 포드주의를 수용했다. 포드의 생산기술은 현대의 주창자들에게는 단지 경제 시스템이 아니라 새로운 미의 유형을 대표하는 것으로 받아들여졌다. 1920년대의 많은 예술가들은 삶이 점점 더 체계적 연관성 및 기술적 네트워크와 연결되는 데에 환호했다. 그들은 진보적인 대규모 시스템인 자동차 생산이 세계를 변화시킬 만한 영향력이 있음을 발견하고, 이 시스템을 동시대의 극적인 변화에 대한 상징으로 선언했다.

이것은 단지 새로운 자동차 생산방식에 그치는 것이 아니었다. 컨베이어벨트에서 시차를 두고 정밀하게 이루어지는 대량생산, 그 연속적이고 초인적인 성격, 인간의 "노동사슬 중 한 고리"로의 변화 등은 집단적 상상력을 촉발시켰다고 프리츠 폰 오펠Fritz von Opel은 말한 바 있다. 공학자 오토 모크Otto Moog는 1927년에 "우리가 포드의 작업장 안을 걸어갈 때, 인간이 가진 이 정신의 힘과 용기를 가로질러 스스로가 작고 줄어든 듯한 느낌으로 걸어갈 때, 우리 귀에 우렁차게 울려퍼지는 그 음악의 깊이와 내용과 풍성함에는 그 어떤 교향곡도, 그 어떤 영웅교향곡도 견줄 수 없다"[22]고 썼다. 포드주의와 아메리카주의는 확고하고 매혹적인, 사회와 개인의 현대화를 상징했고, 이는 누구도 거스를 수 없으며 단지 '영웅적 수락'으로 맞이할 수밖에 없는 것이었다.

이 모든 생각들은 선택적인 지각에 의존했다. '포드 방식' 중에서 컨베이어벨트가 당연히 가장 커다란 주목을 끌었고, 이보다 덜 스펙터클한 요소는 관심을 끌지 못했다. 바나듐 철이나 다중 천공 스핀보다는 컨베이어벨트가 문화적 기획에 더 적합해 보였던 것 같다. 이는 포드주의 반대자나 지지자 모두에게 마치 자연의 힘처럼 보였는데, 예컨대 에곤 에르빈 키슈Egon Erwin Kisch에게는 노동자들을 휩쓸어 가는 강물처럼 보였다. 이런 "인간을 묶는 사슬"[23]에 대한 비판, 공정별

1928년경 만하임의 자동차 판매 대리점

로 이루어지는 노예화 기계에 대한 비판도 있었지만, 긍정적 평가들도 있었다. 예를 들어, 신즉물주의에서 나치즘으로 넘어갔던 하인리히 하우저Heinrich Hauser는 컨베이어벨트를 리듬을 창조하는 대기계라고 묘사했다. "리듬. 그것은 삶을 고양시키고 노동을 촉진하는 거대한 힘이다."[24]

물론 좀 더 냉정하게 생산공정 자체에 주목하는 시각도 있었다. 당시 독일에서는 수백 명 단위로 포드사로 산업시찰을 간 산업계 순례자들이 있었는데, 보슈의 사장 막스 랄Max Rall도 그중 한 사람이었다. "오늘 나는 포드에서 어떻게 날마다 발전기 8천 대와 점화장치 8천 대를 조립하는지를 지켜보았다. 도급으로 일하지도 않는 사람들이 맹렬한 속도로 작업에 임하는 장면은 믿을 수 없을 정도였다. 우리는 아직도 지독하게 많이 배워야 한다."[25]

독일의 자동차공학자라면 반드시 들러야 할 곳이 된 하이랜드 파크 공장은 미국이라는 모범의 상징이었다. 미국에서는 포드주의가 이미 수세에 몰리는 상황에서, 독일에서는 그제야 토론이 시작된 것이다. 이는 독일 자동차 생산의 후진성을 잘 보여 준다. 미국 배우기를 둘러싼 집중적인 토론은 바이마르공화국의 정치적 · 경제적 상황과도 관련이 있었다. 제1차 세계대전 패전으로 상처를 입은 독일은 자동차가 선도하는 경제전쟁에서 다시금 치욕적인 패배를 당하지 않을까 우려했다. 그렇지 않아도 독일은 배상금 부담 탓에 경제전쟁에서 이미 불리한 입장에 처해 있었다. 포드주의와 테일러주의에 대한 지향은 이 모든 산업적 난제에서 벗어날 탈출구로 여겨졌다. 이는 배상금 부담을 덜 뿐만 아니라 수출경쟁력과 경제주권, 나아가 자존심을 회복할 유일한 수단이었던 것이다. 오직 미국적 방식으로만 독일 산업계는 세계적 수준에 도달할 수 있고, 심한 타격을 입은 독일의 경제적 잠재력을 재정비할 수 있었다. 그들은 미국의 방식으로 미국의 경쟁자들에 대항하고자 했다.

이때 그 토론의 중심에 자동차산업이 있었다. 대부분의 독일 생산 업체들이 여전히 호화 자동차가 지배하는 소규모 시장을 겨냥해서 생산하고 있었기 때문에, 아무래도 소량 생산, 다양한 모델, 높은 가격이 일반적인 추세였다. 생산업체들은 자신들의 '고품질 자동차'에 대해 자부심이 있었다. 그러나 당시 이러한 모델 정책으로는 생존하기가 어려웠고, 세계시장에서는 더욱더 경쟁력이 없었다. 전쟁 후 10년간 많은 군소 업체들이 문을 닫거나 합병되었다. 1926년에는 다임러와 벤츠가 손을 잡았고, 1932년에는 아우디, DKW, 호르히, 반더러가 통합되어 우니온이 되었다. 1920년대에 포드 방식은 경제적 생존을 위한 유일한 방식으로 인정되었다.

독일의 경제인들에게는 포드의 정치적 지향성도 관심을 끌었다. 자동차에 기반한 노동자계급의 '나선형 복지 증대'는 '프롤레타리아'를 사회주의와 혁명적 사상으로부터 지키는 유망한 사상으로 받아들여졌다. 또한 포드의 '백색 사회주의'는 자본주의 생산이 처한 위기에서 벗어날 탈출구로 여겨졌다. 바로 이런 이유 때문에 좌파에서는 포드주의에 반대하는 목소리들이 있었다. 자본과 노동의 화해, 소비부양적 임금정책, 자동차 소유의 유혹 등을 반대하는 목소리였다. 1925년 야코프 발허Jakob Walcher는 '포드냐 마르크스냐'라는 제목의 책을 쓰기도 했다. 사회주의자들에게 미국의 자동차문화는 점점 더 열악해지는 노동조건과 그것에 입각해서 이루어지는 무자비한 자본주의의 고도 발전이었는데, 이는 매력적인 것만큼 위험한 것이었다. 1929년 출간된 일리야 에렌부르크Ilja Ehrenburg의 소설《자동차의 생애Life of the Automobile》(원제는 '10마력')에서, 갈망의 대상인 자동차는 착취적인 컨베이어벨트 노동을 은폐한다.

독일에서 열광적인 포드주의 수용을 반대하는 움직임은 좌파 쪽에서만 나오지 않았다. 많은 독일 공학자들은 수작업을 통한 품질 유지를 고집하며, 엘리트 자동차로 미국인들의 자동차 민주화에 대항하려 했다. 1929년 카를 벤츠는 미국의 자동차 생산을 비판하며, 공학적으로 "완벽하게 구성된 자동차"를 고수하고 대중적 마케팅이나 경제적 생산을 경시하는 다른 독일 자동차 업체들과 동일한 견해를 밝혔다. 한편으로는 고품질 자동차에 대한 두 가지 콘셉트가 충돌하고 있었다. 광고에서는 미국식으로 생산된 자동차와 일관 공정의 미학에 독일의 전통적인 정밀 생산방식을 대립시켰고, 거대 기업과 더 인간적인 수공업을 대립시켰다. 기본적인 정서는 아돌프 할펠트Adolf halfeld가 베스트셀러《아메리카와 아메리카주의Amerika und der Amerikanismus》에서 표현한 대로 "아메리카는 기계 인간을 위해 에로스를 살해한다"는 것이었다. 그러한 거부감은 독일만 그런 것이 아니다. 영국에서도 양산 자동차의 혼이 결여된 기계적 정밀성에 대한 반감이 나타났는데, 특히 교통난에 대한 우려가 컸다. "영국의 생산업체들은 미국의 선례에 따라 생산공정을 재조직하여 장차 새로운 자동차 시대에 그 작은 양철 차들이 컨베이어벨트에서 거리로 밀려나올 경우 과연 어떤 일이 일어날지 아무도 생각하지 않는 것 같았다."[26]

포드주의를 둘러싼 논란에서는 헨리 포드라는 인물도 일정한 역할을 했다. 그의 거칠고 반지성적인 태도는 여론을 둘로 갈라 놓았다. 그것은 미국의 자수성가한 기술자로서 감성보다는 냉정한 계산을 중시한다는 그의 이미지와 잘 맞았다. 포드는 1913년 출간된 베른하르트 켈러만Bernhard Kellermann의 베스트셀러《터널Der Tunnel》의 주인공 맥알렌 같은 합리적인 기술자였으나, 한편으로는 자동차 소유를 민주화시켰다. 포드의 권위적인 성격은 전체주의 정권의 권력자들에게 호감을 사기도 했다. 스탈린이나 히틀러는 포드에게 경탄했을 뿐 아니라 배우기까지 했다. 그들은 직접 포드에 협력하여 사업을 벌이거나 그의 자동차 이념을 자국민들에게 적용하기도 했다.

포드주의와 독일의 자동차 생산

컨베이어벨트는 하나의 상징으로서 여론의 큰 호응을 얻었다. 그러나 이러한 사실에서 해당 방식이 실제로 어느 정도나 도입되었는지를 추론하는 것은 온당하지 않다. 한스 요하임 브라운Hans-Joachim Braun은 "책 속의 생산"이 실제 생산과 동일하지는 않으며,[27] 문화적 담론을 넘어서는 독일식 포드주의는 사실상 거론하기조차 어려울 정도라고 지적했다. 기껏해야 이미 오래전부터 전조등이나 점화장치를 컨베이어벨트 방식으로 생산하던 보슈와 같은 협력 업체, 혹은 미국식 생산방식을 도입한 NSU와 같은 이륜차 메이커들 정도였다. 그들은 생산방식을 바꿀 정도로 가치가 있는 생산 규모를 갖추고 있었다. 그러나 자동차 업체들은 그러한 생산혁명을 제대로 진척시키지 못했다.

당시 사진들을 보면 대개의 경우 엄청난 양의 구식 기계나 연동장치로 구동되는 다용도 기계들이 눈에 띈다. 구식 생산방식이 바다라면 사진 전경에 보이는 컨베이어벨트는 포드주의라는 섬에 불과했다. 포드 방식이 가장 환영받은 오펠에서조차 일관작업과 컨베이어벨트 작업이 혼재되어 있었다. 베르톨트 브레히트Bertolt Brecht가 '포드식 진보Fordschritt'라고 조롱한 이런 방식에서 비록 완벽한 모범은 아니지만 그래도 중요한 선구자는 브란덴부르크의 브렌나보르베르케사였다. 이 회사 사장인 카를 라이히슈타인Carl Reichstein과 그의 아들 에두아르트Eduard는 1921년부터 미국의 경험에 따라 일관 제조공정을 유모차, 자전거, 자동차에 적용했다.

독일 자동차 업체들의 근본 문제는 미국에 비해 시장규모가 작고 여전히 고급차 위주라는 점이었다. 바이마르공화국의 불안정한 경제적 상황에서 나선형 복지가 시행될 조짐은 전혀 보이지 않았다. 독일 노동자들의 급료는 미국 노동자들의 절반에도 미치지 못했다. 대중을 위한 자동차가 실현되기에는 구매력이 너무도 약했다. 임금 인상은 생산성 향상과 결부되고, 후자는 다시 대량생산의 전제에서 가능한 것이었다. 그러므로 독일 자동차 업계는 대량생산은 꿈도 꾸지 못했다. 자동차 모델이 다양했던 것도 사실은 슬론주의의 표현이 아니라, 포드주의 이전의 유산, 즉 온갖 요구들에 맞춰 소규모 시리즈로 생산되는 모델들이었다. 흔한 모델인 오펠 4-12조차 1925년에는 하루 105대만 생산되었는데, 이 무렵 위기를 맞고 있던 포드 T모델도 하루 7천 대를 생산하는 상황이었다.[28]

이 정도 생산 규모로는 컨베이어벨트나 미국식 단일용도 기계를 도입하더라도 수익을 얻을 수 없었다. 그러나 양차 세계대전 사이에 유행한 개념인 '잘못된 합리화'의 함정으로 많은 업체들이 빠져들었다.[29] 한편으로 생산기술에서는 절충 형태가 바람직한 것으로 나타났는데, 예를 들어 1926년 합병 이후 메르세데스-벤츠에서 이를 도입했다. 많은 모델에 사용되는 부품들이 섬처럼 고립된 컨베이어벨트에서 제조되어 숙련노동자들에 의해 개별 자동차들에 조립되었다. 이러한 혼합형 컨베이어벨트 조립 방식은 전통적인 방식과 새로운 방식의 중간 형태였는데, 이를 통해 유럽인들은 하필이면 단일용도 기계화가 퇴조하던 시기에 미국식 시스템에 접근하게 되었다.

아마도 포드 본인이 포드주의의 유럽 수출에 가장 큰 역할을 했을 것이다. 1920년대에 그의 회사는 19개국에 공장을 설립했다. 초기에는 미국에서 제조된 부품을 최종 조립하는 단순한 조립 공장에 불과했다. 이렇게 해서 포드는 거의 모든 유럽 국가들이 자국 산업을 보호하려고 부과하는 수입 자동차세를 비켜 갈 수 있었다. 유럽으로 가는 관문은 이미 제1차 세계대전 때부터 대량 수입과 공동 개발 형태로 포드와 긴밀히 협력하던 영국이었다. 다겐헴에는 당시 유럽에서 가장 현대적인 자동차 공장이 설립되었다. 독일의 포드 공장은 베를린-플뢰첸제에서 조립 공장으로 출범했는데, 1930년 쾰른으로 이전할 때까지 하루 생산량이 고작 60대였다.

포드 방식을 면밀히 연구하던 독일의 공학자들은 그동안 미국 자동차가 더욱 발전한 사실을 무시했다. 독일 전문가들의 당당한 자부심은 그들이 머리를 짜내어 개발한 엔진과 섀시에 집중되었는데, 이 부분에서는 대체로 미국 자동차들이 따라오지 못했다. 그러나 이러한 주행 기계 측면에 집착하느라 그들은 고급 소비재에 필수적인 안락함과 디자인을 무시하는 경향을 보였으며, 이러한 측면의 혁신도 경시하는 편이었다. 유압식 브레이크, 파워핸들, 부드러운 변속기, 자동 초크, 그리고 무엇보다도 새로운 차체 제작 기술 같은 미국식 혁신은 생산방식의 진보와 함께 '독일학파'의 공학적인 설계상 혁신보다 더 큰 결과를 낳았다. 독일의 군수업체 사장인 자이터K. Seittersms는 1939년 미국 자동차 회사를 방문한 자리에서 독일 생산방식의 낙후성을 인식하게 되었다. "우리는 설계에 열중하느라 제작은 잊고 있는 것 같다."[30]

그렇기에 해외시장에서도 미국 차들이 인기를 누렸다. 미국 차들은 저가에 차체가 더 크고 위신과 안락함을 보장했을 뿐 아니라 운전하기도 쉬웠다. 이에 따라 1928년 독일 내 신규 등록 자동차의 3분의 1이 미국산이었는데,[31] 미국의 자동차 메이커들은 1920년대를 통틀어 전 세계 생산량의 90퍼센트를 차지했다.[32] 독일 업체들은 거기에 맞설 만한 능력이 없었다. "이미 독일의 자동차산업은 힘겨운, 거의 인간의 능력을 넘어서는 투쟁을 해 왔다. 독일 자동차산업이 끈끈한 협력관계 속에서 새로운 성장에 매진하면서 생존의지를 보이지 않았다면, 아마도 미국에서 밀려오는 해일에 잠기고 말았을 것이다. 그랬다면 독일은 미국의 자동차 식민지로 전락했으리라."³³ 양차 세계대전 사이에 국가 차원의 보호 전략이 없었다면, 미국 차들이 독일 시장도 지배했을 것이다. 독일에서는 수입품의 가격을 높이는 보호관세, 아니 '처벌 관세'의 부과뿐 아니라, 기업경쟁력을 높일 기업 합병도 중시되었다. 심지어 하나의 민족 기업인 '자동차 트러스트' 설립 구상까지 논의되었다.³⁴ 광고는 민족주의에 호소하며 외제차 불매를 종용했다. 이를테면 1925년 베를린 자동차박람회의 모토는 "독일 사람은 독일 차를 삽니다!"³⁵였다. 그래서 시민들은 더 비싼 값을 치를 각오가 되어 있었고, 이는 실질적으로 국내 자동차에 대한 보조금 지급이나 다름없었다.

그러나 소련처럼 자동차를 생산하지 않는 신흥 공업국들은 포드와의 직접 협력을 제안받았다. 소련에서는 통째로 들여온 공장에서 A 모델이 라이선스 생산되었다. 포드조차 포기한 획일적 자동차 이념은 스탈린 정권과 잘 들어맞았다. 이미 노후한 생산 시설을 발전이 더디고 동력화 필요성이 높은 나라에 수출하는 것은 제2차 세계대전 이후 펼쳐진 제3세계 상대 전략을 뒷받침했다. 포드 방식은 훗날 강제노역과 죄수들을 동원한 독일의 군수산업에도 유용했다. 일관 생산방식이면서 지극히 분업적인 자동차 제작은 합리화뿐 아니라 비인간적인 강제노역 착취도 가능하게 했다. 나치주의자들이 계획한 전시 포드주의에서 독일의 노동자들은 부서 책임자, 생산 기획자, 근무 조장 등으로 대량생산을 조직하는 한편, 컨베이어벨트에서 그야말로 죽도록 일하는 노예 노동자들을 감시하는 역할도 맡았다.

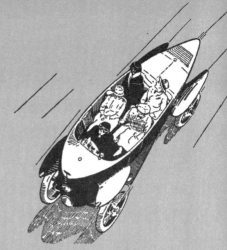

10장
나치의 동력화 정책과
제2차 동력화 전쟁

바이마르공화국은 동력화에 대해 이중적인 태도를 보였다. 수익이 높은 국영 철도는 적극 지원했지만, 도로교통의 발전에는 다소 소극적인 태도를 보였던 것이다. 신중하게 시작된 광범위한 동력화, 그리고 오토바이와 승용차의 판매 증가는 오히려 공식적인 교통정책과 상반되었다. 나치 정권은 정권을 잡자마자 자동차에 대해 회의적인 교통정책을 뒤집고, 일관된 '민족 동력화' 프로그램을 선언했다.

1933년 2월 베를린 국제 자동차박람회에서 히틀러는 자동차 보급을 지원하겠다고 밝히고, 그 방안으로 모든 신규 등록 자동차에 대한 세금을 철폐하고, 노후 차에 대한 자동차세를 일회성 공과금으로 대체하며, 자동차에 유리하도록 제국도로교통법을 개정하는 것 등을 제시했다. 트럭 구매 시 세금 감면, '운전 교습 의무' 철폐 등도 이 방안에 포함되었다. 개정된 법에서는 처음으로 자동차가 우선권을 가지게 되었다. 속도제한 규정의 철폐는 곧 자동차 교통의 방해 요인을 없애는 상징적 조치였다. 자동차경주, 전시회, 자동차 친화적인 언론 보도 등이 이러한 동력화 정책을 지원했다. 획일화〔나치가 사회단체들에 강요한 조직 통합, 인적 정화 정책〕를 통해 등장한 DDAC(독일 자동차클럽) 내에서 자동차 운전자들이 조직되었다. 모두를 위한 국민차Volkswagen 프로그램, 자동차 전용 고속화 도로망 건설, 운전자 교육을 위한 독립적 정당 조직인 NSKK(나치 자동차 군단) 창설 등을 통해 전체 도로교통 시스템에 대한 광범위한 통제가 이루어졌다. 도로, 자동차, 조직 형태 등이 이에 해당했다. 이제 나치 정권은 개인 교통을 제국철도라는 통제 가능한 대규모 기술적 교통 시스템과 마찬가지로 다루었다. 나치당은 초기에 '피와 땅Blut und Bodden' 이데올로기 탓에 기술과 동력화에 비판적이었으나, 이후 동력화 정책을 거치며 이 태도는 변하게 되었다. 물론 히틀러 정당의 '전통적 전사들'은 여전히 자동차를 '부호'와 '금권정치가'들의 전형적인 소유물로 여겼다.

민족공동체의 자동차 열광

자동차와 도로가 나치 정책의 핵심 요소가 되었다는 것은 단지 히틀러가 자동차에 열광했다는 사실만으로 해명하기 어렵다. 물론 그는 요새 구금 당시〔히틀러는 1923년 뮌헨 쿠데타 실패 후 란츠베르크 요새에 구금되었다〕헨리 포드의 베스트셀러를 읽었으며, 자동차를 처음 마련한 1923년부터 육중한 벤츠 무개차를 즐겨 탔고, 대중 연설을 하러 이동할 때에도 자동차와 비행기를 선호했다. 하지만 나치의 동력화 정책은 무엇보다도 경제적이고 이데올로기적인 이유 때문이었다. 자동차 붐을 이용하여 포드의 모델과 같이 나선형의 복지 증대를 꾀하고, 이로써 경기회복과 함께 일자리를 창출하고자 했던 것이다.

자동차 외에도 기반시설(인프라) 조성이 중요했다. 1939년까지 1만 7천 킬로미터에 달하는 도로가 수리되거나 확장되고 3천 킬로미터가 새로 건설되는 한편, 3천 개의 도로용 교량이 건설되었다.[1] 이는 시멘트와 철, 기계, 공구, 타이어, 석유화학 제품 등의 수요를 증대시키는 결과를 가져왔다. 자동차 대리점들이 연이어 개업하고, 자동차 기술자들이 여기저기서 창업을 했

'지도자'와 그의 애호품

다. 자동차 수는 사실상 기대하고 계획한 만큼 늘어나지 않았지만, 나치의 자동차화 정책은 일종의 경기부양책으로 작용했다.

그런데 동력화에 대한 갈망이 이미 존재해서 나치가 이를 활용한 것인지, 아니면 나치가 이를 처음으로 실현한 것인지에 대해서는 견해가 엇갈린다. 클라우스 쿰Klaus Kuhm은 나치의 선전에도 불구하고 전쟁 때까지 일반 국민이나 공무원들 사이에는 자동차화에 대한 저항감이 존재했다고 본다. "지도자를 따르겠다는 독일인들의 결의는 많은 영역에서 두드러지게 나타났지만, 여기서는 그렇지 않았다."[2] 그러나 나는 동력화의 갈망이 이미 양차 세계대전 사이에 매우 높았다고 본다. 자동차에 대한 열광이 부족해서가 아니라 경제적인 어려움 때문에 자동차 보유가 미진했던 것이다. 히틀러 정권은 자동화 사회로 이미 열려 있는 길을 활용하여 "나치의 폭력적 지배 시스템을

안정시키고 지속적으로 유치하고자 했다."[3] 히틀러 정권이 자동차에 대한 열광을 만들어 낸 것이 아니라, 그 집단적 꿈을 철저하게 정치적으로 동원하여 '민족공동체'를 건설하고자 했고, 자동차에 대한 꿈이 실현되는 것을 곧 지도자의 승리로 묘사하고자 했다. 33만 6천 명의 '민족동지'들이 KdF〔'기쁨을 통한 힘Kraft durch Freude'. 나치의 여가통제조직〕 자동차를 사기 위해 저축을 한 것도 나름의 까닭이 있었던 것이다.

민족 동력화는 이런저런 조작을 통해 나치 정권의 안정화에 동원되었다. 국민차는 개인적 소비재에 대한 약속을 상징했다. 그래서 국민차는 노동계층이 스스로를 중산층으로 오인하도록 했고, 나아가 포드적인 '백색 사회주의' 콘셉트에 따라 노동계층을 좌파 계급투쟁 이념으로부터 분리시키는 데 기여했다. 나치의 동력화 콘셉트는 전혀 다른 정치적 지향을 가진 독일의 포드주의였다. 그것은 꿈의 기계를 소유하려는 욕망을 충족시키는 것이었다. 이에 따라 1938년에는 카레이서 한스 슈툭Hans Stuck이 출연한 영화 〈전속력으로 행복을 향하여〉가 개봉되었다. 나치의 여가통제조직인 '기쁨을 통한 힘'이 자동차 프로젝트를 맡은 것은 우연이 아니었다. 이에 대한 연구들은 나치가 자동차를 통한 여가사회 및 소비사회의 형성을 예견하고 준비했다고 강조한다. 일반 승용차가 상용차보다 훨씬 더 각광을 받았다는 점도 특징적이다. 승용차는 1929년부터 1935년 사이에 2배 증가했지만, 화물차는 3분의 1만 증가하는 데 그쳤다.[4]

사적인 교통수단의 장려와 전체주의적이고 집단주의적인 국가 이념은 상충되지 않는다. 자동차의 대중적 보급은 정치적 억압에 대한 완충 역할을 하기 때문이다. 또한 자동차에 대한 지원은 곧 독일 사회를 현대화시키는 일이기도 했다. 현대적인 교통수단을 이용해서 역시 현대적인 도로망을 집단적으로 오가는 '민족동지'들은 낡은 속박에서 벗어나 이동성을 갖추고 드라이브로 휴식을 취할 수 있게 되었다. 독일에서만 그런 것이 아니다. 파시스트의 이탈리아나 소련도 위로부터 추진되는 동력화와 항공 기술을 통해 낙후성에서 벗어나고자 했다. '피와 땅' 이데올로기와 함께 동력화도 사회계급의 평준화에 기여했다. 이렇게 해서 중산층 사회가 나타나기 시작했는데, 종전의 연구들은 이러한 중산층 사회가 50년대 경제기적으로 실현되었다고 보았다. 한편으로 자동차는 기술을 기술 이전의 가치와 융화시켜 '나치적 기술'로 만들었다.

그러나 나치의 동력화 정책이 가져온 실제 효과는 제한적이었다. 1933~34년에는 신규 등록 자동차 수가 크게 늘어나 정치선전에 대대적으로 동원되었는데, 이는 판매가 늘어서가 아니라 경제위기 때 굴리지 않고 처박아 두었던 중고 자동차를 다시 등록한 결과였다. 새 자동차 판매는 면세나 운행 보조금 등 혜택이 제공되었는데도 처음에는 별로 늘지 않았다. 1936년 히틀러는 자동차 보유 대수를 3~4백만 대로 늘리겠다고 선언했다. 하지만 그의 계획은 전쟁 이전에 이미 실패로 돌아갔고, 결국 150만 대를 넘기지 못했다. 그러므로 "나치의 선전과는 달리 제3제국에서 특별히 경기상승이 이루어졌다고는 말할 수 없다."[5]

독일의 시장은 유사한 산업 수준을 가진 다른 이웃 나라들과 비슷하게 성장했는데 이는 동력화 정책과 무관하다. 동력화의 '성과들'은 오히려 경제적 주변 여건들과 관련되어 있었다. 게다가 동력화와 함께 추진된 규제 철폐가 다시 퇴보한다. 1938년 이후로 다시 속도 제한, 연료 배급, 운행 금지 등의 조치가 취해졌고, 고속도로 건설은 3,800킬로미터를 끝으로 중단되었다. 전쟁 준비와 개인 동력화에 드는 자원 간의 갈등이 너무 커졌기 때문이다.

민간 동력화와 군 동력화

자동차 지원 정책이 갖는 경제적으로 비합리적인 성격은 이미 나치 저술가들도 강조했다. "동력화는 민족운동이 되어 버렸다. 오늘날 교통경제 분야의 보고서들은 냉정하고 상업적으로 평가되는 것이 아니라 마치 위대한 전투의 군 보고서처럼 평가된다."[6]

그 후로 나치의 자동차 지원이 과연 진의였는지에 대해 줄곧 의문이 따랐다. 그것은 다른 목표들, 예컨대 자립경제나 전쟁 준비 등과 현저하게 모순되어 보였다. 자동차를 대량으로 생산하고 유지하는 일에는 자원이 엄청나게 소요되고, 따라서 자립경제를 이루려는 시도에 방해가 되었다. 나치의 경제 지도자들도 수입 연료의 지나친 수요에 대해 초기부터 우려를 나타냈다. 그러나 히틀러는 꿈쩍도 하지 않았다. 그는 1934년 "국가안보와 연료 생산 문제"[7]를 해결하겠다고 선언했다. 연료 수입 없는 대중적 동력화라는 그의 장밋빛 구상은 처음에는 충분히 실현 가능해 보였다. 특정 "연료에 의존적이지 않은" 엔진, 도시가스, 목재 기화기, "제국 시굴 프로그램"〔독일의 에너지 자립을 위해 1934~39년 나치가 시도한 석유 시추 정책〕, 재생 가능한 자원에서 추

출되는 알코올의 혼합 등이 이 구상을 뒷받침하는 요소들이었는데,
이는 제1차 세계대전 당시의 경험을 활용한 것이기도 했다.

한편으로는 수소 첨가 공장에서 이루어질 석탄 액화가 커다란 희
망이었다. 《독일의 연료 기적》[8]이라는 책의 한 장은 "휘발유 없는 자
동차"라는 제목을 달고 있었다. 평시의 연료 자급은 중요한 전쟁 준
비로도 여겨졌다. 민간 자동차가 대체 연료를 쓸 수 있게 된다면, 전
차나 군 트럭 역시 그럴 수 있을 것이었다. 그러나 실제로는 평시에
동력화가 조금만 진전되어도 연료 문제가 심각해졌다. 1933년 사용

임베르트 목재 가스 발생로

자급적 동력화 토론으로 국산 연료를 활용하는 몇 가지 특허출원이 이루어
졌다. 가장 유명한 것은 게오르크 임베르트Georg Imbert가 1924~26년에 개
발한 '주유된 목재'를 기화시키는 발생로였다. 이 설비는 목재를 건류乾溜[석
탄이나 목재를 공기가 통하지 않는 기구에 넣고 가열하여 휘발성 물질과 비휘
발성 물질을 분리하는 것]한 후 혼합기에서 정화 및 냉각시켜 엔진에서 연소
시켰다. 이 기술의 단점은 출력 손실이 클 뿐만 아니라 가동이 대단히 복잡
하다는 것이었다. 충분한 목재 가스를 생산하는 데에는 풍부한 경험이 필요
했다. 주사위 모양의 목재들은 잘 말라 있어야 하고 크기도 일정해야 했다.
또한 운행 때마다 설비를 타르 스펀지로 잘 닦아 주어야 했다. 그럼에도 불
구하고, 나치 정권은 1935년부터 자동차에 추가 설치되건 공장에서부터 장
착되건 간에 모든 '임베르트'에 보조금을 지급했다. 전쟁이 끝날 무렵에는
많은 민간 트럭, 승용차, 트랙터에 목재 가스가 사용되었다. 로타르 귄터 부
흐하임Lothar-Günther Buchheim은 소설 《요새》에서 1944년 프랑스를 배경으로
목재 기화 자동차로 인한 어려움을 잘 묘사했다.

Tankt Holz!
IMBERT
der Inbegriff des Gaserzeugers
für Festkraftstoffe

IMBERT-GENERATOREN GESELLSCHAFT MBH · KÖLN

'목재 주유소' 광고(1939)

된 약 200만 톤의 연료 중 3분의 1만이 독일에서 생산되었다. 야생 열매에서 연료를 짜내는 것은 식량 자급을 해치는 일이었다. 이를테면 감자에서 나오는 토종 '알코올'을 휘발유에 섞게 되면 그 감자는 식용으로 쓸 수 없게 되었다.

또 다른 문제점은 그런 동력화 프로그램이 1935년부터 공공연하게 이루어진 전쟁 준비와 마찰을 빚었다는 점이다. 전차가 아니라 KdF 자동차에 집중하는 것은 "버터 대신 대포를"이라는 원칙을 뒤집은 것으로 보였다. 자원들이 군비 증강과는 거의 무관한 분야로 흘러들어 갔기 때문이다. 연구자들은 히틀러의 자동차산업 지원이 '전쟁 준비 군비 증강'으로 이해되어서는 안 된다고 거의 한결같이 이야기한다.[9]

물론 간접적이지만 군사적인 목표가 없었다고는 할 수 없다. 우선 나치 지도부는 동력화와 군사화 간의 관계를 확신했다. 민족의 방어력은 동력화 수준에 달려 있다고 당의 조직 관련 책자에서 밝힌 바 있다. 또한 히틀러는 국민의 동력화가 군 현대화에 크게 기여할 것이라고 밝혔다. "엔진을 위한 교육"을 잘 받은 "운전자의 민족"만이 분명 동력화될 다음 전쟁에 쓸모가 있을 것이며, 그 전쟁을 통해 "베르사유의 수모"를 씻을 수 있을 것이었다. 나치는 전쟁이 시작되고 나서는 동력화 정책의 선견지명을 찬양하며, "엄격하게 유지되고 세부까지 잘 조직된 자동차를 보유하는 것이 얼마나 중요한 일인지, 나아가 최고의 자동차들이 민족의 생존에 (그리고 당시에는 민족 방어에) 얼마나 중요하고 또 결정적인 요소인지"[10]를 강조했다. NSKK에서는 이른바 "엔진을 위한 교육"이 실시되었다. 여기서 미래의 전차 운전자와 트럭 운전자들이 면허증을 취득했고, 청소년들이 겨울에도 며칠씩 비포장 지역 운전과 오리엔티어링 운전(지도와 나침반만으로 길을 찾는 훈련)을 통해 동력화 전쟁 작전 대비 훈련을 받았다. 그러면서 미래의 운전병들은 군사훈련을 받게 되었다. 1938년 어느 캠핑장의 방명록에는 "오늘은 차를 타고 독일을 달리지만 내일은 전 세계를 달리리라!"라고 적혀 있었다.

　민간의 동력화도 그렇게 비군사적이었던 것만은 아니다. 국민차의 설계 지침 중에는 인원 3명과 기관총 1정을 운반할 수 있어야 한다는 내용이 들어 있었다. 제국자위군Reichswehr(1921~35년 독일군 명칭)은 1930년부터 동원 시 민간 자동차 10만 대를 징발하여 48시간 내에 30만 병력을 제국의 동부 국경에서 서부 국경으로 이동시킨다는 계획이 있었다. 그러나 "국민차는 군대가 활용할 수 있는, 자동차의 비축 창고가 될 것"[11]이라는 사회주의 정치가 에른스트 니키슈Ernst Niekisch의 말에도 불구하고, 국민차 프로젝트의 일차적 동기가 군사적이었던 것은 아니다. 물론 민간의 동력화가 국방군Wehrmacht(1935~45년 독일군 명칭)의 동력화 부대 창설에 직접 영향을 끼쳤지만, 군을 완전히 동력화하기에는 군수산업의 생산능력이 거기에 미치지 못했다. 그 타

레이스에 대한 열광의 '획일화'

1920년대 이래로 오토바이와 자동차경주가 큰 인기를 누렸는데, 여기서도 노동자계급은 오토바이 경주에, 시민계급은 자동차경주에 더 열광했다. ADAC(전독일 자동차클럽)는 1924년에만 대규모 자동차 및 오토바이 경주를 1,500회나 조직했다. 나치 집권 전에 이러한 경주가 벌어지는 일요일은 그야말로 국민 축제로 발전하는 경우가 많았다. 임기응변식으로 이루어진 이런 경주는 대개 마을과 산을 지나는 공공 도로에서 벌어졌다. 여러 생산업체들이 강력한 엔진과 뛰어난 차대를 구비한 스포츠카 모델을 판매했고, 일반 운전자들은 어차피 빼도 문제없는 흙받이나 조명등을 떼어 내고 엔진을 개조하여 경주에 나설 수 있는 차로 직접 개조했다. 이러한 '동력화 켄타우로스' 전투를 그토록 매력적인 것으로 만든 요소는 무엇보다도 기술과 속도와 위험이 제공하는 매력의 결합, 나아가 용기와 남성적 제의祭儀의 결합이었다. 남자 대 남자라는 구도 아래, 19세기식 결투는 오토바이와 자동차를 통해 기계화되었다. 결투에서의 승리는 레이스의 결승 라인뿐 아니라 스톱워치로 측정되고 추상적으로 파악되는 시간에 좌우되었다. 운전자는 "스톱워치와의 싸움"에서 "인간적·기술적 능력에 대한 수치상 평가"에 자신을 바쳤다.[1]

1933년 이후에는 이처럼 인기 있는 경주문화를 독차지하고 고양시키려는 작업이 이루어졌다. 자동차경주의 연출은 다른 인기 있는 대중문화들이 그랬듯이 나치적으로 이루어졌고, 그와 관련된 제의들과 결부되었다. 동력화 돌격부대Motor-SA와 NSKK는 '질서유지 담당자'를 제공했다. 1920년대 나치당의 정치 슬로건이었던 "거리를 해방하라!"(직역하면 "길을 비우라!")는 여기서 말 그대로 쓰였다. 레이스 전후의 운전자 점호, 깃발 게양, 시상식 등은 점점 정치 집회를 닮아 갔다. 여기에 군사적인 목표도 덧붙여졌다. 비포장 지역 운전과 오리엔티어링 운전은 동력화 부대의 실제 투입 환경을 스포츠 방식으로 시뮬레이팅하는 것이었다. 겨울철에 운전하기 어려운 비포장 지역을 장거리로 달리는 '오네할트(논스톱)' 대회는 군사적인 기동작전을 연상시켰다.

이탈리아의 전례에 따라 일급 레이스, 즉 '그랑프리'나 명망 있는 세계기록 도전자들은 국가의 지원을 받았다. 아우토우니온과 메르세데스의 은빛 화살(1930년대 독일 그랑프리 레이스에 참가한 메르세데스 벤츠 레이스카들의 비공식 명칭)이 '민족의 경주'에서 경기장을 지배하고 '민족동지'들의 민족적 열정과 자동차에 대한 열정을 북돋았으며, 새로 등장한 정권의 탁월함을 전 세계에 똑똑히 보여 주려 했다. 현대와 엔진과 민족주의 및 군국주의 문화는 하나가 되었다. 프로파간다와 미디어는 한스 슈툭Hans Stuck과 베른트 로제마이어Bernd Rosemeyer 같은 레이서들을 민족영웅으로 부각시켰다. 그에 비해 전체주의적이지 않은 국가들의 자동차경주는 여러모로 뒤처지면서 아마추어적 면모를 보이게 되었다. 예컨대 영국의 아마추어 신사들은 독재국가가 지원하는 레이서들과 더 이상 경쟁할 수 없었다. 후자는 군인과 마찬가지로 오토바이 전사가 되었고, "명예를 위한 경기장"[2]인 경주로는 전쟁터가 되었으며, '안전 헬멧'은 '철모'와 동의어가 되었고, 자동차경주에서의 죽음은 곧 영웅적 희생으로 떠받들어졌다. 거기서는 단순히 죽는 게 아니라 전사하는 것이었다. 베른트 로제마이어는 신기록을 세우려고 분투하다가 죽었는데, 히틀러는 그의 부인 엘리 바인호른Elly Beinhorn을 다음과 같이 위로했다. "그가 독일의 위엄을 드높이기 위해 전사했다는 인식이 귀하의 애통함을 덜어 줄 수 있기를."[3]

---

[1] Ernst Jünger, *Der Arbeiter. Herrschaft und Gestalt*, 1981, p. 146.

[2] Adelheid von Saldern, "Cultural Conflicts, Popular Mass Culture and the Question of Nazi Success : The Eilenriede Motorcycle Races, 1924-39", 1992, p. 331.

[3] Reinhard Osteroth, "Tod bei 430 km/h. Vor dem Beginn der Formel 1 -Saison : Eine Erinnerung an den legendären Rennfahrer Bernd Rosemeyer", 1999, p. 82.

개책이 민간 차량의 군용화였다. 독일의 정찰용 장갑 차량은 처음에는 민간의 화물차 차대 위에 상단 부분을 임시로 올려놓은 것이었다. 정찰용 차량을 마련하는 가장 저렴한 방식은, 민간 모델에서 파생된 사이드카가 달린 오토바이를 활용하는 것이었다. 이런 비용절감형 동력화는 막대한 생산비와 자원이 드는 군수품인 전차에도 적용되었다. 처음에는 군부의 요구대로 장갑 및 무기가 잘 구비된 중간급 전차가 아닌 기관총이나 소구경 대포로 무장한 경형급 전차들만 생산했다. 이 전차 I과 II는 애초에는 전투용 차량이 아닌 연습용 차량으로, 민간 산업계에서 가져온 엔진과 부품들로 만들어졌다.

새로운 유형의 동력화 전쟁 독트린을 만들어 낸 것은 제1차 세계대전의 패배였다. 선진공업국 독일이 '가동 중단' 상태에 처했다는 사실은 '하드웨어'의 우월성에 비해 병사들의 사기가 열세였음을 말해 준다. 특히 젊은 장교들에게는 "독일 산업의 탁월한 성과에도 불구하고 기술의 의의가 과소평가되었다."[12] 미래의 전쟁은 동력화 전쟁이 될 것이다. 기계화 기갑화된 부대들을 활용하면 뛰어난 기동성으로 전쟁을 단기전으로 끝낼 수 있는데, 이는 민간인이 받을 고통도 줄이는 길이다. 희생자가 거의 없는 효율적인 동력화 전쟁이 가능해 보였다. 동력화는 전선이 꿈쩍도 하지 않은 채 대학살이 일어나는 전쟁, 몇 년간의 교착상태에서 벌어지는 피투성이 참호전에 종지부를 찍어 줄 것으로 기대되었다.

전쟁이 끝나자 이미 군부 소장파들은 지난 전쟁에서 활용한 보병 전술을 자동차와 결합시키려 했다. 이미 1918년에도 돌격부대들이 투입되어 교착상태의 참호전을 돌파한 경험이 있었기 때문이다. 그런데 이 엘리트 부대는 전선 후방, 즉 전투 투입을 위해 트럭으로 수송하는 단계까지만 동력화되어 있었다. 최전선에서 돌격대를 기동시키려면 다른 종류의 장갑차가 필요했다. 본래 탱크는 보행속도로 움직이며 참호 라인을 돌파하는 보조적 무기에 불과했다. 그러나 이미 지난 전쟁에서도 기동력이 뛰어난 전차가 적의 등 뒤에서 떼를 지어 다니면서 전투에 활기를 불어넣은 바 있었다. 1919년 영국은 탱크, 기갑 포병, 장갑 차량, 트럭 이동 보병을 활발하게 투입할 계획을 세웠다. 그러나 전승국들이 미래의 전쟁에 대비해 자국의 콘셉트를 실현할 기회는 거의 없었다. 반면에 독일의 참모 장교들은 여러 가지를 배웠다.

독일의 장갑 무기Panzerwaffe 시스템 창안자인 하인츠 구데리안Heinz Guderian은 1927년 자신의 구상을 담은 '기동성 부대'라는 글에서, 동력화라는 통상적인 흐름에서 완전 동력화 부대라는 이상을 이끌어 냈다. "유사 이래로 기동성이 현재의 엔진과 무선의 시대 같은 가능성을 가진 적은 없었다. 기술의 성과들은 바로 군인에게 직접 해당된다." 그는 미래의 무장을 위해 "우리 시대의 풍부한 기술적 지원을 완벽하게 활용해야 한다"[13]고 촉구했다. 느려 터진 보병 전차는 불필요했다. 그 대신 재빠른 탱크들이 떼를 지어 "갑작스럽게, 대규모로, 광범위한 전선에서, 동시에, 지극히 질서정연하게"[14] 공격을 해야 한다. 구데리안에게 이러한 탱크들은 어디까지나 완전히 동력화된 부대의 일부분이었다. 그는 이 부대와 함께 공격하는 보병과 포병, 대전차 및 대공 부대, 정비 및 보급 부대도 도로가 없는 지역에서 주행할 수 있어야 하고 보호용 장갑판이 있어야 한다고 강조했다. 신속한 정찰

'시스템 창안자' 구데리안이 1940년 프랑스로 진격하면서 장갑차에서 지휘하는 모습

차량들이 앞서 주행하고, 지휘관들은 부대와 함께 이동하며 전선 부근의 장갑차에서 무선으로 지휘해야 한다. "탱크를 보병 사단에 처박아 두어서는 안 된다. 기갑 사단을 편성하고, 여기에 전차가 효율적 전투를 수행할 수 있도록 필요한 모든 무기를 보급해야 한다."[15] 여기에 전투기가 동원되면 3차원적인 전장이 만들어지고, 그 전장의 중심은 하루 2백 킬로미터씩 이동할 수 있다. 즉, 동력화 부대의 주행속도만큼 전장 이동이 가능하다는 것이다.

1920년대에는 베르사유조약이 규정한 생산 금지 조항 때문에 이러한 부대의 편성은 꿈에 불과했다. 그러나 독일 기업들은 시제품들을 농업용 경운기나 대형 트랙터로 위장하여 비밀리에 생산했고, 이를 소련에서 시험했다. 10만 병력을 갖춘 바이마르공화국 군대는 탱크도 없이 판지와 자전거 재료 등으로 만든 탱크 모조품을 동원해 기갑전 전술을 훈련했다. 그러나 마침내 재무장과 함께 '전격전電擊戰 부대'의 편성이 시작되었다. 하지만 당시 독일 자동차산업의 기반은 빈약했다. 이를테면 기갑 보병은 도로 없는 지역을 주행할 수 있는 야전

팔을 치켜든 독일의 군중과 자동차부대

용 궤도차가 없어서 일반 트럭을 보급받았다. 1939년 국방군 차량의
60퍼센트가 '보충 차량', 즉 부족한 오프로드 자동차를 보충하기 위해
징발되거나 몰수된 트럭과 민간 자동차들이었다. 이러한 약탈 차량
이 없었다면 동력화 전쟁은 불가능했을 것이다.

'대독일 제국'에 합병된 직후 오스트리아와 체코슬로바키아의 기업
들은 즉각 독일 국방군에 납품할 차량 생산에 들어갔다. 스테이르와
타트라의 트럭들이 동원되었고, 체코슬로바키아의 스코다 장갑차는
Pz38(t)라는 이름으로 아리안화〔유대인 재산을 독일인 재산으로 옮기는 일〕
되어 소련 침공 때 큰 역할을 했다. 1938년 아돌프 폰 셸Adof von Schell
대령의 프로그램은 군용차량의 표준화를 시도하면서 어느 기업이 어
느 모델을 생산할지를 규정했는데, 그럼에도 모델은 다양했고 모델

당 생산 대수는 적었다. 개전 초기에는 국방군 4개 사단만이 동력화 '전격전' 준비를 마쳤다. 나머지 대다수 부대는 행군을 해야 했다. 이는 철도, 행군 장화, 말굽, 철을 두른 나무바퀴 등을 이용하던 19세기와 다름없는 이동 방식이었다. 소련 침공 전인 1941년까지도 독일 군대는 1만 5천 대의 소형 마차를 지급받았다. 가장 현대적인 전투 차량은 국방군이 아니라 무장 친위대에 지급되었다.

독일의 군 동력화를 둘러싼 난점들은 각종 프로파간다로 은폐되었다. 이탈리아와 소련 모델에 따라, 나치 정권은 기갑군과 비행 중대의 퍼레이드나 기동훈련을 정권 홍보에 활용했다. 제1차 세계대전 당시 천천히 전진하는 괴물들이었던 탱크는 이제 새로운 전쟁의 상징이었다. 자욱하게 먼지를 피우면서 신속하게 돌진하는 탱크부대 사진, "엔진들의 교향악", 장갑차 운전병의 노래, 행군하는 부대 위로 기하학적 편대를 이룬 군용기 등은 전체주의의 미학이 되었다. 나치의 선전은 동력화된 전사들, 군용기 조종사, 기갑부대원 등을 새로운 유형의 전사로 제시했다. 그들은 "엔진에 관한 교육"을 받았고, 역동적인 동력화 전쟁을 지배할 수 있으며, 헌신적인 전우애로 뭉쳐 있었다. 장갑차 앞이나 해치 안에서 포즈를 취한 전차 승무원들의 사진이나 기록영화 장면들은 변화된 영웅상을 유포했다. 자동차 역사 전체를 꿰뚫는 호전적 성향이 가장 강하게 나타난 영웅상이었다. 기동훈련 중인 기갑부대의 움직임이나 거의 초인적인 전투력에 대한 칭송은 '전격전'이 시작되기도 전에 그 전쟁 영상을 대중에게 공개하는 것으로 이어졌고, 이로써 곧 시작될 '교전'을 미리 준비시켰다.

뒤섞인 동기들: 고속도로 건설

　　고속도로 건설에는 나치 동력화 정책의 모든 측면이 집약적으로 나타났다. 서로 모순되는 경제적·이데올로기적 이해관계들, 서로 뒤섞여 때로는 제대로 기능하지 않은 여러 동기들, 정치적 수단으로서의 미학 중시 등 이 모든 일이 무장과 전쟁이라는 배경 아래 일어난 것이다. 나치는 동력화를 둘러싼 프로젝트가 대부분 그러했듯이, 이미 이루어진 업적을 가로채서 엄청난 프로파간다로 자신들의 업적인 양 내세웠다. 민족사회주의자들이 고속도로 건설을 왜 그리 중시했는지, 이를 위해 얼마나 많은 자원을 투입했는지는 연구자들의 견해가 여전히 엇갈린다.

　히틀러는 고속도로의 기능을 세 가지로 보았다. 바로 실업 해소, 노동자 구매력 제고, 동력화 촉진이었다. 나치의 프로파간다는 일자리 창출이라는 첫 번째 기능을 전면에 내세웠다. 도로 건설은 오래전부터 인정받던 실업 해소책이었으며, 루스벨트의 뉴딜정책에서도 미국의 주간州間도로Interstates 건설에 적용되었다. 그러나 민족사회주의자들은 이를 자신들의 독자적인 아이디어인 양 제시했다. "총통의 도로 건설 노력은 민족사회주의적 일자리 창출의 상징이 되었고 앞으로도 그러할 것이다."[16] 실업자의 10퍼센트인 60만 명을 고속도로 건설에 종사시키고, 여기에는 일부러 기계 투입을 삼가기로 했다. 하지만 이 계획은 실현되지 못했다. 13만 명 이상이 종사한 적이 없었다. 게다가 도로의 완성도와 노동자 훈련이라는 두 가지 목표가 충돌했다. 제대로 된 도로를 건설하려면 미숙련 실업자가 아니라 숙련노동

고속도로 기공식에서 첫 삽을 뜨는 히틀러(1933)

자와 기계가 필요했다. 힘겨운 육체노동에 익숙하지 않은 많은 사람들이 전형적인 '삽질병'에 걸리곤 했다. 거의 군대나 다를 바 없던 공사장 숙소에서는 마찰이 잦았다. 그러다가 고속도로 건설이 점차 전문화되면서, 숙련도가 낮은 노동자들의 비율이 다시 줄어들었다.

학계에서는 고속도로의 상징적 기능이 더 중요하게 평가되었다. 고속도로는 프로파간다를 효율적으로 구현하기에 걸맞은 영화관의 스크린 같았다. 고속도로는 지극히 현대적인 도로교통을 보여 줄 뿐 아니라, 그 기념비적이고 공공연한 가시성으로 인해 '미디어 프로젝트'[17]로 정권에 유리하게 상품화할 수 있기 때문이다. 교통정책의 심미화는 "민족사회주의 노동의 리듬과 에토스"를 연출하는 동시에 "민족 강성의 상징"[18]을 나타냈다. '제3제국 피라미드'[19]라는 개념은 그 건설 규모와 효용성보다는 상징성 때문에 고속도로에 잘 어울렸다.

1933년 9월 히틀러가 첫 삽을 뜰 때부터 이 새로운 공사장들의 상징적 가치가 명확히 나타났다. 모든 미디어에서 이것이 단순한 도로가 아니라 거대한 통합의 역사役事이고 독일 풍경의 아름다움을 보여 주는 것이라는 메시지가 유포되었다. 고속도로는 물론 교통의 속도를 높이는 길로 선전되기도 했다. "우리는 이에 따라 고속도로 건설이야말로 교통 시스템의 진정한 합리화를 위한 대담한 수단으로 볼 수 있다."[20] 그러나 관련 연구들은 이런 합리화를 다소 회의적인 시선으로 보았는데, 교통량 자체가 많지 않은 상태에서 고속도로 건설이란 불필요한 일에 가까웠기 때문이다. 그래서 고속도로가 갖는 일반적인 현대화 효과를 강조했다. "도로 건설과 동력화의 도움을 받아서 대도시는 지방에, 지방은 대도시에 통합되어 갔다."[21] 또한 고속도로가 히틀러, 그리고 프리츠 토트Fritz Todt(무기탄약 장관으로 고속도로 건설을 주도) 같은 몇몇 영향력 있는 권력자들이 개인적으로 선호한 프로젝트였다는 점도 과소평가해서는 안 된다. 그런 면에서 고속도로 건설은 독재자들의 체면 차리기나 거창한 토목공사 사례였다. "전쟁을 일관되게 준비할 것인가, 아니면 기술 분야에서 좀 더 민간적인 계획들을 실현할 것인가의 선택에서 그는 때때로 동요하기까지 했다."[22] 그러므로 우리는 나치의 고속도로를 기술적 능력의 추구 결과로 보아야 하고, 이러한 추구는 "정치권력의 상징과 전국에 걸친 상징적 토목 건조물의 형태로 현실화"[23]되었다.

현대의 역사가들은 고속도로의 군사적 측면을 과소평가한다. "고속도로가 전쟁과 관련되어 있다면, 그것은 논리적이기보다는 심리적인 관련성일 뿐이다." 이 프로젝트는 "군사적 · 경제적이기보다는 미학적 · 기술적 프로젝트로서 특별한 의미"[24]를 가졌다는 것이다. 혹은 "제국자위군과 제국항공부의 군사적 관심은 고속도로 건설 결정과 고속도로망 기획에서 별다른 역할을 하지 못했다. 그래서 고속도로의 군사적 기능에 대한 학계의 논증은 이미 종결된 것으로 받아들여 진다"[25]고도 말한다. 확실한 점은 당시 보급을 위해서는 여전히 철도 가 더 중요했다는 것이다. 다만, 제국의 동부 국경과 서부 국경 사이 의 짧은 구간에서는 도로를 이용하는 군사수송이 점점 늘었다. 군부 는 처음에만 회의적인 태도를 보였다. 군부는 "이 담회색 인대靭帶들" 이 오히려 적의 폭격기에 길을 가리켜 주는 표지 역할을 하지나 않을 까 우려했던 것이다. 하지만 전쟁의 경험이 그들의 마음을 돌려놓았 다. 1940년 구데리안은 고속도로 잡지《디 슈트라세》에 다음과 같이 썼다. "우리는 제국 고속도로의 축복을 빈으로 향하는 해방의 진군과 체코슬로바키아, 폴란드, 서방 국가들로의 진군에서 이미 누릴 수 있 었다. 제국 영토 내에서의 행군이 커다란 기쁨을 주었던 것이다!"[26] 전 쟁 준비에 열을 올리는 한편, (오스트리아) 병합에 이르러서는 토트도 "도로 건설이 점점 더 순전히 정치적, 아니 심지어 군사적으로 흘러 가게 되었다"[27]고 토로했다.

도로 건설 모델로는 제1차 세계대전 당시 프랑스의 도로 건설이 유 용했다. 이를 조직했던 두망Doumene 소령의 말처럼, 그때는 군용 트럭 들이 "끝없는 사슬처럼" 굴러갈 수 있었다. 구데리안은 1925년에 이 미 '베르됭의 생명의 혈관'이라는 글에서 수송 용량을 제고할 수 있 도록 '성스러운 길'의 분리된 양방향 차선의 건설을 강조했다. 게다가 프랑스의 도로는 철도보다 네트워크의 파괴와 절단에 저항력이 강해 보였다. 그래서 고속도로는 "파괴에 강한 인프라"라는 군사적 콘셉트 에 잘 들어맞았다. 카를 하인츠 루트비히Karl-Heinz Ludwig, 에어하르트 쉬츠Erhard Schutz, 에카르트 그루버Eckhard Gruber가 고속도로 건설의 복합적인 동기를 하나의 개념으로 가장 정확히 정리한 것으로 보인다. "경기부양과 '방위 능력 제고'는 정치권력의 강화로 함께 흘러들었다."[28] 그리고 이것은 "기능적 성격과 기념비적 성격 사이에서"[29] 오락 가락했다.

장갑차 전쟁

'전격전'의 콘셉트가 제2차 세계대전 개전 초기에 그렇게 성공을 거둔 것은 독일의 전차가 질적으로나 양적으로 더 우세했기 때문이 아니다. 프랑스 한 국가만 해도 더 많은 전차를 보유하고 있었고, 게다가 그 전차들은 더 우수한 무기와 장갑을 갖추고 있었다. 그러나 서방 국가들에서는 군사적으로 동력화를 조직하는 일이 관습적인 방식으로 이루어졌다. 서방의 군 참모부는 보병 지원을 위해 전차를 모든 부대에 분산 배치했다. 소규모로 편제된 연합군 전차들은 별도 부대로 편제된 독일 국방군 전차들의 대규모 공격에 맞설 수 없었다. 독일의 '전격전' 부대 사령관들이 전투에 직접 참가하여 무전으로 지휘하며 유연하게 대응하면서, 전쟁은 새로운 양상의 동력화 전쟁으로 변모했다.

전투는 그야말로 전광석화처럼 전격적으로 이루어졌다. 비교적 손실은 적었고, 작전지는 빠르게 이동했다. 전투는 장갑 차량의 공격에 좌우되었다. 적진을 우회하거나 동력화 포병대나 전투기를 동원하여 순식간에 제압하는 식이었다. 그리고 적의 등 뒤에서 갑자기 튀어나와 적의 진용을 교란시켰다. 동력화 돌격부대 콘셉트는 1940년 프랑스 전선에서 완벽하게 실현되었다. 발칸 침공에 즈음하여 베르톨트 브레히트는 이 새로운 동력화 전쟁 시대에 대해 이렇게 썼다. "느린 전쟁은 빠른 전쟁을 탄생시킨다(정지된 전쟁이 움직이는 전쟁을 낳듯이). … 살로니키로 진군하는 독일군은 자동차가 낼 수 있는 바로 그 속도로 나아갔다. … 그것은 마치 이 군대만이 움직일 수 있는 것처럼 보였다. 이 군대만이 전쟁의 평면 대신 입체를 만들어 내고 지배했다. 노쇠한 군대들은 물레로 제니방적기에 대적하는 꼴이었다. 용맹은 운전 기술에 패했다."[30]

그러나 종종 전투 경험은 프로파간다가 내세우고 외부 관찰자들이 보는 것보다 기동성이나 기계화 면에서 훨씬 미숙했다. 막을 수 없는 전차들의 진군과 (전차 안의) 눈에 보이지 않는 기술자 같은 군인들이 전투 노동을 수행하는 장면들은 있는 그대로의 현실이 아니었다. 1943년 사상 최대의 전차전이었던 쿠르스크에서조차 전차들만 맞붙어 싸운 것이 아니다. 민간인이나 장애물이 전혀 없는, 동력화 전쟁의 장기판처럼 보였던 북아프리카 사막에서조차 전차는 지배적이지 않았다. 속도가 빠르지만 장갑판이 얇은 영국의 크루저 탱크(순향 전차) 행렬은 숨겨 놓은 대전차포나 대공포들과 계속해서 마주쳤다. 불에 탄 전차 잔해들은 꿈쩍 않고 제자리를 지키는 방어 체제가 기갑화되고 동력화된 적보다 우월하다는 것을 보여 주었다. 그러다가 새로운 전술 콘셉트에 따라 장갑차들이 이 움직이지 않는 장애물들을 크게 우회하고 대전차포들이 기갑 차대에 실리게 된 다음에야 비로소 이동성의 새로운 단계에 이르렀다.

동부 기동전의 현실 역시 독일의 프로파간다에 등장하는 효율적이고 기동성 뛰어난 전투 이미지와 달랐다. 더러운 전쟁, 민간인에 대한 보복과 유대인에 대한 만행에는 바로 동력화 부대도 관여했다. 그들은 또 후방 보

프랑스 전선에서 싸우는 독일의 전차 II(1940)

급로인 '롤반'〔제2차 세계대전 당시 동부전선에 임시로 확보한 보급품 수송로〕을 둘러싼 야만적인 파르티잔전투에도 참가했다. 국방군과 친위대는 보급에 필요한 이 '전방의 생명혈관'을 지키려고 수단과 방법을 가리지 않았다.

경무장의 전차들은 늦어도 1942년에는 시대에 뒤처지게 되었다. 그러나 모든 전쟁 당사국은 새로운 모델의 도입을 꺼렸다. 자동차 기업과 달리, 새로운 전차 모델을 위해 기존 설비를 교체할 수 없었기 때문이다. 그래서 구형 전차들이 예상보다 더 오랫동안 생산되었다. 독일의 중전차中戰車는 무장과 장갑을 강화하기는 했으나, 포탑이 너무 좁아졌을 뿐 아니라 중장갑이 차대에 큰 부담을 주었다. 종종 구형 차체에는 대포병포나 대전차포만이 탑재될 수 있었다. 모든 신형 전투 장갑차는 생산 비용이 더 올랐다. 더 무거워진 포탑은 유압식 선회가 필요했고, 변속 및 조향장치는 서보 장치의 지원을 받아야 했다. 경전차輕戰車 II를 생산하는 데는 368시간이 소요되었으나, 판터 전차 생산에는 913시간이나 필요했다. 독일의 군수업체들은 자원 부족

닷에 모든 신총 차량을 표준화하여 생산공정을 단순화시켜야 했다. 그리하여 군용 트럭은 판재로 만든 운전석만 갖추게 되었고, 자주포 自走砲와 대전차용 전차에는 회전식 포탑도 탑재될 수 없었다. 이런 장비들을 투입한 경우에는 전술적 유연성이 떨어졌다. 대체로 이런 일은 제한적으로만 일어났는데, 이는 무엇보다도 복잡한 차대와 엔진들이 계속 사용되었기 때문이다. 또한 이런 일은 점점 더 전문화된 차량에 대한 군부의 기대에서 벗어나는 일이었다. 전쟁이 진행되는 동안 대포병포, 대공포, 대전차포, 로켓포, 무전 차량과 공병 차량, 지휘 차량과 구조救助 차량 등이 생산되면서 실제로 슬론주의적 다양화가 이루어졌다. 이로 인해 생산량이 떨어졌다. 이는 모델이 통일되고 나서야 비로소 해소될 수 있는 문제였다. 민간 분야의 슬론주의에서처럼, 이 딜레마는 표준화된 차대와 전문화된 상부 구조의 결합으로 해결되었다.

소련 전선에서 독일 국방군은 독일 전투 장갑차보다 뛰어난 전차들을 만나게 되었다. 소련의 T34는 모든 방향으로 기울어진 면들과 5백 마력 디젤엔진을 갖추었고, 화력이나 장갑, 이동성, 속도 등에서 최고의 성능을 보여 주었다. 과소평가되어 온 소련의 자동차산업이 생산하는 이 전차의 생산 대수도 국방군이 맛본 'T34 충격'에 한몫했다. 독일의 기술이 뛰어나다는 선전은 단번에 무너졌다. 수적으로 우세한 적군 탱크를 더 나은 성능으로 누르겠다는 기획은 성사되지 못했다. 소련 모델을 그대로 생산하는 방안이 진지하게 고려되었으나, 결국 기술적으로는 더 야심적이었으나 곧 고장이 잦은 것으로 드러난 모조품을 양산하게 되었다. 이 판터 전차는 그렇게 급하게 개선

조치가 취해졌음에도 불구하고 종종 고장이 나서 꿈쩍도 하지 않았다. '공학철학'에 대한 소련과 독일의 차이는 차대에서 드러났다. 독일 장갑차는 생산과 관리가 복잡한 상자형 차대였지만, T34는 무한궤도의 고리들을 간단하게 볼트로 연결했다. 소련의 공장들은 생산 공정에서 비용 절감이 가능한 부분은 모두 활용했다. 석유등을 후미등으로 사용했고, 용접 자국은 마무리 연마 과정도 거치지 않았다. 그들은 미국 방식대로 표준화를 실행함으로써 생산량을 늘릴 수 있었는다. 독일의 침공으로 공장 일부를 우랄산맥 너머로 이전하고도 이는 계속 유지되었다.

이와 반대로 독일 차들의 생산은 진전된 방식을 활용했음에도 여전히 후진적이었다. 예컨대 금속판들은 용접되었고, 부품들은 노동력 절감의 일환으로 프레스 공정으로 생산되었다. 전차들은 종종 여전히 집단노동으로 생산되었으나, 트럭들은 이미 일관작업으로 만들어졌다. 이때 중요한 것은 합리화보다는 훈련된 강제노역자들에게 작업을 시키는 일이었다. 복잡하고 품질을 중시하는 독일의 설계를 대량생산에 적합하게 바꾸려는 시도가 실패한 것은, 생산 조직과 원자재 공급 문제나 공습 때문만이 아니라 강제노동 조건에도 이유가 있었다. 대개의 경우는 미숙련 상태에서 강제노역에 동원된 전쟁포로나 강제수용소 수인들에게 전투용 차량 생산을 맡기려고 공장을 강제수용소 부근에 세우거나 수용소 지소를 전차 공장 부근에 설치했다.

높은 품질과 생산성을 갖춘 대량생산은 당연히 "노동을 통한 절멸" 프로그램과는 어울리지 않았다. 독일은 1941년부터 1945년 사이에

총 50만 대에 육박하는 군용차량과 열차를 생산했다. 독일을 '가동 중단'시킨 것은 미국이었다. 초기에 몇 가지 문제가 있었지만, 진전된 포드주의는 군용차량 생산에 도입되었다. 그 결과, 수많은 미국의 전차, 트럭, 지프들이 연합군에 보급되기 시작했다.

양 전선에서의 탈동력화

늦어도 1941~42년 가을과 겨울의 동부전선 전투 이후로 독일의 동력화는 한계에 부닥쳤다. 진흙과 지독한 추위는 북아프리카의 더위와 모래보다 장갑차와 트럭 투입에 더 큰 악영향을 끼쳤다. 차량들은 진흙에 처박히기 일쑤였고, 영하를 훨씬 밑도는 기온에서 시동조차 걸리지 않았다. 동력화 부대의 운전자와 기술자들은 진득진득한 윤활유, 엉겨붙는 경유, 유연성 저하로 인한 파열, 배터리 고장 등에 시달려야 했다. NSKK는 전쟁 전 겨울 훈련에서 이에 대비한 훈련을 충분히 시키지 않았다. 독일의 차량들은 적군 차량들보다 훨씬 더 큰 문제들을 일으켰다. 무엇보다도 독일 차들이 더 복잡하고 덜 튼튼했기 때문이다. 소련의 전차와 트럭들은 극한의 기후에 더 잘 적응했고 수리

동부전선의 아들러 자동차(1943)

도 더 간단했다. 이와 반대로 독일은 기계적 고장, 분실, 철수 등으로 보유 차량 대수가 점점 더 줄어 갔다. 1941년 6월 50만 대의 차량으로 소련 침공을 개시했으나, 진흙 속을 누비다가 겨울이 시작된 반년 후에는 고작 7만 5천 대만이 가동 가능했다. 그리하여 하필이면 동력화 전쟁을 처음 적용하고 선전한 바로 그 군대의 동력화가 무너진 것이다. 또한 심각한 연료 부족 사태로 국방군은 사실상 '탈동력화'되고 말았다. 전쟁 도중 군대의 85퍼센트가 차량을 갖추지 못했고, 이 때문에 250만 마리의 말을 이용해야 했다.[31] 1943년부터 동부전선 군대는 징발된 소형 마차와 철도를 이용했는데, 이는 먼 과거의 이동성으로 후퇴한 것이나 마찬가지였다.

서부전선에서도 동력화된 연합군에 마차를 이용한 군대가 맞섰다. 국방군 차량은 소련 침공 이전부터 연료 부족에 시달렸는데, 이는 미국과 영국이 정유시설과 오일 저장소를 전략적으로 공습했기 때문이다. 더욱 심각한 것은 연합군 비행기의 저공비행으로 도로교통이 마비되었다는 점이다. 교대로 투입된 비행기들은 때때로 나무 꼭대기 정도의 높이로 낮게 날면서 차량들을 공격하고 교량 등 주요 시설을 파괴했다. 1644년 6월 연합군의 노르망디 상륙 이후, 독일의 전차 부대와 보급 부대들은 한밤중이나 악천후에만 움직일 수 있었다. 1944년 12월 아르덴에서 벌어진 독일군의 마지막 공세가 초반에 성공한 것은 오로지 며칠 동안 날씨가 나빠서 연합군의 전투폭격기 투입이 지체되었기 때문이다. 폭격기들이 투입되기 시작하자 대규모의 차량 이동은 일체 불가능해졌다. 또한 보급 문제가 결정적인 요소로 나타났다. 연료, 오일, 윤활제, 탄약, 부품 등을 계속해서 대량으로 공급하는 임무를 띤 부대들은 특히 공격을 받기가 쉬웠다.

1943년부터 기계화 전쟁의 새로운 모습이 전면에 드러났다. 폭격기와 전투폭격기들이 지배하는 공중의 기동성이 야전의 기동성을 대체하게 되었다. 적군의 동력화 부대를 제압하는 데 결정적이었던 것은 이제 지상군이 아니라 전투기 투입 여부가 된 것이다. 에르빈 롬멜Erwin Rommel의 지휘 차량을 저공비행기가 폭격한 사건은 지상군 무기에 대한 공군 무기의 우월성을 상징했다. 이 공격으로 동력화 군대의 가장 저명한 장군이 중상을 입었다. 제공권을 쟁취한 공군의 보호를 받은 다음에야 지상의 이동성이 의미를 가질 수 있게 된 것이다. 연합군은 상륙 이후 보급품 수송을 별다른 방해도 받지 않고 조직할 수 있었고, 이를 완벽하게 수행했다. 노르망디 해안에 급조된 항구 멀배리를 통해 매일 6천 톤의 무기가 상륙했는데, 연합군은 이 항구를 더 이상 철도망과 연계시키지 않았다. 수만 명의 운전자들이 투입된 트럭 행렬이 이 엄청난 군수품을 군대에 보급했다. 도로교통의 효율적인 조직이야말로 연합군 승리의 핵심 요소였던 것이다.

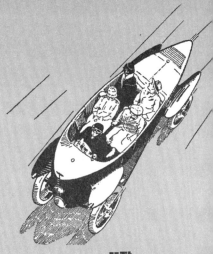

11장

전후, 경제기적, 자동차 대중화

1945년 여름, 해방된 독일의 자동차 교통은 완전히 마비되었다. 운송 수단으로는 기껏해야 자전거가 있었으나, 타이어 고무가 부족해서 그마저도 원활하게 기능하지 않았다. 폐허가 된 도시들을 재건하기 위해 협궤 철로가 투입되었다. 연합군의 폭격이 독일의 인프라를 마비시키는 데 집중된 탓에 간선도로와 주요 교량들이 모조리 파괴된 상태였다. 점령군은 자동차 운행 금지를 발표했다. 연료와 타이어 배급은 거의 이루어지지 않았다. 처음에는 수송용 차량의 운행만 허용되었는데, 그나마 종종 임시변통으로 승용차를 개조한 소형 트럭으로 목재 가스 설비로 운행되었다.

제2차 세계대전 당시 독일 국방군의 징발과 전후 점령군의 몰수로 승용차 수는 크게 줄어들었다. 남은 것이라곤 대개 독일 국방군이 경원시했던 전륜 구동 소형차들이었다. 전쟁 전에 생산된 낡은 자동차들이 임시변통으로 운행되는 모습이 1960년대까지의 거리 풍경이었다. 굶주림과 추위와 파괴에 시달리던 사람들에게 자동차를 탄다는 것은 비용이 많이 드는 매우 드문 일이 아닐 수 없었다. 서방 점령 지역에서는 점령군이 자동차에 대한 갈망을 고조시켰다. 패배한 독일인들은 걸어서 다니고 비좁은 기차 안이나 그 지붕 위로 몰려드는

'총통의 길'을 따라 수용소로 가는 미국 자동차들과 독일인 전쟁포로들(1945)

데 비해, 미군들은 항상 자동차를 타고 다녀 큰 대조를 이루었다. 볼프강 쾨펜Wolfgang Köppen은 소설 《풀밭의 비둘기Tauben im Gras》에서 다음과 같이 썼다. "독일인들은 그 굴러가는 사치를 부러워하는 동시에 경멸했다. … 도시의 거리를 뚫고 지나가는 독일 장교들은 일개 미군 병사들이 부유한 관광객처럼 안락한 쿠션에 기대앉아 상관에게 경례도 하지 않고 지나치는 모습을 보면 화가 났다. 그것이 민주주의이고, 그것은 곧 무질서였다."

사치스러운 자동차들은 점령군이 오만과 독신瀆神과 향락에 빠진 것 같은 인상을 풍겼다. 무엇보다도 미군의 '폴크스바겐(국민차)'이라고 할 지프는 그 승리의 문화를 상징하면서 자동차로 누릴 수 있는 미래를 약속했다. 마치 통조림과 껌이 소비의 아름다운 미래를 약속했던 것처럼 말이다. 그렇지만 이런 불평등한 자동차 이용은 이따금 불상사를 빚기도 했다. 서로 다른 이동 수단 때문에 점령군과 독일 민간인 사이에 사고가 빈번했던 것이다. 그중 가장 유명한 희생자는 1945년 12월 만하임에서 교통사고로 사망한 조지 패튼George S. Patton 장군이다. 소방차나 견인차, 잔해 제거 트럭 등에는 점령군의 낡은 트럭, 특히 당시 양산된 3축 트럭이 활용되었다. 반면에 점령군은 독일군이 사용하던 차량들을 폐기 처분했다.

1948년 화폐개혁과 독일연방공화국〔구 서독 및 통일 독일〕 창설 이후에야 도로교통이 정상화되기 시작했다. 일요일 차량 운행 금지와 휘발유 배급제 등도 폐지되었다. 1933년 2월에 열린 것과 같은 박람회가 다시 필요해졌다. 1951년 프랑크푸르트에서 전후 처음으로 열린 대규모 자동차박람회는 자동차로 누릴 수 있는 미래에 대한 희망을 고무시켰다. 57만 명의 관람객들은 새로 생산된 자동차들을 자랑스럽게 살펴보았다. 수출용 자동차와 오토바이들은 경제성장을 예견하게 했다.

자동차 경제기적

독일연방공화국의 자동차문화가 나치의 자동차 정책을 어느 정도나 계승하고 있는지는 논란거리였다. 언뜻 보아서는 연속성이 두드러졌다. 1950년대에 서독인들은 폴크스바겐을 타고 '총통의 길'을 달렸고, 과거 제3제국 군수산업 기술자들이 설계하고 나치 경제지도자들이 시장에 내놓은 자동차들을 구입했다. 그리고 과거 군복 차림으로 침략했던 그 나라들로 이제는 여가복 차림으로 차를 타고 갔다. 실패로 끝난 나치의 국민차 계획이 서독에서야 성공하는 것처럼 보였다. 서독의 교통정책 담당자들과 자동차 생산자들은 1945년 이전에도 이미 주요 직책을 맡고 있었다. 그리하여 나치 치하에서 계획되었던 교통 프로젝트들이 나중에야 실현되었다.

1947년 폴크스바겐의 CEO가 되어 생산을 확장했던 하인리히 노르트호프Heinrich Nordhoff는 과거 오펠의 브란덴부르크 생산공장 책임자를 지냈기에 나치 군수산업의 조직과 자재 조달의 어려움을 잘 알고 있었다. 자동차 메이커 NSU의 경영자 게르트 슈틸러 폰 하이데캄프 Gerd Stieler von Heydekampf는 과거 전차 생산을 책임졌으며, 서독 경제장관과 연방총리를 역임하면서 자동차에 기초한 경제기적의 기획자였던 루트비히 에어하르트Ludwig Erhard는 이미 1939년에 소비연구소 책임자로서 자동차를 포함한 민간 소비의 중요성을 설파한 바 있었다.

이러한 연속성에 대해 다른 나라들은 분개하기도 했다. 어느 홀로코스트 생존자는 〈주인이신 국민의 차에게 바치는 송가〉를 지어 딱정벌레차 비틀의 구입 거부를 선동했다. 이 차야말로 히틀러가 반유대적인 돌격대를 앞세워 빼앗으려 했던 '생활공간Lebensraum'〔독일의 생활공간 확보를 위해 동구 지역을 점령한다는 나치스 이념〕을 아직도 찾아 헤매고 있다는 것이었다.[1] 1994년 영국의 〈하일 헤르비Heil Herbie〉라는 영화에서도 이와 비슷한 이야기를 들을 수 있다. 독일 자동차산업이 유럽의 통합 시장을 지배할 수 있다는 우려는 근거 없는 주장이 아니다. 이미 1941년부터 나치 지도자들은 "자동차와 경운기 수요를 충족시키기 위해서는 '미국식으로' 생산할"[2] 전제 조건으로 유럽 시장 통합이 필요하다고 보았다. 물론 이는 군사적 점령으로 이루어지는 것이었다! 한스 디터 셰퍼Hans-Dieter Schäfer는 이미 나치 사회에서부터 경제성장이 삶의 의미를 보완하는 역할을 했다고 강조했는데, 이러한 현상은 서독의 소비지향 사회에서 최종적으로 실현되었던 것이다.

자동차는 전쟁 전이든 전쟁 후든 국가와 사회의 통합을 달성하는 수단이기는 했으나, 그 방식은 매우 다양했다. 서독에서는 자동차의 대중화가 나치 시대처럼 정치적 연출로 이루어지지는 않았다. 1950년 이후 자동차는 이데올로기와 상관없는 비정치적 수송 수단, 재건과 현대적 경제구조의 이상적 수단으로 받아들여졌다. 자동차를 개인적으로 소유하고 손수 운전하는 일은 새로운 민주주의의 자의식과 잘 어울렸다. 그러한 개인 교통은 나치 정권의 전체주의적 통치나 동독의 통제적 공공 교통과는 상반된 것으로 여겨졌다. 1952년 서독에서 자동차 속도제한이 폐지되었을 때는 그 누구도 불과 20년 전 나치 정권이 개인 교통을 촉진하려고 비슷한 조치를 취했다는 사실을 기억하지 못했다. 자가용은 개인의 책임을 요구하고, 집단적 강제라는 월권행위에 대해 소

스쿠터 광고

유자를 '단련'시키며, "공산주의 진영으로부터의 집단적 유혹에 대항하는"[3] 요새로 이해되었기 때문에 어디까지나 반전체주의적인 것으로 보였다. 자동차를 소유할 수 있는 국민들이 점점 늘어나는 현상은 곧 시장경제의 우월성을 과시하는 것이 되었다. 이러한 간접적 의미에서 자동차는 냉전의 병기라는 정치적 역할을 수행했던 것이다.

1955년 서독의 연방군 창설이 자동차에 미친 영향은 일반적으로 과소평가되어 왔다. 당시만 해도 동서 냉전 탓에 폭격에 대비한 도로 인프라의 안전을 고려하지 않을 수 없었다. 군은 주요 대도시들을 연결하는 성좌 구조에 반대하고, 일부가 파괴되더라도 그 기능이 어느 정도 유지될 수 있는 네트워크형 구조를 주장했다. 양 진영 간에 벌어질 전쟁이 자동차에 전적으로 의존할 것이라서, 군대는 보급의 동맥으로서 고속도로를 필요로 했다. 연방군 장성인 슈네츠Schnetz는 1950년에 다음과 같이 선언했다. "우리는 유럽이라는 교두보에서 도로가 군사적으로 가장 중요한 교통망이라고 생각한다. 특히 연방공화국 영토가 속한 전투지역 내에서는 더욱 그러하다."[4] 군은 도로 노선이나 교량 내하력 등을 결정하는 데 간여했다. 제2차 세계대전 종반 몇 달 동안 대부분의 공군기지가 파괴된 경험도 있어, 연방공군은 고속도로 구간에서의 이착륙 훈련을 실시했다. 불과 20여 년 전 나치 국방군의 기계화를 주도했던 많은 장성들이 신설된 서독 연방군의 지휘부에서 활동했다. 그들은 국방군 경험에 의존하는 동시에 미군에서도 여러 가지를 배웠다. 연방군은 초기에 미군 차량들로 무장했던 것이다. 그러나 얼마 지나지 않아 독일은 SUV나 트럭을 자체 생산하게 되었다. 1960년경 DKW의 SUV 뭉가, MAN의 트럭, 보르크

바르트의 병력 수송차량 등이 거리를 달리게 되었다. 미군의 노후한 전투 장갑차도 독일이 자체 생산한 레오파르트로 교체되었다. 연방군의 동력화는 상용차 수요를 늘리면서 민간 시장에도 영향을 미쳤다. 또한 과거 황제의 군대나 나치의 군대가 그랬던 것처럼 서독 군대도 국민들의 운전 교습소가 되었다.

전쟁의 패배는 서독인들에게 매우 간접적인 방식으로도 오래도록 영향을 끼쳤다. 공격적인 안하무인 운전 방식이 이목을 끌었다. 그 모습은 자동차들의 원활한 소통보다는 마치 성능 좋은 자동차 운전자의 권리 주장만을 원하는 것처럼 보였다. 디트마르 클렌케Dietmar Klenke는 이러한 태도를 독일 운전자들이 받은 군사적이고 권위적인 교육의 결과라고 해석했다. 전쟁에서 패한 비참함을 도로교통에서 해소하려 했기에, 도로교통은 "정신적 과거청산의 거울상"이라 할 수 있었다. "잠재적인 호전성이 새로운 개인주의적 자유 이상과 내적인 관계를 맺으면서 서독 운전자들의 집단적 습속이 되어 버렸다."[5]

자동차 보급은 전후의 새 출발에서, 그리고 경제기적 시기 독일인의 의식에서 지극히 중요했다. 전후에 자동차는 곧 삶의 의미로 여겨졌다. 이는 나치 정권의 붕괴에도 불구하고 살아남은 거의 유일한 이상이 자동차에 대한 욕망이었기 때문이다. "평화란 같은 교통수단으로 전쟁을 계속하는 것이다."[6] 자동차는 "새로운 독일의 경제적 업적이라는 종교"[7]에서 하나의 우상이 되었다.

자동차사회로 가는 길

1933년에 대대적으로 시도했다가 실패한 자동차 보급은, 전쟁이 끝난 후 20년간 서독에서 비약적으로, 시스템에 대한 전체주의적 개입 없이 이루어졌다. 이미 1952년 승용차 수는 전쟁 이전 수준인 150만 대를 회복했다. 경제기적의 10년 동안 자동차 보급 수준은 국민 1천 명당 12.7대에서 81.2대로 급증했다.[8] 연간 20퍼센트를 웃도는 성장률이었다. 1955년에는 1백만 대째 비틀이 생산되었다. 그러나 진정한 붐은 1960년대에 일어났다. 승용차가 8백만 대를 넘어선 이때에야 자동차는 더 이상 자영업자의 업무용 차량이나 사치성 차량이 아니라 모두를 위한 재화가 되었다. '자동차 운전자 사회'[9]가 등장했다.

1965년 폴크스바겐은 1천만 대 생산을 돌파했다. 5년 후 자동차산업 종사자는 71만 8천 명에 달했다. 자동차산업은 말 그대로 경제부흥의 엔진이었다. 1950년에서 1960년까지 자동차 생산 증가율은 전체 산업 생산 증가율의 3배에 달했고, 수출 증가율은 훨씬 더 높았다. 1970년에 이미 전체 자동차의 55.2퍼센트가 수출되었다.[10] 이 시기에 "집과 차를 만드는 광적인 축제"[11]가 벌어졌다. 고도성장기에 매년 생산 기록이 갱신되면서 서독인들은 "우리는 다시 일어선다"는 감정을 강하게 느끼게 되었다. 자동차는 독립적이면서도 규격적인 새로운 생활 방식과 완벽하게 맞아떨어졌고, 모든 계급 장벽을 제거하는 것처럼 보였다. 가장 이상적인 자유의 상징이었던 것이다. 자동차는 "1960년대 초반에 이르러 각 개인이 누리는 경제기적과 무한해 보이는 새로운 자유를 상징하게 되었다."[12] 서독에서는 얼마 지나지 않아 모든 사회계층이 자동차를 소유할 만한 생활수준을 누리게 되었고, 어떤 자동차를 소유하는지가 그 사람의 사회적 지위를 나타내게 되었다.

많은 학자들이 서독의 급속한 자동차 보급을 둘러싸고 그 원인을 규명하고자 했다. 그러나 이런저런 논의만 무성할 뿐, 정작 명쾌한 답은 없었다. 근본적 물음은 다음과 같았다. 자동차의 성공은 이른바 자연발생적으로 이루어진 것인가, 아니면 계획과 후원에 의한 것인가? 만일 후자가 맞다면 어떤 요인이 자동차의 승리를 이끌었는가? 자동차 비판자들은 이것이 강력한 경제적 이해관계가 얽힌 음모라는 사실을 조금도 의심하지 않는다. 말하자면 이는 자동차산업, 석유산업, 도로 건설 기업, 언론, 광고산업, 운전자 단체, 교통정책 담당자들이 담합한 결과이며, "이 과정을 단순히 따르거나 후원한 정도가 아니라 처음부터 적극 촉발시킨",[13] 자동차와 석유와 고무산업의 로비가 분명히 작용했다는 것이다.

물론 경제정책적 요인들이 자동차의 성공에 큰 영향을 미쳤음은 두말할 나위도 없다. 1950년대 이래로 자동차 소유와 사용에 대한 후원이 다양한 측면에서 이루어졌다. 여기에는 우선 연방전부의 경제정책이 포함되는데, 나치 정권의 조직적 개입과 달리 연방정부는 세제상의 수단을 선호했다. 1954년부터 자영업자뿐 아니라 노동자들도 승용차 통근 비용을 필요경비로 산정할 수 있게 되었다. 모든 자동차 소유자들에게 승용차 통근 거리 1킬로미터당 25페니히의 소득공제 혜택을 공평하게 주는 조치는 자동차 구입을 자극했고, 그들이 교외로 이사하여 매일 저렴하게 자가용으로 통근할 수 있도록 했다. 한편으로는 석유세 부담에 대해 불평이 많았지만, 그래도 휘발유 값은 비교적 싼 편이었다. 그리고 루트비히 에어하르트가 자동차 할부 구매를 간곡히 권고하며 우대 정책을 펼쳤듯이, 정치인들은 여러 조치로 자동차 구입을 장려했다. 그리하여 실제로 승용차 신용 구입이 점차 늘어났는데, 초기에는 1949년 설립된 판매신용은행이 이를 위한 융자를 제공했다. 노동조합도 늘어나는 부의 분배를 목표로 하는 임금 투쟁을 통해 생산직 노동자와 사무직 노동자의 자동차 소유를 촉진했다. 세 번째 주역은 자동차 운전자 클럽과 같은 좁은 의미의 이익단체들이었다. 이들은 자동차 관련 경비를 낮추고자 노력했는데, 특히 운전자에 대한 세부담에 대항했다. 네 번째로는 당연히 자동차산업과 그 밖의 자동차 관련 산업이 시장 확대를 재촉했다. 이들은 자동차야말로 성장의 주요 기반이자 일자리를 보장하고 외화벌이에 앞장서는, 국민경제에 필수적인 요소라고 역설했다.[14] 하지만 이 모든 전략들의 전제 조건은 무엇보다도 자동차에 대한 집단적 욕망이었다. 자동차에 바치는 사랑(볼프강 작스Wolfgang Sachs의 저서명) 없이는, 자동차를 소유하려는 뜨거운 욕망 없이는 그 모든 장려책들도 무용지물이었을 것이다.

서독 교통정책의 효율성에 대해서는 전문가들의 의견이 엇갈린다. 나치 정권이 그랬던 것처럼, 사회 동력화 정책이 일관되게 자동차에 집중되었는가? 빈프리트 볼프Winfried Wolf를 비롯한 여러 전문가들은 철도교통을 희생시키면서 도로교통을 지원한 마스터플랜이 성공적으로 이루어졌다고 본다. 이에 따르면 자동차사회로 가는 길은 그 모든 저항에도 불구하고 집요하게 관철된 프로그램이었다. "출신 지역을 불문하고 정치인들은 일관되게 연방공화국을 자동차 국가로 만들어 나갔다."[15]

일부 전문가들은 이런 전략적인 자동차 지원책의 효율성에 의문을 제기한다. "1950년대에는 '통일적인' 교통정책이 부재했으며",[16] 경우에 따라서는 자의반 타의반 자동차 제한 조치까지 취해졌다는 것이다. 1960년대가 되어서야 철도 위주 교통정책이 자동차 위주로 교체되었다. 지금 돌이켜 보면 연방정부가 늦어도 연방도로 건설을 위한 제1차 4개년 계획이 실시된 1959년부터는 도로 건설을 체계적으로 지원한 것처럼 보이지만, 당시 국민들은 정치적 결정권자들이 특별히 자동차를 신경 쓴다는 인상을 받지 못했다. 많은 정치인들은 이 문제에 대해 오히려 무관심하거나 주저했으며, 시대적 요청, 즉 자동차사회라는 당위 명제를 깨닫지 못한 것처럼 보였다. 교통정책은 암묵적으로 추진되었기에 사회적 논의의 중심에 선 적이 한 번도 없다는 주장도 있다. 교통정책은 "속도제한을 둘러싼 논쟁이라는 일종의 막간극을 제외하면 여론을 배제하고 이루어졌다"[17]는 주장이다. 그러나 이는 극히 잘못된 견해이다.

왜냐하면 교통정책은 서독 국민들이 일대 논쟁을 벌이면서 적극적으로 참여하고 관심을 보인 쟁점 중 하나였기 때문이다. 특히 도로교통 통제 규정에 대해서는 독자 투고나 기사, 대담 등 다른 어떤 사안보다도 집중적인 논의가 이루어졌다. 안전벨트 착용 의무, 도로변 안전 구조물, 교통위반 기록 문서, 음주운전 기준, 운전면허 규정, 간선도로 건설 등 정부의 교통정책에 대한 국민들의 참여와 비판은 서독 여론의 민주적 토론에서 가장 중요한 쟁점이었다. 이 주제는 새롭게 주어진 민주주의를 연습한다는 중요한 사회적 가치가 있었다. 이런 의미에서도 자동차는 테오도어 아도르노Theodor W. Adorno가 말했듯 "자유의 매체이자 상징"[18]이었다.

이 모든 논의는 대단히 자동차 친화적이었다. 이를 통해 자동차화가 폭넓은 사회적 합의 위에 이루어졌으며, 이를 이끌어 낸 가장 효율적인 이익단체는 바로 자동차를 운전하는 유권자들이었다. 자동차 옹호자들뿐 아니라 반대자들도 자동차가 가장 합리적이고 현대적인 교통수단임을 인정했고, 자동차의 승리는 마치 자연법칙처럼 당연하게 받아들여졌다. 자동차화를 열성적으로 지원하지 않는 사람일지라도 이 추세에는 빠르게 부응했다. 1954년 일간지 《프랑크푸르터 룬트샤우》는 "자동차는 이제 우리 시대의 진보에 걸맞은 것이기에 이에 저항하는 것은 무의미하다"[19]고 체념하듯이 썼다. 이제 교통정책은 비틀을 타고 가는 일반의지volonté générale, 자동차를 갈구하는 민중의 의지에 호응하는 것이었다.

1949년부터 1966년까지 15년 이상 연방교통장관으로 재임한 한스 크리스토프 제봄Christoph Seebohm(독일당DP에서 기독교민주당CDU으로 당적 변경)은 처음에는 철도에 치중했으나, 이후 자동차 비판자들 경우처럼 현실에 순응하게 되었다. "연방교통장관의 노선이 끝없이 펼쳐진 아스팔트로 끌려 들어갔다."[20] 정당들도 얼마 지나지 않아 하나같이 자동차를 우선시하게 되었다. 자유주의적인 자유민주당FDP이야 어차피 이 개인주의적 교통수단을 지지하는 입장이었다. 기독교민주당/기독교사회단 연맹CDU/CSU은 처음에는 주저했으나 점차 도로교통 인프라 구축과 자동차 지원 쪽으로 기울게 되었는데, 이는 두 당이 보수주의 정당에서 현대화를 추구하는 정당으로 탈바꿈하는 것과 맞아떨어졌다. 사회민주당SPD 역시 1959년 고덴스베르크 강령을 통해 자동차와 이른바 자동차 권리를 지지하는 쪽으로 방향을 전환했다. 사민당의 전통적 지지층인 노동자들 중에 자가용 소유자들이 점점 더 늘어나고, 그들의 일자리 중 많은 부분이 자동차산업에 의존하게 되었기 때문이다. 이는 1965년 헬무트 슈미트(1974~82년 독일 총리로 재임)의 발언에서 절정을 이룬다. "독일인들은 모두 자가용을 살 권리를 가진다. 그러므로 이를 위해 도로를 건설하고자 한다."[21] 그런데도 사민당은 "버스를 타고 복지국가로 가려 한다"는 비판을 받았는데, 이는 오해를 불러일으키는 선동에 지나지 않았다.

사민당 소속 교통장관 게오르크 레버Georg Leber가 1967년 이른바 레버계획에서 철도 지원을 발표한 것은 사실상 승용차를 위한 것이었다. "화물이 열차로 운송된다면", 트럭들이 고속도로에서 사라지고 승용차에 더 많은 공간이 주어지기 때문이다. 물론 이 계획이 완전히 성공하지 못했기 때문에 여전히

1950년대 자동차, 수상스포츠, 전원 풍경

트럭들이 고속도로를 질주하고 있지만, 1969년 레버는 적어도 휴가철 주말의 트럭 운행 금지 규정은 관철시킬 수 있었다.

이 멈출 수 없는 개인주의적 자동차화에 대한 국가의 지원은 탄탄한 대중민주주의적 합의와 동의에 기반했다. 그러므로 정치가와 로비스트들이 국민의 이해를 무시한 채 자동차화를 관철시키기 위해 음모적으로 활동했다는 말은 할 수 없다. 최근 연구들은 서독의 자동차화가 오히려 간접적인 메커니즘으로 규정되었음을 보여 준다. 이 연구들은 자동차를 고집하며 이해관계에 따라 움직였던 '주체들'을 더 이상 간단하게 규정할 수 없다고 본다. 물론 교통이라는 것은 저절로 "일어나는 일"이 아니라, "교통의 주체들이 내리는 결정들의 결과"[22]이기는 하다. 그러나 이 주체들이 자동차화라는 역동적 발전의 압력을 거부할 수는 없었다. 새로운 교통 시스템은 특정인이 원하는 대로 이루어지기보다는 다양한 개별적 행위와 목표들로 생겨난 것이었다. 항상 그렇듯이 새로운 교통정책 문제의 해결책은 또 다른 문제를 낳고, 이를 통해 자동차의 성장이라는 나선형 발전이 시작되었다.

자동차에 대한 저항과 비판

자동차에 대한 긍정적 태도가 확산되는 가운데, 서독의 '완전한 자동차화'에 대해 처음부터 회의적인 태도로 관망하며 논평하는 일부 사람들도 있었다. 비록 제1차 세계대전 이후 도로를 두고 벌인 투쟁은 이미 끝난 것처럼 보였지만, 자연회귀적 생활개혁운동이나 환경운동, 그리고 당시 널리 퍼져 있던 문화비관주의적인 반현대주의 진영에서는 반자동차 정서가 지속적으로 표출되었다. 그들은 영혼이 빠진 인공물의 대명사로 자동차의 '몰아세움Gestell'[현대 기술문명을 표현하는 하이데거의 용어]을 경고했으며, 자동차야말로 인간을 유혹하고 압도하면서도 통제되지 않는 기술의 상징이라고 보았다. 자동차는 현대 산업사회 현상들에 대한 지식인의 저항, 그리고 소비와 대중문화에 대한 불만의 주요 표적이 되었다.

당시에도 이미 문제를 불러일으킨 자동차사회의 여러 영향을 비판하면서 이의를 제기하는 태도는 그래도 실용적인 편이었다. 특히 지역 정치인들은 대중적 자동차화에 반대했는데, 이는 자동차 낙원이 실패할 경우 가장 먼저 피해를 입는 쪽이 각 지역 도시들이었기 때문이다. 뮌헨 시장 요헨 포겔Jochen Vogel은 "자동차의 홍수는 이제 수위가 너무 높아져서 특히 대도시들에서 둑을 무너뜨리며 범람하고 있다. 도시 자체가 마비될 지경에 처해 있다"[23]고 했다. 보수적인 가치관을 지닌 반자동차 정서가 "자동차 초인의 민족"을 겨냥했다. "한 국가의 동력화 정도를 일차적으로 경제력과 국민 생활수준의 반영이 아니라 진보적인 민주적 정체政體의 표현이라고 보는 것"[24]은 일종의 '마력馬力 이데올로기'로 비판받았다. 정치적 자유와 개인주의적 교통의 관계에 대한 기존 합의는 1966년 한스 에르프Hans Erb의 베스트셀러《모든 것을 넘어서는 자동차Auto über alles》에 이르러서야 처음으로 의문시되었다. 이러한 불만은 주로 결과를 고려하지 않는 자동차의 대중적 이용을 겨냥한 것이었다.

1968년 학생운동과 문화적 혁명은 자동차의 사회적 역할을 둘러싼 이데올로기 비판적이고 좌파적이며 좀 더 근본적인 분석을 유도했다. 1971년 토마스 크레머 바도니Thomas Krämer-Badoni가 주어캄프 출판사에서 내놓은 영향력 있는 저서의 제목처럼 '자동차의 사회경제적 의미Zur sozioökonomischen Bedeutung des Automobils'가 처음으로 시선을 끌었다. 1972년 한스 돌링거Hans Dollinger의 저서《전면적 자동차사회Die totale Autogesellschaft》와 같은 책들은 자동차를 상품이자 착취와 유혹의 도구로서, 가장 중요한 '체제유지적' 생산품으로 해석했다. 신좌파들은 자동차가 자본주의적 경제질서를 기능하게 하고, 소시민화된 노동계급을 자본주의에 동화시키고 있다고 보았다. 그렇다면 자동차를 완전히 포기하는 것이 당연하겠으나, 거기에는 '오리'[시트로엥의 대중적 경차 2CV의 별칭]와 같은 대안 자동차를 선택하거나 대안 자동차를 좀 더 도발적인 방식으로 활용하는 방안도 있었다. 서독의 좌파들은 '자동차 문제'에서 반자본주의에 기초해 이를 전적으로 거부하는 태도와 양심의 가책을 느끼면서도 운전의 쾌락을 느끼는 태도 사이에서 동요했다. 자동차는 자본주의적인 유혹의 도구이기도 했지만, 사회적 억압으로부터 개인적 해방을 꾀하는 수단이기도 했던 것이다. 그래서 노래운동가 프란츠 요제프 데겐하르트Franz Josef Degenhardt는 자동차가 '해방적 성격'을 지닌다고 노래하기도 했다. 좌파 저술가인 게르하르트 츠베렌츠Gerhard Zwerenz는 1972년 자신의 모순을 설명하면서, "나는 자동차에 빠진 바보인 동시에 자동차의 적이며, 대부분 자동차 운전자들처럼 이 살인적인 교통수단을 사랑한다"[25]고 고백했다. 자동차는 1970년대의 테러리스트 진영에서도 비극적인 도구가 되었다. 예컨대 테러리스트인 '폭탄Bommi' 바우만Baumann이 '폭탄 수송차'라는 스티커를 붙였던 (그리고 실제로 그렇게 사용된) 폴크스바겐 승합차나 적군파RAF 2세대들이 타고 빠른 속도로 유럽을 누볐던 BMW 등의 사례에서 보듯이, 도시 게릴라들의 활동에서 자동차는 개인적 이동을 용이하게 했다.

자동차에 대한 근본적 비판과 새로운 가치판단은 1973~74년 석유 파동 이후 환경 및 자원을 둘러싼 논쟁에서 나타났다. 자동차는 재생 불가능한 자원의 낭비, 유독성 물질 배출, 숲의 죽음, 지구온난화 등의 상징이 되었고, 핵에너지와 함께 실패한 거대 기술의 주된 실례가 되었다. 그리하여 자동차는 복지의 지표에서 오염 요인으로 전락하기에 이르렀다. 환경운동 쪽에서는 자동차를 최악의 오염 요인으로 보았다. 자동차에는 산업사회의 온갖 모순들과 암담한 미래가 집중되어 있다는 것이다. 그래서 자동차에 반대해서 압력을 행사하는 움직임들이 나타났다. 환경단체 BUND나 그린피스에 자동차 반대자들이 집결했고, 차를 타지 않는 교통 참여자의 이익도 대변하는 대안 단체인 독일 교통클럽VCD이 설립되었다. 또한 자동차에 비판적인 녹색당이 연방의회에 진출하게 되었다. 그러나 자동차에 비판적인 환경운동은 열성적인 참여자들에도 불구하고 주로 지식층이 주도하는 소수의 움직임일 뿐 독일 국민 대다수의 지지를 얻지는 못했다.

'교통난'과 규제의 광기

이미 제1차 세계대전에서 제2차 세계대전에 이르는 기

간에도 차가 너무 많고 도로가 넘쳐나서 도로교통이 한계선을 넘어 섰다는 의견이 널리 퍼졌다. 1931년 오스발트 슈펭글러Oswald Spengler 는 "대도시에서 자동차의 과잉으로 그 이점이 사라져서 오히려 걸어 다니는 것이 더 빠르게 되었다"[26]고 썼다. 종전 후 이러한 견해는 확고해졌다. "오늘날 교통은 대부분의 도시들을 마비시켜서 그 장점이 제대로 이용될 수 없는 지경이 되었다. 대도시들을 주행하거나 주차할 만한 장소란 장소는 모두 배고픈 늑대처럼 차지하는 자동차로 가득하게 되었다."[27] 이러한 내용을 담은 책의 제목《도시들의 교통난》(1954)은 그 후 유행어가 되어 버렸다.

서독에서는 1960년대 초에 이미 연간 2백만 대의 자동차가 생산되고 있었다. 교통체증이 일상화되면서 아예 운전을 포기하는 편이 나은 상황이 되었다. "지금도 많은 운전자들이 일요일 드라이브를 포기하고 있다. 교통체증이 극심하여 드라이브는 여가 생활이 아니라 노동이 되어 버리기 때문이다."[28] 스스로 결정권을 가지고 자유롭게 자가용을 이용하려는 욕망이 도로의 현실적 상황과 심각하게 충돌하기 시작한 것이다.

그러면서도 많은 가정이 처음으로 자동차를 살 수 있게 되고 엔진 성능도 개선되며 자동차가 가족친화적이고 세련되게 바뀌면서 교통 집중도와 정체, 장사진을 이루는 자동차 행렬, 각종 규제 조치 등이 늘어 갔다. 당시의 전형적인 보도에 따르면 "(1963년) 9월에는 고속도로상 69곳에 달하는 공사 탓에 교통이 극심하게 막혔다"[29]고 한다. 자유로운 자동차 이용이 마침내 현실이 되기는 했지만, 넘쳐나는 자동차 때문에 어느새 이용이 불가능해졌다. 자동차를 모는 주체들이 스스로를 봉쇄하는 결과가 된 것이다. 교통정책 전문가들이 이러한 상황을 가장 먼저 인식했다. 1962년 바이에른주 내무부는 "공간이 너무 좁아진다면 각 개인들에게 규제가 가해지게 된다는 점은 어쩔 수 없는 사실이다. 한 마디로 자유를 위한 공간이 더 이상 존재하지 않는다"[30]고 밝혔다.

그러나 운전자 집단은 교통체증과 아직 익숙하지 않은 자동차 행렬을 새로운 일상으로 받아들일 수 없었다. 그래서 이를 단지 일시적인 예외 현상으로 인식했다. 사람들은 당시의 심각한 교통난, 혹은 공사 현장이나 교통망의 허점으로 인한 체증 등이 더 나은 자동차 미래를 위한 과도기 현상에 불과할 것으로 기대했다. 사회적인 교통정책상의 해결 방안이 이러한 상태를 개선할 수 있을 것으로 보았다. 이미 1954년에 쿠르트 라이프브란트Kurt Leibbrand는 극심한 교통체증을 해소하고자 노동자의 근무시간을 여러 시간대로 분산할 것을 제안했다.[31]

도로의 수용 능력을 높이려면 무엇보다 교통정책이 좀 더 효율적으로 추진되어야 했다. 왜냐하면 불충분한 도로율이 모든 교통 문제의 핵심으로 보였기 때문이다. "국민경제를 고려하더라도 연방정부 책임자들은 이미 오래전에 고속도로와 일반도로들이 우리 경제의 혈액순환에서 일종의 동맥임을 깨달았어야 했다. 동맥이 막히면 마비 현상이 오고, 동맥이 터지면 모든 것이 끝장난다."[32] 전문가들의 계산에 따르면 도로 건설이 자동차화 요구에 대략 10년 정도 뒤처지고 있었다. ADAC의 《자동차 선언》(1965)에는 다음과 같은 구절이 있다. "열쇠와 자물쇠가 함께 있어야 제 기능을 발휘하듯이, 자동차와 도로는 서로 분리될 수 없다. 도로교통이 원활하게 이루어지고 자동차화가 경제적·사회복지적·사회정책적으로 내포하고 있는 이점을 남김없이 누릴 수 있으려면 자동차와 도로도 서로 잘 어울려야 한다."[33] 여기서 "질식사 위협", "교통 비상사태",[34] "통제 불가능한" 자동차화 등 새로운 개념들이 등장했다.

자동차의 미래가 밝지 않다는 사실은 무엇보다도 당국의 무능에서 기인하는 것처럼 보였다. 교통 당국은 석유세와 자동차세로 운전자들에게 막대한 돈을 '짜내고' 있으면서도, 교통 관련 계획을 본격적으로 추진하는 데는 너무 소극적이었다. 한편으로는 1963년의 도로건설재정법이 석유세를 도로 건설에 지출하도록 규정하여 상당한 재원이 마련되었으나, 이는 운전자들에게는 부족해 보였다. 이렇게 자동차화가 실패할 위기에 처하면서 특히 연방교통장관 제봄이 압력을 받고 있었다.

두 번째 문제로는 도로교통이 법적으로 지나치게 규제를 받고 있다는 점이 지적되었다. 허가 및 운행과 관련된 규정 이상의 제재는 항상 속박으로 느껴졌다. 음주운전 단속 기준의 확정, 무인 속도 측정을 통한 단속, 나중에 등장한 안전띠 착용 의무, 그리고 속도제한 규정 등이 그런 것들이었다. 1961년 교통법규 위반 기록 중앙관리기관이 플렌스부르크에 설립되고 새로운 벌점제가 도입되면서 격렬한 반대 움직임이 일어났다. 〈이제 전과자의 나라가 될 것인가?〉[35]라는 기사에서는 "위반 경력을 카드에 기록한다고 해서 파렴치한 운전으로 사고를 일으키는 거리의 무법자들을 없앨 수는 없을 것"이라고 지적했다. 이 기사는 더 나아가 "부도덕하다기보다는 실수를 저지른 사람들을 범죄자로 몰아 구속해서 그들의 도덕성을 무조건 비하하는 입법자들의 태도는 부도덕하다. 악의 근원은 운전자에게만 있는 것이 아니라 도로 상황에도 있다"[36]고 주장했다.

수많은 운전자들이 보이는 공격적이고 위험한 운전 태도에 대한 처벌도 거부되었다. 이러한 운전 태도는 전후의 교통 문제에서 세 번째로 중대하다고 할 수 있었다. "쫓고 몰 듯이 운전하는 야비한 시대"[37]에 법규를 무시하는 태도는 경제기적 시대의 서독을 풍미하던 경쟁 풍토의 초상으로 여겨졌다. 그렇지만 사람들은 이 문제도 개별 운전자들의 각성과 교육으로 해결해야 한다고 보았고, 법적 규제나 처벌은 어쩔 수 없이 수용할 뿐이었다. 무례하고 공격적인 운전 태도는 자동차 대중화가 성숙해지고 운전자들의 경험이 풍부해지면 곧 사라질 일시적인 문제 같았다. 사람들은 교통 문제에서도 애덤 스미스의 보이지 않는 손을 믿으면서, 이 손이 모두의 이익에 상응하는 교통질서를 만들어 낼 것이라고 보았다. 규제를 통한 국가의 개입은 운전자의 자유를 위협할 뿐 아니라 부의 원천인 자동차산업의 번영을 저해할 것이었다.

여론을 살펴보면 자동차를 가진 국민의 절대 다수는 국가에 오로지 두 가지만을 원했다. 바로 인프라 확충과 운전자의 자율권 보장이었다. "자유민에게 자유운전을!"이라는 ADAC의 유명한 구호는 독일 교통의 역사에 깊이 아로새겨진 대결 양상을 말해 준다. 그것은 운전자 개개인의 권리를 수호하기 위해 국가의 '규제 광기'에 대항하는 것이었다. 앞서 언급한 《자동차 선언》은 저 유명한 1848년 《공산당 선언》과 거의 비슷한 태도를 보였다. 스스로 저항하지 않는 운전자들은 낡고 봉건적인 신민臣民정신을 드러내는 것이라고 경고했기 때문이다.[38] 자동차잡지만 국가에 대항하는 운전자들의 용기와 참여를 북돋운 것은 아니다. 독일에서 자동차 대중화와 민주주의가 동시에 나타난 이 초기의 운전자들도 과거 제국시대[황제 제국-바이마르공화국-나치 시대로 이어지는 1871~1945년]와 달리 탄탄한 기반 위에서 관료주의와 국가 개입에 회의적 입장을 취했다. 운전자들은 국가의 통제에 대한 저항을 지극히 정당한 것으로 여기고 행동했다. 그들이 보기에 국가는 다른 일에는 무능하면서도 오직 규제에만 몰두하고 있었다.

그러나 1973년 가을 4차 중동전 발발로 석유파동이 일어나자, 정부가 내놓은 자동차 운행 금지에 대한 국민들의 반응은 의외로 긍정적이었다. 당시 연방총리 빌리 브란트Willy Brandt는 다음과 같이 말했다. "11월 25일 처음으로 에너지 절약 시책에 따라 일요일 통행이 중단되었고, 많은 사람들이 새로운 연대감을 느꼈다. … 이러한 내핍과의 비교적 심각하지 않은 대결은 사람들이 본질적인 것에 집중할 수 있도록 했다."[39] 종전 후와 같은 궁핍한 처지에 대한 향수 어린 기억이 남아 있던 서독 국민들은 자동차 없는 날들을 그런대로 즐기고 있는 듯 보였다. 사람들은 자동차 운행 제한의 책임을 '아랍의 석유 토호'들에게 쉽게 떠넘겼고, 이 규정과 고속도로 제한속도 1백 킬로미터 규정을 그저 예외적인 상황으로 받아들였다. 따라서 이해

자동차 생산 공장의 출고 자동차 주차장

와 협조 기간은 짧을 수밖에 없었다. 그 후 일반적 속도제한 규정이 도입되려고 할 때는 다시금 저항 캠페인이 조직되었고, 마침내 국가의 '속도 독재'를 저지했다.

1973년과 1979년의 석유파동이 자동차에 대한 비판적 태도와 함께 유한한 에너지 자원의 낭비에 대한 경각심, 도로교통의 지속적 증가에 대한 회의를 불러일으키기는 했으나, 독일인들의 변치 않는 자동차 사랑은 쉽게 사그라들지 않았다. 단지 승용차 증가 추세를 조금 둔화시켰을 뿐이다. 자동차와 운전자는 이런 위기를 거치며 더욱 탄탄해졌다. 자원과 환경을 둘러싼 토론을 진지하게 받아들인 자동차 업체들은 기술 개발로 자동차 비판에 대한 저항력을 높였다. 에너지 절약도가 높은 자동차를 탈 수 있게 된 운전자들도 환경과 관련하여 양심의 가책을 덜 느끼면서 차에 대한 애정을 과시할 수 있게 되었다. 따라서 1975년을 전후한 자동차의 이른바 탈신비화는 겉으로만 그런 것이었기에 새로운 시대를 열었다기보다 한낱 과도기적인 막간극에 지나지 않았다.

교통정책과 '이동성의 보장'

승용차 대수는 1차 석유파동 당시와 비교해서 거의 3배로 늘었고, 그전에 교통마비 위험을 둘러싸고 토론을 벌이던 때와 비교하면 4배로 증가했다. 독일 통일로 유발된 경기 호황으로 인해 1995년 통일 독일의 승용차가 처음으로 4천만 대를 돌파했다. 자동차의 '끝없는 성장'[40]이라는 이 전무후무한 성공 신화와 함께 승용차 포화 상태를 예견하는 학술적 분석도 끊이지 않았다. 1959년 이후로 발표된 셸의 연구 보고서는 매번 승용차 수가 최고점에 이를 것으로 예측했는데, 최고점에 이르는 추정 승용차 수는 그때마다 높아졌다. 자동차 보급이 극에 이른 사회에서는 주로 구형 자동차에 대한 교체 수요만 있을 것이라는 전제 위에 이러한 포화점을 예견했다. 그러나 자동차에 긍정적 태도를 보이건 부정적 태도를 보이건 간에, 그러한 예측은 훨씬 초과 달성되는 식으로 극적으로 어긋났다. 현재는 자동차의 종말이나 쇠퇴를 정색하고 말하는 사람은 없다.

　자동차의 성장과 함께 철도교통에 대한 지지 역시 늘 존재했다. 독일의 역대 연방정부는 대부분 여러 가지 이유로 연방철도 지원을 약속했다. 그런데도 1997년 철도의 교통 분담률은 7퍼센트로 감소한 반면에 개인 교통의 분담률은 81퍼센트로 증가했다.[41] 철도 촉진의 실패가 각 정당과 정치인들이 자신들의 약속과 상반되게 행동한 탓인지, 아니면 그들의 정책 수단이 적절하지 않은 탓인지는 아직도 확실하게 판단하기 어렵다. 또한 교통의 무게중심 이전을 공공연하게 주창한 정치인들이 내심 이를 원했고 전문 능력도 갖추고 있었다고 전제한다면, 결국 교통정책으로 교통체계에 영향을 미치는 일은 그야말로 불가능에 가깝다는 결론에 이르게 된다. 자동차화 추세를 정치적으로 저지하는 일은 과거나 현재나 불가능하다. 소비와 운전의 욕망에 기초한 도로교통은 스스로 역동적으로 발전해 가면서, 그에 역행하는 어떠한 규제 메커니즘도 작동할 수 없게 만들었다. 정부가 어느 정도는 자동차에 친화적인 입장이어서 이를 규제하건, 동력화는 외부 개입에 대한 어느 정도의 저항성을 내포했다. 자동차사회가 등장하게 된 더 중요한 계기는 경제적 요인과 장기적인 사회변동 추세다.

차를 가질 만한 여유가 있으면 누구나 이를 구입하고자 했다. 자동차 성장률의 둔화는 교통정책상의 개입보다는 경기 동향에 좌우되

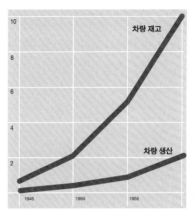

자동차의 양적 성장. 1945~1960: 프랑크 케터를 Frank Ketterl이 작성한 그래프

었다. 차를 구입해서 유지할 만한 소득수준이 된 것은 독일 동력화의 중요한 요인이었다. 원유 값 인상과 1999년 환경세 도입으로 자동차 유지비가 높아졌음에도 불구하고, 휘발유 가격은 전반적인 물가인상률을 고려하면 목가적으로 보이던 석유파동 이전보다 크게 높아지지 않았다. 1998년 3만 2,900마르크인 새 차의 평균 세전가도 연간 소득을 고려하면 오히려 내려갔다.[42]

많은 사람들이 차를 구입하고 유지하는 데 드는 비용이 터무니없이 높아졌다고 불평하지만, 사실상 모든 자료가 이와 다른 지표를 보인다. 21세기에 접어든 지금도 자동차 역사의 많은 흐름들이 지속되고 있다. 자동차 수가 조만간 최고점에 이를 것으로 내다보기는 어려우며, 포화 상태에 이른 비효율적인 도로에 대해서도 사람들이 이를 받아들이고 있는 상태로 보인다. 현재 독일의 승용차 수는 1930년

대 말 전 세계 승용차 수와 비슷하다. 도로망 확충은 문제가 있을 뿐만 아니라 추가적인 교통량 증가를 가져올 것이라는 사실을 우리는 알고 있다. 그래서 이제는 새로운 방식의 인프라 확충이 주창되고 있다. 즉, 교통 유도와 안내 목적의 인공지능 시스템이 교통 붕괴를 막을 수 있다는 것이다.

　이제 자동차가 사회를 타락시킨다고 생각하는 사람은 거의 없다. 개인적 이동성의 확보도 환경보호 측면에서 개선되어야 한다는 주장이 있을 뿐이다. 자동차는 이미 오래전에 독일 사회의 필수불가결한 요소로 인정받았고, 정치는 자동차에 대한 국민들의 열망을 존중한다. 연방교통장관 라인하르트 클림트Reinhard Klimmt는 이동성을 보장해야 한다고 말하고 있다.[43] 2000년 봄 연방정부가 내놓은 교통체증 해소 방안은 전통적인 문제 해결 방식을 재도입한 것이다. 한 마디로 도로 건설 프로그램이다. 사민당의 '자동차 총리' 슈뢰더Schröder를 비롯하여 녹색당의 레초 슐라우흐Rezzo Schlauch 같은 정치인들은 반자동차 정당이라는 딱지를 달고 자동차 신화에 도전하는 것은 자신들에게 도움이 되지 않는다는 것을 알아차렸기에 하나같이 자동차를 중시하는 노선으로 변경했다. 새천년이 시작된 지금 독일에는 정치적으로 조직된 자동차 반대 세력은 더 이상 존재하지 않는다.

1960년 서독의 자동차 보유율은 이미 인구 1천 명당 78대에 이르렀지만 동독은 17대에 불과했다. 당시 동독의 총 자동차 대수가 30만 대였다. 오토바이가 많다는 것이 곧 자동차화가 뒤처졌음을 보여 주었는데, 1975년에 이르러서야 승용차 보유 대수가 오토바이 보유 대수를 넘어섰다.[1] 1989~90년 독일이 통일되기 직전, 동독의 자동차 보유율은 인구 1천 명당 225명, 연간 생산량은 21만 7천 대에 이르렀다. 그러나 1970년대 이후 생산량 증대에도 불구하고 수요와 공급의 불균형이 점점 심해져, 베를린장벽이 무너지기 직전에 동독의 자동차화도 거의 붕괴 직전이었다. 트라반트와 바르트부르크를 구입하려면 10년을 기다려야 했다. 자동차가 부족한 상황에서 차별적 배급질서가 나타났고, 특권층이 아닌 사람은 피해를 볼 수밖에 없었다. 여기서 동독의 전철과 시가 전차가 촘촘한 네트워크로 연결되었는데도 자가용을 향한 욕망을 억제시키지는 못했다는 사실이 주목된다. 동독에서는 항상 대중교통 수단의 우선권이 강조되었고, 동독 정치국은 양차 세계대전 사이에 소련에서도 유포된 자가용 낙원의 꿈을 경제적 어려움을 이유로 포기하면서 자가용을 금권주의의 상징이나 자본주의적 생활 방식의 일환이라며 거부했다. 그런데도 이른바 지도부들을 승용차 수의 증가에 대해 아무런 대책도 세우지 않고 지켜보기만 했다. 그들은 정치적으로 올바르지 않은 자동차 욕망을 제어하려고 하지 않았다. 동력화 정책을 추진하지 않은 동독 정권은 권위주의 정권의 일반적 특징과 달리 교통정책에서는 그저 방임하는 태도를 취했다.

상품의 공급에 비해 구매력이 지나치게 높았던 동독 국민들은 특히 러시아식 목조 여름 별장, 캠핑 장비, 그리고 자동차나 오토바이 등을 갈망했다. 자동차는 서독보다 오히려 동독에서 여가와 사적 영역으로 빠져드는 수단으로 작용했다. 중요한 것은 행복을 약속하는 자신의 트라비가 문 앞에 서 있다는 사실이었다. 실제로 그 차로 무엇을 할지는 별개의 문제였다. 대개의 경우 자가용은 도로변에 주차되었고, 연간 주행거리도 매우 짧았다. 이는 일본의 상황과 놀랍게 유사한데, 일본에서는 자동차 소유가 그 효율적 이용보다 더 중요하게 여겨진다.

뒤늦게 출발한 동독의 폴크스바겐이라 할 수 있는 트라반트와 바르트부르크는 1960년대에 다른 자동차들에 뒤처지지 않는 기술 수준에 도달했다. 조롱받던 2행정기관이 시장에 등장하자 서독에서도 그 경쟁력을 인정했다. 트라반트의 플라스틱 차체는 혁신적으로 받아들여졌고, 1960년대 '플라스틱 열광'과도 맞아떨어졌다. 그렇지만 더 이상의 발전은 없었다. 동독의 자동차에서는 서방에서 석유파동 이후 이루어진 기술 발전이 일어나지 않았다. 동독에도 모델의 순환이라는 것이 있었다면 트라반트가 그 기간이 대단히 길었는데, 이는 근본적인 퇴보를 가져왔다. 서방의 4행정기관을 도입한 개선 노력은 큰 도움이 되지 않았다. 포드 T가 그랬던 것처럼 트라반트도 생산 말기에 가서는 전혀 다른 시대의 산물처럼 보였다. 트라반트는 조롱의 대상이 되었고, 개혁을 하지 못하는 낙후한 정권의 상징이 되었다.

여러 분석가들은 이동 공간의 부족과 자동차에 대한 욕망을 동독 붕괴의 한 요인으로 보았다. 무엇보다도 폴크스바겐 골프에 대한 욕망이 동독의 시민혁명을 촉발했다는 것이다. 베를린장벽이 무너진 이후에는 동독 지역 주민들이 단기간 내에 '서방 자동차'들을 소유하게 되었고, 서독의 동력화를 뒤늦게 따라가는 대대적인 붐이 일어났다는 것은 엄연한 사실이다. 그 후로 트라반트에 대한 평가는 엇갈렸는데, 이는 "사회 전체의 계층 구분"[2]에서 자동차가 한 역할을 보여 주었다. 이 차는 처음에는 '트라비'라는 애칭으로 불리며 서방에서 독창적인 자동차로 여겨졌지만, 시간이 지나면서 낙후한 경제의 자동차라는 이미지를 가지게 되었고, 그 다음에는 오히려 '동독 향수' 자동차라는 이미지를 얻었다. 이런 다양한 관점은 구동독 국민들에 대한 이미지 변화와도 관계가 있었다.

[1] Peter Kirchberg, "Der automobile Mangel – Anmerkungen zu den Grundlagen der Autokultur in der DDR", 1999, p. 239.

[2] Günter Bayerl, "Die Erfindung des Autofahrens : Technik als Repräsentation, Abenteuer und Sport", 1998, p. 318.

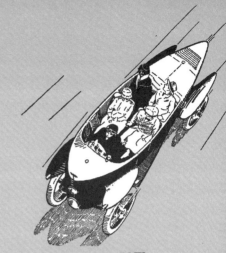

12장
"국민을 위한 차"

'모험의 기계' 자동차는 제1차 세계대전과 함께 획득한 영향력을 제2차 세계대전 발발 때까지 지속적으로 확장시킬 수 있었다. 자동차가 점점 더 많은 사람들의 욕망을 지배한 덕분이었다. 그렇다고 해서 자동차가 대중적인 요소로 자리잡은 것은 아니다. 고급차의 (등록 대수 절대치가 아니라) 등록 대수 비율이 대중적 자동차의 비율에 비해 감소했지만, 그래도 자동차를 보유한다는 자체가 여전히 사치였다. 국민들에게 가장 중요한 탈것은 아직도 자전거였다. 1932년 독일에는 1,500만 대의 자전거가 있었으며, 자전거의 연간 교통 분담률은 제국철도의 교통 분담률과 맞먹었다.[1] 이에 비하면 49만 대의 승용차를 포함한 총 220만 대의 자동차는 중요성이 많이 떨어졌다.[2]

그런데도 1920년대 말 경제위기가 시작될 무렵의 동력화 정도는 비교적 높은 편이었다. 그러나 이는 사륜차가 아니라 이륜차에 치우친 것이었다. 양차 세계대전 사이에 독일의 이륜차 보유 대수는 세계 최고였으며, 오토바이 대국으로 인정받고 있었다. 전쟁 중 파발 및 전령용으로 유용하다는 사실이 입증되면서, 1920년대에 오토바이는 대중적 교통수단이 되었다. 1930년대에 오토바이 보유 대수는 73만 대를 돌파했다. 오토바이는 일상생활에 더욱 유용하게 만들어졌고,

개인적 이동 수단이 주는 새로운 쾌감을 저렴한 비용으로 맛볼 수 있게 했다. 당시 '크라트'라는 애칭으로 불리던 오토바이는 1950년대까지 통근과 여가를 위한 보편적인 개인 교통수단이었다. 1921년에는 오토바이를 '국민차'라고 불렀는데, 이는 지금의 표현에 비하면 매우 이례적인 것이었다. "오토바이는 단순성, 구입 및 유지 비용 등에서 국민차의 요건에 가까운 탈것이다."[3]

이륜차와 삼륜차를 통한 국민적 동력화

초기에는 배기량 200cc, 나중에는 100cc의 경오토바이가 인기를 끌었다. 이것들은 세금이 매우 저렴하고 운전면허가 필요 없었다. 최경형급은 크루프의 소형 스쿠터였다. 이는 오토바이를 처음 구입하는 사람이나 차고나 주차장이 없는 임대주택 거주자들에게 적당했다. 광고에서는 이 스쿠터를 접어서 집 안으로 들고 들어갈 수 있다고까지 했다. 현실적으로 더욱 유용한 것은 자전거의 뒷바퀴나 옆이나 위에, 혹은 앞바퀴 위에 엔진을 부착하는 것이었다. 다만 이것은 자전거의 안정성을 해치는 경우가 많아서, 제조업체들은 몸체와 브레이크를 강화한 엔진 자전거를 내놓았다. NSU가 모토줄름에 이어 1930년대에 양산한 크비크는 98cc 2행정기관을 갖춤으로써 오토바이에 훨씬 더 가까워 보였다. 이런 인기 있는 이동 수단은 기술이나 디자인 측면에서 꾸준히 발전했는데, 이는 매우 성공적인 전략이었다. 경제위기로 독일 자동차시장이 무너졌을 때도 저렴한 '농민 오토바이'라는 이동 수단은 판매가 가능했다. 1932년 작스사 광고에서는 "궁핍한 시대에도 누구나 차량을 소유할 수 있습니다! 자동차보다 간단하고, 오토바이보다 안전하고, 그 어떤 교통수단보다 저렴합니다"라고 적혀 있었다.

이륜차로 이루어지는 동력화는 상대적인 낙후성의 징표였다. 왜냐하면 아무리 인기가 높더라도 이용자의 대다수는 처음부터 오토바이가 아니라 자동차를 원했기 때문이다. 바로 1920년대의 황금기에 자동차는 커다란 문화적 의미를 지니게 되었다. 호화로운 자동차는 우아함, 부의 여유로운 과시, 특권과 레저 등 이 시기의 모든 매력을 보여 주고 있었다. 네 바퀴 위에서 인생을 구가하는 사람들은 전통적 관습에서 벗어나 새로운 문화적 자유와 '빠른 삶'에 참여하는 것처럼 보였다. 차체의 폐쇄성이 높아지면서 운전자는 이제 옷을 갈아입을 필요도 없어졌다. 홀로 빗속에 서 있는 오토바이 운전자의 보호복은 더 이상 모험의 옷이 아니라, 그 이동성에서 지위가 낮음을 시사하는 우아하지 않은 옷으로 느껴졌다. 오토바이들은 점점 더 허점이 많아 보였으며, 기껏해야 욕망 충족의 중간 단계 정도로 여겨졌다. 이미 1929년의 광고가 이를 확실히 보여 주고 있다. "우선 오토바이,

자동차 소유를 준비하는 '국민차'. 1942년 작스사 광고

그 다음 자동차, 하지만 오로지 피아트."[4] 가족친화적인 안락함과 금전적 부담을 조화시키려고 우선 삼륜차가 등장했다. 이는 사이드카가 달린 오토바이로서 가족들을 모두 태울 수 있었다. 이를 위해서는 적어도 200cc 기통용적의 더 크고 비싼 엔진이 필요했다. 배 모양으로 만든 사이드카는 우아함을 선사했다. 그리고 여러 개의 좌석, 짐칸, 앞 유리, 경우에 따라서는 쿠페형 개폐식 지붕도 달려 있었다.

그래도 오토바이는 스포츠 동호인들이나 '미스터 드라이버들'에게 사랑을 받았는데, 이들은 날씨를 고려한 장식이 없어도 개의치 않았다. 그들은 영국에서 수입된 중량급 기종을 선호했다. 1920년대 초 독일에는 매우 다양한 오토바이가 있었는데, 적은 수의 노동자가 일하는 소규모 공장에서 생산된 것도 있었다. 그들은 협력 업체에서 기어나 엔진을 납품 받아 조립했다. 이러한 오토바이는 '블록 조립식' 혹은 '기성품' 오토바이라고 불렸다. 이와 반대로 DKW나 췬다프, 혹은 1930년경 세계 최대 오토바이 제조업체였던 NSU와 같은 주요 메이커들은 미국식 양산 체제를 도입했다. 제1차 세계대전 이후 오토바이 제조에는 매우 창의적인 기술들이 도입되어 승용차보다 더 혁신적이기까지 했다. 여기에는 프레스 강철 프레임, 카드뮴 도장, 새로운 새시 구조, 그리고 특히 2행정기관 같은 새로운 엔진 등의 재질과 제조 기술이 도입되었다. 1935년경에 오토바이가 도달한 기술 수준은 그 후 1970년경까지 근본적인 변화를 겪지 않았다. 날씨의 영향을 많이 받는 벨트 전동장치 대신 체인 전동장치가 장착되었고, 엔진은 OHV형 밸브, 성능이 뛰어난 점화장치, 개선된 윤활 기능 등을 갖추었다. 비실용적인 핸드레버 대신 페달형 기어가 표준이 되고 스프링의 개선으로 안락함이 제고되었으며, 브레이크 개선으로 안전도가 높아졌다. '크라트'는 고장이 적고 운전하기가 간편하도록 변천해 왔다.

1930년대 말 어느 기술자는 서로 모순되는 요구 사항들을 요약했다. "소비자들은 오토바이에 대해 다음과 같은 요구들을 가지고 있다. 우선 유지비가 가장 저렴한 교통수단으로서 누구나 쉽게 탈 수 있는 신뢰성이 있어야 한다. 반쯤은 전문가적인 사람들의 조립 욕구를 채워 주어야 한다. … 나아가 오토바이는 군대나 경찰, 그 밖의 부대 조직이 필요로 하는 요건도 충족시켜야 한다. … 오토바이는 비포장 길에서 벌어지는 스포츠에도 사용될 수 있어야 한다. 오늘날의 상황을 고려하면 고속도로에서도 빠른 주행이 가능해야 한다. 그뿐 아니라 동력장치는 가능하면 각 개인이 원하는 바에 따라서, 혹은 소규모 시리즈로 이루어지는 성능 개선이 가능해야 하는데, 이를 통해 오토바이 경주에서 좋은 성적을 거둘 수 있다. 200cc 이상인 경우에는 섀시가 사이드카를 부착할 수 있는 요건을 갖추어야 한다. 사이드카 운행에 필요한 전동 비율 변경도 미리 고려해야 한다. 오토바이는 수출 시장에서 성공을 거둘 수 있는 특징들이 있어야 한다."[5]

제2차 세계대전 이후에도 이륜차는 여전히 국민차였는데, 특히 새로 출시된 현대적 외관의 스쿠터들과 1953년에 생산되며 면세 혜택을 받은 50cc '모페드'들이 사랑을 받았다. 그러다가 2~3년 후부터 자동차에 밀려나기 시작해, 1960년경에는 오토바이 시장이 무너지게 되었다.

국민차: 설계와 정치

"아직 우리는 점원들도 모두 자동차를 가지고 있는 미국과 같은 상황이 아니다. 우리에게 자동차는 대개 상류층의 탈것"이라고 1915년 다임러 엔진 회사는 보고 있었다. 이후 이러한 상황이 변할 것임은 너무도 분명했다. 서민들도 구입할 수 있는 국민차가 조만간 등장해야 했다. 당시 논의의 핵심은 어떻게 이런 자동차가 훌륭하게 현실화될 수 있을지로 모아졌다. 다시 말하면, 합리적 구조를 갖춘, 단순한 설계를 통해서든 합리적 양산 과정을 통해서든 어떻게 국민차를 만들지가 논의의 주제였다.

전쟁이 끝난 직후에는 전자가 우세했다. 최소한의 기술적 해결책이 요구되었고, 낮은 엔진 성능과 낮은 생산 비용이 추구되었다. 이는 이미 벤츠 벨로〔1894~99년 세계 최초로 양산된 엔진 자동차〕나 전쟁 이전 부아튀레트(소형차)들에서 모범적으로 구현되었다. 1920년경의 자동차 전문잡지들에는 새로 등장한 경차들이 즐비했다. 때로는 군수품에서 변환되기도 했던 이 자동차들로는 마우저의 이륜자동차, 1920년 루돌프 즐라비의 비누곽 모양 전기차, 1926년 펠릭스 반켈Felix Wankel의 '악마의 딱정벌레' 등이 있었다. 특히 '악마의 딱정벌레'는 오토바이 엔진과 어뢰 모양의 알루미늄 표면으로 된 1인승 삼륜차였다. 이러한 모양과 재질은 무게와 공기저항을 줄이려는 시도에서 나왔다. 가격이 저렴한 소형차들의 차체에는 합판이나 인조가죽 같은 새로운 경량 재질들이 사용되었다.

이러한 외장 차체는 당시 유명한 소형차로서 1925년부터 컨베이어벨트에서 1만 5,700대가 생산된 하노마크2-10에도 적용되었다. 이 차를 설계한 피델리스 뵐러Fidelis Böhler는 기술적 측면에서는 전통적 방식에 의존하면서, '제대로 된' 자동차 외관을 기대하는 고객들을 어느 정도 존중했

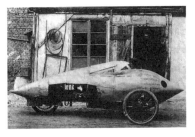

펠릭스 반켈의 미니멀 스타일의 실험적 자동차 '악마의 딱정벌레'(1926)

던 것이다. 승강대가 없는 특이한 부교용 선박 형태 때문에 '흑빵'〔독일의 사각형 군용 빵〕이라는 별칭을 얻은 이 차를 설계하면서 뵐러는 기존의 설계 순서를 뒤집었다. 뵐러는 내부 공간부터 시작했다. "나는 편안하게 앉을 수 있는 낡은 의자 두 개를 가져다가 다리를 잘라내고 나란히 세웠다. 그리고 그 둘레에 분필로 기본 형태를 그리고는 그 형태를 규격에 맞게 제도 용지에 옮겨 놓았다. … 작은 차를 탄다고 해서 몸까지 작아지는 것은 아니라는 점을 이해하지 못하는 사람들도 더러 있는 것 같다."[7]

페르디난트 포르셰Ferdinand Porsche도 대형차를 단순히 '사도기寫圖器 방식'으로 축소하려는 시도를 조롱했다. 그러나 하노마크 소형차는 늘 그렇듯이 과연 소비자들이 수용할 것인지의 문제에 부딪혔다. 하지만 기술혁신이 임시방편적인 것으로 보임으로써 소비자들에게 외면당했고, 설계자들이 비용 절감을 의식해서 채택한 미니멀리즘 역시 큰 호응을 얻지 못했다. 하노마크의 부교용 선박 형태도 참신하고 혁신적인 콘셉트라기보다는 오히려 비용 절감 의도를 드러낸 것으로

받아들여져 여론의 웃음거리가 되기도 했다. 그리하여 이 차의 생산자들은 소비자의 욕구라는 압력에 굴복했다. 그들은 이후 다시 관습적인 흙받이를 부착했는데, 이는 고객들이 이 차의 특징적인 흙받이 위에 또 다른 흙받이를 설치하곤 했기 때문이다.

그래서 이러한 조롱을 받지 않기 위해 다른 소형차들은 처음부터 대형차들을 흉내 내는 콘셉트를 추구했다. 미니어처 자동차를 확대한 듯한 오스틴 세븐은 프랑스의 로장가르, 독일 아이제나흐의 딕시, 그리고 이후 딕시를 인수한 BMW에 의해 라이선스 생산되었다. 이 차는 모리스 코울리, 시트로엥 5CV, 오펠 4-12 등과 마찬가지로, 설계의 단순화가 아니라 대량생산 시스템으로 비용을 절감하는 포드식 콘셉트를 채택했다. 그러나 수공업자나 소상인들이 이용한 상용차인 경형 삼륜화물차는 소비자들의 체면의식에 호소할 필요가 별로 없었다. 다만 이 차들은 템포 한제아트처럼 전륜구동이건, 아니면 슈탄다르트의 전통적인 후축 카르단 구동이건 운전 역학상 문제가 있었다. 이를 좀 더 직접적으로 표현하면, 잘 뒤집혔다.

1920~30년대 "국민을 위한 차"가 가진 정치적 기능은 유럽 전역에서의 대사회주의 투쟁과 관련이 있었다. '나선형 복지'라는 포드 콘셉트의 영향을 받은 유럽 각국의 우파 정부들도 자가운전 노동자들은 혁명적이 되지 않는다고 굳게 믿었다. 그러나 좌파 역시 자동차의 국민적 보급을 지지했다. 1936년 프랑스에서 집권한 사회주의적 노선의 인민전선 정부는 명시적으로 국민차 이념을 지지했다. 이 정부는 노동자들이 자전거에서 소형차로 옮겨 탈 수 있을 만큼의 물질적 부를 추구하도록 정책을 추진했다.[8]

심지어 소련의 스탈린 정부도 초기에는 사회주의적 생산방식으로 프롤레타리아트의 부를 늘려서 자동차를 대중적으로 보급하겠다고 했다. 하지만 제2차 세계대전 종전 후 체제 경쟁에서 곧 경제적으로 뒤처지고 자원 부족으로 발전 목표들을 제한적으로 추구할 수밖에 없게 되자, 자동차의 사적 소유는 지탄의 대상이 되었다. 그런데도 이후 모든 사회주의 국가들에서 자동차에 대한 욕망은 경제적으로 가능하다면야 그야말로 대책 없이 허용되었다.

시장과 계획을 위한 표준적 자동차들

히틀러의 표현대로 포드의 '화려한 모범'을 빼놓고, 즉 미국의 성공적 자동차 보급을 빼놓고는 독일의 국민차 콘셉트를 이해할 수 없다. 미국의 국민차인 포드 T모델은 높은 생산성 덕에 점차 저렴해졌고, 임금 상승 덕분에 시장도 대규모로 형성되었다. 이에 맞서 독일의 나치 정권은 국가 주도 콘셉트를 내놓았다. 자연발생적 시장이 너무 작다면 국가가 자동차 구입을 지원한다는 것이었다. 대중적 자동차 보급의 두 가지 콘셉트는 서로 다른 두 가지 경제모델로 이루어진 것이었다. 국가 주도의 비용 절감 및 분배 시스템을 갖춘 독일의 국민차 프로젝트는 시장에 대한 신뢰가 아니라 위로부터의 마스터플랜으로 추진된, 미국의 성공적인 동력화 모델을 앞지르려는 목표에 따른 전략이었다. 다만 이러한 KdF 자동차가 정말로 자동차 대중화를 목표로 했던 것인지에 대해서는 많은 역사가들이 회의적 태도를 보이고 있다. 역사가들은 이런 자동차들의 목적이 구매력 유도나 군수품 생산과 갖는 관련성을 강조하는 편이다.

'국민차(폴크스바겐)' 개념은 이미 1933년 히틀러 집권 이전부터 널리 퍼져 있어서 나치가 이 개념을 독점할 수 없었고, 그 대신 '도이치 폴크스바겐'이라는 등록상표를 채택할 수밖에 없었다. '폴크스바겐'이라는 명칭은 이미 그전부터 사회의 공유재산이었던 것이다. 1905년 가게나우 남독일 자동차 회사는 자사의 소형차를 그렇게 불렀고, 프리아무스사의 설계자 한스 구스타프 뢰르Hans Gustav Röhr는 1919년 "국민차를 만들라는 독일 민족의 음성을 따르고자"[9] 했다. 1927년 어느 아동 도서에서도 '폴크스바겐'이라는 개념이 자연스럽게 사용되었고, 하노마크사의 제품도 해당 이름을 갖게 되었다.[10] 자동차 등급 표시로 이 이름이 사용된 것은 1921년부터다. "저렴한 자동차, 이른바 국민차 혹은 소형차를 만들려는 노력은 지금까지는 주로 대형차를 축소시키는 방식으로 이루어졌다."[11] 1934년에 잡지《디 슈트라세》에서는 "몇 년 전부터 독일 민족은 저렴하고 편안한 독일 국민차를 요구하고 있다"고 썼다.

나치의 자동차 정책에서 핵심을 이룬 도이치 폴크스바겐은 페르디난트 포르셰가 설계한 것이었다. 그 전인 1931년에 포르셰는 췬다프에, 1933년부터는 NSU에 설계안을 제공한 바 있다. 1935년 베를린 자동차박람회 개막식에서 히틀러는 새로운 자동차를 선언했는데, 실제로는 1937년에야 다임러 벤츠사에 의해 30대의 모델 차량이 생산되었다. 노동자 소비조합에서 통상적으로 벌이던 방식으로 1938년에는 매주 특별 우표를 모으는 저축 프로그램이 도입되었다. 이 프로그램은 일주일에 적어도 30라이히스마르크를 버는 민족 구성원이라면 누구나 이 차를 가질 수 있게 하려는 것이었다. 이러한 저축 계약 광고는 "일주일에 5마르크를 절약하면 자가용을 가질 수 있다!"고 선전했다. 정부는 이 차의 가격을 1천 라이히스마르크 이하로 책정하려고 했는데, 이는 정치적인 결정이었다. 포르셰는 이 자동차의 현실적 생산원가를 1,550라이히스마르크로 산정한 바 있고, 이는 정부 보조금을 받지 않는 오펠의 카데트 생산원가와 비슷한 수준이었다. 다만 국민차는 보조금을 지급하여 자동차에 대한 기본적 욕구를 충족시키기 위한 것이었다. 그러므로 이 차는 나치 독일에도 여전히 존재하던 자유시장 생산품은 아니었던 것이다.

국민차 생산을 의뢰 받은 기업들은 생산원가도 충당되지 않는다며 이를 거부했다. 원래는 나치의 자동차 보급 정책으로 지원을 받아야 했을 독일 자동차산업계로서는 오히려 'KdF 자동차' 프로젝트로 자동차시장에서 국가와 경쟁하게 되었고, 결국에는 이 계획경제적 프로젝트가 시장을 교란시킬 것으로 내다보았다. 그래서 이미 저렴한 자동차를 생산하고 있던 기업들이 제국 수상의 이러한 의도에서 벗어나려 했음은 당연한 일이었다. 미국 기업의 독일 자회사 격이었던 오펠은 특히 대량생산 방식으로 조립한 카데트를 국민차로 내놓으려 했고, 정부 지원을 받는 경쟁자를 누르기 위해 안간힘을 썼다. 결국 기존 자동차 메이커와는 어떠한 협력도 이루어지지 않았기 때문에 1937년 독일노동전선DAF 주도로 '독일 국민차 준비 위원회 유한회사 Gezuvor'가 설립되었다. 여기서 생산되는 자동차는 나치의 문화 및 여가 조직인 '기쁨의 힘Kraft durch Freude'의 명칭을 따서 'KdF 자동차'로 불렸다. 그 기능에 대해서 히틀러가 "우리 민족의 수많은 대중에게 기쁨과 힘을 불어넣는다"[12]고 했던 이 자동차는 대중적이면서도 개인적이었고, 한편으로는 관광지향적인 여가 및 휴양을 위한 자동차를 지향했다. 1939년 5월에는 공장 기공식이 열렸고, 미텔란트카날 운하 주변에 견본 도시가 건설되었다.

폴크스바겐과 2CV

정치적 의도에서 비롯된 국민차의 가격 제한 탓에, 대부분의 기술자들은 국민차가 제대로 굴러다니려면 혁신적인 아이디어와 새로운 기술적 장치들이 필요하다고 생각했다. 1934년에는 기존의 통상적인 구조에서 벗어나, (공기저항을 줄여 경제성을 높이고자) 차체를 유선형으로 만들고 (주행 안정성을 위해) 간단한 공랭식 및 전륜구동의 2행정기관을 도입하자는 주장도 나왔다.[13] 물론 이 모든 특성들이 이후 폴크스바겐에서 실현되지는 않았지만, 당시 포르셰가 이러한 논의들에 반응했음을 알 수 있다.

포르셰는 결함이 없는 자동차, "크기는 보통이지만, 완전히 새로운 기술로 무게를 줄인 실용적 자동차"를 원했다. 국민차 설계를 창시한 사람이 누구인지를 두고 다투는 것은 별 의미가 없다. 폴크스바겐의 공동발명자로 거명된 모든 엔지니어, 즉 타트라의 한스 레드빈카Hans Ledwin-ka, 요제프 간츠Josef Ganz, 벨라 바레니Béla Barényi 등은 '프런트 엔진 후륜구동'이라는 표준적 장치에서 벗어나 전체 구동장치를 뒤쪽에 설치하자고 제안했다. 1930년 이후에는 리어엔진 자동차가 구조상 우아하다고 받아들여졌다. 심지어 메르세데스 벤츠도 이를 시도했다. 1930년대에는 부품을 최소화하는 공랭식이나 조립하기 간단한 차체 프레임도 마찬가지로 발전 가능성이 높은 미래의 기술로 평가받았다. 1930년대 말에 이미 널리 사용된 유선형 차체는 이제 "독일 민족의 기본 단위"로까지 축소되었고, 이를 통해 연료를 절약할 수 있게 되었다. 직렬형 엔진에서 벗어나는 것도 당시 자동차 설계의 추세였다. 수평대향 엔진(박서 엔진)은 특히 가벼워서 공랭식에 적합했는데, 포르셰가 고려했던 성형星形 엔진도 그러했다. 포르셰는 기본 콘셉트에서 도출되는 사항들을 자랑스럽게 나열했다. 쿨러, 물 펌프, 자재전동축 등 여러 부품이 불필요해지고, 토션바 스프링 등 공간절약형 구조를 갖추는 한편, 엔진과 기어가 단일 구동장치로 합쳐졌다. "최소한의 정비만을 요하는 극히 간편한 설비들"[14]은 사용자의 편의를 도모한 것이었다. 많은 설계자들은 이러한 요소들로 공간과 소재를 절감하며, 효율적이고 합리적이고 분명한 엔지니어 자동차를 실현하려고 했다. 포르셰, 레드빈카, 바레니의 설계안들은 합리화 운동의 영향을 분명히 보여 주었다. 이는 미국식 생산을 겨냥했을 뿐 아니라, 효율성 정신에서 창조된 것이었다. 국민차는 포드주의와 합리화를 둘러싼 독

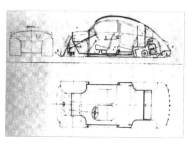

페르디난트 포르셰의 4인승 세단 설계 스케치 중 유선형, 후미 엔진(1933. 6. 1.)

일의 논의가 자동차 설계에서 나타난 결과물이었다. 그러나 그 구조는 모범인 포드 T모델보다 근본적으로 더 철저하게 설계되었다.

한편, 1930년대에는 미국의 생산방식을 대대적인 규모로 본격 도입하기 시작했다. 포르셰는 1936년과 1937년에 미국을 방문해 포드와 제너럴모터스를 시찰했다. 두 번째 방문에는 나치의 동력화 정책을 추진한 고위 기획자들이 동행했다. 여기에는 DAF 지도자 로베르트 라이Robert Ley의 보좌관이자 후에 KdF 공장 책임자가 된 보도 라페렌츠Bodo Lafferentz, 히틀러의 자동차 관련 보좌관 야코프 베를린Jacob Werlin 등이 포함되었다. 이 방문은 포드에 대한 경탄을 숨기지 않았던 히틀러를 대리하여 이루어진 것이나 진배없었다. 포르셰는 포드를 직접 만나 국민차 계획을 놓고 의견을 나누었다. 나아가 미국에 거주하는 독일계 엔지니어들을 모집하여 독일 재이민을 설득했다. 이렇게 해서 결국 전문가 20여 명이 KdF 자동차 생산에 참여하게 되었다. 또한 미국에서 공구 제작 기계를 대량으로 구입하여 KdF 생산 도시로 보내 활용했다. 이 기계들은 벽 안에 감춰져서 전쟁 중 공습에도 파괴되지 않았고, 종전 후에는 폴크스바겐 생산에 투입되었다.

합리적이고 비용을 절감할 수 있는 후미 엔진 콘셉트는 엔지니어들을 만족시켰지만, 자동차 이용자들에게는 단점으로 평가받았다. 트렁크는 너무 좁았으며, 무게 배분은 도로 상황에 따라 악영향을 받았다. 처음에는 보통의 공간 활용을 기대했던 소비자들을 상대로 이 새로운 구조의 장점들을 설득해야 했다. 기술적이고 합리적인 논리를 내세우는 전문가들이 구매자를 설득하고 그들의 욕구를 재해석하는 과정은 1920년대 근대적 조형운동의 전형적인 모습이었다. 이는 폴크스바겐의 마케팅 역사에도 해당되었다. 그들은 자동차의 가치를 결정하는 기준을 새로 정의하고자 했다. 내부 공간이 더 넓고 일상생활에 더 유용할 뿐만 아니라 더 조용하고 주행 안정성이 높은 차들에 맞서, 폴크스바겐은 생산 초기부터 말기까지 내내 변호를 받아야 했다. 폴크스바겐은 일반적 자동차의 이차적 덕목이라 할 중고차 판매가, 단순성, 내구성 등에서 승리했다.

서독에서 폴크스바겐이 성공한 것은 아데나워 총리의 "실험은 없다"라는 정치 구호가 자동차문화로 옮겨 간 데 힘입었다고 설명된다. 또한, 어떤 자동차가 구매자에게 좋은지를 설명하던 전문가와 엔지니어들의 기준을 구매자들이 수용하기 시작한 덕이다. 이러한 상황은 1970년경에야 바뀌었다. 소비자들은 자의식이 강해지고 넓은 공간과 가변성에 대한 욕구를 중시하게 되었으며, 더 매력적이고 안락한 (때로는 수입된) 자동차들을 구입할 수 있게 되었다. 본래 합리성을 중시하던 엔지니어 자동차는 이러한 사용자 요구에 희생되었다.

1920년대의 기능성 콘셉트에 좀 더 가까운 것은 최소한의 기능만을 갖춘 프랑스 자동차였다. 시트로엥 2CV의 기획은 근대성의 교부 중 한 사람인 르 코르뷔지에로 돌아간다. 그는 1925년 '최소주택' 기획에 의거하여 '최대자동차'를 구상했다. 기능주의의 여러 특징을 보이는 그 프로토타

시트로엥의 '오리 원형'(1949)

입은 미국식 생산과 항공 분야 경험을 지닌 엔지니어팀이 만들었다. 즉, 공간을 절약하고 가변적이며 개조 가능한 강관 좌석, 장식적 표면의 포기, 빛과 공기를 내부로 들이기 위한 소프트탑 등이 그것이다. 전륜구동의 소형 2기통 수평대향 엔진은 심플한 기술뿐 아니라 너무 좁지 않은 내부 공간을 제공했다. 여기에 현대에 가장 선호되는 소재 중 하나인 골함석 차체도 한몫했다.

1955년에 잡지 《모토룬트샤우》에서 '장삼이사'를 위한 자동차로 일컬어진 이 차는 장식 없이 핵심 기능에만 집중하는 철저한 미니멀리즘을 추구했다. 이 자동차는 비슷한 유형의 독일 차보다도 쿠션 등의 요소를 대거 배제한 것이었다. 그래서 첫인상에는 덜 튼튼하게 보이지만, 전륜구동과 가변적 내부 공간을 갖춘 4도어 자동차로서 좀 더 미래지향적이고 실용적이었다. 이 차는 안락함에서도 새로운 기준을 제시했다. 비포장도로를 달리더라도 달걀을 깨뜨리지 않아야 한다는 것이었다. 진동거리가 특이하게 긴 수직 스프링에 대해 독일의 자동차 전문잡지들은 "원시적이지만 효율적"[15]이라고 평가했다. 이는 생산비를 줄이면서 승차감을 최대한 좋게 하려는 시트로엥에 걸맞은 것이었다. 2CV는 시골길을 달리는 농민의 자동차로서 만들어졌다. 이 차는 일상에서 근대화 운동에 일조했다.

전쟁을 위한 국민차: 퀴벨, 폴크스슐레퍼, 지프

폴크스바겐을 구입하려고 절약에 나선 33만 6천여

명 중에서 정작 이 차를 구한 사람은 아무도 없었다. 민간 폴크스바 겐 대신에 군용 퀴벨바겐이 탄생한 것이다. 1940년 포르셰는 폴크 스바겐을 좀 더 단순한 무개 군용차량으로 개조했다. '퀴벨지츠바겐 Kübelsitzwagen'의 약칭으로 퀴벨바겐이라고 명명된 이 VW82는 정찰 및 통상적 운송 차량으로 기획되었다. 상자 모양의 이 차는 특이하게도 미국의 차체 프레스 공장인 앰비버드에서 가져온 납작한 금속판으로 만들어졌는데, 바닥이나 섀시, 엔진 등은 애초의 민간 차량에서 가져 왔다. 포르셰는 당시 관행과는 달리 이 SUV를 무겁고 복잡하게 만들 지 않았다. 퀴벨바겐은 소재를 절약해 가볍고 단순했다. 또한 4륜구 동이 아닌데도 중량급 SUV들을 크게 능가했기 때문에, 연합군은 이 차를 노획하면 직접 사용하곤 했다. 1945년까지 5만 2천 대가 생산되 었는데, 그중 1만 4천 대 이상이 수륙양용인 166형 슈빔바겐이었다. 동력화된 전쟁으로 귀결된 독일 민족 동력화 콘셉트는 "자동차사회 로 가는 독일의 특별한 길"[16]로 일컬어졌다. 이제 군용이 되어 버린 꿈 의 자동차는 독일 민족을 태우고 외국으로 나가게 되었지만, 그것은 관광 목적이 아니었다.

앞의 6장에서 언급했듯이, KdF 자동차와 함께 농업용 대중차 프로 젝트가 있었다. 나치 정권은 다가올 전쟁에서 식량 수입에 휘둘리지 않으려고 처음부터 식량 자급을 추구했다. "식량의 자유"라는 프로파 간다에는 급속한 농업 현대화도 포함되었는데, 이는 현대의 경향에 적대적인 '향토' 이데올로기와 모순되는 것이었다. 폴크스슐레퍼, 즉 국민 트랙터 프로젝트 역시 전쟁을 위한 민족 동력화에 포함되는 것 이었다.

란츠의 농업용 트랙터인 바우에른불독처럼, 폴크스슐레퍼도 "이 전쟁에서 경제전투의 무기, 그리고 식량 자급의 중요한 보증 수단""[17] 다시 말해, '생산전쟁'의 전투차량이 되어야 했다. 포르셰의 공랭식 트랙터는 폴크스바겐과 유사했으나 디젤엔진을 넣었다. 소규모 농가나 대규모 농장에서 두루 사용할 수 있는 다양한 성능의 트랙터를 합리적으로 생산하고 수리할 수 있도록 하려는 목적에서 포르셰는 1기통에서 4기통 엔진까지 감당하는 블록 조립 방식을 계획했다. 히틀러는 1941년 2월 라인 지방의 발트브뢸에 미국식 컨베이어벨트를 갖춘 국민 트랙터 공장을 설립하라고 지시했지만, 이는 결국 이루어지지 못했다. 비틀이 그랬던 것처럼 알가이어 포르셰 트랙터 AP17은 전쟁이 끝나고 나서야 양산되었다. 원래는 이 트랙터 역시 볼프스부르크에서 생산할 예정이었으나, 이 폴크스슐레퍼의 후예는 1964년까지 알가이어와 그 후 포르셰디젤에 의해 프리드리히스하펜에서 5만 대가 생산되었다.

퀴벨바겐에 대항하는 미국의 "트럭, 0.25톤, 4×4, 커맨드 레코네상스"는 1940년부터 생산되었다. 윌리스 오버랜드와 포드를 비롯한 여러 기업들은 전쟁이 끝날 때까지 지프를 64만 대쯤 생산했다. 지프라는 이름은 다용도 차량General Purpose Vehicle의 약자 'GP'에서 나왔다. "자동차 역사의 진정한 이정표"[18]였던 이 차는 차체가 독특했으며, 독일의 라이벌과 마찬가지로 미니멀하게 생산되었다. 지프의 4륜구동은 지금까지도 계속 확산 중인 트렌드의 출발점이었다. 다만 지프가 미군의 동력화를 상징하는 차이기는 해도 그 성능에 전혀 문제가 없었던 것은 아니다. 구동축의 연결이 원활하지 않아서 빠른 속도로 커브를 돌 때는 쉽게 사고가 나곤 했는데, 차에 지붕이 없어 그런 사고는 더욱 치명적이었다. 퀴벨바겐과 지프는 1940년대의 진정한 국민차였으며, 모든 전선과 여러 지역에 투입되었다. 민간의 폴크스바겐은 훗날에야 그 지역들을 관광차 방문할 수 있었다. 베르톨트 브레히트는 시 〈자동차 도로의 이정표에서〉(1940)에서 이런 군사적인 국민 동력화를 예견했다. "우리, 이 도로를 건설한 우리는 이 길을 달리리라. 오로지 탱크와 트럭을 타고."[19]

전후 첫 자가용과 대중적 자동차

1950년대 들어 서독에서는 새로 생산된 차들과 1930년대의 차들이 이제 막 형성되던 대중적 시장에서 경쟁했다. 메서슈미트의 캐빈 차나 BMW의 이세타 등 온갖 탈것들과 경차들이 곧 월등한 위치를 차지하게 될 폴크스바겐에 대항했다. 이 차들은 폴크스바겐의 적정한 가격과 견고성을 능가하려는 노력에서 나왔다. 과거 KdF 자동차였던 폴크스바겐이 그 정도로 시장지배적 위치에 오를 것이라고는 누구도 예견하지 못했다. VW의 생산 개시는 새 자동차가 필요했던 영국 점령군의 요구와 관련이 있었다. 영국군 차량들은 진군 중에 크게 마모되었지만, 그렇다고 본국에서 생산된 자동차로 대체하기도 힘든 상황이었다.

이러한 상황은 '볼프스부르크 모터 공장'의 출발에 결정적으로 유리하게 작용했다. 영국군 점령지에 있던 이 공장은 점령군 당국을 위해 자동차를 생산했기 때문에, 당시의 통제 받던 자원을 특혜로 공급받을 수 있었다. 강력한 수출주도형 경제였던 영국의 수출 자동차들과 경쟁해서는 안 되었던 그 차는 "너무 추하고 시끄러워서"[20] 수출할 기회가 거의 주어지지 않았다. 당시 비틀 생산의 비약적 성장은 좀처럼 저지하기 어려웠을 것이다. 1946년 겨울에는 점령군 당국이 강철과 부품을 제때 공급하지 못해 비틀 생산이 중단되는 사태가 벌어졌다. VW의 품질을 둘러싼 전설 역시 그리 오랜 일이 아니다. 그 후의 명성이 품질상의 중대한 문제들과 설계상 오류들을 잊게 만들었다. 이 차는 "개 한 마리에 붙어 있는 벼룩만큼이나 많은 오류가 있었다."[21] 비틀은 1972년 포드 T의 기록을 돌파할 무렵에는 디테일뿐 아니라 앞축과 같은 중요한 구조적 요소들을 변경해야 했다. 고객의 요구가 까다로워지고 경쟁 차들도 점차 성능이 개선되고 안락해지는 상황에서, 비틀의 위험한 약점들이 드러났기 때문이다. 1960년대 중반 폴크스바겐은 코베어와 함께 "어떤 속도에서도 안전하지 않은" 자동차의 하나로서 랠프네이더의 공격 목표가 되었다.

그렇지만 이 때문에 기존의 명성에 흠이 간 것은 아니다. 오히려 그 반대였다. 때로는 거의 눈에 띄지도 않는 무수한 변화를 시도하면서 꾸준히 개선해 나가는 과정은 시장의 호응을 얻었다. 그리하여 비틀은 독일의 고품질의 상징으로서 매년 독일의 대중차 중 최대 판매고를 기록했다. 계층을 넘어선 것으로 보이는 이 확고부동한 자동차는 당시 서독의 보수적이고 평준화된 사회를 반영했다. 비틀은 실용적인 교통수단이었다. 얼마 지나지 않아 이 차를 둘러싸고 독자적인 문화가 형성되었다. 《폴크스바겐 잘 타는 법》과 같은 실용서나 《토마스와 그의 폴크스바겐》[22] 같은 청소년소설도 발간되었다. 서독의 다른 모든 자동차들은 폴크스바겐의 견고성에 맞서야 했는데, 이는 종종 실패로 돌아갔다. 사람들은 그 '수송 공간'이 안락함 면에서 뒤떨어진다는 점도 감수했다.

제2차 세계대전 종전 후 10년 동안 대부분의 유럽 국가들에서는 이와 비슷한 최소 사양을 갖춘 자동차들이 등장했다. 프랑스에서는 이미 언급한 시트로엥 2CV와 르노 R4가 나왔고, 영국에서는 모리스 마이너와 미니가 등장했다. 그러나 이 차들의 이미지는 차츰 변해 갔다. 초기에는 대중차로서 성공했지만, 이후에는 (다음 장에서 설명하게 될) 초超슬론주의에 따라 라이프스타일 자동차가 되었다. 이미 오래전부터 전국적으로 지배적이고 통일적인 자동차는 더 이상 존재하지 않게 되었다. 자동차시장의 다양성은 저렴한 대중차 쪽으로도 확대되었다. 때때로 선진공업국 시장에 진출하려는 신흥 기업들이 이런 자동차들을 출시하기도 했다. 이러한 대중차 생산의 역사에서 이 차들이 점점 더 고급스러워진 점은 주목할 만하다. 내부 공간을 꼼꼼하게 측정해서 조금이라도 넓어지면 환호하던 자동차 비평가들의 격려를 받으며, 모든 모델들이 그 선배들보다 커지고 비싸지고 사치스러워졌다. 그리하여 1990년대 후반에는 VW 폴로가 1974년의 골프 1보다 더 커졌다. VW는 최소 사양의 자동차를 더 아래로 내려보내 루포를 내놓았지만, 이 차도 다시 고급화 게임에 가담하고 있다.

여기서 중고차들은 특별한 역할을 했다. 차를 처음 사는 사람들은 감당할 수 있는 가격대의 중고차를 구입함으로써 점차 확산되는 자동차 보급에 동참했다. 1950~60년대에 중고 폴크스바겐은 종종 처음 구입하는 자가용이 되곤 했다. "포르셰가 만든 이 차는 자동차 대중화를 선도했다기보다는 이를 안정시키고 그 기반을 넓혔다. 서민층은 이 차의 견고함 덕분에 믿을 만한 중고차를 공급받을 수 있었다."[23] 많은 사람들이 소형 신차의 가격대로 차라리 그보다 등급이 높은 중고차를 타려고 했다. 그래서 중고차 시장에서 차종 간의 위계질서는 신차 시장과 달랐다. 중고차의 경우에는 출고된 지 몇 년 지난 고급차들이 중소형 신차와 비슷한 가격대를 보이기도 했다. 좀 더 사치스러운 자동차문화는 시차를 두고 '아래로' 침투했다. 자동차의 가치 저하가 어디에서 비롯되는지는 일단 제쳐 두더라도, 이러한 시장 구조는 차를 처음 구입하는 사람들도 저렴한 가격으로 위신을 세울 수 있는, 탁월한 설비와 성능을 갖춘 자동차를 살 수 있게 만들었다. 세금이나 휘발유, 보험료 등이 더 비싸지는데도 이러한 상황은 계속되었다. 이로 인해 사회계층과 자동차 등급 간의 상관성이 무너지고, 부와 자동차 사치, 그리고 구매력과 자동차 보급이 분리되는 현상이 나타났다.

한편으로는 자동차 대중화가 반드시 자동차의 교통수단 기능 때문에 이루어진 것은 아니다. 처음 구입하는 자동차들도 교통수단으로만 이용되는 경우는 드물었다. 대중차는 광고에 보이는 모습이나 소비자들의 요구를 보더라도 전적으로 실용적인 소비재로만 인식되지 않았다. 대중차들은 사용자들에게 단순한 사용가치 이상의 의미를 지녔고, 지금도 그러하다. 사람들은 비틀을 타고 출퇴근만 하는 것이 아니라 이탈리아로 여행을 갈 수도 있었다. 포드 T도 감자 바구니만 나른 것이 아니라 농부 가족을 태우고 영화관에 갔다. 생계형 자동차와 여가용 자동차 간에는 구조적 차이보다는 기능적 차이만 존재했다. 즉, 그 차를 어떻게 사용하고 무슨 용도로 투입하느냐에 달려 있었다. 이렇게 해서 모든 등급의 자동차들이 예외 없이 매우 다양한 방식으로 활용되기에 이르렀다.

제2세계와 제3세계의 '최저생계비형 자동차들'

자동차 대중화는 아직 전 세계적 차원에서 이루어지지 않았다. 21세기가 시작된 후에도 독일이 국민 1천 명당 자동차 5백 대 이상, 일본이 3백 대인 데 비해 이집트는 23대에 불과했다. 인도처럼 인구가 많은 나라에서는 1천 명이 자동차 3대를 나눠 타고 다닌다. 대중의 이동과 소비 욕망은 시간이 더 흐른 뒤에야 가시적으로 나타날 것이다. 개발도상국에서는 자동차 보급이 과거나 현재나 변함없이 경제성장과 부의 상징, 성공적인 산업화의 상징으로 받아들여진다. 시장경제와 계획경제의 방법을 총동원해 자동차 대중화를 통한 포드식의 나선형 발전을 이루려는 노력이 항상 존재했다. 이러한 성장이 새로운 차원의 환경 및 자원 문제를 초래할 수 있다고 서방의 학자들은 우려하는데, 이 같은 성장 규제 주장은 종종 후기 제국주의적 간섭으로 비판받는다.

1960년대 이래로 선진산업국에서는 제3세계 자동차를 기획하려는 다양한 시도들이 있었다. 전지구적 산업 발전이라는 낙관적 전망을 가졌던 그들은 낙후된 여건에서도 생산 및 수리될 수 있는 자동차를 기대했다. 제3세계 자동차는 단순성과 모든 교통 관련 욕구에 대한 적응력이라는 특징을 가져야 했다. 견고함이나 새로운 소재, 모듈화되고 교체 가능한 차체 등으로 산업화에서 뒤처진 나라들에서도 자동차를 보급하고자 했다. 1975년 슈투트가르트의 디자인팀이 발표한 델타 6 연구보고서가 전형적인 예이다. 이

중 합성수지로 만든 무개형 차체 위에 짐칸이나 지붕을 얹을 수 있게 했고, 여기에 NSU 프린츠 엔진을 후륜구동으로 장착했다. 이러한 연구들은 가변성, 간단한 구조, 단순 기술 생산 가능성, 그리고 때때로 신소재의 사용 등이 필요하다고 보았다. 그러나 많은 예측과 달리 아직까지도 별도의 제3세계 자동차는 존재하지 않는다.

동력화는 다른 방식을 따르게 되었다. 대부분의 개발도상국은 파트너 선진국들에서 더 이상 사용되지 않는 자동차를 넘겨받았다. 여기에는 유럽 등지에서 북아프리카 국가들로 활발히 판매된 중고차들도 있다. 비록 구형이지만 여러 면에서 튼튼한 모델들은 북아프리카 지역에서 여전히 거리를 달리고 있는데, 아프리카의 왜건형 푸조 등이 그 예이다.

한편, 대형 자동차 메이커가 모델을 교체할 경우에 생산 설비를 개발도상국으로 수출하는 경우도 있다. 이 역시 새로운 일은 아닌데, 피아트 네카르는 1960년대 중반 네카르줄름에서 생산이 중단된 이후 인도 뭄바이로 공장을 옮겨 '프리미어 파드미니'라는 이름으로 계속 생산했다. 그래서 인도나 중국 여행자는 종종 새로 생산된 올드타이머들을 보게 되는데, 무엇보다도 원산지 국가에서는 생산이 종결된 후에도 놀랄 만큼 오래도록 존재하는 역사적 자동차들이다. 1950년대 초 영국의 모리스 옥스퍼드는 캘커타에서 '힌두스탄 앰배서더'라는 이름으로 구입할 수 있다. 현재의 기준에는 그 주행 특성이나 에너지 효율성이 미치지 못하는데도 소비자들이 이를 감수하는 것은 그 내구성 때문이다.

옛 소련에서도 자동차 대중화가 이와 비슷한 방식으로 이루어졌던 것으로 보인다. 외국 시장에서는 '라다'로 판매된 VAZ는 피아트 125를 기반으로 생산되었다. 이 차는 견고성을 높이기 위해 구조를 강화하고 여러 가지 요소를 추가했다. 1970년 이래로 기본 장치에는 변함이 없고, 이미 낙후한 차종이지만 여전히 생산되고 있다. 소련은 바이스자흐의 포르셰 개발 센터가 (토글리아티그라드 공장 건설 청사진을 포함하여) 제시한 대로 완전한 신형차 생산을 추구했다. 그렇지만 이 '라다 사마라' 역시 도입 당시에만 당대의 기술 수준을 반영했을 뿐, 그동안 모델 교체가 점점 더 잦아지는 경향 속에서 이미 시대에 뒤처지게 되었다.

1992년 이후 인도가 취해 온 자동차 관련 근대화 전략은 시장을 개방하는 나라에는 적절한 것이었다. 개인 교통수단에 대한 근본적 회의주의는 사라졌고, 자급자족적인 산업정책 대신에 점차 국제 협력을 추구하게 되었다. 서방 자동차 대기업들과 인도 기업들 간의 조인트벤처를 통해 단순해졌지만 매우 실용적인 자동차들이 시장에 등장했다. 거대한 시장에서 처음 성공을 거둔 것은 '마루티 스즈키'라는 소형 4도어 자동차였다. 스쿠터와 키네틱 혼다 같은 소형 오토바이들과 함께 이 자동차는 1990년 이래로 인도의 개인 교통수단의 근간을 이루었다. 그 후로 슬론주의적 시장 다변화가 이루어져, 서방 대기업들과의 협력으로 중형 자동차 모델도 나타났다. 그러나 비교적 현대적이라 할 수 있는 이 대중차들도 배기가스 기준에 못 미치는 노후한 모델들이다.

1990년대 후반 이래로 아시아와 남미의 여러 국가들은 자동차 생산기지로 성장했다. 원래 유럽과 일본 기업들이 제조하던 많은 구형 모델들은 그 원산지 시장에서 '프로톤' 같은 저가 브랜드를 달고 공급되면서 브랜드에 그다지 연연하지 않는 소비자들이 타는 최저생계비형 자동차가 되었다. 자동차의 주류는 시차를 두고 전 세계로 확산되었다.

13장

1950년부터 현재까지
: 자동차의 다양성

전쟁이 끝난 직후에는 우선 전쟁 전의 자동차 모델이 계속 생산되었다. 주로 공장에 남아 있던 부품으로 제작되었다. 오펠, 포드, 메르세데스는 1939년형 모델을 약간 변형해서 판매했다. 메르세데스 170에는 트렁크용 문이 따로 설치되어 무거운 짐들을 뒷좌석에서 짐칸으로 힘들게 밀어넣을 일이 없어졌다. 이렇게 해서 메르세데스 170은 엔진을 위한 공간, 승객을 위한 공간, 짐을 위한 공간이라는 3개의 공간으로 분리된 차량이 되었다. 1955년경에는 자동차가 이른바 부교pontoon 형태로 변해서 이 공간의 분리가 더욱 강조되었다. 흙받이, 발판, 램프가 차체에 설치된 것도 공간 분리를 두드러지게 했다. 부교 형태의 최초의 독일 자동차로서 큰 주목을 끈 것은 보르크바르트 한자Borgward Hansa 1500 모델이었다. 새로 도입된 부분이 제작 방식의 변화를 요구하지 않았기 때문에 차체는 구형과 다름이 없었다. 보르크바르트의 후속 모델인 이자벨라Isabella에 와서 비로소 미국의 본보기를 따른 "틀 없는" 차체가 등장했다.

표준형, 리어엔진, '모빌'

엔진은 앞쪽에 있고 뒷바퀴가 연결된 구동장치가 구동축 위에 설치된 표준형 외에도 두 가지의 상이한 구조가 공존하며 경쟁했다. 엔진이 앞쪽에 있는 프런트엔진은 DKW나 시트로엥Citroën이 사용했고, 뒤쪽에 엔진이 있는 리어엔진으로는 폴크스바겐이 대표적이었다. 리어엔진의 큰 단점은 공간이 부족하다는 것 외에 운행에도 있었다. 엔진이 가벼운 소형차에서는 그리 큰 문제가 아니었지만, 대형차에 장착된 대형 엔진의 경우 뒷바퀴에 가해지는 하중이 상당했다. 이로써 회전할 때 뒷바퀴가 심하게 미끄러져 위험했고, 특히 조인트가 2개인 부동축을 장착한 경우에는 문제가 더욱 컸다. 폴크스바겐의 VW1500 외에도 미국의 코베어Corvair 모델이 여기에 속했는데, 코베어는 구조상의 결함으로 인해 많은 사고를 일으켜 미국에서 안전 논쟁이 시작되는 계기가 되었다. 대형 VW 자동차가 테스트에서 전복되는 사고가 났을 때의 반응은 35년이 지난 후 다임러 크라이슬러의 A클래스 모델이 엘크 테스트에서 전복됐을 때의 반응과 유사했다. 그러나 1960년대까지 르노나 피아트 같은 양산 체제의 회사들을 리어엔진을 장착한 자동차를 계속 생산했다. 프런트엔진은 운행 면에서 더 안전했지만 바퀴에 동력이 전달되는 과정이 더 복잡했기 때문에 일부 모델에만 제한적으로 설치되었다.

기본 설계와 관련한 문제 외에도 엔진의 형태를 두고 활발한 토론이 벌어졌다. 2행정 엔진과 4행정 엔진 중에서 어느 것이 미래형 엔진인가를 두고 신앙 논쟁에 가까운 열렬한 토론이 벌어졌다. 2행정 엔진은 움직이는 밸브가 없어 피스톤을 통해 흡입과 배기가 조절되고, 움직이는 부속이 세 가지뿐이어서 덜 복잡하고 더 높은 성능을 보였다. 즉, 엔진의 성능이 좋으면서도 가볍고 소형이라는 장점이 있었다. 한 번 회전할 때 한 번의 스트로크가 일어나는 방식으로, 높은 회전수가 가능했다. 그러나 흡입가스와 배기가스의 요동 문제를 해결해야 했던 엔지니어들은 2행정 엔진이 결코 간단하지 않음을 확인했다. 공회전이 불안정했으며, 같이 연소되며 푸른 배기가스를 생성하는 신선한 윤활유가 혼합되어야 했다. 자동차 전문서적의 저자였던 알렉산더 슈푀를Alexander Spörl은 2행정 엔진을 여전히 칭송했다. "원초적인 것이 가장 믿을 만하다. 밸브와 밸브 푸시로드도 없고, 캠 축이나 내부 조향 휠도 없으며, 연료 펌프 동력도 없고 오일 냉각기와 팬벨트도 없다. … 공회전 때만 이 원초적인 기관은 끔찍한 소음을 낸다."[1] 이런 긍정적인 평가에도 불구하고 서독에서 2행정 엔진은 1960년대가 지나면서 사라졌다. 연소된 오일 혼합액의 악취가 심했고, 전면 가속 시 연료 소모가 엄청났으며, 용적이 큰 자동차에는 적합하지 않았기 때문이다. 하지만 전후 소형차에서는 그 간단함과 높은 성능으로 좋은 평가를 받았다.

이런 소형차 중 몇몇 모델은 보통 자동차들보다 더 혁신적이었고, 설계 면에서 더 대담했다. 이것들은 대개 '모빌Mobile'이라는 이름으로 불렸다. 메서슈미트나 하인켈의 캐빈카, BMW의 이세타, 츤다프의 야누스Janus는 설계나 좌석 배치, 출입문에서 기존 자동차들과 달랐다. 등을 맞대고 앉게 만든 좌석, 앞뒤로 좌석이 하나씩 설치된 배치, 삼륜차형 차체, 그리고 플라스틱이나 알루미늄 같은 새로운 소재가

'슈퍼 이제타' BMW600

차체에 쓰였다는 점 등이 특징이었다. 많은 모빌들은 전통적인 자동차 공장에서 나온 것이 아니라 과거의 비행기 회사들에서 제작되었다. 제1차 세계대전 후처럼 비행기 제작자들, 즉 빌리 메서슈미트Willy Messerschmitt, 에른스트 하인켈Ernst H. Heinkel, 클라우디우스 도르니어Claudius Dornier가 비정통적인 아이디어를 선보였던 것이다.

모빌은 한편으로는 오토바이를 조금 더 발전시킨 형태였으며, 다른 한편으로는 전쟁으로 부상당한 사람들의 이동 수단이었다. 처음에 펜트Fendt의 캐빈카는 전쟁 중에 부상당했거나 마비된 사람들을 위한 "장애인용 차량"이었다. 시간이 지나면서 모빌은 기술적 특별함을 상실하고 평범한 자동차와 비슷해졌다. 결국 오토바이의 엔진으로는 충분하지 않았던 것이다. 성능이 좋아지고 엔진의 크기가 커졌다. 보르크바르트의 로이드Lloyd는 "소인들을 위한 전후형 리무진"으로 불렸는데, 배기량을 300cc에서 600cc로 늘렸다. 그러나 형태가 비정통적이라는 이유로 고객들이 점점 외면했다. 대부분의 제작자들이 소형차란 대형차의 축소형이 되어서는 안 된다고 한결같이 말했지만 자동차시장의 반응은 달랐고, 차라리 소형으로 나온 정식 리무진을 선호했다. 이렇게 해서 리어엔진에도 불구하고 앞에 엔진 후드가 멋으로 달린 전통적인 형태의 고고모빌Gogomobil 같은 모델이 탄생했다.

모빌은 독일 자동차 역사에서 그저 일화로 지나갔다. 250cc까지의 소형차 운전면허증이 있던 고령의 고객들만이 모빌을 이용했다. 모빌은 특히 폴크스바겐과의 가격경쟁에서 패했다. 미국에서와 마찬가지로 유럽의 소비자들은 가족용 자동차를 원했다. 1975년에는 구매자의 90퍼센트가 4행정 엔진과 별도의 트렁크가 있는 5인승 리무진을 원했다.[2] 유럽에서는 자동차가 더 작고 엔진도 약하며 문이 주로 2개이고 후륜구동이 보통이었지만, 전 세계적으로는 "자연스런 표준화"[3]가 이루어지는 듯했다. 독일에 뒤늦게 포드식의 자동차 제작이 확산되면서 제품은 규격화되었다.

3박스형, 2박스형, 1박스형 자동차

두 가지 기본형, 즉 트렁크가 뒤에 있는 전통적인 3박스형 리무진과 리어엔진을 장착한 3박스형 자동차는 1960년대에 철저히 개선되었다. 소비자들이 성능을 중시하고 자동차 테스트로 입증된 최고 속력과 가속 능력을 주요 기준으로 삼았기 때문에 엔진이 그만큼 강력해졌다. 강력해진 엔진, 개선된 브레이크, 더 견고해진 섀시가 쿠페형 스포츠카나 가족용 자동차가 "더 멋지게" 변신한 모델에 설치되었다. 그러나 자동차가 외부적으로나 내부적으로 커졌음에도 불구하고 그 이용가치는 별로 증대되지 않았다. 1960년대 중반부터 소비자나 자동차 테스트에서 '정통적인' 자동차들의 공간 효율성이 좋지 않다고 비판받기 시작했다. 제일 잘 팔리던 폴크스바겐도 풍요로운 여가사회에서 갈수록 커지는 이동 욕구를 거의 만족시키지

문 5개짜리 전륜구동차 설계(1963)

못했다. 일가족이 딱정벌레 모양의 폴크스바겐을 타고 소풍이나 휴
가여행을 가는 것은 점점 참기 힘든 일로 여겨졌다. 1964년에 비평가
들은 자동차의 '공간혁명'을 기대하며, "자동차의 공간을 더욱 합리적
으로 이용하려는 개발 노력이 곧 전 세계적으로 이루어질" 것이라고
내다보았다. 물론 이는 전통적인 과시욕과는 상반되는 기준이었다.
"자동차들이 목적을 위한 수단이 아닌 한, 승객을 실어 나르는 것 이
상의 특권으로 쓰이는 한, 알렉 이시고니Alec Issigoni의 씨앗이 독일에
서 싹틀 조짐은 거의 보이지 않는다."[4]

영국인 이시고니는 이런 공간혁명의 대부 중 한 사람이다. 그는
1959년에 오스틴 850 모델을 제작했다. 소형인데도 불구하고 축간 거

리가 가장 길었고, 프런트엔진이 가로로 장착되고 그 아래에 기어가 있었으며 전륜구동형이었다. 이 모델은 곧 모범이 되었다. 동력장치에 필요한 공간이 좁은 대신에 승객용 공간이 넓어졌다. 르노 R4도 미래형 자동차의 형태를 보여 주었다. 문이 5개 달린 이 실용적인 소형 콤비에서는 뒷좌석을 뒤로 젖히고 간단히 분리시킬 수 있었다. 자동차 테스트에서 이 두 소형차 모델의 경제적인 공간 활용과 전륜구동으로 인한 안전성이 칭송받았지만, 독일의 딱정벌레형 '캐퍼'는 이를 진지하게 받아들이지 않았다. 1965년에 중형 모델인 르노의 R16이 등장하면서 이런 상황은 비로소 달라졌다. 유럽의 기준에서 볼 때 대형이었던 이 차량에 최초로 별도의 트렁크가 아닌, 별도로 이용할 수 있는 공간이 주어졌다. 뒷부분에 비스듬하게 큰 뒷문이 달린 형태와 눕히고 분리할 수 있는 뒷좌석 덕분에 이전에는 상상할 수 없던 유동성이 생겨났다. 당시의 기록은 이러했다. "다양하게 이용할 수 있다는 실용적인 면이 보수적인 신분 과시 용도를 누르고 승리한 것이다."[5]

이로써 우아한 R16은 중형차의 표준형으로 새로 등장한 2박스형을 관철시켰다. 출입하기 간편하고 분리 가능한 좌석은 프랑스 자동차 회사들에게는 새로운 요소가 아니었다. 르노는 이미 1972년에 분리 가능한 좌석 외에 짐을 싣는 후미판이 달린 승용차와 배달 차량의 혼합형을 선보인 적이 있었다. R16에 아직 도입되지 않은 것은 엔진의 가로 장착이었다. 무게의 균등한 분배를 위해서 엔진이 앞축 뒤에 설치되어 발치 공간으로 올라오는 형태였다. R5와 R14, 그리고 1974년 5월에 프랑스의 모범에 따라 등장한 VW 골프에 이르러서야 변형 가능한 가족용 자동차가 새로 탄생했다. 오늘날 '골프 클래스'라고 불

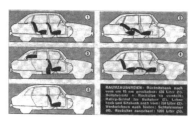

르노 R16의 테스트 리포트(1965)

리는 모델이다.

이 전환은 후세대에 와서야 중요한 것으로 여겨졌다. 당시의 반응은 뚜렷하지 않았다. "구동장치에 대한 의견은 그야말로 다양하다!"[6]고 1962년의 한 기록이 전한다. 공랭식의 리어엔진은 이 전환에 오래도록 저항하던 기술 중 하나였다. 기술의 역사를 보면, 구식 기술은 새로운 기술과 경쟁하는 과정에서 다시금 개선되었다가 결국 패배하는 경우가 많다. 여기서도 마찬가지였다. 1965년경에 리어엔진을 장착한 마지막 세대가 시장에 등장했다. NSU의 프린츠 1100에서 '대형 캐퍼' 1500 및 1600에 이르는 모델들이 이 세대에 속한다. 이 차량들은 공간을 더 잘 이용했고, 엔진이 더 아래에 설치되어 뒷부분에 트렁크 공간도 생겼다. 그러나 변형이 이루어지는 경우는 드물었다. VW1600 모델은 외관상으로는 변형이 가능할 것처럼 보였지만 뒷부분에 큰 문도 없고 뒷좌석도 분리가 불가능했다. 르노 내부적으로도 R16의 새로운 설계에 대한 확신이 없어서 리어엔진을 장착한 R8과 R10의 모델을 시장에 내놓았다.

그러나 골프의 성공에도 불구하고 전륜구동식 2박스형 자동차는 모든 급에서 성공을 거두지 못했다. 르노의 R25와 같은 변형식 상급 차량은 성공적이지 못했다. 이미지가 중요한 대형 고급차의 경우에는 프런트엔진이 길게 장착된 후륜구동식 3박스형 자동차가 표준형 위치를 고수했다. 고급차에서는 내부 공간을 변형할 수 있다는 점이 덜 중

요했고, 회전수가 높은 엔진
에서는 후륜구동식이 장점
으로 나타났기 때문이다. 특
히 계단식 노치백notchback이
주는 뒷모양은 진지함과 견
고함을 강조하는 한편 품위
도 있어 보였다. 일부 중형차
구매자들도 이런 특징을 원
했다.. 그들은 해치백hatchback
이 주는 스포츠카 이미지에
저항하며 고급형을 지향했

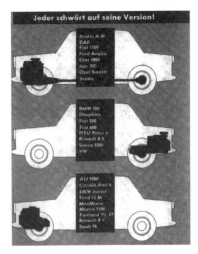

프런트엔진과 리어엔진 설계(1962)

다. 따라서 많은 자동차 회사들은 이런 고객층을 위해 전륜구동식 2박
스형 자동차에 트렁크 부분을 추가하여 다시 3박스형 자동차로 바꾸
어 생산했다. VW의 제타Jetta나 르노 11은 스타일을 중시하는 시험 사
용자들의 찬사를 받지는 못했지만 중년층 이상의 보수적인 고객들에
게 호응을 얻었다. 2박스형 자동차가 스타일 면에서 받아들여진 것은
'그루터기형'의 뒷부분 덕분이기도 했다. 예를 들어 포드의 에스코트
Escort는 해치백형 뒷문에 '정식' 트렁크가 연결된 듯한 모양이었다.

1990년대에는 구동장치에 필요한 공간을 줄이고 엔진 후드의 길이
를 줄임으로써 1박스형 자동차로 변모하는 경향이 시작되었다. 여기
에도 이미 전통이 있었다. 1956년의 피아트 물티플라Multipla는 차체
길이와 이용 가능한 공간의 길이가 비슷했다. 즉, 기술 장치들이 필
요로 하는 공간이 매우 적어졌다. 또한 측면에서 볼 때 타원형 윤곽

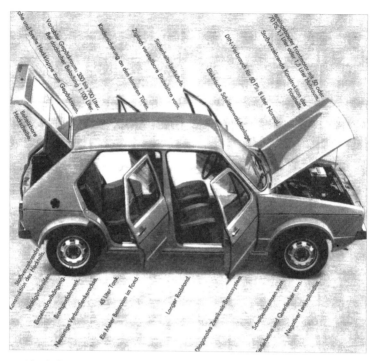

1974년 2박스형 골프 I

을 하고 있어서 이후의 1박스형 자동차 윤곽과 매우 유사한 선행 모델이었다. 1984년에 지금의 1박스형 자동차의 전형을 시장에 내놓은 것은 르노였다. 마트라Matra에서 개발된 에스파스Espace는 차체에 플라스틱이 사용된, 버스와 대형 콤비를 혼합한 형태였다. 동력 부분이 줄어들어 이용 공간이 넓어지고 내부 공간의 변형성이 더욱 강화된 모델이었다. 좌석의 분리가 가능했고, 뒤로 눕히거나 돌릴 수도 있었다. 게다가 테이블로 변형하거나 다양하게 배치하여 바닥에 고정시킬 수도 있었다. 프랑스의 르노는 단일 공간 모델을 트윙고Twingo나 메간 세닉Megan Scénic 같은 소형차에도 도입했다. 그러나 이런 경향이 장차 지배적으로 등장할지는 예견하기 어렵다. 오히려 차체의 길이와 이용 공간의 길이가 비슷한 소형 밴이 새로운 표준형으로 자리잡을 가능성이 높다.

슬론주의에서 슈퍼 슬론주의로

1970년대가 지날 때까지 자동차 구입에서 선택의 기준으로 중요했던 것은 크기, 부속 장치, 성능, 색상 등이었다. 그러나 차량 유형은 그렇게 다양하지 않았다. 왜냐하면 대부분 리무진만이 고려 대상이었기 때문이다. 리무진은 슬론주의적 자동차시장의 중심을 차지했다. 명백한 차이가 있음에도 불구하고, VW 캐퍼와 메르세데스 220은 동일한 승용차 구상에서 나온 모델들이다. 스포츠카와 같은 특수차량을 제외하면 소비자들에게 주어진 선택의 폭은 좁았다. 두 가지의 유니버설 리무진, 즉 쿠페형과 콤비형 중에서 선택하면 되었다. 둘 다 리무진 제작 방식으로 크기도 같았으며 엔진과 섀시도 유사했다. 스포츠형 쿠페는 명성을 의식한 형태로서 더 강하고 우아했으며 대부분 문이 2개였고 인기를 누린 미국식 디자인을 적용했다. 따라서 고고 쿠페Goggo Coupe나 NSU의 프린츠 쿠페에는 테일핀을 암시하는 후부 장치가 달려 있었다.

이 밖에도 전형적으로 옆면이 백색인 타이어와 옆유리를 내릴 수

있는 장치가 있었다. 이는 미국의 포드 무스탕Mustang에서 성공을 거
둔 요소들이 도입되면서 등장한 물결이었다. 즉, 1969년부터 독일의
포드 카프리Carpri는 저렴한 대량생산 기법, 그리고 긴 엔진 후드와 비
스듬한 뒷모양으로 공격적인 스타일이 혼합된 무스탕을 모방했다.
이런 '성공적' 쿠페는 "잘 정비된 사회에 걸맞은 자동차"로 여겨졌다.
"개인주의 또한 규격화가 가능하다는 것을 여기서 알 수 있다."[7]

그러나 과시용이라고 해서 항상 스포츠카만 필요했던 것은 아니
다. 특별히 이용가치가 높아진 자동차로도 체면을 유지할 수는 있었
다. 전제 조건이라면 '콤비' 자동차가 갖는 이미지, 즉 편안함보다는
공간 확보를 중시한 장인들의 자동차라는 이미지를 떨어내야 한다
는 것이었다. 이렇게 기능에 중심을 둔 자동차시장에서도 미국의 영
향은 뚜렷하게 나타났다. 그래서 오펠은 스테이션왜건 모델을 따라
1963년부터 독일 최초의 소형 콤비를 생산했다. 이름도 미국식으로
'카라반CarAvan'이라고 지었다. 당시의 자동차 테스트들에서 새로운
자동차 장르가 탄생했음이 감지되었다. 즉, 서독 사회의 새로운 가치
를 반영한 산물이라고 할 여가용 자동차가 탄생한 것이다. 여가와 스
포츠에 필요한 대형 기구들을 변형 가능한 넓은 내부 공간에 실을 수
있는 카라반의 명성은 차츰 높아졌다. 기존 차량에서는 안쪽이나 뒤
와 위에 스키, 요트, 카약, 자전거, 서핑보드, 골프백 등을 싣기가 쉽
지 않았다. 카라반은 차 지붕 위에 짐 싣는 장치나 트레일러 연결 장
치를 설치해 사용한다는 점도 상용차의 이미지와 거리가 멀었다. 이
제는 트렁크박스와 자전거를 뒤에 실을 수 있는 장치도 큰 인기를 얻
고 있다. 여가용 자동차 위에 실린 자전거는 두 가지 교통수단이 여

가용으로 연결된 것으로, 출퇴근 때 승용차와 대중교통을 연결해서 이용하라는 "Park & Ride" 광고보다 훨씬 더 성공적이다.

2박스형 자동차는 가족용 리무진을 콤비로 만들었다. 이는 슬론주의적 시장구조가 해체되었다는 한 증거다. 1980년경에 가족용 리무진은 여전히 잘 팔려 나갔으나 시장점유율은 점차 줄어들고 있었다. 그 후로 기능이나 디자인, 이용가치 면에서 자동차시장이 더 세세하게 구분되는 경향이 뚜렷해지고 있다. 슈퍼 슬론주의는 리무진을 핵심 차량이라는 왕좌에서 몰아내면서 차량의 스펙트럼을 확장했다. 이전에는 극소수에 속했던 차량들과 새로 '발명된' 차량들이 시장을 점유하기 시작했다. 카브리오, 로드스터, 4륜구동식 오프로드카, 차체가 높은 콤비, 밴, 고급의 소형 버스, 캠핑카, 도시용 차, 픽업, 여가용 오토바이 등이 그것이다. 이런 차량들이 확산되면서 대부분의 자동차 회사들은 이 스펙트럼에 속하는 모든 유형의 차량을 새로운 슈퍼 슬론주의적 시장에 내놓았다. 시장의 분할이 뚜렷했던 과거와는 확연하게 달랐다. 남의 구역에서는 밀렵하지 않겠다는 신사적 협약은 이제 효력을 잃었다. 1965년에 폴크스바겐 회장 노르트호프Nordhoff는 메르세데스 벤츠가 중형차 시장에 관심을 갖지 않는 동안에는 "VW 2000"을 공급하지 않겠다고 선언하기도 했다. 이제는 두 회사 모두 각급 모델을 전부 가지고 있으며, 극소수 사람들을 위한 차량도 중시한다. 따라서 SUVSports Utily Vehicle 차량은 비포장도로용처럼 보이지만 포장도로용으로 제작된 가족용 대형차이며, SUTSports Utility Truck에는 짐 싣는 칸이 있다. VW는 "스포츠카를 운전하는 사람들도 언젠가는 가족을 이룬다!"는 슬로건으로 대형 리무진인 '샤란

Sharan'을 광고한 바 있다. 콤비는 점점 더 커져서 밴이 되었고, 결국 고성능에 비포장도로용 특성을 갖춘 '스포츠형 대형차'로 변신했다. 이런 차량이야말로 현대적인 라이프스타일에 상응하는 것이다.

일반 가족용 리무진이 왕좌에서 물러난 데에는 사람들이 차를 1대 이상 소유하게 된 탓도 있다. 경제적으로 여유가 있는 사람들은 목적에 따라 시내용 소형차에서 휴가용 대형차까지 여러 대를 소유하게 되었다. 이제 수송 목적에 맞는 적당한 차를 고르기만 하면 되었다. 그러나 오늘날 대부분의 자동차는 구식 일반 리무진과 동일하게 스마트Smart나 랜드로버나 출근용으로 이용할 수 있다. 요즘에는 자동차 유형과 실제 사용이 큰 관련이 없다. 자동차와 소유주가 조화를 이루는지가 훨씬 더 중요하다. 자동차와 인간이 조화를 이루어야 한다는 인식이 자리잡으면서 자동차 브랜드뿐 아니라 유형도 이용자의 생활 방식이나 이미지와 맞아야 한다. 리무진도 벌써 오래전부터 고객층에 따라 다른 옵션으로 판매되고 있다. 동일한 자동차 유형일지라도 고급형, 가족형, 스포츠형으로 나뉘어 소비자의 욕구를 채우고 있다. 오늘날 자동차는 장기간 사용하는 물품이 아니라 소비자가 그때그때의 욕구에 따라 구입하는 소비재로 변하고 있다. 소비사회에서는 물건 자체뿐 아니라 체험을, 사용가치가 아니라 스타일을 구매하는 상황이 되었다. 따라서 '자동차 과잉공급'의 시대인 오늘날, 일부 차량은 일상적이고 합리적인 수송 기능을 일부러 무시하기도 한다. 거의 모든 크로스오버 차량은 여가용이다. 휴가 교통량이 점점 늘어나면서 여가용 차량의 시장점유율도 상승했다. 1990년대 말의 통계에 따르면 승용차 운행 거리의 절반 이상이 휴가 교통에 쓰인 것으로 나타났다. 밴, 로드스터, 오프로드카, 캠핑카, 오토바이 등에 공통된 것은 이 차들이 리무진이 제공할 수 없는 재미를 안겨 줄 뿐 아니라 일상에서 멀리 떨어져 있다는 느낌을 준다는 것이다.

특히 오픈카와 로드스터는 1980년대에 개인주의적이고 사치지향적인 현대화 물결에 따라서 붐을 맞았다. 오픈카가 슬론주의적 리무진의 변형으로서 양산되고 리무진처럼 넓은 공간을 가지고 있는 반면, 로드스터는 소형 2인승으로서 슈퍼 슬론주의적인 차량이라고 할 수 있다. 마쓰다는 영국의 구형 로드스터를 현대화한 MX-5 모델을 선보였는데, 이는 의식적으로 가족용으로는 부적합하다는 특징뿐 아니라 자유와 육체적인 즐거움의 느낌을 대량생산 기술과 연결지은 것이었다. 오픈카는 표준형 리무진과 달리 차체가 개방되어 있다는 점이 특징인데, 신형 로드스터는 초기의 로드스터와 달리 지붕이 닫혀 있을 때 누릴 수 있는 쾌적함을 특징으로 내세웠다. 운전자가 지붕을 연 채로 운행할 때에는 바람막이와 히터가 작동하여 리무진의 쾌적함을 느끼게 해 주었다.

동력화의 슈퍼 슬론주의적 단계에 속하는 중요한 요소로서 오토바이를 들 수 있다. 이제 오토바이는 유행에 걸맞은 유동적인 도시용 운송수단으로 자리를 잡았으며, BMW C1 같은 아방가르드적 대표 모델에서는 리무진의 특징이 도입된 것을 확인할 수 있다. 전통적인 오토바이는 스포츠용 및 여가용 차량으로 발전했다. 오토바이는 일상적인 수송수단인 자동차로부터 멀어지면서 진정한 매력을 얻게 되었다. 라이프스타일의 한 요소였던 오토바이는 운전자의 개성 및 자기표현에 자동차보다 훨씬 더 적절한 수단이었던 것이다. 오토바이 애호가 중에는 미국문화에 따라 할리데이비슨 같은 오토바이를 타고 유유히 달리는 이들도 있고, 오토바이 장거리 경주에서 힘겨운 스릴을 맛보는 이들도 있었으며, 고성능의 공격적인 스타일로 치장한 오토바이를 타고 트랙 경주의 미학을 일상 교통에 가져온 이들도 있다. 중요한 것은 여기에도 자동차문화처럼 매우 다양한 유형이 공존한다는 점이다. 그러나 오토바이도 점점 편안해지는 추세를 보이고 있다. 승차감이 좋아졌고, 고속 운행 시 바람의 압력도 줄어들었다. 물론 이런 경향으로 오토바이가 자동차와 비슷해진 것은 아니다. 오토바이는 차체 위에 노출된 채로 앉아서 달린다는 점 때문에 자동차 운행에서는 맛볼 수 없는 즐거움을 보장한다. 바람의 압력 체험과 더 직접적인 속도감은 초기의 자동차 운행자들도 칭송한 점이었지만, 그것이 점차 길들여지면서 자동차에서는 상실된 특징들이다. 따라서 오토바이 운행의 원래 재미에는 운전이 수동적으로 변하는 데 대한 저항이나, 대량교통과 순하게 길들여진 대중적 자동차들에 대한 저항이 내포되어 있다.

스펙트럼의 다른 한편에서는 이전에는 주로 노동의 성격을 지녔던 유형의 차량들이 점차 일상용이나 여가용 자동차로 바뀌었다. 픽업트럭에는 이제 건축자재나 공구가 아닌 스포츠 기기가 실린다. 픽업트럭은 초기 장인들의 콤비처럼 리무진의 편안함을 갖춘 고성능 여가용 차량으로 변했다. 축소된 공간이 특징인 로드스터와는 정반대로 이런 상용차와 유사한 차량들은 이용 공간이 풍부하다는 점을 자랑한다.

실용적인 차량의 모범으로는 오프로드카나 4륜구동 차량들이 속한다. 이 또한 미국에서 독일로 들어온 유행이다. 수십 년 전까지는 지프와 랜드로버가 산업국가 이외의 지역에서나 운행되면서 농업용 및 삼림용 차량으로만 쓰였던 반면, 오늘날의 오프로드카는 일반 도로에서 운행되고 있다. 이런 차량의 구매자들은 공간이 넓고 좌석이 높아서 조망이 좋으며 트레일러를 끄는 힘이 강하다는 것을 장점으로 꼽는다. 군대식 디자인의 이런 차량을 구입하는 진정한 이유는 "길을 벗어나 달릴" 수 있다는 환상에 있다. 구매자들이 솔직하게 밝히는 경우는 드물지만. 이런 차량은 가상으로나마 선로와 다름없는 국도, 골치 아픈 다른 차량들, 그리고 대중교통 체계를 떠날 수 있다는 느낌을 준다. 이런 "전쟁용 수송차량"은 세기말에 오프로드카로 모든 지역을 정복할 수 있다고 했던 유토피아를 이어받은 후속품으로, 다른 글에서 이에 대해 언급한 바 있다.[8] 이런 차량은 모험과 황야의 일부분을 일상으로 끌어들였다. 이를 대표하는 극단적인 예가 미국의 고성능 다륜 차량으로, 알루미늄으로 만들어진 이 차량은 지프의 후계자라고 할 수 있다. 섀시가 높고 광폭 타이어에 보호용 파이프가 둘러져 있는 이런 스타일은 "파괴의 위협"[9]을 표현한다. 폭력과 공격으로 각인된 자동차 역사의 또 다른 장이라고 하겠다.

　하지만 이런 비포장도로용 차량도 로드스터처럼 포스트모던적으로 변화했다. 승차감도 좋지 않고 방어적 안전성이 보장되지 않으며 화물차와 비슷한 조작을 해야 하는 저속 랜드로버를 원하는 사람은 이제 거의 없다. 레인지로버에 이르러서야 비포장도로를 달릴 수 있는 특징에 고급차의 편안함이 추가되었다. 모든 특수차량은 시간이 지나면서 초기의 문제점과 불편함을 해소하고 일반적인 콤비나 리무진의 특징을 갖추게 되었다. 즉, 리무진의 성능에 최고 속력을 낼 수 있고, 스프링장치나 소음 정도가 리무진과 같아졌지만, 연료 소모량은 여전히 높았다. 리무진이 자동차문화를 주도하지는 않았지만 그 장점은 모든 슈퍼 슬론주의적 차량에 도입되었다. 소비자들이 이 장점을 포기하려 들지 않기 때문이다.

반항적 차량, 합리적 차량, 클래식카

리무진 지향적인 자동차문화의 마지막 단계에 속하는 것으로 자동차 하급문화가 있다. 1960년대에는 특히 청소년들이 아버지 세대의 자동차를 고리타분한 것으로 여겼다. 미국 대학생들 사이에서는 한때 구식 자동차를 고성능의 기괴한 'Hot rods'로 개조하는 유행이 번졌다. 밴이 인기를 얻은 것도 미국에서는 늘 그렇듯이 '시민적' 자동차에 반항한 결과였다. 1968년 이후에 캘리포니아에는 저항자들, 비트족, 히피 또는 '뿌리로 돌아가자'는 움직임의 대표자들이 VW 버스를 타고 다니며 버스 안에서 생활했다. 이 버스들은 현란한 색깔로 페인트칠된 경우가 많았는데, 내부가 꽃이나 촛불, 매트리스로 장식되어 대안적 생활양식을 자동차에 도입한 셈이었다. 유럽에서는 프랑스의 소형차, 예를 들어 시트로엥의 엔테Ente나 르노의 R4가 저항적인 자동차문화에 속했다. 차체 변형이 가능했던 이런 차량들은 시민적인 3박스형 자동차와 대조되는 모델로 환영받았다. 풍자가 베른슈타인F. W. Bernstein은 R4 모델의 생산 중단을 송시로 지은 바 있다.[10]

1968년과 오일쇼크 사이에 나타난 시민적 문화와 대안적 문화의 구분은 '자동차 소유' 대 '자동차 포기'의 구도가 아니라 서로 다른 자동차 유형에서 드러났다. 포드와 오펠은 속물성의 대표로 여겨졌고, 메르세데스는 완벽한 자기만족의 상징이었다. 특별히 장난을 즐기던 사람들은 시트로엥의 엔테를 지저분한 채로 타고 다녔을 뿐 아니라 알록달록한 색으로 칠하거나 정치적인 구호로 장식하기도 했다.

이와 유사하게 자동차문화에 도입된 것은 자동차를 통한 또 다른 저항 형식인 환경운동이었다. 1990년대 이후로 대안적 차량을 통해 자동차 소유와 환경을 조화시키려는 시도들이 생겨났다. 이런 대안적 차량들은 크기, 무게, 연료 소모 면에서 주류 자동차들보다 더 훌륭했다. 이런 특징 때문에 이 차들은 새로운 이동성 아이디어에 상응하며, 지금은 대중교통이 유발하는 문제를 해결하는 데 도움이 되는 환경친화적 자동차로 시장에 소개되고 있다. 새로운 자동차 미니멀리즘을 대표하는 모델인 스마트는 시장에서 나름의 위치를 확보했다.

스마트는 설계 단계에서는 전기 동력 또는 '혼합' 동력을 사용하는 자동차로 구상되었지만, 결국은 전통적인 가솔린엔진을 장착하게 되었다. 초기에 스마트는 합리적인 교통수단이 아닌 소유주의 환경의식을 알리는 라이프스타일 제품으로 광고되었다. 이로써 스마트의 역할은 자동차문화에 대한 불쾌감에 반응하고 동시에 그 편안함을 보장하는 것이었다. 그러나 이런 차량은 전통적인 자동차를 소유한 사람들의 두 번째나 세 번째 차량으로 이용되는 경우가 많았다. 따라서 이 차량들은 기존의 자동차를 대체한 것이 아니라 보완하는 역할을 했다. 그러나 대안적 차량이 전기 엔진 또는 다른 방식의 동력으로 운행된다고 할지라도 이 차들이 대중교통 문제를 해결하지는 못하며, 오히려 문제를 심화시킬 뿐이다. 스마트 같은 차량은 슈퍼 슬론주의의 또 다른 구석 자리를 차지하여 자동차시장을 확대하는 역효과를 가져왔다.

디젤 승용차도 연료를 절약하는 합리적인 차량으로서 성공의 길을 걷기 시작했다. 푸조와 폴크스바겐이 오일쇼크 이후에 소형급으로 디젤엔진을 장착한 차를 선보이자, 곧 택시 엔진 또는 농부들의 엔진이라는 이미지는 사라졌다. 그 후로 디젤엔진도 자동차의 설비 향상에 한몫하고 있다. 직접분사 기능, 터보차저, 커먼 레일 기능 등으로 디젤엔진도 조용해지고 연료 소비도 줄었으며 특히 성능이 강해졌다. 이로써 디젤엔진은 오늘날 대형급 차량에서도 확고한 위치를 차지하게 되었다.

초기에는 극소수에 머물다가 나중에 대안차량으로 변화한 자동차들은 슈퍼 슬론주의를 거치면서 또 한 번 변화했다. "더 적은 것이 더 많은 것이다"라는 정신에 따라 미국에서는 VW 캐퍼가 성공적으로 판매되었다. 주류 자동차의 가치를 무시하는 듯한 이 모델은 이제는 모자란 듯한 느낌을 주지 않고 재미있고 합리적인 교통수단으로 시장에 소개되었다. 캐퍼, 엔테, 미니는 단순함이라는 가치의 덕을 보았고, 자동차가 전면적으로 확산되는 가운데 일종의 라이프스타일 차량이 되었다. 특히 이 차들의 생산이 중단되어 클래식카 자격이 주어지면서 그 이미지가 더욱 강해졌다. 캐퍼에 골프의 기술이 결합된 뉴비틀New Beetle은 구형의 실루엣을 모방한 역사적인 자동차로서 그 지위를 계속 유지했다.

진정한 클래식카 역시 슈퍼 슬론주의에 통합되었다. 클래식카를 운행하는 것은 일부 특별한 기인들의 도락이 아닌 수백만 명의 취미가 되었다. 두 번째 차량으로서의 클래식카는 그 소유주를 대중적 자동차 운전자들과 구분해 줄 뿐 아니라 이제는 거의 사라진 즐거움을 제공한다. 즉, 스스로 이해하고 정비할 수 있을 정도의 기술에서 느끼는 즐거움, 완벽한 현대적 자동차에서는 사라져 버린 능동적인 자동차 운전, 개성 있는 자동차를 다루는 즐거움, 유희적 형태에 대한 재미 등이다. 클래식카는 이제는 대중교통으로 희생된 과거의 호시절을 상기시키며 기술 변화를 추동하면서도 동시에 기술적 과거에도 관심을 돌리는 사회를 대변한다.

오늘날 모든 것이 가능한 듯이 보이거나, 갖가지 특별한 목적마다 적합한 승용차가 있다는 사실은 제너럴모터스의 유토피아가 실현되었음을 말해 준다. 1964년 뉴욕 엑스포의 '푸투라마'를 방문한 사람들은 열대 정글에서 남극으로, 산맥으로, 황무지 또는 대도시로 가는 영화여행을 체험했다. 매 영화 장면의 "모든 기후, 모든 지면, 모든 거리"[1]마다 그에 적합한 특수 승용차가 준비되어 있었다. 실제로 이런 '초강력 이동'용 차량이 시장에도 나와 있다. 교통수송 역할이 특별하게 확장되지는 않았지만, 자동차가 갖가지 유형으로 나뉠 것이라는 예견은 실현된 셈이다.

대안과 막다른 골목: 가스터빈과 반켈 엔진

많은 전문가들은 표준형으로 자리잡은 4행정 왕복 피스톤의 가솔린엔진이 다른 기관으로 대체될 것이라고 예견했지만 이는 들어맞지 않았다. 2행정 엔진 외에 가스터빈이 4행정 엔진의 자리를 위협했다. 제2차 세계대전 직후, 새로운 터빈 기술의 미래에 큰 기대가 모아지면서 최초로 여러 가지 실험이 실시되었다. 터빈 기술은 비행기의 엔진으로 전쟁 막바지에 그 실용성을 증명한 바 있다. 영국의 프랭크 위틀Frank Whittle과 독일의 한스 폰 오하인Hans von Ohain 및 안젤름 프란츠Anselm Franz는 새로운 세대의 고속 비행기를 위한 제트엔진을 개발했다. 얼마 후 이 제트엔진이 자동차에 장착될 시점에 가스터빈은 이미 매우 발전한 단계에 있었다. 가스터빈은 왕복 피스톤 엔진과 공통점이 많았기 때문이다. 특히 충전에서 공통점이 뚜렷했다. 구식 엔진의 성능을 높이려고 기계적으로 작동하는 컴프레서를 장착하는 대신에 배기가스로 추진되는 터보차저를 설치하려 했던 것이다. 배기가스 터보차저와 가스터빈이 안고 있던 설계 및 생산 면에서의 문제점은 서로 유사했다. 터빈 블레이드의 열 내구성, 윤활 문제, 높은 회전수에도 견뎌야 한다는 점 등이 거의 같았다.

그러나 터보차저의 장점이 왕복 피스톤 엔진의 효율성을 높인다는 한 가지였던 반면, 가스터빈은 전혀 새로운 기술이라는 매력을 제공했다. 특히 전후 영국에서는 혁신적인 가스터빈이 향후 모든 교통수단에 사용될 표준형 동력이 될 것이라고 기대했다. 미국이 아닌 영국에서 코멧Comet이 생산되면서 최초의 민간교통용 제트엔진 비행기가 탄생했다. 최초의 성공적인 터보프로펠러 비행기도 영국에서 나왔다. 따라서 가스터빈으로 추진되는 최초의 실험자동차가 1948년에 로버Rover에서 생산된 것도 놀라운 일이 아니다. 그러나 여기서도 미국이 곧 주도적인 역할을 하게 되었다. 제너럴모터스는 1954년 파리 자동차쇼에서 파이어버드Firebird를 선보였는데, 시속 250킬로미터가 가능한 현대적인 비행기 디자인의 자동차였다. 르노의 터빈 자동차 에누아유 필랑트Étoile Filante는 1956년에 이미 시속 300킬로미터를 달성했다. 이런 '미래 자동차'는 제한을 모르는 기술적 확장에 대한 높은 기대를 보여 주는 증거들이다. 터빈에 대한 열광이 절정에 달한 1956년 오이겐 디젤은 다음과 같이 기록했다. "제트 비행기에 설치된 가스터빈이 엄청난 액수의 투자 지원을 받으며 최소한 12개에 달하는 유럽 및 미국의 자동차 회사에서 자동차 엔진으로 개발되고 있다. 소비자가 엔진 자동차와 터보 자동차 중에서 선택하게 될 날이 언젠가 올 것처럼 보인다. … 이제는 피스톤 엔진의 설계에서도 굉장한 발전이 나타나고 있으며, 원자력 추진장치도 계속 개발 중이다. 이 모든 종류의 동력장치가 공존할 것으로 예견된다."[12]

독일에서 이런 유토피아적 동력장치가 개발되지 않은 것은 항공기 터빈의 연구 및 생산 금지 조치와도 관련이 있다. 1955년에야 독일은 영공권을 돌려받았다. 그러나 이 시점은 자동차에 제트엔진을 사용하려고 했던 열광적인 시기가 이미 지난 후였다. 1960년 이후에 터빈 동력의 두 번째 물결이 다가왔을 때도 독일은 이 흐름에 가담하지 않았다. 여기에서 선구자였던 로버는 1963년에 시속 240킬로미터를 자랑하는 경주용 터빈 자동차를 선보였다. 일상 교통에 적합한 모델 TR4는 1962년에 나왔는데, 운행 면에서 왕복 피스톤 엔진과 거의 다를 바가 없었다. 크라이슬러도 1963년에 터보 다트Turbo Dart를 시장에 선보이려 했다. 상징적으로 현대적인 이미지를 주는 터빈 자동차는 터빈의 소음 때문에 일상 교통에서 주목을 끌었다. 한 자동차 테스트 후 다음과 같은 비판이 나왔다. "터빈의 괴성 같은 소음이 신경에 거슬린다. 크라이슬러는 소음기를 이용하면 이 소음을 없앨 수 있지만 자동차 운전자들이 터빈 자동차를 타고 있음을 자랑하고 싶어 하는 탓에 소음을 그대로 방치하고 있다." 대부분의 터빈 자동차는 멋지게 장식된 공기흡입구나 배기가스관으로 제트기와의 유사성을 강조했다. GM의 디자인팀장 할리 얼Harley Earl은 우주선이 달에 착륙하기 10년 전에 터빈 자동차인 파이어버드 III에 대해 다음과 같이 말했다. "언젠가 달에 가는 로켓의 출발 지점으로 타고 갈 자동차는 아마도 이런 것이리라!"

　자동차에 설치될 가스터빈은 비행용 가스터빈과는 다른 구조로 설계되어야 했다. 여기에는 두 가지 형태가 있었다. 첫 번째 형태로, 방출되는 가스에 대한 반응원리로 추진되는 본래의 제트엔진이 있었다. 여기서 터빈은 컴프레서를 작동시킬 정도의 성능만 내면 되었다. 두 번째 형태인 터보 축 기관에서는 터빈이 컴프레서뿐 아니라 축도 직접 작동시켰다. 여기서 가스 방출은 거의 무의미했으며 평범한 내연기관의 배기가스와 비슷한 정도였다. 또한 터보 축 기관을 자동차용으로 설계하려고 제2의 터빈을 연결하기도 했고, '터빈 전기' 추진 장치를 설치하기도 했다. 여기서 터빈 축은 동력 엔진용 전기를 만들어 내는 발전기와 연결되었다. 그러자 심각한 문제점들이 드러났다. 회전수가 너무 높아서 무거운 기어로 자동차의 회전수에 맞게 낮춰야 했다. 그런데 자동차가 주로 작동하는 영역에서 가스터빈을 조절하기가 어려웠다. 배기가스는 뜨거웠고, 회전자 제작도 어려웠다. 회전자가 작았고 파워웨이트 비율도 좋았지만, 열교환기가 설치되었음에도 불구하고 효과는 좋지 않았다. 달리 말해서, 연료 소모가 매우 컸다. 지속적으로 연소되는 회전식 동력은 처음에는 무척 간단해 보였지만 일상적인 자동차에 적용하면서 실패를 겪었고, 결국 비경제적이며 비실용적인 것으로 드러났다.

자동차에 원자력 추진장치를 설치하는 것도 환상임이 드러났다. 오이겐 디젤과 원자력 이용을 지지하던 전문가들은 1950년대에 증기 전기장치로 작동되는 원자력자동차를 기대했다. 원자력발전소에서처럼 핵반응 열이 물을 증기로 변화시키면 이 증기가 증기기관을 작동시키고, 증기기관이 발전기를 통해 자동차 전기 엔진을 돌릴 전기를 만들어 낸다는 원리였다. 당시에는 원자로를 승용차에 맞게끔 작게 만들 수 있는지가 문제였다. 방사능 방출 문제나 핵폐기물 처리 문제는 거의 언급되지 않았다.

세 번째 도전자인 반켈 엔진 또한 동력혁명을 기대하던 시기에 탄생했다. 이미 1950년대 말에 한 전문잡지는 냄비만큼 작고 "회전수에 제한이 없는 엔진"이 탄생할 것이라고 언급했다. 자동차 엔지니어들과 기술에 관심이 많던 아마추어들은 반켈 엔진의 등장으로 드디어 터빈과 유사하며 소음이 없고 우아하고 파워웨이트 비율도 좋은 동력이 탄생할 것이라고 했다. 1960년 1월 19일 뮌헨의 독일박물관 앞에서 소개된 반켈 엔진은 여론의 열광적인 환영을 받았다. 펠릭스 반켈은 이미 1920년대에 "아래위로 두드리는 대신에 회전하는" 내연기관을 만들고자 했다. 반켈은 1930년대부터 항공산업에 종사하면서 전통적인 엔진을 새롭게 회전식으로 조절하는 방법과 밀폐 문제, 왕복 피스톤 엔진의 충전장치 등을 연구하기 시작했다. 즉, 고성능 내연기관 관련 연구에 종사했던 것이다. 여기서 얻은 많은 경험이 반켈 엔진에 활용되었다. 기술 교육도 받지 않은 발명가였던 반켈은 기술적인 상상력과 끈기와 문제 해결력으로 1950년대 중반에 두 가지 근본적인 문제에 대한 해결책을 찾아냈다. 밀폐 문제를 해결했고, 4행정 원칙에 따르는 연소 과정을 가능하게 하는 피스톤 및 케이스 형태를 개발했다. 그는 회전식 피스톤 기관을 설계하기 위해 가능한 모든 형태를 연구하고 체계화했으며, 이를 위한 제도기까지 구상했다. 이로써 그는 몇 세대에 걸쳐 수많은 엔지니어들의 숱한 노력에도 불구하고 찾지 못한 해결책을 성공적으로 유도해 냈다. 그가 개발한 엔진의 케이스는 '트로코이드형'으로 숫자 8과 유사한 형태였다. 굽은 삼각형 모양을 한 피스톤이 2행정 엔진에서처럼 흡입과 배출을 조절했다. 피스톤의 삼면에서 동시에 연소가 이루어지는 방식이었다.

반켈의 파트너 회사였던 NSU는 대담하긴 했지만 자전거와 소형차를 생산하던 소규모 회사였다. NSU는 단기간에 전혀 새로운 엔진을 실용 단계에 올리도록 개발하는 부담을 감수했다. 자전거를 생산하던 회사가 군이 이런 시도까지 하게 된 데는 경제적인 어려움이 컸다. 자전거 붐이 지나간 후여서 생존하려면 경쟁에서 이길 수 있는 자동차를 시장에 선보여야 했다. 1930년대에 반켈이 '반켈 실험실'을 운영하면서 쌓은 개인적 친분도 협력관계의 배경이 되었다.

반켈의 본래 회전기관은 단순하고 실용적인 것으로 바뀌었으며, 내부에서 회전하는 케이스 없는 원형 기관으로 변했다. NSU의 엔지니어들뿐 아니라 린다우의 반켈 개발실에서도 'NSU-반켈 시스템'의 자동차 설치에 노력을 기울였다. 전제 조건은 원칙적인 문제가 해결되어야 한다는 것이었다.
즉, 냉각이나 윤활 또는 점
화 문제부터 해결해야 했다.
에이펙스 실apex seal이 작동
하는 부분에서 마모 현상과
"채터링 흔적"이 나타났다.
새로운 실험 방향과 재료 개
발이 필요했다. 나중에 한
엔지니어는 이때 "피를 말리
는" 노력이 있었다고 밝혔
다. 부품 숫자는 적지만 품
질이 우수해야 했기 때문에
엔진의 대량생산 역시 어려
움에 부딪혔다.

《슈피겔》지 표지를 장식한 펠릭스 반켈과 그가 개
발한 엔진(1961)

반켈 엔진을 장착한 최초의 자동차는 1964년의 소형 반켈-스파이
더Wankel-Spider였고, 3년 후에 나온 NSU의 Ro 80이 비로소 진정한 성
공작이 되었다. 이 엔진은 "터빈과 유사"하다고 했으며, 새로운 편안
함을 보장했다. 실제로 당시 자동차 운전자들은 반켈 엔진을 기술적
인 용어가 아닌 감각적으로 표현했다. 그 "비단처럼 부드러운 힘의
전개", 진동이 없는 점, 컴팩트한 크기가 강조되었다. 1967년 '올해의
자동차'로 선정된 Ro 80은 클라우스 루테Claus Luthe가 작업한 미래형
굴대 모양의 디자인이었다. 그러나 다른 자동차 제작사들은 이 새로
운 엔진 기술을 받아들이는 데 주저했다. 이 엔진은 그저 초기에 자

동차를 운행하는 대중의 환영만 받았다. 이는 NSU 사의 홍보와 발명가의 현명한 마케팅 덕분이었다. 반켈의 시대였던 1960년대에 여론의 주된 논의는 새로운 동력 기술에 집중되었으나, 신기하게도 교통정책적인 논쟁과는 분리되어 있었다.

원형 피스톤 엔진을 두둔한 이유도 미학적인 것이었지 기술적인 것이 아니었다. 즉, 터빈과 유사하게 우아한 운행 특성, "두드리는 대신에 회전"이라는 이용 면에서 '부드럽다'는 장점이 연료 소모나 견고함 같은 '딱딱한' 기술적 문제와 대조적으로 강조되었다. 다만, 이런 기술적 문제에서 반켈 엔진은 기존의 왕복 피스톤 엔진보다 더 우수하지 못했다. 반켈 엔진은 가스터빈과 마찬가지로 도로교통 문제에 대한 답이 아니었다. 이는 오일쇼크가 일어나기 전 자동차가 미학적·기술적으로 개선되던 과정의 일부분이었다. 커티스-라이트Curtiss-Wright에서부터 롤스로이스를 거쳐 동독의 국영 자동차 회사까지 거의 모든 자동차 제작사들이 라이선스를 구입하여 반켈 엔진을 더 발전시키려고 연구에 매진했다. 열광의 시기가 지나자 마쓰다만이 반켈 엔진을 장착한 자동차를 내놓았다. 마쓰다는 이 엔진을 자동차에 적합한 고성능 엔진으로 완벽하게 발전시키겠다는 의지를 보였다.

반켈혁명이 실패한 이유 중 대표적인 것은 초기의 손해 문제였다. NSU 같은 소규모 자동차 회사는 비용이 많이 드는 장기 테스트를 할 수 없었기 때문에 사실상 테스트 프로그램을 고객에게 떠넘긴 셈이었다. 최초의 구매자들은 새로운 기술 도입과 작은 문제점 해결에 많이 도움이 되었다. Ro 80을 운전했던 첫 세대 운전자들은 작은 문제점에도 부품 교체 서비스를 받았다. 공장에서 문제의 원인을 분석하기 위해서였다. 그러나 이는 비용 면에는 저렴했지만 명성을 훼손했다. Ro 80 운전자들이 그렇게 교체된 부품의 숫자를 세고 있다는 농담이 나돌기도 했다. 그러나 반켈 엔진이 사라진 것은 기술적인 이유보다는 산업정책적·사회적인 이유가 컸다. 회전 피스톤 엔진을 장착한 마쓰다가 르망의 24시간 장거리 경주에서 승리함으로써 이 엔진이 왕복 피스톤 엔진과 같은 성능을 낼 수 있다는 점이 뚜렷해졌다.

엔지니어들에게 로비를 충분히 하지 않은 것도 영향을 미쳤을 것이다. 내연기관을 다루던 대부분의 엔지니어들은 왕복 피스톤 엔진과 함께 성장했기 때문에, 새로운 해결책을 내도록 강요하는 새로운 엔진에 반감을 보였다. 산업계도 투자 비용이 많이 드는 혁신적 아이디어를 거부하는 경향을 보였다. 자동차 회사의 매니저들의 거부감도 영향을 미쳤다. NSU 사를 인수했던 VW-아우디나 메르세데스 벤츠사도 마찬가지였다. 지원자들이 떠나면서 실험이 중단되었다. 매니저들의 회의적인 반응은 발명가들의 유화적이지 않은 태도와 관련이 있었다. 결국 반켈 엔진은 기존 모델을 대체할 만한 혁명적 가능성이 충분하지 않았던 것이다. 몇 가지 면에서는 우월했지만 기존 것을 대체할 만큼 결정적이지는 못했다.

반켈 엔진의 특징이었던 조용한 운행과 좋은 파워웨이트 비율은 그 후 왕복 피스톤 엔진에서도 구현되었다. 이는 부분적으로는 회전 피스톤 엔진 덕이기도 하다. 반켈 엔진용으로 개발된 갖가지 요소들, 즉 재료 조합의 개선, 생산 품질의 향상, 접지면의 코팅, 세심한 윤활 구조 등이 기존의 엔진 성능 개선에 도움이 되었다. 이렇게 해서 시트로엥 2cv-엔테의 피스톤 궤도는 반켈 엔진 방식으로 코팅되었다.

원형 피스톤 엔진으로 전기 점화 또는 현대 디젤에 속하는 터보차저도 확산되었다. 연료 소모를 줄여야 한다는 압박 때문에 마쓰다는 원형 피스톤 엔진에 대한 창조적인 해결책을 내놓게 되었다. 처음에 가솔린과 증기와 전기 사이에 경쟁이 벌어졌듯이, 여기서도 경쟁하는 기술들이 서로를 자극했던 것이다.

보이지 않는 기술의 완벽한 편안함

자동차의 역사에서 동력 기술과 섀시 기술은 엄청난 개선을 보였음을 확인할 수 있다. 이를 보여 주는 가장 좋은 증거는 오늘날의 운전자들이 보통은 그저 앞유리 세정액을 채우려는 목적에서만 엔진 후드를 연다는 사실이다. 엔진 기술이 광고에서는 중요할지 몰라도 일상적인 운행에서는 더 이상 중요하지 않게 되었다. 엔진 기술은 그저 존재할 뿐이고, 자체적으로 감시하며 문제가 생기면 큰 오작동을 보이기보다는 계기판에 문제를 표시해 준다.

대규모로 광고되고 자동차 관련 매체에서 찬사를 받는 '혁신'은 수십 년 전의 기술이 이제야 대량생산된 경우가 많다. 자동차 엔진은 비행기 엔진이나 대형 엔진에 줄곧 기생해 왔다. 4밸브 엔진, 분사 엔진, 이중점화 엔진, 충전 엔진이 장착된 비행기를 이미 제1차 세계대전 당시의 조종사들이 몰았다. 자동차 이전에 이미 선박의 디젤에서 충전 공기 냉각장치가 달린 배기 가스터빈이 사용되었다. 더욱이 반구 모양의 연소실 같은 진전된 구상들은 자동차경주에서 입증된 후 나중에 대량생산 엔진에 도입되는 경우가 많았다. 유해물질 배출, 안전성, 내구성, 간편한 조작 면에서 개선이 이루어지면서 오일 교환 및 정비 기한이 늘어나고 신뢰도가 높아졌으며, 기술적인 문제를 해결해야 하는 경우도 줄어들었다. 그러다가 1980년 이후에 엔진이 전자장치로 관리되기 시작하면서, 정비가 덜 필요한 엔진으로 가는 결정적인 발걸음을 내딛었다. 전자 점화와 전자 분사 장치, 그리고 영구적인 윤활이 가능한 섀시는 자동차를 더 이상 개선할 것이 없을 정도로 변모시켰다.

좁은 의미에서의 자동차 기술은 점점 한계효용이 감소하는 함정에 빠졌다. 노력과 비용을 많이 들여도 더 좋은 결과를 얻는 경우가 점점 드물어졌다. 예컨대 지난 20년 동안 자동차 연비는 거의 줄어들지 않았다. 왜냐하면 현대적 엔진의 효율성이 높아져도 자동차 무게가 계속 늘어나서 다시 원상태가 되기 때문이다. 다임러 크라이슬러와 자동차경주 팀장인 노르베르트 하우크Norbert Haug는 오래전에 다음과 같이 고백했다. "개발 곡선이 점점 평평해지고 있다."

반면에 내부 공간의 편안함이라는 문제는 전혀 다른 양상을 보인다. 편안함의 향상은 자동차 이용자의 직접적인 운행 체험에서 기술적인 성능보다 훨씬 중요한 역할을 하며, 그 개선 노력도 끝이 보이지 않는다. 미국에서 닫힌 공간의 자동차가 등장한 이래로 자동차는 계절에 구애받는 스포츠카에서 연중 언제든 사용 가능한 일상용 자동차로 발전했고, 나중에는 공공교통 내에서도 개인적 영역을 보장해주는 이동하는 개인적 공간으로 바뀌었다. 승객의 공간을 꾸민다는 것은 날씨로부터 보호라는 차원과 소음 및 시각적인 차원, 그리고 내부 공간의 장식이라는 차원을 포함한다.

여기에 결정적인 역할을 한 것이 히터의 개발이다. 1950년대까지는 발치에 작은 난로를 설치하는 것이 전부였으며, 나중에야 엔진 열을 이용하는 히터가 나왔다. 그러나 1965년 이전만 해도 히터는 비용이 따로 드는 특별한 옵션이었다. 처음에 에어컨디셔너란 유럽에서는 냉방기기가 아니라 가을과 봄에 가열된 공기를 신선한 공기와 섞는 장치를 의미했다. 진정한 에어컨은 처음에는 고급차에만 설치되다가 1980년대부터 저렴한 차량에도 설치되었다. 탄소 필터를 이용하여 꽃가루나 먼지를 막는 장치도 나왔다. 이제는 핸들이나 좌석까지 따뜻하게 할 수 있다.

오늘날의 차체는 양철 소음을 냈던 구형과는 완전히 다르다. 문을 닫을 때도 소리가 심하지 않으며, 운행 소음과 외부 소음은 거의 차단된다. 보행자나 자전거 이용자들은 자동차 창문이 닫혀 있는 경우에는 자동차 승객들과 대화할 수가 없다. 자동차 승객끼리의 대화는 아무도 들을 수 없다. 자동차 라디오나 스테레오 기기를 통해서 청각적인 환경을 마음대로 선택할 수 있으며, 다른 자동차들의 경적 소리나 경찰 및 구급차의 사이렌마저 들리지 않게 할 수 있다.

닫힌 자동차는 이미 초기에 기술적 공예품으로 보였다. 오늘날의 운전자들은 코팅된 유리창 안쪽에서 완벽하게 모습을 감출 수 있다. 그에 반해 과거와 달리 자기가 타고 있는 차의 크기나 외관을 조망하기도 어렵다. 지금은 자동차 내부에서 앞뒤 유리를 통해 엔진 후드나 차의 후미 전체가 보이지 않기 때문이다. 승객들의 눈은 이제 도로와 차의 내부 공간만 볼 수 있다.

자동차의 인테리어는 시간이 지나면서 점차 거실과 비슷해졌다.

플라스틱과 직물이 내부의 양철을 감싸게 되었다. 골프 1세대에서는 여전히 문 위의 양철 부분이 보였다. 그러나 요즘에는 상용차와 스포츠카를 제외하고는 내부에 금속이 노출된 부분이 거의 없다. 좌석은 기능적 요소라기보다는 소파와 같고, 바닥에는 고무매트 대신에 양탄자가 깔려 있다. 자동차 내부에 거실용 직물을 사용하는 경향은 자동차의 여성화로 받아들여지기도 했다. 페터 슬로터다이크Peter Sloterdijk는 "자동차의 외부는 남성적이고 내부는 여성적"[13]이라고 했다. 이미 1948년에 《ADAC 자동차 세계》는 다음과 같이 말했다. "우리의 자동차는 바퀴 달린 작은 집이다. 하루의 많은 시간을 보내는 우리 가정이다. … 이 때문에도 차 안에 있는 시간을 편안하고 쾌적하게 만드는 것이 중요하다."[14]

실제로 전후의 전형적인 인테리어가 꽃병 문화, 소파쿠션 문화와 함께 자동차로 옮겨졌다. 1960년대에는 좀 더 단순한 디자인이 유행했지만, 자동차 거주문화와 가옥 거주문화는 줄곧 서로 영향을 미쳤다. 인조가죽, 흰색 플라스틱, 체크무늬 보호용 커버, 목재 디자인은 가옥뿐 아니라 거주 공간의 연장인 자동차에도 나타났다. 자동차의 경우에는 중간에 직선의 기술 느낌이 강조되는 인테리어가 주를 이루다가 다시 새로운 거주문화의 영향을 받았다. 1990년대 이후로 내부의 플라스틱은 그 특성을 덜 강조하는 쪽으로 바뀌었다. 더 거친 소재를 사용하거나 촉감이 좋은 표면을 통해 자연 소재인 듯한 느낌을 주지만 사실은 합성 소재이다. 유럽의 자동차들도 테이블, 음료수 꽂이 등을 갖춤으로써 초기에는 미국식 유행이라고 넘겨 버린 요소를 뒤늦게나마 받아들였다. 내부를 거주 공간과 기술적인 부분으로 분리했던 것이 없어지고, 계기판과 조작 스위치가 전체적 디자인과 조화를 이루도록 통합되었다.

자동차 내부가 이동하는 개인 공간으로 변하는 경향은 캠핑카에서 정점에 달했다. 캠핑카는 1990년대에 큰 인기를 얻었는데, 이는 특히 독일인들이 선호하는 휴가 형태와 잘 어울렸다. 즉, 낯선 생활을 주거 환경에서 체험할 수 있었던 것이다. 캠핑 트레일러는 운전 중에는 이용할 수 없는 반면, 캠핑카는 언제든지 이용할 수 있어서 편리했다. 지겨운 고속도로 구간을 달릴 때나 정체 때도 가족들이 잠시 쉴 수 있었다. 캠핑카에 전형적으로 설치되던 냉장고나 텔레비전이 이제는 교통정체에 대비해서 일반 자동차에도 도입되었다. 이동이 불가능하다는 난관을 넘어설 수 있어야만 자동차는 비로소 완벽한 편안함을 제공하는 기계로 승격된다.

폴크스바겐 캠핑침대 광고(1953)

이에 근본적으로 필요한 조건 하나가 자동장치와 특별 설비로 이미 실현되었다. 거의 완벽에 가까운 기본 장비로 향하는 과정은 길었다. 1914년 메르세데스 자동차에는 흙받이, 발받침대, 조명, 엔진이 기본 장비에 속하지 않았고, 1950년대에는 비상용 타이어마저도 따로 주문해야 했다. 오늘날에는 이미 많은 모델에 뒷유리 히터, 핸들높이 조절장치, 창문 및 주유구 자동 개폐장치, 거울과 좌석 높낮이 자동 조절장치가 기본으로 장착되어 있다. 차 열쇠 대신에 리모컨으로 개폐한다. 파워핸들은 운전을 더욱 편하게 할 수 있도록 도와준다. 1955년 시트로엥 DS19에 장착된 하이드로뉴매틱 서스펜션과 유압식 핸들, 브레이크, 클러치의 서보servo장치는 센세이션을 일으켰다. 이제 서보장치는 더 이상 아방가르드적인 자동차의 특징이 아니라 신흥 국산 소형차에도 장착되어 있다.

1998년에는 전체 자동차의 75퍼센트에 중앙 잠금장치가, 84퍼센트에 파워핸들이,[15] 65퍼센트에 에어컨[16]이 장착되었다. 중형차에도 20개 이상의 전기모터가 있다. 이 모터들은 사이드미러를 움직이고 창문을 여닫고 좌석을 이동시키며 에어컨과 앞유리 세정액 펌프를 작동시킨다. 이런 장치들은 편안함뿐 아니라 운전 기능에도 중요한 영향을 미친다. 순전히 전기로 나아가는 브레이크와 핸들 장치steer-by-wire, 주입 밸브와 배출 밸브를 전자기적으로 작동시키는 장치가 곧 대량으로 생산될 것이다. 고급형 자동차에는 이미 마이크로프로세서가 35개까지 장착되어 있다. 이들은 점화와 분사 외에도 연료 공급, 조명, 에어컨, 좌석 이동, 섀시 조정 등의 기능을 한다. ABS나 미끄럼 방지 장치는 운행에 문제가 있는 자동차조차도 안전하게 해 준다. 또한, 자가진단장치가 전자장치를 감시하며 측정치를 저장하여 나중에 정비소에서 이를 체크할 수 있게 한다.

물론 이 모든 추가 장비에는 대가가 따른다. 자동차 1대의 전기 필요량이 1960년대에는 140와트였지만 2000년에는 2킬로와트, 2005년에는 5킬로와트에 달할 것이다.[17] 오늘날의 자동차는 가솔린엔진이 주요 동력으로만 작용하는 전기자동차가 되었다. 안전과 편안함을 위한 수압식, 전기 및 전자식 장치는 앞으로도 더욱 늘어날 것이라고 포드의 고급차 팀장인 볼프강 라이츨레Wolfgang Reitzle는 예견한다. "고급품에 미래가 있다." 인간이 조작하고 운전하는 일을 완벽하게 대체하려는 노력이 계속되고 있는 것이다.

자동차의 운전석

좌석에 일어난 가장 중요한 변화는 벤치형 대신에 개별적으로 조정 가능한 1인용 좌석이 생겼다는 점이다. 전후에는 미국 모델을 따른 고정식 벤치가 인기를 누렸다. 앞쪽에 1인용 좌석이 설치되는 것은 구식으로 여겨지면서 스포츠카에만 쓰였다.

이제는 구식이 된 1959년 당시의 '편안한' 운전 자세

1960년대에야 가족용 리무진에 1인용 스포츠형 좌석이 설치되었다. 이제 사람들은 비스듬히, 팔을 뻗고 더 편안하게 앉을 수 있었다. 이미 양차 세

계대전 사이 시기에 고급차에서는 브레히트가 표현했듯이 사람들이 "운전대 뒤 흔들욕조에 있는 것처럼" 누워 있었다. 이런 새로운 자세는 집에서 꼿꼿이 앉아 있던 과거와 달리 편안한 라운지 체어에 반쯤 드러눕는 현상과 나란히 등장했다.

이런 식의 좌석 변화가 이루어지기 전에도 이미 자동차 테스트들은 앞쪽 벤치에 측면 지지대가 없다고 비판했다. 곡선 도로에서는 오른쪽 구석으로 어쩔 수 없이 쏠리면서 문제가 점점 커졌다. 전에는 편안하다고 여겨지던 점, 즉 자유롭게 움직일 수 있고 앞좌석이 3인용이라는 점이 또 다른 편안함에 자리를 내줘야 했다. 등받이의 기울기와 위치 및 높이를 조절할 수 있는 1인용 좌석 덕분에 운전자들은 이상적으로 착석할 수 있게 되었다. 이와 병행하여 핸들에 설치된 기어는 사라졌다. 앞에 벤치가 있는 경우에는 기어가 핸들에 설치될 수밖에 없지만, 1960년대 자동차 테스트들은 이런 기어의 부적합함을 문제 삼았다. 전에는 기어가 핸들에 설치되는 것이 더 편리하고 직접적이라고 칭송받았다. 사람들은 신체 공학에 걸맞은 작동을 원했고, 자동차와의 더 직접적인 관계를 원했다. 새로운 좌석은 몸을 더 강하게 감싸고 급커브 시 측면을 지지하는 역할을 한다. 특히 독일 자동차는 프랑스 자동차보다 더 딱딱한 좌석이 설치되었다. 하지만 이제는 의자 위에 앉는 것이 아니라 의자 안으로 들어가는 셈이 되었다. "좌석에 확실하게 앉는 것이 중요하다. 즉, 좌석과 등받이가 둘러싸고 있는 움푹 팬 곳으로 힘차게 들어가 앉는 것이다." 핸들의 위치를 조절할 수 있게 되면서 승차감이나 역동적인 힘의 공유 영역이 생겨났다.

그러나 운전석이 더 낮아지는 추세는 중단되었다. 밴에서뿐 아니라 가족용 리무진에서도 1990년대부터는 더 반듯하게 앉는 경향이 이어지고 있다. 편안한 자동차 좌석은 전자식으로 조절이 가능하며, 구식인 벤치형 좌석의 자유로움과 새로운 인체공학적 요소를 두루 갖추고 있고, 거실처럼 테이블 수납공간이 구비되어 있다.

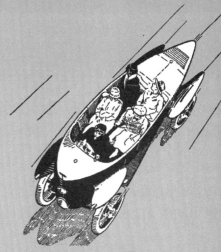

14장

1950년 이후의 자동차 제작

자동차는 최고의 형용사와 신기록들로만 표현된다. 자동차는 대량생산되는 제품 중에서 가장 복합적인 공업 제품이다. 20세기 말의 전형적인 승용차는 약 1백 개의 그룹으로 나누어진 1만 개정도의 부품으로 이루어져 있다. 엔진에서 타이어 장치를 거쳐 좌석이나 조절 가능한 사이드미러에 이르기까지 그 종류가 엄청나다. 자동차를 제작하려면 수십 가지의 다양한 자재와 가공 방법이 필요하다. 이렇게 복잡한 제품인 자동차가 1998년에 독일에서만 530만 대가 생산되었다.[1] 즉, 하루에 1만 4,500대, 1시간에 6백 대, 1분에 10대, 6초에 1대가 생산된 꼴이다. 전 세계적으로는 5,200만 대의 자동차가 생산되었는데, 그중 3,800만 대가 승용차였다. 1초당 승용차가 1대이상 생산된 것이다.

이 자동차들은 국제적으로 연결된 대규모 공장에서 생산된다. 이공장들은 부품 구매에서 신제품 개발, 조립 제작을 거쳐 판매에 이르는 고도로 통합된 대규모 조직에 속해 있다. 전 세계적으로 자동차 제작에 종사하는 인구가 과연 몇 명이나 될지는 추정하기가 어렵다. 독일만 해도 1998년에 70만 명이 자동차 공업의 핵심 분야에, 그리고 5백만 명이 관련 업종에 종사했다. 1990년대 초 이후로 핵심 분야 종사자는 20퍼센트 감소했지만, 자동차 생산량은 20퍼센트 증가했다. 극적인 합리화라고 할 수 있다. 자동차는 독일 국민총생산의 약 6분의 1을 차지한다. 자동차 제품은 단기간에 계속 새로워지고 있다. 20년 전까지만 해도 8~10년마다 새로운 자동차 모델이 탄생했는데, 오늘날에는 그 간격이 절반으로 줄었다. 엔지니어들이 신제품 개발에 투자하는 시간은 170만(일본)에서 3백만(유럽) 시간에 달한다. 개발팀에는 4백~9백 명의 엔지니어들이 있다.[2] 하나의 제품이 대량생산되기까지 투자액도 그만큼 높다. 2000년 다임러 크라이슬러 C클래스의 개발 비용은 15억 유로에 달했다.[3]

제1단계: 수공업에서 대량생산으로

독일의 자동차산업이 국가경제를 끌고 가는 핵심산업으로 발전하기까지는 세 단계를 거쳤다. 전쟁 직후에 독일의 산업을 무력화시키려는 구상이 제출되었다. 1944년 9월의 '아침이슬' 계획에는 모든 오토바이 및 자동차 공장을 해체한다는 내용이 있었다. 60cc급 경형 엔진 오토바이 생산만 허가될 예정이었다. 그러나 해체는 소비에트 점령지역에서만 이루어졌다. 전쟁 전에 오펠 카데트Kadett 생산 라인은 소련으로 옮겨져 모스크비치Moskvitch라는 이름으로 계속 생산되었다. 서독에서 자동차 생산 라인은 일찍 재가동되었는데, 쾰른의 포드 공장이 최초였다. 여기서 1945년 5월에 경형 상용차가 생산되어 나왔다. 하르부르크의 템포 공장도 재가동되기 시작했다. 연합군의 폭격으로 공장 건물이 파괴되기는 했지만 기계들은 대부분 작동되었다. 곧 '재건' 자동차가 공급되었다. 냉전이 시작되면서 서독 점령국들은 점차 제한 조치를 풀었다. 1948년 6월의 화폐개혁 이후에는 다시 원료와 소재들도 공급되었다.

처음에는 과거 모델을 전쟁 전의 방식으로 계속 제작했다. 대규모 자동차 회사들도 생산 라인을 전적으로 포드주의에 맞게 조직하지는 않은 상황이었다. 소재가 부족하고 많은 기계들이 파괴된 탓에 초반의 생산량은 매우 적었다. 자동차 생산은 퇴보했다. 새로운 소규모 제작사들이 모빌과 소형차와 장애인용 자동차를 소규모 공장에서 조립했다. 이런 회사들은 고가의 압착기를 구입할 수 없어서 신기한 절약법을 시도했다. 마이코Maiko는 거의 균형적으로 제작된 자동차다. 오른쪽 뒤 흙받이와 왼쪽 앞 흙받이가 동일하다. 많은 제작사들이 자동차의 양철 부분을 나무틀을 이용해 손으로 만들도록 했다. 대개 엔진은 구입해서 장착했다. NSU나 췬다프 같은 엔진 제조사들은 엔진을 대량으로 생산했다.

경제기적과 함께 자동차 생산도 급속도로 성장했다. 볼프스부르크의 공장은 1950년대 초만 해도 과거 1938년에 계획했던 방식으로 자동차를 생산했다. 포드주의 컨베이어벨트가 사용되었고, 기계 작업의 반복 간격이 짧았으며, 고도의 분업이 적용되었고, 미국에서 수입된 가공 기계를 이용했다. 1953년에는 이미 하루에 730대의 자동차가 생산되었다. VW나 오펠, 포드와 같은 회사들의 높은 생산성과 생산량으로 볼 때 수공업으로 제작하는 소규모 회사들은 경쟁이 될 수 없었다. 1960년 이전에 이미 모빌이 도로에서 사라진 것은 독일 국민

1961년 포르셰 356의 생산 라인

들이 '정상적인' 자동차를 원했기 때문만은 아니다. 소형 차들은 대량생산이 되는 중형차의 가격 저하, 향상된 이용가치, 높은 품질과 더 이상 경쟁할 수가 없었다.

포르셰 같은 특별한 제조사들만이 수공업적으로 작업의 반복 간격을 길게 하고 차후에 여러 가지 조정 작업을 하여 고품질의 자동차를 계속해서 생산할 수 있었다.

제2단계: 대량생산의 우세

1960년대 말이 되자 대량생산이 지배적인 추세가 되었다. 충분한 수량을 생산하지 못하고 현대식 프레스를 확보하지 못한 회사들은 사라지거나 인수되었다. 딩골핑의 글라스Glass 사가 1966년에 BMW에 인수된 것이 그 예다. 뮌헨의 BMW는 1959년에 인수될 운명에서 가까스로 벗어날 수 있었다. 하마터면 메르세데스 벤츠 쪽으로 넘어갈 뻔했다. 다른 회사들은 한동안 자립성을 유지했다. NSU가 미래형으로 여겨지던 반켈 엔진으로 버틴 것이 그 예다. 1955년에는 미국의 주도성이 정점을 이루며 전 세계 자동차 생산의 75퍼센트가 미국에서 이루어지던[4] 무렵에, 서독의 자동차 회사들도 핵심산업으로 성장했다. 생산 라인을 철저히 미국화한 덕이다. 빠르게 돌아가

는 컨베이어벨트, 전면적 분
업, 빠른 작업 템포로 이루
어지는 대규모 공장의 생산
량은 대단했다. 독일의 포드
공장은 특히 이 점에서 두드
러졌다. 쾰른닐에 위치한 마
무리 조립용 벨트는 세계에

BMW 1500/1800의 간단한 구조의 고품질 차체
(1965)

서 가장 빠른 속도로 움직였다. 1973년에는 0.83초마다 카프리Capri,
콘술Consul 또는 그라나다Granada가 생산되어 나왔다. 매 근로일마다 2
교대로 1,050대의 자동차가 생산되었다.[5] 그중 다수가 수출되면서 독
일 번영에 기여했다.

자동차 제작은 항상 동일한 기본 방식으로 이루어졌다. 압착기에
서 나온 철판으로 차체를 용접하고, 그 다음에 문과 지붕을 달고 나서
는 도장을 거쳐 조립 벨트에서 완성하는 것이다. 엔진, 기어, 축, 계기
나 그 밖의 요소들은 별도의 생산 라인에서 생산되어 중앙 벨트로 이
동한다. 타이어, 내부 장식, 유리와 전기장치가 차례로 차체를 완성
한다. 조립 때 일어나는 실수를 확인하는 측정과 검사는 대개 마지막
에 이루어졌다. 결함은 별도의 영역에서 보완되었다.

포드가 1949년에 특별 자동화 부서를 설치한 이후 1950년대에 디
트로이트에서는 이미 자동차의 물결이 시작되었다. 자동화는 프레스
라인과 엔진 제작에서 가장 성공적으로 이루어졌다. 미국의 자동차
엔진은 "극도로 자동화되고 가장 발전된 생산과정으로 제작되어 그
에 상응하는 대단히 복합적인 제품이 나왔다."[6] 여러 가공 기계들(실

린더블록용 보링 머신과 밀링 머신)은 원자재를 자동으로 공급하고, 완성된 부품을 꺼내어 다음 단계로 이동시키는 이동 기계들과 연결되는 '슈퍼머신'을 이루었다.

"우리는 사람 없는 공장을 짓는다."[7] 사람이 필요 없는 자동차 공장이라는 유토피아는 이미 1929년에 등장했으며, 로봇이 도입되기 훨씬 전에 이미 실현될 것 같았다. 그러나 자동차 제작 전체가 사람 없이 이루어질 수는 없었다. 엔진 제작에서만 자동화로 수익을 남길 수 있었다. 동일한 제품이 같은 기계에서 긴 시간에 걸쳐 생산될 수 있기 때문이다. 작업 전체의 절반을 차지하는 복잡한 조립 과정은 자동화가 어려워서 줄곧 수작업으로 이루어졌다. 이는 작은 변화에 유연하게 반응할 수 있고, 고객 요구에 따른 특별 장치를 설치할 수 있다는 장점 때문만은 아니다. 몇 가지 작업공정, 예를 들어 부드러운 내부용 직물을 맞추어 넣는 일이나 케이블을 설치하는 일 등은 기계화하기가 힘들었다. 메르세데스 S클래스의 앞축을 설치하는 일 같은 몇몇 조립 과정이 자동화되긴 했지만, 그런 기계는 각각 하나의 모델에만 적용할 수 있었다. 나중에 모델이 바뀌면 기계 전체를 다시 조립해야 했다.

따라서 자동차 공장에서의 노동은 육체적으로 힘들며 분주할 때가 많고 벨트의 간격이 짧아서 매우 반복적이었다. 무게가 20킬로그램이나 되는 점 용접용 플라이어를 가지고 작업시간 내내 일하기란 어려웠다. 이 작업을 용이하게 하고자 도르래를 설치하고 팔을 들지 않고도 작업할 수 있도록 회전식 고정대도 도입했지만 힘들기는 매한가지였다. 1985년의 표어처럼 '노동세계의 인간화'를 위한 여러 제안이 나왔지만, 질병 결근율과 인력 이동률이 매우 높았다. 포드주의 전통에서 매니저들은 노동의 단조로움을 감추려 애썼다. "보통은 새로운 작업을 원하는 경우가 없다. 생산 벨트에서 일하는 사람들은 언제나 같은 일을 하는 데 익숙해진다."[8]

높은 임금수준이 힘든 노동을 보상해 주던 과거와는 상황이 달라졌다. 1950년대 이후 서독의 사회주의적 시장경제는 노동과 관련한 새로운 모델을 형성했다. 다수의 산업노동자들이 속해 있는 금속노조는 부의 증대와 사회적 안정을 얻고자 협상과 협력을 강조하며, 순수한 포드주의를 서독식으로 변형시켜 나갔다. 그리고 공동결정을 목표로 내세웠다. '종업원'들도 작업 구성에 참여하고 생산성 증대로 인한 수익도 같이 나누자는 것이었다. 이로써 자동차산업은 사회주의적 시장경제 발전의 핵심산업이 되었으며, 복지자본주의를 표방하던 서독 정부가 자랑스럽게 내세울 수 있는 분야가 되었다. 가장 대표적인 회사가 폴크스바겐이었다.

폴크스바겐은 외국인노동자 고용에서도 선구자였다. 남유럽과 터키에서 모집한 노동자들은 경제기적 시기에 모자라던 인력을 채워주었다. 외국인노동자들은 좋은 보수를 받고 대량생산의 단조롭고 힘든 육체노동을 견딜 준비가 되어 있었다. 독일 자동차가 비독일인들에 의해 제작된 선례는 이미 있었다. 1945년 이전에도 볼프스부르크의 공장에서 각국에서 온 수감자들과 강제노동자들이 자동차를 생산했다. 그중 많은 사람들이 전쟁이 끝난 후에도 공장에 남았다. 그들은 영국의 지배를 받으며 계속 일했으며, 볼프스부르크의 초라한 주거지에서 계속 살았다. 제1세대 외국인노동자들도 이와 유사한 집단주거지에 머물렀다. 이후 서독의 자동차산업이 점차 번성하면서 외국인노동자들이 독일 노동자들을 대체하게 되었다.

"새로운 수공업 기술"인가, 실패한 팀 작업인가?

1980년대에 도입된 포스트포드주의를 둘러싸고 벌어진 토론을 기억하는 사람은 요즘 거의 없다. 당시 자동차산업에서 새로운 노동의 인간화 모델이 큰 주목을 끌었다. 1989년 "우리는 컨베이어벨트를 완전히 없앴다"고 사브 승용차의 팀장 얀 에릭 라르손Jan-Erik Larsson이 말했다. 1974년, 언론의 큰 관심 속에서 볼보의 칼마 공장에 팀 작업이 도입되었다. 15~20명의 노동자가 한 팀을 이루어 본인들의 책임 하에 자립적으로 작업을 분할하여 자동차 1대씩을 생산하는 방식이었다. 작업의 단조로움을 없애고 노동자들의 만족도를 높임으로써 25퍼센트라는 높은 결근율을 낮추려는 목적이었다. 그리하여 자동차산업에 "노동 분업의 종말"이 왔으며, "컨베이어벨트로부터의 자유" 및 "대화를 통한 목표 정립"이 이루어졌다고들 했다. 그러나 팀 작업은 대량생산을 소화해 내지 못했다. 스칸디나비아의 자동차 공장에서는 자동차가 소량 생산되고 있어서 팀 작업이 만족스럽게 이루어졌던 것이다. 대량생산에서 팀 작업은 경쟁할 만큼의 높은 생산성을 올릴 수 없었다. 자동차산업의 '제2의 혁명'이라던 이 모델을 냉정하게 분석한 사람들은 팀 작업 모델이야말로 "새로운 수공업 기술"이라며 유럽의 사회주의적 낭만의 전형적인 예라고 지적했다. 실제로 언론의 커다란 관심을 끌며 시작된 이 개혁은 조용히 사그라졌다. 돌이켜 보면 팀 작업에 대한 열광은 집단적 분위기의 표현으로 보인다. 즉, 1968년 이후 당시의 사회적 논쟁을 산업정책적으로 전환한 것이다. 핵심산업인 자동차산업은 열악한 노동환경의 인간화를 위한 사회적 선구자 역할을 맡고, 나아가 산업사회 전환을 위한 선구자로서 기능해야 한다고 여겨졌다. 그러나 전 세계에 걸쳐 이루어지는 노동 분업으로 인해 결국 전혀 다른 방향으로 발전하게 되었다.

이후 생산 기록과 부가가치 기록, 수출량, 임금 상승 등이 계속 신기록을 세웠지만, 서독의 핵심산업이 위기에 처할 것이라는 것을 숨길 수는 없었다. 1980년대 중반에는 이미 "대량생산이 저물기"[9] 시작한 듯했다. "일본의 위협", 자동화 과정과 일자리 상실, 세계시장 경쟁심화로 볼프스부르크, 진델핑겐, 파리, 미라피오리의 자동차 공장들은 근본적인 변화를 겪게 되었다.

제3단계(I): 린 프로덕션

일본의 자동차산업은 1960년대 중반부터 생산에 새로운 아이디어를 도입했다. 미국과 유럽에서 성공을 거둔 고전적인 대량생산 방식과는 반대로, 일본의 자동차산업은 날씬한 생산이라는 뜻의 '린 프로덕션lean production'이라고 알려진 모델을 적용했다. 이는 적은 수의 노동자가 훨씬 더 적은 노동시간 내에 자동차를 생산하는 방식으로, 높은 생산성을 보장하는 모델이었다. 유럽의 제조사들이 1980년대 말에 자동차 1대당 36시간을 필요로 했던 반면, 일본의 제조사들은 16시간이면 되었다.[10] 조립상의 실수도 3분의 1에 그쳤다. 특히 도요타Toyota는 더 나은 품질의 자동차를 생산해 냈고, 모델을 훨씬 더 자주 교체했다. 도요타는 완전히 새로 제작한 자동차를 4년 간격으로 시장에 내놓았다. 유럽이 10년 걸린 것과는 다른 차원이었다.

정부의 지원을 받던 일본의 자동차 회사들은 자국 시장을 나눠 가진 다음 미국과 유럽을 공략하고 나섰다. 우수한 성능에 믿을 수 있고 저렴한 일본 자동차는 특히 자유로운 미국 시장에서 점유율을 높여 나갔다. 다만 유럽 시장에서는 점유율이 상대적으로 낮았는데, 이는 관세가 높고 물량이 정해져 있었기 때문이다. 1970년경에는 일본의 세계시장점유율이 약 15퍼센트로 서독의 점유율과 같아졌다. 서구 산업계에 비상이 걸렸다. 양차 세계대전 사이에 포드사로 몰려갔던 것처럼 이제 유럽과 미국의 자동차 회사들은 도요타를 방문하여 자동차산업의 포스트포드주의적 미래를 전망하고자 했다. 수많은 서적과 언론 기사들이 새로운 방식을 소개했다. 사람들은 새로 등장한 생산문화를 도입해야 한다는 점을 인식하게 되었다. 실제로 전 세계가 일본으로부터 배웠다. 생산은 점점 날씬해지고 모델 사이클도 짧아졌다. 생산성이 증대되고 품질도 향상되었다. 다만, 이것이 포드주의 이후에 나온 제2의 자동차산업 혁명인지에 대해서는 의견이 엇갈렸다. 오히려 전문가들은 이것이야말로 완벽한 포드주의 형태라고 말한다.

유럽의 자동차 회사들은 기존의 생산방식을 개선함으로써 도요타주의에 반응했다. 자동차를 확장하는 것이야말로 생산성 증대와 품질 향상을 위한 최선의 수단으로 여겨졌다. 그렇게 해야만 수작업으로 이루어지는 조립상의 실수를 막을 수 있었기 때문이다. 여기서 선구자는 피아트였다. 피아트의 모델 131 미라피오리는 생산 조건에 맞춰서 생산되었다. 개발 엔지니어들과 생산 엔지니어들이 긴밀하게 협력했다. 이렇게 해서 로봇 시대가 오기 전, 수작업으로 이루어지던 마지막 단계의 조립이 완전 자동화되었다. 그러나 피아트의 완전 자동화는 모델 하나에만 집중된 상태였다.

자동차 설계 단계에서 이미 생산을 고려한 것도 일본의 성공 요인 중 하나였다. 유럽의 엔지니어들, 특히 고급형 자동차를 설계하던 엔지니어들에게는 낯선 일이었다. 그들은 디자이너들과 협력하여 자동차를 설계한 다음, 완성된 제품을 생산 엔지니어들에게 넘겨 주는 데 익숙해져 있었다. 그리고 나면 생산 엔지니어들이 생산 라인 개발과 대량생산을 이끌었다. 그런데 개발 초기 단계부터 여러 부서가 협력하자, 어렵고 실수가 잦은 조립공정이 사라졌다.

일본의 린 프로덕션을 받아들인다는 것은 곧 납품업체들과의 관계도 바꾼다는 것을 의미했다. 유럽의 자동차 회사들이 다수의 소규모 회사들과 단기 계약을 맺고 주문을 했던 반면, 일본의 자동차 회사들은 소수의 납품회사들과 장기간의 협력관계를 지향했다. 이런 파트너 회사들이 다시 하청업체를 두고 창문이나 좌석, 기어나 휠 등의 완성품을 납품했다. 이 파트너 회사들은 대체로 개발과 설계 단계에서부터 자동차 회사들의 해당 부서와 협력했고, 새로운 모델이 재빨리 개발되는 데도 기여했다. 자동차에 전자장치들이 많아지면서 특수 회사들이 중요해졌다. 전통적인 자동차 회사들은 이 분야에 경험이 별로 없었다. 따라서 일본의 자동차 회사들에게 납품업체들은 핵심적 역할을 했다.

제너럴모터스가 1985년에 구식 대량생산으로 70퍼센트의 부가가치를 창조한 반면, 도요타는 25퍼센트에 그쳤다.[11] 헨리 포드는 가능한 한 모든 것을 직접 제작하고자 유리공장, 강철공장, 가공기계와 특수 측정기기가 모두 포드사 소속이어야 한다고 강조했다. 이런 경향은 오늘날 완전히 반대로 변했다. 자동차 회사들은 이제 포드가 1925

년에 말했던 '자동차 부품 공장'이 없으며, 완성된 부품을 구매하여 조립하는 일만 하고 있다. 예를 들어, 골프 IV는 31개의 주 모듈과 54개의 부 모듈로 구성되어 있다.[12] 이런 부품들은 창고에 보관하지도 않고 정확한 시간에 바로 조립 라인으로 보내진다. 따라서 자동차 회사뿐만 아니라 생산성 증대와 품질 향상 및 가격 저하라는 압력을 같이 짊어지고 있는 시스템 파트너들도 변화하는 요구에 유연하게 반응해야 한다.

유럽과 미국의 성공적인 자동차 회사들은 일본 모델을 모방하여 생산의 폭을 줄이고 시스템 파트너들에게 더 큰 책임을 넘겼다. 1999년 볼프스부르크의 폴크스바겐 공장에는 매일 1,400개 납품업체들이 이용하는 열차 550량과 트럭 400대가 도착했다. 가장 극단적인 예는 납품업체들의 모듈로 2인승 자동차 스마트를 조립하는 구상이다. 스마트 공장에서는 대형 부품 몇 개만이 4.5시간이라는 기록적인 시간 내에 조립되어 완성품을 생산한다. 납품업체들은 바로 같은 공장 단지 내에 있다. 하지만 이것이 자동차 제작의 미래상이 될지는 아직 확실하지 않다.

린 프로덕션은 노동자들에게도 일련의 변화를 안겨 주었다. 이제 노동자들은 전통적인 컨베이어벨트 노동자에서 팀 일원으로 발전했다. 이들은 함께 생각하고 자립적으로 집중해야 했으며, 품질에 대해 공동책임을 져야 했다. 더 훌륭한 능력을 갖춰야 했고, 성취동기도 높아야 했다. 실수가 생기면 누구나 벨트를 멈출 수 있고, 이 실수를 찾는 데 모두가 협력할 수 있게 되었다. 이렇게 일본 모델을 따르게 되자 결함과 사후 수정 조치들이 가능한 한 줄어들어야 했다. 결함이 발견된 자동차를 수정하는 데 필요한 별도의 공간은 점점 더 구식으로 여겨졌다. 정비, 세척 같은 '비생산적'인 작업들도 생산 그룹으로 통합되었다. 자동차 자체를 만드는 본래 작업이 가장 중요해진 것이다.

"린 프로덕션이 인간적으로 만족스러운가?"[13] 워맥Womack과 그 공저자들은 질문한다. 한편으로는 전통적 분업으로 이루어지던 자동차 제작의 단조로움과 지루함이 사라졌고 "능력과 참여"[14]가 중요해졌다. 그러나 다른 한편으로는 노동자들에 대한 요구가 커지고 압력도 높아졌다. 일본어 '가이젠かいぜん'으로 알려진 '개선' 과정에 지속적으로 참여하고 생산성을 높여 더 좋은 자동차를 생산해야 한다는 요구가 점점 커지고 있는 것이다. 미국의 한 엔지니어는 이를 "스트레스를 통한 매니지먼트"라고 표현한 바 있다.

제3단계(II): 로봇을 통한 자동화

일본식 모델에 따라 생산하면서 일자리가 사라진 것은 사실이다. 더 적은 수의 노동자가 더 많은 양의 자동차를 생산해 내기 때문이다. 그러나 일자리가 사라진 주된 원인은 새로운 자동화에 있다. 이제는 로봇이 전면적으로 사용되기 때문이다. 전자장치로 조작되는 "자동 조종 기계"는 자동차 공장에서 현대의 상징이 되었고, 합리화나 감원, 위기의 상징이 되었다. 로봇은 산업국가들에서 고임금으로 인한 합리화 압력이 높아지면서 기술적으로 제시된 해결책이다. 또한, 개성적이며 특수 장치가 설치된 자동차로 변해 가는 경향에 대한 하나의 해답이기도 하다.

윌리엄 애버내시William Abernathy가 20여 년 전에 이미 언급했던 생산성의 딜레마를 로봇이 비로소 해결한 것이다. 대량생산 자동차는 한편으로는 생산성 향상을 위해 대폭 표준화되어야 했으며, 다른 한편으로는 고객 요구에 맞춰 개선되는 사항들이 지속적으로 생산에 반영되어야 했다. 모든 면에서 로봇은 슬론주의적 수작업보다 나은 해답이었다. 로봇은 높은 생산성과 유연성 사이에 존재하는 모순을 무마시켰다. 현대적 생산 라인에서 로봇은 차체가 콤비인지 리무진인지, 엔진이 가솔린엔진인지 디젤엔진인지, 강철 휠과 경량금속 휠 중 어떤 것이 조립되어야 하는지 등 고객 주문을 정확하게 인지하고 그대로 작업한다. 그 덕에 이제 "1대의 대량생산"이 가능해졌다. 이 말은 장비와 엔진, 색상 등 이제 똑같은 자동차는 거의 없다는 뜻이다. 골프 IV는 약 30만 가지 부품의 조합으로 생산되고 있다.[15] 슈퍼 슬론주의의 생산기술을 반영하는 제품이라고 하겠다.

그런데 기계의 자동화 정도는 매우 다양하다. 차체 제작에서 자동화 정도가 가장 높다. 1990년대부터 모든 대규모 자동차 회사들은 로봇을 이용해 차체를 생산하고 있다. 점 용접(차체에는 3~6천 개의 용접'점'이 있다), 접착제 바르는 작업과 접착은 4분의 3 정도를 로봇이 수행한다. 이 부분에서 힘들었던 노동은 사라졌고, 일자리도 사라진 지 오래다. 특히 정확도가 중요한 공정에서 로봇은 대단히 훌륭하다. 도장이나 엔진 설치도 로봇이 한진다. 다만 마무리 조립은 사정이 조금 달라서, 1985년경에 2~3퍼센트 정도가 자동화되었다.[16] 마무리 조립에서는 두 가지 구상 중 하나가 적용되고 있다. 몇몇 회사들은 모든 조립공정을 자동화하려 하지만, 다른 회사들은 여전히 수작업을 한다. 예를 들면 아우디 A6 조립 라인에는 노동자들이 컨베이어벨트에서 84초 간격으로 일하고 있다. 반대로 메르세데스 s클래스에서는 앞창을 통해 계기판을 설치하는 것과 같은 복잡한 공정도 로봇이 수행한다. 폴크스바겐도 로봇을 많이 이용한다. 골프 I의 마무리 조립에서는 자동화 정도가 5퍼센트였는데, 골프 II에서는 25퍼센트로 증가했다. 새로 설계된 3백 개의 나사를 결합하는 작업을 로봇이 맡게되면서 1천 명의 인력이 절감되었다.

이미 1980년대부터 전문가들은 사람이 없는 유령공장을 예견한 바있다. 볼 수 있고 만질 수 있으면서 자유롭게 움직이고 결정도 내릴수 있는 로봇들이 유령공장에서 자동차를 제작하게 될 것이라고 했다. 그러나 기대와 달리 로봇의 도입 추세는 계속 이어지지 않았다. 오히려 로봇을 이용했다가 다시 수작업으로 되돌려서 자동화 정도가감소하는 경향이 나타났다. 예를 들어, 골프 II에서 차체에 비상용타이어를 설치하고 V벨트를 팽팽하게 설치하는 일을 로봇이 했으나, 모델이 바뀌면서 다시 인력으로 전환되었다. 아무래도 32개의 운동 자유도自由度를 가진 인간이 6개 운동축이 있는 로봇보다 더 유연성이 클 수밖에 없다. 특히 이러한 수작업은 임금수준이 낮은 외국으로생산 라인을 옮겨 간 저렴한 소형차 생산에 유리했다. 폴크스바겐의 브라티슬라바 공장에서는 폴로와 골프가 완성되는데, 마무리 조립에서 다시 수작업이 주를 이루고 있다. 계기판도 로봇 대신에 2명의 노동자가 조립한다.

유연성은 오늘날 결정적인 기준이다. 자동차가 차고 보관용이 아니라 고객의 요구에 맞춰 생산되기 때문이다. 다양한 유형의 자동차 주문이 도착하면, 자동차 회사는 필요한 부품을 각 납품업체에 온라인으로 주문하고 운송 역시 컴퓨터로 조작한다. 이렇게 함으로써 운송업체를 통해 제때에 부품을 공급할 수 있게 되었다. 이때 레이저가 자동 인식하거나 무선으로 중앙 컴퓨터에 보고되는 바코드가 중요한 역할을 한다. 바코드는 결함을 빨리 인식하게 한다. 자동차 생산에 도입된 발전한 전자식 네트워크 덕분에 주문부터 고객 공급까지 5일이면 된다. 이제는 컴퓨터의 지원을 받는 생산CIM: Computer Integrated Manufacturing이 보통이며, 다임러 크라이슬러는 이미 조립 과정을 모니터로 테스트한다.

자동차 제작사들은 자동차가 점점 복잡해지는 경향에 대응해야 한다. 이런 경향은 무엇보다도 자동차를 더욱 편안한 것으로 만들라는 요구에 따라 생긴 것이다. 사이드미러나 좌석의 전기조절장치, 에어컨, 자동 창문개폐장치나 중앙 잠금장치는 생산공정을 번거롭게 하는 대신에 차의 가격을 높인다. 많은 부품을 시스템 파트너에게 납품 받더라도 조립 비용이 올라가기 때문에, 전체 비용을 높이지 않으려면 다른 부문을 절약해야 한다. 그래서 자동차 설계자들은 생산공정 수를 줄이거나 조립이 쉽도록 차체 구성 부품의 수를 줄이려고 노력한다. 라디에이터 그릴을 범퍼와 함께 프런트 엔드를 이루도록 만드는 이유도 여기에 있다. 문짝도 조립이 필요없는 하나의 부품이며, 팔걸이나 서랍도 처음부터 하나의 틀로 제작된다. 요즘 자동차의 내부를 유심히 살펴보면 도처에서 이처럼 작업공정을 줄이려는 노력이 발견된다.

자동차는 복잡해지면서 동시에 간단해졌다. 설비가 좋아지는 경향이 간단한 차체 설계 경향을 낳았다. 그러나 이런 경향은 정비 접근성이라는 또 다른 문제를 만들었다. 큰 철판이 도입되면서 용접할 부분이 줄어들어 비용이 절감되었지만 그만큼 수리하기가 어려워졌다.

자동차 제작과 세계화

21세기로 접어들면서 자동차는 편안함의 미국화, 기술의 유럽화, 생산의 일본화를 체험했다. 자동화와 린 프로덕션은 미국과 유럽의 모든 자동차 회사에서 표준이 된 지 오래다. 일본의 도전은 경쟁자들이 배우는 속도가 빨랐기에 사람들이 우려한 것보다 덜 위협적인 것으로 드러났다. 오늘날 일본 모델은 그 빛을 잃었다. 2000년에는 도요타와 혼다만이 완전한 독립성을 유지했다. VW의 웨스트모어랜드 공장이 다시 문을 닫은 것처럼 외국 공장에 직접 투자한 것이 항상 성공하지는 못했기 때문에, 이제는 자본의 연합과 협력이 지배적인 추세다. 1990년대 중반부터 자동차산업계에는 인수 및 합병의 물결이 밀려왔다. 가장 대표적인 예가 메르세데스 벤츠와 크라이슬러의 합병이다. 소규모 회사들은 자립성을 잃어버렸다. 재규어는 포드로 넘어갔고, 사브는 제너럴모터스 소유가 되었다. 일부 합병은 실패했지만, 이런 집중 과정은 지속되고 있다. 일본 회사들은 세계화 속에서 오히려 패자에 속한다.

이런 집중 과정이 지속되는 것은 회사 규모가 커야 전 세계를 상대로 더 요령 있게 대응하고 비용을 절감할 수 있다는 기대 때문이다.

시장 세계화는 생산지의 세계화를 불러왔다. 임금이 낮은 나라로 생산 라인을 옮기고 외국 납품업체에서 값싼 제품을 구매하는 것, 즉 글로벌 소싱global sourcing은 경쟁 압력이 심해진 결과다. 오늘날 자동차는 10개가 넘는 나라들에서 생산된, 기술적으로 매우 유사한 부품들로 이루어져 있다. "실제로 오늘날의 모든 자동차 기업들은 동일한 대규모 납품업체들로부터 복합적인 부품을 납품 받고 있다. 거의 모든 경쟁사들이 부분적으로 거의 동일한 기술을 가지고 있다." 포드의 고급차 매니저인 볼프강 라이츨레의 말이다.[17] 1995년경 다임러 벤츠 자동차의 레이블에는 '메이드 인 저머니'라고 찍혀 있지 않고 '메이드 바이 메르세데스'라고 찍혀 있었다. 아우디 엔진이 헝가리의 기외르에서 생산된다는 사실은 '국산' 자동차와 함께 성장한 고객에게는 우선 적응이 필요한 대목이다. 각 나라들이 저마다 일자리를 보장하는 신제품 자동차 공장을 유치하려고 경쟁할 뿐 아니라 같은 회사 내의 공장들도 경쟁하고 있다.

비용 절감 압력은 자동차 제작을 크게 변화시켰다. 오늘날에는 상이한 자동차들도 공동의 '플랫폼'에서, 즉 단일한 섀시에서 생산되는 것이 보통이며, 대개는 회사 내에 있는 다양한 모듈, 엔진, 차체가 장착된다. 이런 방식으로 하면 합리적인 대량생산이 가능할 뿐 아니라, 한 기업 내에서 동시에 개발 작업까지 하는 것을 방지할 수 있다. 값비싼 자동차도 이제는 합리적으로 가동되는 대량 플랫폼에서 제작된다. 사브의 모델이 제너럴모터스의 표준형 라인에서 생산되는 식이다. 가장 극단적인 형태는 레이블 엔지니어링label engineering이다. 자동차 회사 상표만 다를 뿐, 다른 것은 다 똑같이 제작된다. 실제로 프랑스와 이탈리아 4개 회사는 거의 동일한 대형 리무진을 생산하고 있다. 양차 세계대전 사이의 미국 슬론주의와 마찬가지로, 중요한 것은 자동차를 가능한 한 다양하게 변형시켜 고객에게 제공하면서 동시에 생산 엔지니어들의 노력, 특히 비용을 계산하는 담당자들의 수고를 덜어 주는 것이다.

하지만 단일화를 위한 비용 절감에도 위험이 따른다. 상표만 다르고 자동차 자체에는 차이가 없다면, 고객들이 언젠가는 "비싼 아우디 대신에 거의 동일한 기술을 갖춘 저렴한 스코다Skoda"[18]를 구입하게 될 것이라고 페르디난트 두덴회퍼Ferdinand Dudenhöffer 같은 마케팅 전문가들은 경고한다. 수익이 높은 특별 상표들이 값싼 자동차에게 "먹히는 효과"가 나올 수 있다. 이는 좋은 이미지와 상표가치를 떨어뜨리는 셈이다. 소비자들도 자동차 기업들의 전략을 꿰뚫어 보기 시작했다. 그래서 자동차 회사들은 각종 디자인과 마케팅으로 자사 상표에 미학적 아이덴티티를 부여하려고 모든 노력을 아끼지 않고 있다. 기술적으로 점점 동일화되는 현상을 이미지로 감춰 보겠다는 것이다.

자동차산업은 여러 측면에서 압력을 받고 있다. 세계적으로 자동차 회사의 수는 줄어들고 있지만 대부분 전 세계를 상대로 하기 때문에 모든 시장에서 직접적인 경쟁을 벌이고 있다. 그런데 다양화의 압력 때문에 모든 회사가 모든 등급에서 더 믿을 수 있고 설비가 더 좋은 자동차 모델을 갖추어야 한다. 특별한 등급의 모델만 생산하는 자동차 회사는 거의 없다. 이렇게 해서 VW는 고급형을 지향하여 고가의 자동차를 생산하고 다른 고급 메이커를 인수하는 한편, 고급 모델인 파에톤을 개발했다. 반면에 메르세데스 벤츠는 A클래스를 생산하여 아래로 스펙트럼을 넓혔다. 개발도상국가들에 잠재돼 있는 거대 시장을 점유하려는 경쟁도 치열해지고 있다. 압력은 갖가지 요구를 내거는 고객들에게서도 나왔다. 환경을 생각하는 소비자들은 가격 외에 연료 소모, 재활용 가능성, 수명 문제를 거론하고, 상표 선표가 없는 소비자들은 주로 가격을 비교한다. 이런 경향은 인터넷과 유로화 시대에 자동차 거래에 큰 영향을 미칠 것이다. 실제로 유럽연합에서 자동차 판매상에게 한 가지 상표만 취급하도록 한 규정을 바꾸고, 모든 자동차 판매상이 유럽 전역에 자동차를 판매할 수 있게 한 것은 자동차산업의 수익 창출에 큰 타격을 주었다.

세계적인 병합, 생산 라인의 이전, 부분 인수 등은 곧 독일의 핵심 산업이 자국의 번영에 기여한 사회적 업적과 임금수준도 위협하게 될 것이다. 21세기 초까지 노동조합이 큰 영향력을 발휘한 자동차산업은 어쨌든 기존 모델을 성공적으로 지킬 수 있었고 변화의 압력을 흡수할 수 있었다. 여기서 노조는 딜레마에 빠졌다. 경쟁력과 함께 일자리를 지키기 위해 합리화를 지지할 것인지, 아니면 이 합리화로 인한 일자리 상실에 저항할 것인지 결정을 못 하고 있다. 여기서 또다시 VW가 트렌드를 정했다. 위험을 줄이려면 신모델을 더 자주 개발해야 하며, 특수 모델을 더 많이 준비하고 비용 절감을 해야 한다. 독일 회사들은 유동적인 노동시간 및 임금 모델, 그리고 사측과 노조가 합의해서 제시한 '주 4일 근무제'를 통해 문제를 해결하려 했다. 자동차산업은 여전히 노동사회의 핵심을 이루며, 기꺼이 선택된 실험 영역이다. 자동차산업에 독일 산업의 역사가 반영되어 있듯이, 독일 산업의 미래도 자동차산업에서 결정될 것이다.

자동차는 중장기적으로도 산업 제품으로서 그 중요성을 유지하겠지만, 자동차 기업들은 저마다 미래를 고민 중이다. "우리는 이동성을 판매한다"라는 슬로건은 다른 교통수단이나 미디어까지 제공하여 제품의 폭을 넓히겠다는 의지로 보인다. 기업들은 장래에 제기될 문제에 대비하고 있다. 경기불황, 가치의 변화, 강화된 환경 법규, 높은 에너지 가격 등은 자동차 판매량을 떨어트릴 것이다. 지금까지는 미래를 대비한 노력이 모두 성공적이지 못했다. 에즈라 로이터는 메르세데스 벤츠 기업을 고급형 자동차를 생산하는 특수 제조사에서 통합된 기술기업으로 구조조정했지만, 이미 언급했듯이 다시 원위치로 돌아갔다. 그 후계자인 위르겐 슈림프는 핵심 부문인 자동차에 집중

동독 말기의 자동차 제작

세계적인 자동차산업의 변동은 동독에도 흔적을 남겼다. 1980년대에는 이미 오래전에 구식이 된 2행정 엔진의 전통을 버리고 바르트부르크Wartburg와 트라반트TrabanT 모델을 유지한 채 동력 기술을 개선하려고 노력했다. 그러나 문제는 자동차 설계 투자비가 높다는 점이었다. 그래서 지원 시스템과 즉흥적인 조치로 구식 설계를 현대화하고, 연비 면에서 효율적인 VW의 엔진을 구입하고, 로봇을 도입해 생산을 현대화하고자 했다. 세계적인 추세가 그랬듯이 특히 차체 제작과 도장 작업을 자동화하려 했다. 동독도 부품생산을 납품업체에 맡기는 방식을 택했는데, 이는 서방 세계에서처럼 생산비를 절감하기 위해서가 아니라 목표 생산량을 채우기 위해서였다. 통일 당시 동독의 자동차 제작 수준은 세계적 수준과 상당히 멀어져 있었다. 자동차산업이 공업 생산 수준을 가늠하는 잣대라는 점이 다시금 입증되었다.

하고 인수를 통해 회사를 글로벌 플레이어 반열에 올렸다. BMW도 터빈 생산에 참여했다가 손을 뗐다.

앞으로 30년 동안은 독일 자동차산업의 미래를 제대로 예견하기는 어려울 것 같다. 변수가 너무 많기 때문이다. 확실한 것은 일자리가 계속 줄어들고, 독일의 자동차 부문 노동자들이 세계화의 희생자가 될 것이라는 점이다.

새로운 제작 기술, 새로운 소재

지난 수십 년 동안 자동차산업이 발전하면서 새로운 생산방식과 새로운 소재를 요구하게 되었다. 예를 들어 차체의 철판은 점점 더 얇아졌으며, 안정도 향상을 위해 갖가지 아이디어가 적용되었다. 그 선구자는 1965년형 BMW 1500/1800 모델이다. 새로운 연결 방식, 예컨대 레이저를 통해 강화되는 접차연결 방식이 용접을 대신하여 대량생산에 적용된 지 오래다. 골프 II도 이 방식으로 문의 내외부 철판을 가공했다. 포르셰는 복스터Boxter에 처음으로 레이저 용접을 적용했다. 동시에 클린칭이나 리벳으로 고정시키는 '차가운' 방식이 다시 중요해졌다. 중요한 것은 모든 공정이 짧은 간격으로, 즉 대량생산되는 자동차에서는 1분 내에 행해져야 한다는 것이었다. 이런 요구에 맞춰 컴퓨터의 지원을 받는 설계 방식을 이용한다.

1933년에 최초로 포드가 특수 플라스틱인 노보듀어Novodur로 된 톱니바퀴를 사용한 이래로 점점 더 많은 신소재가 사용되고 있다. 플라스틱은 오늘날 자동차 무게의 15퍼센트를 차지한다. 플라스틱 부품들은 각 사용 목적에 따라 정확하게 제작되고, 재활용되었다. 가벼운 사고의 경우에 범퍼가 재사용된 것이 그 예이다. 그러나 플라스틱이 모두 하이테크 제품은 아니다. 이미 전쟁 전에 DKW 사가 차체에 인조가죽을 씌웠고, 동독의 트라반트는 섬유 소재와 페놀수지로 만들어졌다.

알루미늄은 오랫동안 항공산업에서 전형적으로 사용된 소재였다. 항공산업도 용접이나 접착 등 여러 생산방식을 개발해 냈다. 금속은 이미 19세기 말부터 자동차 제작에 쓰였다. 새로운 것은 대량생산에 적합한 가공 기술이었으며, 이는 대규모의 투자를 필요로 했다. 알루미늄을 자동차 생산에 도입한 선구자들은 혼다의 NS-X 스포츠카, 독일의 아우디였다. 알루미늄 차체는 고급형 모델인 A8에 우선 쓰였다가 2000년부터 A2에도 쓰였다. 구조가 간단해지고 부식에 강하다는 장점이 있지만, 수리가 번거롭고 특수 도구가 필요하며, 생산할 때 에너지가 많이 든다는 단점도 있다. 연료 소모를 줄이려고 무게를 줄였지만, 무거운 안전장치와 편안함을 위한 장비가 설치되면서 결국 원상복귀되었다. 예를 들어, 알루미늄 아우디는 1백 킬로미터당 1리터의 연료를 소비하여 강철로 된 이전 모델보다 연료 소모가 컸다. 바로 개선의 함정이다.

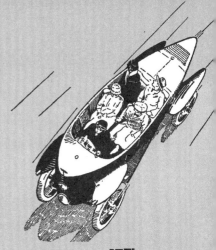

15장
"안전벨트부터 매고 출발하자"
: 도로교통안전

안전은 자동차 역사 초기에는 제조업체들의 제작 기준에서 거의 논외였다. 동력화의 선구자가 국도에서 경험하는 수많은 모험들에는 사고도 포함되어 있었다. 특히 오토바이를 달릴 때는 사고 위험이 상존했다. 오토바이 전복은 특별한 사건이 아니라 아주 평범한 일이었다. 그래서 사고에서 살아남은 이야기를 늘어놓는 일은 초기 자동차문화의 기본적인 부분이었다. 길거리에서 겪은 부상을 마치 전쟁터의 부상처럼 내세울 수 있었고, 그만큼 말 없는 인정을 받을 수 있었다. 자동차 사고는 운전이라는 향락의 당연한 대가로 보였다.

위험은 오히려 운전의 쾌락을 고조시키고, 앞서 언급한 것처럼 초기 가솔린 자동차의 매력을 높이는 데도 기여했다. 자동차경주에서 사망한 레이서들은 기술 진보의 희생양이 되었고, '위험한 순간'은 현대적 삶의 징표가 되었다.[1] 자동차 운전에서 겪는 몸과 생명 자체에 대한 위험은 특히 결투, 보병의 공격, 위험한 크로스컨트리 기마 경주 등이 갈채를 받던 빌헬름 시대의 시민사회에서는 높은 평가를 받았다. 독일뿐 아니라 다른 유럽 국가들에서도 1914년 이전에는 그러한 스릴과 '기사적' 도전이 자극하는 감수성 때문에 운전자들은 안전 따위를 생각하지 않았다.

1925년 무렵의 자동차 사고

그 후 실용적 자동차들이 보급되는 와중에도 운전자들은 담력과 저돌적인 느낌을 주는 자동차를 선호했다. 사고율은 급격히 높아졌다. 1910년 프로이센에서는 사망자가 223명이었는데, 1927년에는 이미 2,376명으로 늘어났다. 교통사고 사망자는 별다른 이의 없이 삶의 다른 위험 속에 포함되었다. 1954년에도《슈피겔》지는 교통사고 사망자를 "통상적인 문명의 현상"이라고 평했다.[2] "우리는 어차피 영원히 살 수 없다." 대중적인 자동차 관련 서적도 이 주제를 무관심한 태도로 다루었다. "자동차 성능 이상으로 달리려 할 때, 이른바 충돌이 일어난다. 그러면 자동차 앞유리는 모루가 되고, 운전자 머리는 망치가 된다."[3]

전후에 사망률이 극적으로 높아졌음을 감안하면, 사고 위험에 대한 이런 경시는 더욱 특이한 것이 아닐 수 없다. 1950년에서 1956년 사이에 독일의 도로에서는 7만 1천 명이 사망했는데, 이를 자동차 1대당 사망률로 환산하면 미국보다 4배나 높았다. 물론 사망자 수 자체만 보면 미국에서 문제가 더 심각했다. 1965년 서독에서는 사망자가 1만 5천 명이었으나 미국에서는 4만 9천 명이었다.[4] 서독의 경우, 건국 이래로 자동차 사고로 약 50만 명이 사망했다. 전 세계적으로 보면 자동차로 인한 사망자가 2,500만 명에 이른다.[5] 이는 14세기에 끔찍한 흑사병으로 사망한 숫자에 비견될 만하다. 그래서 오늘날 우리가 이러한 사고에 성공적으로 대처한다는 것은 자랑스러워할 만한 일이다. 기자들이 잘 쓰는 말처럼 '피의 대가'는 최고치에 달했던 1970년 사망자 2만 명에서 2000년 약 7천 명으로 크게 감소했다.

충돌시험과 사고 연구

현대의 자동차 사고를 둘러싼 연구는 미국에서 진전되었다. 그 출발지는 항공 안전이었다. 처음에는 항공모함 탑재기의 충돌이 연구 대상이었는데, 실제 사고에 대한 통계적 평가가 이루어진 후에야 자체적인 실험을 시작했다. 여기에서 특히 의사이자 대령 신분인 존 폴 스탭John Paul Stapp이 두각을 나타냈다. 그는 1950년대에 자신의 신체로 직접 대담한 실험을 함으로써 사고에 대한 물리적 이론 근거를 만들었다. 그는 안전벨트를 매고 로켓 추진 궤도차에 올라 시속 1천 킬로미터까지 가속을 한 후 다시 1.5초 내에 급제동을 했다. 이 실험 덕분에 군은 인간 육체가 엄청난 가속력에도 견딜 수 있다는 사실을 알게 되었다. 이런 지식은 우선 긴급 탈출장치가 부착된 제트기 좌석을 최적화하는 데 활용되었고, 나중에는 초기 충돌 테스트에도 이용되었다. 또한 군의 헬기 좌석 테스트에도 쓰였는데, 여기서는 높은 운동에너지를 흡수하는 능력이 중요했다. 오늘날까지 군, 특히 공군은 교통수단의 '감속' 때 육체에 가해지는 부하를 집중적으로 연구하고 있다.

자동차 안전 연구도 미국의 자동차 기업 밖에서 이루어졌다. 마찬가지로 국방부가 이 연구의 선구자였는데, 한국전쟁에서 적군에 의해

서보다 자동차 사고로 죽은 군인이 더 많다는 사실이 경각심을 불러일으켰다. 1955년 코넬대학의 한 과학자 팀은 병원 응급실, 자동차클럽, 경찰서 등과 긴밀히 공조하여 자동차 충돌 부상자 연구ACIR[6]를 위한 설문조사를 실시했고, 이는 그 후 교통사고 영향 연구의 표준이 되었다. 첫해에 이미 컴퓨터의 도움으로 3천 건의 사고가 평가되었다.[7] 이 연구에 힘입은 초기의 실제적 결과물 중 하나가 미국 엔지니어 휴드 헤이븐Hugh de Haven이 고안한 2점식 안전벨트였다. 이어서 최초로 안전한 자동차의 개발이 추진되었다. 이 역시 기업이 개발한 것이 아니다. 1957년 코넬대학 연구팀은 한 자동차보험사의 지원을 받아 자신들의 연구 결과를 현실에 옮긴 서바이벌 자동차를 개발했다.

전문가 집단의 연구를 일반인들은 잘 몰랐다. 1960년대 중반에 젊은 변호사 랠프 네이더가 등장하여 이러한 흐름을 깨트렸다. 후륜구동식 코베어가 여러 차례 사고를 일으키자, 네이더가 자동차 안전 논쟁을 촉발했고 이는 큰 반향을 불러일으켰다. 그는 1965년에 발간한 베스트셀러《어떤 속도에도 안전하지 않다Unsafe at any speed》에서 미국의 자동차 기업들이 위험이 도사리는 자동차를 판매하고 있으며, 음모적인 간계로 더 안전한 자동차의 제조를 조직적으로 가로막고 있다고 비판했다. 처음

랠프 네이더의 1965년 베스트셀러

에는 제너럴모터스, 포드, 크라이슬러가 이 캠페인에 반발해 맞섰으나, 여론은 자동차 안전 문제에 민감하게 반응하는 가운데 고객들도 새로운 기대를 품게 되었다. 그리하여 이른바 '빅3'가 더 이상 소비자의 무관심에 기댈 수 없게 됐음이 분명해지자, 미국의 자동차 회사들은 자체 연구 프로그램을 마련했다.

그보다 먼저 독일에서도 한 의사가 안전 논쟁을 촉발했다. 1955년에 발터R. Walther라는 의사는 미국 항공의학의 연구 결과들을 제시하며 자동차에도 "승객이 좌석에서 튕겨 나가는 일을 막기 위해 객실과 좌석의 안정성을 전제로 이에 상응하는 설비들을 갖출 것"을 요구했다. 물론 이는 여론의 큰 주목을 끌지 못했다. 미국의 연구들을 분석한 발터는 핸들의 안전판과 함께 내부 공간에도 쿠션을 설치해야 한다고 주장했다. "이제는 승객이 고속으로 장애물과 충돌하더라도 치명적인 부상을 당하지 않도록 승객을 보호하는 자동차를 만들어야 한다."[8] 이러한 움직임을 의식한 서독 정부도 1961년에 안전벨트 부착을 위한 연구 프로젝트를 의뢰했다. 메르세데스 벤츠의 공학자들은 미국의 연구팀보다 일찍 출범하지는 않았지만 그와 거의 동시에, 그리고 그보다 더 넓은 범위에서 자동차 안전의 근본 문제들을 연구했고 모범적인 해법을 제시했다. '수동적 안전의 대가'인 벨라 바레니는 안전핸들 축과 안전핸들을 개발했고 내부 공간 쿠션을 제안했다. 1951년 그는 "앞뒤 충격 흡수부로 둘러싼 형태 강화 객실"[9]로 기초 특허 854157을 받았다.

바레니는 실제 사고 데이터를 활용할 수 없는 상태에서 이 구조상의 해법들을 발전시켰다. 미국에서 진행된 연구의 첫 성과들은 아직

1930년대 말 아우토 우니온 사의 목재 차체 DKW 자동차 실험

대서양을 건너오지 못하고 있었다. 그리고 아우토 우니온 사의 전쟁 전 연구들은 다시 잊혀지고 말았다. 이 회사는 1937년경 DKW 모델로 당시 누구도 관심을 가지지 않던 충돌 테스트를 최초로 실시했다. 실험은 반복 가능한 조건에서 이루어졌다. 이론적 근거와 경험적 자료가 중시된 이 충돌 테스트에는 전면 충돌과 측면 충돌, 전복 시 조정 등이 포함되었다. 이 테스트는 현대적인 기준에 충분히 부합하는 것이었다. 물론 당시에는 합판이나 합성수지 차체가 경쟁사의 완전 강철 차체에 비해 안전성에서 뒤처지지 않음을 입증하는 것이 목표였다. 그래서 실제 사고에 대해 널리 유포된 생각들은 그대로 유지되었다. 예를 들어 1920년대에 널리 퍼졌던 다음과 같은 엉터리 이론이 있었다. "자동차가 미끄러지거나 핸들이 고장나는 등의 사태로 위험에 처하게 되면 놀란 승객은 대개 자리에서 일어난다. 그러면 충돌 때 승객들은 당연히 유리창에 부딪히거나 차에서 튕겨 나가게 된다. … 반면 자리에 그대로 앉아서 되도록 다리를 앞으로 펴고 등을 등받이에 붙인다면, 어떤 일이 있어도 그 자세를 유지하면서 손으로 좌석

을 꼭 붙든다면, 그러한 충돌에도 대개 위험은 없다."[10] 그러나 바레니의 영향을 받아 도대체 충돌 때 어떤 일이 실제로 일어나는지를 조사해야 한다는 주장도 제기되었다. 1955년 이후로 메르세데스 벤츠의 설계자들이 코넬대학의 연구 결과를 실제에 적용하면서 벤츠는 이 분야에서 선구적 역할을 하게 되었다. 1959년부터 벤츠는 온수 로켓으로 가속되는 자동차를 가지고 일련의 충돌 실험과 전복 실험을 실시했다. 안전한 자동차 제조라는 측면에서 벤츠의 경쟁자는 나중에야 로버나 볼보 등이 생겨났다.

안전 문제들이 점점 더 세부적으로 다루어지면서 관련 용어들도 발전했다. 영어권에서는 충돌 예방collision prevention과 승객 보호occupant protection라는 명확한 표현들이 사용되었으나, 독일에서는 좀 더 모호했다. 피아트의 연구센터 소장이던 루이지 로카티Luigi Locati는 1964년 '능동적' 안전과 '수동적' 안전이라는 개념을 도입했고, 바레니는 이 두 개념에 '예방적' 안전을 덧붙였다.[11] 능동적 안전은 "운전자의 운전 과제 수행을 지원하며, 경우에 따라 특정한 오류를 예방하거나 이미 발생한 오류를 상쇄하는 운전 보조도구"[12]를 의미한다. 다시 말해 기능 안전, 운전 안전, 조종 안전, 지각 안전을 뜻한다. 수동적 안전은 사고 영향을 완화시키는 것인데, 여기에는 다시 내부 안전과 외부 안전이 있다. 내부 안전은 특히 2차 충돌, 즉 자동차가 급작스럽게 장애물과 부딪히는 '첫 번째' 충돌 후 승객이 차량 내부에 부딪히는 '두 번째' 충돌에서의 안전을 의미한다. 내가 보기에 이 개념들은 그리 만족스럽지 않다. 나는 안전조치를 추가적으로 고려해서 차량 기준, 차도 기준, 시스템 기준으로 구별하는 것이 좋다고 생각한다.

차량 안전, 차도 안전, 시스템 안전의 발전

1930년대부터 내부 공간의 '모난 부분 제거'가 서서히 이루어지고, 중간에 박지를 넣어 유리 파편이 튀지 않도록 하는 안전 유리가 도입되면서 자동차의 안전성은 조금씩 높아졌다. 그러나 이런 조치들은 오로지 2차 충돌 때의 충격 완화에만 기여해서 전체적으로는 불충분했다. 승객들이 오히려 2차 충돌을 당하지 않도록 좌석에 붙어 있어야 했다. 이에 상응하는 등받이 시스템, 즉 1903년부터 항공기 내 설치가 제안된 안전벨트와 같은 장치들이 자동차에서 실험될 무렵에는 민간 항공에서도 이미 이를 널리 사용하고 있었다. 당초의 2점식 대신에 볼보 공학자 닐스 볼린Nils Bohlin이 특허출원한, 골반 벨트와 어깨 사선 벨트를 조합한 3점식 벨트가 자리를 잡았다. 이 벨트는 처음에는 팽팽하게 조립되었으나, 1960년대에 충돌 시 가속이 이루어지는 경우에만 차단 기능을 발휘하는 자동 벨트가 개발되었다. 조절 가능한 위쪽의 고정점, 좌석에 부착하는 벨트 잠금쇠, 소형 폭약이 벨트를 팽팽하게 당기는 연화煙火 방식 벨트 텐셔너, 벨트 장력 제한 장치 등은 오늘날 기술적 표준이 되었다. 자동으로 작동하는 미국식 벨트 시스템은 독일에서 대세를 이루지 못했다.

에어백의 기본 콘셉트 역시 항공기 산업에서 나온 것이었다. 1952년 이와 관련한 첫 번째 특허출원을 낸 사람은 공학자 존 W. 헤트릭 John W. Hetrick이었다. 그의 안전 쿠션은 아직은 압력 가스를 사용했다. 또 한 사람의 창조자는 생명물리학자 칼 클라크Carl Clark였다. 1964년 4월 클라크의 '에어스톱Air-Stop'이 애리조나에서 벌어진 DC-7 충돌 테스트에서 처음으로 등장했다.[13] 여기서 사용된 것도 강철 병에서 나오는 압력 공기로 부풀어 오르는 사실상 '공기 주머니'였다. 이는 자동차에는 응용될 수 없었다. 해결책은 우주 기술에서 나왔다. 가스 발생로가 고체연료를 연소 가스 구름으로 폭발적으로 변화시켰던 것이다. 질량의 관성에 따라 몇 분의 1초 만에 반응을 나타내는 기계적인 셔터Auslöser들은 전기적 셔터로 대체되었다. 그렇게 자체적으로 부풀어 오르는 자동차용 공기 쿠션은 1971년 메르세데스 벤츠가 출원하여 1982년에 특허를 받았다. 미국에서도 이와 병행하여 발전이 이루어졌다. 제너럴모터스는 포괄적인 연구를 거쳐 1974년 처음으로 에어백을 자사의 고급 모델용 옵션 장치로 내놓았다.[14] 그러나 승객을 에어백만으로 보호한다는 당초의 설계 의도는 충족되지 못했다. 오늘날 에어백은 안전벨트를 보조할 뿐이다. 하지만 부상 위험을 크게 줄인다. 현대의 자동차들은 다양한 공기 주머니를 장착하고 있다. 측면 에어백, 두부 에어백, 뒷좌석 에어백 등이 광범위하게 활용되고 있다.

자동차의 수동적 안전 기술은 복잡해졌다. 안전 시스템에는 안정적인 '방'이 포함되었다. 측면 강화, 안전 문 자물쇠 외에 덮개로 완충시키고 강화 범퍼로 보호하며, 구부러지는 안전 핸들 축과 안전유리로 위험을 완화시켰다. 이러한 요소들 중 다수가 양산 전에 실험적인 안전 자동차들에서 구현되었다. 양산된 첫 번째 안전 자동차는 1963년 로버 2000이었다. 이 차는 가솔린 탱크 보호장치, 포괄적인 쿠션, 후드 사이의 강철 칸막이, 안전 핸들 축 등으로 이루어졌다. 1959년 메르세데스 벤츠 220은 바레니의 특허에 따른 안전 객실, 쿠션, 안전

트레비라의 안전벨트 광고(1961)

핸들 축을 이미 갖추었다. 메르세데스 벤츠 주식회사는 보도자료에서 이를 "사고 시 안전상의 일대 도약"이라고 선언했다. 안전 자동차 실무 그룹이 출범한 이후인 1970년대에 몇몇 안전 시제품이 개발되었다. 이제 고속으로 충돌하더라도 승객이 생존할 수 있어야 했다. 그러나 이 차들은 양산 자동차가 되면서 몸집이 훨씬 커지고 무거워졌다. 이는 1973년 석유 위기 이후 높아진 연료 절감 요구를 거스를 뿐 아니라 콤팩트한 외장에 널찍한 내부 공간이라는 트렌드와도 어긋났다. 순수한 안전 자동차의 파도는 곧 물러났지만, 그 과정에서 실현된 아이디어들 중 많은 것이 오늘날 기술적 표준이 되었다.

충돌 시 안전도 강화가 특히 자동차 제조업체들의 책임이었다면, 교통정책 입안자들은 도로상의 위험 제거에 노력했다. 여기에는 시야 확보, 급격한 커브의 제거, 지표의 기복 완화 등이 포함되었다. 도로 간의 위험한 합류 지점들은 직각을 이루도록 다시 건설되었다. 철로의 건널목들은 많이 없어졌다. ADAC는 심지어 가로수 길의 나무들을 베어 버리자는 캠페인을 벌이기도 했다. 도로에서 운전자들에게 닥치는 돌발 사태를 되도록 최소화해야 했다. 이것이 도로 변경으로 이어질 수 없는 경우에는 장애물 주의 표시가 세심하게 설치되었고, 이 때문에 교통표지판 숫자가 엄청나게 늘어났다. 그러나 운전자들의 대대적 요구에도, 책임자들은 도로를 재건설해서 교통안전을 획기적으로 개선하는 일은 비용이 너무 많이 든다고 주장했다. 교통장관 제봄은, 국가는 "새로운 도로를 건설해서 안전을 눈에 띄게 개선할 만큼의 예산이 없다"[15]고 말했다.

전문가들은 이미 오래전부터 도로변 방호벽이 중요한 안전책임을 인정했지만, 이 역시 논란을 일으켰다. 제봄이 도로변 방호벽 설치안을 자체 실험도 거치지 않고 추진한 데 대해, 여론은 미국에서의 긍정적 결과들과 상관없이 비판을 가했다. 비판자들은 측면 가드레일이 탄력성이 없어 충돌 시 부러지거나 끔찍한 전복 사고를 일으킬 수 있다고 지적했다. 그리하여 1962년에는 탄력성 있는 철조망으로 실험을 했으나 이 역시 적절하지 않은 것으로 나타났다. 결국 자동차 운전자들은 도로변 방호벽을 일종의 사고 방지 수단으로 제법 일찍 인정하게 되었다. 적어도 도로변 방호벽이 운전에 악영향을 주지는 않았기 때문이다.

이 즈음 교통안전 개선을 위한 세 번째 단초가 고려되기 시작했다. 이는 시스템을 바꾸는 근본적인 조치로, 1960년대 이후로 도로교통 인프라 전체가 안전이라는 관점에서 최적화되었다. 무엇보다 사고를 더 효율적으로 처리하게 되었다. 고속도로에는 긴급전화대가 설치되고 구조 네트워크가 도입되었다. 사고 희생자를 좀 더 빠르게 후송하기 위해 ADAC는 1967년부터 전세 헬기를 운용했고, 교통사고 사망자 2만 명으로 최악을 기록한 1970년에는 아예 정식으로 헬기를 구입했다. 부상자 응급처치 교육이 운전 교습의 의무 사항이 되었고, 1966년부터 승용차에 반드시 구급상자를 구비하도록 했다. 사고 지점의 안전 확보를 위한 삼각 경고 표시판은 1970년에 의무화되었다. 부상자 후송과 관련해서도 그전까지는 구급차가 부상자를 의사에게 데려가는 수송차량에 불과했다면, 이제는 의사를 부상자에게 데려가 사고 현장에서 곧바로 응급처치를 할 수 있도록 했다. 그 모범은 한국전쟁 중 이루어진 미군의 부상자 후송 경험이었다. 물론 이를 위해서는 오늘날의 이동 수술실 같은, 좋은 설비를 갖춘 (값비싼) 구급차가 있어야 했다. 외과의학 및 응급의학의 발전, 수압식 구조 절단기와 같은 구조 기술의 개선으로 그전이었다면 거리에서 세상을 떴을 수많은 교통사고 부상자들이 목숨을 건질 수 있었다.

자동차 및 도로 시스템과 관련한 안전조치들이 함께 작용하면서 1970년 이후 교통사고 사망자와 부상자의 수가 크게 줄어들었다. 그 요인들이 무엇이었는지를 각각 나열할 수는 있어도 그 비중을 말하기란 쉽지 않다. 안전 전문가 하인리히 프락센탈러Heinrich Praxenthaler는 안전벨트 같은 수동적 자동차 안전과 도로 안전성의 제고 외에도 특히 "속도제한 조치"와 "일관된 인명구조 시스템 구축"[16]이 효율적이었다고 본다. 그 외에도 (언뜻 이상하게 들릴지 몰라도) 교통량 증가 역시 긍정적으로 작용했다. 교통정체 상황에서는 이동 속도가 낮기 때문에 사고 결과는 상대적으로 덜 치명적이다.

넓은 의미의 교통 교육도 포기할 수 없는 안전조치 중 하나이다. 물론 각종 계도로써 교통 참가자들의 행동에 영향을 미치려는 시도는 모두 보조적 성격을 띨 수밖에 없으며, 자칫 잘못된 우선순위를 설정할 위험도 있다. 사회는 너무 오랫동안 개인의 행동이 가장 중요한 요인이라고 여겨 왔고, 안전을 둘러싼 논의도 대체로 개인들에게 집중되는 가운데 자동차 안전 연구의 성과들이 과소평가되었다. 랠프 네이더는 이런 잘못된 인식의 책임이 "교통안전 기득권층"에 있다고 보았는데, 그들에게는 교통사고 원인 분석에서 "운전자를 저주하고 자동차를 보호하는 일"[17]이 더 중요했던 것이다. 독일 국민들도 안전한 도로와 자동차도 중요하지만 교육을 철저히 받은 책임감 있고 조심스러운 운전자라면 사고를 피할 수 있다는 식으로 줄곧 잘못 생각해 왔다. 양식 있는 운전자라도 자동차에 문제가 있거나 응급실 후송이 지체되거나 위험한 길에서 다른 차에 받힌다면 생명을 잃을 사고를 당할 수 있다는 사실은 경시되었다. 운전자 공동체는 교통 위험 상황을 개인적으로 통제할될 수 있다는 공동의 환상을 품어 왔던 것이다.

교통법규 준수를 위한 시민 교육도 활발해졌다. 1970년대 들어 성인들을 대상으로 학원 교습, 교통 교육 주간, 기타 다양한 교통 교육이 제공되었다. 청소년 교통학교와 교통교육장도 생겨났고, 어린이들에게는 어릿광대가 교통법규를 가르쳤다. 당시 두 가지 동기가 경쟁했다. 한 가지는 더 의식적이고 합리적인 운전 능력을 추구하며 운전자의 신속한 판단력을 강화시키려는 것이었고, 다른 한 가지는 반사신경과 자동화된 행동 규범 훈련을 더 중시했다. 사고 상황에서는 교통감각에 따라 본능적으로 대처해야 한다는 것이다. 성인에 대한 교통 교육 중 가장 유명한 것은 1966년부터 방영된 텔레비전 프로그램 '제7의 감각'이다. 이 프로그램은 당시의 첨단 미디어를 통해 독일 자동차 운전자들에게 이른바 '교통감각'을 교육했다.

자동차 운전자를 상대로 자각 및 법규 준수를 호소하는 방법과, 처벌로써 겁을 주는 방법 중 어느 쪽이 더 효과적인지는 아직도 논란거리다. '충격 모델'은 역사가 오래되었다. 이미 1920년대에 미국 대도시에서는 자동차 잔해를 트럭에 싣고 다니면서 시민들에게 보여 주었다. 독일에서는 충격적인 문구가 적힌 플래카드 같은 것은 기피하는 분위기였다. 그래서 휠체어를 탄 사람의 사진 아래쪽에 "이제 그는 술을 마시고도 운전할 수 있게 되었다"라는 홍보물이 계획되었지만, 결국 공개되지 않았다.[18] 대체로 부드러운 교육 방식을 선호하여, 더 조심스럽게 운전하고 음주 운전을 삼가자는 캠페인을 벌였다. 가장 공을 들인 캠페인은 안전벨트 착용 캠페인이었다. "안전벨트 매고 좋은 운전!", "먼저 매고 출발하세요", "숙달된 운전자는 안전벨트를 맵니다" 등의 표어를 담은 플래카드나 홍보물에는 안전벨트를 맨 저명인사들의 사진이 실렸다. 이 밖에 신체적 경험에 호소하기도 했다. 자동차 운전자들은 '충돌 활주'에서 충돌 시 중력 부하가 어떻게 느껴지는지를 스스로 테스트해 볼 수 있었다.

국가의 강제와 사회적 토론

독일의 교통정책에서 눈에 띄는 점은 사회단체와 감독 기관들이 적극 간여했다는 점이다. 이들은 겉보기에는 '아래로부터'

생겨난 것 같지만, 실상 '위로부터' 조직되었다. 예를 들어 '거리의 기사'(1951년 설립), '우리 그리고 거리'(1958년 설립), '도로교통의 알코올 오용 반대 연맹', 독일교통안전이사회DVR 등이 그런 단체들이다. 이런 단체들을 통해 교통안전 개선 책임은 정부를 넘어 사회 전체로 확대되었다. 타의 추종을 불허하는 독일 최대의 자동차 운전자 클럽인 ADAC도 안전상 시상(1960년 시작)이나 추가 설치용 안전벨트 판매 (1966년 시작) 등으로 이 문제를 공론화시켰다. 그러나 겉보기에 국가와 무관하고 자동차 운전자들 사이에서 자생적으로 생겨난 이런 단체들의 캠페인은 영향력이 그리 크지 않았다. 안전벨트 착용률은 여전히 낮았다. 온갖 호소와 촉구와 자발적 캠페인에도 불구하고 결국 국가가 개입해야 했다. 그리고 거기에는 늘 그렇듯이 국가의 강제나 처벌 조항의 효과에 회의적인 목소리들이 나왔다.

자동차의 세기에 직면한 핵심적 문제가 다시 한 번 토론되었다. 국가가 개인적인 동력화에 영향력을 행사해도 좋은가? 1968년 이후에는 권위 자체에 회의적인 시각에서 근본적인 문제를 제기하는 것이 유행이었다. 1975년 안전벨트 착용 의무화에 대해 《슈피겔》지는 "과연 자유주의국가가 자동차를 타는 시민들에게 목숨을 유지하는 것을 강제해야 하는가, 그래도 되는 것인가?"라고 물었다. "여성이 자기 배에 대한 소유권을 가진다면[사회적 논란거리가 된 피임과 낙태 문제], 모든 사람이 자신의 두개골이나 경골에 대한 소유권도 갖지지 않겠는가?"[19] DVR 이사장은 1971년 "우리가 국가 법규의 도움을 받아 장기적 관점에서 사고를 줄일 수 있을 것인가 하는 질문"에 부정적인 태도를 보였다.[20] 기독교민주당의 교통 전문가인 에른스트 뮐러 헤르만Ernst Müller-Hermann은 이미 10년 전에 교통사고를 줄이려면 "교통 관련 처벌 강화가 아니라 교통 교육 및 운전 스타일의 개선이 더 적절하다"는 견해를 보였다.[21] 전문가나 자동차 운전자들은 본인의 목숨이 달린 문제인데도 여전히 자유방임을 주장했다. 이러한 저항의 중심에는 당연히 속도제한 문제가 있었고, 미국의 확실한 데이터에도 불구하고 저항은 계속되었다.

이 다툼에서는 때로 전선戰線이 복잡하게 엉켰다. 국가가 시행하려는 안전조치에 대한 거부 입장에는 소비자, 단체, 산업계가 연합했다. 벨라 바레니는 1966년 안전 기술 도입이 늦어지는 것은 "고객의 철저한 무관심 탓"이라고 했다.[22] 안전 기술을 위해 비용을 기꺼이 부담하려는 생각은 크지 않았다. 이는 네이더의 고발에 맞서 미국 자동차 업체들이 내세운 논리이기도 했다. 독일에서도 '안전 허리띠'(아직 최종 명칭이 정립되지 않은 상태)는 의심 많은 소비자들에게는 값비싼 특수 장치였을 따름이다. 어느 안내서는 "얼마 전부터 이에 대한 광고가 많은데 합리적인 사람이라면 불신을 품을 수밖에 없다"고 했다. 게다가 운전자들은 안전벨트가 주는 뭔가 "달갑지 않은 교통사고와 연관된 듯한" 느낌을 회피했다.[23] 심지어 그 효과에 의문을 품기도 했다. 사람들은 안전벨트 때문에 오히려 중상을 입을 수도 있다고 우려했다. 많은 운전자들이 스스로 전문가만큼 지식을 갖추고 있다고 여겼고, 자동차의 성능이나 편리함과 무관한 기술혁신이라면 일단 의심부터 했다. 안전 기술 의무화에 반대하는 모든 진영은 자동차의 매력적인 요소를 강조했는데, 바로 자기책임과 사적인 성격이 그것이다. 국가가 여기에 개입하려 드는 것은 시민의 성숙함을 무시하는 처사였다. 안전벨트, 특히 뻑뻑한 안전벨트는 안락함을 떨어뜨렸다. 이는 자동차 내부의 안락함을 추구한 오랜 전통과 충돌하는 구속물이었다. 이에 반해 안전을 위해 자동차 계기판이나 문에 설치하는 쿠션, 에어백 등은 더 쉽게 받아들여졌다. 이러한 장비들은 안락함의 전통을 거스르지 않을 뿐 아니라, 움직이는 거실을 더 거실답게 만들어 주었기 때문이다.

경제계도 안전성을 제고하려는 국가 시책에 반대했는데, 그 이유는 달랐다. 미국식 모델에 따른 기술 규격과 의무 사항이라는 새로운 종류의 간섭에 굴복하거나, 생산 자율성에 대한 침해를 받아들여야 했기 때문이다. 이제는 국가가 자동차의 기술 설비를 제조사와 함께 결정하게 되었는데, 이는 기존의 조명이나 제동장치 관련 규정보다 더 심한 것이었다. 이제 차체는 그 구조가 한 나라의, 이후에는 유럽 전반의 충돌 규격을 충족시켜야 했고, 엔진은 국가의 배기가스 제한 규정을 따라야 했다. 이는 무엇보다도 자동차공학자들의 자유에 대한 심각한 침해였다. 그들의 구상과는 전혀 다른 기준들이 제시되었던 것이다.

안전벨트 의무화는 국가·소비자·경제계, 그리고 이를 중재하는 단체들 간에 이루어진 토론에서 하나의 전형을 드러냈다. 학자들이 안전벨트의 효과를 입증하고 난 다음, 그 결과를 두고 공공 토론이 뒤따랐다. 여기서 제시된 반대 주장에 대해 종종 언론이 큰 반응을 보였는데, 안전벨트가 오히려 심각한 결과를 가져온 사고들을 묘사하는 식이었다. 지배적인 회의론이 사라지고 안전벨트가 생명을 구할 수 있다는 인식이 자리잡은 후에도, 초반에는 자발적으로 안전벨트를 착용해 달라는 호소가 별 성과가 없었다. 운전자들과 관련 단체들은 반발했다. 자발성 원칙이 현실화되지 않자 국가의 강제 시책이 뒤따랐는데, 처벌 조항도 처음에는 없다가 나중에 생겼다. 이 과정만 10년 넘게 걸렸다. 안전벨트 설치 촉구에서 시작되어, 1973년 캠페인을 통한 설치 의무화를 거쳐, 1976년 처벌 조항 없는 착용 의무화, 그리고 1984년 벌금 형태의 강제라는 최후 수단에 이른 것이다. 마찬가지로 1951년 교통법규 위반자 명단 기록이라는 초기 과정, 1958년 이륜차 운전자의 헬멧 착용 의무화, 1961년 이후 자동차에 대한 기술적 점검TUV 의무화, 교외 속도제한 도입 등도 상당히 오래 걸렸다. 이 중에서 속도제한 도입 조치는 4년이라는 비교적 짧은 기간에 이루어졌다.

독일의 교통안전 정책은 국제적으로 비교해 보면 대체로 뒤처졌다. 미국이나 유럽의 다른 나라들에 비해서도 그렇다. 널리 유포된 '유럽'이라는 수사에도 불구하고 서독의 역대 정부들은 교통 분야의 조화, 특히 안전조치에서는 지극히 소극적이었다. 이미 1972년에 13개 유럽 국가들은 새로 출시되는 자동차의 안전벨트 의무화를 규정했지만, 독일만 주저하고 있었다. 어쩔 수 없이 떠밀려서 하는 태도는 오랜 전통의 마지막 단계인 것처럼 보인다. 독일에서는 초기부터 각종 단체와 클럽들이 자기책임에 입각한 도로교통 규제를 주장하면서 위로부터의 간섭을 거부해 왔다. 당시에도 그 핵심에서는 언제나 도로교통이라는 유사자율적 시스템에 대한 국가의 규제 권력을 둘러싼 문제가 제기되었다. 제2차 세계대전 이후 서독에서는 줄곧 국가가 자제하면서 교통에 개입하는 식이었다. 합의에 따르는 사회체제 때문에 조화를 중시하는 길고 긴 결정 과정과 실천 과정을 거칠 수밖에 없었던 것이다. 그러나 미국은 다른 방식도 가능하다는 것을 보여 주었다. 미국에서는 과거나 현재나 안전조치, 그리고 다음 장에서 언급할 환경보호 조치 규정이 사회단체나 경제계의 참여가 미미한 상태에서, 훨씬 신속하게 마련되었다.

안전의 이익: 수익률은 낮고 배당은 불균등

안전 기술은 자동차 구매를 결정하는 요소일 뿐 아니라 자동차 광고의 테마 중 하나가 되었다. 자동차 테스트에서는 충돌 안전, 에어백 수를 비롯하여 여러 안전상의 요소들이 점차 중요해졌다. 1990년경 일본 자동차에서 나타난 것과 같은 안전상의 결함들은 일반에 공개되었고, 시장에서의 호응을 잃지 않기 위해서 공학자들은 서둘러 자동차를 개선해야 했다. 오늘날 안전은 전자장치를 통해 향상된다. 새롭게 등장한 기술적 보완 시스템에는 예를 들어 1979년부터 메르세데스 S클래스에 추가 옵션으로 장착된 브레이크 밀림 방지장치ABS, 운전자가 완전 제동을 시도했을 때만 가동되는 브레이크 보조 장치, 자동으로 제동하는 안전거리 확보 경보장치, 자동으로 견인력을 조정하는 자동차동 잠금장치ASD와 미끄럼 제어장치 등이 있다. 특히 중요한 것은 전자식 주행안정 프로그램ESP인데, 이는 지나치게 높은 횡측 가속 같은 위험한 상황에서 가동되며, 위태로운 운전을 하는 경우 자동차를 조절하는 기능을 한다. 이 밖에도 4륜구동이나 4륜 조향장치, 능동 스프링 시스템, 개선된 섀시 설계, 유연성 있는 엔진 등으로 한계 상황에서도 자동차를 좀 더 원활하게 제어할 수 있게 되었다. 아동용 안전 시트와 보호 시스템 역시 크게 발전했다. 이륜차의 (근본적으로 해결하기 어려운) 안전 문제도 프로텍터 장착 보호복, 충돌시 운전자를 이륜차에서 분리시키도록 돕는 복장 등을 통해 개선되었다.

공학자들과 광고 전문가들은 이제 '능동적' 안전이 아니라 '충돌 이전Pre-Crash' 안전을 말하게 되었다. 즉, 안전벨트가 팽팽해지고 좌석 등받이는 똑바로 세워지며 페달들은 바깥쪽으로 밀려나가고, 전자장치는 운전상의 실수를 자동적으로 바로잡는 상태. 어느 자동차 생산업체는 이를 다음과 같이 표현했다. "ESP의 통상적 활동은 운전자가 브레이크나 가속페달에 보내는 명령이 비생산적이라고 인식될 경우 이를 수정할 수 있다."[24] 이때는 무능한 운전자 대신 지능적인 자동차 기술이 안전상의 결정권을 쥐게 되는 것이다. 카를 슈미트Carl Schmitt 〔독일의 유명한 헌법학자로 통치자의 결단권을 강조했다〕의 말을 조금 바꿔서 표현하면, 자동차의 경우에도 긴급 상황에서 결정권이라는 권력을 행사하는 사람이 있다고 한다면, 운전자는 점차 권력을 잃어 가고 있다고 해도 과언이 아닐 것이다.

이렇게 시민의 자율권을 앗아 가는 일의 법률적 문제는 일단 제쳐 두더라도, 이러한 기술 장비들의 안전상 강점을 의심해 볼 만한 이유들은 충분하다. 자동차 관련 기술이든 도로 관련 기술이든 막론하고, 안전 기술이 도로교통을 진정으로 안전하게 만든다고 싸잡아 말할 수는 없기 때문이다. 다른 교통 참여자가 개입되지 않은 단독 사고에서 사망할 확률은 ABS 장착 차량의 경우, 비장착 차량에 비해 건조한 도로에서는 45퍼센트, 젖은 도로에서는 심지어 60퍼센트나 더 높다. 택시 기사들은 ABS를 장착한 차량이나, 반대로 장착하지 않은 차량에서 동일한 빈도로 사고를 당했다.[25] 4륜구동 승용차는 이른바 안전상 강점으로 인해 오히려 안전에 취약해진 예이다. 처음에는 견인력이 좋아져서 사고가 줄어들 것이라고 기대되었고, 보험사들도 일찌감치 보험료 할인 혜택을 주었다. 그러나 사실상 사고 빈도는 같은 모델의 전륜구동 차량보다 훨씬 높았다. 이와 비슷한 일은 인프라 개선에서도 나타났다. 시가지 우회도로를 새로 건설한 후로 사망자 및 부상자 수가 늘어나는 경우도 많았다. 이는 우회도로들에서 차들이 더 빠르게 달리고 더 위험한 교차 지점들이 생겨났기 때문이다.

이것은 사실 그리 역설적인 현상은 아니다. 왜냐하면 안전조치들, 특히 '능동적' 안전조치들은 종종 운전자가 거기에 적응하도록 만들기 때문이다. 모든 생산적 조치들은 사람들이 기술적으로 보완된 차에 의지하고 이에 따라 더욱 위험하게 운전하는 결과를 낳는다. 그래서 독일보험경제총연맹 대변인인 지크프리트 브록만Siegfried Brockmann은 "더 안전한 자동차는 차의 한계를 더 알아 보라고 유혹하게 된다"고 강조한다.[26] 교육의 개선도 비생산적으로 작용할 수 있다. 운전자 안전 훈련을 통해 커브에서 한계속도에 가깝게 차를 모는 것을 배운 사람은 일상생활에서도 더 위험하게 운전한다. 또한, 브레이크는 앞차에 바짝 붙어서 차를 몰도록 유혹할 수 있다. 한편으로는 능동적 안전이 요구됨에 따라 가속이 뛰어나고 성능이 우수한 엔진들이 등장했는데, 이는 다시 새로운 위험 요소를 만들어 냈다. 안전 기술이 늘 안전을 높이는 것은 아니라는 사실을 전문가들이 거듭 입증하고 있다. "안전벨트는 의심의 여지없이 유용할 수 있다. 다만 경솔한 사람들이 '내가 안전벨트를 맨다면 좀 더 끝내 주게 몰아도 될 거야!'라는 마음을 갖게끔 유혹할 수 있다."[27] 어느 테스트에서는 이러한 결과가 나왔다. "BMW 쿠페에서 느끼는 안락함의 경지는 저마다 설정한 한계에 대한 새로운 경보 시스템을 필요로 할 정도이다."[28]

그리하여 자동차 안전은 딜레마에 빠지게 되었다. 사고를 예방하는 사고방지 모듈 같은 것은 존재하지 않는다. 오로지 전체 시스템의 안전만이 기준이 된다. 그리고 그런 안전은 기술적 조치들의 총합에서 생겨나는 것이 아니며, 다만 그 이용 자체가 결정적인 역할을 하게 된다. 즉, 운전자와 이동 수단 간의 상호작용이 중요한 것이다. 쾌락을 추구하는 공격적인 운전 방식은 모든 안전 기술의 효과를 잠식할 것이고, 위험에 대한 운전자의 적응으로부터 전체 시스템의 위험 상수가 나타날 것이다. 게다가 이러한 문제들은 그 상황에서 고려해야 할 수많은 변수들 때문에 검증하기가 어렵다.

여기에서는 자동차 역사의 두 가지 전통이 서로 충돌한다. 자동차 안전과 시스템의 지속적 개선에 위험의 매혹이 대립한다. 후자는 유희적·능동적·스포츠인 자동차 이용이자, 방어적이고 합리적인 운전의 포기라고 할 수 있다. 자동차 역사를 '은근한 길들임 과정'[29]으로 볼 수도 있겠지만, 이를 통해 위험한 태도와 고속 운전의 쾌락이 사라진 것은 아니다. 그러한 매혹은 포뮬러원에 대한 집단적 열광에서 나타난다. 대립은 쉽게 해소되지 않는다. 특히 젊은이들은 사회적으로, 그리고 자동차와 관련해서 서로 대립되는 요구를 받는다. 사회적으로는 위협을 무릅쓰고 추진력을 지녀야 하지만, 자동차 운전자로서는 방어적이고 협조적으로 행동해야 한다. 모든 안전 기술은 장래에 여러 가지 한계, 즉 속도의 한계, 사고 발생의 한계 등을 계속 넘어설 수 있겠지만, 그렇다고 그 한계들이 완전히 사라지게 하지는 못할 것이다.

안전의 최적화에서 또 다른 문제는 최적화되는 안전이 탑승자에게 집중된다는 점이다. 교통사고 사망자 중 자동차 탑승자가 아닌 외부 사망자의 비율이 계속 늘어나고 있다. 그 비율이 1998년에 이미 25퍼센트를 넘어섰다. 그해 교통사고 사망자 중 승용차 승객은 4,741명인 데 비해 보행자는 1,084명, 오토바이 운전자는 868명, 자전거 운전자는 637명이었다.[30] 자동차 운전자는 사고 시 생존할 가능성이 점점 높아지고 있으나, 자동차 생산업체들은 보행자와 자전거 운전자 보호에는 큰 관심이 없다. 이로 인해 특히 교통 참가자 중 가장 약한 사람들이 피해를 입는다. 1996년 독일에서는 15세 이하 아동의 사고율이 10만 명당 368명이었는데, 이에 비해 네덜란드는 173명, 프랑스와 이탈리아는 각각 134명에 불과했다.[31]

이에 대처하는 건설적이고 효과적인 방법이 무엇인지는 이미 오래전부터 잘 알고 있다. 자동차 앞부분에 좀 더 부드러운 재료를 사용하거나 범퍼를 아래로 낮춰서 자동차 외부의 보호를 강화하는 것이다. 그러나 실제 조치는 오히려 이와 반대되는 추세를 보이고 있다. SUV의 경우에 범퍼, 윈치, 보호창살 등이 취약한 교통 참여자들에게 치명적인 무기가 된다. 자동차 외부 모서리의 날카로운 면을 없애는 EU 규정이 만들어지고 나서 여러 해가 지났지만 독일에서는 아직 현실화되지 않았고, 자동차산업이 이를 좋아하지 않는다는 사실이 확인되었다. 자동차 생산업체의 연구 작업도 부진했다. 과거 미국의 안전 관련 연구들에서처럼 대학들이 선구적 작업을 수행하고 있다. 1981년 나온 유니카Unicar는 일관되게 보행자 보호를 최적화시킨 자동차이다. 승객 보호 노력과 마찬가지로 생산업체들은 여론이 이에 주목하기 시작한 후에야 대학의 연구들을 수용했다. 자동차 1대당 에어백 수를 4개에서 6개로 늘리는 것이 안전상의 효과를 크게 높이지 못하는 반면, 외부 보호 면에서는 설계상의 작은 조치들도 효과를 발휘한다.

사고 억제 조치도 경제적으로 실현 가능한 것이어야 하는데, 비용-수익 계산에서 외부 보호는 좋은 점수를 받지 못하는 것처럼 보였다. 유럽자동차기업협회는 보행자 331명의 사망을 줄이기 위해 매년 6,700만 유로를 투자해야 한다고 계산했다.[32] 그러나 일반적으로 전문가들은 안전 기술이 비용과 수익 중 어느 쪽으로 산정되어야 하는지를 정하지 못하고 있으며, 안전 기술에 대한 계산 자체가 가능한지를 놓고도 의견이 엇갈린다. 사고는 수치화할 수 없는 고통 외에 경제적 피해, 노동력 상실 등을 가져온다. 하지만 사고가 외부적 비용을 유발하는 것이 아니라 GNP를 높인다는 측면도 있다. 자동차 한 대가 찌그러질 때마다 그것을 수리하거나 대체해야 하고, 한 사람이 부상당할 때마다 병원의 수익이 늘어나기 때문이다. 자동차 사고는 일자리를 창출하고 투자를 활성화한다.

이러한 사고의 이중성은 문화적인 성격도 가진다. 사고라는 것은 이제 더 이상 겪어 내고 견뎌 내야 할 모험이 아니고, 자동차 교통이라는 시스템에서 일관성 있게 도출되는 결과도 아니며, 이야기하기

거북스런 일도 아니다. 그것은 오히려 개인적 재해로서 어디까지나 기술적·재정적으로 대비할 수 있으며, 나아가 미학화될 수 있는 것이기도 하다. 도로에서 언제나 위협을 받고 있다는 의식은 나름의 면역성을 만들어 내는데, 이는 "일종의 심리적 예방주사"[33]와 같다. 그렇게 본다면 에어백은 마술적인 안전의 약속이자, 고통의 죽음에 맞서는 상징적 보호 모듈이다. 사고는 예상되는 것이고 동시에 기술을 통해 완화되어야 하는 것이다.

그러나 교통안전 개선을 위한 모든 노력에도 불구하고 매년 수많은 사고 사망자와 부상자가 생겨나고 있다. 통계상의 사고 희생자 수준은 더 이상 낮추기 어려워 보인다. 이는 시스템으로 규정된 것이고, 도로교통이라는 시스템에 이식 가능한 추가적 조치도 별로 없어 보인다. 사회도 충분히 설명되지 않는 관용으로 이런 희생을 용인하고 있다. 독일의 모든 자동차 운전자들은 운전을 계속하는 한 통계적으로 9번의 사고를 당하게 되어 있다. 이러한 관용은 사고 위험을 선택적으로 지각하는 것과 관계가 있다. 사고 희생자의 수(독일에서는 사망자 수가 매년 7천 명에 이른다)는 폭력범죄 희생자보다 12배나 많으며, 독일의 도로교통에서만 매년 승객이 가득 탄 보잉 747기 20대가 추락한 것과 같은 수의 인명이 죽어 가고 있다. 서방 선진국에서 교통사고 희생자 수가 정점에 달한 것은 이미 수십 년 전의 일이다. 다른 지역에서는 그러한 시기가 다가오고 있다. 아시아에서 활동하는 한 독일인 의사는 교통사고야말로 최악의 풍토병이라고 말한 바 있다. 세계보건기구WHO는 전 세계적으로 교통사고 사망자 수가 이미 연간 20만 명에 달하고 있다고 밝혔으며,[34] 심지어 매년 80만 명에

달할 것이라는 추계도 있다.[35]

1990년에는 전 세계적으로 자동차 사고가 모든 사망 원인 중 9번째 였지만, WHO는 2020년이 되면 그 숫자가 3번째에 이를 것이라고 전 망했다.〔2020년 WHO 집계에 따르면, 2019년 전 세계 10대 사망 원인에 교통사 고는 없었다. 1위 심혈관 질환, 2위 뇌졸중, 3위 만성폐쇄성폐질환 등〕

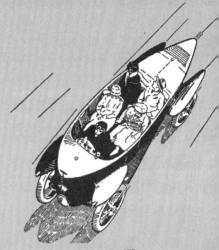

16장

환경문제로서 자동차 교통

자동차의 대중화로 생겨나는 환경문제에 대한 대응의 역사는 안전에 대한 논의와 나란히 진행되었다. 여기서도 미국이 앞서 나갔다. 독일에서는 뒤늦게 인식되었다. 개선을 위한 제안들은 산업계, 각종 단체, 소비자, 국가 등이 서로 얽혀 어지러운 논란거리가 되었고, 그래서 여러 제안을 자발적으로 현실화하는 일은 국가가 개입하기 전까지는 별다른 성과를 거두지 못했다. 문제의 진단에서 시작하여 기술적 해결책 제시를 거쳐 이것이 현실화되기까지는 오랜 시간이 걸렸다. 유럽 특유의 합의 모델은 여기서도 미국식 해법만큼 성공적이지 못했다.

질소산화물에 대한 초기 반응

환경 측면에서 자동차가 비판받은 초기의 이유는 자동차들이 비포장도로에서 일으키는 먼지와 배기가스에 대한 두려움이었다. 먼지를 일으키는 '냄새 나는 마차'에 대한 불쾌감에 이어 뒤늦게 연소 기관의 배기가스가 독성을 품고 있다는 인식이 생겨났다. 운전자나 기술자가 꽉 막힌 차고에서 일산화탄소 중독으로 죽는 일이 자주 있었다. 이어서 '자동차 사망'이 자살 방법으로 유행했고, 세단 자동차 승객들은 배기가스가 내부로 유입되어 역겨움을 느낀다고 호소했다. 그런데도 일상의 자동차 운행에서 유독성 배기가스는 큰 관심을 불러일으키지 못했다. 그 유독성은 자동차가 갖는 위생상의 이점들, 예컨대 질주할 때의 신선한 공기 유입 등으로 충분히 상쇄되는 것으로 보였다.

이러한 상황이 바뀌기 시작한 것은 자동차의 증가로 유독성 가스가 점점 많이 생겨나고 도로교통상의 환경문제가 점차 눈에 들어오기 시작하면서부터다. 이제는 자동차와 관련된 대규모 시스템이 자연환경에 심대한 영향을 미치고 있다는 것은 상식이 되었다. 미국의 환경사학자 존 맥닐John McNeil은 자동차를 새로운 산업적 클러스터, 다시 말해 사회와 경제를 근본적으로 변화시키는 새로운 에너지원, 기계, 생산방식의 조합이라고 했다. 20세기에 특징적으로 나타난 자동차를 둘러싼 이런 클러스터를 디트로이트의 별명을 따서 '모타운Motown'이라고 불렀다.[1] 이 클러스터에는 석유를 중심으로 하는 새로운 에너지 체제가 속하는데, 석유는 시굴-처리-운송-저장-판매를 거쳐 마침내 환경에 어마어마한 영향을 미치면서 연소된다. 20세기에 자동차는 맥닐에게 사회적으로나 환경적으로 최대의 영향을 끼친 기술로 지명될 가장 유망한 후보였던 것이다.

이러한 시스템의 환경 영향에 대한 인식은 이번에도 미국에서 시작되었다. 이미 제2차 세계대전 중에 미국은 캘리포니아 남부에서 햇빛 중의 질소산화물의 변화로 생겨나고 자극성 있는 매연을 생산하는 광화학 스모그 혹은 '여름 스모그'가 위험 요인임을 알아냈다. 그 후 1956년에 한 보건 관련 보고서는 인구의 4분의 3이 스모그의 영향을 받고 있음을 입증했다. 캘리포니아에서는 기온 역전 현상이 기단氣團의 교체를 가로막고, 태양에너지를 통한 질소산화물의 변화를 용이하게 하는 일도 잦았다. 그곳은 세계에서 자동차 밀도가 가장 높은 곳이었다.

잡지 《슈나우페를》 만평(1904)

1960년대 후반에 미국에서 자동차가 환경보호론자들의 표적이 되면서 비판 여론이 시작되었다. 이는 대형 자동차들의 엄청난 연료 소비 때문이기도 했다. 최초의 환경 법안들이 발효되었다. 1970년 개정된 연방공기정화법은 배기가스 90퍼센트 감소를 규정했다.

초기에는 단순한 조치들도 큰 효과를 나타냈다. 크랭크실에서 나오는 윤활유 증기 및 휘발유 증기를 동시 연소시키는 것만으로도 배기가스를 25퍼센트나 줄일 수 있었다. 공기 유입 이후 배기가스 재순환이나 배기가스 사후 연소장치도 처음에는 매우 효율적이었다. 그러나 더 나은 효율을 갖춘 엔진들은 연료 소비는 적지만 새로운 문제점을 안고 있었다. 휘발유 연소가 효율적이면 배기가스 중 탄화수소, 즉 연소되지 않은 연료의 비중은 줄어들지만, 연소 온도가 높아짐에 따라 스모그를 유발하는 질소산화물이 더 많이 배출된다. 연소기관을 포기하지 않는다면, 배기가스의 촉매 정화장치는 피할 수 없는 선택이다. 유해 물질 중 최소한 일부라도 무해한 물질로 바꾸는 것은 처음에는 비제어식 마이크로 촉매 장치로도 충분했다. 그러나 좀 더 엄격한 배기가스 관련 규정들은 삼원촉매 도입을 압박했다. 이 방식은 람다센서가 공기연료비를 14.7로 측정하고, 출력 스펙트럼의 또 다른 부분을 거쳐 유입되는 휘발유 양을 제어한다(최대 출력 때는 그렇지 않다). 이는 전자식 점화장치와 같은 기술적 변화를 요구했다. 그리고 조절하기 더 까다로운 기화기 대신 연료분사장치가 도입되었다. 오늘날에는 최적화된 엔진의 촉매 정화장치가 매우 탁월하여 대도시에서는 때로 배기가스가 연소를 위해 유입된 공기보다 더 깨끗한 경우도 있다.

다양한 허용기준 전략

이미 시사한 것처럼, 독일에서는 오랫동안 환경보호 기술들을 독일에는 부적합한 미국적 기술로 과소평가했다. 1959년 까지만 해도 제봄 교통장관은 배기가스를 "동력화의 유감스러운 부수현상"[2]이라고 하찮게 여겼다. 이와 관련한 정확한 데이터들도 수집되지 않았다. 당시 태동하던 환경운동조차 뒤늦게야 자동차를 "환경오염의 제1주범"이라고 인식하게 되었다. 환경보호단체들은 핵에너지와 공장들 다음으로 자동차에 주목하게 되었고, 로마클럽의 경고, 숲의 죽음, 산성비 유발을 둘러싼 토론 등에도 불구하고 자동차 교통을 오랫동안 조심스럽게 다루었다.[3] 이는 1979년의 2차 유류파동을 겪고 난 1980년대 초반부터 바뀌기 시작했다. 유류파동을 거치며 질소산화물과 이산화탄소 배출량의 최대 부분이 도로교통에서 나온다는 인식이 널리 퍼졌다. 교통역사학자 디트마르 클렌케Dietmar Klenke에 따르면, 이와 관련한 독일의 인식이 뒤처진 이유는 동력화 자체의 지체 때문일 수 있다. 다시 말해 미국이 위기에 가까운, 자동차의 '탈신비화'를 이미 경험하고 있을 때, 독일에서는 여전히 "희망에 차서 아직 도래하지 않은 대중 동력화의 시대를 내다보고 있었다"[4]는 것이다. 그렇기 때문에 자동차 교통으로 인한 환경오염의 정화를 위해 자동차 운전자가 아니라 사회가 부담해야 할 비용에 대해서는 거의 토론이 이루어지지 않았다.

많은 독일인들이 환경정책적 법규들의 필요성을 깨닫기 시작했지만, 대부분의 조치들이 반발에 부딪혔다.[5] 운전의 외관상 자유를 제한하거나 추가 비용을 야기하는 모든 교통정책상의 조치들이 그렇듯이, 처음에는 광범위한 반대층이 생겨났다. 독일의 법규들은 1985년경에야 미국의 1970년대 기준을 지향하게 되었는데, 이는 15년의 격차를 의미했다. 처음에 독일에서는 미국이 1960년 전후로 그랬던 것처럼, 엔진에 대한 설계상의 변화를 최소화하려 했다. 엔진의 정기적 가동 중지 캠페인이 벌어졌고, 마침내 1987년에는 배기가스 검사ASU 의무화가 도입되었다. 그 성과는 그리 크지 않았다. 미국에서는 이미 모든 승용차의 3분의 2가 유독물질 감소를 이룬 것과는 반대로(촉매 정화장치가 장착된 최초의 양산 자동차는 1975년 캐딜락 드빌이었다), 독일의 배기가스 정화는 이제 출발 단계에 있었다. 자동차에 대한 환경 측면의 비판이 늘어가는 데 대해 미국의 정책은 독일보다 훨씬 신속하고 효율적으로 반응했다.

미국과 독일의 환경정책에서 무엇보다도 배출 허용기준과 관련하여 양국 정부가 보인 상이한 태도가 눈에 띈다. 미국에서는 지미 카터 정부 이후 역대 정부가 자유방임주의적 이미지와 달리 강경한 규정도 꺼리지 않았다. 환경역사가 우엘리 헤펠리Ueli Häfeli가 입증하듯이, 그러한 규정들의 목표치는 흔히 주장되는 기술의 현재 수준에 그저 '보수적으로'[6] 맞추는 것이 아니라, 그때그때 그 수준을 앞서가는 것이었다. 캘리포니아에서는 심지어 등급상 배출량 전무 상태까지 내려가는 허용기준치가 적용되고 있다. 그러니 언젠가 등장할 무공해 자동차ZEV의 에너지가 전기든 태양이든 수소든 별 상관이 없다. 전반적으로 "미국의 연방 정책은 친환경적 소비 태도를 유도하기보다는 환경 기술의 진보를 강제하려 했다."[7] 이러한 대처 방식을 기술적 실행 가능성에 대한 미국 특유의 낙관이라고 평가절하할 수도 있으나, 그 성과는 자동차 배기가스 정화 문제에서도 정책적 압력이 어느 정도 기술 진보를 강제할 수 있음을 보여 준다. 물론 미국 자동차산업은 모든 국가적 규제에 대해 의례적으로 "수익을 감소시키는 전횡"[8]이라면서 반대했으나 결국은 굴복할 수밖에 없었다.

이런 규제는 자동차산업 쪽에도 이익이 되었다. 왜냐하면 목표 허용기준을 충족시키려 새로운 기술적 해법을 개발해야 하기 때문이다. 그래서 국가의 규제는 기술적 강제로서 혁신을 촉진하는 역할을 수행했고, 미국의 자동차 대기업들은 촉매 정화 기술에서 확실한 우위를 점하고 있다. 이에 대한 한 가지 실례는 삼원촉매 장치로 말미암아 고전적 기화기가 퇴장하고, 공기와 연료의 람다 비율을 정확히 조절하는 전자식 연료분사 기술 도입이 촉진된 일이다.

허용기준 결정에서 기술 수준에 도전하는 미국식 모델에 대해, 유럽에서는 오늘날까지 오직 기술의 현재 수준 정도로 해결되는 모델로 맞서고 있다. 물론 허용기준은 항상 정치적인 수치였다. 특히 유럽에서는 허용치가 위로부터 정해진 것이 아니라, 각국 기구와 EU 기구, 각종 단체, 경제계의 길고도 지난한 협의 과정에서 협상과 조정과 교섭으로 결정되었다. 그러니 그 결과물은 일종의 타협안이었지, 자동차 운행을 둘러싼 엄격한 환경정책적 법규는 아니었다. 유럽은 비용과 관련된 모델의 틀 안에서, 차등화된 자동차세와 유류세, 재정상의 보상과 불이익, 혹은 금융상의 구입 장려 등을 통해 자동차 운전자들이 환경친화적 자동차를 선호하도록 만들려고 했다. 경제적 동기가 더 신속한 효과와 비용 최소화를 가능하게 한다고 본 것이다. 독일의 자동차 부문은 1980년대 중반에 기술혁신 의욕을 보였지만, 비용이 많이 드는 배기가스 정화 기술 도입으로 가격에 예민한 해외 시장에서 경쟁력을 잃게 될까 봐 두려워했다.

그러나 기업들의 자발적인 보완 조치나 재정적 수단을 활용한 소비자의 참여 유도는 별다른 성과를 거두지 못했다. 그래서 두 번째 토론 과정에서야 국가적 조치들을 취하게 되었다. 또다시 기술 수준을 고려하고, 또다시 EU 당국과 협의를 거치고, 또다시 오랜 법제화 기간이 걸렸다. 그 전형적인 사례가 1984년의 토론이었다. 느슨한 유

유독물질 배출과 휘발유 소비를 제한할 저비용의 간단한 방법으로 1960년
대 이래로 속도제한이 반복적으로 등장해 왔다. 속도제한은 자동차 교통이
환경에 미치는 영향에 대한 완충작용을 하면서, 동시에 대중화된 교통의
또 다른 문제점들을 해소하는 데에도 도움이 된다. 예컨대 사고를 줄일 수
있는 것이다. 차량이 천천히 움직이면 사고의 결과도 가벼워진다. 그리고 자
동차들은 기름을 덜 소비하고 배기가스도 덜 내뿜는다. 이 논쟁에서 새로
제기된 문제는 높은 오존 집중도, 여름 스모그에 미치는 속도제한의 효과,
이산화탄소 경감 등이다. 트리틴 연방환경장관은 2000년 속도제한에는 비
용이 전혀 들지 않지만, 약 6백만 톤의 이산화탄소 경감 효과를 볼 수 있다
고 밝힌 바 있다.[1] 속도제한은 환경정책상의 처벌 수단으로도 활용될 수 있
다. 1990년경 촉매 정화장치를 장착한 자동차만이 속도제한 없이 달리도록
하고, 다른 자동차들은 시속 100킬로미터의 속도제한 규정을 두자는 방안
이 제시되었다.[2] 항상 확실하게 명시되지는 않는 또 다른 목표는 새로운 도
로문화이다. 자동차와 자동차 이용자를 길들여서 운전을 좀 더 여유 있게
하도록 하고, 서로에 대한 괴롭힘과 폭주를 줄이려는 것이다. 도로의 효율
성 제고는 명확하게 입증될 수 있다. 속도제한이 자동차들 간의 속도 차이
를 없애고 최적화된 속도를 가능하게 하기 때문에, 단위 시간당 더 많은 자
동차들이 도로를 이용할 수 있다. 이 모든 동기들이 관련 토론에서 등장했
다. 속도제한을 통해 재정 및 조직상의 최소 비용과 인프라에 대한 최소한
의 투자만으로도 도로교통을 좀 더 안전하고 여유 있고 자원절감적이고 환
경친화적으로 만들고자 한 것이다.

여기에 반대하는 사람들도 여러 가지 논리를 내세웠다. 고속도로 중 일부
구간만이 현재 속도제한이 없는 상태이며, 어차피 고속도로는 가장 안전한
도로라는 것이다. 이들은 교통량이 적을 경우 속도제한은 무의미하다고 주
장한다. 실제로 속도는 사고 빈도와 무관하며, 오히려 일정한 속도로 달릴
경우 피로가 쉽게 오기 때문에 사고 위험이 더 커진다는 것이다. 국가의 규

제에 대해서도 교통 시스템 참가자들이 교통 상황에 맞춰 속도를 조절하고 이를 통해 질서가 잡힐 때 도로교통의 전체적 효율성이 더 높아진다는 주장이다. 경제정책상으로도 '자유운전'[속도 무제한 운전]은 독일 자동차산업의 경쟁력에 도움이 된다는 것인데, 이는 고속도로가 속도 시험 구간으로 기능할 수 있기 때문이다. 풀뿌리 민주주의적인 한 가지 논리는 설득력이 있는 것으로 나타났다. 독일인들은 국가가 보호자 역할을 하는 일반적 규제 조치를 받아들이지 않는 것이다. 게다가 더 중요한 업무가 많은 교통경찰들이 법을 감독하고 시행하려면 문제들이 생겨난다는 것이다.

속도제한 논쟁에서는 모든 논리들이 이미 오래전부터 등장했지만, 계속해서 모습을 바꾸어 나타나고 있다. 각종 실험과 통계들이 속도제한 효과를 둘러싼 자료들을 제시하고 있는데도 이를 해석하는 데 합의가 이루어지지 않고 있다. 예를 들어 속도제한에 따르는 여름 스모그 감소에 대한 대규모 실험 결과도 의문을 사고 있는데, 비판자들은 실험 대상으로 설정된 지역이 너무 한정적이고 외부로부터의 다른 영향들도 개입된 것으로 입증되었다고 주장했다. 이 논리들에서는 항상 정치적·사회적·경제적 문제들이 중시된다. 평소에는 즐겨 인용되는 유럽의 다른 국가들, 그리고 무엇보다 미국에서의 경험들이 속도 논쟁에서는 언제나 과소평가되고 평가절하된다. 미국에서는 이미 오래전부터 각종 통계들이 제시되어 이를 근거로 엄격한 속도제한이 이루어졌음에도 불구하고 말이다. 1950년대 말 자동차 충돌 시 부상에 대한 연구는 고속도로의 최고속도가 상대적으로 낮은 경우에 사고율이 30퍼센트 줄어든다는 사실을 보여 주었다.[3]

독일의 논쟁에는 항상 이런 실용적인 이유들과는 논점이 다른 자유의 문제가 중심에 서 있다. 자동차 운전에 대한 국가적 규제는 어느 정도까지 가능한가? 이에 대한 사회적 합의는 존재하는가? 속도제한은 관철 불가능한 것인가? 속도제한은 독일 현대사에서 가장 논란이 되는 국가적 규제 조치 중 하나이고, 일반 국민들에게 반감을 불러일으키는 사안이다. 국가가 개입하는 속도제한 조치에 대해 독일의 자동차 운전자들은 처음부터 오늘날까지럽 기준을 도입해야 하는가? 아니면 훨씬 더 엄격한 미국 기준을 도입해야 하는가? 이 문제에 대한 답이 여기에 투입되는 기술을 결정하게 된다. 유럽 기준을 충족하려면 비제어식 마이크로 촉매 정화장치면 충분하지만, 미국 규정이면 제어식 촉매 정화장치가 반드시 필요했다. 자동차산업의 로비스트들은 온갖 논리적 수단을 총동원하여 국가 주도의 촉매 정화장치 의무화에 맞섰고, 일부 단체들이 여기에

적극적으로 반대해 왔다. 이는 자유주의 전통을 지닌 선진 국민으로서 할 수 있는 정도를 훨씬 넘어서는 것이었다. 그렇기 때문에 "자유 시민에게 자유운전을!"이라는 ADAC의 구호는 국민들의 의지, 혹은 자유와 개인적 이동성 제한에 반감을 갖는 기본 정서를 간파하고 있는 것이다. 속도제한에 찬성하거나 반대한다는 고백은 이데올로기적인 시험이 되어 버렸다. 자동차에 반대한다는 의심을 사지 않는 많은 교통학자들 역시 속도제한에 적극 찬성하는데, 그럼에도 불구하고 속도제한에 대한 찬반이 곧 자동차에 대한 찬반처럼 받아들여졌다. 이미 나치 시기에도 '자유운전'의 상징적 효과가 인식되었다. 1933년의 속도제한 해제는 자동차에 대한 새로운 선호의 명백한 신호이자 도로교통을 해방시킨다는 인기영합적 조처였다. 이와 반대로 1973년 일요일 자동차 운행 금지와 시속 80킬로미터와 1백 킬로미터라는 엄격한 제한 조치는 단호한 경고로 여겨졌다. 말하자면 "실제로 기름을 아낀다는 것보다는 오히려 사람들에게 이제부터 에너지 절약에 나서야 한다는 경각심을 불어넣기 위해" 활용되었다.[4] 이미 당시에도 교통수단이 전 세계 1차 에너지의 5분의 1에서 4분의 1까지를 필요로 했다.[5] 그 후 많은 사람들이 전반적인 속도제한을 기대했는데, 이는 유류파동 기간 중에 자동차의 속도 저하로 인해 사고 빈도가 낮아지면서 더욱 그러했다. 1975년 교외의 모든 2차선 국도에서 속도를 시속 1백 킬로미터로 제한한 대규모 실험은 사고율을

동조했다. 늘 그렇듯이 타협이 이루어졌다. 허용기준이 결정되었으나, 처음에는 너무 미약하여 제어식 촉매 정화장치가 필요없었다.

독일의 합의 모델이 여전히 공고히 유지되고 있는 것은 2001년 디젤 매연 필터를 둘러싼 토론에서 드러났다. 독일 자동차산업이 처음에는 이러한 보조 기술을 무의미하고, 특히 장기적으로 기능하지 못하는 기술혁신이라고 평가절하했지만, 프랑스의 생산업체가 그 정

18~22퍼센트나 떨어뜨렸다.[6]

전문가들은 속도에 대한 규제가 가장 중요한 안전조치라는 사실을 분명히 알고 있다. 그럼에도 불구하고 이것은 이루어지지 않고 있다. "자유 시민에게 자유운전을!"이라는 ADAC 캠페인과 모든 이해집단의 전반적인 속도제한에 반대한 논란의 여지가 있는 한 청문회 이후로 1974년 고속도로의 경우 시속 130킬로미터가 구속력 없는 권장 최고속도로 도입되었을 뿐이다. 그보다 2년 전에도 마찬가지로 격렬한 토론을 거쳐 교외 국도에서 시속 100킬로미터 제한 규정, 즉 현행 규정이 통과되었다. 평소에는 교통 문제에서 유럽 공동의 해법에 대해 즐겨 이야기하면서도 전반적인 속도제한이 없는 유일한 EU 국가가 독일이다.

---

[1] *Focus*, 17/2000, p. 40.
[2] Heinz Blüthmann, "Striktes Limit für Sünder", 1989, p. 21.
[3] Diana Bartey, "Unfälle immer weniger gefährlich. Nach Untersuchungen der Cornell University Automotive Crash Injury Research Group", 1958-59, p. 42.
[4] 헬무트 슈미트의 《슈피겔》 인터뷰, 39/2000, 125쪽.
[5] Franz Steinkohl / Andreas Sauer / Andreas Gruber, "Die Attraktivität der Mobilität-Zahlen und Fakten", 1999, p. 21.
[6] Hans C. Graf v. Seherr-Thoss, *Die deutsche Automobil-industrie. Eine Dokumentation von 1886 bis 1979*, 1979, p. 626.

반대임을 입증했다. 푸조는 매연 필터를 도입했고, ADAC의 장기 연구 결과 이 필터가 실제로 여러 해 동안 기능한다는 점이 드러났다. 그리하여 이제야 정치권이 반응을 보이고 있다. 위르겐 트리틴Jürgen Trittin 연방환경장관은 이 기술을 재정적으로 지원하기로 하고, 기업들도 자발적으로 기술혁신에 동참하라고 촉구했다.

엄격한 미국의 정책과 비교하면, 독일의 정책은 환경에 대한 구체적 영향과 관련하여 크게 지체되어 있다. 독일에서는 법제화가 느리게 진행될 뿐 아니라, 독일식으로 합의된 기준의 결과들도 미국의 기준들보다 훨씬 낮다. 물론 대서양을 사이에 둔 이러한 차이들은 그다지 중요한 것이 아닐 수 있다. 배출량을 줄이는 모든 전략은 단순한 양적 효과로 저해되고 있기 때문이다. 이미 1992년 하이델베르크의 한 환경연구소는 다음과 같은 결론에 이르렀다. "'유해물질이 적은' 자동차가 공기오염에 끼치는 영향은 자동차 성능 개선, 차량 운행 속도 증가, 신차의 성능 개선 및 승용차 수의 증가로 계속 상쇄되고 있다."[9] 도로교통에서 배출되는 일산화탄소나 질소산화물과 같은 유독물질이 환경에 끼치는 악영향은 줄어들고 있으나, 이산화탄소 방출은 그렇지 않다. 차량 수의 증가로 전체 배출량은 늘어났다(1999년 독일에서는 신차 380만 대가 신규 등록되었다). 자동차가 늘어나면서 개별 자동차의 배출량 감소 효과는 상쇄되었다.

물론 다양한 기술적 수단들 덕분에 자동차의 환경 유해성은 지난 수십 년 사이에 점차 줄어들었다고 할 수 있다. 촉매장치로 정화된 엔진의 배기가스는 이미 2000년에 대도시 공기보다 깨끗해졌다. 이제는 더 이상 자동차 배기가스로 자살을 기도할 수 없게 되었다. 납도 거의 사라졌다. 유독물질인 테트라 에틸납을 고밀도 엔진의 노킹 방지제로 사용하는 것은 1946년에서 1968년 사이에 4백 퍼센트가 증가했다.[10] 그러나 촉매 정화장치가 유연 휘발유에 훼손되기 때문에, 1988년 이후 보통 휘발유는 무연이 되었다. 발암물질인 벤졸의 비율도 줄어들었다. 환경 위험에 대한 인식이 얼마나 많이 바뀌었는지는 바로 이 물질에서 잘 나타난다. 1950년대까지만 해도 '혼합물', 즉 벤졸 비율이 높은 휘발유가 인기를 끌었다. 이 휘발유는 책임감 있는 자동차 운전자가 자신의 차에 '선사'하는 질 높은 기름으로 알려졌다. 그러나 유해물질 배출이 자동차가 유발하는 유일한 환경문제는 아니다. 예를 들어 유럽의 자동차 인프라는 지표면의 5~10퍼센트를 차지한다.[11] 도로, 주차장, 자동차 대리점, 폐차장, 공장 시설, 시험주행 구간 등 전 세계적으로 보면 모든 도시를 합친 것과 같은 정도의 면적을 필요로 한다. 또한 교통 소음은 특히 도시에서는 심각한 공해이며, 심지어 질병을 일으키기도 한다. 지난 10여 년 동안 새로운 종류의 타이어, 엔진 케이스, 소음을 최소화하는 도로 포장재 등으로 자동차 소음이 줄어들었다. 자동차 생산도 마찬가지로 좀 더 환경친화적으로 바뀌었다. 이제 수성도료, 비석면 브레이크 라이닝, 재생 플라스틱, 더 나은 필터, 주물공장에서 주조용 모래의 순환 등이 표준이 되었다. 그래서 이런 환경친화적 자동차들로 낡은 자동차들을 신속하게 대체하는 일이 합리적일 것이다. 하지만 여기에서 근본적인 문제가 제기된다.

내구성, 자원 소비, 재활용

기업은 자동차를 오래 사용할 수 있도록 개선하는 데 노력해 왔다. 1960년대에 자동차의 수명은 상당히 짧았다. 금속판 강도가 낮아지고, 고철 함유량이 높은 저렴한 강철을 쓰고, 게다가 부식 방지 조치를 거의 하지 않은 탓에 자동차들은 점점 더 빨리 녹슬어 갔다. 그래서 재료를 아끼면서 견고성을 높이기 위해 차체 부분에 특수한 홈들이 나타났고, 그러다 보니 물이 고이는 구석이나 이음새, 모서리 등에 녹이 스는 부분들이 생겨났다. 1970년경에는 차체 수명이 엔진과 기어보다 훨씬 짧은 5~6년에 불과한 악명 높은 자동차들도 있었는데, 이 자동차들은 현재 거의 남아 있지 않다. 대량생산되는 승용차의 수명은 심지어 1920년대의 포드가 더 길다고 할 정도였다. 부식 방지 대책들은 오래전부터 알려져 있었으나, 자동차 기업들은 자농차 테스트 전문가, 소비자단체, 구매자들의 반발이 커져서 어쩔 수 없는 상황이 되어서야 이를 대량생산 자동차에 적용했다. 차체 내부 공동空洞 보호, 바닥면 보호, 도장 개선, 배수 구멍, 이음새와 용접 부분 보호막 첨가 등이 점차 생산에 활용되었다. 플라스틱과 아연 도금 금속판은 자동차 사용 기간을 오늘날 같은 평균 13년으로 끌어올리는 데 기여했다. 특히 포르셰는 오래 타는 자동차를 개발하는 데 투자를 많이 하고 있다.

하지만 자원 절감과 환경보호 차원에서 연료 소비량이 적고 배기가스 정화 기능이 좋은 차세대 자동차가 개발되면서, 내구성 좋은 자동차들은 퇴출당하게 되었다. 폐차 장려금과 유해물질 배출이 적은 자동차에 대한 세제 혜택이 이를 유도하는 당근이라면, 엄격해진 기준을 충족시키지 못하는 자동차에 대한 세제상의 불이익은 채찍이었다. 자동차 운행에서 각종 절감책이 얼마나 효율적일 수 있는지 생각해 본다면 이는 의미 있는 조치로 보인다. 단 하루 동안 생산된 BMW 3 시리즈만 해도 약 4억 킬로미터를 달리고, 4천만 리터의 연료를 소비한다.[12] 여기서 딜레마가 생겨난다. 신차 생산에는 에너지와 자원이 들고, 낡은 차를 수거하고 처리하는 과정에서 고철과 유해물질이 부수적으로 생겨난다. 낡은 차를 신차로 바꾸는 과정에서 유발되는 환경오염이 신차 사용으로 인한 환경상의 유익함보다 더 클 수도 있는 것이다. 그래서 촉매 정화장치 없이 15년간 운행하는 자동차가, 제어식 촉매 정화장치를 달고 반 년 뒤에 퇴출당하는 자동차보다 환경적으로 더 나을 수 있다.

유감스럽게도 이런 계산은 잘 안 하는 것 같다. 네덜란드 교통 문제 전문가 베르트 반 베Bert van Wee가 계산한 자동차 한 대가 수명이 끝날 때까지 내뿜는 이산화탄소 총량에 따르면, 신차 생산과 낡은 차 처리 때 생기는 인산화탄소 오염이 너무 심해서 그냥 낡은 차를 수명이 다할 때까지 계속 사용하는 편이 낫다는 결론이다.[13] 물론 실제 운행 거리가 중요하다. "환경을 오염시키는" 낡은 자동차라도 주로 차고에서 보살핌을 받으며 주차되어 있는 올드타이머라면, 연료 소모나 주행거리가 많고 수명이 짧은 촉매 정화장치가 장착된 자동차보다는 확실히 더 나은 결과를 가져올 것이다. 물론 환경 면에서 개선된 신차를 타면 마음이 더 편하기는 하다. 환경이 자동차 선택의 주요 기준은 아니지만, 오래전부터 자동차 구매자들도 환경 기준을 고려하고 있었다. 오늘날 낡은 자동차의 퇴출은 녹이나 마모보다는 환경을 걱정하는 구매자의 양심, 국가의 정치적·경제적인 압력 때문인 경우가 더 많다.

아무리 멋지고 비싼 자동차라도 결국에는 소모되고 낡기 마련이다. 그러나 자동차 한 대의 일생에서 소비되는 전체 에너지 양에 결정적인 영향을 미치는 것은 폐기물 처리 방식이다. 낡은 자동차를 재활용하려는 시도는 일찍부터 있었다. 포드는 1925년에 이미 미국에서 중고차 해체용 컨베이어벨트를 개발했으나 큰 성과는 없었다. 자원을 절감하는 재활용은 최근 들어 다시 큰 관심을 끌고 있다. 이제 자동차는 사용 기간이 끝나 갈 무렵이면 해체된다. 기어나 발전기 등 유용한 부품을 떼어내어 수리해서 조립 업체에 판매한다. 자동차의 남은 부분은 연료와 오일 등을 깨끗이 비운 후 대규모 시설에서 작은 조각들로 해체된다. 압축공기로 비금속 정밀 부품들을 분리하고, 자석 회전기로 비철금속을 분리하며, 철은 용광로에서 녹인다. 플라스틱 역시 최대한 재활용한다. 하지만 그러려면 비용이 많이 드는 정밀한 분리 과정을 거쳐야 한다. 자동차 해체로 생기는 찌꺼기와 기타 유해물질이 매년 50만 톤에 이른다.[14] 원료 채굴부터 자동차 생산, 운행 기간, 마지막으로 폐기물 처리까지 자동차 한 대가 생산되어 폐기될 때까지 만들어 내는 오염물질은 포름알데히드 2백 그램, 탄화수소 62.9킬로그램, 일산화탄소 368.1킬로그램, 이산화탄소 5만 9,700킬로그램, 기타 폐기물과 쓰레기 2만 6,500킬로그램, 오염 공기 20억 세제곱센티미터 등이다.[15]

그런데 선진국들만이 이 폐차 과정을 감당할 수 있다. 개발도상국에서는 중고차의 가치가 높기 때문에 폐차되지 않고 다시 쓰인다. 아시아의 여러 도시, 예컨대 인도 뉴델리 등에서는 중고차를 수리하거나 중고차 부품들로 자동차를 새로 조립하는 소규모 업체들로 한 지역 전체가 매달리는 형국이다. 여기서 재활용은 사치스러운 환경보호 방식이 아니라 경제적으로 반드시 필요한 일이다. 옛 동구권 국가들에서도 자동차는 일반적인 운행 기간보다 훨씬 더 오래, 집약적인 노동력 투입으로 운행되고 있다.

독일에서 매년 퇴출당하는 310만 대의 중고차 중에서 130만 대가 폐기 처분된다. 나머지 자동차들은 대개 외국으로 수출된다.[16] 그래서 현재 전 세계에는 전혀 다른 두 종류의 자동차들이 달리고 있다고 볼 수 있다. 선진국에서는 최신 기술에 배기가스 정화장치가 달린 고급차들이 끊임없이 신형으로 교체되고 있고, 그 외 지역에서는 기술적으로 뒤처지고 단순하며 수명이 긴 자동차들이 계속 조립되면서 배기가스를 내뿜으며 달리고 있다.

엔진의 에너지 효율 극대화

1973년 '유가 충격'으로 자동차에 대한 요구 사항이 극적으로 변했다. 이에 따라 자동차 엔진 개발자들은 새로운 기준에 직면했다. 고장 없는 운행과 유연한 동력 등은 더 이상 중시되지 않았고, 그 대신에 화석연료 절감이 중요해졌다. 여기에는 반켈 기관(회전 피스톤 기관)이라는 대안적인 구동 방식보다 재래식 엔진, 즉 디젤기관이 더 유리했다. 1970년대 중반에 기존에는 보지 못한 연료절감형 '기름 연소기관'이 소형 승용차에 적합한 축소된 형태로 등장하여 택시와 상용차들에 사용되었다. 한편에서는 오토 기관도 추가 개발 가능성을 보여 주었다. 즉, 혼합기 공급 및 점화 과정이 급격하게 변했다. 연료분사 장치와 전자식 점화장치 등이 기화기 및 전류단속기 제어 방식의 기계식 점화장치 대신에 등장했다. 1900년 이래로 자동차 연소기관은 전형적으로 점점 더 복잡해지면서 효율성이 높아졌다.

지난 수십 년 동안 연료 소비 및 배기가스를 최소화하는 다양한 기술들이 등장했다. 성층 혼합기, 직접 분사식, 가변 제어 시간, 4밸브 제어장치, 터보차저 등이 그것이다. 이 모든 것들은 촉매 정화장치를 통한 배기가스 '사후 처리' 이전에 엔진에 작동하는 방식들이다. 기술상의 진보는 자동 점화장치에도 해당된다. 본래 단순한 디젤이 전자 제어식 고압분사장치, 즉 커먼레일 방식을 통해 "더 깨끗해졌지만", 이와 동시에 더 복잡해지기도 했다. 재래식 엔진의 연료 소비는 낮아졌지만(그러나 종종 출력 강화로 상쇄된다) 여전히 교체 압력이 존재한다. 개인 이동성 증진에 화석연료를 연소시키는 방식은 이미 수십 년 전부터 비판을 받아 왔다. 이를 대신할 기술들이 오래전부터 개발되어 왔지만, 피스톤 기관은 여기서도 여전히 가능성이 있다. 즉, 피스톤 기관은 석유 생산물뿐 아니라 바이오디젤, 메탄, 천연가스, 수소 등도 연소시킬 수 있다. 재생 가능 자원의 사용이 공간 사용과 에너지 결산에서 여러 문제점을 낳기도 한다. 자원 준비 및 운송비가 높아지기 때문이다. 연소기관의 기술적 최적화에는 한계가 있다. 자동차의 전체 에너지 효율도는 여전히 끔찍할 정도로 낮다. 가솔린 자동

차는 4.5퍼센트, 디젤 자동차는 5.5퍼센트에 불과하다.[17]

여기에 덧붙여서 연소기관은 대부분 부분 부하로 가동된다는 점에 주목해야 한다. 다시 말해, 그것이 가진 능력의 일부만 쓰이고 있다.

전기자동차: 자동차 역사의 미래인가?

전기자동차는 제1차 세계대전 이후 부차적인 역할만 담당했다. 예를 들어 우체국의 전기 수레나 영국의 우유배달 자동차 등이 그러하다. 그러나 1973년 유류파동은 전기자동차에 대한 관심을 다시금 불러일으켰고, 관련 기술 개발을 촉진했다. 브레이크에서의 에너지 재공급, 삼상교류 모터, 바퀴통 모터를 통한 개별 바퀴 구동 등은 전자 제어장치에 결합하기만 하면 되는 오래된 기술들이었다. "상용화가 가능한 최초의 전기차"[18]가 여러 차례 발표되었지만, 아직까지 시험에 성공한 자동차는 없는 상황이다. 재래식 발전소에서 만들어지는 전기를 사용하는 자동차들은 주행 거리가 짧고 전체적인 에너지 효율도 그리 좋지 않았다. 전기자동차에서 방출하는 배기가스와 이산화탄소는 개별 자동차의 배기관이 아니라 자동차에 사용되는 전기를 생산하는 발전소에서 집중 발생하기 때문이다. 더 나은 기술적 해법은 전기 기술을 태양에너지 기술과 결합시키는 것이다. 그러나 자동차에 태양 전지를 부착하는 것만으로는 충분하지 않고, '투르 드 솔Tour de Sol' 같은 스펙터클한 시합에도 불구하고 실용화가 쉽지 않은 것으로 입증되었다. 다만, 고정된 전지판들은 태양에너지 자동차가 '태양에너지 주유소'에서 전기를 충전할 수 있는 가능성을 제공한다.

전기자동차의 성공을 가로막는 것은, 무엇보다도 그 자동차가 '이성적인' 이동성을 보장해 주는 요소로 기획되어 가솔린 자동차가 주는 많은 즐거움을 충족시키지 못한다는 점이다. 어느 엔지니어는 다음과 같이 말한다. "전기자동차는 오랫동안 그리 적절하지 않은 사람들에게 이용되었다. 그 자동차를 타는 사람들은 대부분 자동차를 좋아하지 않는 사람들이고, 운전이 즐거움을 줄 수도 있다는 사실을 결코 인정하려 들지 않는 사람들이다."[19] 그러나 전기자동차에 불리한 중대한 기술적 측면은 뭐니 뭐니 해도 1910년 이전과 마찬가지로 축전지 기술이다. 지난 수십 년간 연구 개발이 성공할 것이라고 계속 얘기되어 왔지만 그 희망은 수포로 돌아갔다. 3백 도 이상에서 작동하는 나트륨-황전지 같은 배터리 개발에 많은 노력을 기울였지만, 문제는 해결되지 않았다. 그러다가 내내적인 실험 후에 다시 포기되곤 했는데, 그 이유는 지나치게 부피가 크고 무겁고 때로 위험했기 때문이다. 제2차 세계대전 이후 모든 배터리 기술은 "비싸거나 기이하거나 위험한 것"으로 확인되었다.[20] 충분한 주행 거리나 최고속도와 같은 특성들을 포기한다면(그러나 소비자들은 좋아하지 않을) 구식 배터리면 충분했던 것이다.

마찬가지로 세기의 기술이라는 하이브리드 자동차들이 꾸준히 추천을 받아 왔다. 현재의 하이브리드 자동차에서는 전기모터의 스털링기관(압축공기나 수소, 헬륨 등의 기체를 가열하여 그 팽창력을 이용하는 엔진)이나 가솔린기관이 공통의 전자제어식 구동 코일을 형성하고 있다. 이러한 자동차들은 인구 밀집지역에서는 전기로만 달릴 수 있을 것이다. 포르셰의 하이브리드 자동차 이후로 최초의 시판 자동차는 도요타에서 나왔다. 하이브리드 자동차들은 '예민한' 지역에서는 배기가스를 낮출 수 있지만, 배기가스 방출 자체를 막거나 화석연료 소비를 줄일 수는 없다. 모든 듀얼 구동은 연료 소비를 높인다. 중량이 무거워지고 에너지 효율은 악화되는 것이다. 오늘날 안락함을 지향하는 자동차들은 한 가지의 근본적인 문제점을 안고 있다. 전기 사용량이 매우 많고, 더욱 많아질 것이라는 점이다. 자동차 조명 외에도 정지 시 난방, 에어컨, 촉매 정화장치, 거울과 유리 가열 등은 정지 상태에서도 에너지를 필요로 하고, 이는 축전지 문제를 더욱 악화시킨다. 전기 구동은 문화적인 측면에서 긍정적으로 수용되고 있지만 정치적·경제적 압력이나 자동차 이용자들의 의식 전환이 없으면 실현 가능성이 낮다. 이는 최근 '포첸블리츠Hotzenblitz'의 경제적 실패나 스마트 자동차가 전기 콘셉트에서 가솔린 콘셉트로 극적으로 바뀐 데서도 잘 나타난다.

최적의 조건들과 극히 낮은 배기가스 방출량의 외연기관은 미래에 현실화될 가능성이 있다. 이미 150년 전에 등장한 기술로 일종의 열풍 기관인 스털링기관 같은 것이 그런 예이다. 스털링 엔진은 재생 가능 연료를 포함하여 어떤 열에너지원으로도 가동될 수 있다. 다만 자동차 엔진으로는 아직 몇 가지 결함이 있는데, 가령 회전수 변화에 대한 반응이 더디다는 점 등이 그러하다. 그러나 스털링기관은 증기 기관과 마찬가지로 자동차에 활용할 수 있다. 유류파동 이후 증기의 르네상스가 일어나지는 않았지만, 현대적 소재로 만들어지고 새로 개발된 과열기와 열 전달장치를 갖춘 엔진들은 거의 모든 종류의 연료를 사용할 수 있다.

수소는 해법이 될 수 있는가?

무엇보다도 캘리포니아의 엄격한 규정들 때문에 현재 모든 대규모 자동차 생산업체들은 배기가스 저감 자동차의 연구 개발에 박차를 가하고 있다. 2003년부터 캘리포니아에서는 신규 등록 자동차의 10퍼센트가 무공해 자동차, 즉 배기가스가 전무한 자동차여야 한다. 자동차 업체들의 연구센터는 이 규정에 압박을 받고 있다. 그리고 바로 수소가 그런 "깨끗한 미래라는 꿈을 만들어 낸"[21] 가스로 보인다. H_2는 현재 지속 가능한 이동성 동력 개발에서 가장 큰 장점을 가지고 있다. 과거 자동차에 비판적이었던 독일의 녹색당도 2000년 5월 자동차를 긍정하는 당내 노선 변화를 겪은 후 수소 기술에 기대를 걸고 있다.

수소는 두 가지 방식으로 사용될 수 있다. 우선 재래식 엔진에서 연소될 수 있고, 수소 연료전지는 자동차의 전기모터를 구동하는 전기를 생산할 수도 있다. 다임러 크라이슬러, 혼다, 포드 등이 연료전지를 사용하는 전기자동차를 개발하고 있는 반면, BMW는 수소 사용 연소기관을 개발 중이다. 프랑스의 생산업체들은 (정부와 민간의 각종 프로그램의 도움을 얻어) 배터리로 가동되는 전기자동차를 선호하는 것으로 보인다.[22] 어떤 콘셉트가 주도하게 될지는 아직 확실하지 않다. 재래식 엔진의 수소 사용은 고도의 연소기관 기술을 변형시킨 것이다. 배기가스는 비교적 독성이 낮다. 오직 물과 약간의 질소 산화물만 배출된다. 물론 매우 높은 온도에서 연소가 이루어지기 때문에 조기 점화 과정은 위험할 수 있다. 이러한 점에서 반켈 기관이 다시 주목받을 수 있는데, 이 기관은 큰 문제없이 피스톤 기관으로 전환할 수 있기 때문이다. 흡입된 수소는 유입구는 '차갑고' 연소 부분은 '뜨겁기' 때문에 점화 속도는 빠르지 않다.

수소 이용을 위한 미래의 표준적 해법은 연료전지일 것으로 보인다. 수소 연료전지는 산소를 사용하는 '차가운 연소', 즉 제어된 폭명爆鳴 반응으로 전기를 생산한다. 그 부산물은 물이다. 이러한 전지들(원래는 우주선 기술에서 활용된)은 효율이 매우 높다. 그러나 부가 기계들이 많이 필요하고, 전환의 중간 단계가 무수히 많다. 왜냐하면 수소는 일차적인 에너지원이 아니라 단지 저장고이기 때문이다. 그래서 일차적 에너지원에서 생성되어야 한다. 만일 그 생성이 화석에너지원을 통해 일어난다면, 그 과정에서 에너지의 상당량이 상실된다. 즉, 태양에너지나 원자력에너지로 생산되어야만 효율성이 높아지는 것이다.

수소 기술에서 아직 해결되지 않은 가장 큰 문제는 전기모터와 마찬가지로 저장장치의 문제이다. 안전이 문제이다. 레이크허스트공항에서 발생한 스펙터클한 비행선 폭발 사고〔1937년 비행선 힌덴부르크호의 폭발〕 이후 수소는 안전 관련 이미지가 추락했다. 지난 수십 년 사이에 안전은 매우 중요한 기준이 되었기 때문에, 이 영역에서의 결함은 ABB의 나트륨-황 고온 배터리와 같은 새로운 전지 기술의 도입을 가로막아 왔다. 에너지 농도가 높은 가운데 수소 가스를 안전하고 편리하게 저장하는(이는 디젤과 휘발유의 커다란 장점이다) 일은 겨우 초보적인 성공을 거두었을 뿐이다. 다임러 크라이슬러의 네카르 Necar에서는 가스가 고농축으로 저장된다. BMW는 저온 냉각된 액체 수소를 사용한다. 이 두 가지 방식은 아직까지 큰 성과를 거두지 못하고 있으며, 주행 거리는 짧은 데 비해(1999년에 250킬로미터) 커다란 탱크를 달고 다녀야 한다. 여기서 벗어나는 방법은 나노튜브 기술이 될 것으로 보인다. 이는 극단적으로 가느다란 탄소관으로, 수소 저장 용량이 매우 높아서 자동차 주행 거리를 1,500킬로미터까지 높일 수 있을 것으로 보인다.

많은 자동차 생산 기업들은 저장장치 문제를 해결할 과도기적 기술들을 연구하고 있다. 순수 수소가 아니더라도 알코올이나 휘발유도 마찬가지로 수소를 제공할 수 있고, 이를 싣고 다니기가 훨씬 용이하다. '변환기'에서는 수소가 연료전지에서 사용되기 직전에 분열되는데, 이를 통해 다시 한 번 에너지 효율이 악화된다. 메탄올을 사용할 경우, 효율은 거의 3퍼센트에 불과하다.[23] 이러한 과도기 해법의 유일한 장점이라면, 메탄올로 주유를 하면 이에 필요한 인프라가 훨씬 간단하다는 점이다. 그렇지 않으면 시판이 가능하고 안전한 압축전지를 생산하는 어려움 외에도, 새로운 에너지원들은 저장, 운송, 주수소注水素 등에서 고비용의 대대적 인프라가 마련되어야 한다. 이는 시간도 많이 걸리고 막대한 투자를 요한다. 그러므로 가까운 미래에 에너지와 자원을 절감하는 좀 더 전통적인 기술들이 오히려 성공 가능성이 높다. 현재의 동력이 과연 교체될지, 만일 그렇다면 어떠한 기술로 교체될지는 아직 불확실하다.

　새로운 동력들이 실제로 문제를 해결할 수 있는지도 불확실하다. 기술혁신이라는 미사여구에도 불구하고, 새로운 동력들은 혁신 압력에 따른 시스템의 '추가 개선' 기술일 뿐이다. 그러한 동력이 진정으로 유용해지려면 전체 자동차의 실질적인 교체가 요구된다. 만일 (실제로 예측되는 것과 같이) 대체 동력 자동차들이 오직 시장의 한 분야만 차지하고 화석연료로 구동되는 피스톤 기관을 보완하는 데 그친다면, 그것은 자동차의 또 다른 초슬론주의적 다양화와 수량 증가에만 기여하게 될 것이다. 그런 이유에서라도 오로지 지속 가능한 동력 기술에만 집중하는 토론은 여러모로 미흡하다. 동력 문제의 해결이 곧 도로교통의 또 다른 문제들을 해결하지는 못하기 때문이다. 환경 친화적이고 자원절감적인 구동 에너지들 역시 개인적 이동성의 '지속 가능성'을 위한 부분적 해법에 불과하다. 예컨대 동력과는 별개의 문제로, 미래의 자동차가 교통정체 속에 서 있는 일이 잦아질 것임은 충분히 예견할 수 있다.

혁신은 상쇄된다

　　　　30년에 걸친 환경 관련 논쟁, 그리고 부분적으로 이를 스캔들로 만들어 온 것은 자동차에 해가 된 것이 아니라 오히려 기술 발전을 자극했고, 자동차의 입지를 기술적으로나 사회적으로 강화시켰다. 화석자원의 고갈이 닥쳐 오고 있다는 충격도 약해진 것처럼 보인다. 화석에너지의 사용량보다 채굴량이 더 많은 시대가 앞으로도 꾸준히 지속될 것으로 보이기 때문이다. 사회는 도로교통의 나머지 문제들을 해결할 수 있다는 강한 낙관론을 가지고 있다. 그러나 환경 오염이 정말로 줄어들었는가?

현재의 삼원촉매 정화장치들에서 이 모든 이중성이 잘 나타난다. 물론 그 장치들은 온전하게 작동할 경우 유해물질 방출량을 크게 줄인다. 그러나 온실가스인 이산화탄소 방출량을 줄이지 못할 뿐 아니라, 오히려 늘린다는 점이 문제이다. 개별 엔진의 이산화탄소 방출량은 연소된 연료량에 달려 있는데, 촉매 정화장치로 사후 정화되는 엔진은 효율이 낮기 때문이다. 즉, 이 엔진은 비율상 연료를 더 많이 소모하고, 그래서 이산화탄소 방출량을 늘린다. 자동차의 급격한 증가와 함께 도로교통의 이산화탄소 오염 정도가 절대적으로나 상대적으로 증가하는 것은 이 때문이다. 현대적인 연소기관들은 비록 연료를 대폭 절감하게 되었지만, 전체적으로 연료 소비량은 낮아지지 않았다. 독일 자동차들의 이산화탄소 방출량을 낮추려는 모든 노력은 현재까지는 (자동차) 증가로 좌절되었다. 그렇기 때문에 많은 비판자들은 촉매 정화장치야말로 자동차 운전자들의 양심의 가책을 없애 주는 수단에 불과하다고 보고 있다. '환경 교리Oekolozismus'(마티아스 호르크스Matthias Horx가 '가톨릭 교리Katholizismus'에 빗대어 사용한 표현)에서 촉매 정화장치는 환경 죄악인 자동차 운전에 면죄부를 주고 있을 뿐이다. 게다가 전형적인 파이프 끝end of pipe 기술이다. 다시 말해, 이미 발생한 오염을 그 위에 덧씌워진 고비용 기술로 사후에 줄이는 것이다. 이제는 아예 오염물질을 발생시키지 않는 기술이 필요하다.

많은 생산업체들과 현대적 엔진 기술의 지속 가능성이라는 수사에도 불구하고, 결론적으로 연료 소비는 크게 낮아지지 않았다. 1997년 평균 소비는 100킬로미터당 7.2리터였는데, 이는 1985년보다 0.3리터 낮아진 수치다.[24] 제2차 세계대전 종전 후 소형 자동차의 휘발유 소비는 지금의 자동차보다 훨씬 낮았다. 예를 들어 1950년의 클라인슈니트거Kleinschnittger F 125 자동차는 1백 킬로미터당 2.5리터를 소비했는데, 이는 그토록 떠들썩한 미래의 3리터 자동차보다 훨씬 적은 양이다. 이는 그 뒤로 크게 개선된 성능, 무게, 장비들 때문이다. 안전과 안락함을 위해서 연료가 더 많이 소비되었다. 특히 점점 더 인기가 높아지는 에어컨 설비가 문제다. 이는 자동차를 더 무겁게 할 뿐만 아니라 더 많은 출력을 필요로 하고, 그래서 연료 소비도 높인다. 또한 연료를 많이 잡아먹는 밴, SUV, 가족용 자동차 등이 유행하는 것도 통계수치를 높였다. 이들 차종은 연료 소비가 낮은 소형차들보다 훨씬 더 인기를 끌고 있다. 환경친화적 자동차들은 초슬론주의적 시장에서 그저 변두리만 차지할 수 있다. 폴크스바겐의 골프 이코매틱Golf Ecomatic은 겨우 4천 대 팔린 상태에서 생산이 중단되었다. 대대적으로 광고된 3리터 자동차 루포Lupo는 연간 7천 대가 팔리고 있는데, 이는 독일 승용차 매출의 0.2퍼센트에 불과하다.[25]

다른 환경친화성 영역에서도 자동차가 기술적으로 점점 더 나아지고 있다는 데 대한 반박 논리들이 나오고 있다. 예를 들어 이른바 중량 감소라는 부분을 살펴보자. 생산자들은 좀 더 튼튼한 경량 소재를 사용하고 중량을 줄일 수 있는 조립 방식을 활용하여 더 가벼운 자동차를 시장에 내놓기 위해 애쓰고 있다. 그러나 알루미늄 부속, 플라스틱, 접착 부속, 새로운 방식의 성형재를 사용하여 차체 중량을 낮추는 것은 언제나 안락함을 위한 설비들로 상쇄된다. 이는 제로섬 게임도 되지 못한다. 각각의 승용차 클래스에서 중량은 계속 늘어 가고 있다. 알루미늄 차체인 아우디 A2의 무게는 광고에 나오는 것보다 실제로는 1백 킬로그램 더 무겁다.[26] 또 다른 딜레마는 엔진 조립에 있다. 엔진에서 연료 소비를 줄이는 기술적 트릭은 대부분 성능을 높이는 데에도 사용될 수 있다. 터보차저나 1실린더 4밸브를 사용하는 것은 효율적인 연소를 통해 엔진의 연료 소비를 줄이거나 배기가스 배출량을 줄일 수 있지만, 이는 엔진을 강화하는 데도 마찬가지로 활용될 수 있는 것이다. 그리고 이 가운데 후자의 경우가 트렌드이다. 즉, 연료 소비가 크게 낮아지기는커녕 1970년부터 1995년 사이에 신차들의 엔진출력은 평균 52마력에서 86마력으로 높아졌다.[27]

그동안 사회 여론보다 자동차산업이 환경문제에 더 관심이 있는 것처럼 보였다. 1997년 독일 국민의 20퍼센트만이 이 문제가 우선적으로 해결되어야 한다고 생각했는데, 그 10년 전에는 이 수치가 80퍼센트에 달했다.[28] 자동차 구매자들은 이제 더 나은 환경친화성을 위한 기술적 조치들을 기꺼이 받아들이지만, 어디까지나 이 조치들이 가격을 높이지 않고 안락함이나 성능을 저해하지 않는 한에서다. 무엇보다 중요하게 여겨지는 것은 힘이다. 환경 논쟁은 자동차의 환경오염 영향에 대한 의식을 깨우쳤지만, 자동차 구매와 태도 변화를 구체적으로 이끌어 내지는 못했다. 필요한 것은 바로 이러한 변화들이다. 자동차 생산에 따른 환경오염이 줄어든 반면, 도로교통으로 인한 환경오염은 더욱 크게 늘어나고 있다.

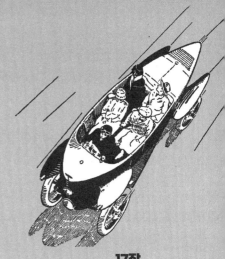

17장
자동차의 미학화

자동차는 초기부터 유행 상품이었다. 다시 말해 1차적으로 유용한 대상이라기보다는 매력적이고 아름답고 문화적으로 중요하게 느껴지는 대상이었다. 개별 모델들의 아름다움은 그 성공에서 중요한 요인이었다. 프랑스의 모범에 따라 자동차는 우아한 사회의 라이프스타일을 보여 주는 탈것으로 시장에 나왔다. 짜릿한 긴장과 보헤미안적 삶을 찾는 향락주의자들은 처음부터 트렌드를 결정해 왔다. 호화 자동차들은 미적인 측면이 강화되었고, 특수 인테리어와 도장, 호화로운 부품, 특별한 엠블럼, 장식적인 경적, 황동으로 번쩍이는 전조등 등으로 장식했다. 이것들을 공공연하게 보여 줌으로써 노골적으로 아름다움을 과시했다. 즉, 끈과 꽃들로 장식한 카퍼레이드, 일요일의 드라이브, 아름다움의 경쟁, 경배를 위한 행렬 등은 오토바이 클럽 모델을 따르는 대중적 행사가 되었다.

자동차 전시회, 박람회, 살롱 등의 기업 부스들에서는 자동차를 장식적인 조각품에 가깝게 선보였다. 여기서는 기술이나 운행 특성보다는 '정지한 자동차"의 번들거리게 닦아 놓은 아름다운 형태가 더 중요한 역할을 했다. 시내 한복판의 우아한 자동차 매장은 초기부터 도시 풍경의 일부가 되었다. 황금기인 1920년대의 주요 생산업체나 수입업체들은 이 움직이는 상품을 베를린 쿠어퓌르스텐담 거리의 진열장에 세워 두었다. 자동차 매장들은 전쟁이 끝나고 나서야 공업지역으로 이전해 갔다.

미학적 시장화: 광고와 연출

오늘날 자동차 광고는 잡지, 영화, 텔레비전, 인터넷 등에서 막대한 비용을 투입하여 잠재적 구매자들을 상대로 철저하게 디자인된 광고 팸플릿에서부터 PPL에 이르기까지 다양하게 전개되고 있다. 새로운 모델을 내놓는 일은 비용이 많이 드는 거대한 행사가 되었고, 저명인사들이 참가하는 시운전, 만찬, 각종 미디어용 이벤트에는 수백 명의 기자들이 초대된다. 이 행사들마다 전통을 내세운다. 일찍부터 저명인사, 귀족, 심지어 황제, 나중에는 특히 배우와 문화인의 추천으로 자동차 광고가 이루어졌다.

주목을 끄는 자동차와 저명인사의 결합은 자동차의 미학적 승화와 역사 속에서 면면히 이어져 왔다. 이는 양쪽 모두에게 이득이 되었다. 베르톨트 브레히트Bertolt Brecht는 1927년 〈노래하는 슈타이르 자동차들〉이라는 시의 대가로 오스트리아 자동차 업체의 신형 자동차를 받았다. 유명 배우 해리 필Harry Piel의 자동차도 제임스 본드 영화들을 후원한 로터스, 시트로엥, BMW의 자동차들처럼 영화 속에서 눈에 띄게 잘 등장했다. 자동차들은 언제나 성城과 호텔과 휴양지 등에서 요트나 개인 비행기 등과 함께 위신과 호화로움과 부의 아우라

한가운데에서 과시되었다. 유지비와 같은 순수하게 경제적인 측면은 궁핍한 시기에나 중요했을 뿐이다. 값싼 소형 자동차들의 미니멀리즘 역시 광고에서는 과대평가되었다. 멋진 상자라 불리던 피아트의 판다는 저렴한 수송수단이 아니라 상류층이 스스로를 다른 사람들과 구별하기 위해 타던 호화 자동차의 영악한 대안으로 보였다.

오토바이의 역동성(1930년경의 에나멜 광고판)

 자동차 광고의 기본 틀은 그때그때 강조되는 사회적 가치들을 지향했다. 사회적 변화와 함께 자동차 광고도 변해 왔다. 제1차 세계대전 전에는 장교들이 대형 자동차를 선전하는 일이 많았지만, 전쟁 후에는 한동안 중요성을 잃었다. 1920년대 한 오펠 광고는 디자인이 명료하게 분할되고 글씨체는 바우하우스 예술가들의 혁신 노력을 지향하는 현대적인 면모를 보였다. 자동차들은 날씬하고 균형 잡힌 모습을 앙각仰角〔낮은 곳에서 높은 곳을 올려다볼 때 시선과 지평선이 이루는 각도〕으로 잡은 광고 속에서 도로 위에서보다 더 현대적으로 보였다. 지속적인 라이프스타일 광고 외에도 1930년대 초에는 민족주의가 고조되는 분위기였다. 수입 자동차들을 거부하고 독일 국산 자동차 구입을 촉구했다. 민족주의에 역점을 둔 자동차 광고는 1950년대에도 있었다. 그러나 이는 곧 국제화에 밀려났다. 여기서 선도적 역할을 맡은 것이 폴크스바겐이다. 광고들이 계속 증가하는 수출량을 강조하자, 자동차 구매자들은 자신이 서독의 경제성장에 기여하는 것처럼 느꼈다. 폴크스바겐은 "감탄하는 자동차 바보들 앞에서 거대한 영토를 확장해 갈 뿐 아니라, 예기치 못한 새로운 이동성과 개인적 자유의 미래를 향해 시선을 던지는 세계극장theatrum mundi"[2]을 연출했다. 메르세데스 벤츠 같은 기업들도 광고에서 국기나 지구의를 사용하거나, 아니면 적어도 지중해 등의 이국적 풍광이나 휴가라는 틀 안에 자동차를 배치하면서 독일의 일상과는 대조적인 모습을 연출했다.

1960년대에 완전 동력화가 달성된 것처럼 보이자, 자동차 광고는 자동차의 출력 상승을 자극하면서 BMW의 구호처럼 "운전의 즐거움"을 설파했다. 마력, 가속, 최고속도 등을 강조하면서 이전 모델이나 경쟁 모델들과 비교했다. 1970년대부터 명백하게 유희적으로 바뀐 광고들에서도 스타일링과 기술혁신은 줄곧 중시되었다. 카데트 랠리와 같이 스포티한 자동차들의 광고는 성능을 의식하는 자동차문화의 자기확신을 보여 주는데, 이러한 광고는 오늘날 별다른 거리낌 없이 등장한다. 특히 이러한 광고는 노골적으로 에로틱하게 여성 모델을 등장시켰다. 1970년대에는 대부분의 자동차 광고들이 운전의 체험을 강조하면서 향락, 소유의 즐거움, 진보에 대한 열광, 스포티함, 운전자의 공격성 등 공세적 분위기를 유포시켰다.

1970년대에는 유류파동으로 또 다른 변화가 나타났다. 그전에는 그리 중요한 역할을 하지 않던 소비자들의 논리가 이제 전면에 나서게 되었다. 기술에 대해 회의적인 각성이 다시 광고에 반영되었다. 광고들은 자동차 이동성의 종말이 임박했다는 널리 유포된 예측들에 대해 수세적으로 반응했다. 환경 논쟁도 영향을 끼쳤다. 촉매 정화장치에 대한 초기의 저항 이후 자동차산업은 환경 마케팅을 위해 깨끗한 자동차라는 이미지를 활용했다. 자동차 생산에서의 자원 절감, 독성이 적은 도료 사용, 재활용 가능한 부품 등이 이제 판촉 논리가 되었고, 고객들이 환경과 관련하여 양심의 가책을 느끼지 않게 했다. 안전을 내세우는 광고 트렌드 역시 수세적이기는 마찬가지였다. 여기서도 자동차 기업들의 홍보 부서는 자사 제품의 설계상 개선 조치들을 전달함으로써 새로 주목받는 이 문제에 반응했다. 이 시기 자동차 광고는 자동차에 대한 긍정적 분위기가 약해지는 현상을 막아 내야 했다.

1980년대 중반 이래로 자동차 성능 개선과 자동차산업의 새로운 자신감에 힘입어 광고 트렌드는 다시 반대 방향으로 전개되었다. 이미 올바른, 다시 말해 친환경적 자동차를 구매했다면, 최소한 즐거움의 측면을 포기해서는 안 되었던 것이다. 안락함은 이 꿈의 기계가 가지는 개인적이고 쾌락주의적 특성들과 마찬가지로 중시되었다. 자동차는 그전처럼 서투르게 성적으로 제시되지는 않았지만, 여전히 에로틱한 분위기를 저변에 깔고 광고되었다. 디자인을 중시한 10년 동안에는 스타일링에 큰 가치에 부여되었다. 점점 더 창조적으로 나타나는 캠페인은 자동차의 형태와 더 부드러워진 선의 흐름에서 보이는 미세한 차이들을 내세웠다. 이 광고들은 자동차와 구매자 집단 상호 간의 초슬론주의적 차별성에 반응했을 뿐 아니라 이를 요구하기까지 했다. 광고들은 밴에 대해서는 가족 친화성을, 로드스터에 대해서는 즐거움을 강조했다. 곧 자동차 자체는 그 자동차가 겨냥한 목표 집단의 생활세계보다 덜 중시되었다. 오늘날까지도 자동차 마케팅은 쾌락과 가치들의 복잡한 혼합물을 활용하고 있다. 그 혼합물은 가족 친화성과 라이프스타일, 환경보호와 운전의 즐거움, 위신의 강조와 주목을 끄는 의도적 겸양, 실용적 이익과 안락함 등으로 이루어져 있다. 1995년 이후로 환경에 대한 배려가 뒤로 물러나고 기술에 대한 새로운 열광이 나타나면서 연료 절감도 다른 측면에서 제시되기 시작했다. 폴크스바겐은 3리터 자동차 루포를 선전하기 위해 연료 절감을 내세운 것이 아니라, 이러한 연료 소비를 가능케 하는 기술적 능력을 강조했다. 이런 맥락에서 오늘날의 광고 속 청정 엔진 설계는 오히려 자동차 기업의 혁신 능력, 이동성의 도전에 대한 신속하고도 창조적인 대응 등을 보여 준다. 아우디도 통풍을 최적화한 차체를 "기술을 통한 우위"를 보여 주는 실례로 제시한다.

고독하고 독립적이고 섣보기에 전체 시스템과 거리가 먼 운전에 대한 묘사 역시 20세기 자동차 광고를 끌고 가는 또 다른 추세였다. 다른 때는 교통정체 상태에 있는 자동차를 보여 주더라도, 광고에서는 다른 자동차들로부터 떨어져서 한적한 도로 위에 있는 개별적 자동차를 보여 주는 것이 지배적이었다. 자동차의 이미지와 자동차가 실제로 사용되는 조건 간에는 점점 더 커다란 대립이 생겨났다. 이는 단지 교통의 현실에 대해 눈을 가리는 것 이상을 의미한다. 자동차의 매력이 현실적인 교통에 위협받고 있기 때문에 더욱 요청되고 강조되는 것이다. 자동차의 자유가 환상으로 나타나면 날수록 이것이 환상임을 잊게 만드는 광고가 더욱 성공적으로 보이는 것이다.

미학적 가공: 비유, 예술과 문학

처음에는 사회적으로 익숙하지 않은 대부분의 기술적 일상용품과 마찬가지로, 자동차의 역사 초기에도 사람들이 이 새로운 탈것을 일컫는 말들이 있었다. '벤친쿠체Benzinkutsche(가솔린 마차)'나 '모토르바겐Motorwagen(엔진 차)' 등이 가장 널리 통용된 이름이었다. 독일어 같지 않은 이름인 '아우토모빌Automobil(자동차)'이 공식 명칭인 '크라프트바겐Kraftwagen(동력차)'을 일상생활에서 누르기 전에는 '아우트Aut'나 '벤치네Benzine'라고 부르기도 했다. 광고에서 혹은 작가들이 자동차를 높이기 위해 사용한 이미지들도 익숙함과 가치를 지향했다. 1900년경에는 하필이면 이 가장 현대적인 이동 수단이 신화화되었고, 과거 역사 속 신화와 전설의 인물들에 둘러싸이게 되었다. 고대의 승리의 여신이나 중세의 기사들이 자동차 라디에이터나 자동차 레이스 트로피를 장식했다. 예컨대 벤츠의 자동차들은 파르지팔이나 피닉스라고 불렸다. 당시 인기 있던 그러한 소품들은 아직 낯설게 느껴지는 동력 차량을 현존하는 문화와 통합하는 과제를 수행했다.

자동차를 생명체로 묘사하는 것도 이와 유사한 기능을 했다. 특히 오토바이는 말의 대용품이 되었다. "말은 죽었다. 그리고 이 지상의 행복은 이제부터 드 디옹De Dion과 부통Bouton의 3륜 오토바이 안장 위에 있다"고 알퐁스 알래Alphonse Allais는 말했다. 동물과의 비교는 인간과 기계로 만든 말의 '켄타우로스(그리스 신화에 나오는 상반신은 사람, 하반신은 말인 존재)'적 관계에만 관련되는 것이 아니라, 다임러 트럭의 광고 ("다임러는 좋은 동물이다"), 경운기를 일컫던 "동력 말"이라는 표현, 란츠Lanz의 불독 시들 등으로 자동차를 "기계화된 시대의 가축"으로 받아들이게까지 되었다. 1900년 전후의 많은 작가들에게 자동차는 더 많은 것을 의미했다. 데카당트하고 현대적인 시인들은 이 기계화된 "시인의 말"을 고대의 천마天馬인 양 타고 다니면서 많은 극단적 체험들을 경험했다.

한 걸음 더 나아가 자동차를 인간화하기도 했다. 자동차와 인간이 서로 관계를 맺을 수 있었고, 1930년의 〈자동차의 노래〉에서처럼 자동차가 인간에게 반응하고 말을 했다.

속도는 큰소리로 우리의 옆구리에서 힘차게 두드려 댔다.
우리는 금속과 유리의 눈을 가지고 있다.
그리고 우리가 배가 고프면 사람들은 기름을 넣어 준다.
우리의 털구멍을 통해 가스의 힘이 흘러나온다.

브레히트의 〈노래하는 슈타이르 자동차들〉도 상상의 대화를 나눈다.

인간이여, 우리를 몰아라!
그대가 마치 물 위에 있다고 믿을 만큼
그렇게 부드럽게 그대를 태우고 가리라.
그대가 엄지로 우리를 바닥에 누르고 있다고 믿을 만큼
그렇게 가볍게 그대를 태우고 가리라.
그대가 그대 차의 그림자를 몰고 있다고 믿을 만큼
그렇게 조용히 그대를 태우고 가리라.

일리야 에렌부르크Ilja Ehrenburg가 소설 《10마》에서 쓴 것과 같은 '자동차의 삶'은 당연히 다른 많은 '형제들'과 함께 공장에서 출생하여 시작되고, 사고나 폐차를 통한 죽음으로 끝난다. 이러

베르톨트 브레히트와 그의 슈타이르 자동차(1925년경)

한 의인화는 자동차 역사 전체에서 나타난다. 교통은 혈액순환이 되고, 말하고 가르치고 느끼는 유기적 기계로서의 자동차에는 개성이 부여된다. "엔진은 인간과 같다. 모든 엔진이 개성적 목소리를 가지고 있다."[3] 자동차는 육체도 가지고 있어서 디자이너들은 여기에 용모를 부여해야 한다. 스마트는 전조등 눈들과 다정하게 웃는 라디에이터 그릴의 입을 가지고 있다. 어느 자동차 시운전자는 2000년에 다음과 같이 오펠 코르사를 묘사했다. "얼굴, 그러니까 전면은 다정하고 아몬드형의 비스듬한 눈들, 아니, 전조등을 가지고 있고, 엉덩이는 육감적이면서 날씬하다."[4] 그렇게 의인화되는(종종 여성화되는) 자동차는 에로틱한 관계로 초대된다. "나의 아름답고 강인한 재규어!"라고 한 여성이 1963년 어느 광고에서 한숨짓는다. 월트 디즈니의 허비 영화들에서는 자동차가 이보다는 덜 육감적이고 관능적으로 의인화된다(1968년 이후). 여기서는 '멋진 딱정벌레'가 진짜 영화 주인공이 된다. 이에 반대되는 경우로는 독립적인 사악한 인물이 되어서 인간을 공격하는 위험한 괴물 트럭이 있는데, 이는 1973년 영화감독 스티븐 스필버그의 데뷔작 〈대결〉에서 가장 잘 나타난다.

슈퇴버 자동차 광고(1925년경)

1998년의 어느 자동차 스티커는 이런 의인화를 전형적인 방식으로 대중화했다. "내 차는 살아 있다. 담배 피우고(연기를 내고) 술 마시고(기름을 먹고) 때로는 섹스도 한다(충돌하기도 한다)." 그러면서 인간화보다 한 단계 더 올라가서 자동차의 성화聖化에까지 이른다. 자동차를 성인으로 묘사하는 것이다. 프랑스 화가 페르낭 레제는 자동차를 시적으로 새롭게 나타난,

"연기와 먼지의 옷자락을 길게 끌고 가는 신"[5]으로 묘사했다. "자동차는 사물의 익숙한 외양을 변화시킨다. … 풍경은 이차적이고 장식적인 요소가 된다." 1930년의 〈자동차 소유자 기도문〉은 이 속도의 기구를 경배하는 태도를 다소간 아이러니로 표현하고 있다. "우리에게 일용할 휘발유를 주시고, 우리가 보행자를 용서하여 준 것같이 우리의 과속을 용서하여 주시고, 우리를 모든 자동차세로부터 구하소서."[6] 오늘날 이러한 시성식은 자동차 도시 볼프스부르크〔폴크스바겐 본사가 있는 독일 도시〕에서도 중심에 서 있다. 문화적으로 승화된 자동차들은 교회와 국가가 포기한 공공의 공간들을 차지하고 있다. 이러한 성화의 사고방식은 서양 문화에만 국한되지 않는다. "우리 아시아인들에게 자동차는 생명이 없는 기계가 아니다. 그것은 영혼을 가지고 있어 운전자와 조화로운 합일을 이루어야 한다"[7]고 불교 승려 나

카지마 류에이는 말하고 있다.

이러한 비유와 이미지들은 서로 다르고 때로는 모순되어 보이기도 하지만, 자동차를 수용하고 신뢰하도록 만드는 데 도움을 주었다. 그리고 자동차가 일상적이고 평범한 것이 되고, 사람들이 자동차와 좀 더 많은 관계를 갖고 그 기술을 더 많이 알게 되면서 오히려 자동차를 통해 다른 부문을 비유적으로 묘사하고 이해하게 되었다. "그 사람, 주유를 제대로 했구먼", "힘껏 밟아 보라고", "그가 브레이크를 걸었어", "노동자들을 갓길에 버리고 가면 안 된다", "경제의 엔진은 쉴 새 없이 돌아가야 한다" 등등의 말은 자동차가 독점적 소유를 넘어 '집단적 상징'이 된 후에 나타난 사고방식이다. 그 후에야 에리히 케스트너Erich Kästner는 〈시간은 차를 타고 간다〉라는 시에서 자동차와 정치를 조종하는 일을 한가지로 보았고, 〈심플리치시무스〉에서는 제국의회 선거전을 격렬한 자동차경주로 풍자할 수 있었던 것이다. '우측 추월'이라는 은유는 정치적인 노선 결정을 특징짓는 데 사용되었다. 페터 뵈니슈Peter Boenisch는 1974년 《빌트》지에서 "이 민족은 다음 선거에서는 어디로 차를 몰지 분명히 결정해야 한다. 자가용을 타고 부강한 사회로 갈 것인가, 버스를 타고 복지국가로 갈 것인가"라고 썼다.[8] 이 문장이 뜻하는 바가 무엇인지를 모두 알고 있다는 점에서, 이제 자동차는 보편적으로 "사회 여러 부문 사이의 다양한 문화 간 고랑을 넘어선 상호이해의 이미지"[9]로 기능하게 되었다.

1910년경 여러 작가들은 자동차를 통해 급진적인 새 출발을 모색할 이미지를 발견하고자 했다. 예컨대 이탈리아 미래주의자 필리포 토마소 마리네티Filippo Tommaso Marinetti는 문학을 현대화하는 동력화를 시도했다. "우리는 문학에 엔진의 삶, 이 새로운 본능적 짐승의 삶을 주고자 한다." 비행기와 함께 자동차는 현대적 삶과 속도의 새로운 아름다움을 상징했다. "우리는 세계의 찬란함에 또 다른 아름다움이 추가되었음을 선언한다. 그것은 속도의 아름다움이다. 마치 폭발할 듯한 숨을 내뿜는 뱀과 같은 거대한 파이프들을 가진 차체의 경주용 자동차, 마치 산탄을 뚫고 달리는 듯이 울부짖는 자동차는 '사모트라케의 승리의 여신상'보다 더 아름답다."[10] 옥타브 미르보Octave Mirbeau 역시 자동차가 "닫힌 책들이 잠들어 있는 책장들이 있는 내 서재보다, 그리고 요즘 내 주변에서 어디에서나 벽에다 죽음만을 그리고 있는 내 그림들보다 더 사랑스럽고 더 교훈적이고 더 유용하다. … 나는 내 차 안에 이 모든 것을 가지고 있되 더 잘 가지고 있다. 왜냐하면 그것은 날쌔고, 활기차고, 허무하고, 변화하고, 현기증을 일으키고, 제한이 없고, 무한하기 때문이다."[11]

현대 예술의 공격적인 문화 혁신 분위기에서 자동차는 중요한 하나의 결정結晶을 이루었다. 그리고 나중에도 문학과 예술은 계속하여 자동차문화를 일반적 문화와 결합시켰다. 자동차의 모든 본질적인 쾌락들, 자동차가 만들어 내는 많은 양가적 감정들은 예술적으로 가공되었다. 신즉물주의가 성행하던 1920년대에 자동차는 기술의 위협적 지배를 상징하면서도 한편으로 부와 호화로움을 상징했다. 자동차는 여성해방의 기계이기도 했지만, 동시에 자본주의의 억압을 상징하기도 했다. 브레히트의 소설 《바르바라》(1927)에서 배신당한 남편은 그 분노를 자동차를 고속으로 몰면서 폭발시킨다.[12]

보수주의 혁명〔바이마르공화국 당시의 문화 및 정신적 조류〕 과정에서 자동차는 새로운 인간형에 적당한 유기적 기술을 상징했다. 나중에 전쟁이 끝난 후 예술가들은 자동차를 현대적 소외의 징표, 혹은 개인적 자유의 발휘를 위한 기계로 간주하거나, 앤디 워홀Andy Warhol처럼 전형적인 대량생산품으로 보았다. 1980년대 포토리얼리즘은 팝아트와 유사하게, 아이로니컬한 방식으로 자동차의 번들거리는 표면을 표현했고, '신화려주의Schule der Neuen Prächtigkeit[1973년 베를린에서 4명의 미술가가 결성한 예술가 집단으로, 풍자적이고 아이로니컬한 사실주의 화풍을 표방]'는 서독의 자동차에 대한 속물적 열광을 풍자했다.

68세대의 미국 비판이 다시 누그러지자, 사람들은 자동차와 도로에 대한 미국적 체험 형태들을 이전보다 좀 더 공공연하게 지향하게 되었다. 자유로운 드라이브와 고속도로상의 장시간 주행은 점점 더 매혹을 자아냈다. 문학가들은 계속해서 자동차와 이동성 사회의 매력을 완전히 거부하게 되었다. 즉, 환경 논쟁의 맥락에서 자동차사회는 무시되거나(카린 슈트루크Karin Struck의 〈어머니들〉), 느림의 유토피아가 기획되었다(슈텐 나돌니Sten Nadolny의 〈느림의 발견〉). 그리고 자동차에 반대하거나 자동차가 없는 이동성의 쾌락이 주장되었다. 이는 언제나 대중적 자동차문화에 대한 지식인적 불쾌함의 표현이기도 했다. 그러나 이런 불쾌감은 자동차 수의 증가와 동력화의 문화적 다양성에는 영향을 끼치지 못했다.

형태의 미학(I): 디자인 트렌드로서의 통합

자동차의 세 부분, 즉 기술, 내부 공간, 외부 중에서 마지막 것이 가장 직접적으로 미적 매력을 발산한다. 지난 수십 년 동안 유명한 '차체 재단사'들의 특별한 외장이 값비싼 우상숭배를 불러일으킨 것은 그러한 이유에서다. 자동차들이 점점 더 구별하기 어려워진다는 지속적인 불만은 언제나 통일적인 기본적 트렌드가 있어 왔음을 알려 준다. 자동차 형태의 발전이 매우 다양하고 혼란스럽게 보인다고 하더라도, 거기에서 오래된 두 가지 노선은 알아볼 수 있다.

그중 한 가지는 통합의 노선이다. 본래 분리되었던 자동차 디자인의 요소들은 수십 년 사이에 하나의 통일적 차체로 합치되기에 이르렀다. 1900년 이후 자동차가 기본 설비를 갖추고 난 후에도 개별 부분들은 여전히 분명하게 구분되었다. 흙받이와 전조등은 따로 위치했고, 후드는 차체가 시작되는 부분과 부딪혔다. 1905년에서 1935년 사이에 첫 번째 통합이 일어났다. 흙받이 혹은 러닝보드와 차체 사이의 틈이 줄어들었고, 등들은 차체에 포함되면서 흙받이와 연결되었다. 둥근 금속판들은 후드에서 객실과 비스듬하게 설치된 앞유리로 더 부드럽게 넘어갔다. 객실은 때로 둥근 '선미船尾'에서 끝났다. 그러면서 가시적인 기술적 부품들을 눈에 보이지 않게 하거나 작은 크기로 만들게 되었다. 따로 부착하던 스프링 뭉치나 차축은 차츰 축소되다가 차체 아래로 숨겨졌다. 보조 카브레터는 사라졌다. 변속기와 핸드브레이크용 조종 레버들도 차체 외부에서 내부로 들어왔다. 라디에이터는 라디에이터 그릴 뒤로 사라졌다. 보수적인 포드 T도 이러한 변화를 보였다.

　초기에는 차체의 분리된 부분들이 연결되었다. 두 번째 시기에는 본격적으로 통일된 형태가 목표가 되었다. 1935년에서 1960년 사이에 개별 요소들은 결합되어 발전해 갔다. 특히 자동차의 앞부분이 그랬다. 예를 들어, 1938년 오펠 카데트의 앞부분은 이미 거의 통일체를 이루고 있었다. 오직 후드 패널의 곡선에만 과거의 흙받이와 엔진룸 간의 분리 흔적이 남아 있었다. 등들도 통합되었다. 러닝보드가 점차 사라지고 차체가 자동차의 전체 너비를 차지하면서 배의 형태가 나타났다. 이 부드러운 선들이 1955년부터 자동차 디자인을 지배했다. 라디에이터 그릴만이 통합의 트렌드에 저항하면서 디자인적 요소로서 눈에 띄었다.

　1967년 NSU Ro 80과 함께 앞부분이 아래로 처지고 뒷부분이 위로 올라간 쐐기 형태의 트렌드가 시작되었다. 이러한 유행과 비스듬하게 들리는 도어가 달린 2박스 자동차의 도입은 뒷부분 선들을 더욱 팽팽하고 통일적인 외부 커버로 통합하고 포괄하는 방향으로 가는 또 다른 발걸음이었다. 여기서는 텅 빈 형태를 채우려는 기본적 경향이 나타났다. 오목한 선들 대신에 볼록한 선들이 선호되었다. 유선형 뒷부분, 패스트백, 왜건형 뒷부분 등은 3박스 자동차의 뒷유리와 트렁크 덮개 사이 공간을 채우면서 통합을 촉진했다. 1975년 이후 라디에이트 그릴은 옆에서 보면 각이 변했다. 그리하여 폭스바겐 파사트 제2세대 자동차들의 후드 모서리는 더 이상 코처럼 앞으로 튀어나온 형태가 아니라 라디에이터 그릴이 전혀 없이 둥글게 낮아지는 모양이었다. 더 부드럽고 볼록하며 앞쪽으로 향하는 전면부가 등장했다. 자동차 뒷부분 역시 트렌드에 합류했다. 지오르제토 지우지아로 Giorgetto Giugiaro의 골프 I이 여전히 각이 지고, 비스듬히 기울어진 후방 유리문이 특징이었다면, 후속 모델부터는 기존의 도어가 바깥쪽으로 둥글어졌다. 경직되게 직선인 골프 I과 비교할 때 이런 볼록한 형태 는 골프 II를 부풀어 오른 것처럼 보이게 했다. 이 때문에 특히 오틀

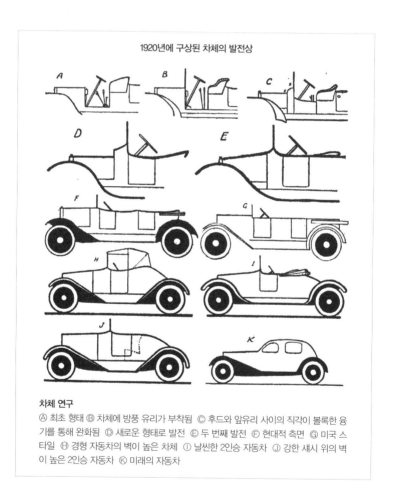

1920년에 구상된 차체의 발전상

차체 연구
Ⓐ 최초 형태 Ⓑ 차체에 방풍 유리가 부착됨 Ⓒ 후드와 앞유리 사이의 직각이 볼록한 융 기를 통해 완화됨 Ⓓ 새로운 형태로 발전 Ⓔ 두 번째 발전 Ⓕ 현대적 측면 Ⓖ 미국 스 타일 Ⓗ 경형 자동차의 벽이 높은 차체 Ⓘ 날씬한 2인승 자동차 Ⓙ 강한 섀시 위의 벽 이 높은 2인승 자동차 Ⓚ 미래의 자동차

아이허Otl Aicher의 격렬한 비판을 받기도 했지만, 당시에는 이런 볼록한 형태들이 유행했다. 풍동風洞 미학의 영향까지 받아 1960년대의 각진 디자인은 더욱 둥글고 통합적으로 바뀌었다.

이 통합의 과정은 1985년 무렵에 거의 완성된 것처럼 보였다. 그러나 또 다른 자극이 나타났다. 거울이나 범퍼 같은 부분들은 여전히 차체 바깥에, 마치 사후에 나사로 가져다 붙인 듯한 인상을 주었다. 르노 R5가 최초로 금속재 범퍼를 포기하고 플라스틱으로 만든 널찍한 에이프런을 채택했다. 이로써 범퍼는 좀 더 저항력이 강해졌을 뿐 아니라 둥근 형태로 만들어 차체에 맞출 수 있게 되었고, 특히 차체와 똑같은 색깔로 도장하면 디자인상 차체에 포함시킬 수 있게 되었다. 플라스틱 에이프런이 좀 더 긁히기 쉬워 비실용적이기는 했지만, 트렌드에 따라 통합할 수 있었다. 차체의 사이드미러들도 마찬가지였다. 지지봉은 사라지고 유리 표면은 커버 안으로 들어갔다. 1990년경에는 외부 거울이 차체에 부착되고 도장을 하여 차체 색깔에 완전히 통합되었다. 후미등과 방향지시등의 색깔 역시 자동차 디자이너들의 마음에 들지 않았다. 그래서 유리에는 색깔이 들어갔고, 등들이 빛을 발할 때에만 규정된 색깔이 되었다. 2000년경 자동차는 실제로 빈 공간을 메우고 전체적으로 통합하는 기본 추세를 완성하게 되었다. 완전히 통일적인 형태의 유토피아가 실현된 것이다.

기술적 장치들의 은폐와 통합적 디자인은 다비드 가르트만David Gartmann[13]에 의해 인간 소외에서 눈을 돌리게 하고 기술과 노동의 흔적을 숨길 미화로 해석되었다. 그러나 이는 다른 '주체'들에게는 분명 더 중요한 의미로 다가왔다. 우선 이러한 통합의 트렌드는 항공기 제작이라는 위대한 모범 덕분에 나타났다. 이 분야에서 개발된 유선형 덕분에 자동차 차체들도 예리하고 따로 놓고 있는 부분들을 차체에 모두 포함시켜야 했다. 1970년대에 일반화된 풍동 실험들에서 모서리 혹은 반경의 작은 돌출이 유체역학적으로 불리하다는 것이 입증되었다. 한편, 1920년대 이래로 초기 디자이너들은 형상상의 분명함과 명확함이 필요하다고 거듭 요구했다. 이를 통해 바우하우스, 그리고 1950년대 이후로는 울름 디자인대학이나 이탈리아의 디자이너들이 자동차의 형태에 결정적인 영향을 끼쳤다. 이미 1931년 발터 그로피우스는 입방형의 각지고 정적인 인상을 주는 아들러 자동차에 "실

발터 그로피우스가 디자인한 아들러 자동차(1931)

제적인 형태의 외관"을 디자인했다. 아메데 오장팡Amédée Ozenfant〔프랑스의 입체주의 및 순수주의 화가〕은 엔진 디자인을 차체에 적용하려 했다. 독일 자동차 기업을 위해 일하기도 했던 지아Ghia, 피에트로 프루아Pietro Frua, 지우지아로Giugiaro 등의 이탈리아 디자이너들은 1960년대에 사다리꼴 형태의 유럽적인 선을 의식적으로 도입했다. 미국적 디자인에서 벗어난 이러한 디자인에서는 통합적 형태를 저해하는 크롬 몰딩이나 눈에 띄는 디테일들이 포기되었다.

형태의 미학(II): 순수주의

그러나 자동차 디자인에서 통합과 단순화 트렌드는 계속 도전 받았고, 이와 반대되는 경향도 항상 존재했다. 여기에 속하는 것이 미국의 대형 자동차 디자인이었다. 1930년대 이래로 제너럴 모터스의 수석디자이너 할리 얼Harley Earl은 기술 위주 설계자들에 맞서 자신의 뜻을 관철시켰다. 예컨대 조소용 점토 주형과 같은 새로운 디자인 기법을 활용하여 좀 더 부드러운 형태와 긴 후드를 가진 더욱 길고 납작한 자동차들을 설계했다. 그러나 이러한 '꿈의 자동차' 스타일이 활기를 띠게 된 것은 전쟁이 끝난 후였다. 형태가 점점 더 극단적으로 바뀌어 가는 대형 자동차의 개발은 자동차 박람회에서 구매자의 취향을 시험하고 그 다음 디자인을 준비하기 위해 보여 주는 쇼카들을 통해 추진력을 얻었다. 그것은 순수주의Purismus와는 거리가 멀었다. 뷰익, 셰비, 그리고 포드 자동차들도 점점 더 많은 크롬 몰딩과 테일핀, 화려한 라디에이터 그릴, 끝이 뾰족한 후미등을 달게 되었다. 오펠 같은 미국 기업들의 주도로 크롬, 파노라마 유리창, 후미 돌출부, '바로크적 패널' 등이 유럽으로 흘러들었고, 인도의 프리미어 파드미니부터 러시아의 모스크비치에 이르기까지 전 세계의 자동차 형태에 영향을 끼쳤다. 1960년대에 미국 차들이 빈틈없이 콤팩트하고 다시 분명한 형태로 바뀐 후에도, 그 디자인은 유럽의 비슷한 차들에 비해 순수주의적인 측면이 훨씬 약했다. 가족용 세단 승용차들까지 긴 후드와 비스듬한 패스트백을 가진 머슬카의 영향을 보여 주었다.

비록 여론은 미국식 스타일링 트렌드를 날카롭게 비판한 기능주의적 디자이너들에게 기울었지만, 분명하고 통일적인 형태에 대한 이 디자이너들의 꿈은 결코 참된 의미로 인기를 얻지 못했다. 자동차 스타일링에서 기능성이라는 말이 진정으로 의미하는 바가 무엇인지, 그리고 이를 통합된 형태나 점점 매끄러워지는 형태와 동일시할 수 있는지 판단하기가 어렵다. 자동차 사용자들은 여기에서 이탈해 갔다. 순수주의적 디자이너들이 디자인한 자동차들은 자동차 소유자들에 의해 계속 변형되고 개조되고 넓혀지거나 깊어지거나 높아졌고, 특별한 색상과 표면으로 다시 칠해졌으며 나중에는 에이프런이나 스포일러가 부착되기도 했다. 이는 문화사학자인 스미스C. S. Smith의 다음과 같은 진단에 딱 들어맞는다. "취향과 기술이 충돌할 때 통속적인 문화가 탄생한다."[14] 용접한 쇠사슬이 핸들로 쓰이고, 아이러니컬한 엠블럼, 목재 장식 박편, 모조 케블라 등이 이른바 소재 적정성의 독재와 기능성의 이데올로기에 저항했다. 이러한 커스터마이징 customizing은 자동차를 각 개인에 맞게 전용하는 한 가지 형태였을 뿐 아니라, 차가운 미학을 강제하려는 순수주의적 전문가들의 취향 독재에 대한 자동차 애호가들의 반항이기도 했다.

그렇지만 이것이 일방적인 과정은 아니었다. 수십 년 전부터 디자이너들은 자동차 사용자들이 제시하는 트렌드를 생산품에 적용해 왔다. 전문가의 디자인과 아마추어의 디자인 간에는 언제나 교류가 있었다. 특기할 만한 점은 할리 얼이 할리우드 영화를 위한 '자동차 커스터마이저'로서 경력을 시작했다는 것이다. 그는 자동차산업에 대중적 취향을 접목시켰다. GM 내 그의 '학파'와 자동차 동호인들의 개별적인 변형 및 개조문화 간의 공통점은 통속화였고, 이는 매우 당연하게 받아들여졌다. 그들은 아카데믹한 디자인들의 지향에 반대하여 '좋은 취향'을 위반하는 데 거리낌이 없었고, 자동차 개조에 유희적이고 반문화적인 요소들을 도입했다. 마침내 유럽과 일본의 기업들도 외관상의 대중화에 대한 망설임을 버리고, 개별적인 대량생산 방법으로 아예 공장에서부터 주문 장비들을 제공했다. 스포츠용 자동차를 위한 스포일러, 추가 전조등, 알루미늄 휠 등이 부품 목록에 올랐다. 자동차산업은 운전과 디자인에서 나타나는 유희적이고 스포츠적인 트렌드를 받아들였다.

21세기가 시작되기 직전, 외관상 통합되고 실제적인 자동차 디자인에 적대적인 반대운동이 기반을 얻기 시작했다. 포스트모던한 자동차들이 다시 흙받이나 심지어 재등장한 러닝보드 등 눈에 띄는 개별 요소들로 치장되었다. 통합이 다시 후퇴했고, 자동차 형태는 오목해지거나 각이 지게 되었으며, 전조등이 따로 설치되었고, 앞부분은 다시 코처럼 비스듬해졌다. 기술적 요소들을 다시 노출시키기도 했다.

자동차의 모든 부분을 통합된 금속판 껍질 아래로 감추는 대신에, 통풍 구멍이나 보호판[차체의 돌출 부분들을 가리는 금속 보호판] 아래 놓인 기술적 부품들을 암시하게 되었다. 색깔이 들어간 브레이크 드럼들이 바퀴테 살들 사이로 보이고, 연료 탱크 마개에는 눈에 띄는 가짜 나사못들이 마개의 조립을 강조했다. 심지어 숨겨진 엔진 본체도 디자인되었다. 페라리 모데나 스파이더의 투명한 엔진룸 덮개는 기계를 보여 주는 진열창으로, 엔진 본체가 따로 설치된 미국식 핫로드[고속주행이 가능하도록 개조한 자동차]에 대한 반응이었다. 외부만 그런 것이 아니다. 내부 공간도 커버 대신 금속판을 쓰거나, 나사못을 드러내거나, 케블라 같은 첨단기술 소재를 겉으로 완전히 노출시키는 것은 기계적 핵심을 공개하는 새로운 쾌락을 충족시켰다.

기능적으로 통합된 형태들과 달리, 이 경향은 문화적 모델과 모범을 공공연하게 지향했다. 황제제국[1871~1918년의 독일제국] 시대의 선박 스타일이 여기에 속했는데, 이를 통해 자동차는 당시 미학적으로 가장 진보적이면서 독일의 제국주의적 야심을 상징하던 이동 수단을 본뜨게 되었다. 이 이미지는 비행기의 영향과 함께 자동차에 적용되었다. 미국 자동차들은 로켓과 제트기의 미학에 따라 공기 흡입구, 터빈 덮개, 조종석 계기판의 유리 뚜껑, 작은 원형 계기, 화살 형태의 수직 안정판 등을 받아들였다. 이는 군용 비행기의 공

1960년경의 터보 자동차

격적 현대성을 빌린 것이었다.

오늘날에도 자동차 디자이너들은 자동차문화의 초슬론주의적 다양화에 상응하여 수많은 모범과 대중적 신화를 차용하고 있다. 여기에는 경주용 자동차, 특히 포뮬러 1 자동차들이 속한다. 그 뾰족뾰족하고 각지고 혼란스러운 형태의 디자인, 스포일러, 롤러 같은 타이어, 롤바〔레이싱카에서 차량 전복 시 부상을 막기 위해 운전자 머리 뒤에 부착한 반원형의 파이프 구조물〕등으로 치장한 이 자동차들은 SUV 차량과 마찬가지로 매끈하고 소박한 차체 형태에서 벗어나는 것이다. 수직선과 탱크 범퍼, 윈치, 외부에 부착된 스페어 타이어, 루프 캐리어 등 SUV의 폭력적 미학 역시 풍동에 좌우되는 것처럼 보이는 부드러운 형태들에 반하는 것이다. 오프로더는 군사작전, 노동, 탐험 등 다양한 문화적 의미들과 관련을 맺었다. 이 자동차들의 디자인은 여가와 전문적 업무를 동시에 암시하며, 이국적인 느낌이나 남성성, 독립성 등을 암시하기도 했다. 영화 소품으로 쓰인 자동차들은 그러한 허구적 세계를 더욱 분명하게 지향했다. 미래주의적 미학을 보여 주는 '배트모빌'과 비슷한 스포츠카나 수송차량들은 〈블레이드 러너〉와 같은 공상과학영화를 지향했다. 여기에서도 공통분모는 기능적으로 작용하는 매끄러움에 대한 반대였다.

고전적 자동차 디자인에 대한 지향, 즉 복고풍 디자인은 단순한 유행 이상의 것이었다. 자동차 기업들은 자동차문화 내에서의 영향력 상승에 상응하여 고전적 형태들을 받아들이고 이를 차용했다. 유명한 모델들도 예외가 아니어서, BMW Z3은 1950년대의 503모델을 차용했다. 아니면 이는 자동차 메이커의 전형적인 스타일상의 특징일 수도 있는데, 예컨대 다임러 크라이슬러의 SLK가 그러했다. 폴크스바겐은 "더 이상 개선할 수 없는 형태들도 있습니다"라는 과거 자사의 광고 문구를 환기시키면서 뉴비틀을 발표했다. 심지어 특별히 전통을 중시하는 것 같지 않던 기업들도 자사의 전설적 자동차들을 돌이켜 보는 디자인과 광고를 내놓았다. 포드는 복고풍 디자인의 쿠거에서 1960년대 무스탕을 되살렸다.

특히 디자이너들에게 고전에 대한 미학적 지향은 매력적이다. 디자이너들은 모든 해법을 다 사용한 이후에 독특한 선배들이 내놓았던 상상력 풍부한 기획들에서 영감을 얻는다. 패션 디자인에서와 마찬가지로, 자동차 디자인에서도 리바이벌은 때때로 아이로니컬하고 유희적이다. 여기에 기억의 가치 및 역사적인 것의 특권이 덧붙여진다. 너무 완벽하고 매끈해진 자동차들에 반대하여 과거의 더 나아 보이는 자동차 스타일링이 새로이 추구되었다. 그래서 통합과 더불어 이에 반대하는 두 개의 트렌드가 공존하는 것이다. 순수주의와 향수, 부드러움과 각짐, 높이와 깊이, 복고풍 디자인과 미래형 디자인, 모험과 스포츠의 허구적 세계를 담은 자동차가 공존하고 있으며, 이러한 현상은 초슬론주의에 상응하는 것이다. 자동차에서는 거의 모든 요소가 각각의 의미를 지닐 수 있다. 자동차 디자인은 앞으로 더욱 자유롭고 역사적이고 감각적인 형태로 변할 것이며, 자동차의 디자인과 미학적 배치 자체가 점점 더 중요해질 것이라고 예측할 수 있다. 기술적 균등화 현상을 상쇄할 수 있는 것은 자동차 모델의 디자인과 이미지뿐이다. 다국적기업의 대중적 '플랫폼'들이 기술적으로 닮아 갈수록, 자동차 외관과 메이커의 문화적 연출이 중요성을 갖게 될 것이다.

생산의 미학화

자동차문화 분야 중 미학화되지 않은 부분은 거의 없다. 자동차 생산 분야조차 여기에 속한다. 포드는 공정화된 컨베이어벨트 노동의 매력을 활용했다. 공장을 둘러보는 공학자들은 이를 확대재생산하면서, '초인적으로' 생산되는 자동차들의 새로운 미학을 대중에게 알렸다. 이를 통해 작업장에서 제작된 자동차들은 더 이상 수공업으로 만들어지는 귀족적인 이미지가 아니라 구시대적 이미지만을 갖게 되었다. 나치 시대에도 자동차산업의 이미지는 사람이 없는 연속 작업에 대한 신즉물주의적 매혹과 '노동미학'의 숭배 사이에 있었다. 그 후로 프레스과 컨베이어벨트 대열, 금속판 더미들과 작업 통로의 긴 투시도, 불꽃이 튀는 용접 집게들과 로봇까지 등장한 공장의 사진들은 대규모 산업의 이미지에 속하게 되었다.

고객을 자사 제품에 묶어 두기 위해 생산 자체가 점점 더 상품화되었다. 공장 견학은 가장 복잡한 제품의 대량생산에 대한 매혹을 활용하는 한 가지 방법일 뿐이었다. 유리로 된 폴크스바겐의 드레스덴 신공장은 자사의 고급차 생산이라는 매력적인 연극을 펼쳐 보이는 공간이었다. '매뉴팩처'라는 이름은 자동차 생산이 수공업의 고급 영역으로 다시 돌아왔음을 보여 주었다. 창조 행위로 연출된 자동차 열쇠의 인도라는 마지막 행위는 소유를 표현하면서, 동시에 자동차가 출현하기 이전의 인간과 기계의 절대적 연결이 끝나는 지점을 묘사했다. 자동차들을 공장에서 운반해 오는 일도 미화되고 연출되었다. 이를 위해 폴크스바겐 콘체른은 자사의 자동차도시 볼프스부르크에 1억 2,500만 유로를 투자했다. 그 전시관들은 콘체른의 브랜드들을 "감성적인 초세계, … 신화, 신화적 시간, 로고스"[1]로 보여 주고 있다. 페르디난트 피에흐[폴크스바겐 회장]에 따르면, 여기서 자동차의 영혼이 드러나야 한다. 이러한 극도의 미학화, 역사, 쇼, 연출된 자동차 탄생의 결합이 앞으로 브랜드에 대한 애착을 불러일으키는 전략을 규정할 것이다.

---

[1] Hanno Rautenberg, "Glaube, Liebe, Auspuff. Der VW-Konzern baut sich eine eigene Stadt-und verklärt den Autokult zur Religion", 1999, p. 38.

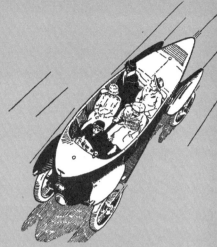

18장
운전자에서 교통 참여자로

우리는 알고 있다. 자동차 운전은 두 개의 과정으로 되어 있다. 하나는 기계조작이고, 또 하나는 차를 모는 것이다. 자동차의 발전 과정에서 이 중 까다로운 첫 번째 과제가 점점 덜 중요해지고 두 번째 과제가 점점 더 중요해졌다. 기술 발전은 자동차라는 기계에 대한 여러 가지 개입을 불필요하게 만들었지만, 차를 모는 과정은 점점 더 복잡해졌다. 대도시 교통에서 자동차를 자신 있게 움직이는 데 필요한 능력은 모든 노동 중 상위 10퍼센트에 속한다.[1]

기계의 지배와 운전의 습관화

이 능력을 얻으려면 자동화된 행위들을 습관화해야 한다. 예컨대 운전을 배우는 사람은 기어변속을 배우는데, 처음에는 변속을 하면서 교통 상황을 살피는 데 어려움을 느끼게 된다. 그러나 기어변속을 자동화하는 일, 즉 가속페달에서 발을 떼고 클러치를 밟고 기어를 변속하고 다시 클러치에서 발을 떼고 가속페달을 밟는 일을 조율하면서 각각의 연쇄적 행위들을 의식하지 않는 데 성공한다고 하더라도, 아직은 차를 몰 수 없다. 여전히 자동차라는 기계를 조작하고 있을 뿐이다. 기어를 변속하는 의식적인 행위에서 완전히 벗어난 다음에야 자신의 모든 주의력을 핸들 조작, 교통 상황, 신호등에 돌릴 수 있다. 그래야 더 이상 기어 레버를 움직이거나 기계를 조작하는 것이 아니라 진짜로 자동차를 모는 데 성공한 것이다. 더 나아가, 도로를 달리고 교통에 참여할 수 있게 된 것이다. 기계조작의 자동화라는 최초의 학습 과정에서 운전자의 주의력은 기계적 대상에서 벗어나야 한다. 두 번째 학습 과정에서는 자동화된 운전 능력(무의식적으로 기어를 저속으로 바꿔서 커브를 안전하게 도는 일 등)을 도로교통의 좀 더 전반적인 행위 맥락 안으로 가져와야 한다. 이 과정을 다 완료해야만 기계조작자에서 운전자가 되고, 교통 참여자가 되는 것이다.

오늘날에는 많은 습관들이 기술 안으로 포괄되어서 더 이상 필요하지 않게 되었다. 커브를 돌고 나서 종종 잊어버리는 방향지시등을 끄는 일이나 그전에 방향지시등을 켜는 일은 한동안 자동화하기 어려운 일이었다. 그러나 요즘 자동차들은 핸들을 원위치로 돌리면 방향지시등을 원상태로 돌릴 수 있다. 동력화 과정에서 기계조작자에게 필요한 능력은 점점 줄어든 반면, 기술적 장비들은 점점 발전했다. 가령 처음에는 기어가 동시에 맞물리는 장치(1929년 제너럴모터스가 처음 제공했다)가 나오면서 변속조작용 가속과 이중 클러치의 고난도 기술이 불필요해졌고, 나중에는 기어 자동화가 기어변속 자체를 기술적으로 완전히 대체했다.

그래도 자동화가 필요한 운전과 주행 과정은 남아 있었다. 앞서 달리는 자동차의 브레이크등이 들어올 때 해야 할 거의 반사적이고 즉

각적인 제동은 오늘날 장사진을 이루는 차량 행렬에서는 생존을 위해 꼭 필요한 동작이다. 이는 50년 전만 해도 불필요한 일이었다. 당시에는 브레이크등도 거의 없고 차량 행렬도 드물었다. 이 제동 역시 기술 안으로 포괄될 것이라는 사실은 이미 알려져 있다. 앞 차량과의 거리가 너무 가까워지면 작동하는 보조 제동장치들이나 자동화된 제동은 고급 클래스의 차량에서는 이미 기본 사양이다. 이러한 기술혁신은 기술이 운전 능력을 대체하는 일이 새로운 단계에 도달했음을 보여 주는 징표이다. 자동차라는 기계의 자동화는 더 이상 진전되기 어려울 지경이지만, 운전 과정의 자동화는 계속 개발이 가능하다.

기술적 보조장치들의 설치 목표는 언제나 운전자 지원이다. 그래서 모든 장치들이 흔쾌히 받아들여지는 것은 아니다. 자동변속기의 경우 미국에서는 자명하게 받아들여졌으나, 유럽의 운전자들은 기술을 통한 운전 용이화가 지나치다고 여기는 것 같다. 유럽에서는 여전히 동시화된 수동 기어가 지배적인데, 이는 운전자가 이 이동성 기계에 대한 통제를 상징적으로라도 유지하려 하기 때문인 것 같다. "오토매틱 차를 모는 사람은 장애인 취급을 받는다"[2]고 ADAC 대변인은 말한 바 있다.

기술이 어느 정도까지 안전을 제고할 수 있을지는 쉽게 예단하기 어렵다. 운전자의 부담을 줄이는 일은 부정적 결과를 낳을 수도 있기 때문이다. 예를 들어 속도가 자동속도유지기로 일정하게 유지되는 경우, 운전자가 안이해져 줄 수도 있다. "운전 시 조작할 것이 점점 적어지고, 현대적 자동차의 수많은 보조 시스템들이 우리의 과제를 더 많이 넘겨받을수록 우리의 집중력은 분명 줄어들 것이다."[3] 운전 시에는 주의력과 집중력을 유지할 중간 정도의 자극이 필요해 보인다. 이는 기술의 도움을 받아 운전 시 수행해야 할 과제를 줄이려는 모든 노력에 반대하는 강력한 논리가 아닐 수 없다. 게다가 이런 기술이 오히려 안전에 부담이 될 수도 있다. 내비게이션 시스템은 지도를 보는 일을 간단하게 만들었지만, 전방 주시를 소홀하게 만들 위험이 있다.

자동차를 몰려면 그만 한 기술적 지식을 갖추거나 배워야 한다는 생각이 오랫동안 지배적이었다. 그러나 이러한 견해는 점차 사라지게 되었고, 자동차 교습 때에도 자동차 기술에 대한 강의는 사라졌다. 1960년대까지만 해도 전문가들은 자동차 각 부분의 기능을 더 잘 이해하려면 자동차 구조를 철저히 익혀야 한다고 충고했다. 1965년 사회학자 디터 클레센스Eieter Claessens는 도로교통에서 나타나는 잘못된 태도를 독일 교양시민 사회의 반수학적이고 반기술적인 전통에서 찾았다. 한 마디로, 이런 전통 때문에 자동차에 대해 기술적으로 충분히 이해할 수 없게 되었다는 것이다.[4] 기술에 대한 일상적 무지에 책임을 떠넘기는 것은 남성들의 수십 년에 걸친 자화자찬에서도 중요한 역할을 했다. 여기서 여성들은 운전자로서는 의심스러운 존재로 단호하게 선언되었다. "여자가 운전을 하면 저렇다니까…."

그럼에도 불구하고 운전 교습이 다시 의무화되면서(1933년에서 1957년까지는 폐지) 운전 강사는 그전처럼 기술 전문가라기보다는 교육 전문가로 이해되었고, 일차적으로 교통 참여자의 능력을 키우는 의무를 지니게 되었다. 오늘날 운전 교습에서는 형식적인 교통법규를 익히는 것 외에는 교통 상황의 신속한 인식과 올바른 대응 연습이 중시된다. 여기서 흥미로운 점은, 이미 초기부터 교통에서 요구되는 사항들을 교육을 통해 준비시키고 이를 운전 교습장에서 시뮬레이션하는 시도들이 과거부터 있었다는 것이다. 파리의 마차 강습소에서는 1898년에 이미 유모차나 개와 같은 교통 장애물을 2차원 모형으로 만들어 예비 운전자들에게 주지시켜 위험한 교통 상황에 대비하도록 했다.

운전 시 인간 능력을 보조하고 대체하는 기술의 기능을 반드시 이해할 필요는 없다는 생각은 오래전부터 이미 분명했다. 우리가 이 기술에 더 이상 결정적으로 개입할 수도 없다는 인식도 마찬가지로 분명했다. 엔진룸에서 일어나는 모든 일은 오래전부터 블랙박스가 되어 버렸고, 이는 사용자가 하는 오일 점검 같은 평범한 수준 이상의 조작을 주의 깊게 예방한다. 자동차의 기술적 핵심은 마치 텔레비전이 그런 것처럼 포장되고 봉인되었다. 문외한인 고객들이 여기에 해를 입히지 않도록, 때로는 커버로 덮인 엔진을 들여다보려면 특수한 공구를 사용할 수밖에 없도록 만들기도 한다. 많은 사용자들이 여전히 품고 있는, 자동차 기술을 통제하고자 하는 희망은 요즘 자동차들의 기술적 복잡성을 고려할 때 점점 더 환상이나 오해가 되고 있다. 우리가 자동차를 기술적으로 이해한다고 해도, 그것은 고작해야 자신의 능력을 확인하는 즐거움과 운전 시 쾌감을 높이는 정도에 불과하다. 이는 자동차 조작에서 비본질적인 측면에 불과하다.

신체 경험과 행동 방식의 조건반사화

초보 운전자가 개별 기어변속 과정을 무의식적으로 구

사하며 습관화했더라도, 그것만으로 그 사람이 기어변속을 올바르게 하고 있다고 단정할 수는 없다. 운전자는 회전수 계기판이 없더라도 기어를 올리거나 내리는 순간을 올바르게 파악할 수 있어야 한다. 엔진 회전수를 지나치게 높이지 않고 너무 일찍 높은 기어로 바꾸지 않는 데는 경험이 필요하고 감각 정보들의 전환이 필요하다. 엔진 소음은 기어변속이 너무 늦었음을 알려 주고, 가속 시 진동이나 낮은 회전수(이 경우에는 차가 잘 나아가지 않는다)는 너무 이른 기어변속의 표시다. 운전자는 자신의 요구를 이해하기보다는 오히려 느껴야 하고, 제대로 반응할 수 있어야 한다. 이때 각종 도구들이 추측의 근거를 제공하기는 하지만 그 도움에는 한계가 있다.

운전자가 경험을 통해 키우는 기계에 대한 감수성은 '자동차 이해'[5]라고 일컬을 수도 있는 능력이다. 이 능력은 적절한 기계조작을 넘어, 인간과 자동차라는 기계 사이의 조화롭고 감각적인 상호작용과 동화를 목표로 한다. 운전자는 더 이상 자동차를 모는 것이 아니라 자기 자신을 몰게 된다. 커브를 돌거나 다른 차보다 앞서 달리는 것은 운전자 자신이다. 1950년대의 비틀 자동차 안내서는 독자들에게 다음과 같이 말했다. "우울할 때보다는 기분이 좋을 때 기어변속을 더 잘할 수 있다!"[6] 프리드리히 슈나크Friedrich Schnack는 이미 1928년에 소설《마의 자동차》에서 다음과 같이 말한 바 있다. "발렌틴은 행복한 마음으로 기계의 맥박을 느꼈다. 핸들은 거의 느껴지지 않을 만큼 비밀스러운 진동, 떨리는 엔진의 힘을 전해 오고 있었다. 얼마나 매혹적인가! 그는 그 강철의 경주마를 굳게 잡았다."[7]

다른 기계조작과는 비교하기 어려운, 운전자와 자동차 간의 이런 특별하고 내밀한 관계는 이미 초기부터 대담한 해석을 도발했다. 지그문트 프로이트는 자동차-주체를 "의족을 단 신"이라고 했고, 에른스트 윙거는 '켄타우로스', 즉 인간과 자동차의 복합적 존재라고 해석했다. 이러한 관점은 1950년에 인기를 누린 어느 자동차 관련 책도 똑같이 받아들였다. "자동차와 운전자의 공조는 말과 기수의 공조와 비슷하다. 두 존재가 만나서 서로를 알게 되고 보완하여 마침내 하나가 된다. 그런 합일 속에서 한쪽은 다른 쪽 없이는 절반에 불과해진다. … 좋은 운전자는 자신의 차와 함께 현대의 켄타우로스로 자라나는데, 그의 머리는 엔진과 바퀴를 지배한다."[8] 이런 새로운 통일체로 가장 직접적인 인상을 주는 것은 오토바이이다. 사람이 오토바이의 위쪽 절반이 되는 것이다. 바르바라 슈무키Barbara Schmucki는 이 새로운 관계를 '사이보그'라는 개념으로 서술했는데,[9] 이는 공상과학소설을 차용하여 자동차를 생체적 로봇이나 기술적 요소를 갖춘 인간으로 묘사하는 것이었다. 다른 작가들은 '의족'이라는 개념으로 만족했다. 자동차는 인간 육체를 연장한 것으로서 그 미흡함을 보완하고 가능성을 강화하는 것이었다. 자동차는 말 그대로 기술적 힘을 부여한다. 자동차 한 대의 평균적인 엔진출력은 인간 능력의 700배를 넘어선다.

이러한 자동차와의 합일은 인간의 행동 방식과 신체 체험에도 영향을 미친다. 예컨대 기어변속을 보자. 운전자의 양발은 각각 전혀 다르게 훈련된 힘의 사용과 압력 지점을 갖는다. 가속페달과 브레이크페달을 밟는 오른발은 매우 민감하게 움직이는 반면, 클러치 페달을 밟는 왼발은 억세게, 페달을 더 강하게 밟아야 한다. 이는 직접 실험을 해 보면 분명히 알 수 있다. 왼발로 브레이크를 밟으려고 하면 차가 급작스레 멈출 것이다. 1960년경에는 특히 오른발의 적절한 사용이 아직 문제였던 것 같다. "어떤 운전자들은 본래부터 가속페달에 딱 맞는 발을 가지고 있어서 산뜻하고 경쾌하게 작동시킨다."[10] 이탈리아 영화감독 카를로 만초니Carlo Manzoni는 심지어 걸음걸이를 통해 그 사람이 자동차 운전을 하는지 여부와 가속페달을 어떻게 다루는지를 알아낼 수 있다고 주장하기까지 했다.[11]

자동차 운전을 통한 인간의 조건반사화의 흥미로운 실례는 둘러보기다. 속도 감각이나 앞쪽의 상황을 내다보며 적절하게 운전하는 능력 역시 훈련으로 습득된다. 이를 처음으로 실험한 분야는 항공이었다. 제1차 세계대전 당시 전투기 조종사들의 생존은 3차원 비행 공간 전체를 어떤 사각死角도 없이 한눈에 파악할 수 있는지 여부에 달려 있었다. 당시의 공중전은 오늘날 고속도로상의 통상적인 속도보다 훨씬 느린 속도(시속 120킬로미터)로 벌어졌다. 고속도로를 달릴 때 자신의 차 앞에서 벌어지는 일 못지않게 뒤에서 벌어지는 일에도 주의를 기울여야 하게 된 것은 지난 10년 사이에 제기된 교통상의 요구일 뿐이다. 오랫동안 운전 교습소에서는 앞 보기-룸미러-사이드미러라는 시선의 리듬을 가르쳐 왔다. 1928년의 운전 교습생은 다음과 같은 이야기를 들었다. "여러분 뒤에서 일어나는 일은 여러분과는 상관이 없으니 신경 쓸 필요가 없습니다."[12] 당시에는 룸미러만으로 충분했다.

서독에서는 1956년이 되어서야 왼쪽 사이드미러가 의무화되었다. 1980년경까지만 해도 오른쪽 사이드미러는 아직 옵션 사양이었다. 오른쪽 사이드미러가 의무화되자, 우회전 시 사고율이 크게 줄어들었다. 이러한 둘러보기를 더욱 완전하게 만든 것은 사각을 줄여 주는 광각 룸미러였다. 비가 올 때 유리창에 김이 서리는 것을 막아 주는 서리 제거관과 뒷유리 열선도 같은 역할을 했다. 거울들도 점차 전동식으로 바뀌었는데, 전기 열선을 내장하고 있어 자체적으로 얼음과 서리를 없애게 되었다. 이렇게 둘러보기에 덧붙여 1950년대 이후로는 (오펠, 레코드에서 시작하여) A 필라와 C 필라가 가늘어졌고, 아치형에다 높아진 파노라마 유리창이 널리 쓰이게 되었다. 이를 통해 특히 자동차 뒤편을 보는 일이 상당히 개선되었다. 제2차 세계대전 후에 등장한 자동차들은 뒷 유리창이 너무 작아서 거의 불필요할 정도였는데, 분할된 계란형 창문이 달린 최초의 비틀을 후진시켜 본 사람이면 누구나 공감할 것이다. 이와 관련해 1950년대에 등장한 자동차들, 널찍한 후방 잠망경을 앞 유리창에 설치하거나 카메라가 후방 영상을 촬영해 보여 주는 스크린 장치가 달린 꿈의 자동차 유토피아는 물론 성공하지 못했다.

산업화의 역사는 인간의 감각과 행위능력이 상실된 역사로 자주 묘사된다. 예를 들어 새소리를 알아듣는 일, 산책의 즐거움, 풍경의 사색적인 감상 등이 사라졌다는 불평들이 있었다. 하지만 그만 한 보상도 있다. 바로 자동차와 함께 새로운 감각과 능력들이 등장했는데, 예컨대 소리를 듣고 엔진 상태를 알아채는 능력에서부터 사람의 보통 걸음보다 30배나 빠른 속도에서 적절하게 반응하는 일 등이다. 이러한 능력은 이미 어린 시절부터 길러지기 때문에, 완전 동력화된 사회의 성인은 일찌감치 이동성을 체험함으로써 교통에 특유한 감각의 공통분모를 얻게 된 것이다. 일상생활에서 자동차와 관련된 지각 및

콕피트: 인간-기계 인터페이스

비행기에 비유하여 콕피트라고 불리는 운전석은 여러 계기들이 부착되어 있는, 단순한 계기판 이상의 것이다. 1920년대 말에 핸들을 사이에 두고 여러 계기들이 운전자의 양쪽 시야로 들어온 이후, 점점 더 많은 조종 도구들이 핸들 주변에 집중되었다. 1950년대에는 계기판과 등과 와이퍼용 텀블러 스위치만 있으면 충분했다. 그러나 오늘날에는 모든 방향으로 누르고 당기고 돌릴 수 있는 핸들 축의 다목적 레버가 안개등이나 유리창 보온과 같이 새롭게 등장한 여러 기능을 운전자의 손 가까이 두기 위해 사용되고 있다. 대개의 경우, 계기판에는 계기와 표시등이 남아 있다. 야간 조명도 이용자 친화적으로 바뀌었다. 제2차 세계대전 당시 독일의 전투기 모델을 따라 녹색이거나, 영국 전투기의 조종석 조명같이 붉은색이 되었다.

자동차에 대한 신뢰성이 높아지면서, 자동차라는 기계를 점검하는 용도였던 대부분의 계기들이 불필요해졌다. 전류계와 전압계 등이 이에 해당한다. 이에 따라 이런 아날로그 계기들을 해독하는 데 필요한 기술적 지식도 불필요해졌다. 대신에 디지털 표시등만 남게 되었다. 이 등들은 점등−소등 원리에 따르면서, 엔진이 과열되거나 오일이 부족할 때, 즉 위기가 닥칠 때에

1928년 광고 속 계기판

만 점등된다. 불이 들어오면 운전자는 자동차를 멈추고 전문가의 도움을 기다려야 한다. ABS, 촉매점화장치, 에어백 등 새로운 시스템들 역시 스스로 점검한다. 운전 중 정상적인 상황에서는 계기판에 나타나지 않다가, 차가 출발할 때 몇 초 동안 불이 들어오면 그때 장치를 보게 된다. 바늘이 있는 계기판은 속도계나 연료 게이지와 같이 꼭 필요한 경우로 한정되었다.

바늘 달린 아날로그 속도계를 대체하려는 시도는 계기의 가독성을 높이고 운전자

비틀(1965), 골프 I (1974), 골프 IV(1999)의 콕피트

용 정보를 단순화하기 위해 이미 초기부터 있었다. 예를 들어 시트로엥 DS 의 확대경 속도계나 메르세데스 벤츠의 몇몇 모델들에 보이는 '체온계' 등이 그러하다. 그러나 이는 디지털 숫자 계기판과 마찬가지로 성공하지 못했다. 현대적인 디지털 계기판은 고전적이고 아날로그적인 둥근 계기판으로 돌아왔다. 무엇보다도 정보들을 한눈에 쉽게 알아볼 수 있기 때문이다. 계기의 단순화에 반대하는 트렌드도 존재했다. 스포티한 매력의 자동차들에는 운전에 본질적이라 할 수 없는 기계 관리 계기들이 늘어났다. 그래서 평균적인 운전자에게는 그리 중요하지 않은 RPM 계기가 오토매틱 자동차에까지 설치되는 터무니없는 일이 일어났다. 이러한 계기들은 자동차의 좋았던 옛날에 대한 향수를 불러일으켰다. 그 시절에는 운전자가 자동차의 메커니즘을 통제하고 자신의 기술적 능력을 스스로 입증해야 했다. 오늘날에는 이러한 계기들이 위신을 세워 준다. 단지 실용성을 지향하는 평균적인 자동차 사용자들과 달리, 이 계기들은 달리는 기계 기술에 대한 관심을 보여 주기 때문이다. 운전자가 원하면 수동변속을 할 수 있는 포르셰의 티프트로닉은 겉으로 보기에 그러한 자동차에 대한 통제를 약속한다.

자동차의 기술적 핵심에 대한 정보는 줄어든 반면, 그 주변과 일반적 교통 관련 데이터는 늘어났다. 외부 온도계, 보드 컴퓨터, 내비게이션 시스템, 특히 핸드폰이나 그 밖의 커뮤니케이션 기술들이 자동차에 도입되었고, 이는 장차 더욱 중요해질 것이다. 본래적인 운전과는 별 상관없는 정보들이 점점 많아지고 복잡해지면서 운전자의 부담이 과도해졌는데, 이 부담은 인공지능 계기판과 조작 도구 개선으로 줄어들 것이다. 선택 조작, 언어 제어, 혹

체험의 세계는 "인간의 기술적인 제2의 본성"[13]이 되었다.

자동차 시대 초기만 해도 핸들을 잡는 것은 일부 허락된 사람들에게만 적당한 것으로 받아들여졌다. 대부분의 사람들은 남에게 운전을 맡기고 동승하는 편안함을 즐겼다. 오늘날에는 정반대가 되었다.

메르세데스 300의 전화기(1960)

은 전투기에서처럼 가상 이미지들이 시야에 나타나는 헤드업 디스플레이 등이 그것이다. 비판가들은 정보의 위계화와 적절한 처리 전략도 없는 상태에서 정보의 홍수로 운전자의 부담이 과도해질 것을 우려한다. 예컨대 흡유관의 압력을 통해 연료가 소비되는 현재 상태를 보여 주는 이코노미터는 1970년대 에너지 위기의 일시적 결과였다. 그 후로는 이런 정보에 누구도 관심을 갖지 않는다. 자동차 내부 공간은 서로 모순되는 두 가지 트렌드를 보여 준다. 한편으로 내부 공간은 움직이는 사적 공간으로서 쾌적해야 한다. 다른 한편으로는 운전자의 작업 공간이 되어야 한다. 그래서 내부 공간 디자이너는 콕피트를 사용자 인터페이스로 편안한 인테리어에서 떼어내어 특별히 강조할 수도 있고, 아니면 그 기술적 기능을 오히려 디자인상으로 누르고 쾌적한 환경에 맞춰 조화시킬 수도 있다. 그래서 두 가지 선택지가 있었다. 다소 스포티한 자동차에서는 계기판과 케블라 같은 기술적 소재가 기술지향적인 분위기를 만들어 냈고, 견실한 자동차에서는 고급 목재 장식으로 기계장치들을 뒷전으로 밀어냈다. 콕피트는 아치형으로 만들어져 주로 운전자를 향해 설치되면서도, 조수석에 앉은 사람의 시선에서 벗어나도록 가능한 한 아래로 낮춰졌다. 미래에는 더 안락하고 교통정체 상황에 적합한 자동차에 더 발전한 정보 수단들이 설치될 것이고, 쾌적함과 이동성 환경을 조화시킬 것이다.히 핸드폰이나 그 밖의 제대로 된 운전 교습을 받으면 모든 사람이 운전 능력을 갖게 된다고 여겨지며, 실제로 모든 사람이 운전을 할 수 있다. 그리고 운전 과정에 개입하지 못하고 소극적으로 동참할 뿐인 동승은 그리 유쾌하지 않은 일로 받아들여진다. 직접 핸들을 잡을 수 있는 권리는 거의 기

커뮤니케이션 기술들이 자동차에 도입되었고, 이는 장차 더욱 중요해질 것이다. 본래적인 운전과는 별 상관없는 정보들이 점점 많아지고 복잡해지면서 운전자의 부담이 과도해졌는데, 이 부담은 인공지능 계기판과 조작 도구 개선으로 줄어들 것이다. 선택 조작, 언어 제어, 혹은 전투기에서처럼 가상 이미지들이 시야에 나타나는 헤드업 디스플레이 등이 그것이다. 비판가들은 정보의 위계화와 적절한 처리 전략도 없는 상태에서 정보의 홍수로 운전자의 부담이 과도해질 것을 우려한다. 예컨대 흡유관의 압력을 통해 연료가 소비되는 현재 상태를 보여 주는 이코노미터는 1970년대 에너지 위기의 일시적 결과였다. 그 후로는 이런 정보에 누구도 관심을 갖지 않는다.

자동차 내부 공간은 서로 모순되는 두 가지 트렌드를 보여 준다. 한편으로 내부 공간은 움직이는 사적 공간으로서 쾌적해야 한다. 다른 한편으로는 운전자의 작업 공간이 되어야 한다. 그래서 내부 공간 디자이너는 콕피트를 사용자 인터페이스로 편안한 인테리어에서 떼어내어 특별히 강조할 수도 있고, 아니면 그 기술적 기능을 오히려 디자인상으로 누르고 쾌적한 환경에 맞춰 조화시킬 수도 있다. 그래서 두 가지 선택지가 있었다. 다소 스포티한 자동차에서는 계기판과 케블라 같은 기술적 소재가 기술지향적인 분위기를 만들어 냈고, 견실한 자동차에서는 고급 목재 장식으로 기계장치들을 뒷전으로 밀어냈다. 콕피트는 아치형으로 만들어져 주로 운전자를 향해 설치되면서도, 조수석에 앉은 사람의 시선에서 벗어나도록 가능한 한 아래로 낮춰졌다. 미래에는 더 안락하고 교통정체 상황에 적합한 자동차에 더 발전한 정보 수단들이 설치될 것이고, 쾌적함과 이동성 환경을 조화시킬 것이다.

본권처럼 요구된다. 1950년대 미국에서는 이미 완전 동력화된 사회에서 운전면허증이 거부될 수 있는지를 두고 토론이 벌어졌다. 자동차의 필요성이 너무 컸던 것이다. 오늘날에는 특정 형사범죄에 대해 운전을 금지시키는 내용의 법안들이 물의를 일으키고 있다. 헤르타 도이블러 그멜린 법무장관은 운전 금지로 "벌금형을 비웃는 범죄자들을 처벌할 수 있다"[14]고 했다. 이동성의 제한은 감옥에서의 자유 박탈과 동일시된다. 이는 개인적 동력화가 갖는 의미를 잘 보여 준다.

운전의 즐거움과 교통정체

자동차 운전의 매력은 매우 특별하다. 운전 과정이 숙달되고 운전자와 자동차의 '켄타우로스적' 합일이 이루어지고 난 후에야 본래적인 운전 체험이 시작된다. 자동차 통제가 운전의 즐거움을 위한 전제이다. 학자들은 이 운전의 즐거움이라는 현상을 이해하기 위해 수십 년 전부터 연구해 왔다. 1997년의 한 연구 보고서는 자동차 사용자를 여섯 가지 유형으로 설정했다. 가장 위가 폭주족이고, 그 아래에 폭주족이 타고 다니는 강력한 자동차는 없지만 폭주하는 욕구불만자들이 있다. 이 단계의 맨 아래에 겁쟁이와 조심스러운 사람이 있고, 그 사이에 기능주의자와 침착한 사람이 있다.[15]

또 다른 연구는 운전을 세 가지로 유형화한다. 첫째는 상호작용의 믿음직한 파트너인 자동차를 운전하는 즐거움으로, 이때 움직임이 주는 즐거움은 개인적 계발로서 연출된다. 둘째는 자동차를 특수 목적을 위한 단순한 수단, 즉 단지 이동 수단으로 여기는 기능주의적 운전으로, 이는 경우에 따라 합리적이고 침착한 이동의 즐거움과 결합된다. 마지막으로 운전을 개성의 표현으로 보는 관점이 있다.[16]

운전이 주는 즐거움의 결과는 일종의 흐름flow이다. "기쁨, 강한 집중, 자기 능력에 대한 도전, 흐름 속의 움직임, 시간과 공간의 망각, 초월, 최고의 행복감 등의 감정이 복합된 것"[17]이다. 이러한 이상적인 만족에는 활주, 힘의 전개, 자동차에 대한 지배, 속도, 독립성과 자유로움의 체험 등이 주는 쾌락이 속한다. 1936년 하인리히 하우저 Heinlich Hauser는 격정적으로 말했다. "당신은 가속페달의 압력을 감지하며 자동차를 앞으로 쏘아 달리게 하는 일이 얼마나 경이로운지를 나처럼 느낄 수 있는가? 충실한 정신과 같이 복종하는 이 기계의 힘을 지배하는 자가 된다는 것은 무언가 특별한 일이다."[18]

그러나 이런 동력화된 자율성의 쾌감은 현대 대중교통의 조건에서 점점 더 문제시되어 왔다. 고독과 자유 속에서의 운전에 대한 생각은 자동차 역사 전반에 걸쳐 지속되었고, 물론 완전 동력화된 사회에서도 계속된다. 하지만 오늘날 운전의 즐거움을 누리는 일은 고독이 아니라 극히 규제가 심한 대중교통 시스템 안에서 이루어지며, 이는 "고속도로 위에서 느끼는 힘과 무능"[19]이라는 이중적 경험과 관련이 있다. 운전의 즐거움을 막는 것은 시스템의 압박만이 아니다. 나와 함께 운전을 하는 다른 수백만 명의 개인들로 인해 운전의 즐거움은 시간이 지날수록 "이루어질 수 없는 약속"[20]처럼 보이게 되었다.

이런 깨달음을 촉진한 것이 고통스러운 종대 운행 경험이다. 초기 자동차 관련 서적들은 여전히 올바른 추월 방법을 가르쳤다. 1960년대에 와서야 종대 운행 속에서 다른 차 뒤에서 운전하는 일은 신속한 추월로 빠져나갈 수 있는 예외적 현상이 아님을, 그것이 오히려 일반적인 교통 상황임을 깨닫게 되었다. 교통혼잡이 어떻고 정체가 저떻고 하는 충고는 교통혼잡이라는 새로운 현상을 인정하려 하지 않았기 때문에 나온 말들이다. 1963년《취미》지는 "종대 운행을 위한 충고들"을 제시하면서 다음과 같이 권했다. "어떤 경우에도 흥분은 기다리는 것보다 보탬이 되지 않는다."[21] 이제 운전자들은 추월을 하지 않도록 교육받았다. 추월은 무의미하고 위험한 대열 이탈일 뿐이었다. 이는 급증한 운전자들을 교통 참여자로 바꾸는 데 필수적인 규율이기도 했다. 기계에 대한 감수성을 얻는 데 성공한 이후에는 새로운 교통의식이 중요해진 것이다.[22] 운전자들은 자신의 이해관계를 억누르고 "모든 차들이 전진이 주는 지속적인 즐거움"[23]을 느끼도록 교육받아야 했다.

물론 이는 쉬운 일이 아니었다. 기본적으로 모든 자동차 행렬 그리고 모든 교통정체는 괴로움이었고, 이는 지금도 마찬가지이기 때문이다. 교통체증과 이 때문에 멈춰 서게 된 운전자들이 느끼는 수동성은 자동차 역사 전체를 관통하는 기본 모티브를 위축시켰다. 그 모티브란 바로 운전에서의 자기결정권과 독립성이고, 자동차의 능력만큼 풍부해지는 자기 자신을 즐기는 일이었다. 이탈로 칼비노Italo Calvino는 종대 운행을 일종의 움직이는 감옥으로 서술했다. "뱀은 불규칙적으로 조금씩 꿈틀거리며 계속 움직였다. 나는 여전히 달리는 자동차들의 전체 시스템의 수인이었다."[24]

교통혼잡은 개인적이고 자유로운 운전의 권리를 침해하는 것으로 나타났는데, 그 침해는 국가나 다른 어두운 힘의 책임이 아니라 모든 교통 참여자들이 스스로를 봉쇄한 결과로 받아들여졌다. 그러나 이렇게 혼잡하고 통제되며 극히 시스템화된 도로교통의 일반적 현상을 무시하는 새로운 이미지들이 계속 등장했다. 사람들은 가능한 한 교

자동차 안내서들

1950년대에는 《폴크스바겐 더 잘 몰기》, 《자동차와 친해지기》, 《실용적 자동차 백과》 등의 책자가 날개 돋친 듯 팔렸다. 사교 예절을 가르치는 게르트루트 오하임Gertrud Oheim의 《좋은 태도의 구구단》(1955) 같은 베스트셀러조차 도로교통에 일부를 할애했다. 이런 책들에서는 예절, 법규를 지키는 태도, 타인에 대한 배려 등이 강조되었고, 특히 운전과 자동차 기술에 대한 충고가 담겼다. 당시 운전자들은 대충 이루어지는 운전 교습에서 배우지 못한 일상 교통 관련 지혜를 배워야 했다. 예를 들어 안개 속에서나 얼음이 얼었을 때 운전하는 법, 자동차 관리, 각종 부품, 올바른 운전 자세 등이 그런 것들이었다. 이 책들이 설명하지 않은 분야는 거의 없을 정도였다. 오늘날에는 이런 책들이 별다른 주목을 끌지 못하는데, 이는 자동차문화 자체가 성숙해졌기 때문이다. 1950년대에는 자동차를 처음 구입하는 사람이면 (거의 모든 사람이 그랬다!) 겨울철 운전 지식을 얻기 위해 책을 읽어야 했다. 하지만 이제는 어린아이도 조수석에 앉아 차를 타고 가면서 그런 정보를 자연스럽게 배운다. 책을 통한 운전 지식의 습득은 대중적 자동차문화에서 새로운 구전 전통으로 대체되었다. 오늘날 미디어, 특히 텔레비전에 나오는 자동차 정보들은 또 다른 위치를 차지한다. 자동차에 관한 기초 지식을 전달했던 과거의 안내서들과 달리, 이 정보들은 자동차 테스트 결과나 안전 관련 사항들을 설명한다. 위기 상황 대처법 같은 숙달된 운전자를 대상으로 하는 텔레비전 프로그램도 인기다.

통의 일상적 상황들을 부인했다. 예를 들어 오프로드카나 클래식카와 같이 시스템에 낯설어 보이는 차들을 구매한다거나, 광고나 문학에서 고독하고 자유로운 운전을 찬미한다거나, 교통정체나 통제, 법규 등의 월권이 아직 없던 자동차의 과거라는 복고적인 유토피아의 제시로 나타났다. 롤트L. T. C. Rolt는 1950년 당시 아직은 평온하던 자동차의 흐름 속에서 "함께 수영하는 일"을 불만족스럽게 받아들였다. "수많은 '로봇화된' 교통신호등, 선회식 교통, 보행자 횡단보도, 일방통행로, 주차금지, 속도제한 등으로 인해 아직 공간이 충분했던 1920년대 이후 자동차의 지난 시대를 그리워하게 된다."[25]

경적, 방향지시등, 의사소통 신호들

차를 몬다는 것은 의사소통이 지배하는 환경 속에서 움직인다는 것을 뜻한다. 언뜻 보기에 이는 당연하게 느껴지지 않는다. 왜냐하면 교통 속에서는 고립되고 익명적이며 자신의 자동차 내부 공간에 숨어 있는 개인들이 움직이는 것처럼 보이기 때문이다. 그렇지만 운전자들은 방향지시등이나 정지등을 통해 끊임없이 신호들을 주고받는다. 의사소통을 하는 것이다. 가장 전통적인 수단은 경적이다. 하지만 오늘날 선진국에서는 경적의 사용이 줄어들고 있다. 알렉산더 슈푀를은 1955년까지만 해도 보행자, 어린이, 자전거 등이 관련된 모든 교통 상황에서 경적 사용을 권장했다. "경적을 울리는 사람은 조심하라고 말하는 것이다. 이를 듣는 사람은 '거기서 물러나!

라는 말을 듣는 느낌을 가진다. 그런데 우리끼리 이야기하자면, 대개는 실제로 이런 뜻으로 경적을 울린다. '거기서 물러나!'"[26]

그렇게 자동차를 탄 사람이 자동차를 타지 않은 사람에게 자신을 들이미는 수단으로 경적을 사용하는 것은 오늘날까지도 개발도상국에서는 나름의 중요한 역할을 하고 있다. 그러나 독일에서 경적은 미심쩍은 의사소통 수단으로서 예절에 어긋나는 것으로 여겨진다. 이는 소음에 대한 관용이 약해진 것과 관련이 있지만, 교통으로부터의 분리가 진전되는 것과도 연관된다. 전조등 점멸은 이중적인 의미가 있다. 고속도로에서 몰염치하게 사용되기도 하지만, 다른 사람에게 우선권을 주겠다는 의사표현이기도 하다.

방향지시등은 의사소통에서 너무 기계적인 형식이라고 오랫동안 거부되었다. 손짓(1902년 베를린에서 최초로 의무화되었다)[27]과 눈빛의 교환은 폐쇄된 차체가 이를 방해하지 않는 한, 좀 더 의미 깊은 소통 수단으로 여겨졌다. 제2차 세계대전 중에 어느 오토바이 운전자는 열성적으로 다음과 같이 말했다. "오늘날 자동차에서는 방향지시등을 가지고 터무니없는 짓들을 하기 때문에 오히려 그것을 완전히 금지하는 편이 더 나아 보일 정도이다(많은 사람들이 방향지시등을 자신이 멈추기를 원한다는 것을 보여 주려고 사용한다). … 경찰이 오토바이 방향지시등을 의무화하지 않도록 신께서 보호하시기를 바란다. 오토바이마저 그렇게 속물화된다면 나에게는 더 이상 오토바이를 타지 않을 충분한 이유가 될 것이다."[28] 불과 수십 년 전만 하더라도 방향지시등은 우선권을 가진 곡선 도로, 차선 변경, 주차장 출차 등에 쓰이는 불필요하거나 심지어 혼동을 주는 것으로 받아들여졌다. 방향지시등

Verlag Delius, Klasing & Co · Bielefeld 7/1963 DM 1,50

Gute Fahrt

Die Zeitschrift für den Volkswagenfahrer

GUTE FAHRT LESER DISKUTIEREN:

ERZIEHUNG VON AUTO ZU AUTO?

자동차끼리의 의사소통을 주제로 한 1963
년 폴크스바겐 사보

은 1975년부터 모든 회전 및 차선 변경에 의무화되었다. 그런데도 직접적이고 개인적인 의사소통을 촉진하려는 시도가 계속 있었고, 좀 더 많은 시선 교환을 촉구하며 제스처나 신호법을 새로 도입하려 들기도 했다. 이는 고립된 공간 속에 있는 "운전하는 켄타우로스들"의 익명화 및 탈개성화를 막으려는 시도였다.

이와 관련해 "헬로 파트너, 고맙습니다!"라는 캠페인이 벌어지기도 했다. 한스 요하임 쿨렌캄프Hans-Joachim Kuhlenkampff(독일의 인기 퀴즈 프로그램 진행자) 같은 유명인들이 도로교통에서의 더 많은 배려와 예절을 호소했고, 새로운 신호법을 노입하자고 주장했다. 예를 들어, 손가락 세 개로 'E'를 만들어 보이면 "미안합니다Entschuldigung!"였다. 그러나 이는 별다른 반향을 불러일으키지 못했다. ("기름이 필요합니다"와 같은) 문구가 적혀 있는 방석이나 신호봉, 뒷 유리창에 붙이는 스티커 등도 마찬가지로 호응을 얻지 못했다. 오로지 단 하나, 손가락 하나만 들어올리는 공격적이고 엽기적인 신호만이 도로교통에서 일반적으로 이해되는 제스처로 자리를 잡았다.

도로교통에서 신호란 다양한 형태로 존재한다. 모든 자동차는 무엇인가를 표현한다. 예를 들어 납작한 차체, 낮은 차고車高, BMW 같은 특정 라디에이터 형태는 속도와 스포티함의 상징으로 해석될 수 있다. 자동차 번호판은 소유자 이름의 머리글자를 나타낼 수도 있고, 자동차 모델을 표현하거나(911), 운전자의 취향을 보여 줄 수도 있다 (S-EX). 스티커들은 의견을 표현하고, 트럭에 붙여진 문구들은 광고를 하기도 한다. 차에 적힌 문구나 색깔 등은 경찰차나 소방차라는 그 차의 기능을 표현하기도 한다.

교통표지: 도로의 언어

눈에 가장 잘 띄고 보편적인 커뮤니케이션 시스템은 당연히 교통표지판이다. 이는 동력화된 사회에서 살아남기 위해 일찌감치 배워야 하는 언어이다. 자동차 역사의 초기부터 자전거클럽과 자동차클럽들은 위험한 지역을 자체적으로 표시하거나 그곳에 이정표를 세웠다. 자동차 생산업체나 타이어 생산업체들도 경고 표지판 설치를 후원했고, 그 위에 자사 제품 광고판을 달았다. 교통 당국에서는 1905년경부터야 여기저기에 자체적으로 표지판을 붙여 교통 상황에 영향을 미치기 시작했다. 그 외에는 오로지 제국 관보에 일반적인 교통법규를 발표하는 일로 충분해 보였다. 이 최초의 공식 표지판들은 일정한 규격이 없었고, 그렇기 때문에 일관성이 없어 보였다. 1923년에야 관계 당국에서 표지판을 세우는 것이 의무화되었고, 1927년에는 표지판 통일 법률이 제정되었다. 그때까지 일반적이던 방향 표지판, 위험 표지판, 지시 및 금지 표지판들은 그로부터 3년 후

의무화된 네 가지 교통표지(1904)

에 확정되었다. 여기에는 아직까지도 유효한 색상들, 즉 지시에는 파란색, 금지에는 빨간색, 이정표에는 노란색이 적용되었다. 이로써 전국적으로 의무화된 도로 언어가 탄생했다. 1951년 UN의 위원회는 교통표지판을 위한 국제

자동차 라디오, 교통방송, 이동통신

자동차문화의 다양한 발전과 마찬가지로 자동차 라디오의 역사도 미국에서 시작되었다. 1927년 출시된 필코 트랜시톤은 공장에서 생산된 최초의 자동차 라디오였다. 1931년까지 벌써 10만 대 이상의 라디오가 미국에서 판매되었다. 이와 더불어 라디오가 운전자에게 도움이 되는지, 아니면 위험이 되는지에 대한 논란이 시작되었다. 초기에 자동차 라디오는 주의를 분산시키고 운전과 별 상관없는 불필요한 요소, 심지어 위험하기까지 한 요소로 평가되었다. 하지만 많은 사람들은 소리를 통한 기분전환 요소, 나아가 오히려 운전을 더 안전하게 할 수 있게 하는 요소로 보았다.

교통정체 및 위험에 대한 정보를 제공하는 교통방송은 서독에서 1960년대 말에 등장했다. 1972년부터 ARD 교통방송은 특정 콜사인을 송출했는데, 이는 2년 후 교통방송 공지를 자동수신하는 운전자 무선 정보시스템ARI으로 보완되었다. 진공관 수신기가 트랜지스터 수신기로 대체되었고, 자동차에 사용할 수 있게 주파수를 변조한 초단파 방송으로 중파 방송을 보완하자, 그제야 자동차 라디오의 쓸모가 제대로 입증되었다. 1961년부터 독일에는 완전 트랜지스터화된 자동차 라디오인 필립스의 첨단 모델이 등장했

적 표준을 제시했고, 언어를 사용하는 문구 대신에 그림 사용을 권장했다. 그때부터 거기에 그려진 사물이나 인간의 모습은 꾸준히 현실에 맞게 바뀌었다. 예를 들어 철도 건널목 표지판에서 증기기관차 그림은 전기기관차 그림으로 대체되었다. 오늘날 표지판들은 '수직' 표지와 '수평' 노면 표지로 나뉜다. 도로 자체가 커뮤니케이션의 도구가 되었기 때문이다. 특히 영국의 관공서들은 오래전부터 '천천히SLOW' 와 같은 경고 문구들을 직접 노면에 표시하고 있다.

다. 1960년대 말에는 라디오 기능이 통합된 소형 카세트 플레이어도 등장했다. 그러나 유럽에서 운전자끼리의 직접적 의사소통을 위한 CBCitizen Band 무선 시스템은 주변적인 현상에 머물렀고, 기껏해야 장거리 트럭 운전자들의 문화에나 정착되었다. 그러나 자동차 라디오가 단순한 정보 수단을 뛰어넘어 오락 기능까지 갖추게 되면서 상황이 달라졌다. 스피커와 CD 플레이어 및 체인저 등이 갖춰진 성능 좋은 카오디오들이 자동차에서의 음악 감상을 완벽의 경지로 이끌었다. 이는 자동차를 안락한 이동 공간으로 만들려는 오랜 트렌드에 들어맞았다. 그러나 그러려면 운전을 하면서 콕피트 계기들 외에 더 복잡해진 요소들을 조작해야 했다. 운전자들의 비판에 직면한 자동차공학자들은 카오디오의 작동 버튼을 핸들 축에 설치하거나 라디오방송 자동검색 등의 기술을 내놓았다.

오늘날의 모토는 다음과 같다. "떠날 때는 음악을, 도착할 때는 내비게이션을!" 벡커의 트래픽스타 모델의 광고 문구이다. 미래의 자동차 라디오는 아마도 훨씬 더 기능이 확대되고 상호작용이 가능하며 네트워크화될 것이다. 이 모든 유도 시스템, 정보 시스템, 항법 시스템은 함께 성장하여 도로 위에서의 보편적인 커뮤니케이션 도구로 발전할 것이다.

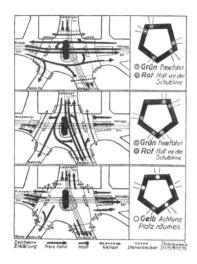

베를린에 신호등을 처음 설치했을 때의 안내판
(1972)

교통표지는 점차 운전 여건에 맞게 조정되었다. 조명이나 빛을 반사하는 합성수지를 사용해 밤에도 볼 수 있게 되었다. 표지판을 설치할 때도 자동차 속도, 제동 시 반응시간, 정지거리 등이 고려되었다. 이는 철도에서는 이미 오래전부터 일반적으로 시행되던 것이었다. 전통적인 이정표들은 교차로 바로 앞에 있었다. 이는 오늘날의 유럽에서는 이미 시대에 뒤떨어진 것이고, 영국의 국도에서나 볼 수 있다. 이동 수단을 타지 않은 사람은 접근할 수 없는 자동차전용도로들에서는 기계만이 낼 수 있는 속도를 허용하는 표지판이 세워졌는데, 이 표지판들은 교차로나 위험 지점으로부터 점점 더 먼 곳에 설치되고 점점 더 커졌다. 요즘에는 고속도로의 나들목 표지판은 나들목을 1천 미터 앞두고 설치되며, 대개의 경우 도로 위를 가로지르는 표지판 교량들에 설치된다. 여기에 덧붙여 과잉 현상도 보인다. 속도제한 표지판이나 추월금지 표지판은 도로 양편에 세워지는데, 이는 추월하는 운전자도 볼 수 있게 한 것이다. 이러한 표지판들은 주의를 환기시키기 위해 여러 차례 반복된다. 도로 표시와 교통표지를 보면 도로교통이 철도와 얼마나 유사해졌는지를 알 수 있다.

노변 추락 방지벽, 방향전환 금지, 실선 등은 철도처럼 자동차 도로에 금지의 성격을 부여한다.

또한 정적인 표지들을 보완하기 위해 교통 혼잡도와 노면 상태에 따라 다양한 제한과 추월금지 등을 표시하는 가변 시스템들이 많아 졌다. 뮌헨~슈투트가르트 구간에는 교통 조건 및 안개와 같은 일기 변화에 반응할 수 있는 교통유도 시스템이 독일 고속도로 최초로 설 치되었다. 제어가 가능하며, 첨단기술로 상호작용이 가능해진 교통 신호등은 도로교통의 총체적인 원격제어라는 유토피아의 범주에서 커다란 발전 잠재성을 지니고 있다. 물론 가변적 교통제어는 이보다 훨씬 더 오래되었다. 신호등이 지배적으로 자리잡기 훨씬 전부터 교 통경찰들이 교통을 제어했다. 처음에는 '교통 경보'라고 불린 독일 최

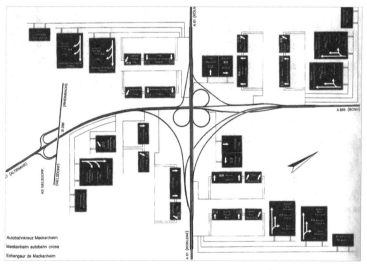

고속도로 나들목의 표준적인 표지판 설치도

초의 신호등은 1927년 베를린의 포츠담광장에 설치되었다. 당시에는 경찰이 레버를 가지고 조작했지만, 오늘날에도 일반적인 세 가지 색깔의 신호를 이미 사용했다. 그 후에 나온 기계화된 신호등은 외관상 무인이면서도 그 정확성 때문에 1920년대 사람들을 매혹시켰다. 이른바 '흰 쥐'라고 불리던 교통경찰관들의 주관성 대신에 신호 기계의 합리적인 리듬이 등장했다. 당시 사람들은 이 기계가 교통의 흐름에 "박자를 부여한다"고 보았다.

도로교통의 인프라

도로교통은 인프라들의 복잡한 네트워크 안에 위치한다. 자동차 역사 내내 지속된 완전히 독립적인 운전이라는 이상, 즉 자동차를 겉보기에 시스템에서 벗어난 기계로 보는 관점은 이미 오래전에 환상이 되었다. 오늘날의 자동차 운전자는 더 이상 자족적이지 않다. 자동차를 구매하고, 등록하고, 보험에 가입하고, 주유하고, 관리하고, 수리하고, 세차하고, 판매하기 위해서 네트워크에 의존한다.

이 네트워크는 제1차 세계대전과 제2차 세계대전 사이에 발전했는데, 이는 자동차에 적합하도록 도로가 재정비된 것과 함께 보조를 맞췄다. 자동차를 실용적으로 사용하게 된 사람들은 차를 직접 돌볼 만한 시간적 여유나 관심이나 능력이 없었기 때문에, 노동 분업이 진전되면서 새로운 전문가들이 이러한 서비스를 제공하게 되었다. 이런 다양화 과정에서 새로운 공장과 주유소 인프라가 등장했다. 교통량이 끊임없이 증가하면서 이를 감시하고 통제하고 조직하는 일이 점점 중요해졌다. 교통경찰과 교통 관련 사법 당국은 교통법규 위반에 대한 처벌을 담당했다. 전체 자동차 관련 행정, 자동차 등록, 기술 관련 감독, 과세 등은 더욱 광범위해졌다. 사회를 자동차에 적합하게 재구성해 가면서, 자동차를 중심으로 또 다른 인프라들이 정착하게 되었다. 이 인프라들이 없었더라도 자동차는 그럭저럭 유지되었겠지만, 만일 자동차가 없었다면 그러한 시스템들은 무의미했을 것이다. 예를 들어 드라이브인 패스트푸드점이나 교외에 있는 대형 쇼핑센터 등이 그러하다. 자동차 관련 인프라들의 분화는 이제 사회의 거의 모든 분야에 영향을 미치고 있다.

사회 전체의 틀 안에서 자동차 관련 시스템은 처음에는 다른 하위 시스템 중 덜 중요한 하위 시스템으로 등장했다. 그러나 이 시스템은 이미 오래전부터 지배적으로 자리잡았고, 사회의 거의 모든 관심사와 연관되어 있기 때문에, 이 시스템을 별도로 구분해 내기조차 힘든 지경이 되었다. 나는 좀 더 완벽을 기하기 위해 이 '거대한' 자동차 시스템 중에서 구분 가능한 요소들을 마지막으로 상술하고자 한다.

교통수단 요소: 자동차 운행에 필요한 것들, 즉 관리, 수리, 고장 시 응급수리, 연료 제공, 더 나아가 설계부터 제작까지를 포괄하는 자동차 생산의 거대한 구조 전체를 포함한다. 여기에는 협력업체, 디자이너, 설비 생산업체 등의 하위 구조들도 포함된다.

교통로 요소: 도로 건설 및 교통로, 휴게소 시설, 표지판, 유도 시스템, 신고 네트워크 관리, 정지해 있는 차들을 주차장으로 배치하는 일도 포함한다.

조직적 요소: 교통경찰과 교통 관련 사법 당국, 기술 관련 감독, 구조기관, 응급의료 제공기관, 운전 교습소, 재교육 기관, 대학의 교통학 및 자동차 기술 관련 학과, 연구기관, 교통교육, 국가 과세, 등록 담당 기관, 자동차보험사, 교통전문 변호사 등이다.

사용자 및 시장 요소: 광고업체, 유통 및 판매업체, 자동차클럽, 자동차잡지, 자동차박물관, 기타 교통 관련 학문과 넓은 의미의 자동차문화가 포함된다. 이렇게 해석된 자동차문화의 한 부분에 이 책 역시 포함된다.

19장

자동차의 즐거움

제2차 세계대전을 전후해서 자동차와 함께, 그리고 자동차 속에서 성장한 독일인 세대에게 자동차는 개인사의 중요한 부분이다. 그 후에 도로교통과 어느 정도 거리를 두었던 사람들조차 어린 시절의 자동차 체험을 즐겨 애기하고 자기가 처음 가졌던 차에 대한 이야기를 한다.

그 차들은 대개 값싸고 비합리적이고 믿음이 덜 가는 것이었지만, 그들 삶의 중요한 순간들을 함께했다. 그 차들은 휴가를 갈 때나 일상의 힘든 순간들을 함께했고, 소유자의 인간관계와 이별 등을 함께했으며, 그 자체로 이에 병행하는 역사를 지니고 있다. 그 역사에서 자동차의 판매, 사고, 수리 등이 이루어졌을 것이다.

언제나 관계의 종말, 매각이나 폐차 신고 전 작별의 고통, 공동의 경험에 대한 회상, 그 기계 파트너가 폐차장에서 최후를 맞는 슬픔 등이 중요한 의미를 가진다.

„Was glaubst du,
wie lange die Kälte noch anhalten wird?"

"자동차에 대한 맹목적 사랑"(1963)

이 오랜 탈것(그리고 반려자)의 별난 특성은 그것에 대한 기술적 전문
지식이 없는 경우에는 더욱 독특한 개성의 발산으로 보인다. "기술에
서는 백치나 다름없는 나는 내 자동차 소리에 귀를 기울였고, 점점 더
친해져서 새로 들어온 애완동물이나 되는 양 관찰했다."[1] 1960년대에
는 다음과 같이 말했다. "차를 한 번이라도 가져 본 사람이면 차가 생
명체라는 것을 정확히 알고 있다. 어쩌면 장난꾸러기 요정일 수도 있

움직이는 집

자동차의 내부나 달리는 사적 공간이라는 특성이 자동차가 지니는 주요 매
력 중 하나라면, 거의 내부 공간만으로 이루어진 자동차는 이를 위한 최후
의 수단이라고 할 수 있다. 모터 캐러밴과 트레일러 캐러밴은 낯선 곳에서
익숙한 곳으로의 도피 수단이며, 그 역사는 가솔린 자동차 이전으로 거슬
러 올라간다. 말 그대로 최초의 여행용 자동차는 쥘 베른Jules Verne의 공상
적인 '증기 집'이었는데, 이는 '강철 코끼리'에 이끌려서 북부 인도를 누볐다.
그 사적인 공간 안에서 식민지 엘리트에 속하는 사람들이 이국적 공간의 위
험들을 견뎌 냈다. 1926년 초현실주의적 댄디인 레이몽 루셀Raymond Roussel
의 움직이는 집도 엘리트적이기는 마찬가지였다. 이 집에는 거실과 침실, 욕
실, 하인 방, 금고, 무선설비 등이 갖춰져 있었다.[1] 제1차 세계대전과 제2차
세계대전 사이에 미국에서는 처음에는 수천 명이 캠핑을 하면서 국립공원
과 해변 등지를 돌아다녔고, 1929년 대공황 이후에는 자동차에서 거주하는
것이 곧 사회적인 몰락을 의미했다. 뿌리를 잃어버린 가족들은 비참한 자동
차 유목민으로서 대대적으로 낡은 포드 자동차에서 살았다. 독일의 경우,
이 움직이는 트레일러용 집의 역사는 1930년대에 시작되었다. 트레일러 캐
러밴을 타고 여행하는 것('휴대용 집'이라는 모델명이 그 기본 방향을 보여
준다)은 일종의 동력화된 관광 형태가 되었다. 숙식 등 삶의 전체 영역이 함

고, 마음씨 좋은 거인일 수도 있고, 잔소리하기 좋아하는 여자일 수도 있다. 어쨌든 생명체임은 틀림없다. 자동차와 운전자는 원만한 결혼을 통해 일심동체가 된다.ᵀ²

그렇기 때문에 사람들은 마치 동물이나 아이들을 대하듯이 자동차를 상대로 자상하게 말을 걸고 이름을 붙여 준다. 아니면 세계를 주기 위해 성 크리스토포루스〔전통적으로 여행자의 수호신이며, 현대에 와서

께 여행을 하는 것이었다. 트레일러 캐러밴이 동력이 약한 견인 차량에 맞게 작고 가벼워야 했기 때문에, 처음에는 사적인 공간이 제한되어 있었다. 그래서 무게는 가볍지만 내부 공간은 넓은 해법들이 요구되었다. 종종 보트 제작 기법에 따라 합판으로 제작하는 경량 공법이 전쟁 후에도 사용되었는데, 전쟁 중에는 많은 트레일러 캐러밴들이 군대 참모부용으로 징발되기도 했다. 1950년대에는 트레일러 캐러밴들이 일반 주택과 마찬가지로 협소했다. 새로운 해법은 조립식 천막이 설치된 자동차 지붕, 조립식 천막이 내장된 트레일러, 1975년 아우스터만사의 크노스페 모델처럼 측면을 개방할 수 있는 트레일러 등이었다. 어떤 생산업체는 당시의 여행 붐에 적합한 여가용 장비들과 이를 결합시켰는데, 가령 트레일러 캐러밴의 지붕이 보트로 쓰이기도 했다. 트레일러 캐러밴의 전성기는 1960년대였다. 견인 차량의 성능이 좋아지면서 트레일러도 더 커졌다. 트레일러 캐러밴은 모터 캐러밴과의 경쟁에서도 살아남았다. 물론 현재는 모터 캐러밴의 증가율이 더 높다. 독일에서는 현재 60만 대 이상의 트레일러 캐러밴이 등록되어 있는데, 이외에 더 이상 이동하지 않고 장기 캠핑을 하는 20만 대의 이동식 주택도 있다.

---

[1] Charls Grivel, "Automobil. Zur Genealogie subjektivischer Maschinen", 1991, p. 174 이하.

는 자동차의 수호신이기도 하다]의 여행에 데려가기도 한다. 그래서 자동차 소유자는 언어를 통해 자신의 기계와 자신을 동일시하기도 한다. 요즘에도 흔히 사용되는 "나(내 자동차) 저기 있어Ich stehe da drüben"라는 말은 자동차 시대 이전에는 불가능했을 것이다[독일어에서는 자동차가 서 있는 것을 가리키며 관용적으로 '나'라는 1인칭 주어를 사용하기도 한다]. 그렇기 때문에 자동차를 둘러싼 전설들이 생겨났는데, 민속학자 롤프 빌헬름 브레트니히Rolf Wilhelm Brednich는 이를 '20세기의 민요'라고 불렀다.

하지만 이 모든 현상은 점차 사라지고 있다. 왜냐하면 현대의 자동차들은 더욱 완벽해지면서 개성을 상실하는 것처럼 보이고, 그래서 자동차에 대한 감정적인 동화가 제한되기 때문이다. "인간인 나와 이른바 영혼이 없는 이 양철과 기술 덩어리 간의 비언어적 의사소통은 과거에는 너무도 당연시되었지만 이제는 더 이상 이루어지지 않는다."[3] 클래식카에 열광하는 사람들은 거기서 벗어나는 길을 찾는다. 사람들은 자동차 관련 사회화의 초기 단계에 타고 다녔거나 타기를 갈망했지만 그렇지 못했던 차들을 복원하거나 구입한다. 그것들은 보통의 자동차들과 달리 일상생활에는 불필요한 감상적인 자동차로서 무엇보다 특별한 일이 있을 때만 달리게 된다.

자동차를 '개인의 연장延長[4]이라고까지 보지는 않더라도 최소한 옷이나 장식품과 같이 개인의 표현물일 수는 있다. 한 자동차의 상표나 장비는 그 주인의 생활상을 반영하고, 그의 연령과 아비투스에 상응한다. 출세를 하면 학생 때 탔던 자동차에서 세단으로 자동차 등급이 올라가고, 가족이 늘어나면 밴으로 바뀌며, 마지막으로 최상의 시기가 되면 꿈을 이루기 위해 값비싼 스포츠 쿠페로 바뀌게 된다.

한편으로는 자동차와 주인 간의 올바른 관계라는 생각이 상식이다. 예를 들어 견실한 공무원이 차고車庫가 낮은 한국산 스포츠 쿠페를 몰거나 포주가 가족용 밴을 몬다면, 이는 막연하게나마 적절치 않은 것으로 느껴진다. 광고에서는 줄곧 개성과 자동차 간의 직접적 상응관계가 중요한 역할을 했다. 1963년 '여신' 시트로엥 DS19의 광고가 이를 입증한다. "개성적인 형태와 탁월한 기술을 갖춘 이 차는 운전자의 개성적 이미지를 강조한다."[5] 운전자, 자동차 브랜드, 운전 방식 간의 널리 인정되는 상응관계는 확고한 선입관에서 절정을 이룬다. 독일인의 60퍼센트 정도는 BMW 운전자를 고속도로에서 앞차를 몰아붙이는 전형적인 운전자로 인식한다.[6]

소유의 쾌락

자동차 브랜드의 이미지는 그 소유자가 자신에 대해 가지거나 다른 사람이 그렇게 믿기를 바라는 이상적 이미지와 상응하기 때문에, 자동차문화에서도 쇼펜하우어식으로 "어떤 사람의 실제 모습"과 "그 사람이 스스로를 생각하는 모습"은 큰 격차를 보일 수 있다. 이미 슈뢰를은 강력한 자동차를 인격의 의족이라고 유머러스하게 표현했다. "그리 부유하지 않은 사람들이 쓸데없이 후드가 긴 자동차를 산다. 그리 성공하지 못한 사람들이 너무 출력이 큰 자동차를 몬다. 눈에 잘 띄지 않는 사람들이 트렁크와 도어 위에 크롬 몰딩을 붙인다."[7]

그러나 자동차가 그 소유주의 인격을 대표하지 못하는 것과 마찬가지로, 소유자의 실제 수입이나 사회적 지위를 드러내지도 못한다. 이를 중시하는 사람은 대출이나 리스 계약이나 중고차 시장의 도움을 받아 고급 자동차 신봉자가 될 수 있는데, 그러한 자동차는 자신의 사회적 지위보다 몇 단계 더 높은 등급이다. 그런 한에서 자동차는 (피에르 부르디외의 이론을 적용해 보자면) 미세한 차이들의 게임에서 조커가 되는 것이다. 자동차는 사회적 지위를 단지 그럴싸한 것처럼 보이게 할 뿐, 이는 임의적으로 활용 가능한 것이다. 자동차는 브랜드와 모델, 장비, 색상, 부품, 옵션 등을 통해 대단히 다양하고 효과적인 신호를 보낼 수도 있다. 이 모든 특징이 차별화를 낳기 때문에, 자동차 선택은 매우 어려운 일이 된다. 만일 그 선택이 오로지 구매 비용에만 달린 것이라면 한결 쉬울 것이다. 통계적으로 볼 때 독일인은 평생 10번에 걸쳐 그런 선택의 고통을 짊어지게 되고, 이 열 대의 자동차를 위해 21만 4천 마르크를 투자한다.[8] 이때 많은 구매자들은 단지 특정 상표가 갖는 사회적 위신을 얻기 위해 20퍼센트까지 더 지출할 용의가 있다고 한다.[9] 이에 비해 상당히 합리적이거나 저렴한 가격의 자동차를 선택하는 사람이라고 해서 아무런 신호도 보내지 않는 것이 아니라 그저 어느 정도 다르게 내보내는 것이다. 폴크스바겐은 겉보기에는 모든 계층에 어울리는 비틀에 대한 다음과 같은 광고를 내보낸 적이 있다. "이 차는 스스로를 차별화하고자 하는 사람들로부터 다시 스스로를 차별화하고자 하는 사람들을 위한 차이다."[10] 그러니까 차별화를 포기하는 것이 바로 차별화된 특징인 것이다.

합리적이거나 과시적이거나를 떠나서 자동차는 소유의 쾌락을 안겨 준다. 이는 무엇보다도 자동차의 대외 선전용 효과에 기인한다. 다시 말해, 자동차는 예컨대 그 사람의 주택보다 더 공개적이고, 그래서 다른 사람들에게 잘 보인다는 사실에 기인한다. 소유욕은 이미 은밀한 욕망이라는 전 단계에서 촉발되기 시작하여, 광고 전단지 등을 꼼꼼히 살펴보고 각종 데이터와 목록을 비교하며 테스트 결과들을 주의 깊게 읽어 나가는 과정에서 더욱 높아진다. 자동차를 딜러에게서 넘겨받거나 공장에서 직접 가져오는 것은 마치 입문 의식에 비견할 만한데, 입문 의식 후의 축제는 새 차를 이웃이나 동료들에게 과시하는 것이다. 그러면서 그 새로운 소유물을 보여 주고 그 품질을 놓고 대화를 나눈다. 소유의 즐거움에는 자동차 디자인에 대한 미적 쾌감, 주차된 차를 바라보기만 해도 느낄 수 있는 만족감 등이 속하며, 이는 언제라도 타고 나갈 수 있다는 가능성이 주는 즐거움, 그리고 이 움직이는 사적 공간에 자기만의 특징을 부여할 수 있다는 가능성이 결부된 것이기도 하다.

물론 이러한 소유의 즐거움은 합리적 기준들이 중시되면서 점차 중요성을 잃어버렸다. 요즘에는 거의 기이하게 느껴지기 때문에 점점 덜 추구된다. 그래서 이러한 애착의 표현, 주차된 차의 문을 잠그고 사랑스럽게 다시 한 번 돌아보는 눈길 등은 대개의 경우 남모르게 일어난다. 그러나 1950년대까지만 해도 어떤 작가는《내 차에 보내는 연서》라는 책을 내면서도 웃음거리가 되지 않을 수 있었다.[11] 그때는 경제기적의 시대였으며, 새 차를 사면 자신이 그 일을 '해냈다'는 것을 과시하기 위해 문 앞에 세워 두곤 했다. 하지만 앞으로는 자가용 소유의 즐거움이 사라질 것이라는 전망은 아마도 억측에 불과할 것이다. 자동차는 실용적인 이동성이 중요하기보다 차별화와 이동성에 대한 단순한 약속 등이 중요하기 때문에, 카 셰어링(자동차의 공동이용)은 광범위하게 성공하지 못할 것이다. 사회학자 안드레아스 크니Andreas Knie가 내세운 "소유 대신 이용"이라는 구호와는 반대로 "이용 대신 소유"라는 구호를 내세운 일본 모델이 훨씬 더 성공할 가능성이 높다. 그렇다면 자가용은 여전히 집 앞이나 지하 주차장에 서 있으며, 움직이는 경우가 별로 없을 것이다. 사람들은 (어쩔 수 없이) 다른 교통수단으로 바꿔 타게 될 것이다.

자동차 교육: 어린이와 청소년

1931년 앙드레 시트로엥André Citroën은 다음과 같은 기대를 가졌다. "갓난아기가 처음 배우는 세 개의 단어는 '엄마, 아빠, 차'가 될 것이다."[12] 그 후로 여러 세대가 자동차와 함께 컸다. 아기들은 교통 참여자가 되기 한참 전부터, 즉 출생 직후부터 이미 자동차 경험을 하게 되었다. 병원에서 집으로 가는 길에 어미 캥거루의 주머니에 든 아기 캥거루처럼 유아용 보조시트에 잘 담겨진다. 등교나 여가 활동을 위해 이동할 때, 주말이나 휴가 때 여행을 하면서 아이들은 많은 시간을 부모의 자동차 안에서 보낸다. 그 자동차의 안락함은 보조시트나 햇빛을 막으려고 창문에 붙이는 색동 그림들을 통해 움직이는 아이 방으로까지 향상되고, 아이들은 그 안에서 자연스럽게 자동차 교육을 받게 된다. 이는 운전석에 앉은 부모와 밀접하게 접촉하면서, 혹은 자동차와 교통에 관한 대화를 하면서 이루어진다.

엄청나게 다양한 장난감의 세계는 아이들이 완전히 동력화된 사회로 성장해 들어가는 일을 도와준다. 곰 인형과 비슷한 작은 자동차, 자동차 미끄럼틀, 그림책, 자동차 모형 등이다. 자동차를 흉내 낸 최초의 장난감은 이미 1900년경 빙이라는 회사에서 만들었다. "현대의 교통은 '자동차'가 선도한다! 그러므로 아이들이 이 현대적 교통수단을 극성스럽게 요구하는 것은 놀라운 일이 아니다."[13] 실제 자동차 소유와 마찬가지로, 자동차 장난감도 누구나 가질 수 있게 되기 전에는 그 구매자들이 처음에는 부르주아 계층이거나 대도시에 사는 아버지들이었다.

모형 자동차들은 실제 자동차와 흡사해졌고, 이제는 때로 성인을 겨냥하여 만들어진다. 장난감 자동차에 길거리 모형, 주유소, 공장 등이 덧붙여지면서 자동차와 관련된 거대 시스템과 인프라도 아이들 방으로 들어갔다. 축소 제작된 매치박스 모형들은 아이들을 매혹시켰다. 종류도 매우 다양해서, 아이들이 실제 자동차 등급에 따른 위계질서에 익숙해지도록 유도했다. 자동차 카드놀이를 통해서 아이들은 최고속도, 출력, 배기량 등의 슬론주의적 위계들을 익혔다. 또한 태엽 자동차나 원격조종 자동차, 장난감 경주 트랙, 그리고 요즘은 컴퓨터게임 등을 통해 속도에 대한 훈련도 일찌감치 이루어진다. 아이들의 움직임에 대한 욕구는 페달 자동차, 세발자전거, 외발 굴림판, 요즘에는 어린이용 전동차와 가솔린기관을 단 미니 바이크로 충족된다. 전동차나 미니 바이크는 1820년의 '어린이 드라이스 자전거'나,

1925년 DKW의 장난감차 '소년의 꿈' 등의 후예라 할 수 있다.

그 외에도 아이들은 도로교통에서 법규를 지키는 태도를 일찌감치 배운다. 교통교육은 생명을 지키는 데 필수적인 과목이다. 교통 상황의 전체적 조망과 속도 예측, 시선을 두는 차례("먼저 왼쪽, 그 다음 오른쪽, 다시 왼쪽을 바라본다"), 맹목적으로 달려 나가지 않도록 급작스런 행동의 통제, 원래는 자동차에만 해당되던 신호 시스템이던 색깔 기호의 기억("빨간색은 서고, 녹색은 간다") 등을 훈련해야 한다. 이런 훈련에는 많은 주체가 참여한다. 부모, 유치원, '교통 어릿광대', 아동 도서, 동요 등이다. "차 안의 내 자리는 뒷자리/자리에 앉아 나는 기대지/ 그래, 뒷자리에 오면 나를 찾을 수 있어/ 그리고 차가 떠나기 전에 나는 '찰칵' 해." 1960년대까지만 해도 끔찍한 사진들을 보여 주고는 했다. 당시에는 예컨대 죽은 장난감 곰 사진들을 아이들에게 보여 주었다.

동력화 사회로 성장해 가는 데에는 원동기 장치 자전거, 페달 장착 오토바이, 스쿠터 등이 포함되는데, 이는 승용차 운전면허증을 취득하기 전부터 탈 수 있는 것들이다. 이러한 이륜자동차들은 스타일상 크게 개선되었지만, 마치 1960년 이전의 성인들이 자전거 타기를 그리 좋아하지 않았던 것처럼 요즘 청소년들이 이런 이륜자동차를 기꺼이 타는 것은 아니다. 선진국 청소년들은 자동차 대중화 시대 이전의 성인들과 비교할 만한 상황에 처해 있다. 즉, 자신들이 진정으로 원하지 않는 탈것에 어쩔 수 없이 의존해야 하는 것이다. 16세에서 18세 사이는, 스쿠터 운전면허 취득 연령과 승용차 운전면허 취득 연령 사이는 어쩔 수 없는 기다림의 시기다. 이 시기에는 낮은 수준의 면허로 이미 동력화된 도로교통에 참여할 수는 있지만, 그것이 자기가 원하는 차량은 아니다. 특히 젊은 남자들은 성년이 되자마자 부모의 차를 몰거나 아니면 하루빨리 자기 차를 구입해서 운전하기를 초조하게 기다린다. 이 경우에는 그 차의 원래 기능들 이상으로 활용하기도 한다. 1945년에 이미 존 스타인벡은 소설《통조림 공장 마을》에서 다음과 같이 썼다. "미국인들의 두 세대는 자신의 포드 자동차 점화코일에 대해 아는 것이 클리토리스에 대해 아는 것보다 더 많다. … 이 시기의 아이들은 대부분 포드 T모델 안에서 만들어졌다."[14]

스스로 관리하기: 차를 돌보고 꾸미는 즐거움

자동차 소유자들은 '켄타우로스적' 관계의 대상인 자동차에 대해 단지 수동적인 애착만 쏟는 것이 아니라, 다양하고도 능동적으로 자기 것으로 만든다. 여기에는 세차와 관리에서부터 내부 공간 디자인, 수리 작업, 재도장, 튜닝을 거쳐 철저한 개조에 이르는 각종 관리가 포함된다. 이를 통해 대량생산품을 자신의 개성에 맞는 기계 파트너로 변화시키는 것이다. 이러한 단계들의 맨 아래로 예전에 인기 있었던 것이 세차이다. 1971년에는 독일인의 90퍼센트가 직접 세차를 했는데, 보통 일주일에 한 번, 그것도 마치 의식을 거행하듯 토요일마다 집 앞에서 했다. 당시에는 그것이 아직 허용되었다. 다소 낮춰 보던 가사노동과 달리 세차는 대부분 남성들의 몫이었다. 세차하는 장소는 이 움직이는 파트너와의 조금은 에로틱한 관계를 가지는 곳이었다. "그곳에서는 모두가 보는 가운데 부끄러움도 모르고 색정적으로 인간의 몸 전체가 눕거나 선 채로 가장 은밀한 관계 속에서 자신의 정열에 빠져들었다."[15] 자동세차 설비가 일반화된 이후로는 그렇게 손으로 씻고 천으로 닦아 내고 광을 내는 애무 같은 작업은 점차 의미를 잃었다.

그러나 약 1,100만 명의 독일인들이 아직도 정기적으로 직접 담당하고 있는 차량관리 작업은 이와 다르다.[16] 이들은 단지 돈을 절약하기 위해서가 아니라, 전문적 기술이 많거나 적거나를 막론하고 자동차의 기술적 핵심을 다루는 일에 만족감을 느끼기 때문이다. 그 일에는 단순한 오일 교환에서부터 복잡한 차량조정 작업까지 포함된다. 제2차 세계대전 이후 첫 10년간은 자동차 기술이 아직은 좀 단순했고 또 고장이 잘 났기 때문에, 창조적이고 전문적인 관리는 좋은 평가를 받았다.

1962년《자동차 여행 리뷰》지에는 "내 차, 내 취미"라는 난이 있었다. 자동차 주인은 인간과 기계의 파트너 관계를 통해 자기 차의 약점을 알게 되었고, 그 차가 그다지 완벽하게 기능하지는 않았음에도 불구하고 만족스러운 관계를 유지할 수 있었다. 1970년대의 학생운동은 이러한 자동차 관리를 노동 분업으로 인한 소외로부터 탈출하는 길로 보았다. 그 결과는 'DIY' 자동차 정비소였다. 물론 자동차 생산업체들은 그 얼치기 전문가들의 조립 광기를 그리 반기지 않았다.

전자식 엔진 제어장치, 특수 볼트, 그리고 전체적으로 높아진 자동차의 복잡성 때문에 일반인이 자동차에 개입할 수 있는 가능성은 줄어들었다. 많은 자동차 애호가들은 그러한 작업이 막을 내리게 되었다고 불평하고 있다. 그러나 그들 중 진정한 마니아들은 특수 부품들을 만들어 내고, 차고를 낮추는 등으로 섀시를 변화시키고, 심지어 엔진룸 자체를 디자인하기도 한다. 생산업체들이 자동차의 핵심 기술들을 점점 더 보이지 않게 처리하지만, 최근 들어 본격적인 마니아 그룹들이 형성되고 있다. 그들은 후드 덮개 안쪽에 거울처럼 반사되는 박편을 붙이거나, 기계 설비들에 커버를 씌우고, 전선에 최신형 피복을 입히는 등 기계 설비 공간을 디자인하고, 동료들에게 후드 덮개를 열어 엔진을 보여 줄 야심을 품고 있다. 차체와 내부 공간의 디자인 변경은 이보다 더 오랜 전통이 있다. 과시 효과가 더 크기 때문이다. 제2차 세계대전 종전 후에는 이미 미국식 모범에 따라 차량 개조 대회가 열리곤 했는데, 차체 개조나 계기판 개조 분야에서 솜씨가 우수한 사람들에게는 상금이 수여되었다.

단순한 스티커나 장식용 판지에서 유리창 코팅, 안테나, 등, 모조 라디에이터 그릴을 거쳐 스포일러 조립이나 보조 카브레터에 이르기까지, 자동차 액세서리 및 개조산업이 제공하는 상품들은 엄청나게 늘어났다. 자동차 액세서리는 개성화, 더 새로운 모델의 보유, 나아가

일반인을 위한 차량관리 및 수리 안내서(1985)

좀 더 고급차로 업그레이드를 하는 데 가장 효율적인 수단이었다. 오래전부터 그런 유희적인 디자인 변경이 소수 자동차 마니아들의 특권은 아니었다. 독일에서 시장점유율이 가장 높은 D&W 카탈로그의 인기는 자동차 생산업체들의 반증으로 입증된다. 처음에는 해당 그룹들에서만 통상적으로 사용되던 다양한 액세서리(코팅 후미등, "더 넓고 더 깊게breiter & tiefer" 세트, 자동차 장식)가 이제는 생산 공장에서부터 제공된다. 또다시 자동차 사용자들이 트렌드에 큰 영향을 미치게 되었다. 자동차 디자인에서 이러한 현상은 패션 디자인과 크게 다르지 않았다. 매력적인 자기화가 최고조에 달한 것은 클래식카의 복원이나, 부품들을 가지고 스스로 차를 조립하는 일로 나타났다. 물론 로터스의 슈퍼 세븐 같은 탁월한 꿈의 자동차를 조립하려면 고도의 기술력이 필요하다.

이러한 개조문화를 살펴보면 자동차에 대한 사랑이 무관심보다 훨씬 더 깊이 뿌리내리고 있음을 알 수 있다. 사동차는 합리적 세산에 따라 조종하는 단순한 이동 수단이 아니다. 사용자가 자신의 차에 엄청나게 쏟아 붓는 에너지와 비용을 통해 그것은 단순한 소비 관계를 넘어서며, 이 공업생산품이 갖는 익명적 대량생산의 특성에 도전하면서 정서적인 관계가 만들어진다. 이러한 개인적 관계는 매우 다양하게 표현된다. 말로 떠들지 않고 은밀하게 추구할 수도 있지만, 집단적으로 누릴 수도 있다. 클럽이나 느슨한 여러 그룹에서 자동차를 조립하고 경탄하며 차를 몬다. 특히 특정 자동차 상표에 대한 애착은 동지 모임에서 가장 잘 나타난다. 그러한 그룹이나 집단들은 예컨대 오로지 골프나 비틀이나 코르사에만 관심을 갖는다.

조그만 도피처들

자가용 소유와 창업자 시대〔1871년 독일제국 성립 직후 경제성장기〕의 도심 주거지역이 그리 잘 어울리지 않는다는 사실은 수십 년 전부터 이미 분명해졌다. 그곳에 거주하는 사람은 인구가 조밀한 지역에서 항상 주차장을 찾아 헤매야 하고, 집에서 자동차까지의 긴 거리를 감수해야 하며, 교통이 혼잡할 때는 꽉 막힌 시내 도로에서 거의 앞으로 가기가 힘들다. 1960년대에 대부분의 독일인이 기본적으로 주택을 가질 수 있게 되고 복지 수준이 높아지고 빈민 지역이 사라지게 되면서, 자가용 소유의 민주화와 함께 자택 소유의 민주화도 이루어졌다. 이는 이중적인 과정이었다. 녹지 주거지역을 통해서야 자동차가 성공하게 되었고, 동시에 자동차를 통해서야 교외로의 주거 분산이 이루어졌다. 그 결과 미국 모델에 따른 서독의 도시권화가 이루어졌고, 인구가 조밀하지 않고 단독주택이나 연립주택들이 있는 교외가 종래의 경계를 넘어 확장되었다.

대출로 마련한 녹지 주택과 자동차는 새로운 사회 유형인 자동차 사회의 주요한 요소가 되었다. 도시 주변부 주거지역에서는 공공 교통수단만으로는 가족생활이 거의 이루어지기 어려웠다. "교외에 위치한" 슈퍼마켓에서의 쇼핑, 어린이나 부모의 여가 활동도 자동차 없이는 이루어질 수 없었다. 점점 더 자동차에 어울리고 자동차에 종속되어 가는 인프라들은 자가용이 얼마나 '도시의 매장자'[17]가 되었는지를 입증하고 있다. 자동차가 있어야만 거주와 노동, 쇼핑과 오락의 분리가 제대로 유지될 수 있었고, 이는 어마어마한 결과들을 낳았다.

주거와 자동차의 새로운 결합은 건축과 일상까지 규정했다. 자동차에 적합한 교외에서는 종종 차고가 설치된 집들이 생겨났다. 그리하여 공공장소를 거치지 않고 차고를 통해, 움직이는 사적 공간에서 본래적인 사적 공간에 직접 도달할 수 있었다. 주택은 주차시설, 간이 차고, 진입로 등을 갖춤으로써 자동차에 적합해졌다. 아이들은 이제 공적인 도로에 세워진 자동차가 아니라 자기 집 안에 세워진 차 옆에서 놀게 되었다. 도시권화와 함께 2박스 자동차들이 성공을 거두었다. 가변적인 내부 공간이 자택을 가진 가족의 늘어나는 이동 욕구에 더 적합했던 것이다. 이를 통해 매주 슈퍼마켓에서 대량으로 쇼핑을 하거나 아이들을 스포츠나 음악학원에 데리고 가기가 쉬워졌다.

자가용과 자택 간에는 긴장이 생겨났지만 상호적응도 이루어졌다. 자택은 가족들이 그 내밀한 공간으로 숨어들어 가는 것을 촉진했다. 이와 반대로 자동차는 이동성의 예기치 않은 새로운 가능성을 만들었다. 이와 동시에 자동차는 점점 더 주거 공간의 특징을 가지게 되었다. 자동차가 정적인 자기 집을 이동식으로 보완하는 '거실의 연장'[18]이라는 사실은 자동차의 본질적 매력 중 하나이다. 자동차에 거주하는 것은 커버나 쿠션 등으로 자동차를 장식하는 일 이상이다. 냉난방 시설, 안락한 기술 설비, 오락을 위한 전자제품 등은 자동차 내부를 사적으로 은둔할 수 있는 공간으로 변화시켰다. 사적 공간을 중시하지만 보통은 집이 작은 일본인들이 이를 좋아하는 것 같다. 이미 크레머 바도니Krämer-Badoni와 그의 공저자들은 자동차가 기이하고 매력적인 위치를 지닌다고 보았다. "그 위치는 공공장소와 주택과 같은 완벽한 사적 공간의 사이에 있다. 자동차는 이 두 가지 성격을 조금씩 나눠 가진다. 한 가지는 도로 위의 바쁜 움직임에 참여하는 것이고, 다른 한 가지는 고립과 폐쇄 효과, 숨겨 주는 공간적 차폐, 유리창을 통한 공공성의 완화 등이다."[19]

이동성은 인간의 기본 욕구인가?

도로 이동성에 대해서는 두 가지 견해가 있는데, 이들은 심지어 신앙의 차원에까지 다가섰다. 철학자 헤르만 뤼베Hermann Lübbe 같은 사람들은 "우리의 이동성 욕구는 우리의 실존 방식에서 인간학적 상수에 속한다"[1]고 생각한다. 그것이 맞다면, 인간 본성에 대한 모든 제한에 맞서 투쟁해야 할 것이고, 그럴 경우 성공할 가능성이 별로 없을 것이다. 또 다른 견해(이쪽은 어느 정도 자동차 비판적인 입장을 대표한다)는 이동성 욕구를 발전 과정에서 비로소 생겨나고 만들어진 역사적 욕구로 본다. "만들어진" 욕구라면 다시 사라지게 할 수 있다는 장점이 있을 것이다. 이러한 논쟁은 겉보기에는 추상적이지만 실제로는 오히려 매우 정치적인 파생 효과들을 낳고 있다. 이동성이 정말로 기본 욕구라면 이동성에 대한 기본권(무엇보다도 자동차에 대한 기본권)을 헌법에 추가하는 것도 그리 어렵지 않을 것이다. 법철학자들은 여기에서 매우 광범위한 연구 분야를 가지게 된다. 왜냐하면 이렇게 요구되는 기본권은 특히 안전에 대한 기본권과 충돌하기 때문이다.

이외에도 도로교통의 이동성에 대한 세 번째 욕구가 있는데, 나는 이를 주장한다. 개인적 이동성의 원인에 대한 물음은 결국 그야말로 사소한 것이다. 이러한 욕구가 역사적으로 우연히 나타났다고 하더라도, 그것이 역사를 규정하는 힘이 되었기 때문이다. 그리고 그것은 사회를 변혁하는 자동차의 성공에 결정적인 영향을 끼쳤다.

---

[1] Felizitas Romeiß-Stracke, "Freizeitmobilität-Dimensionen, Hintergründe, Perspektiven", 1998, p. 85에서 재인용.

매일 집과 직장을 오가는 운전자들은 자동차가 가지는 집과 같은 요소와 다른 요소를 동시에 중시하며, 매일 오가는 시간을 긴장 해소의 여가 시간으로 활용한다. 이를 통해 하루의 긴장과 가족의 부담으로부터 벗어날 수 있는 것이다. 자동차에서는 드디어 혼자가 될 수 있다.

자동차가 주변 환경을 삭막하게 하면서도 동시에 그런 환경으로부터 보호하기도 한다는 사실은 역설적이다. 작가이자 정원에 대한 책의 저자인 위르겐 달Jürgen Dahl은 다음과 같은 통찰을 제시했다. "실제로 개인 교통의 중요한 부분은 오직 바로 이 교통의 영향으로부터 도피하기 위해 필요하다."[20] 움직이는 사적 공간은 꿈같은 소망이 갖는 두 가지 오랜 트렌드를 보여 주는데, 둘은 겉으로만 모순적으로 보일 뿐이다. 하나는 사치의 꿈, 은밀하고 친숙하며 폐쇄된 환경에서의 조용하고 쾌적한 삶에 대한 꿈이다. 또 하나는 모험적인 낯선 땅으로의 자유로운 방랑의 꿈, 독립성과 새로움의 자극을 향한 꿈인데, 이는 자기향유라는 부르주아 혁명의 낭만적 이상이다. 이제 지동차는 두 가지 소망, 즉 친숙함 속에서의 정착적 편안함에 대한 귀족적인 소망과 낯선 것 속에서의 자극적인 이동성에 대한 부르주아 혁명적 소망을 모두 충족시킨다. 그러나 자동차는 이러한 꿈들을 민주화시키는 동시에 이를 진부한 것으로 만들어 버린다.

모험과 공격의 욕구

오늘날에는 만족스럽고 이성적인 자동차 사용의 이미

지가 지배적이다. 이는 자동차에서 일반적으로 중요한 것은 길들여지고 합목적인 이동이고, 스포츠나 경쟁을 추구하는 운전 방식은 오직 위험스러운 예외, 오히려 규칙을 입증할 뿐인 예외에 불과하다는 입장이다. 예를 들어 디트마르 클렌케가 볼 때 공격적인 운전 방식은 제2차 세계대전 직후에 특징적으로 나타났는데, 이는 '독일의 재앙'[21]의 결과라는 것이다. 그러나 도로에서의 야만적인 경쟁은 단지 이 역사적인 시기에만 국한된 것이 결코 아니다. 이는 자동차 역사 초기부터 많은 사람들의 불평을 샀다. 위험하고 호전적인 운전은 보통 일이었다. 예컨대 1920년대에 필리우스Filius는 다음과 같이 말했다. "보통은 전혀 호전성을 보이지 않는 사람이 핸들만 잡으면 표변해서 오로지 다른 운전자들을 '이기겠다'는 유일한 소망만을 가지게 된다. 이는 자동차 기계에 내장된 엄청난 힘이 어느 정도 거기에 탄 사람의 뇌로 흘러든 것임이 틀림없다. 그렇지 않고서는 이 현상을 설명할 방법이 없다. 보통은 온유함 자체라 할 수 있는 부드러운 여성조차도 차에 타기만 하면 다른 자동차를 거친 전투를 통해 '굴복시키겠다'는 소망밖에 없게 된다. 그러한 흥분을 이해하고 추격과 승리가 불러오는 쾌감을 함께 느껴 보려면 그러한 자동차 공동체와 한 번 동행해 보기만 하면 된다."[22] 제2차 세계대전 후 대형 세단차 운전자가 소형차에 보이던 공격적인 태도는 심지어 자동차 계급투쟁으로까지 여겨졌다. 이러한 개념이 어쨌든 ADAC의 1965년 《자동차 선언》에 등장하게 되었다. 신생 공화국의 이제 막 민주화된 사회는 그런 태도 외에는 지위와 권력을 과시할 만한 기회를 별로 제공하지 않았던 것이다.

그러나 흔한 선입관과 달리 "초기의 조야한 짓"[23] 이후로도 핸들을 잡은 여성과 남성들의 이 어두운 면은 좀처럼 사라지지 않았다. 오히려 자동차는 여전히 "우리가 그럴듯하게 교통이라고 미화해서 부르는 매일매일의 유격전에서 하나의 무기"[24]이다. 도로에서의 그 유명한 전투는 아직까지도 육박전 형태로 일어나고 있다. 운전자들은 서로를 위협하고 무기를 들이대며 주차장에서 난투극을 벌인다. 이런 일상적인 폭력들은 설명을 필요로 한다. 많은 연구자들은 자동차의 공격성이 보상적인 기능을 한다고 생각한다. 공격적으로 운전하는 사람은 일상의 좌절과 강제에 대한 보상을 받으려고 그렇게 한다는 것이다.

이것은 다시 개인적이고 무정부적인 법규 위반, 개인에게 자유로운 운신의 폭을 거의 허용하지 않는 사회에 대한 항의로 해석된다. 헬무트 슈미트 전 수상도 다음과 같은 결론을 내렸다. "철저하게 조직된 사회에서 개인은 오로지 자동차 안에서야 스스로 약간의 결정을 내릴 수 있고 자신의 주체가 될 수 있다."[25] 일상생활의 곳곳에서 위험이 줄어들고 공격성은 멸시를 받으며 완벽하게 보험에 들어 있다는 정서가 퍼져 나갈 때, 자동차 운전은 그 반대극으로서 모험적인 면이 남아 있는 요소가 되는 것이다. 특히 스포츠카와 오토바이는 "현대사회의 유약해진 과잉보호로부터 일시적으로나마 뛰쳐나오는 것"[26]을 가능케 하고, 위험이 주는 쾌감과 공격성의 만끽을 가능하게 하는 것이다.

과밀해지고 과부하를 받고 있는 도로교통에서도 운전의 '만끽'을 위한 충분한 여유가 존재한다. 자동차는 표현을 위한 기계로 이해될 수 있는데, 이를 가지고 사람들은 감정과 기분을 드러내면서 공격적이거나 여유롭거나 자기중심적이거나 방어적이거나 고집스럽게 운전할 수 있다. 모든 교통 참여자가 거리의 분위기에 영향을 끼치는 것으로 보인다. 한 사람이 비이성적이고 위태롭고 모험적으로 행동하면, 그의 법규 위반은 의사소통 사실을 거쳐 남들에게 짜증과 분노와 복수심의 연쇄반응을 유발한다. 급변하는 교통 상황은 (자신이 의도하는 운전이 성공하느냐 실패하느냐에 따라) 개인적 승리나 패배로 받아들여진다. "도로에 나서는 사람은 곧바로 자존심을 걸고 도박에 참여하게 되는데, 그 결과는 치명적일 수도 있으나 판돈 덕분에 정당화가 가능하다. 판돈은 바로 자신의 인격과 능력의 가치다."[27]

이로써 길거리는 어느 정도는 장난스러운, 어느 정도는 매우 심각한 경기장이 되는데, 거기서는 자동차로부터 엄청난 힘을 부여받고 기계로 무장한 투우사들이 싸우고 있다. 게다가 그 경기장에서는 법의 진공상태가 지배한다. 왜냐하면 법규 위반이 때로 충분히 처벌받지 않거나 아니면 최소한 즉석에서 처벌받지는 않기 때문이다. 그래서 개개의 운전자들은 스스로 자유롭다고 느낄 수 있다. 공권력이 자신들을 보호한다는 믿음도 없고, 한편으로 자신들은 처벌받지 않을 것이라는 막연한 확신을 가지고 행동하는 것이다. 그리하여 거친 서부 개척시대가 시작된다. 보안관이 없기 때문에 사적인 징벌을 가하는 것이 당연시된다. 특히 그 범법자들이 익명에 머물 때는 더욱 그러하다. 사실 자동차 안에 앉아 있는 그들은 빠른 속도 중에 잠깐 만나는 것이기 때문에 서로 알아보기 어렵다. 거기서 만나는 것은 사람이 아니라 자동차들이다. 그래서 직접 얼굴을 맞댈 때와는 달리 수

1900년대에는 "모든 현대적인 탈것이 여성들에게 이용되기 시작한 이후에야 진정으로 인기를 끌게 되었다는 사실은 매우 기이하다"[1]라는 말이 있었다. 그러나 핸들을 잡은 여성들이 그토록 주목을 끌었던 것에 비하면, 그들의 실제 숫자는 오랫동안 아주 낮은 수준을 벗어나지 못했다. "우아한 여성 운전자"나 남성들의 영역인 자동차경주에서 활약하는 몇 안 되는 "대담한 여성 카레이서들"이 대대적으로 보도되었지만, 1927년 전체 운전면허증 취득자 중 여성은 2.7퍼센트에 불과했다.[2] 하지만 이 집단은 자동차의 모험적 문화에 참여하기만 해도 여성해방의 권리를 대표하게 되었다. 그래서 미국의 여권운동은 여성참정권 홍보에 자동차를 즐겨 활용했다.

서독에서는 1965년까지만 해도 여성의 20퍼센트만이 면허증을 소지하고 있었다. 20년 후에는 43퍼센트로 상승했는데, 이 중 젊은 여성의 비율이 훨씬 높게 나타난다. 이제 여성들은 자동차산업에서 가장 우선시되는 목표 집단인데, 여성들의 잠재성은 추가적인 동력화에서 결정적인 역할을 하게 될 것이다. 이미 1920년대에 여성들은 더 편안하고 폐쇄적인 자동차라는 트렌드

자동차잡지 표지의 핸들을 잡은 여성 (1916)

를 촉진했다. 여성들은 자동차의 운전 적합성보다도 오히려 안락함과 조작의 간편함을 원했다. 1950년대에 오이겐 디젤은 미국의 영향으로 "자동차에 대한 여성들의 요구가 지나치게 설계에만 반영되었다"[3]고 불평했다. 여성에게 전형적인 자동차의 기준들은 오늘날에도 나타난다. "자동차는 운전하기 쉬워야 하고, 쇼핑에 실용적이어야 하며, 장거리 주행에 너무 무기력해서는 안 되며, 당연히 예쁘게 보여야 한다."[4]

성별에 따른 운전 방식을 둘러싼 논쟁은 매우 오래되었고, 대개의 경우 남성들의 편

견으로 좌우되어 왔다. 1970년 자동차 입문서인 《자기, 가속해》에서는 "여성이 운전을 더 잘하거나 더 못하는 것이 아니다. 여성은 단지 다르게 운전한다"[5]고 말하고 있다. 여성들은 가령 집중력이 떨어진다거나, 기술적 지식이 부족하다거나, 주차를 제대로 못한다거나, 운전 자세가 틀렸다거나, 속도 판단을 제대로 못한다는 등의 비난을 받아 왔다. 그러나 분명한 사실은 여성이 더 안전하게 운전하고, 사고를 덜 내며, 특히 심각한 사고를 덜 낸다는 점이다. 적어도 바로 얼마 전까지는 그랬다. 왜냐하면 여성들이 점점 더 많이 교통에 참여하면서 남성적인 운전 방식에 적응해 가면서 "교통법규 위반과 사고율이 높아지고 있기"[6] 때문이다. 또한 여성들이 점점 더 스포티하고 성능이 좋은 자동차들을 구매하면서, 남성의 공격적 태도에 동화되고 있다. 몇 가지 자료들을 보면 심지어 남성보다 여성이 로드스터와 같이 그리 합리적이지 않은 자동차를 더 선호한다고 암시되어 있다. 중대형 자동차를 타고 고속도로를 한 번 달리면 다른 운전자들로부터 평균적으로 9차례의 공격을 당하게 되는데, 이는 공격을 가하는 운전자의 성별과는 무관하다. 여성이 자동차에 대해 좀 더 비판적인 태도를 가진다거나 이동성에 대해 더 환경친화적인 태도를 보인다는 것은 경험적으로 입증되지 않는다. 이는 확실히 여성 운전자들이 자신을 생각하는 이미지에 속한다. 여성들이 대개의 경우 소형차를 더 합리적으로 사용한다는 사실은 성별과는 무관한 그들의 사회적·경제적 위치와 관련이 있다. 현재는 생물학적 성보다는 연령과 수입이 운전 태도를 더욱 강하게 규정짓는다.

---

[1] Hans Forsten, "Automobilismus", 1900, p. 109.

[2] Christoph Maria Merki, "Die 'Auto-Wildlinge' und das Recht", 1999, p. 59.

[3] Eugen Diesel, *Wir und das Auto. Der Motor verwandelt die Welt*, 1956, p. XXII.

[4] 《ADAC 자동차 세계》 9/2000, 28쪽.

[5] Birgit Hodenius, "Frauen fahren anders! – Zum Wandel der Relevanz und Aktualität eines Themas", 1999, p. 167에서 재인용.

[6] Susanne Karstedt-Henke, , "Frauen im Straßenverkehr. Haben sie eine bessere Moral?", 1989, p. 83.

치스러운 일에 대한 두려움 없이 반사회적으로 행동할 수 있다. 심리학 전문용어로 말해 감정적 자제력 상실 현상인 것이다. 1950년대까지만 해도 예의규범 입문서들은 이러한 현상에 경악을 금치 못했다. "마이어 교장 선생님이 슐체 추밀고문관님을 소개받으면 두 사람은 극도의 예의 때문에 어찌할 바를 모르고 문을 지날 때마다 서로에게 양보한다. 하지만 그들의 자동차가 교차로에서 만나면 둘 다 속도를 더 높인다."[28]

운전의 즐거움, 자동차를 탄 자유의 느낌, 흐름flow은 본래 고독하고 홀로 느끼는 즐거움이며, 이상적으로는 텅 빈 거리에서 타인의 자동차에 방해를 받지 않고 누려야 하는 것이다. 그런데 다른 자동차가 혼잡하고 꽉 막힌 교통에 합류한다면 그들은 운전의 즐거움에 훼방을 놓게 된다. 그렇기 때문에 대중적 교통이라는 부당한 요구 자체가 공격적인 운전 태도를 촉발하는 것이다. 자유에 대한 소망과 교통정체로 제한되는 자유 간의 긴장 관계는 운전자들이 자기 차의 주행에 대한 통제권을 돌려받고자 하는 유혹을 느끼게 한다. 그리하여 너무 장난스럽게 보이지만 때로는 무서운 결과를 낳는 행동들이 나타난다. 가령 위험한 추월 행각은 그러한 자극을 통해 꼬리를 물고 늘어서 있는 교통 상황의 답답함을 달래 주는 사이비 해방 행동이다. 적절한 순간에 두 명의 악당 사이로 끼어들 수 있고, 이를 통해 스스로 연출한 경주에서 이길 수 있다는 것은 얼마나 큰 만족인가! 그래서 혼잡한 교통 상황 속에서도 겉보기에는 앞으로 나가는 데 성공할 수 있고, 그 시스템을 좌절시키기도 하는 것이다.

도로교통에서 '무기와 같은' 자동차 운전과 공격성이 자동차문화의 대단히 심각하고 위험한 현상이라는 점에는 의문의 여지가 없다. 하지만 상습적으로 몰염치하게 달리는 폭주족들을 엄한 처벌로 통제하거나 재교육하는 일이 충분하게 이루어지고 있는지에 대해서는 무척 회의적이다. 범법자 개인보다도 자동차 자체가 그 모든 교육학적 낙관론을 반박하고 있다. 자동차는 길들이기가 거의 불가능하다. 여러 사실들은 공격성이 주는 쾌감과 장난스럽게 위험을 감수하는 태도가 치료를 요하는 일탈행위라기보다는 자동차문화에 당연한 것이라는 점을 보여 준다. 그렇기 때문에 진정한 해결책은 갈등과 억압이 사라지고 너그러운 사회라는 유토피아가 이루어진 다음에야 가능할 것이다. 그런 다음에야 그 어떤 자동차 소유자도 자신의 공격성을 분출하지 않게 될 것이다.

은밀한 쾌감

교통학자나 정치가들은 자동차를 주로 이동 수단으로 바라본다. 이 일차적인 기능을 넘어서는 모든 것을 부차적인 요소로 평가절하한다. 자동차 반대자나 옹호자 모두 자동차가 근본적으로 이성적인 교통수단이며, 결국에는 본래 목적으로 환원되어야 한다는 점에 암묵적으로 동의한다. 양측 모두 이러한 관점에서 이득을 취한다. 이성적인 자동차는 비판자들에 맞서 정당화되기 쉽고, 다시 이성적으로 바뀌는 교통수단은 장래에 자동차 교통 문제들이 대부분 해결될 수 있을 것이라고 믿게 하기 때문이다. 그러나 많은 사용자들은 이를 다르게 생각한다. 대다수 사용자들에게 자동차는 일차적으로 이동 수단이 아니라 운전의 즐거움과 소유욕의 대상이며, 자율성을 보장하는 기계이자 욕구와 애착의 대상이며, 조립할 수 있는 물건이고, 사적 공간이다.

자동차가 단지 이동 수단에 불과하다면 그것은 지금과는 다르게 보일 것이다. 그렇다면 자동차는 기술과 출력과 디자인에 훨씬 덜 소모하면서도 인간과 재화를 한 지점에서 다른 지점으로 옮기는 데 집중할 것이다. 이성적인 자동차는 길들여진 자동차와 마찬가지로 이루어질 수 없는 유토피아이며, 자동차의 부차적인 기능들이 전면에 등장한 것은 이미 오래전이다. 자동차가 만족시켜 줄 것이라고 믿는 즐거움들은 그 결과를 이미 알더라도 자동차의 이동이라는 과제보다 더 매력적이다. "우리가 자동차를 모는 것은 그것이 유용하다는 이유만이 아니라 운전이 좋기 때문이다. 그것도 엄청나게 좋기 때문이다."[29]라는 말이 이미 1936년에 나왔다. 그러므로 공식적으로 인정받는 미신을 정반대로 뒤집어야 한다. 자동차는 산업사회의 다른 생산품들과 마찬가지로 처음부터 미적이고 정서적이며 감각적인 즐거움과 욕구들을 위해 발전했으며, 나중에야 실용적인 목적이 거기에 덧붙여진 것이다.

교통 전문가들 중에서 자동차 교통을 집단적인 대규모 장난감으로 주제화하려는 사람은 아무도 없을 것이다. 자동차의 이차적인 기능을 막으려는 전략에는 자동차가 주는 즐거움을 심리적으로는 미성숙하고 퇴행적인 것으로, 정치적으로는 오도된 것으로, 사회적으로는 하나의 보상 행위로 선언하는 일이다. '자동차 바보'들은 때로는 동정할 만한 비합리주의자나 광적인 비합리주의자로 보이고, 자동차 신드롬에 중독된 가해자이자 피해자처럼 보인다. 마약 비유는 자동차의 역사를 통틀어 지금까지 면면히 이어져 왔다. "속도는 LSD와 같아서 과대망상적인 환상들을 불러일으킨다"[30]고 1999년 기술검사협회 TUV 출판물은 말한다. 자동차는 마약처럼 중독성 있어 보이고, 점점 더 복용량을 늘리고 급기야 의식의 변화까지 만들어 내는 것처럼 보인다. 이동 기능과 무관한 자동차의 매력은 사이비 욕구, 매출을 늘리려는 기업의 마케팅 결과로 묘사된다. 이 논리를 전파하는 태도는 일반적으로 엘리트적이다. 교통 전문가들과 "대개 대학에 있는" 자동차 비판자들은 스스로 자동차를 이성적으로 다룬다고 여기고, 자동차에 정서를 결부시키는 것을 미성숙하고 저속한 것으로 멸시하기 때문이다. 그들이 자신들의 모순적인 태도를 고백하는 일은 드물다.

자동차에는 암묵적이고 은밀하며 어둡고 수치스럽고 승인받기 어려운 욕구들이 결합되어 있다. 이 욕구들은 대개의 경우 막연한 상태로 존재하고, 설문조사에서도 거의 드러나지 않으며, 실질적인 유용성과는 관련이 적다. 학술적으로도 조사하기 어렵다. 우리는 그것을 평가절하하고 비웃거나 그것이 비정상적이고 위험하다고 선언할 수 있지만, 이를 정확히 관찰하고 이해해야 할 이유도 명확하다. 바로 이 '잘못된 욕구들'이야말로 개인화된 동력화의 믿을 수 없는 성공을 가져온 결정적인 요인이었기 때문이다. 위험한 자동차의 욕구들은 계몽하거나 자동차를 길들인다고 해서 사라지지 않았다. 자동차를 이용한 이동성에서 벗어나 대중교통으로 옮겨 타도록 하는 것이 그토록 어려운 이유가 바로 이 욕구들에 있다.

모든 교통 전환 정책은 한 세기에 걸쳐 지속된 엄청난 흐름, 가령 기계의 사유화 흐름에 맞서 관철되어야 한다. 산업화 과정에서 점점 더 많은 공적 기계들이 사적인 기계들로 대체되었다. 교회탑 시계들은 회중시계나 손목시계로 대체되었고, 영화는 텔레비전으로 대체되었다. 여객 수송도 마찬가지여서 근거리 대중교통은 불리한 위치에 있다. 기꺼이 다른 교통수단으로 옮겨 타겠다는 의지에 호소하려면 자동차의 사적인 요소가 주는 매력에 대항하여 논리를 전개해야 한다. 근거리 대중교통은 편안한 느낌을 주기에는 너무 공개적이고 사적인 공간이 너무 적다. 독일인들은 전차 안에 서 있기보다는 정체되더라도 거실 같은 공간에 앉아 있기를 원한다. 이동성에서 대중교통이라는 대안은 개인화·주체화·유연화라는 근본적 트렌드에 맞서는 것이다. 이 흐름들은 이제까지 자동차가 함께 끌고 온 것으로, 이제는 거꾸로 그 어느 때보다도 자동차 이용을 촉진시키는 요소이다. 지속 가능한 이동성을 위한 그 어떤 콘셉트도 대중화의 기준들을 충족시키지 못했다. 대중문화의 구호는 "재미가 최고!"이며, 문화의 흥분은 점차 기술적 인공물로 향하고 있다. 자동차 운전은 여가 활동의 위치로 상승했고, 이때 중요한 것은 기술적 도구를 가지고 흥분되고 매혹적인 경험을 할 수 있는 자유로운 공간을 찾아내는 것이다. 그러므로 자동차 운전은 버스 타기보다는 요트, 행글라이더, 스킨스쿠버와 비슷한 것이다.

　　만약 자동차가 한낱 교통수단에 불과하다면 쉽게 다른 것으로 대체할 수 있을 것이다. 하지만 자동차는 그 자체로 여러 가지 의미를 가지기 때문에, 그리고 다양하고 장기적이고 집단적인 소망을 충족시켜 주기 때문에, 어떤 단일 생산품으로 이를 대체하기란 불가능해 보인다. 아마도 비교적 무해한 이차적 기능인 소유욕이나 사적인 느낌 등은 다른 대상들로 옮겨질 수 있을 것이다. 그러나 다른 기능들은 어려울 것 같다. 공격성, 권력욕, 경쟁심, 신체적 쾌락 같은 어두운 욕구가 이에 해당한다. 이 욕구들은 이성적으로 전환되기 어렵다. 게다가 대체 동력 자동차라고 해서 문제가 없는 것이 아니다. 잠재 고객들은 대체물이 몇 가지 매력을 결여하고 있기 때문에 그것을 거부한다. 전기자동차는 너무 세련되게 보인다. 그것은 감정, 스릴, 흐름의 여지가 전혀 없으며, 힘과 지위가 결여된 탈것으로 보인다.

대체 교통수단으로 옮겨 타라는 호소가 호응을 얻지 못하는 도덕적인 구호에 머물지 않으려면 자동차가 충족시키는 욕구들을 다른 방식으로 만족시키겠다는 약속들을 내놓아야 한다. 이동성을 계속 보장하려 할 때 이러한 욕구를 충족시킬 출구는 하나밖에 없어 보이는데, 그것은 도로가 아닐지도 모른다.

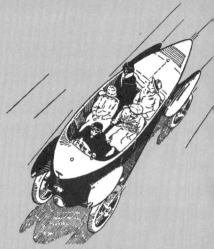

미래의 전망

: 지속적인 동력화를 위한 11가지 테제

오해를 막기 위해 미리 말하자면, 나는 여기서 대안적인 네트워크 프로젝트를 소개하려는 것이 아니다. 미래의 이동성 콘셉트를 논의하고 평가하려는 것도 아니며, 나만의 문제 해결 방안을 제시하려는 것도 아니다. 나에게 중요한 것은 이상적인 미래가 아니라 개연성 있는 미래이며, 유토피아가 아니라 장래에 가능해 보이는 동력화의 발전이다. 그러므로 나는 미래지향성 선언이나 지속 가능한 이동성이라는 수사修辭에 참여하지 않으려 한다. 물론 자원을 낭비하는 자가용 시대가 이대로 지속될 것이라고 생각하는 것은 환상이다. 하지만 자동차의 조속한 종말이나 교통 마비에 대한 예측, 개인 교통의 늘어나는 비용과 비효율성과 비합리성에 대한 운전자들의 혐오를 둘러싼 수많은 진단은 불확실한 것으로 판명되었다. 40년 동안 위기의 시나리오들은 맞아떨어지지 않았고, 전문가들은 창피를 당했으며, 자동차 대수가 최고점에 올랐다거나 성장이 멈출 것이라는 예언은 오류로 나타났다. 40년 동안 자동차의 브레이크 없는 승리 행진은 그 대안을 내세우는 모든 낙관적 콘셉트들을 휴지 조각으로 만들었다.

그러므로 내가 이 책에서 지금까지 서술한 자동차 역사의 오랜 흐

름에서 시작하고, 비록 그 흐름들이 단절되는 경우도 있지만 미래를
위해 이를 계속 서술하는 쪽이 더 의미가 있을 것이다. 모든 비판가
들은 언제나 개인 동력화가 변화하는 주변 여건과 사회적 요구에 적
응해 왔다는 사실을 과소평가했다. 역사에서 배우려는 나의 시도는
자동차의 증가를 계속해서 너무 낮게 계산해 온 이제까지의 모든 예
측보다 더 잘못되지는 않을 것이다. 변화를 꾀하려는 사람은 우선 이
해부터 해야 한다. 비록 그 이해가 냉소적으로 들리거나 비관적으로
보이는 미래의 테제로 귀결될지라도 그것은 꼭 필요한 일이다. 나의
테제들은 중기中期적인, 그러니까 대체로 2015년까지 효력이 있을 것
이다. 그 후에는 자원 문제나 더 심화된 환경 논쟁으로 몇 가지 변화
된 요소들이 있을 것이다. 하지만 그때는 승용차문화가 거기에 대항
하여 다시 문화적으로나 기술적으로 무장할 것이다. 물론 이 광기에
가까운 자원 소비와 대체 불가능한 화석자원의 연소는 장기적으로
우리가 알고 있는 형태의 개인 동력화의 종말을 강요할 것이다. 다만
그러한 일이 어떻게, 어떠한 환경에서, 그리고 어떤 다른 대안들을 가
지고 이루어질지는 현재로서는 그저 추측만 할 따름이다.

**①대체 동력은 계속 최적화되는 전통적인 연소기관을 보완하겠지만, 이를
완전히 대체하지는 못할 것이다.**

새로운 동력 기술은 기술적 한계가 아니라 재정적 한계에 봉착한다.
예를 들어, 공급 인프라 설치 비용 같은 금전적 한계이다. 그래서 현
존하는 인프라를 활용하고자 한다면(메탄올이나 휘발유를 이용한 수소
생산), 자원 절감이나 환경보호 효과는 작고 효율도와 환경 부담 완화

효과도 줄어든다. 대체 동력은 틈새시장을 차지할 것이고, 이는 자동차를 증가시킬 것이다.

②도로교통의 과부하는 그 이동 효율성을 저해하겠지만, 자동차 교통을 붕괴시키지는 않을 것이다.

이성적이고 효율적인 이동 시스템으로서의 도로교통은 과밀화 위기로 어려움에 빠질 것이고, 사용자들의 고통도 커질 것이며, 정치가들과 여론의 대재앙을 예고하는 수사가 일상화될 것이다. 목적을 가지고 한 지점에서 다른 지점으로 이동하려는 사람은 예측 불가능한 이동시간을 감수하거나, 아니면 다른 교통수단을 선택해야 할 것이다. 인프라를 다시 한 번 확장한다고 하더라도 이러한 상황에는 변화가 없을 것이다. 원격조종, '인공지능 도로', 인터랙티브한 유도 및 통신 시스템들도(새로운 도로와 마찬가지로) 이동의 비효율성을 극복하지 못할 것이고, 비효율성의 증대를 완화시키는 데 그칠 것이다. 중기적으로 그것은 문제의 해법이 아니라 방어적 콘셉트임이 입증될 것이다. 하지만 전자통신이나 항법 보조장치들은 서로를 방해하는 수많은 운전자들의 고통을 어느 정도 덜어 줄 것이다.

③자동차 시스템이 거대한 장난감이자 '부차적 기능들'의 보고寶庫로서 갖는 의미는 늘어날 것이다.

도로교통이 스스로의 흐름을 막는 현상은 승용차가 심각한 어려움에 빠지게 만들지는 않을 것이고, 승용차 숫자나 이에 대한 선호도를 낮추지도 않을 것이다. 왜냐하면 이차적인 기능들, 즉 유희적인 이동 방식, 여가를 위한 운전, 즐거움을 위한 운전 등이 중요해질 것이기 때문이다. 진품 혹은 모조 올드타이머, 오프로더, 모터 캐러밴과 같이 거의 부차적 기능만을 가진 자동차들에는 미래가 있다. 자동차가 주는 즐거움은 이성적인 것이 아니라 언제나 감각적인 것이었고, 그것은 변하지 않을 것이다.

④이동성의 대안 콘셉트는 동력화된 움직임이 주는 즐거움에서 출발해야 한다.
자동차를 어떻게 다시 이성적인 운송수단으로 만들 것인가 하는 모든 고민은 허사이고 환상이고 순진한 것이다. 이동성의 위기는 일차적으로 심하게 멸시받아 온 자동차의 부차적인 기능들을 대체할 수 있을 때 비로소 극복될 수 있다. 이동성의 대안 콘셉트는 대중교통의 최적화만 고집해서는 안 되고, 모든 상상력을 움직임의 즐거움을 충족시키는 데 투여해야 한다. 자동차경주로, 스릴 제공, 속도감을 주는 가상현실, 오프로드 구간 등 위험할 쾌감과 경쟁과 공격성을 표출할 장치들도 필요할 것이다. 이러한 즐거움을 누릴 수 있는 효과적인 대체 영역이 없는 한, 아무리 합리적인 교통 콘셉트라도 효과가 없을 것이다.

⑤미래형 자동차만으로는 교통 문제를 해결할 수 없을뿐더러 오히려 문제를 악화시킬 것이다.
연료 소비를 줄이고 자동차의 환경 친화성을 높이라는 압박은 계속 심해질 것이다. 그러나 장차 등장할 3리터 자동차나 심지어 1리터 자동차만으로는 설령 이것들이 대중의 호응을 얻는다고 하더라도 교통

과밀화, 시스템 과부하, 배출가스 등의 문제 해결에 거의 도움이 되지 않을 것이다. 오히려 정반대다. 이성적인 미니멀 자동차, 도시형 자동차, 친환경 자동차를 겨냥한 모든 재합리화 시도들은 초슬론주의적 다양성을 심화시키고, 그 결과 문제를 더욱 악화시킬 것이다.

⑥통신 기술은 자동차를 변화시킬 것이나 이동성을 대체하지는 못할 것이다.
새로운 미디어들, 가상현실의 활용, 장소에 구애받지 않는 통신의 특성도 이동성을 단절시키지는 못한다. 오히려 통신망이 더 촘촘해지면서 이동성도 따라서 높아지는 현상이 나타나거나, 최소한 통신의 필요성과 이동성의 욕구가 서로 다른 행동 영역으로 분리되는 현상이 나타날 것이다. 그러므로 자동차는 점점 더 인터랙티브한 통신 센터로 발전해 나갈 것이다. 도로 위를 달리는 네트워크화된 사무실이 되고, 최적화된 위성항법 시스템을 갖추며, 오락과 휴식도 가능해질 것이다. 자동차 장착 컴퓨터, 핸드폰, 뒷좌석의 LCD 화면, 오락용 가전제품 시스템, 인터넷과 이메일 사용 시설 등이 기본 사양으로 등장할 것이다. 그러자면 우선 이런 복잡한 시스템을 다루는 일이 안전하고 인체공학적으로 자동차에 통합되어야 한다.

⑦자동차 사용시간은 점차 줄어들 테지만 자동차는 더 자동화되고 호화로워질 것이다.
자동차는 엔진출력이 높아지면서 점점 더 역동적으로 바뀔 테지만, 이 주행 능력을 실제로 사용하는 경우는 점점 더 줄어들 것이다. 일일 사용시간 및 연간 사용시간은 계속 줄어들고 총 주행거리도 줄어

들면서 자동차는 부동산에 가까워질 것이다. 이와 동시에 자동차의 자동화 트렌드가 계속될 텐데(운전자의 능동적 역할을 희생하면서), 예컨대 차선 유지나 제동 같은 운전 기능들은 자동차 기술과 인프라 안으로 이전될 것이다. (차고에서 그리고 교통정체 상황에서) 멈춰 서 있는 시간이 늘어나면서 자동차는 여러 가지 관점에서 좀 더 정적인 요소가 될 것이다. 그리하여 집에 전력과 난방을 제공하는 국지적인 보조발전기라는 보조 기능도 담당할 것이다. 무엇보다도 자동차는 교통정체 속에서 일생을 준비해야 할 것이고, '정체 차Stauto'로 계속 발전할 것이다. 안락한 주거 공간이 주는 모든 편리함을 갖춘 자동차 안에서는 "미칠 듯한 정지 상태"에서도 편안하게 앉아 있을 수 있을 테고, 더 이상 이동 수단이라는 생각이 들지 않을 것이다.

⑧자동차의 문화적 연출 비용이 더욱 높아질 것이다.

상표의 정체성에서 생산의 미학화까지, 내부와 외부 디자인에서 이벤트 연출까지, 자동차가 대중문화에서 맡는 역할은 더욱 커질 것이다. 이동 수단으로서의 역할이 점점 줄어드는 대신에 라이프스타일의 산물로서 수행하는 역할이 늘어날 것이다. 인생의 각 시기에 동행하고 자아를 표현하는 수단이 되는 자동차는 더욱 개성화되고 비합리화될 것이다. 자동차의 디자인 및 기술적인 완벽화, 생산 품질의 평준화, 체계적인 길들임이라는 지속적인 경향은 더욱더 이에 저항하는 태도나 사용법을 촉진할 것이다. 복고적 자동차와 '마초적' 자동차, 사륜구동 자동차, 올드타이머, 로드스터, 키트카, 직접 튜닝한 차들 … 이동의 즐거움과 사적인 체험의 세계 및 야성을 불러일으키는 자동차들이 더 큰 역할을 할 것이다. 기술적 장비들이 가지는 특성보다도 값비싼 이미지 구성을 위해 높은 추가 비용을 요구하는 최고급 상표들이 시장점유율을 높일 것이다. 박물관과 기업들은 자동차 체험을 좀 더 연출할 것이며, 폴크스바겐의 자동차 도시 볼프스부르크의 이벤트 센터에서 신차 인도를 하는 것과 같은 정서적인 의식이 문화적인 자기이해의 중심 영역으로 들어올 것이다.

⑨자동차는 앞으로도 계속 비판자들에게 승리를 거둘 것이다.

자동차에 대한 비판은 앞으로도 자동차 시스템의 성장과 함께 죽 이어지겠지만, 역시나 큰 효과를 거두지는 못할 것이다. 그 비판은 안전을 둘러싼 논쟁이나 오일쇼크 직후처럼 자동차의 기술적 발전을 자극할 것이다. 그래서 환경이나 문화와 관련된 어떤 재앙의 시나리오가 나오더라도 전 지구적인 동력화의 확산을 저지하지는 못할 것이다. 실제적인 정책이나 추상적·윤리적 근거가 있는 이동성 태도의 변경에 대한 호소, 문화적 대안 프로그램으로서 '느림의 발견' 역시 자동차에 대한 사랑을 막지는 못할 것이다. 자동차와 씨름하는 비판적 지식인들은 두 가지 가능성 중 하나를 선택해야 한다. 자동차의 대중적 문화를 해석하고 이해하면서 그 뒤를 따르든지, 아니면 거만한 비판에 머물며 자동차의 주류 흐름으로부터 계속 고립되든지.

⑩국가는 자동차 시스템에서 일부 철수할 것이고, 교통정책을 주도하는 기능은 계속 줄어들 것이다.

국가와 개인 동력화 간의 긴장 관계는 앞으로 더욱 심화될 것이다.

첫째로 독일은 규제 및 관할권을 추가적으로 EU에 넘길 것이다. 유해가스 배출량 기준, 생산 관련 규정, 안전 기준 등이 여기에 속한다. 둘째로 국가는 예산 부족으로 일부 부문에서는 교통 시스템에서 철수하면서 인프라 비용을 사용자에게 부담시킬 것이다. 민간 부문이 비용을 부담하여 교량이나 도로를 건설하고 사후에 사용자에게 통행료를 받을 수도 있다. 교통경찰에게 사고를 접수할 때 비용을 부담하게 한다거나, 교통 감시와 구조 및 긴급 전화 네트워크를 민영화하는 일 등이 여기에 속한다. 셋째로 (이러한 부분적 철수와는 모순되게) 도로 건설과 원격조종에 투자하고 승용차와 트럭 간의 갈등을 해소하며 점차 막히는 이동성 흐름을 다시 원활하게 만들라는 여론의 압력이 높아질 것이다. 이러한 딜레마에서 벗어날 출구는 없다. 교통경찰에게 내는 수수료는 그 어느 때보다도 민주적 합의와 일치하지 않을 테고, 오히려 통제경제적 개입으로 받아들여질 것이다. 특히 재정적 수단, 다시 말해 세제상의 혜택과 불이익(동력화에 영향을 끼치는 국가의 모든 개입 중 여전히 가장 효율적인 수단)은 운전자에 대한 이른바 착취에 반대하는 풀뿌리 민주주의적 저항에 부딪힐 것이다.

⑪문제의 압력은 증가할 테지만 교통의 전환점은 오지 않을 것이다.

기대하는 바처럼 교통 참여자 대다수의 이동성 태도에 큰 변화가 없다면, 장기적으로 어느 정당도 자동차 소유 비용을 낮추라는 압력, 혹은 적어도 비용 증가의 속도라도 늦추라는 압력에 맞서지 못할 것이다. 기대에 어긋나게도 종종 요구되는 가치 변화가 이동성 태도에도 정말로 일어난다고 하더라도 이것이 동력화를 저해하지 못할 것이다. 모든 사회적 메가트렌드는 사적인 환경, 안락함, 차별화 등의 증대를 겨냥하고 있고, 이 모든 것이 자동차에 유리하다. 그러므로 2015년에도 교통의 전환은 1970년대에 나타날 것처럼 보였던 것보다 더 멀리 있을 것이다. 가장 그럴듯한 전망은, 문제의 압력은 늘어나지만 "이제까지처럼 계속"될 것이라는 것이다. 20세기는 동력화가 지배한 세기였다. 21세기는 더욱 발전한 자동차가 진정으로 전 지구적인 척도로 나타나는 시대가 될 수 있다. 그리고 그것은 환경과 화석 자원 분야에 참담한 결과를 가져올 수 있지만, 자동차가 주는 즐거움은 흔들림이 없을 것이다.

미주

서장_또 하나의 '빅뱅'

1 Wolfgang König, "Rezension von Kranz, Max / Lingnau, Gerold : 100 Jahre Daimler-Benz". 1987

2 Richard Frankenberg/Marco Matteucci, *Geschichte des Automobils*, 1973; Erik Eckermann, *Vom Dampfwagen zum Auto*, 1981.

3 Thomas Krämer-Badoni / Herbert Grymer / Marianne Rodenstein, *Zur sozio-ökonomischen Bedeutung des Automobils*, 1971; Klaus Röhler, *Das Autobuch. Geschichten und Ansichten*, 1983.

4 Michael Stahlmann, *Die Erste Revolution in der Auto-industrie, Management und Arbeitspolitik von 1900-1940*, 1993; Anita Kugler, "Von der Werkstatt zum Fließband", 1987.

5 James P. Womack / Daniel T. Jones / Daniel Ross, *Die zweite Revolution in der Autoindustrie*, 1991.

6 Micha Hilgers, *Total abgefahren. Psychoanalyse des Autofahrens*, 1992.

7 Bernt Spiegel, *Die obere Hälfte des Motorrads. Vom Gebrauch der Werkzeuge als künstliche Organe*, 1999.

8 Bernd Polster, *Tankstellen. Die Benzingeschichte*, 1982.

9 Hans Duckeck, "40 Jahre Autoradio in Deutschland", 1973.

10 Rainer Kehrein, "Die Bedeutung von Straßenverkehrs zeichen", 1999.

11 Dietmar Fack, *Automobil, Verkehr und Erziehung. Motori sierung und Sozialisation zwischen Beschleunigung und Anpassung 1885-1945*, 2000.

12 Gerhard Horras, *Die Entwicklung des deutschen Automobil marketes bis 1914*, 1982.

13 Angela Zatsch, *Staatsmacht und Motorisierung am Morgen des Automobilzeitalters*, 1993.

14 Barbara Haubner, *Nervenkitzel und Freizeitvergnügen. Automobilismus in Deutschland 1886-1914*, 1998.

15 Gijs P. A. Mom, "Das 'Scheitern' des frühen Elektromobils (1895-1925). Versuch einer Neubewertung", 1997.

16 William J. Abernathy, *The Productivity Dilemma: Roadblock to Innovation in the Automobile Industry*, 1978.

17 Clay McShane, *Down the Asphalt Path. The Automobil and the American City*, 1994.

18 Cynthia D. Dettelbach, *In The Driver's Seat. The Automo bile in American Literature and Popular Culture*, 1976.

19 John B. Rae, *The American Automobile. A Brief History*, 1965; *The Road and the Car in American Life*, 1971.

20 Dietmar Klenke, *"Freier Stau für freie Bürger". Die Geschichte der bundesdeutschen Verkehrspolitik 1949-1994*, 1995.

21 Arne Andersen, *Der Traum vom guten Leben. Alltags-und Konsumgeschichte vom Wirtschaftswunder bis huete*, 1997.

22 Christoph Maria Merki, "Die 'Auto-Wildlinge' und das Recht", 1999.

23   Joachim Radkau, *Technik in Deutschland. Vom 18. Jahrhundert bis zur Gegenwart*, 1989, p. 299.

1장_자동차 전사前史와 초기 역사

1   《브리태니커 백과사전》, 제28권, 1991(제15판), 772쪽.

2   Wolfhard Weber, "Die Entstehung des Automobils im Umfeld technischer Neuerungen zu Beginn des 20. Jahrhunderts", 1986, p. 78 이하.

3   Hermann Haedicke, *Die Technologie des Eisens*, 1900.

4   Hermann Haedicke, *Die Technologie des Eisens*, 1900, p. 374.

5   Carl Benz, *Lebensfahrt eines deutschen Erfinders*, 1936, p. 78.

6   Erik Eckermann, *Vom Dampfwagen zum Auto*, 1981, p. 46.

7   Horst Weigelt, *Das Auto-Mobil von Albrecht Dürer bis Gottlieb Daimler*, 1988, p. 131.

8   Wolfgang König, "Massenproduktion und Technikkonsum. Entwicklungslinien und Triebkräfte der Technik zwischen 1880 und 1914", 1990, p. 452.

9   Harry Niemann, *Wilhelm Maybach-König der Konstrukteure*, 1995, p. 73.

10   Michael Sedgwick, *Early Cars*, 1972, p. 12.

11   Lothar Suhling, "Nikolaus August Otto. Der Kampf um das Patent DRP 532", 1986, p. 29.

12   Gijs P. A. Mom, "Das 'Scheitern' des frühen Elektromobils (1895-1925). Versuch einer Neubewertung", 1997, p. 274 이하.

13   Wolfgang König, "Massenproduktion und Technikkonsum. Entwicklungslinien und Triebkräfte der Technik zwischen 1880 und 1914", 1990, p. 460.

14   Gilbert Norden," 'Schuhe zum Eislaufen ohne Eis' und 'spiegelglatte, kaum von einem Eisspiegel zu unter scheidende Laufflächen'", 1998, p. 23.

15   Susanne Päch, *Utopien, Erfinder, Träumer, Scharlatane*, 1983, p. 68.

16   Christoph Maria Merki, "Besprechung von Barbara Haubner, 'Nervenkitzel und Freizeitvergnügen'", 1999, p. 155.

17   Carl Benz, *Lebensfahrt eines deutschen Erfinders*, 1936, p. 111.

18   Carl Benz, *Lebensfahrt eines deutschen Erfinders*, 1936, p. 112.

19   Carl Benz, *Lebensfahrt eines deutschen Erfinders*, 1936, p. 83.

20   Charls Grivel, "Automobil. Zur Genealogie subjektivischer Maschinen", 1991, p. 190.

21   Carl Benz, *Lebensfahrt eines deutschen Erfinders*, 1936, p. 112 이하.

22   Wolfgang König, "Massenproduktion und Technikkonsum. Entwicklungslinien und Triebkräfte der Technik zwischen 1880 und 1914", 1990, p. 453.

23   Wolfgang König, "Massenproduktion und Technikkonsum. Entwicklungslinien und Triebkräfte der Technik zwischen 1880 und 1914", 1990, p. 55.

24   독일 엔지니어 연맹 발간 잡지, 1906, 62쪽.

25   Thomas P. Hughes, *Die Erfindung Amerikas. Der technologische Aufstieg der USA seit 1870*, 1991.

2장_초기의 자동차 제작

1   Filius (=A. Schmal), *Die Kunst des Fahrens, Praktische Winke, ein Automobil oder Motorrad richtig zu lenken*, 1922, p. 2.
2   Dr. St., "Kauf und Behandlung eines Automobils", 1902, p. 43.
3   Louis Baudry de Saunier, *Das Automobil in Theorie und Praxis*, 1901, p. 452.
4   Otto Julius Bierbaum, *Automobilia. Reiseskizzen und Betrachtungen aus den Kindertagen des Automobils*, 1988.
5   Hans Forsten, "Automobilismus", 1900, p. 110.
6   Ernst Golling, *Illustriertes Jahrbuch der Erfindungen*, 1905, p. 66.
7   Louis Baudry de Saunier, *Das Automobil in Theorie und Praxis*, 1901, p. 114.
8   《자동차산업 빛 모터보트 산업 연감》, 1906, 15쪽.
9   Udo Andersohn, *Automobil-Geschichte in alten Anzeigen*, 1985, p. 11.
10   Max Preuss, *Illustriertes Automobil- und Motoren-Lexikon*, 1925, p. 115.
11   Lionel T. C. Rolt, *Horseless Carriage, The Motor-Car in England*, 1950, p. 46.
12   Eugen Diesel, *Autoreise 1905*, 1941, p. 93.
13   Michael Sedgwick, *Early Cars*, 1972, p. 24.
14   Lionel T. C. Rolt, *Horseless Carriage, The Motor-Car in England*, 1950, p. 109.
15   *Meyer's Encyclopedia*, 1905, p. 194.

3장_증기, 가솔린, 전기: 시스템 경쟁

1   《브리태니커 백과사전》, 제28권, 1991(제15판), 775쪽.
2   Jean Clairemont, *Das Buch der Neuesten Erfindungen*, 1905, p. 378.
3   《브리태니커 백과사전》, 제28권, 1991(제15판), 773쪽.
4   Horst Weigelt, *Das Auto-Mobil von Albrecht Dürer bis Gottlieb Daimler*, 1988, p. 131.
5   Wolfgang König, "Massenproduktion und Technikkonsum. Entwicklungslinien und Triebkräfte der Technik zwischen 1880 und 1914", 1990, p. 463.
6   Horst Weigelt, *Das Auto-Mobil von Albrecht Dürer bis Gottlieb Daimler*, 1988, p. 98에서 재인용.
7   Lionel T. C. Rolt, , *Landscape with Figures*, 1995, p. 74.
8   Ernst Golling, *Illustriertes Jahrbuch der Erfindungen*, 1905, p. 70.
9   Rudyard Kipling, "007", 1908, p. 228.
10   Lionel T. C. Rolt, , *Landscape with Figures*, 1995, p. 87.
11   Eugen Diesel, *Autoreise 1905*, 1941, p. 177.
12   《프로메테우스》 527/1899, 101쪽 이하.
13   Ernst Golling, *Illustriertes Jahrbuch der Erfindungen*, 1910, p. 66.
14   바흐텔, 〈서문〉, 11쪽에서 재인용.
15   Heinrich W. Hellmann, *Der elektrische Kraftwagen*, 1901.
16   《자동차산업 및 모터보트 산업 연감》, 1906.

17 Peter Kirchberg, *Automobilkonstruktionen. Das Beste aus "Der Motorwagen"*, 1988, p. 78에서 재인용.

18 Ernst Golling, *Illustriertes Jahrbuch der Erfindungen*, 1910, p. 66.

19 Dieter Schott, "Das Zeitalter der Elektrizität. Visionen-Potentiale-Realitäten", 1999, p. 40에서 재인용.

20 *Meyer's Encyclopedia*, 1906, p. 192.

21 *Meyer's Encyclopedia*, 1906, p. 192.

22 Gijs P. A. Mom, "Das 'Scheitern' des frühen Elektromobils (1895-1925). Versuch einer Neubewertung", 1997, p. 272.

23 Ernst Golling, *Illustriertes Jahrbuch der Erfindungen*, 1910, p. 64.

24 Gijs P. A. Mom, "Das 'Scheitern' des frühen Elektromobils (1895-1925). Versuch einer Neubewertung", 1997, p. 272.

25 Gijs P. A. Mom, "Das 'Scheitern' des frühen Elektromobils (1895-1925). Versuch einer Neubewertung", 1997, p. 275에서 재인용.

26 Alan P. Loeb, *Steam Versus Electric Versus Internal Combustion: Choosing the Vehicle Technology and the Start of the Automobile Age*, 1997.

27 Gijs P. A. Mom, "Das 'Scheitern' des frühen Elektromobils (1895-1925). Versuch einer Neubewertung", 1997, p. 282.

28 Max Preuss, *Illustriertes Automobil- und Motoren-Lexikon*, 1925, p. 84.

4장_초기의 자동차문화

1 Eugen Diesel, *Wir und das Auto. Der Motor verwandelt die Welt*, 1956.

2 Filius (=A. Schmal), *Ohne Chauffeur. Ein Handbuch für Besitzer von Automobilen und Motorradfahrer*, 1924.

3 Hermann H. Gläser, *Das Automobil. Eine Kulturgeschichte in Bildern*, 1986, p. 65에서 재인용.

4 Paul Grätz, *Im Auto quer durch Afrika*, 1910.

5 Louis Baudry de Saunier, *Das Automobil in Theorie und Praxis*, 1901, p. 486.

6 Filius (=A. Schmal), *Die Kunst des Fahrens, Praktische Winke, ein Automobil oder Motorrad richtig zu lenken*, 1922, p. 2.

7 Eugen Diesel, *Autoreise 1905*, 1941, p. 102.

8 하이크,《여행 문화》, 출간년도 미상, 381쪽.

9 Angela Zatsch, *Staatsmacht und Motorisierung am Morgen des Automobilzeitalters*, 1993, p. 509에서 재인용.

10 Carl Graf von Klinckowstroem, *Knaurs Geschichte der Technik*, 1959.

11 Ulrich Wengenroth, "Verkehrspolitik und individuelle Mobilität (Einführung)", 1997, p. 252.

12 *Meyer's Encyclopedia*, 제14권, 1906, p. 193.

13 "Das Automobil als Heilmittel", 1902.

14 Maxwell G. Lay, *Die Geschichte der Straße. Vom Trampelpfad zur Autobahn*, 1994.

15 Martin Scharfe, "Die Nervosität des Automobilisten", 1996, p. 203.

16 《브리태니커 백과사전》, 제31권, 1902(제10판), 15쪽('motorcar').

17 *Meyer's Encyclopedia*, 제14권, 1906, p. 193.

18 Louis Baudry de Saunier, *Das Automobil in Theorie und Praxis*, 1901, p. 474.

19 Rainer Schönhammer, *Das Leiden am Beifahren. Frauen und Männer auf dem Sitz rechts*, 1995, p. 9.

20 19장 참조.

21 바흐텔, 〈서문〉, 71쪽에서 재인용.

22 Ami Guichard, *Die Ponierzeit der Automobilisten*, 1965, p. 74에서 재인용.

23 〈자동차에 대한 일반 상식〉, 1901, 331쪽.

24 〈자동차에 대한 일반 상식〉, 1901, 334쪽.

25 라슈타트 군사 박물관, 자료 651-2, 29쪽.

26 Martin Scharfe, "Die Nervosität des Automobilisten", 1996, p. 205에서 재인용.

27 라슈타트 군사 박물관, 자료 653-1, 17쪽 이하.

28 하이크, 《여행 문화》, 출간년도 미상, 381쪽.

29 바흐텔, 〈서문〉, 7쪽에서 재인용.

30 Carl Benz, *Lebensfahrt eines deutschen Erfinders*, 1936, p. 105.

31 B. Bruce-Briggs, *The War Against the Automobil*, 1977, p. 447에서 재인용.

32 Emil Jung, *Radfahrseuche und Automobil-Unfug. Ein Beitrag zum Recht auf Ruhe*, 1902.

33 Filius (=A. Schmal), *Die Kunst des Fahrens, Praktische Winke, ein Automobil oder Motorrad richtig zu lenken*, 1922, p. 124.

34 Filius (=A. Schmal), *Die Kunst des Fahrens, Praktische Winke, ein Automobil oder Motorrad richtig zu lenken*, 1922, p. 112.

35 Erik Eckermann/ Hans Straßl, "Der Landverkehr", 1987, p.447에서 재인용.

36 Eugen Diesel, *Autoreise 1905*, 1941, p. 42.

37 Filius (=A. Schmal), *Die Kunst des Fahrens, Praktische Winke, ein Automobil oder Motorrad richtig zu lenken*, 1922, p. 129.

38 Hans Forsten, "Automobilismus", 1900, p. 110.

39 Frans B. Vrijaldenhoven, "Des Kaisers Landmarine", 2000), p. 182에서 재인용.

40 《자동차》(1899. 9. 16.), 1쪽.

41 Wolfgang Ruppert, "Das Auto-Herrschaft über Raum und Zeit", 1993, p.139에서 재인용.

42 《자동차》(1899. 9. 16.), 1쪽.

43 *Meyer's Encyclopedia*, 제14권, 1906, p. 195.

44 Angela Zatsch, *Staatsmacht und Motorisierung am Morgen des Automobilzeitalters*, 1993, p. 508.

45 Angela Zatsch, *Staatsmacht und Motorisierung am Morgen des Automobilzeitalters*, 1993, p. 251에서 재인용.

46 Gerhard Horras, *Die Entwicklung des deutschen Automobil marketes bis 1914*, 1982, p. 297에서 재인용.

47 Hans C. Graf v. Seherr-Thoss, *Die deutsche Automobil-industrie. Eine Dokumentation von 1886 bis 1979*, 1979, p. 70에서 재인용.

5장_도로의 변천

1　Rainer Schönhammer, *Das Leiden am Beifahren. Frauen und Männer auf dem Sitz rechts*, 1995, p. 82.

2　Hermann H. Gläser, *Via Strata. Roman der Straße*, 1987, p. 74.

3　Angela Zatsch, *Staatsmacht und Motorisierung am Morgen des Automobilzeitalters*, 1993, p. 251 에서 재인용.

4　바흐텔, 〈서문〉, 46쪽에서 재인용.

5　리비히, 《카를 벤츠의 빅토리아를 탄 자동차 선구자》, 117쪽.

6　Hans Joachim Holtz, "Stromlinie gegen Straßenstaub",1986, p. 125에서 재인용.

7　Carl Benz, *Lebensfahrt eines deutschen Erfinders*, 1936, p. 87 이하.

8　지베르츠, 1940, 263쪽.

9　지베르츠, 1940, 263쪽.

10　Hans Bernhard Reichow, *Die autogerechte Stadt. Ein Weg aus dem Verkehrschaos*, 1959.

11　Eugen Diesel, *Autoreise 1905*, 1941, p. 190 이하.

12　Jürgen Schmädicke, "Bessere Straßen braucht das Land. Der deutsche Straßenbau zwischen den Weltkriegen unter den Anforderungen des Lastkraftwagenverkehrs", 1997, p. 362.

13　Angela Zatsch, *Staatsmacht und Motorisierung am Morgen des Automobilzeitalters*, 1993, p. 374.

14　John Fuhlberg-Horst, *Auto, Schiff und Flugzeug*, 1930, p. 40.

15　《청소년기》, 1890, 596쪽.

16　Herbert George Wells, *Befreite Welt*, 1985, p. 35.

17　Filius (=A. Schmal), *Die Kunst des Fahrens, Praktische Winke, ein Automobil oder Motorrad richtig zu lenken*, 1922, p. 129.

18　Nellissen, (o. Vorname), "Einheitlicher Ausbau der Verkehrsstraßen", 1928, p. 63 이하.

19　Peter H. Riepert, *Betonstraßenbau in Deutschland*, 1927, p. 10.

20　《일반 자동차 신문》, 1926, 63쪽 이하.

21　Angela Zatsch, *Staatsmacht und Motorisierung am Morgen des Automobilzeitalters*, 1993, p. 44 에서 재인용.

22　《자동차 여행 리뷰》, 1961년 11월, 22쪽.

23　Joachim Wille, *Die Tempomacher, Freie Fahrt ins Chaos*, 1988, p. 22에서 재인용.

24　Jürgen Schmädicke, "Bessere Straßen braucht das Land. Der deutsche Straßenbau zwischen den Weltkriegen unter den Anforderungen des Lastkraftwagenverkehrs", 1997, p. 368.

25　Werner Polster/ Klaus Voy, "Eigenheim und Automobil – materielle Fundamente der Lebensweise", 1991, p. 297에서 재인용.

26　Hans Bernhard Reichow, *Die autogerechte Stadt. Ein Weg aus dem Verkehrschaos*, 1959.

27　Rudolf Walter, "Fahrn, fahrn, fahrn ... auf der Autobahn. Aus der Geschichte eines (deutschen) Mythos", 1999, p. 194에서 재인용.

28　Wolfgang Schivelbusch, *Geschichte der Eisenbahnreise, Zur Industrialisierung von Raum und Zeit*, 1977.

29　《자동차》, 1999, 217쪽에서 재인용.

30 Erhard Schütz, "Faszination der blaßgrauen Bänder. Zur 'organischen' Technik der Reichsautobahn", 1995, p. 128.에서 재인용.

31 Dietmar Klenke, "Das automobile Zeitalter. Die umwel thistorische Problematik des Individualverkehrs im deutschamerikanischen Vergleich", 1996, p. 278.

32 Erhard Schütz, "Faszination der blaßgrauen Bänder. Zur 'organischen' Technik der Reichsautobahn", 1995, p. 128에서 재인용.

33 Hermann H. Gläser, *Das Automobil. Eine Kulturgeschichte in Bildern*, 1986, p. 39에서 재인용.

34 Wilhelm Trapp, "Disneydeutschland", 1998, p. 45.

35 Will Self, *Grey Area and Other Stories*, 1994, p. 105.

6장_화물차, 버스, 트랙터: 상용차의 역사

1 Hans C. Graf v. Seherr-Thoss, *Die deutsche Automobil-industrie. Eine Dokumentation von 1886 bis 1979*, 1979, p. 69.

2 《자동차》 33/1928, 818쪽.

3 Peter Kirchberg, "Die Motorisierung des Straßenverkehrs in Deutschland von den Anfängen bis zum Zweiten Welt-krieg.", 1995, p. 19.

4 Frank Lippert, "Ökonomische Dimensionen des Lkw-Verkehrs in der Weimarer Republik. Zur Interdependenz von industrieller Rationalisierung und logistischer Flexibilisierung in den 1920er Jahren", 1997, p. 203.

5 Eduard Weckerle, *Rad und Raum. Soziologische Betrach tungen über das Transportwesen*, 1928, p. 21.

6 독일 엔지니어 연맹 발간 잡지, 50/1906, 2076쪽.

7 Peter Borscheid, "Lkw contra Bahn-die Modernisierung des Transports durch den Lastkraftwagen in Deutschland bis 1939", 1995 p. 33.

8 금속 노동자 신문, 1930. Wolfgang Sachs, *Die Liebe zum Automobil. Ein Rückblick in die Geschichte unserer Wünsche*. Reinbek, 1984, p. 58에서 재인용.

9 루비슈,《옴니버스: 모든 이들을 위한 정류장》, 1986, 15쪽.

10 Peter Kirchberg, *Automobilkonstruktionen. Das Beste aus "Der Motorwagen"*, 1988, p. 156에서 재인용.

11 《자동차》, 30/1928, 712쪽 이하.

7장_제1차 세계대전 당시의 이동식 내연기관

1 John Keegan, *Der Erste Weltkrieg. Eine europäische Tragödie*, 2000.

2 라슈타트 군사 박물관, 자료 653-1, 17쪽.

3 라슈타트 군사 박물관, 자료 653-1, 16쪽.

4 Hans C. Graf v. Seherr-Thoss, *Die deutsche Automobil-industrie. Eine Dokumentation von 1886 bis 1979*, 1979, p. 71.

5   Maxwell G. Lay, *Die Geschichte der Straße. Vom Trampelpfad zur Autobahn*, 1994, p. 186.

6   Max Schwarte, *Die Technik im Weltkriege*, 1920, p. 223.

7   Hans C. Graf v. Seherr-Thoss, *Die deutsche Automobil-industrie. Eine Dokumentation von 1886 bis 1979*, 1979, p. 72.

8   《NSU 신문》, 1915년 10/11월, 881쪽.

9   Judith Jackson, *Eine Jahrhun dertliebe, Menschen und Automobile*, 1979, p. 60에서 재인용.

10 Max Schwarte, *Die Technik im Weltkriege*, 1920, p. 223.

11 Anita Kugler, "Von der Werkstatt zum Fließband", 1987, p. 325에서 재인용.

12 라슈타트 군사 박물관, 자료 652-2, 147쪽.

13 라슈타트 군사 박물관, 자료 653-3, 310쪽.

14 Erwin Blumenfeld, *Einbildungsroman*, 1998, p. 224 이하.

15 S. Daule, *Der Kriegswagen der Zukunft*, 1906.

16 Thomas P. Hughes, *Die Erfindung Amerikas. Der technologische Aufstieg der USA seit 1870*, 1991, p. 125에서 재인용.

17 Ernst Jünger, *Feuer und Bewegung*, 1930, p. 119.

18 Judith Jackson, *Eine Jahrhun dertliebe, Menschen und Automobile*, 1979, p. 57에서 재인용.

19 Davids J. Childs, *A Peripheral Weapon? The Production and Employment of British Tanks in the First World War*, 1999, p. 182.

20 Max Schwarte, *Die Technik im Weltkriege*, 1920, p. 208.

21 Max Schwarte, *Die Technik im Weltkriege*, 1920, p. 210.

22 Edlef Köppen, *Heeresberich,* 1979, p. 271

23 Max Schwarte, *Die Technik im Weltkriege*, 1920, p. 209.

24 Davids J. Childs, *A Peripheral Weapon? The Production and Employment of British Tanks in the First World War*, 1999, p. 4.

25 Ernst Jünger, *Der Arbeiter. Herrschaft und Gestalt*, 1981, p. 125.

26 Max Schwarte, *Die Technik im Weltkriege*, 1920, p. 209.

27 Erwin Blumenfeld, *Einbildungsroman*, 1998, p. 225.

28 Heidrun Edelmann, *Vom Luxusgut zum Gebrauchsge-genstand. Die Geschichte der Verbreitung von Personenkraftwagen in Deutschland*, 1989, p. 32에서 재인용.

29 Maxwell G. Lay, *Die Geschichte der Straße. Vom Trampelpfad zur Autobahn*, 1994, p. 188.

8장_항공교통에서 배우다: 더 가볍게, 더 멀리, 더 빠르게

1   Robert Wohl, *A Passion for Wings. Aviation and the Western Imagination 1908-1918*, 1994, p. 258.

2   Peter Kirchberg, *Automobilkonstruktionen. Das Beste aus "Der Motorwagen"*, 1988, p. 78에서 재인용.

3   Robert Wohl, *A Passion for Wings. Aviation and the Western Imagination 1908-1918*, 1994, p. 50.

4   《NSU 신문》 19/1912, 268쪽.

5   1913년 시집 《알코올》에 발표된 작품.

6 Udo Andersohn, *Automobil-Geschichte in alten Anzeigen*, 1985, p. 22.

7 Udo Andersohn, *Automobil-Geschichte in alten Anzeigen*, 1985, p. 25.

8 《노이에 만하임 신문》, 1925년 4월 16일.

9 Erhard Schütz, "Faszination der blaßgrauen Bänder. Zur 'organischen' Technik der Reichsautobahn", 1995, p. 141.

10 Robert Wohl, *A Passion for Wings. Aviation and the Western Imagination 1908-1918*, 1994, p. 10에서 재인용.

11 Gerald Silk, *Automobile and Culture*, 1984, p. 248.

12 Herbert George Wells, *The Shape of Things to come*, 1933.

13 Klaus Kuhm, *Moderne und Asphalt. Die Automobilisierung als Prozeß technologischer Integration und sozialer Vernetzung*, 1997, p. 168.

14 Klaus Kuhm, *Moderne und Asphalt. Die Automobilisierung als Prozeß technologischer Integration und sozialer Vernetzung*, 1997, p. 169에서 재인용.

15 Stefan Ittner, *Dieselmotoren für die Luftfahrt*, 1996, p. 64.

16 Jürgen Rudy, *Die Automobile des Hans Gustav Röhr*, 1989, p. 5.

17 *Focus*, 17/2000, p. 238에서 재인용.

9장_미국에서 배우다: '포드주의'와 '슬론주의'

1 Melvin Kranzberg / Carroll Pursell, *Technology in Western Civilization*. 2 Bde., 1967 p. 43.

2 레이몬드 L. 브루크버거, 1959, Maxwell G. Lay, *Die Geschichte der Straße. Vom Trampelpfad zur Autobahn*, 1994, p. 195에서 재인용.

3 Sigfried Giedion, *Die Herrschaft der Mechanisierung*, 1982, p. 22.

4 Sigfried Giedion, *Die Herrschaft der Mechanisierung*, 1982, p. 123에서 재인용.

5 James J. Flink, *The Automobil Age*, 1988, p. 42.

6 William J. Abernathy, *The Productivity Dilemma: Roadblock to Innovation in the Automobile Industry*, 1978, p. 22.

7 James P. Womack / Daniel T. Jones / Daniel Ross, *Die zweite Revolution in der Autoindustrie*, 1991, p. 33.

8 Erik Eckermann, *Vom Dampfwagen zum Auto*, 1981, p. 67.

9 William J. Abernathy, *The Productivity Dilemma: Roadblock to Innovation in the Automobile Industry*, 1978, p. 22.

10 William J. Abernathy, *The Productivity Dilemma: Roadblock to Innovation in the Automobile Industry*, 1978, p. 97에서 재인용.

11 Sigfried Giedion, *Die Herrschaft der Mechanisierung*, 1982, p. 141.

12 James J. Flink, *The Automobil Age*, 1988, p. 231에서 재인용.

13 Maxwell G. Lay, *Die Geschichte der Straße. Vom Trampelpfad zur Autobahn*, 1994, p. 186.

14 Melvin Kranzberg / Carroll Pursell, *Technology in Western Civilization*. 2 Bde., 1967 p. 46.

15 William J. Abernathy, *The Productivity Dilemma: Roadblock to Innovation in the Automobile*

Industry, 1978, p. 76.

16 Maxwell G. Lay, *Die Geschichte der Straße. Vom Trampelpfad zur Autobahn*, 1994, p. 186에서 재인용.

17 David H. Hounshell, *From the American System to Mass Production. The Development of Manufacturing Technology in the United States*, 1984, p. 12.

18 James J. Flink, *The Automobil Age*, 1988, p. 241.

19 William J. Abernathy, *The Productivity Dilemma: Roadblock to Innovation in the Automobile Industry*, 1978, p. 4.

20 James J. Flink, *The Automobil Age*, 1988, p. 241.

21 Hans-Joachim Braun, "Automobilfertigung in den USA und in Deutschland in den 20er Jahren - ein Vergleich", 1991, p. 198 이하.

22 Hans-Joachim Braun, "Automobilfertigung in den USA und in Deutschland in den 20er Jahren - ein Vergleich", 1991, p. 190.

23 Egon Erwin Kisch, *Paradies Amerika / Landung in Austr alien*, 1984, p. 264.

24 Heinrich Hauser, *Am laufenden Band*, 1936, p. 138.

25 보슈 문서보관소,《보슈 자료집》, 2000, 16쪽.

26 Lionel T. C. Rolt, *Horseless Carriage, The Motor-Car in England*,1950, p. 116 이하.

27 Hans-Joachim Braun, "Automobilfertigung in den USA und in Deutschland in den 20er Jahren - ein Vergleich", 1991, p. 198 이하.

28 Hans-Joachim Braun, "Automobilfertigung in den USA und in Deutschland in den 20er Jahren - ein Vergleich", 1991, p. 196.

29 Ledermann, Franz, *Fehlrationalisierung-der Irrweg der deutschen Automobilindustrie seit der Stabilisierung der Mark*, 1933.

30 Hartmut H. Knittel, *Panzerfertigung im Zweiten Weltkrieg. Industrieproduktion für die deutsche Wehrmacht*, 1988.

31 Erik Eckermann, "4300 Wagen aus ganz Deutschland mit Blumen geschmückt 100 Jahre Automobil-Ausstellungen. Von der Motorwagen-Vorführung zur Leitmesse", 1998, p. 52.

32 Maxwell G. Lay, *Die Geschichte der Straße. Vom Trampelpfad zur Autobahn*, 1994, p. 179.

33 《자동차》 31/1928, 740쪽.

34 Fritz Blaich, "Die Fehlrationalisierung in der deutschen Automobilindustrie 1924-1929", 1973, p. 32.

35 Hans C. Graf v. Seherr-Thoss, *Die deutsche Automobil-industrie. Eine Dokumentation von 1886 bis 1979*, 1979, p. 212.

10장_ 나치의 동력화 정책과 제2차 동력화 전쟁

1 James J. Flink, *The Automobil Age*, 1988, p. 262.

2 Klaus Kuhm, *Moderne und Asphalt. Die Automobilisierung als Prozeß technologischer Integration und sozialer Vernetzung*, 1997, p. 18.

3 Alfred Kube, "Von der 'Volksmotorisierung' zur Mobilmachung : Automobil und Gesellschaft

im 'Dritten Reich'", 1986, p. 138.

4 Christoper Kopper, "Modernität oder Scheinmodernität nationalsozialistischer Herrschaft. Das Beispiel der Verkehrspolitik", 1995, p. 407.

5 Karl-Heinz Ludwig, *Technik und Ingenieure im Dritten Reich*, 1979, p. 301.

6 Heinrich Hauser, *Am laufenden Band*, 1936, p. 138.

7 Karl-Heinz Ludwig, *Technik und Ingenieure im Dritten Reich*, 1979, p. 315.

8 Anton Lübke, *Das deutsche Rohstoffwunder*,1938.

9 Alfred Kube, "Von der 'Volksmotorisierung' zur Mobilmachung : Automobil und Gesellschaft im 'Dritten Reich'", 1986, p. 155.

10 Ernst Rosemann, "Die Gliederung des deutschen Kraftfahrwesens", 1942, p. 26.

11 Ernst Niekisch, *Das Reich der niederen Dämonen*, 1953, p. 95.

12 Max Schwarte, *Die Technik im Weltkriege*, 1920, p. 81.

13 군사역사 연구청,《독일 군사역사》 9부, 1983, 578쪽에서 재인용.

14 Friedrich Kittler, "Auto Bahnen", 1995, p. 119에서 재인용.

15 Heinz Guderian, *Erinnerungen eines Soldaten*, 1951, p. 18.

16 Jakob Sprenger, "Die Reichsautobahn vom Main zum Neckar als Symbol nationalsozialistischer Arbeitsförde-rung", 1935, p. 298.

17 Erhard Schütz, "Faszination der blaßgrauen Bänder. Zur 'organischen' Technik der Reichsautobahn", 1995, p. 132.

18 Karl-Heinz Ludwig, *Technik und Ingenieure im Dritten Reich*, 1979, p. 310.

19 Reiner Stommer, *Reichsautobahn. Pyramiden des Dritten Reiches. Analysen zur Ästhetik eines unbe wältigten Mythos*, 1984.

20 Ronald Smelser, "Die Sozialplanung der Deutschen Arbeitsfront", 1994, p. 77에서 재인용.

21 Hans-Dieter Schäfer, "Amerikanismus im Dritten Reich", 1994, p. 209.

22 Karl-Heinz Ludwig, *Technik und Ingenieure im Dritten Reich*, 1979, p. 316.

23 Christoper Kopper, "Modernität oder Scheinmodernität nationalsozialistischer Herrschaft. Das Beispiel der Verkehrspolitik", 1995, p. 408.

24 Erhard Schütz, "Faszination der blaßgrauen Bänder. Zur 'organischen' Technik der Reichsautobahn", 1995, p. 127.

25 Christoper Kopper, "Modernität oder Scheinmodernität nationalsozialistischer Herrschaft. Das Beispiel der Verkehrspolitik", 1995, p. 406.

26 Joachim Wille, *Die Tempomacher, Freie Fahrt ins Chaos*, 1988, p. 58.

27 Karl-Heinz Ludwig, *Technik und Ingenieure im Dritten Reich*, 1979, p. 321에서 재인용.

28 Karl-Heinz Ludwig, *Technik und Ingenieure im Dritten Reich*, 1979, p. 313.

29 Erhard Schütz / Eckhard Gruber, *Mythos Reichsautobahn. Bau und Inszenierung der "Straßen des Führers"*, 1996, p. 94.

30 Bertold Brecht, *Große kommentierte Frankfurter und Berliner Ausgabe. Journale 1938-1941*, Band 26, 1995, p. 396.

31 리히터,《제국방위군의 자동차 군대들》, 1997, 8쪽.

11장_전후, 경제기적, 자동차 대중화

1 Friedrich Knilli, "Das Wolfsburger Große Welttheater. Kultauto Käfer als Repräsentation des deutschen 'Wirtschaftswunders' ", 1998, p. 32 이하.

2 Hans-Dieter Schäfer, "Amerikanismus im Dritten Reich", 1994, p. 213에서 재인용.

3 Arne Andersen, *Der Traum vom guten Leben. Alltags-und Konsumgeschichte vom Wirtschaftswunder bis huete*, 1997, p.169에서 재인용.

4 Joachim Wille, *Die Tempomacher, Freie Fahrt ins Chaos*, 1988, p. 59에서 재인용.

5 Dietmar Klenke, "Die deutsche Katastrophe und das Automobil. Zur 'Heilsgeschichte' eines nationalen Kultobjekts in den Jahren des Wiederaufstiegs", 1994, p. 172.

6 Friedrich Kittler, "Auto Bahnen", 1995, p. 122.

7 Dietmar Klenke, *"Freier Stau für freie Bürger". Die Geschichte der bundesdeutschen Verkehrspolitik 1949-1994*, 1995. p. 40.

8 쥐트베크, 《동력화, 교통발전, 교통정책》, 1994, 28쪽.

9 Werner Polster/ Klaus Voy, "Eigenheim und Automobil – materielle Fundamente der Lebensweise", 1991, p. 299.

10 쥐트베크, 《동력화, 교통발전, 교통정책》, 1994, 21쪽.

11 B. Bruce-Briggs, *The War Against the Automobil*, 1977, p. 22.

12 Franz-Josef Oller, *Mein erstes Auto*, 1996, p. 8.

13 Werner Polster/ Klaus Voy, "Eigenheim und Automobil – materielle Fundamente der Lebensweise", 1991, p. 296.

14 《자동차 여행 리뷰》 9/1961, 12쪽.

15 Winfried Wolf, *Eisenbahn und Autowahn. Personen-und Gütertrans-port auf Schiene und Straße. Geschichte, Bilanze, Perspektiven*, 1986, p. 71.

16 쥐트베크, 《동력화, 교통발전, 교통정책》, 1994, 15쪽.

17 Wolfgang Kaden, "Der Autoverkehr-ein Subvention sbetrieb", 1987, p. 70.

18 Klaus Honnef, *Verkehrskultur*, 1972, p. 20.

19 Joachim Wille, *Die Tempomacher, Freie Fahrt ins Chaos*, 1988, p. 19에서 재인용.

20 Joachim Wille, *Die Tempomacher, Freie Fahrt ins Chaos*, 1988, p. 20.

21 《차이트》(1988. 11. 18.)에서 재인용.

22 Christoph Maria Merki, "Konfigurationen vergangenen Verkehrs", p. 143.

23 Werner Polster/ Klaus Voy, "Eigenheim und Automobil – materielle Fundamente der Lebensweise", 1991, p. 301에서 재인용.

24 Hans Erb, *Auto über alles. Porträt eines neuen Menschen*, 1966, p. 127.

25 Günter Bayerl, "Die Darstellung des Autos in der Literatur-ein Spigel der Motorisierung", 1991, p. 228.

26 Rolf-Peter Sieferle, *Die Konservative Revolution*, 1995, p. 120.

27 Kurt Leibbrand, *Die Verkehrsnot der Städte*, 1954, p. 3.

28 《자동차 여행 리뷰》, 9/1961, 13쪽.

29 *Hobby*, 22/1963, p. 88.
30 *Hobby*, 11/1962, p. 8에서 재인용.
31 Kurt Leibbrand, *Die Verkehrsnot der Städte*, 1954, p. 21.
32 Horst Zeuch, *Der Amtsschimmel blockiert die Autobahn*, 1964, p. 22.
33 Wolfgang Sachs, *Die Liebe zum Automobil. Ein Rückblick in die Geschichte unserer Wünsche.* Reinbek, 1984, p. 103.
34 *Hobby*, 12/1963, pp. 44-51.
35 *Hobby*, 3/1964, pp. 28-35.
36 *Hobby*, 4/1965, p. 67.
37 Joachim Radkau, *Technik in Deutschland. Vom 18. Jahrhundert bis zur Gegenwart*, 1989, p. 327.
38 《자동차 여행 리뷰》 9/1961, 13쪽.
39 Jens Hohensee, *Der erste Ölpreisschock 1973/74*, 1996, p. 159 이하.
40 Theo Barker / Dorian Gerhold, *The Rise and Rise of Road Transport, 1700-1990*, 1993.
41 VDA, 《자동차》, 1998, 244쪽.
42 VDA, 《자동차》, 1998, 33쪽.
43 《슈테른》 21/2000, 222쪽에서 재인용.

12장_"국민을 위한 차"

1 Peter Kirchberg, "Die Motorisierung des Straßenverkehrs in Deutschland von den Anfängen bis zum Zweiten Welt-krieg.", 1995, p. 19.
2 Stefan Brüdermann, "Die Frühzeit des Fahrradverkehs in Nordwestdeutschland und die Verkehrsdisziplinierung", 1997, p. 261.
3 Peter Kirchberg, *Automobilkonstruktionen. Das Beste aus "Der Motorwagen"*, 1988, p. 203에서 재인용.
4 Udo Andersohn, *Automobil-Geschichte in alten Anzeigen*, 1985, p. 121.
5 기술자 쿠르트 뢰더. 부시엔,《자동차 기술 핸드북》, 1941, 1249쪽.
6 Anita Kugler, "Von der Werkstatt zum Fließband", 1987, p. 316.
7 *Hobby*, 19/1962, p. 97 이하.
8 Joachim Krausse, "La deux chevaux-Autos für das Existenz-minimum. Vorbereitungen zur Denkmalpflege", 1986, p. 286.
9 Jürgen Rudy, *Die Automobile des Hans Gustav Röhr*, 1989, p. 5에서 재인용.
10 《새로운 우주》, 슈투트가르트/베를린/라이프치히, 1927, 142쪽.
11 Peter Kirchberg, *Automobilkonstruktionen. Das Beste aus "Der Motorwagen"*, 1988, p. 203에서 재인용.
12 Alfred Kube, "Von der 'Volksmotorisierung' zur Mobilmachung : Automobil und Gesellschaft im 'Dritten Reich'", 1986, p. 152.
13 고트샬크, 〈'국민 동력화'로부터 동원으로〉, 1986, 152쪽.
14 Friedrich Knilli, "Das Wolfsburger Große Welttheater. Kultauto Käfer als Repräsentation des

deutschen 'Wirtschaftswunders' ", 1998, p. 33.

15 《자동차 소식》, 18/1955, 664쪽.

16 Alfred Kube, "Von der 'Volksmotorisierung' zur Mobilmachung : Automobil und Gesellschaft im 'Dritten Reich'", 1986, p. 152.

17 Gerhard Zweckbronner, "Mechanisierung der Landarbeit. Der Lanz-Bulldog im landwirtschaftlichen Technisierung sprozess", 1986, p. 24.

18 Chris Ellis / Denis Bishop, *Military Transport of World War II*, 1975, p. 149.

19 Brecht, Bertold, *Gesammelte Werke in 20 Bänden.* Band 9, 1976, p. 736.

20 Markus Lupa, *Das Werk der Britten. Volkswagenwerk und Besatzungsmacht 1945-1949*, 1999, p. 60에서 재인용.

21 Ulrich Kubisch, *Aller Welts Wagen. Die Geschichte eines automobilen Wirtschaftswunders. Von Porsches Volks wagen-Vorläufer zum Käfer-Ausläufer-Modell*, 1986, p. 24.

22 쿠비, 《토마스와 그의 폴크스바겐》, 1956.

23 Ulrich Kubisch, *Aller Welts Wagen. Die Geschichte eines automobilen Wirtschaftswunders. Von Porsches Volks wagen-Vorläufer zum Käfer-Ausläufer-Modell*, 1986, p. 7.

13장_1950년부터 현재까지: 자동차의 다양성

1 Alexander Spoerl, *Mit dem Auto auf Du*, 1955, p. 208.

2 *Focus*, 37/1999, p. 209.

3 William J. Abernathy, *The Productivity Dilemma: Roadblock to Innovation in the Automobile Industry*, 1978, p. 21.

4 *Hobby*, 26/1964, p. 82.

5 《자동차 기술》 67/1965, 157쪽.

6 *Hobby*, 22/1962, p. 60 이하.

7 *Hobby*, 7/1966, p. 37.

8 Kurt Möser, "Amphibien, Landschiffe, Flugautos–utopische Fahzeuge der Jahrhundertwende und die Durchsetzung des Benzinautomobils", 1999.

9 Micha Hilgers, *Total abgefahren. Psychoanalyse des Autofahrens*, 1992, p. 93.

10 Franz-Josef Oller, *Mein erstes Auto*, 1996, pp. 180-184.

11 *Hobby*, 6/1964, p. 31.

12 Eugen Diesel, *Wir und das Auto. Der Motor verwandelt die Welt*, 1956.

13 Peter Sloterdijk, "Die Gesellschaft der Kentauren. Philosophische Bemerkungen zur Automobilität", 1992, p. 38.

14 Arne Andersen, *Der Traum vom guten Leben. Alltags-und Konsumgeschichte vom Wirtschaftswunder bis huete*, 1997, p. 164에서 재인용.

15 《자동차 1998》, 1999, 33쪽.

16 《자동차 포럼》 3/2000, 128쪽.

17 《자동차 빌트》(2000. 7. 21.), 56쪽 이하.

14장_1950년 이후의 자동차 제작

1 《자동차 1998》에 실린 통계.

2 James P. Womack / Daniel T. Jones / Daniel Ross, *Die zweite Revolution in der Autoindustrie*, 1991, p. 124.

3 *Focus*, 13/200, p. 225.

4 James P. Womack / Daniel T. Jones / Daniel Ross, *Die zweite Revolution in der Autoindustrie*, 1991, p. 49.

5 "Hastet hier jemand? Rennt hier jemand? Bei Ford in Köln revoltieren Arbeiter in Deutschland erstmals gegen die Flie Bbandarbeit", 1973, p. 32 이하.

6 William J. Abernathy, *The Productivity Dilemma: Roadblock to Innovation in the Automobile Industry*, 1978, p. 9.

7 William J. Abernathy, *The Productivity Dilemma: Roadblock to Innovation in the Automobile Industry*, 1978, p. 206에서 재인용.

8 "Hastet hier jemand? Rennt hier jemand? Bei Ford in Köln revoltieren Arbeiter in Deutschland erstmals gegen die Flie Bbandarbeit", 1973, p. 32에서 재인용.

9 James P. Womack / Daniel T. Jones / Daniel Ross, *Die zweite Revolution in der Autoindustrie*, 1991, p. 146.

10 James P. Womack / Daniel T. Jones / Daniel Ross, *Die zweite Revolution in der Autoindustrie*, 1991, p. 97.

11 James P. Womack / Daniel T. Jones / Daniel Ross, *Die zweite Revolution in der Autoindustrie*, 1991, p. 163.

12 Volkswagen AG, *Factory Town. Volkswagen in Wolfsburg*, 1999, p. 13.

13 James P. Womack / Daniel T. Jones / Daniel Ross, *Die zweite Revolution in der Autoindustrie*, 1991, p. 105.

14 Ulrich Jürgens / Thomas Malsch / Knuth Dohse, *Moderne Zeiten in der Automobilfabrik. Strategien der Produktion smodernisierung im Länder-und Konzernvergleich*, 1989, p. 13.

15 Volkswagen AG, *Factory Town. Volkswagen in Wolfsburg*, 1999, p. 13.

16 James P. Womack / Daniel T. Jones / Daniel Ross, *Die zweite Revolution in der Autoindustrie*, 1991, p. 97.

17 *Der Spiegel*, 34/2001, p. 104에서 재인용.

18 《차이트》(1999. 9. 9.), 30쪽에서 재인용.

15장_"안전벨트부터 매고 출발하자": 도로교통안전

1 Franz Bucholz, *Der gefährliche Augenblick. Eine Sammlung von Bildern und Berichten*, 1931, p. 5.

2 Heinrich Praxenthaler, "Die Geschichte der Verkehrssicher heit nach 1945", 1999, p. 186.

3 Alexander Spoerl, *Mit dem Auto auf Du*, 1955, p. 175.

4 N. D. Herbert, "Der Luft-Schutz im Auto", 1966, p. 130.

5 Winfried Wolf, *Eisenbahn und Autowahn. Personen-und Gütertrans-port auf Schiene und Straße. Geschichte, Bilanze, Perspektiven*, 1986, p. 201.

6 Béla Barényi, "Die Grundlagenprobleme der Pkw-Unfallforschung aus amerikanischer und europäischer Sicht", 1966, p. 2.

7 Diana Bartey, "Unfälle immer weniger gefährlich. Nach Untersuchungen der Cornell University Automotive Crash Injury Research Group", 1958-59, p. 42.

8 Rudolf Walter, "Gedanken zum Verkehrsunfallproblem", 1955, p. 698.

9 Harry Niemann, *Bela Barenyi-Nestor der passiven Sicherheit*, 1994, p. 76.

10 Adolf König, *Kraftfahrlehre, Gemeinverständliches Lehr-buch*, 1929, p. 316.

11 Béla Barényi, "Die Grundlagenprobleme der Pkw-Unfallforschung aus amerikanischer und europäischer Sicht", 1966.

12 Gerhard Kroj, "Mensch, Technik und Sicherheit im Straß enverkehr", 1994, p. 8.

13 N. D. Herbert, "Der Luft-Schutz im Auto", 1966, p. 18.

14 Don Sherman, "The Rough Road to Air Bags", 1995), p. 48. 15□ Joachim Wille, *Die Tempomacher, Freie Fahrt ins Chaos*, 1988, p. 21.

16 Heinrich Praxenthaler, "Die Geschichte der Verkehrssicher heit nach 1945", 1999, p.188에서 재인용.

17 Ralph Nader, *Unsafe at Any Speed. The Designed-In Dangers of the American Automobile*, 1966, p. 175.

18 Manfred Bandmann, "Der Mensch im Mittelpunkt des Verkehrsgeschehens", 1999, p. 32 이하.

19 *Der Spiegel*, 1975. 12. 8.

20 Heinrich Praxenthaler, "Die Geschichte der Verkehrssicher heit nach 1945", 1999, p. 186.

21 《자동차 여행 리뷰》 9/1961, 6쪽.

22 Béla Barényi, "Die Grundlagenprobleme der Pkw-Unfallforschung aus amerikanischer und europäischer Sicht", 1966, p. 1.

23 Helmut Dillenburger, *Das praktische Autobuch*, 1957, p. 287.

24 Burkhard Strassmann, "Ein Schlaumeier namens ESP", 1998, p. 62.

25 연방통계청 VCD 정보지 《교통안전》, 1999, 3쪽에서 재인용.

26 《만하이머 모르겐》(2001. 4. 26.)에서 재인용.

27 Helmut Dillenburger, *Das praktische Autobuch*, 1957, p. 358.

28 《ADAC 자동차 세계》, 8/1990, 10쪽.

29 Harry Niemann, "Gleich nach dem Fall kommt der Unfall. Propädeutische Überlegungen zu einer Geschichte der Straßenverkehrssicherheit", 1999, p. 15.

30 《슈테른》 5/2000, 172쪽.

31 연방통계청 VCD 정보지 《교통안전》, 1999, 8쪽에서 재인용.

32 연방통계청 VCD 정보지 《교통안전》, 1999.

33 Hans Magnus Enzensberger, *Die große Wanderung Dreiunddreißig Markierungen*, 1992, p. 25.

34 《피셔 세계 연감》 92, 939쪽.

35 Frederick Vester, *Crashtest Mobilität. Die Zukunft des Verkehrs, Fakten, Strategien, Lösungen*, 1999, p. 273.

16장_환경문제로서 자동차 교통

1 John McNeill, *Something New Under the Sun. An Environmental Hostory of the Twentieth Century*, 2001, p. 296.

2 Dietmar Klenke, *"Freier Stau für freie Bürger". Die Geschichte der bundesdeutschen Verkehrspolitik 1949-1994*, 1995, p. 67에서 재인용.

3 Dietmar Klenke, "Das automobile Zeitalter. Die umwel thistorische Problematik des Individualverkehrs im deutschamerikanischen Vergleich", 1996, p. 267.

4 Dietmar Klenke, "Das automobile Zeitalter. Die umwel thistorische Problematik des Individualverkehrs im deutschamerikanischen Vergleich", 1996, p. 279.

5 Dietmar Klenke, "Das automobile Zeitalter. Die umwel thistorische Problematik des Individualverkehrs im deutschamerikanischen Vergleich", 1996, p. 270.

6 Ueli Haefeli, "Luftreinhaltepolitik im Straßenverkehr in den USA, in Deutschland und in der Schweiz. Ein Vergleich der Entwicklung nach 1945", 1999, p.191.

7 Dietmar Klenke, "Das automobile Zeitalter. Die umwel thistorische Problematik des Individualverkehrs im deutschamerikanischen Vergleich", 1996, p. 274.

8 Karl Schwarz, *Car Wars. Die Automoilindustrie im globalen Wettbewerb. Analysen zum Wandel politisch-ökonomi-scher Systeme*, 1993, p. 282.

9 Dieter Teufel, *Scheinlösungen im Verkehrspolitik*, 1992, p. 13.

10 Dietmar Klenke, "Das automobile Zeitalter. Die umwel thistorische Problematik des Individualverkehrs im deutschamerikanischen Vergleich", 1996, p. 275.

11 맥닐, 〈자동차 시대〉, 1996, 311쪽.

12 *Focus*, 1999. 6. 7, p. 158.

13 *Der Spiegel,* 23/2000, p. 218.

14 Harald Knirsch, "Auto und Abfall", 1990, pp. 8-11.

15 하이델베르크 환경 및 예보 연구소, 《자동차의 환경 결산》, 1999.

16 《FAZ》, 1999. 8. 17.

17 Dieter Teufel, *Scheinlösungen im Verkehrspolitik*, 1992, p. 11.

18 〈포드 e-ka가 그러하다〉, 《포쿠스》 22/2000, 184쪽.

19 Jürgen Scriba, "'Motoren richen anders'. Eine lebendige Szene von Enthusiasten in den USA baut Elektroautos der anderen Art", 1999, p. 186.

20 《브리태니커 백과사전》, 제28권, 1991(15판), 775쪽.

21 Stefan Greschik, "Ohne Halt bis Wladiwostok", 1999, p. 49.

22 〈어떤 자동차 콘셉트가 미래에 속하는가?〉, 1999, 5쪽.

23 하이델베르크 환경 및 예보 연구소, Dieter Teufel, *Scheinlösungen im Verkehrspolitik*, 1992, p. 11에서 재인용.

24 《자동차 1998》, 1999, 168쪽.

25 *Der Spiegel*, 23/2000, p. 23.

26 《ADAC 자동차 세계》 9/2000, 11쪽.

27 Petra Thorbrietz, "Die Auto-Wende. Tempo-Limit, Autobahngebühren, City-Maut, Öko-Benzin

: Mit neuen Techniken aus der Krise", 1995, p. 1.

28 Franz Steinkohl, "Mobilität : Begriff, Wessen, Funktion", 1999, p. 39

17장_자동차의 미학화

1 슈미트, 〈시간은 자동차를 탄다〉, 1999, 13쪽.

2 Friedrich Knilli, "Das Wolfsburger Große Welttheater. Kultauto Käfer als Repräsentation des deutschen 'Wirtschaftswunders' ", 1998, p. 30.

3 Günter Bayerl, "Die Darstellung des Autos in der Literatur–ein Spigel der Motorisierung", 1991, p. 227에서 재인용.

4 《ADAC 자동차 세계》 9/2000, 21쪽.

5 Gilles Néret / Hervé Poulain, *Bilder einer Leidenschaft. Autos, Frauen, schöne Künste*, 1991, p. 62에서 재인용.

6 《청년》, 1930, 311쪽.

7 *Der Spiegel*, 29/2000, p. 108.

8 Arne Andersen, *Der Traum vom guten Leben. Alltags-und Konsumgeschichte vom Wirtschaftswunder bis huete*, 1997, p. 174에서 재인용.

9 Günter Bayerl, "Die Darstellung des Autos in der Literatur–ein Spigel der Motorisierung", 1991, p. 231.

10 Filippo Tommaso Marinetti, "Die futuristische Literatur", 1912, p. 194 이하.

11 Gilles Néret / Hervé Poulain, *Bilder einer Leidenschaft. Autos, Frauen, schöne Künste*, 1991, p. 24에서 재인용.

12 Brecht, Bertold, *Gesammelte Werke in 20 Bänden*. Band 11, 1976, p. 184-188.

13 David Gartmann, *Auto Opium. A Social History of American Automobile Design,*, 1994, p. 68 이하.

14 Steven L. Thompson, , "The Arts of the Motorcycle. Biology, Culture, and Aesthetics in Technological Choice", 2000, p. 104.

18장_운전자에서 교통 참여자로

1 Ingo Braun, *Technik-Spiralen*, 1933, p. 15.

2 Christoph Drösser, "Die Liebe zum Knüppel–Warum kaufen Europäer keine Automatik-Autos?", 1999, p. 48.

3 Christoph Drösser, "Die Liebe zum Knüppel–Warum kaufen Europäer keine Automatik-Autos?", 1999, p. 48.

4 Klaus Kuhm, *Moderne und Asphalt. Die Automobilisierung als Prozeß technologischer Integration und sozialer Vernetzung*, 1997, p. 179.

5 Helmut Dillenburger, *Das praktische Autobuch*, 1957, p. 19.

6 Artur Westrup / Klaus P. Heim, *Besser fahren mit dem Volkswagen*, 1960, p. 93.

7　Günter Bayerl, "Die Darstellung des Autos in der Literatur–ein Spigel der Motorisierung", 1991, p. 217에서 재인용.

8　Helmut Dillenburger, *Das praktische Autobuch*, 1957, p. 19.

9　Barbara Schmucki, "Cyborgs unterwegs? Verkehrstechnik und individuelle Mobilität seit dem 19. Jahrhundert", 1999.

10　Artur Westrup / Klaus P. Heim, *Besser fahren mit dem Volkswagen*, 1960, p. 87.

11　Günter Bayerl, "Die Darstellung des Autos in der Literatur–ein Spigel der Motorisierung", 1991, p. 227.

12　Franz-Josef Oller, *Mein erstes Auto*, 1996, p. 19에서 재인용.

13　Günter Bayerl, "Die Erfindung des Autofahrens : Technik als Repräsentation, Abenteuer und Sport", 1998, p. 318.

14　*Focus*, 17/2000, p. 38에서 재인용.

15　Harry Niemann, "Gleich nach dem Fall kommt der Unfall. Propädeutische Überlegungen zu einer Geschichte der Straßenverkehrssicherheit", 1999, p. 13에서 재인용.

16　Michael Dick / Theo Wehner, "Situationen des Fahrens - alltägliche Aneignung und Allbeweglichkeitswünsche", 1999, p. 71.

17　Felizitas Romeiß-Stracke, "Freizeitmobilität-Dimensionen, Hintergründe, Perspektiven", 1998, p. 86.78-88.

18　Heinrich Hauser, *Am laufenden Band*, 1936, p. 171.

19　Hermann-Josef Berger / Gerhard Bliersbach / Rolf G. Dellen, *Macht und Ohnmacht auf der Autobahn, Dimensionen des Erlebens beim Autofahren*, 1973.

20　Michael Dick / Theo Wehner, "Situationen des Fahrens - alltägliche Aneignung und Allbeweglichkeitswünsche", 1999, p. 82.

21　*Hobby*, 22/1963, p. 90.

22　Helmut Dillenburger, *Das praktische Autobuch*, 1957, p. 382.

23　Brecht, Bertold, *Gesammelte Werke in 20 Bänden. Band 12*, 1976, p. 399.

24　Rainer Schönhammer, *Das Leiden am Beifahren. Frauen und Männer auf dem Sitz rechts*, 1995, p. 86에서 재인용.

25　Lionel T. C. Rolt, *Horseless Carriage, The Motor-Car in England*,1950, p. 137.

26　Alexander Spoerl, *Mit dem Auto auf Du*, 1955, p. 103.

27　Maxwell G. Lay, *Die Geschichte der Straße. Vom Trampelpfad zur Autobahn*, 1994, p. 202.

28　《자동차와 스포츠》 6/1942, 21쪽.

19장_자동차의 즐거움

1　Franz-Josef Oller, *Mein erstes Auto*, 1996, p. 113에서 재인용.

2　H. S. Helmar, "Abschied von einem Auto", 1962, p. 60.

3　Franz-Josef Oller, *Mein erstes Auto*, 1996, p. 114.

4　Otl Aicher, *Kritik am Auto. Schwierige Verteidigung des Autos gegen seine Anbeter*, 1984, p. 66.

5　*Hobby*, 10/1963.

6   Dietmar Lamparter, "Audi jagt Mercedes", 1999, p. 33.

7   Alexander Spoerl, *Mit dem Auto auf Du*, 1955, p. 283.

8   《페어케르》, 4/2000, 8쪽.

9   *Focus*, 16/2000, p. 180,

10 Friedrich Knilli, "Das Wolfsburger Große Welttheater. Kultauto Käfer als Repräsentation des deutschen 'Wirtschaftswunders' ", 1998, p. 36에서 재인용.

11 Heinz Sponsel, *Liebesbriefe an mein Auto*, 1951.

12 《절대적으로 현대적인》, 1986, 21쪽에서 재인용.

13 Wolfgang Kromer, "Abbild der Wirklichkeit. Zur Geschichte des Blechspielzeugs in Deutschland", 1986, p. 134에서 재인용.

14 Maxwell G. Lay, *Die Geschichte der Straße. Vom Trampelpfad zur Autobahn*, 1994, p. 199.

15 Klaus Honnef, *Verkehrskultur*, 1972, p. 153.

16 Ingo Stüben, "Kit Cars-ein anderes Volkswagen-Konzept als Mobilität-und Freizeitinnovation?", 1999, p. 152.

17 Werner Polster/ Klaus Voy, "Eigenheim und Automobil–materielle Fundamente der Lebensweise", 1991, p. 290.

18 Jean Baudrillard, *Das System der Dinge. Über unser Verhältnis zu den alltäglichen Gegenständen*, 1991.

19 Thomas Krämer-Badoni / Herbert Grymer / Marianne Rodenstein, *Zur sozio-ökonomischen Bedeutung des Automobils*, 1971, p. 63.

20 Franz-Josef Oller, *Mein erstes Auto*, 1996, p. 7에서 재인용.

21 Dietmar Klenke, "Die deutsche Katastrophe und das Automobil. Zur 'Heilsgeschichte' eines nationalen Kultobjekts in den Jahren des Wiederaufstiegs", 1994, p. 158.

22 Filius (=A. Schmal), *Die Kunst des Fahrens, Praktische Winke, ein Automobil oder Motorrad richtig zu lenken*, 1922, p. 153.

23 Joachim Radkau, "Auto-Lust : Zur Geschichte der Geschwin-digkeit", p. 115.

24 Klaus Honnef, *Verkehrskultur*, 1972, p. 37에서 재인용.

25 Joachim Wille, *Die Tempomacher, Freie Fahrt ins Chaos*, 1988, p. 40.

26 Bernt Spigel, *Die obere Hälfte des Motorrads. Vom Gebrauch der Werkzeuge als künstliche Organe*, 1999. p. 238.

27 Micha Hilgers, *Total abgefahren. Psychoanalyse des Autofahrens*, 1992, p. 33.

28 Alexander Spoerl, *Mit dem Auto auf Du*, 1955, p. 282.

29 Heinrich Hauser, *Am laufenden Band*, 1936, p. 174.

30 Micha Hilgers, *Total abgefahren. Psychoanalyse des Autofahrens*, 1992, p. 31.

Abernathy, William J., *The Productivity Dilemma: Roadblock to Innovation in the Automobile Industry*. Baltimore / London 1978.

Absolute modern sein-Zwischen Fahrrad und Fließband. Culture technique in Frankreich 1889-1937. Hg. von der Neuen Gesellschaft für Bildende Kunst, Ausstellung skatalog Berlin 1986.

Aicher, Otl, *Kritik am Auto. Schwierige Verteidigung des Autos gegen seine Anbeter*. München 1984.

"Allgemeines über den Automobilismus". (Pseudonym "H-n") In : *Stein der Weisen* 27 (1901), S. 329-334.

"American Methods Fitted to German Conditions at Volkswagen". In : *Automotive Industries*, 15.4.1955, S. 50 ff.

Andersen, Arne, *Der Traum vom guten Leben. Alltags-und Konsumgeschichte vom Wirtschaftswunder bis huete*, Frankfurt / New York 1997.

Andersohn, Udo, *Automobil-Geschichte in alten Anzeigen*, Dortmund[2] 1985.

Appel, Hermann / Külpmann, Ronald / Kunze, Helmut(Hg.), *Entwicklungsmethoden im Automobilbau*. Köln 1990.

Auto 1998. Jahresbericht des Verbands der Automobilin dustrie. Frankfurt/M. 1999.

Autobahnen in Deutschland, (U.a. hg. von Fritz Thorbecke] Bonn 1979.

Bandmann, Manfred, "Der Mensch im Mittelpunkt des Verkehrsgeschehens". In: Niemann, Harry / Herrmann, A. (Hg.), *Geschichte der straßenverkehrssicherheit im Wechselspiel zwischen Fahzeug, Fahrbahn und Mensch*. Bielefeld 1999, S. 19-38.

Barck, Karlheinz, "Blitzkrieg. "God Stinnes' or the Depoliticization of the Sublime". In: Hüppauf, B. (Hg.), War, Violence and the Modern Condition. Berlin / New York 1997, S. 119-133

Bardou, Jean-Pierre / Channaron, Jean-Jacques / Fridenson, Patrick / Laux, James M., *Die Automobil-Revolution. Analyse eines Industrie-Phänomens*, Hg. v. Halward Schrader. Gerlingen 1989.

Barényi, Béla, "Die Grundlagenprobleme der Pkw-Unfallforschung aus amerikanischer und europäischer Sicht". In: *Automobil-Industrie* 1/1966, Sonderdruck, S. 1-11.

Baker, Theo, "A German Centenary in 1986, a French in 1995 or the Real Beginnings about 1905?". In: ders. (Hg.), *The Economic and Social Effects of the Spread of Moter vehicles, An International Centenary Tribute*. Houndmills / London 1987, S. 1-54.

Barker, Theo / Gerhold, Dorian, *The Rise and Rise of Road Transport, 1700-1990*. Basingstoke 1993.

Bartey, Diana, "Unfälle immer weniger gefährlich. Nach Untersuchungen der Cornell University Automotive Crash Injury Research Group". In: *Auto-Jahr* 6 (1958-59), S. 39-48.

Baudrillard, Jean, *Das System der Dinge. Über unser Verhältnis zu den alltäglichen Gegenständen.* Frankfurt /New York 1991.

Baudry de Saunier, Louis, *Das Automobil in Theorie und Praxis.* 2 Bde., Wien / Pest / Leipzig 1901, Reprint Leipzig 1990.

Baudry de Saunier, Louis, "Jedem sein Automobil" (1923). In: Vegesack, Alexander v. / Kries, Mateo (Hg.), *Automobility - Was uns bewegt.* Ausstellunggskatalog Weil am Rhein (Vitra Design Museum) 1999, S. 214-228.

Bauer, Reinhold, "Pkw-Bau unter veränderten Rahmenbedin-gungen. Versuch eines deutsch-deutschen Vergleichs für die 1970er Jahr". In: *Technikgeschichte* 64 (1997), S. 19-38.

Bauer, Reinhold, "'Einfach, robust, sparsam, preiswert. Die DKW-Konzeption als Leitbild für den PKW-Bau der säcchsischen Auto Union AG und ihrer ost-wie westdeutschen Nachfolgebetriebe". In: *Blätter für Technikgeschichte* 6/2000, S. 143-176.

Baumann, Hans (Hg.), *Deutsches Verkehrsbuch.* Berlin 1931.

Bayerl, Günter, "Die Darstellung des Autos in der Literatur–ein Spigel der Motorisierung". In: Pohl, Hans (Hg.), *Traditionspflege in der Automobilindustrie*, Stuttgart 1991, S. 201-237 (=Stuttgarter Tage zur Automobil-und Unter nehmensgeschichte)

Bayerl, Günter, "Die Erfindung des Autofahrens : Technik als Repräsentation, Abenteuer und Sport". In: ders. / Weber, Wolfhard (Hg.), *Sozialgeschichte der Technik, Ulrich Troitzsch zum 60. Geburtstag.* Münster / New York / München / Berlin 1998, S. 317-329.

Bayley, Stephen, *Sex, Drink and Fast Cars, The Creation and Consumption of Images.* London 1986.

Behrendt, Ernst, "Turbo-Auto im Alltagsverkehr". In: *hobby* 19/1963, S. 54-59.

Belasco, Warren James, *Americans on the Road: From Autocamp to Motel.* Cambridge 1979.

Benz, Carl, *Lebensfahrt eines deutschen Erfinders.* Leipzig 22-26. Tsd. 1936. (Erstaufl. 1925)

Berger, Hermann-Josef / Bliersbach, Gerhard / Dellen, Rolf G., *Macht und Ohnmacht auf der Autobahn, Dimensionen des Erlebens beim Autofahren.* Frankfurt/M. 1973.

Bierbaum, Otto Julius, *Automobilia. Reiseskizzen und Betrachtungen aus den Kindertagen des Automobils*, Ausgewählt und mit einem Nachwort versehen von M. Krause. Bonn 1988.

Binnenbrücker, Rolf D., "Die Wochenendmechaniker. Do-it yourself und Schwarzarbeit". In: Haberl, Fritz / Kroemer, Walter, *Auto 2000. Grüne Welle ins 3. Jahtausend.* Stuttgart 1986, S. 256-265.

Blaich, Fritz, "Die Fehlrationalisierung in der deutschen Automobilindustrie 1924-1929". In: *Tradition* 18 (1973), S. 18-33.

Blaich, Fritz, "Why did the Pioneer Fall Behind? Motorisation in Germany Between the Wars". In: Barker, Theo (Hg.), *The Economic and Social Effects of the Spread of Motor Vehicles. An international Centenary Tribute*. Houndmills / London 1987, S. 148-164.

Blümelhuber, Michel, "Ergebnisse der flugtechnischen Studien und Versuche im letzten Jahrzehnt". In: *Stein der Weisen*, Wien / Pest / Leipzig, 25. Bd., 1899.

Blüthmann, Heinz, "Striktes Limit für Sünder". In: *Zeit* 5 / 1989, S. 21.

Blumenfeld, Erwin, *Einbildungsroman*, Frankfurt / M. 1998.

Borscheid, Peter, "Autowerbung in Deutschland 1886-1945". In: Pohl, Hans (Hg.), *Traditionspflege in der Automobil industrie*. Stuttgart 1991, S. 61-103 (=Stuttgarter Tage zur Automobil und Unternehmensgeschichte)

Borscheid, Peter, "Lkw contra Bahn-die Modernisierung des Transports durch den Lastkraftwagen in Deutschland bis 1939". In: Niemann, Harry / Hermann, Armin (Hg.), *Die Entwicklung der Motorisierung im Deutschen Reich und den Nachfolgestaaten*. Stuttgart 1995, S. 23-38.

Borscheid, Peter, "Die Last mit der Zeit. Der Lkw und die Beschleunigung des Lebens während der Zwischen kriegszeit". In: Niemann, Harry / Herrmann, Armin, *100 Jahre Lkw. Geschichte und Zukunft des Nutzfahrzeugs*. Stuttgart 1997, S. 41-54.

Bosch-Archiv (Hg.), *Datenheft zur Bosch-Geschichte*. Stuttgart 2000.

Box, Robert de la Rive, *Automobilgeschichte in Bildern*. Stuttgart 1984.

Bradley, Dermot, *Generaloberst Guderian und die Entste hungsgeschichte des modernen Blitzkrieges*. Osna-brück[2] 1978.

Braun, Hans-Joachim, "Automobilfertigung in den USA und in Deutschland in den 20er Jahren - ein Vergleich". In: Pohl, Hans (Hg.), *Traditionspflege in der Automobil industrie*, Stuttgart 1991, S. 183-200. (= Stuttgarter Tage zur Automobil - und Unternehmensgeschichte)

Braun, Hans-Joachim, "Konstruktion, Destuktion und der Ausbautechnischer Systeme zwischen 1914 und 1945". In: König, Wolfgang (Hg.), *Propyläen Technikgeschichte, Bd. 5: Energiewirtschaft, Automatisierung, Information seit 1914*, Frankfurt / Berlin 1992, S. 11-279.

Braun, Hans-Joachim, "Lärmbelästigung und Lärmbekämp-fung in der Zwischenkriegszeit". In: Bayerl, Günter / Weber, Wolfhard (Hg.), *Sozialgeschichte der Technik. Ulrich Troitzsch zum 60. Geburtstag*. Münster u.a. 1998, S. 251-258.

Braun, Ingo, *Technik-Spiralen*, Berlin, 1933.

Brecht, Bertold, *Gesammelte Werke in 20 Bänden*. Band 9: *Gedichte 2*. Zürich 1976.

Brecht, Bertold, *Große kommentierte Frankfurter und Berliner Ausgabe. Journale 1938-1941*, Band 26, Frankfurt /M. 1995.

Brilli, Attilo, *Das rasende Leben. Die Anfänge des Reisens mit dem Automobil*, Berlin

1999.

Bruce-Briggs, B., *The War Against the Automobil*. New York 1977.

Brüdermann, Stefan, "Die Frühzeit des Fahrradverkehs in Nordwestdeutschland und die Verkehrsdisziplinierung". In: *Technikgeschichte* 64 (1997), S. 253-267.

Buchanan, Collin Douglas, *Mixed Blessing. The Motor Car in Britain*. London 1958.

Bucholz, Franz (Hg.), *Der gefährliche Augenblick. Eine Sammlung von Bildern und Berichten*. Mit einer Einleitung von Ernst Jünger. Berlin 1931.

Buhmann, Heinrich / Lucy, Hans / Weber, *Rudolf u.a., Geisterfahrt ins Leere, Roboter und Rationalisierung in der Automobilindustrie*. Hamburg 1984.

Busch, Klaus W., *Strukturwandlungen der westdeutschen Autoindustrie. Ein Beitrag zur Erfassung und Deutung einer industriellen Entwicklungsphase im Übergang vom produktionsorientierten zum marktorientierten Wachstum*, Berlin 1966.

Buss, Michael, *Die Auto-Dämmerung. Sachzwänge für eine neue Verkehrspolitik*, Frankfurt/M. 1980.

Bussien, Richard (Hg.), *Automobiltechnisches Handbuch*. Berlin[14] 1941.

Canzler, Weerth, "Der anhaltende Erfolg des Automobils. Zu den Modernisierungsleistungen eines außergewöhnlichen technischen Artefakts". In: Schmidt, Gert (Hg.), *Technik und Gesellschaft. Jahrbuch 10 : Automobil und Automobil ismus*. Frankfurt / New York 1999, S. 19-40.

Canzler, Weerth / Knie, Andreas, *Das Ende des Automobils. Fakten und Trends zum Umbau der Autogesellschaft*. Heidelberg 1994.

Childs, Davids J., *A Peripheral Weapon? The Production and Employment of British Tanks in the First World War*. Westport, Ct. 1999.

Clairemont, Jean (Hg.), *Das Buch der Neuesten Erfindungen*. Berlin 1905.

"Dampfansage. Alte Technik neu entwickelt". In: AutoForum 2 / 2000, S. 74 f.

Dannefer, W.Dale, "Driving and Symbolic Interantion". In: *Sociological Inquiry* 47 (1977), S. 33-38.

"Das Automobil als Heilmittel". In: *Schwäbische Frauen zeitung*, 1902, 0.S.

"Das Problem des Windwagens". In: *Der Kraftfahrer*, 9. Jg. Nr. 5 (31.1.1914)

Daule, S, *Der Kriegswagen der Zukunft*. Leipzig 1906.

Davis, R., *Death on the Streets. Cars and the Mythology of Road Safety*. Burtersett, Hawes 1992.

Desmond, Frank, "The Quiet Life". In: *Classic Boat* Sept. 1999, S. 64-67.

Dettelbach, Cynthia D., *In The Driver's Seat. The Automo bile in American Literature and Popular Culture*, Westport, Connecticut / London 1976. (=Contribution in American Studies 25)

Dick, Michael / Wehner, Theo, "Situationen des Fahrens - alltägliche Aneignung und Allbeweglichkeitswünsche". In: Schmidt, Gert (Hg.), *Technik und Gesellschaft. Jahrbuch 10 : Automobil und Automobilismus*. Frankfurt / New York 1999, S. 63-86.

Diehl, Lothar, *Das Automobil in der wilhelminischen Gesellschaft. Alltagsgeschichtliche Aspekte einer technischen Innovation.* Magisterarbeit (unpubl.) Tübingen 1990.

Diehl, Lothar, "Tyrannen der Landstraße. Die Automobilkritik um 1900". In: *Kultur & Technik* 3 (1998), S. 51-57.

Diesel, Eugen, *Autoreise 1905.* Stuttgart 1941.

Diesel, Eugen, *Wir und das Auto. Der Motor verwandelt die Welt.* Mannheim 1956.

Dillenburger, Helmut, *Das praktische Autobuch.* Gütersloh 1957.

Dollinger, Hans, *Die totale Autogesellschaft*, München 1972.

Doßmann, Axel, "Wie wir die Autobahnen lieben lernten. Infrasrukturelle Leitbilder und Automobilismus in Deutschland bis in die 60er Jahre". In: *Sowi* 25 (1996), H.4, S. 235-242.

Drösser, Christoph, "Die Liebe zum Knüppel – Warum kaufen Europäer keine Automatik-Autos?". In: *Zeit* 9.9.1999, S. 48.

Dr. St., "Kauf und Behandlung eines Automobils". In: *Der Stein der Weisen*, Wien 28. Jahrgang (1902), S. 44-55.

Duckeck, Hans, "40 Jahre Autoradio in Deutschland". In: *Technikgeschichte* 40 (1973), S. 122-131.

Eckermann, Erik, *Vom Dampfwagen zum Auto.* Reinbek 1981.

Eckermann, Erik, *Automobil. Technikgeschichte im Deut schen Museum.* München 1989.

Eckermann, Erik," 4300 Wagen aus ganz Deutschland mit Blumen geschmückt 100 Jahre Automobil-Ausstellungen. Von der Motorwagen-Vorführung zur Leitmesse". In: *Kultur und Technik* 1 (1998), S. 47-53.

Eckermann, Erik / Straßl, Hans, "Der Landverkehr". In: Troitzsch, Ulrich / Weber, Wolfhard (Hg.), *Die Technik. Von den Aufängen zur Gegenwart.* Stuttgart 1987, S. 444-469.

Edelmann, Heidrun, *Vom Luxusgut zum Gebrauchsge-genstand. Die Geschichte der Verbreitung von Personenkraftwagen in Deutschland*, Frankfurt/M. 1989 .

Edelmann, Heidrun, "Volkswagen. Von der Typenbe-zeichnung zum Markennamen : Die Gleichschaltung eines Begriffs". In: *Journal Geschichte* 1 (1990), S. 55-61.

Ehrenburg, Ilja, *Das Leben der Autos.* Berlin 1929.

Ellis, Chris / Bishop, Denis., Military *Transport of World War 1.* London 1970.

Ellis, Chris / Bishop, Denis., *Military Transport of World War II.* Reprint London 1975.

Encyclopedia Britannica, 10. Auflg. 1902, 15. Auflg. 1985.

Engel, Helmut, *Das Auto, Geburt eines Phänomens. Eine Berliner Geschiche.* Berlin 2000.

Enzensberger, Hans Magnus, *Die große Wanderung Dreiunddreißig Markierungen*, Frankfurt/M. [5]1992.

Enzyklopädie des Automobils, Marken, Modelle, Technik, Augsburg 1989.

Erb, Hans, *Auto über alles. Porträt eines neuen Menschen.* Hamburg 1966.

Fack, Dietmar, *Automobil, Verkehr und Erziehung. Motori sierung und Sozialisation zwischen Beschleunigung und Anpassung 1885-1945.* Opladen 2000.

Fack, Dietmar, "Das deutsche Kraftfahrschulwesen und die technisch-rechtliche Konstitution der Fahrausbildung 1899-1943". In: *Technikgeschichte* 67 (2000), S. 111-138.

Fersen, Olaf v. (Hg.), *Ein Jahrhundert Automobiltechnik-Personenwagen.* Düsseldorf 1985.

Fersen, Olaf v. (Hg.), *Ein Jahrhundert Automobiltechnik-Nutzfahrzeuge.* Düsseldorf 1987.

Fersen, Olaf v. (Hg.), *Ein Jahrhundert Automobiltechnik-Motorräder.* Düsseldorf 1988.

Filius (=A. Schmal), *Die Kunst des Fahrens, Praktische Winke, ein Automobil oder Motorrad richtig zu lenken,* Wien ³1922.

Filius (=A. Schmal), *Ohne Chauffeur. Ein Handbuch für Besitzer von Automobilen und Motorradfahrer,* Berlin ¹¹1924.

Finch, Christopher, *Highways to Heaven. The AUTObio graphy of America.* New York 1991.

Fletcher, David, *Landships, Britisch Tanks in the First World War.* London 1984.

Flink, James J., *America Adopts the Automobile.* Cambridge (Mass.) 1975.

Flink, James J., *The Car Culture.* Cambridge (Mass.) 1975.

Flink, James J., *The Automobil Age.* Cambridge (Mass.) 1988.

Fokker, Anthony H.G. (mit Bruce Gould), *Der fliegende Holländer.* Zürich / Leipzig / Stuttgart 1933.

Ford, Henry, *Mein Leben und Werk.* Leipzig 1923.

Foreman-Peck, James, "Death on the Roads : Changing National Responses to Motor Accidents". In: Barker, Theo (Hg.), *The Economic and Social Effects of the Spread of Motor Vehicles. An International Centenary Tribute.* Houndmills and London 1987, S. 264-290.

Forsten, Hans, "Automobilismus". In: *Die Pariser Weltaus stellung in Wort und Bild.* Berlin 1900, S. 109-111.

Frankenberg, Richard v. *Porsche-Wagen, Porsche-Schlepper. Ein Mann und sein Werk setzen sich durch.* Darmstadt O.J.

Frankenberg, Richard v., / Matteucci, Marco, Geschichte des Automobils. Künzelsau 1973.

Franzpötter, Reiner, "Der Sinn fürs Auto and die Lust an der Unterscheidung. Zur Praxeologie des Automobils in der Erlebnisgesellschaft". In: Schmidt, Gert (Hg.), *Technik und Gesellschaft. Jahrbuch 10 : Automobil und Automobilismus,* Frankfurt / New York 1999, S. 41-62.

Freund, Peter E.S., The Ecology of the Automobile, Montreal 1994.

Fuhlberg-Horst, John, *Auto, Schiff und Flugzeug*. Berlin 1930.

Gartmann, David, *Auto Opium. A Social History of American Automobile Design*, London / New York 1994.

Gebhard, Wolfgang H., *Taschenbuch Deutscher Schlep-perbau*. 2 Bde., Stuttgart ²1989.

Geibel, Emanuel, *Neue Gedichte*, Stuttgart / Augsburg 1856.

Georgano, Nick, *Electric Vehicles*. Princes Risborough 1996. (=Shire Album 325)

Giedion, Sigfried, *Die Herrschaft der Mechanisierung*. Frankfurt/M. 6.-8. Tsd. 1982.

Giesefeld, Thomas, *Die Transformation der Automobilin dustrie. Kontinuitätsmanagement als Versuch einer partiellen Synthese von Tradition und Innovation*. Diss. (St. Gallen), Bamberg 1999.

Gläser, Hermann H., *Via Strata. Roman der Straße*. Wiesba den / Berlin 1987, S. 74.

Gläser, Hermann H., *Das Automobil. Eine Kulturgeschichte in Bildern*. München 1986.

Golling, Ernst, *Illustriertes Jahrbuch der Erfindungen*. Leipzig / Teschen / Wien (5.Jg.) 1905.

Gottschalk, E., "Volksauto und Autobahn". In: *Die straße* 1934, S. 522-524.

Grätz, Paul, *Im Auto quer durch Afrika*. Berlin 1910.

Greschik, Stefan, "Ohne Halt bis Wladiwostok". In: *Zeit* 18.11.1999.

Gribbins, John / Higgins, James, "Pushing the Limits. The Quest for Powerboat Speed". In: *Wooden Boat* 154/2000, S. 74-82.

Grimm, Jacob und Wilhelm, *Deutsches Wörterbuch*, Bd. 8, Artikel "Rasen". Reprint München 1984, Bd. 14, S. 132.

Grivel, Charls, "Automobil. Zur Genealogie subjektivischer Maschinen". In: Stingelin, Martin / Scherer, Wolfgang (Hg.), *HardWar / SoftWar. Krieg und Medien 1914-1945*. München 1991, S. 171-196.

Grüneich, Elmar, *Straße im Wandel. Die Veränderungen der Landstraßen in Deutschland 1870-1930*. MA-Arbeit Marburg 1997.

"Gruppenarbeit unter Palmen. Saab geht mit seinem neuen Werk neue Wege. Durch Eigenverantwortung sollen Facharbeiter gebunden werden". In: *FAZ* 23.10.1989, S. 22.

Guderian, Heinz, *Erinnerungen eines Soldaten*. Heidelberg 1951.

Gudjohns, Anette, *Die Entwicklung des "Volksautomobils" von 1904-1945 unter besonderer Berücksichtigung des Volkswagens*. Diss. Hannover 1988.

Guichard, Ami (Hg.), *Die Ponierzeit der Automobilisten*. Vorwort von Richard. v.Frankenberg. Bern / München 1965.

Haaland, Dorothea, *Der Luftschiffbau Schütte-Lanz Mann heim-Rheinau (1909-1925)*. Mannheim 1987 (=Südwest deutsche Schriften 4)

Haedicke, Hermann, *Die Technologie des Eisens*, Leipzig 1900.

Haefeli, Ueli, "Luftreinhaltepolitik im Straßenverkehr in den USA, in Deutschland und in der Schweiz. Ein Vergleich der Entwicklung nach 1945". In: *Traverse* 6 (1999), S. 171-191.

"Hastet hier jemand? Rennt hier jemand? Bei Ford in Köln revoltieren Arbeiter in Deutschland erstmals gegen die Flie Bbandarbeit". In: *Spiegel* 37/ 1973, S. 32 f.

Haubner, Barbara, *Nervenkitzel und Freizeitvergnügen. Automobilismus in Deutschland 1886-1914*. Göttingen 1998.

Hauser, Heinrich, *Am laufenden Band*, Frankfurt / M. 1936.

Herbert, N.D., "Der Luft-Schutz im Auto". In: *hobby* 9 / 1966, S. 16-20 und 130-132.

Hedrick, J. Karl, *The Technology of Automated Highway Systems, Professional Congress Mobility*. Düsseldorf 2000, S. 199-216.

Hellmann, Heinrich W., Der elektrische Kraftwagen. *Theoretischpraktisches Handbuch für Konstruktion, Bau und Betrieb elektrisch bewegter Fahrzeuge*. Berlin 1901.

Helmar, H.S., "Abschied von einem Auto". In: *Motor Reise Revue* 5 / 1962.

Henning, Hansjoachim, "Kraftfahrzeugindustrie und Auto bahnbau in der Wirtschaftspolitik des National-sozialismus, 1933-1939". In: *Deutsche Vierteljahresschrift für Sozial - und Wirtschaftsgeschichte* 65 (1978), S. 217-242.

Herrmann, Klaus, "Die Geschichte der Traktoren. 1:Wie der Verbrennungsmotor auf den Acker kam". In: *FAZ* 13.12.1986, S. 37; "2: Stärker, schneller, leiser und univer seller". In: *FAZ* 10.1.1987, S. 33.

Hesse, Hermann, *Der Steppenwolf.* Frankfurt / M. 57-76. Tsd. 1971.

Heyck, Eduard, "Die Kultur des Reisens". In: *Moderne Kultur. Ein Handbuch der Lebensbildung und des guten Geschmacks*, Bd. 2, Stuttgart / Leipzig O.J. (um 1908), S. 361-388.

Hicketier, Knut / Lützen, Wolf Dieter / Reiss, Karin (Hg.), *Das Deutshe Auto. Volkswagenwerbung und Volkskultur*, Fernwald / Steinbach / Wismar 1974.

Hilgers, Micha, Total abgefahren. Psychoanalyse des Autofahrens. Freiburg / Br. ²1992.

Hodenius, Birgit, "Frauen fahren anders! – Zum Wandel der Relevanz und Aktualität eines Themas". In: Schmidt, Gert (Hg.), *Technik und Gesellschaft. Jahrbuch 10 : Automobil und Automobilismus*, Frankfurt / New York 1999, S. 167-182.

Hohensee, Jens, *Der erste Ölpreisschock 1973/74*. Stuttgart 1996.

Holtz, Hans Joachim, "Stromlinie gegen Straßenstaub". In: *Kultur und Technik* 10 (1986), S. 124-133.

Honnef, Klaus (Hg.), *Verkehrskultur*. Recklinghausen / Münster 1972.

Horras, Gerhard, *Die Entwicklung des deutschen Automobil marketes bis 1914*. Diss. München 1982.

Horx, Matthias, *Trendbuch. Der erste große deutsche Trendreport*. Düsseldorf 1993.

Hounshell, David H., *From the American System to Mass Production. The Development of Manufacturing Technology in the United States*. Baltimore 1984.

Hünninghaus, Kurt, *Geliebt von Millionen. Das Automobil und seine Geschichte,*

Düsseldorf 1961.

Hughes, Thomas P., *Die Erfindung Amerikas. Der technologische Aufstieg der USA seit 1870*. München 1991.

Hundleby, Maxwell / Strasheim, Rainer, *The German A7V Tank and the captured Britisch Mark IV Tanks of World War 1*. Sparkford 1990.

Informationsbroschüre *Verkehrssicherheit*, Verkehrsclub Deutschland (Hg.), 1999.

Ingold, Felix Ph., *Literatur und Aviatik*, Frankfurt / M. 1980.

Ittner, Stefan, *Dieselmotoren für die Luftfahrt*. Oberhaching 1996.

Jackson, Judith (mit Robson, Graham), *Eine Jahrhun dertliebe, Menschen und Automobile*, München 1979.

Jahrbuch der Automobil-und Motorbootindustrie, Berlin, versch. Jg.

Joyce, James, *Dubliner*. Frankfurt / M. 1987.

Jünger, Ernst, *Feuer und Bewegung*. In: Ders., Werke, Bd. 5, Essays 1, Stuttgart O.J., S. 119. (Erstausg. als Kriegerische Mathematik, 1930)

Jünger, Ernst, *Der Arbeiter. Herrschaft und Gestalt*, Stuttgart 1981. (Erstausg. 1932)

Jürgens, Ulrich / Malsch, Thomas / Dohse, Knuth, *Moderne Zeiten in der Automobilfabrik. Strategien der Produktion smodernisierung im Länder-und Konzernvergleich*. Berlin / Heidelberg / New York 1989.

Jung, Emil, *Radfahrseuche und Automobil-Unfug. Ein Beitrag zum Recht auf Ruhe*. München [3]1902.

Kaden, Wolfgang, "Der Autoverkehr-ein Subvention sbetrieb". In: *Spiegel* 28 / 1987, S. 70-73.

Kaiser, Walter, "Technisierung des Lebens nach 1945". In: König, Wolfgang (Hg.): Propyläen Technikgeschichte, Bd. 5: *Energiewirtschaft, Automatisierung, Information seit 1914*, Frankfurt / Berlin 1992, S. 283-529.

Karstedt-Henke, Susanne, "Frauen im Straßenverkehr. Haben sie eine bessere Moral?" In: *Kriminologisches Bulletin* 15 / 1989, S. 51-83.

Keegan, John, Der Erste Weltkrieg. Eine europäische Tragödie, Reinbek 2000.

Kehrein, Rainer, "Die Bedeutung von Straßenverkehrs zeichen". In: Niemann, Harry / Herrmann, Armin, *Geschi chte der Straßenverkehrssicherheit im Wechselspiel zwichen Fahrzeug, Fahrbahn und Mensch*. Bielefeld 1999, S. 261-274.

Kellermann, Bernhard, Der Tunnel. Berlin 1913.

Kieselbach, Ralf R., *Stromlinienautos in Deutschland. Aerodynamik im Pkw-Bau 1900-1945*. Stuttgart 1982.

Kieselbach, Ralf R., "Vom Torpedo-Phaeton zur Ganzstahl Limousine. Zur Geschichte des Auto-Designs". In: Zeller, Reimar (Hg.), *Das Automobil in der Kunst 1886-1986*. Ausstellungskatalog München 1986, S. 287-297.

Kipling, Rudyard, "007". In: ders., *The Day's Work*. London / Bombay 1908.

Kirchberg, Peter (Hg.), *Automobilkonstruktionen. Das Beste aus "Der Motorwagen"*, Teil 1: 1902-1922, Teil 2: 1923 1929. Solingen 1988.

Kirchberg, Peter, *Innovationsfreudigkeit und Qualitätsbewu-βtsein. Zur Erinnerung an die Gründung der Auto Union AG, Chemnitz, vor 60 Jahren*. Wolfsburg 1992.

Kirchberg, Peter, "Die Motorisierung des Straßenverkehrs in Deutschland von den Anfängen bis zum Zweiten Welt-krieg." In: Niemann, Harry / Herrmann, Armin (Hg.), *Die Entwicklung der Motorisierung im Deutschen Reich und den Nachfolgestaaten*. Stuttgart 1995, S. 9-22.

Kirchberg, Peter, "Technik und Verkehrswirksamkeit der Lastkraftwagen in Deutschland bis zum Ende der 30er Jahre". In: Niemann, Harry / Herrmann, Armin, *100 Jahre Lkw. Geschichte und Zukunft des Nutzfahrzeugs*. Stuttgart 1997, S. 16-40.

Kirchberg, Peter, "Der automobile Mangel – Anmerkungen zu den Grundlagen der Autokultur in der DDR". In: Schmidt, Gert (Hg.), *Technik und Gesellschaft. Jahrbuch 10: Automobil und Automobilismus*. Frankfurt / M. / New York 1999, S. 237-250.

Kisch, Egon Erwin, *Paradies Amerika / Landung in Austr alien*, Berlin / Weimar 1984. (=Gesammelte Werke in Einzelausgaben IV)

Kittler, Friedrich, "Auto Bahnen". In: Emmerich, Wolfgang / Wege, Carl (Hg.), *Der Technikdiskurs in der Hitler-Stalin Ära*. Stuttgart / Weimar 1995, S. 114-122.

Kittler, Friedrich, "Il fiore delle truppe scelte". In: Gumbrecht, Hans Ulrich / Kittler, Friedrich / Siegert, Bern hard (Hg.), *Der Dichter als Kommandant. D'Annunzio erobert Fiume*, München 1996, S. 205-226.

Klenke, Dietmar, *Bundesdeutsche Verkehrspolitik und Motorisierung. Konfliktträchtige Weichenstellungen in den Jahren des Wiederaufstieges*. Stuttgart 1993.

Klenke, Dietmar, "Die deutsche Katastrophe und das Automobil. Zur 'Heilsgeschichte' eines nationalen Kultobjekts in den Jahren des Wiederaufstiegs". In: Salewski, Michael / Stölken-Fitschen, Ilona (Hg.); *Moderne Zeiten. Technik und Zeitgeist im 19. und 20. Jahrhundert*. Stuttgart 1994, S. 158-173.

Klenke, Dietmar, *"Freier Stau für freie Bürger". Die Geschichte der bundesdeutschen Verkehrspolitik 1949-1994*. Darmstadt 1995.

Klenke, Dietmar, "Das automobile Zeitalter. Die umwel thistorische Problematik des Individualverkehrs im deutschamerikanischen Vergleich". In: Bayerl, Günter u.a. (Hg.), *Umweltgeschichte-Methoden, Themen, Potentiale*. Münster / New York / München / Berlin 1996, S. 267-281.

Klinckowstroem, Carl Graf von, *Knaurs Geschichte der Technik*, Stuttgart / Hamburg 1959.

Kloss, Albert, *Von der Electricität zur Elektrizität*. Basel / Boston / Stuttgart 1987.

Knie, Andreas, "Warum es Diesel-, aber (fast) keine Wankel-Motoren mehr gibt". In: *LTA-Forschung* 5 (1992), S. 19-39.

Knie, Andreas, *Wankel-Mut in der Autoindustrie, Aufstieg und Ende einer Antriebsalternative*,

Berlin 1994.

Knilli, Friedrich, "Das Wolfsburger Große Welttheater. Kultauto Käfer als Repräsentation des deutschen 'Wirtschaftswunders' ". In: *Kultur & Technik* 2 (1998), S. 30-37

Knirsch, Harald, "Auto und Abfall". In: *Verkehrszeichen* 3 / 1990, S. 8-11.

Knittel, Hartmut H., *Panzerfertigung im Zweiten Weltkrieg. Industrieproduktion für die deutsche Wehrmacht*. Herford / Bonn 1988.

Knoepfler, Nikolaus, "Mobilität per Pkw als Grundrecht?" In: Steinkohl, Franz / Knoepfler, Nikolaus / Bujnoch, Stephan, *Auto-Mobilität als gesellschaftliche Herausforderung*. München 1999, S. 43-48.

König, Adolf, *Kraftfahrlehre, Gemeinverständliches Lehr-buch*, Berlin [12]1929.

König, Wolfgang, "Rezension von Kranz, Max / Lingnau, Gerold : 100 Jahre Daimler-Benz". In: *Technikgeschichte* 54 (1987), S. 336-338.

König, Wolfgang, "Massenproduktion und Technikkonsum. Entwicklungslinien und Triebkräfte der Technik zwischen 1880 und 1914". In: König, Wolfgang / Weber, Wolfhard (Hg.), *Propyläen Technikgeschichte, Bd. 4: Netzwerke, Stahl und Strom 1840 bis 1914*, Berlin 1990, S. 265-579.

König, Wolfgang, "Massentourismus. Seine Entstehung und Entwicklung in der Nachkriegszeit". In: *Technikgeschichte* 64 (1997), S. 305-322.

König-Fachsenfeld, Reinhard, *Aerodynamik des Kraftfa-hrzeugs*. Frankfurt / M. 1951.

Köppen, Edlef, *Heeresbericht*. Reinbek bei Hamburg 1979. (Erstausg. 1930)

Köppen, Thomas, "Die Rolle der Firma Jakob Lohner & Co bei der Entwicklung von Hybridantrieben im Automobil
bau". In: Technikgeschichte 55 (1988), S. 95-110 Köppen, Thomas, "Elektromobilzeit. Die Jahrhundertwende und ihre ganz besonderen Automobile". In: *Kultur und Technik* 1 (1990), S. 50-55.

Koll, Ute / Schoemann, Michael, *Die Geschichte des Automobils. Unser Auto wird hundert*, München 1985.

Kopper, Christopher, "Modernität oder Scheinmodernität nationalsozialistischer Herrschaft. Das Beispiel der Verkehrspolitik". Jansen, Christian / Niethammer, Lutz / Weisbrod, Bernd, *Von der Aufgabe der Freiheit. Festschrift für Hans Mommsen*, Berlin 1995, S. 399-411.

Kornrumpf, Manfred, *HAFRABA e.V.. Deutsche Autobahn-planung 1926-1934*. Bonn 1990.

Korp, Dieter, *Der Wankelmotor-Protokoll einer Erfindung*. Stuttgart 1975.

Krämer-Badoni, Thomas, "Auto, Gesellschaft und Kunst". In: Zeller, Reimar (Hg.), *Das Automobil in der Kunst 1886-1986*. Ausstellungskatalog München 1986, S. 318-326.

Krämer-Badoni, Thomas / Grymer, Herbert / Rodenstein, Marianne, *Zur sozio-ökonomischen Bedeutung des Automobils*, Frankfurt / M. 1971.

Kranzberg, Melvin / Pursell, Carroll (Hg.), *Technology in Western Civilization*. 2 Bde.,

New York / London / Toronto 1967.

Krausse, Joachim, "La deux chevaux - Autos für das Existenz-minimum. Vorbereitungen zur Denkmalpflege". In: *Zwischen Fahrrad und Fließband, absolut modern sein. Culture technique in Frankreich 1889-1937*. Ausstellung-skatalog Berlin 1986, S. 285-305.

Kriegeskorte, Michael, *Automobilwerbung in Deutschland 1948-1968 : Bilder eines Aufstiegs*. Köln 1994.

Kroener, Bernhard R., "Strukturelle Veränderungen in der militärischen Gesellschaft des Dritten Reiches". In: Prinz, Michael / Zitelmann, Rainer, *Nationalsozialismus und Modernisierung*. Darmstadt [2]1994, S. 267-296.

Kroj, Gerhard, "Mensch, Technik und Sicherheit im Straß enverkehr", In: *Deutsche Verkehrswacht*, Juli 1994.

Kromer, Wolfgang, "Abbild der Wirklichkeit. Zur Geschichte des Blechspielzeugs in Deutschland". In: Landesmuseum für Technik und Arbeit in Mannheim (Hg.), *Räder, Autos und Traktoren, Erfindungen aus Mannheim-Wegbereiter der mobilen Gesellschaft*. Ausstellungskatalog Mannheim 1986, S. 133-137.

Kube, Alfred, "Von der 'Volksmotorisierung' zur Mobilmachung : Automobil und Gesellschaft im 'Dritten Reich'". In: Landesmuseum für Technik und Arbeit in Mannheim (Hg.), *Räder, Autos und Traktoren. Erfindun gen aus Mannheim-Wegbereiter der mobilen Gesellschaft*. Ausstellungskatalog Mannheim 1986, S. 138-157.

Kubisch, Ulrich, *Aller Welts Wagen. Die Geschichte eines automobilen Wirtschaftswunders. Von Porsches Volks wagen-Vorläufer zum Käfer-Ausläufer-Modell*. Berlin 1986.

Kubisch, Ulrich, *Omnibus-Haltestellen für alle*. Berlin 1986.

Kugler, Anita, "Von der Werkstatt zum Fließband" In: *Geschichte und Gesellschaft* 13 (1987), S. 304-339.

Kuhm, Klaus, *Das eilige Jahrhundert. Einblicke in die Automobile Gesellschaft*. Hamburg 1995.

Kuhm, Klaus, *Moderne und Asphalt. Die Automobilisierung als Prozeß technologischer Integration und sozialer Vernetzung*. Pfaffenweiler 1997.

Kunde, Hermann, *Lehren aus dem Straßenbau in den USA*. Bielefeld 1956.

Lämmel, Frank, *Autofahren. Kleine Philosophie der Passionen*, München 1998.

Lärmer, Karl, *Autobahnen in Deutschland 1933-1945*. Berlin 1975.

Lamparter, Dietmar, "Audi jagt Mercedes". In: *Zeit* 11.11. 1999, S. 33.

Lane, Andrew, *Motoring Costume*, Princes Risborough 1987.

Laux, James M., *In First Gear: The French Automobile Industry to 1914*. Liverpool 1976.

Lay, Maxwell G., *Die Geschichte der Straße. Vom Trampelpfad zur Autobahn.*

Frankfurt / New York ?1994.

Ledermann, Franz, *Fehlrationalisierung-der Irrweg der deutschen Automobilindustrie seit der Stabilisierung der Mark*, Stuttgart 1933.

Leibbrand, Kurt, *Die Verkehrsnot der Städte*. Essen 1954.

Lewandowski, Jürgen, *Autofahren heute und morgen. Benzinsparen, Verkehrssicherheit, Umweltschutz*, München / Luzern 1981.

Liebieg, Theodor Freiherr von (Hg.), *Der Auto-Pionier auf Viktoria von Carl Benz, Mannheim*. Reichenberg o.J. (1936?)

Limbourg, Maria / Flade, Antje / Schönharting, Jörg, *Mobilität im Kindes- und Jugendalter*, Oplanden 2000.

Lingnau, Gerold, "Im Gefolge des Rattenfängers: Europa sucht nach einem 'Volkswagen'. Die Jahre 1930-1940". In: *FAZ* 22.3.1986.

Link, Jürgen / Reinecke, Siegfried, "'Autofahren ist wie das Leben'. Metamorphosen des Autosymbols in der deut schen Literatur". In: Segeberg, Harro (Hg.), *Technik in der Literatur*, Frankfurt/M. 1987, S. 436-482.

Lippert, Frank, "Ökonomische Dimensionen des Lkw-Verkehrs in der Weimarer Republik. Zur Interdependenz von industrieller Rationalisierung und logistischer Flexibilisierung in den 1920er Jahren". In: *Zeitschrift für Unternehmensgechichte* 42 (1997), S. 185-216.

Loeb, Alan P., *Steam Versus Electric Versus Internal Combustion: Choosing the Vehicle Technology and the Start of the Automobile Age*, Ms. Washington 1997.

Ludvigson, Karl E., "A Century of Aotomobile Comfort and Convenience". In: *Automotive Engineering* 103 (1995), S. 27-34.

Ludwig, Dieter, "Mobilität im Spannungsfeld zwischen Umweltschutz und Wirtschaftlichkeit". In: Daimler-Benz AG (Hg.), *Mobilität und Gesellschaft. 150 Jahre Carl Benz, Vorträge anläßlich der Ringvorlesung an der Universität Karlsruhe 1995/96*. Stuttgart o.J., S. 77-84.

Ludwig, Karl-Heinz, *Technik und Ingenieure im Dritten Reich*. Königstein / Ts. 1979.

Lübke, Anton, *Das deutsche Rohstoffwunder*, Stuttgart [8]1938.

Lützen, Wolf Dieter, "Radfahren, Motorsport, Autobesitz. Motorisierung zwischen Gebrauchswerten und Statuser werb". In: Ruppert, Wolfgang (Hg.), *Die Arbeiter*. München 1986, S. 369-377.

Lupa, Markus, *Das Werk der Britten. Volkswagenwerk und Besatzungsmacht 1945-1949*. Wolfsburg 1999.

Macksey, Kenneth / Batchelor, John H., *Tank. A History of the Armoured Fighting Vehicle*. London 1970.

Mai, Ekkehard, "Das Auto in Kunst und Kunstgeschichte In: Buddensieg, Tilmann / Rogge, Henning, Die *Nützlichen Künste*. Ausstellungskatalog Berlin 1980.

Mander, Helmut, *Automobilindustrie und Automobilsport. Die Funktionen des*

Automobilsports für den technischen Fortschritt, für Ökonomie und Marketing von 1894 bis zur Gegenwart, Frankfurt/M. 1978.

Marinetti, Filippo Tommaso, "Die futuristische Literatur", In: *Der Sturm* 3 (1912), S. 828 f.

Marsh, Peter / Collett, Peter, *Der Auto-Mensch. Zur Psycho logie eines Kulturphänomens*, Olten / Freiburg / Br. 1991.

Martin, H., "Die Autoabgase und ihre Entgiftung". In: *Automobiltechnische Zeitschrift* 67 (1965) S. 113-115.

McNeill, John, *Something New Under the Sun. An Environmental Hostory of the Twentieth Century*. London 2001.

McShane, Clay, *Down the Asphalt Path. The Automobil and the American City*, New York 1994.

Merki, Christoph Maria, "Die 'Auto-Wildlinge' und das Recht". In: Niemann, Harry / Herrmann, Arimin, *Geschi chte der Straßenverkehrssicherheit im Wechselspiel zwischen Fahrzeug, Fahrbahn und Mensch*, Bielefeld 1999, S. 51-74.

Merki, Christoph Maria, "Besprechung von Barbara Haubner, 'Nervenkitzel und Freizeitvergnügen'". In: *Technikge schichte* 66 (1999), S. 155.

Merki, Christoph Maria, "Konfigurationen vergangenen Verkehrs". In: *Traverse* 2/1999, S. 143-150.

Meyer, W.E., "Neue Maßnahmen zur Entgiftung der Abgase von Verbrennungsmotoren". In: *Motortechnische Zeits-chrift* 25 / 1971, S. 344.

Meyers Großes Konversationslexikon, 61906.

Militärgeschichtliches Forschungsamt (Hg.), *Deutsche Militärgeschichte in sechs Bänden 1648-1939*, Bd. 6: Herrsching 1983, S. 574-584.

Mischke, Arthur, "Geschichte der Nutzfahrzeuge für den Güterverkehr in Deutschland nach 1945". In: Niemann, Harry / Herrmann Armin, 100 *Jahre Lkw. Geschichte und Zukunft des Nutzfahrzeugs*. Stuttgart 1997, S. 89-127.

Möser, Kurt, "Vom Fahren zum Verkehr". In: *Ferrum* 62 (1990), S. 14-20.

Möser, Kurt, "Massenverkehr und Oldtimerkultur". In: Pohl, Hans (Hg.), *Traditionspflege in der Automobilindustrie*, Stuttgart 1991, S. 110-117. (=Stuttgarter Tage zur Automobil- und Unternehmensgeschichte)

Möser, Kurt, *Der Wankelmotor-Faszination einer Erfindung*. Ausstellungskatalog Mannheim 1995.

Möser, Kurt, "'Knall auf Motor'. Die Liebesaffäre von Künstlern und Dichtern mit Motorfahrzeugen 1900-1930". In: *Mannheims Motorradmeister, Franz Islinger Gewinnt die Deutsche Motorradmeisterschaft 1926*. Ausstellung skatalog Mannheim 1996, S. 18-29.

Möser, Kurt, "The First World War and the Creation of Desire for Cars in Germany". In: Strasser, Susan / McGovern, Charles / Judt, Matthias (Hg.), *Getting and Spending. European and American Consumer Societies in the Twenties Century*.

Washington, D.C. 1998, S. 195-222.

Möser, Kurt, "Frontlinien : Die Deutschen und der Krieg". In: *100 Deutsche Jahre*. München 1998, S. 150-159; 90-99.

Möser, Kurt, "Zapfenstreich : Die Deutschen und ihre Soldaten". In: *100 Deutsche Jahre*, München 1998, S. 150-159.

Möser, Kurt, "Lebensretter für Insassen : der Airbag". In: *Schweizerische Technische Zeitschrift* 7-8 (1998), S. 128.

Möser, Kurt, "Amphibien, Landschiffe, Flugautos–utopische Fahzeuge der Jahrhundertwende und die Durchsetzung des Benzinautomobils". In: *Jahrbuch für Wirtschafts geschichte* 1999, S. 63-84.

Möser, Kurt, "Autodesigner und Autonutzer im Konflikt : Der Fall des Spoiler". In: Schmidt, Gert (Hg.), *Technik und Gesellschaft. Jahrbuch 10 : Automobil und Automobilismus* Frankfurt / New york 1999, S. 219-236.

Möser, Kurt, Benz, Daimler, *Maybach und das System Straßenverkehr. Utopien und Realität der automobilen Gesellschaft*. Mannheim 1999. (= LTA-Forschung, Nr.27)

Möser, Kurt, "Das Auto und die Autogesellschaft". In: Brockhaus-Redaktion (Hg.), *Mensch, Maschinen, Mecha nismen* (=Brockhaus Mensch - Natur - Technik). Leipzig / Mannheim 2000, S. 375-409.

Möser, Kurt, "Zwischen Systemopposition und System-teilnahme : Sicherheit und Risiko im motorisierten Straßenverkehr". In: Niemann, Harry / Herrmann, Armin, *Geschichte der Straßenverkehrssicherheit im Wechselspiel zwischen Fahrzeug, Fahrbahn und Mensch*. Bielefeld 1999, S. 159-168.

Mom, Gijs P.A., "Das 'Scheitern' des frühen Elektromobils (1895-1925). Versuch einer Neubewertung". In: *Technik-geschichte* 64 (1997), S. 269-285.

Mom, Gijs P.A., *Geschiedenis van de auto van morgen, Cultuur en techniek van de elektrische auto*. Deventer 1997.

Mommsen, Hans, "Zwangsarbeit im Dritten Reich". In: Volkswagen Kommunikation, Unternehmensarchiv (Hg.), *Erinnerungsstätte Geschichte der Zwangsarbeit im Volkswagenwerk*. Wolfsburg 2000.

Mommsen, Hans / Grieger, Manfred, *Das Volkswagenwerk und siene Arbeiter im Dritten Reich*. Düsseldorf 1996.

Montagu of Beaulieu, Edward John Barrington, "Road Vehicles". In: Williams, Trevor I. (Hg.), *A History of Technology*, Bd. 7: *The Twentieth Century*. Oxford 1978, S. 711-735.

Montagu of Beaulieu, Edward John Barrington / Bird, Anthony, *Steam Cars* 1770 to 1970. London 1971.

Nader, Ralph, *Unsafe at Any Speed. The Designed-In Dangers of the American Automobile*. New York 1966.

Nellissen, (o. Vorname), "Einheitlicher Ausbau der Verkehrsstraßen". In: *Der*

Motorwagen, 19 (1928).

Néret, Gilles / Poulain, Hervé, *Bilder einer Leidenschaft. Autos, Frauen, schöne Künste*. Stuttgart 1991.

Neubauer, Hans-Otto (Hg.), *Die Chronik des Automobils*. Gütersloh / München 1994.

Niekisch, Ernst, *Das Reich der niederen Dämonen*. Hamburg 1953.

Niemann, Harry, *Bela Barenyi-Nestor der passiven Sicherheit*, Stuttgart 1994.

Niemann, Harry, *Wilhelm Maybach-König der Konstrukteure*, Stuttgart 1995.

Niemann, Harry, "Gleich nach dem Fall kommt der Unfall. Propädeutische Überlegungen zu einer Geschichte der Straßenverkehrssicherheit". In: ders. / Herrmann, Armin, *Geschichte der Straßenverkehrssicherheit im Wechselspiel zwischen Fahrzeug, Fahrbahn und Mensch*. Bielefeld 1999, S. 9-18.

Niemann, Harry / Herrmann, Armin, *Geschichte der Straßenverkehrssicherheit im Wechselspiel zwischen Fahrzeug, Fahrbahn und Mensch*. Bielefeld 1999.

Norden, Gilbert, "'Schuhe zum Eislaufen ohne Eis' und 'spiegelglatte, kaum von einem Eisspiegel zu unter scheidende Laufflächen'". In: *Blätter für Technikge schichte* 60 (1998), S. 11-42.

Norden, Peter, *Unternehmen Autobahn. Die abenteuerliche Entwicklung zum modernsten Verkehrsnetz Europas*. Bayreuth 1983.

Norton, Norbert, *Weltmacht Auto. Vier Räder erobern die Welt*, Stuttgart 1966.

Nübel, Otto, "The Beginnings of the Automobile in Germany". In: Barker, Theo (Hg.), *The Economic and Social Effects of the Spread of Motor Vehicles. An International Centenary Tribute*. Houndmills / London 1987, S. 55-66.

Oller, Franz-Josef (Hg.), *Mein erstes Auto*. Essen 1996.

Orzessek, Arno, "Der alte Mann und das Bier. Mein Wohnwagen, mein Reihenhaus : Mentalitätsgeschichte in Oberhausen". In: *SZ* 16.4.1999.

Osteroth, Reinhard, "Tod bei 430 km/h. Vor dem Beginn der Formel 1 -Saison : Eine Erinnerung an den legendären Rennfahrer Bernd Rosemeyer". In: *Zeit* 18.2.1999, S. 82.

Oswald, Werner, *Deutsche Autos 1920-1945*. Stuttgart [6]1983.

Oswald, Werner, *Mercedes Benz Personenwagen 1886-1986*. Stuttgart [3]1986.

Oswald, Werner, *Deutsche Autos 1945-1975*. Stuttgart [12]1987.

Overy, Richard J., "Cars, Roads, and Economic Recovery in Germany 1932-38". In: *Economic History Review* 28 (1975), S. 466-483.

Päch, Susanne, *Utopien, Erfinder, Träumer, Scharlatane*, Braunschweig 1983.

Pelegrin, Marc, *Is Automation Improving Safety? Professional Congress Mobility*. Düsseldorf 2000, S. 125-152.

Pelser, Annette v. / Scholze, Rainer, *Faszination Auto Autowerbung von der Kaiserzeit bis heute*. Frankfurt / M 1994.

Peters, Christian, "Räumliche Mobilität vor der 'Automobilisierung'. Fortbewegung in Mannheim 1945-53". In: Landesmuseum für Technik und Arbeit in Mannheim (Hg.), *Räder, Autos und Traktoren. Erfindungen aus Mannheim-Wegbereiter der mobilen Gesellschaft.* Ausstellungskatalog Mannheim 1986, S. 158-174.

Petsch, Joachim, *Geschichte des Auto-Design.* Köln 1982.

Petsch, Joachim, "Vom kollektiven zum individuellen Verkehrsmittel. Zur Geschichte des Autodesign". In: Buhmann, Heinrich / Lucy, Hans / Weber, Rudolf u.a. (Hg.), *Geisterfahrt ins Leere. Roboter und Rationalisierung in der Autoindustrie*, Hamburg 1984, S. 50-75.

Pettifer, Julian / Turner, Niegel, *Automania.* London 1984.

Plowden, William, *The Motor Car and Politics 1896-1970.* London 1971.

Polster, Bernd, *Tankstellen. Die Benzingeschichte.* Berlin 1982.

Polster, Werner / Voy, Klaus, "Eigenheim und Automobil – materielle Fundamente der Lebensweise". In: Voy, Klaus / Polster, Werner / Thomasberger, Claus (Hg.), *Gesellschaftliche Transformationsprozess und materielle Lebensweise*, Marburg 1991.

Popitz, Heinrich / Bahrdt, Hans Paul / Jüres, Ernst A. / Kesting, Hanno, *Technik und Industriearbeit. Soziolo gische Untersuchungen in der Hüttenindustrie*, Tübingen ²1964.

Praxenthaler, Heinrich, "Die Geschichte der Verkehrssicher heit nach 1945". In: Niemann, Harry / Herrmann, Armin, *Geschichte der Straßenverkehrssicherheit im Wechselspiel zwischen Fahrzeug, Fahrbahn und Mensch.* Bielefeld 1999, S. 185-208.

Prendergast, Curtis, *Pioniere der Luftfahrt.* Eltvillle / Rhein 1993.

Preuss, Max, *Illustriertes Automobil- und Motoren-Lexikon*, Berlin 1925.

Priebe, Carsten, *Auf den Spuren der Pioniere. Vom Motor zum Automobil 1859-1891.* Karlsruhe 1999.

Puricelli, Pierro, *Das oberitalienische Automobilstraßennetz Mailand-Seengebiete.* Berlin-Charlottenburg 1925.

Radkau, Joachim, *Technik in Deutschland. Vom 18. Jahrhundert bis zur Gegenwart*, Frankfurt / M. 1989.

Radkau, Joachim, "Auto-Lust : Zur Geschichte der Geschwin-digkeit". In: Koenigs, Tom / Schäffer, Roland (Hg.), *Fortschritt vom Auto?* München 1991, S. 113-130.

Radkau, Joachim, "Technik, Tempo und nationale Nervo sität". In: Held, Martin / Geißler, Karlheinz (Hg.), *Ökologie der Zeit.* Stuttgart 1993, S. 151-168.

Rae, John B., *The American Automobile. A Brief History.* Chicago / London 1965.

Rae, John B., "The Internal Combustion Engine on Wheels". In: Kranzberg, Melvin / Pursell, Carrol W. (Hg.), *Techno logy in Western Civilization.* Bd. 2, New York u.a. 1967, S. 119-136.

Rae, John B., *The Road and the Car in American Life.* Cambridge (Mass.) / London

1971.

Rauck, Max J.B., *Wilhelm Maybach. Der große Automobil-konstrukteur*, Baar 1979.

Rausch, Wilhelm, *Theoretisch-praktisches Handbuch für Wagenfabrikanten*, Weimar ³1891.

Rautenberg, Hanno, "Glaube, Liebe, Auspuff. Der VW-Konzern baut sich eine eigene Stadt - und verklärt den Autokult zur Religion". In: *Zeit* 2.9.1999, S. 37 f.

Reichow, Hans Bernhard, *Die autogerechte Stadt. Ein Weg aus dem Verkehrschaos*. Ravensburg 1959.

Reineke, Siegfried, *Mobile Zeiten. Eine Geschichte der Auto-Dichtung*. Bochum 1986.

Reininghaus, Wilfried, "Stadt und Verkehr in der Moderne". In: *Informationen zur modernen Stadtgeschichte* 1 (1997), S. 3-8.

Reser, Joseph P., "Automobile addiction: Real or Imagined?" In: *Man-Environment Systems* 10 (1980), H. 5&6, S. 279-241.

Reuter, Helga, "Frankreich - Mutterland des Automobils". In: Landesmuseum für Technik und Arbeit (Hg.), *Räder, Autos und Traktoren. Erfindungen aus Mannheim-Wegbereiter der mobilen Gesellschaft. Ausstellungskatalog*, Mannheim 1986, S. 37-45.

Richarz, Hans-Robert, "Wasser auf die Mühlen. Die Frage der Zukunft: Brennstoffzelle oder Verbrennungsmotor?" In: *Auto-Forum* 2 (2000), S. 68-71.

Richter, Klaus Christian, *Die bespannten Truppen der Wehrmacht*. Stuttgart 1997.

Riepert, Peter H. (Hg.), *Betonstraßenbau in Deutschland*. Charlottenburg 1927.

Riessland, Andreas, "Fahrgefühle–japanische Autowerbung im Rückblick". In: Schmidt, Gert (Hg.), *Technik und Gesellschaft. Jahrbuch 10 : Automobil und Automobilismus*, Frankfurt / New York 1999, S. 251-270.

Röhler, Klaus (Hg.), *Das Autobuch. Geschichten und Ansichten*. Darmstadt / Neuwied 1983.

Rohde, Heidi, *Transportmodernisierung contra Verkehrsbe wirtschaftung. Zur staatlichen Verkehrspolitik gegenüber dem Lkw in den 30er Jahren*. Frankfurt / M. 1999.

Rolt, Lionel T.C., *Horseless Carriage, The Motor-Car in England*, London 1950.

Rolt, Lionel T.C., *Landscape with Figures*. Phoenix Mill, Nachdruck 1995.

Romeiß-Stracke, Felizitas, "Freizeitmobilität-Dimensionen, Hintergründe, Perspektiven". In: Wüstenrot Stiftung (Hg.), *Mobilität in der postindustriellen Gesellschaft*. Stuttgart / Berlin / Köln 1998, S. 78-88.

Ronellenfitsch, Michael / Holzapfel, Helmut, "Ist Mobilität ein Grundbedürfnis? Pro und Contra". In: *Zeit-Punkte* 3 (2000), S. 16 f.

Rosellen, Hanns Peter, *Deutsche Kleinwagen nach 1945*. Gerlingen ²1983.

Rosemann, Ernst, "Die Gliederung des deutschen Kraftfahrwesens". In: *Motor und Sport 6* / 1942, S. 12-14 und S. 26.

Rothengatter, Werner, "Die voraussichtliche Entwicklung des Straßenverkehrs". In: *Die intelligente Straße. Möglich keiten und Grenzen*. Schriftenreihe der Deutschen

Verkehrswissenschaftlichen Gesellschaft. Bergisch Gladbach 1992, S. 3-15.

Rudy, Jürgen, *Die Automobile des Hans Gustav Röhr*, Dresden 1989.

Ruppert, Wolfgang, "Das Auto-Herrschaft über Raum und Zeit". In: Ruppert, Wolfgang (Hg.), *Fahrrad, Auto, Fernsehschrank. Zur Kulturgeschichte der Alltagsdinge.* Frankfurt / M. 1993, S. 119-161.

Sachs, Wolfgang, *Die Liebe zum Automobil. Ein Rückblick in die Geschichte unserer Wünsche.* Reinbek 1984.

Saldern, Adelheid von, "Cultural Conflicts, Popular Mass Culture and the Question of Nazi Success : The Eilenriede Motorcycle Races, 1924-39". In: *German Studies Review* 15 (1992), S. 317-338.

Schäfer, Hans-Dieter, "Amerikanismus im Dritten Reich". In: Prinz, Michael / Zitelmann, Rainer (Hg.), *Nationalso zialismus und Modernisierung.* Darmstadt ²1994, S. 199-215.

Scharfe, Martin, "Die Nervosität des Automobilisten". In: Dülmen, Richard van (Hg.), *Körpergeschichte.* Frankfurt / M. 1996, S.200-222.

Scharff, Virginia, *Taking the Wheel. Women and the Coming of the Motor Age.* New York 1991.

Schefold, Klaus, *Autobahnen im Wandel der Zeit, gezeigt am Beispiel Baden-Württemberg.* Stuttgart 1996.

Schiffer, Michael Brian / Butts, Tamra C. / Grimm, Kimberley K., *Taking Charge. The Electric Automobile in America.* Washington D.C. / London 1994.

Schildberger, Franz, "Daimler und Benz auf der Pariser Weltausstellung 1889". In: *Automobiltechnische Zeitschrift* 67 (1965), S. 168-173.

Schildt, Axel, *Moderne Zeiten. Freizeit, Massenmedien und 'Zeitgeist in der Bundesrepublik der 50er Jafre.* Hamburg 1995.

Schivelbusch, Wolfgang, *Geschichte der Eisenbahnreise, Zur Industrialisierung von Raum und Zeit.* München 1977.

Schmädicke, Jürgen, "Bessere Straßen braucht das Land. Der deutsche Straßenbau zwischen den Weltkriegen unter den Anforderungen des Lastkraftwagenverkehrs". In: Niemann, Harry / Herrmann, Armin (Hg.), *100 Jahre Lkw.* Stuttgart 1997, S. 356-368.

Schmitt, Günter, *Fliegende Kisten.* Berlin (0.) 1985.

Schmucki, Barbara, "Cyborgs unterwegs? Verkehrstechnik und individuelle Mobilität seit dem 19. Jahrhundert". In: Schmidt, Gert (Hg.), *Technik und Gesellschaft. Jahrbuch 10 : Automobil und Automobilismus*, Frankfurt / New York 1999, S. 87-119.

Schönhammer, Rainer, *Das Leiden am Beifahren. Frauen und Männer auf dem Sitz rechts.* Göttingen 1995.

Scholz, Reiner, "Fahren, was die Kiste hält ... Seifenkisten Fieber : Ein

Erziehungsprogramm und seine Folgen". In: *Kultur und Technik* 18 (1994), S. 22-27.

Schott, Dieter, "Das Zeitalter der Elektrizität. Visionen-Potentiale-Realitäten". In: *Jahrbuch für Wirtschafts-geschichte* 1999, S. 31-49.

Schütz, Erhard / Gruber, Eckhard, *Mythos Reichsautobahn. Bau und Inszenierung der "Straßen des Führers". 1933-1941.* Düsseldorf 1996.

Schütz, Erhard, "Faszination der blaßgrauen Bänder. Zur 'organischen' Technik der Reichsautobahn". In: Emmerich, Wolfgang / Wege, Carl (Hg.), *Der Technik diskurs in der Hitler-Stalin-Ära.* Stuttgart / Weimar 1995, S. 123-145.

Schwarte, Max, *Die Technik im Weltkriege.* Berlin 1920.

Schwarz, Karl, *Car Wars. Die Automoilindustrie im globalen Wettbewerb. Analysen zum Wandel politisch-ökonomi-scher Systeme.* Seattle 1993.

Scriba, Jürgen, "'Motoren richen anders'. Eine lebendige Szene von Enthusiasten in den USA baut Elektroautos der anderen Art". In: *Spiegel* 25 (1999), S. 186-189.

Sedgwick, Michael, *Early Cars,* London 1972.

Seely, Bruce, *Building the American Highway System. Engineers as Policy Makers.* Philadelphia 1987.

Segeberg, Harro, "Auto-Dichtung". In: Segeberg, Harro (Hg.), *Literatur im technischen Zeitalter : von der Frühzeit der deutschen Aufklärung bis zum Beginn des Ersten Weltkriegs.* Darmstadt 1997, S. 246-250.

Seherr-Thoss, Hans C. Graf v., *Die deutsche Automobil-industrie. Eine Dokumentation von 1886 bis 1979.* Stuttgart [2]1979.

Self, Will, *Grey Area and Other Stories,* London 1994.

Seltz, Rüdiger, "Arbeit als Event?", Landesmuseum für Technik und Arbeit (Hg.), *Mythos Jahrhundertwende. Begleitpublikation zur Landesausstellung 2000.* Mannheim 2000.

Senger und Etterlin, Ferdinand Maria v., *Die deutschen Panzer 1926-1945.* Bonn [3]2000.

Senn, Rolf, "Purismus bei Ozenfant und Le Corbusier". In: Neger, Hans Joachim (Red.), *Absolut modern sein : Zwischen Fahrrad und Fließband. Culture technique in Frankreich 1889-1937.* Ausstellungskatalog Berlin 1986, S. 276-284.

Shacket, Sheldon R., *The Complete Book of Electric Vehicles.* London 1980.

Sherman, Don, "The Rough Road to Air Bags". In: *American Heritage of Invention and Technology* 11 (1995), S. 48.

Shields, T. Russel / Shuman, Valerie, *Driving in the Information Age, Professional Congress Mobility.* Düsseldorf 2000, S. 69-74.

Shiomi, Haruhito / Wada, Kazuo (Hg.), *Fordism Transformed. The Development of Production Methods in the Automobile Industry.* Oxford 1995.

Siebertz, Paul, *Gottlieb Daimler. Ein Revolutionär der Technik,* München / Berlin 1940.

Sieferle, Rolf-Peter, *Fortschrittsfeinde? Opposition gegen Technik und Industrie von der Romantik bis zur Gegenwart.* München 1984.

Sieferle, Rolf-Peter, *Die Konservative Revolution.* Frankfurt /M. 1995.

Sievers, *Immo, AutoCars : Die Beziehungen zwischen der englischen und der deutschen Automobilindustrie vor dem Ersten Weltkrieg.* Frankfurt / M. / Bern 1995.

Silk, Gerald, *Automobile and Culture.* Ausstellungskatalog The Museum of Contemporary Art, New York 1984.

Sloterdijk, Peter, "Die Gesellschaft der Kentauren. Philosophische Bemerkungen zur Automobilität". In: *FAZ Magazin* 634 (24.4.1992), S. 28-38.

Smelser, Ronald, "Die Sozialplanung der Deutschen Arbeitsfront". In: Prinz, Michael / Zeitelmann, Rainer (Hg.), *Nationalsozialismus und Modernisierung.* Darmstadt ²1994, S. 71-92.

Spengler, Oswald, *Der Mensch und die Technik.* München 1931.

Spigel, Bernt, *Die obere Hälfte des Motorrads. Vom Gebrauch der Werkzeuge als künstliche Organe.* München ²1999.

Spoerl, Alexander, *Mit dem Auto auf Du.* München 63-75. Tausend 1955.

Sponsel, Heinz, *Liebesbriefe an mein Auto,* Heidelberg 1951.

Sprenger, Jakob, "Die Reichsautobahn vom Main zum Neckar als Symbol nationalsozialistischer Arbeitsförde-rung". In: *Die Straße* 1935, S. 297. f.

Stahlmann, Michael, *Die Erste Revolution in der Auto-industrie, Management und Arbeitspolitik von 1900-1940.* Frankfurt / New York 1993.

Stegers, Wolfgang, "Schöner wohnen im Stau. Car-Cocooning : Das Auto word immer mehr zum Wohnzimmer". In: *P.M.* 2/1998, S. 20-26.

Steinkohl, Franz, "Mobilität : Begriff, Wessen, Funktion". In: Steinkohl, Franz / Knoepfler, Nikolaus / Bujnoch, Stephan, *Auto-Mobilität als gesellschaftliche Herausforderung.* München 1999, S. 15-22.

Steinkohl, Franz / Sauer, Andreas / Gruber, Andreas, "Die Attraktivität der Mobilität-Zahlen und Fakten". In: Steinkohl, Franz / Knoepfler, Nikolaus / Bujnoch, Stephan, *Auto-Mobilität als gesellschaftliche Herausforderung.* München 1999, S. 33-42.

Stommer, Reiner (Hg.), *Reichsautobahn. Pyramiden des Dritten Reiches. Analysen zur Ästhetik eines unbe wältigten Mythos,* Marburg ²1984.

Strasser, Susan / McGovern, Charles / Judt, Matthias (Hg.), *Getting and Spending. European and American Consumer Societies in the Twentieth Century.* Washington D.C. 1998.

Straßl, Hans, *Karosserie, Aufgaben, Entwurf, Gestaltung, Konstruktion, Herstellung.* München 1984.

Strassmann, Burkhard, "Ein Schlaumeier namens ESP". In: *Zeit* 20.3.1998, S. 62.

Strassmann, Burkhard, "Hier bremst der Chip. Ein Selbstver such mit dem Abstandsradar der neuen Mercedes S-Klass". In: *Zeit* 9.9.1999, S.43.

Strassmann, Burkhard, "Asssh-endlich allein. Sie haben genug von allem und jedem? Da gibt es nur eins: rein ins Auto und rauf auf die A7". In: *Zeit* 30.9.1999, S. 6.

Strobel, Albrecht, "'Ersatz für Wagen mit Pferden'. In Erwartung des Automobils. Eine Erfindung ist noch lange nicht durchgesetzt". In: Landesmuseum für Technik und

Arbeit in Mannheim (Hg.), *Räder, Autos und Traktoren. Erfindungen aus Mannheim-Wegbereiter der mobilen Gesellschaft.* Ausstellungskatalog Mannheim 1986, S. 30-36.

Strobel, Albrecht, "Automobilismus in Deutschland. Industrieller Aufbruch, Rennsport, Clubs und Industrie". In: Landesmuseum für Technik und Arbeit in Mannheim (Hg.), *Räder, Autos und Traktoren. Erfindungen aus Mannheim-Wegbereiter der mobilen Gesellschaft.* Ausstellungskatalog Mannheim 1986, S. 48-67.

Strutz, Herbert, "Lied der Automobile". In: *Jugend* 1930, Nr. 34, S. 310.

Stüben, Ingo, "Kit Cars-ein anderes Volkswagen-Konzept als Mobilität-und Freizeitinnovation?" In: Schmidt, Gert (Hg.), *Technik und Gesellschaft. Jahrbuch 10 : Automobil und Automobilismus,* Frankfurt / New York 1999, S. 149-166.

Südbeck, Thomas, *Motorisierung, Verkehrsentwicklung und Verkehrspolitik in der Bundesrepublik Deutschland der 1950er Jahre.* Stuttgart 1994.

Suhling, Lothar, "Nikolaus August Otto. Der Kampf um das Patent DRP 532". Landesmuseum für Technik und Arbeit in Mannheim (Hg.), *Räder, Autos und Traktoren. Erfindungen aus Mannheim-Wegbereiter der mobilen Gesellschaft.* Ausstellungskatalog Mannheim 1986, S. 20-29.

Teske, Hermann, "Die militärische Bedeutung des Verkehr-swesens". In: Bilanz des Zweiten Weltkrieges. Olden-burg / Hamburg 1953, S. 297-310.

Tetzner, Karl, "Mit Kniedecke und Reisekorb". In: *FAZ* 21.4.1998, S. T3.

Teufel, Dieter, *Scheinlösungen im Verkehrspolitik.* Umwelt und prognose-Institut Heidelberg, Bericht 23, [2]1992.

Thomas, Robert Paul, *An Analysis of the Pattern of Growth of the Automobile Industry.* New York 1977.

Thompson, Steven L., "The Arts of the Motorcycle. Biology, Culture, and Aesthetics in Technological Choice". In: *Technology and Culture* 41 / 2000, S. 99-115.

Thorbrietz, Petra, "Die Auto-Wende. Tempo-Limit, Autobahngebühren, City-Maut, Öko-Benzin : Mit neuen Techniken aus der Krise". In: *Die Woche* 6.1.1995, S. 1.

Trapp, Wilhelm, "Disneydeutschland". In: *Zeit* 9.7.1998.

Utermöhlen, Bernd, "Margarete Winter-eine Automobilistin aus Buxtehude". In: Schmidt, Gert (Hg.), *Technik und Gesellschaft. Jahrbuch 10 : Automobil und Automobil ismus.* Frankfurt / New York 1999, S. 271-280.

Umwelt- und Prognoseinstitut Heidelberg (UPI), Publikation Nr.25, *Öko-Blianz von Fahrzeugen,* Heidelberg 1999.

Vaillant, Kristina, Vom "Ervolkswagen" *zum Designer Schmuckstück-Automobilwerbung in Publikumszeits chriften (1952-1994).* Berlin 1994.

Vester, Frederick, *Crashtest Mobilität. Die Zukunft des Verkehrs, Fakten, Strategien,*

Lösungen. München 1999.

Vieser, Susanne Gabelt, Beate, *Frauen in Fahrt. Ingenieu rinnen, Designerinnen, Rennfahrerinnen machen Auto-geschichte.* Frankfurt M. 1996.

Volkswagen AG, Vorstand und Gesamtbetriebsrat (Hg.), *Das Buch. Von Volkswagen, 1938-1988.* Wolfsburg 1988.

Volkswagen AG (Hg.), *Factory Town. Volkswagen in Wolfsburg.* Wolfsburg O.J. (1999)

Vrijaldenhoven, Frans B. "Des Kaisers Landmarine". In: *Market für klassische Automobile* 1 (2000), S. 182-184.

Wachtel, Joachim, "Vorwort". In: *Facsimile-Querschnitt durch frühe Automobilzeitschrifen,* Bern / München 1970.

Walcher, Jakob, *Ford oder Marx.* Berlin 1925.

Walter, Rudolf, "Gedanken zum Verkehrsunfallproblem". In: *Motor Rundschau* 18 / 1955, S. 698.

Walter, Rudolf, "Fahrn, fahrn, fahrn ... auf der Autobahn. Aus der Geschichte eines (deutschen) Mythos". In: *Zeit* 16.9.1999, S. 194.

Weber, Wolfhard, "Die Entstehung des Automobils im Umfeld technischer Neuerungen zu Beginn des 20. Jahrhunderts". In: *August Horch.* Ausstellungskatalog Landesmuseum Koblenz 1986, S. 77-99.

Weckerle, Eduard, *Rad und Raum. Soziologische Betrach tungen über das Transportwesen.* Jena 1928.

Weigelt, Horst, *Das Auto-Mobil von Albrecht Dürer bis Gottlieb Daimler.* Stuttgart 1988.

Weishaupt, Heike, "Die Entwicklung der passiven Sicherheit bei Daimler-Benz von den Anfängen bis 1980". In: Nie mann, Harry / Herrmann, Armin, *Geschichte der Straß enverkehrssicherheit im Wechselspiel zwischen Fahrzeug, Fahrbahn und Mensch.* Bielefeld 1999, S. 99-122.

"Welchem Auto-Konzept gehört die Zukunft? Test mit Brennstoffzellen-Elektroautos in Kalifornien". In: *Stromthemen* 6 / 1999, S. 4 f.

Wells, Herbert George, *Befreite Welt.* Wien / Hamburg 1985.

Wells, Herbert George, *The Shape of Things to come*, London, 1933.

Wengenroth, Ulrich, "Verkehrspolitik und individuelle Mobilität (Einführung)". In: *Technikgeschichte* 64 (1997), S. 251 f.

Westheide, Eberhard, *Die Einführung bleifreien Benzins und mit Hilfe ökonomischer Anreize.* Berlin 1987.

Westrup, Artur / Heim, Klaus P., *Besser fahren mit dem Volkswagen.* Bielefeld / Berlin / Stuttgart ⁹1960.

Weule, Hartmut, "Automatisierung in der Endmontage der Automobilindustrie". In: *Automobil-Industrie* 4 (1989), S. 431-442.

White, Brain Terence, *Tanks and Other Armoured Fighting Vehicles of World War II.*

London, Nachdruck 1983.

White, Lawrence, *The American Automobile Industry Since 1945*. Cambridge, Mass. 1971.

Wille, Joachim, Die Tempomacher, Freie Fahrt ins Chaos. München 1988.

Wilson, Paul C., *Chrome Dream : Automobile Styling Since 1893*. Radnor, Pa., 1976.

Wohl, Robert, *A Passion for Wings. Aviation and the Western Imagination 1908-1918.* New Haven / London 1994.

Wolf, Winfried, *Eisenbahn und Autowahn. Personen-und Gütertrans-port auf Schiene und Straße. Geschichte, Bilanze, Perspektiven.* Hamburg / Zürich 1986.

Womack, James P. / Jones, Daniel T. / Ross, Daniel, *Die zweite Revolution in der Autoindustrie*, Frankfurt / New York 1991.

Zängl, Wolfgang, *Der Telematik-Trick. Elektronische Autobahngebühren, Verkehrsleitsysteme und andere Milliardengeschäfte.* München 1995.

Zatsch, Angela, *Staatsmacht und Motorisierung am Morgen des Automobilzeitalters.* Konstanz 1993.

Zeller, Reimar, *Automobil. Das magische Objekt in der Kunst*, Frankfurt/M. 1985.

Zeller, Reimar (Hg.), *Das Automobil in der Kunst 1886-1986*. Ausstellungskatalog München 1986.

Zeuch, Horst, *Der Amtsschimmel blockiert die Autobahn*, 1964

Zuckerman, Marvin, *Behavioral Expressions and Biosocial Bases of Sensation Seeking.* New York 1994.

Zweckbronner, Gerhard, "Mechanisierung der Landarbeit. Der Lanz-Bulldog im landwirtschaftlichen Technisierung sprozess". In: Landesmuseum für Technik und Arbeit in Mannheim (Hg.), *Räder, Autos und Traktoren. Erfindun gen aus Mannheim-Wegbereiter der mobilen Gesellschaft.* Ausstellungskatalog Mannheim 1986, S. 96-115.

자동차의 역사

2021년 12월 20일 초판 1쇄 발행

지은이 ㅣ 쿠르트 뫼저
옮긴이 ㅣ 김태희 · 추금환
펴낸이 ㅣ 노경인 · 김주영

펴낸곳 ㅣ 도서출판 앨피
출판등록 ㅣ 2004년 11월 23일 제2011-000087호
주소 ㅣ 우)07275 서울시 영등포구 영등포로 5길 19(37-1 동아프라임밸리) 1202-1호
전화 ㅣ 02-336-2776 팩스 ㅣ 0505-115-0525
전자우편 ㅣ lpbook12@naver.com
블로그 ㅣ blog.naver.com/lpbook12

ISBN 979-11-90901-70-3